Windows 10 IoT 프로그래밍

라즈베리파이와 Windows 10 IoT 코어,
Azure IoT 스위트를 활용한 IoT 프로그래밍 가이드

Windows 10 IoT 프로그래밍

라즈베리파이와 Windows 10 IoT 코어,
Azure IoT 스위트를 활용한 IoT 프로그래밍 가이드

다위드 보리츠키 지음   김도균 · 최준규 옮김

i!i
에이콘

지은이 소개

다위드 보리츠키|Dawid Borycki

마이크로소프트 기술의 사용 경험이 많은 소프트웨어 엔지니어이자 생물의학 연구원이다.
디바이스 프로토타입(주로 의료 장비)과 임베디드 디바이스 인터페이스, 모바일 프로그래밍
을 위한 소프트웨어 개발 등에서 폭넓은 프로젝트를 완수했다.

옮긴이 소개

김도균(kimdokyun@outlook.com)

2003년 처음으로 번역한 『Beginning Direct3D Game Programming』(정보문화사, 2005)이 계기가 돼 지금까지 번역과 저술을 계속해 오고 있다. 마이크로소프트 MVP를 9회 수상했으며, 18년째 마이크소프트의 공인 강사(MCT) 타이틀을 유지하고 있다. 최근에는 마이크로소프트 애저Azure의 엄청난 성장으로 인해 독립 애저 트레이너로 바쁜 일상을 보내고 있다. 하루 4시간만 일하는 세상을 꿈꾼다.

최준규(junkchoi.tr@gmail.com)

14년 차 소프트웨어 엔지니어로 피처폰 및 안드로이드폰 등 다양한 휴대폰 소프트웨어 개발 프로젝트에 참여한 경력이 있다. 현재는 차량 소프트웨어 개발 프로젝트에 참여하고 있으며, 빅데이터, AI, 네트워크 프로그래밍 분야에 관심이 많다. 번역/저술/강연 공동체 GoDev의 일원으로 활동 중이다.

옮긴이의 말

클라우드 컴퓨팅의 전성시대가 되면서 전반적인 IT 환경에서 다소 외인부대처럼 느껴졌던 임베디드 프로그래밍 영역이 이제는 클라우드를 타고 활용성이 높은 혁신 기술로 거듭났습니다. 우리는 이를 IoT라고 부릅니다.

이 책이 소개하는 마이크로소프트의 윈도우 10 IoT 코어와 애저 IoT 스위트를 활용하면 원하는 IoT 솔루션을 빠르게 구현할 수 있습니다. 비교적 쉽게 구할 수 있는 라즈베리파이를 사용해 IoT 프로그래밍의 실제를 경험하게 해줄 뿐 더러 클라우드와 결합될 때 IoT 솔루션의 구현이 얼마나 빨라지고 강력해질 수 있는지 궁금하다면 이 책의 내용이 답해 줄 것입니다.

번역하는 동안 책에서 사용한 비주얼 스튜디오^{Visual Studio} 버전도 올라갔고, 마이크로소프트 애저의 IoT 솔루션이 제공하는 IoT 서비스와 SDK에 변화가 있었습니다. 이 책은 이러한 변화를 모두 반영했으며, 저자의 소스 코드와 별도로 비주얼 스튜디오 2019에 맞춘 예제를 역자의 깃허브^{GitHub}에서 제공합니다.

길어진 번역 시간으로 책의 출간이 늦어졌지만, 인내하고 기다려 준 에이콘출판사 식구들과 공동 번역으로 함께해 준 최준규 님께 감사드립니다.

코로나 19가 사라진 새봄을 꿈꾸며…
2020년 12월
김도균

6

4차 산업혁명의 핵심기술 중 하나인 IoT 기술은 매년 빠르게 성장세를 이어나가고 있다. 이에 맞춰 마이크로소프트(윈도우 10 IoT, 애저 IoT), 아마존(AWS IoT, 에코), 구글(브릴로, 구글홈), 애플(홈킷) 등 글로벌 IT 기업에서도 전략적으로 IoT 플랫폼 및 서비스로 사업 영역을 확장하고 있다. 이 책은 이 중 마이크로소프트의 윈도우 10 IoT 및 애저 IoT를 기반으로 IoT 프로그래밍에 대한 전반적인 내용을 다룬다.

'Hello, World!'도 모르는 이제 IoT 프로그래밍을 막 시작하고자 하는 초심자부터 클라우드 서버 내 머신러닝 작업을 수행하는 숙련자까지 폭넓은 독자를 대상으로 한다. 특히 초심자의 경우 1부, '기본 개념'에서 임베디드 디바이스 프로그래밍의 기초 이론과 프로그래밍 환경을 구축 관련 본문 예제들을 차근차근 따라 한다면 IoT 프로그래밍의 기본 개념 정립에 매우 도움이 될 것이다.

IoT 디바이스를 구성하는 하드웨어(센서, 오디오, 카메라, 모터 등)의 구동과 디바이스와 서버 간 통신(시리얼 통신, 블루투스, 와이파이 등)을 실전 예제를 통해 직접 수행함으로써 자신만의 IoT 기기를 직접 구현하는 데 도움이 되기를 기대한다.

2020년 12월
최준규

차례

Chapter 7 **오디오 처리** 339

Chapter 10   모터   537

에이콘출판의 기틀을 마련하신 故 정완재 선생님 (1935-2004)

들어가며

최근 사물인터넷[IoT, Internet of Things]과 빅데이터, 머신러닝, 인공지능이 뜨거운 주제가 됐다. IoT는 상호 연결된 디바이스의 글로벌 네트워크로 정의된다. 이들 디바이스는 체내 이식형 연속 혈당 모니터링 시스템이나 웨어러블처럼 아주 작거나 라즈베리 파이 같은 신용카드 크기의 컴퓨터다. 이런 디바이스의 수가 계속 늘어남에 따라 생성하는 데이터의 수가 엄청나게 증가하고 이런 경우 새로운 기술적 도전이 등장한다.

이러한 도전의 첫 번째는 스토리지와 관련 있다. 작은 디바이스는 대량의 데이터 세트를 저장할 수 없는 물리적 제약이 있다. 두 번째로 빅데이터는 전통적인 알고리즘의 계산 기능을 초과하고 다른 통계학적 기반 접근 방식이 필요하다. 이런 기반은 인공지능의 한 갈래인 머신러닝이 제공한다. 따라서 IoT와 빅데이터, 머신러닝, 인공지능은 밀접하게 관련된 개념이다. 전형적으로 디바이스는 네트워크를 통해 데이터를 클라우드로 전송하는 엔드포인트이며, 클라우드는 데이터를 저장하고 처리해 이전엔 가능하지 않았던 새로운 통찰력을 얻게 했다. 이러한 통찰력은 스마트 디바이스가 모니터링하는 프로세스를 이해하고 최적화하는 데 도움을 준다.

이런 설명이 매력적으로 들릴 수 있지만, 사용자 지정 IoT 솔루션을 구현하고자 학습해야 하는 많은 새로운 기술에 주눅이 들지도 모른다. 다행히도 마이크로소프트는 윈도우[Windows] 10 IoT 코어와 애저 IoT 스위트[Azure IoT Suite]를 만들어 사용자 지정 IoT 솔루션을 빠르게 프로그래밍하도록 만들었다. 이러한 기능의 제약 사항은 여러분의 상상력일 뿐이다. 이 책에는 단계별로 설명한 많은 프로젝트가 있다. 이런 프로젝트를 완료하면 디바이스 프로그래밍의 기본뿐만 아니라 디바이스와 로봇을 혁신시키는 코드를 작성할 준비도 될 것이다.

이 책은 3개의 부로 구성되며, IoT 프로그래밍을 습득하도록 돕는다. 각 부는 적절한 수준의 세부 내용과 개발 환경을 준비하고, 센서에서 데이터를 읽고, 다른 보조 장치와 통신하며, 인공 비전과 모터, 소리 감지 시스템을 만들고, 머신러닝과 인공지능을 디바이스로 통합하는 방법을 설명한다. 원격 분석과 예측 유지 관리 애저 IoT 솔루션을 설정하고, 사용자 지정 IoT 솔루션을 밑바닥부터 구축하는 방법도 설명한다.

이 책의 대상 독자

기존 프로그래밍 기량을 사용해 사용자 지정 디바이스와 센서용 소프트웨어를 개발하고, 원격 센서 판독 값을 저장, 처리, 시각화하는 데 사용하고 싶은 학생과 프로그래머, 엔지니어, 마니아, 디자이너, 과학자, 연구원 등을 대상으로 한다.

독자는 C# 프로그래밍이 가능하고 윈도우 프로그래밍 경험이 있다고 가정한다. 따라서 C# 또는 프로그래밍 기초에 관해 설명하지 않는다. 오디오와 이미지 처리, 머신러닝, 애저에 관한 사전 지식은 없다고 가정하므로 이들 주제는 자세히 설명한다.

이 책의 도구와 필요한 하드웨어

개발 환경으로 윈도우 10과 비주얼 스튜디오^{Visual Studio} 2017/2019를 사용한다. 여기서 사용한 대부분의 하드웨어 구성 요소는 애이다푸르트^{Adafruit}에서 제공한 Microsoft IoT Pack for Raspberry Pi를 이용했다. 추가적으로 카메라와 라즈베리 파이의 애드온 보드, 통신 어댑터, 모터 등의 하드웨어 요소를 해당 주제를 다루는 장에서 설명한다.

이 책의 구성

다음의 3부로 나눴다.

- 1부: 기본 개념
- 2부: 디바이스 프로그래밍
- 3부: 애저 IoT 스위트

1부에서 임베디드 프로그래밍의 기초를 설명하고 데스크톱, 웹, 모바일 앱 프로그램과 어떻게 구별하는지 다룬다. 프로그래밍 환경을 구성하고 윈도우 10 IoT 코어에서 "Hello, world!"와 같은 프로젝트를 어떻게 작성하는지도 소개한다. 게다가 UI 선언을 위해 UWP 스레딩 모델과 XAML 마크업 관련 몇 가지 기본 개념을 설명한다. 이 부분을 잘 알고 있는 대부분의 경험 있는 개발자는 2부로 건너뛸 수 있다.

2부는 윈도우 10 IoT와 UWP를 사용한 디바이스 프로그래밍에 관련 있는 장들로 이뤄졌다. 먼저 여러 센서에서 데이터를 수집하고 디바이스를 제어하는 방법을 설명한다. 이어서 마이크와 카메라에서 신호를 수집하고 처리하는 방법을 설명한다. 그다음 다양한 직렬 통신과 블루투스, 와이파이, 올조인^{AllJoyn} 등의 통신 프로토콜을 사용해 IoT 모듈과 다른 디바이스가 통신하도록 하는 방법을 설명한다. 모터를 제어하고 마이크로소프트 코그니티브 서비스^{Microsoft Cognitive Service}와 애저 머신러닝^{Azure Machine Learning}을 사용해 디바이스를 실제로 똑똑하고 지능적으로 만드는 방법도 설명한다.

3부는 클라우드를 다룬다. 원격 디바이스의 원격 분석과 예측 유지 관리를 위한 2개의 사전 구성된 애저 IoT 솔루션을 사용하는 방법을 설명한다. 마지막 장에서는 사용자 지정 IoT 솔루션을 밑바닥부터 차근차근 만들어 가는 자세한 과정을 나타냈다. 이 내용은 IoT 프로그래밍의 정수를 보여 주며, 클라우드로 원격 센서의 데이터를 전송해 데이터를 저장하고 처리 및 표현한다. 더욱이 비정상 센서 판독 값을 윈도우 10에서 실행하는 모바일 앱에 바로 알려 주는 방법을 설명한다.

6개의 부록을 통해 비주얼 베이직^{Visual Basic}과 자바스크립트^{JavaScript}로 LED를 깜박이는 방법(부록 A)과 라즈베리 파이의 HDMI 모드(부록 B), 비트 인코딩(부록 C), 코드 공유 전략(부록 D)을 설명했으며, 비주얼 C++/구성 요소 확장(부록 E)을 소개하고, 비주얼 스튜디오 2019에서 IoT 개발을 설정하는 방법을 보였다(부록 F). 부록은 http://www.acornpub.co.kr/book/programming-iot에서 다운로드할 수 있다.

편집 규약

다음과 같은 규칙을 사용했다.

- **굵은 글씨** 형식은 입력하는 텍스트를 가리킨다.
- 코드 요소는 고정 길이^{monospaced} 글꼴로 표시한다.

콘텐츠 다운로드

풍부한 학습 경험을 제공하고자 소스 코드를 포함했다. 함께 제공하는 코드는 다음 페이지에서 다운로드할 수 있다.

- http://www.acornpub.co.kr/book/programming-iot
- https://aka.ms/IoT/downloads

비주얼 스튜디오 2019에 맞춘 예제는 아래 깃허브에서 다운로드할 수 있다.

https://github.com/steelflea/Windows10-IoT-Programming

소스 코드는 각 장과 부록에 해당하는 하위 폴더로 나눠 놓았다. 가독성을 고려해 여러 곳에서 이 코드를 참조했지만, 전체 코드를 소개한 것이 아니므로 학습하는 동안 함께 제공하는 코드를 다운로드받아 참조하길 권장한다.

감사의 말

나의 책 제안에 뜨겁게 반응했고 집필 지침과 초기에 좋은 의견을 준 데븐 머스그래이브^{Devon Musgrave}의 도움이 없었다면 이 책은 이 세상에 나오지 못했다.

이 책에서 논의한 모든 프로젝트를 철저히 검사하고 아주 사소한 문제까지 찾아낸 하임 크라우스^{Chaim Krause}에게 감사드린다. 모든 장을 종합적으로 검토해 준 크래이그 브록시미트^{Kraig Brockschmidt}에게도 큰 빚을 졌다. 그의 폭 넓은 경험과 귀중한 의견은 이 책의 품질을 크게 개선했다. 마지막으로, 편집 작업을 멋지게 해준 뛰어난 편집자인 트레이시 컴베이^{Traci Cumbay}에게 감사드린다.

출판을 관리해 준 케이트 쇼프^{Kate Shoup}에게 감사드린다. 이 책을 완성하도록 안내해 준 킴 스필커^{Kim Spilker}에게도 감사를 전한다.

끝으로, 이 책을 집필하는 동안 나를 지원해 주고 인내해 준 아내 아그니에시카^{Agnieszka}와 딸 주자나^{Zuzanna}에게 특별히 감사를 전한다.

오탈자 및 책 지원

콘텐츠의 정확성을 위해 많은 노력을 기울였다. 출간된 후 보고된 모든 에러는 다음의 마이크로소프트 프레스 사이트에서 게시된다.

https://aka.ms/IoT/errata

아직 알려지지 않은 오류를 찾았다면 이 사이트에서 등록할 수 있다.

추가 지원이 필요하다면 마이크로소프트 프레스 북 지원 전자메일 주소인 mspinput@microsoft.com으로 메일을 보내기 바란다.

마이크로소프트 소프트웨어에 관한 제품 지원은 앞서의 사이트에서 제공하지 않는다.

한국어판 정오표는 에이콘출판사 도서정보 페이지 http://www.acornpub.co.kr/book/programming-iot에서 오류 정보를 알릴 수 있다.

독자 피드백

마이크로소프트 프레스는 독자의 만족이 가장 높은 우선순위이며, 피드백은 굉장히 가치가 높은 자산이다. 다음 웹사이트에서 이 책에 관한 여러분의 생각을 들려주길 바란다.

https://aka.ms/tellpress

설문조사는 짧으며, 우리는 여러분의 의견과 아이디어를 모두 읽는다. 여러분의 입력에 미리 고마움을 전한다.

한국어판에 관한 질문은 에이콘출판사 편집 팀(editor@acornpub.co.kr)이나 옮긴이의 이메일로 문의해 주길 바란다.

계속 연락하기

마이크로소프트 트위터 계정인 @MicrosoftPress를 팔로우하면 최신 소식을 받을 수 있다.

## PART 1

기본 개념

1부에서는 윈도우 10 IoT 코어(Windows 10 IoT Core)를 사용하는 사물인터넷(IoT, Internet of Things)의 기초 지식을 학습한다. 1장, '임베디드 디바이스 프로그래밍'에서는 임베디드 디바이스를 정의하고 역할을 설명하며, 이런 디바이스에서 IoT를 구성하는 방법을 소개한다. 아울러 임베디드 프로그래밍이 어려운 이유와 함께 데스크톱, 웹, 모바일 프로그래밍과의 차이점을 설명한다.

2장, '디바이스용 유니버설 Windows 플랫폼'에서는 유니버설 Windows 플랫폼(UWP, Universal Windows Platform)과 함께 윈도우 IoT 코어를 소개하고, 임베디드 디바이스에 사용할 고속 소프트웨어 개발 도구의 장점과 제약 사항을 다룬다. 개발 환경을 설치하고 구성하는 방법을 소개하며, UWP에서 사용할 수 있는 프로그래밍 모델을 선택해 윈도우 IoT 디바이스용 'Hello, world!' 프로젝트를 구현한다.

3장, '윈도우 IoT 프로그래밍 에센셜'에서는 IoT 프로그래밍의 핵심 중에 하나인 비동기 프로그래밍을 다룬다. UI 있는(headed) 모드와 UI 없는(headless) 모드 간의 차이점 그리고 IBackgroundTask 인터페이스와 UWP 애플리케이션을 위한 비동기 프로그래밍 패턴의 특징을 다룬다. 아울러 타이머와 스레드 동기화도 설명한다.

4장, 'UI 있는 장치를 위한 사용자 인터페이스 디자인'에서는 XAML을 사용해 UI 있는 윈도우 IoT 코어 디바이스를 위한 사용자 인터페이스(UI, User Interface) 설계의 가장 중요한 몇 가지 측면을 살펴본다. 이들 요소에는 UI 레이아웃(Grid, StackPanel, RelativePanel)을 정의하는 컨트롤과 스타일, 서식 적용, 이벤트, 데이터 바인딩을 위한 컨트롤이 있다.

CHAPTER 1

임베디드 디바이스 프로그래밍

임베디드 디바이스는 가전제품과 자동차 엔진, 로봇, 의료 장비 등을 포함해 광범위한 도구의 제어장치로 동작한다. 이들 제어장치는 다양한 센서로 데이터를 교환하는 목적으로 설계한 소프트웨어를 사용한다. 임베디드 디바이스는 특정 프로세스를 모니터링, 제어, 자동화하고자 센서 데이터에 정교한 알고리즘을 적용한다. 1장에서는 임베디드 디바이스를 정의하고, 이들 디바이스의 역할을 설명하며, 이런 스마트 디바이스를 연결할 때 일어날 수 있는 일들을 보여 준다. 임베디드 디바이스의 구조를 설명하고, 관련 프로그래밍 요소, 일반적인 문제점과 부딪힐 수 있는 어려움도 설명한다.

임베디드 디바이스 정의

임베디드 디바이스ED, Embedded Device는 특징 프로세스를 자동화하려는 특수 목적의 컴퓨팅 시스템이다. 일련의 표준 주변 장치(화면 입출력, 저장소, 통신)를 갖는 범용 컴퓨터와 달리 임베디드 디바이스는 특수한 목적으로 설계된다. 결과적으로 임베디드 디바이스의 입출력 장치는 범용 컴퓨터의 그것과는 거리가 멀다. 임베디드 디바이스는 키보드나 모니터 없이 완전하게 동작한다. 쉽게 상상할 수 있듯이 이런 기본적인 주변 장치 없이 노트북이나 데스크톱을 사용하는 것은 불가능하다.

특별한 목적을 갖는 컴퓨터와 범용 컴퓨터는 주변 장치 구성에 차이가 있지만, 중앙 처리 장치(CPU 또는 마이크로프로세서)와 메모리 등의 핵심 부분은 비슷하다. 마이크로프로세서는 메모리로부터 전달받은 명령어로 구성된 컴퓨터 프로그램을 실행한다. 그다음 CPU에서 수행하는 프로시저에서 전용 하드웨어를 제어한다. 이러한 임베디드 디바이스와 하드웨어의 조합을 임베디드 시스템이라고 한다.

특수 목적의 펌웨어

전형적인 컴퓨터 시스템과는 대조적으로 임베디드 디바이스는 보통 특정 하드웨어를 제어하는 데 전문화된 것이므로 임베디드 디바이스의 폼 팩터$^{form factor}$와 처리 능력은 특별한 시스템에 맞춰진다. 특히 임베디드 디바이스는 동시에 여러 프로그램을 실행할 필요가 없다. 대신 펌웨어^{firmware}라고 불리는 특수하게 설계된 소프트웨어를 실행한다. 펌웨어의 기능은 대개 범용성을 갖지 않으며, 특정 하드웨어에 맞춰진 작업을 수행한다. 일반적으로 펌웨어는 개발하는 동안 공장이나 제조사에서 디바이스에 탑재한다.

전자레인지에서 펌웨어 특성의 예를 발견할 수 있다. 전자레인지에 내장된 임베디드 디바이스는 키패드나 터치스크린을 통한 사용자의 입력을 바탕으로, 음식의 조리 시간과 온도를 제어한다. 모든 범용 컴퓨터에서 기본적으로 동일한 키보드와는 달리 전자레인지의 입력 요소는 디바이스마다 차이가 크다. 따라서 특정 전자레인지 제조사의 임베디드 디바이스가 모든 전자레인지에 범용성을 가질 수 없다. 더군다나 서로 다른 오븐에는 각기 다른 고유 센서와 전자 부품이 장착된다. 따라서 각 모델은 하드웨어 기능과 시스템 용도에 맞게 조정된 고유하고 특별한 펌웨어를 갖는다.

임베디드 디바이스에 올린 펌웨어의 수명주기^{lifecycle}는 컴퓨터 시스템의 특정 애플리케이션과는 전혀 다르다. 임베디드 디바이스의 메모리에 저장된 프로그램은 디바이스가 켜질 때마다 활성화되며, 디바이스에 전원이 공급되는 동안 동작한다. 전원이 들어온 동안 펌웨어는 주변 장치를 사용해 센서와 입출력(I/O) 장치와도 통신한다. 이들 주변 장치는 임베디드 디바이스의 고유한 부분과 환경 사이의 인터페이스를 구성한다. 다음은 대부분의 일반적인 주변 장치다.

- 직렬 통신 인터페이스$^{SCI, Serial Communication Interface}$
- 직렬 주변 장치 인터페이스$^{SPI, Serial Peripheral Interface}$
- 집적회로$^{I^2C, Inter-Integrated Circuit}$
- 이더넷^{Ethernet}
- 유니버설 직렬 버스$^{USB, Universal Serial Bus}$

- 범용 입출력GPIO, General Purpose Input/Output

- 디스플레이 직렬 인터페이스DSI, Display Serial Interface

일반적으로 임베디드 디바이스는 실물의 디스플레이가 필요 없다. 극단적인 예로 임베디드 디바이스에는 표시기로 사용하는 단일 LED를 구성한 단일 픽셀 디스플레이만 갖기도 한다. 이런 LED의 색상이나 깜박임 주기는 오류를 표시하거나 모니터링한 값을 인코딩할 수 있다.

마이크로컨트롤러 메모리

임베디드 디바이스는 매우 작은 틀에 넣는 경우가 많고 전원 효율성이 좋아야 한다. 공간과 자원을 아끼고자 CPU, 메모리, 주변 장치는 마이크로컨트롤러Microcontroller라는 하나의 칩으로 집적한다.

마이크로컨트롤러의 메모리는 펌웨어를 저장하는 ROMRead Only Memory과 소프트웨어 구성 요소에서 사용하는 변수를 저장하는 RAMRandom Access Memory의 두 가지 주요 부분으로 나뉜다. ROM 메모리는 비휘발성non-volatile이며, 별도의 개발 도구나 프로그래머에 의해 수정이 가능하다. 비휘발성 메모리는 임베디드 디바이스에 전원이 들어오면 바로 펌웨어를 로드해야 한다. 예를 들어, 무선 라우터 전원을 커면 ROM에 저장된 펌웨어의 실행을 시삭하고, 자격 증명credential, 주파수 대역, SSIDService Set Identifier를 포함한 연결 설정은 RAM에서 관리된다(이들 설정은 디바이스 부팅 이후에 비휘발성 메모리에서 RAM으로 로드된다).

이 메모리 구성은 일반적인 컴퓨터 시스템에서 기본 입출력 시스템BIOS, Basic Input/Output System 또는 통일 확장 펌웨어 인터페이스UEFI, Unified Extensible Firmware Interface와 같은 특수 프로그램을 담은 ROM을 사용하는 시나리오와 닮았다. 일반적으로 BIOS는 컴퓨터를 켜자마자 실행되며, 하드웨어를 초기화하고 운영체제를 로드한 다음 프로세스(프로그램 인스턴스)와 스레드를 만든다.

임베디드 디바이스 메모리에 사용되는 또 다른 형태로 EEPROM^{Electrically Erasable Programmable} ROM이라고 불리는 비휘발성 저장소가 있다. EEPROM에 기록하는 작업은 매우 느리다. 주목적은 정전 이후에 RAM으로 복원되는 디바이스의 보정 매개변수를 저장하는 것이다. EEPROM에 저장된 데이터는 애플리케이션과 디바이스 유형에 달렸지만, 보통 센서에서 획득한 원시 데이터를 온도나 습도, 위치, 3차원 공간 디바이스 좌표와 같이 물리적 매개변수를 나타내는 값으로 변환하는 데 사용된 보정 매개변수를 포함한다. EEPROM은 요즘의 메모리 스틱과 SSD^{Solid State Drive}에 사용되는 플래시 메모리 기반을 제공한다. 플래시 메모리라는 더 새로운 설계는 EEPROM보다 더 빠른 속도를 제공한다. 그림 1-1에서 메모리의 유형을 정리했다.

그림 1-1 메모리 유형과 목적

EEPROM 메모리는 보통 상대적으로 많은 양의 데이터를 저장하도록 설계된다. 많은 양의 데이터 집합 액세스, 특히 입출력 작업의 경우 느릴 수 있다. 따라서 입출력의 성능 향상을 위해 프로세서에서는 소량의 빠른 메모리용으로 빠르게 액세스할 수 있는 위치인 메모리 레지스터도 사용한다. 1장 뒤에서 설명하겠지만, 레지스터는 주변 장치를 제어하기 때문에 마이크로컨트롤러에 특히 중요하다.

디바이스는 애플리케이션과 성능, 용량, 주변 장치에 따라서 구분할 수 있다. 예를 들어, 차량 엔진을 제어하는 임베디드 디바이스의 처리 성능은 미디어 수신기와 같은 간단한 소비자용 전자 제품의 마이크로컨트롤러보다 훨씬 더 높아야 한다. 차량의 적절한 무결점 제어는 다른 전자 제품에 요구되는 사양보다 더 중요하다.

어디나 존재하는 임베디드 디바이스

임베디드 디바이스는 어디에나 있고, 가끔은 존재를 알 수 없을 정도로 숨겨져 있다. 자동차의 경우 차량 모듈 내에 수많은 내·외부 센서에서 지속적으로 고유한 시스템을 모니터링하고 있다. 이들 감지기에서 나온 데이터는 주변 장치를 통해 적절한 임베디드 디바이스로 전달되고, 다른 여러 기능 사이에서 차량의 마찰력을 추적하거나 엔진 제어, 차량의 외부 온도나 위치를 지속적으로 표시하고자 이 입력을 분석한다. 금융 분야에서는 임베디드 디바이스에서 은행 고객에게 자동화된 금융 거래를 제공하고자 ATM^{Automated Teller Machines} 장치를 제어한다. 건강 검진 장치에서는 신체를 물리적으로 침투하지 않고 신체 이미지를 생성하기 위한 광선의 위치를 제어하거나 질병에 대한 정보를 전달하는 작업도 임베디드 디바이스에서 관리한다. 지능형 빌딩과 기상 관측소, 보안 장비 등은 센서에서 데이터를 얻거나 카메라에서 이미지를 획득하는 특수 설계된 마이크로컨트롤러가 장착돼 있다. 디지털 신호와 온도 및 습도를 모니터링하는 이미지 처리 기술을 사용해 검사하고, 인증되지 않은 접근을 감지하거나 자원 활용을 최적화한다.

임베디드 디바이스는 개인 건강 관리 시스템의 중요한 구성 요소가 되고 있다. 심장 박동 센서와 혈압 센서, 또는 비침습적 혈당 모니터링 시스템을 포함하는 웨어러블 임베디드 디바이스는 건강 관련 매개변수를 지속적으로 읽고, 실시간으로 처리하며, 이 데이터를 착용자의 담당 의사에게 전송할 수 있다. 이러한 웨어러블 임베디드 디바이스는 착용자의 건강 상태에 관한 자세한 정보를 제공하므로 진단과 처방을 크게 향상시킬 수 있다.

임베디드 디바이스는 원격으로 전력계를 읽어 넘으로써 에너지 사용량 모니터링을 단순화한다. 조절 드라이버를 제어하는 임베디드 디바이스에서 받은 정보는 전력 분배를 최적화할 수 있다.

폼 팩터가 소형인 스마트 기기를 특별한 애플리케이션에만 사용하는 것은 아니다. 이들 기기로 재미를 경험할 수도 있다. 키넥트^{Kinect}와 홀로렌즈^{HoloLens}는 비즈니스나 오락용 애플리케이션의 대표적인 사례다. 키넥트는 복잡한 제스처를 인식하고 사람을 추적하는 동작 센서와 카메라를 장착한 동작 제어기다. 엑스박스^{Xbox} 컴퓨터 게임에서 본 적이 있을 것이다. 홀로렌즈는 인식 능력을 크게 향상시키는 증강 현실^{augmented reality}을 제공함으로써 이와 같은 기능의 개발을 더욱 발전시켰다. 키넥트와 홀로렌즈의 핵심 요소는 환경을 분석하고 음성이나 몸짓, 시선 등의 입력을 처리하는 여러 개의 센서와 카메라다.

임베디드 디바이스는 주로 사람들이 편리하고 더 나은 생활을 하도록 일상적으로 수행하는 동작을 자동화하는 인공지능 시스템의 역할을 한다. 임베디드 디바이스는 데이터를 입력받아 처리하며, 의사결정을 하고, 제어 알고리즘과 교정 프로시저를 구현한다. 특정 프로세스 자동화만이 아니라 제조 실패나 질병, 사고 또는 날씨 등을 예측할 수 있다.

임베디드 디바이스는 프로그래머가 설정한 임계값을 초과하는지 쉽게 감지할 수 있으며, 예측 분석과 심지어 음식을 잘못 가열하거나 차량 엔진이 손상되는 것을 방지하는 예방적인 관리도 수행한다. 이제 마이크로칩은 정교한 제어와 진단 알고리즘을 구현한 매우 향상된 소프트웨어를 효과적으로 실행할 수 있기 때문에 임베디드 디바이스에서 프로세스를 자동화하고 특정 시스템 사용 시 위험을 충분히 줄이는 예측 분석을 수행하며, 프로세스 비용과 시간을 아끼고 효율성을 개선한다.

수많은 임베디드 디바이스용 애플리케이션이 이미 존재하지만, 새로운 디바이스 개발에 따라 더 많은 미지의 가능성을 쉽게 상상해 볼 수 있다. 이런 가능성 중 많은 부분은 스마트 디바이스를 진보된 하드웨어 장치들의 네트워크에 연결하면서 등장한다.

임베디드 디바이스 연결: 사물인터넷

인터넷의 선조격인 아르파넷ARPANET은 격리된 범용 컴퓨터 시스템의 잠재력을 향상시키고자 만들어졌다. 워크스테이션 연결은 통신과 데이터 공유를 가속화한다. 더욱이 연결된 컴퓨터 간에 새로운 소프트웨어 버전을 빠르게 배포할 수 있고, 여러 시스템에서 병렬로 계산을 실행할 수 있다. 이러한 이점은 그 유용성이 빠르게 입증됐고 공용 네트워크로 전이돼, 나중에 상호 연결된 컴퓨터 네트워크라는 하나의 글로벌 시스템(인터넷)이 됐다. 요즘의 인터넷은 사람들의 소통을 돕고 파일을 공유하며, 매일 수행하는 프로세스를 자동화하고 단순화하는 기본 요소들 중의 하나다. 간단히 말하면 범용 컴퓨터의 힘은 인터넷을 통해 상호 연결됨으로써 막강해졌다.

이와 유사한 개념이 분산된 임베디드 디바이스의 네트워크인 사물인터넷^{IoT}을 만들어 냈다. 임베디드 디바이스는 매우 유용한 격리된 시스템이지만, 그 힘은 많은 하드웨어 유닛을 포함하는 전역 감지 또는 모니터링 시스템에 연결될 때 크게 향상된다. 이러한 연결성은 대량의 데이터가 주어진 비즈니스 프로세스나 모니터링하는 시스템의 상태에 관한 매우 유용한 정보를 제공하기 때문에 많은 이점을 제공한다. 데이터 분석은 스마트 디바이스 또는 센서를 사용하거나 제공된 프로세스를 직접 모니터링함으로써 기능 실패에 대한 완전히 새로운 결론을 이끌어 낼 수 있다.

어떤 의미에서 IoT는 센서에서 데이터를 획득한 다음 로컬이나 글로벌 통신 네트워크를 사용해 데스크톱이나 모바일 등의 다른 컴퓨터 시스템들 사이에 이 정보를 배포하는 연결된 디바이스의 세계다. IoT 그리드의 디바이스 수와 종류, 기능은 특정 요구 사항이나 프로세스, 시스템에 맞춰 조정할 수 있다. MyDriving 앱의 경우처럼 기존 디바이스와 센서로 IoT를 구성할 수 있다(http://aka.ms/iotsampleapp, https://channel9.msdn.com/Shows/Visual-Studio-Toolbox/MyDriving-Sample-Application).

데이터 전송 속도와 센서, 디바이스 소형화, 고급 제어와 진단 알고리즘을 사용해 대량의 데이터를 처리할 수 있는 마이크로컨트롤러의 급속한 기술 발전으로 인해 IoT 디바이스는 자동화와 로보틱스의 중요한 부분이 되고 있다. 하나의 IoT 디바이스에서 연결된 센서에서 데이터를 판독하고 적절한 동작을 수행할 수 있지만, 이 디바이스가 언제나 대량의 데이터를 저장할 수 있는 것은 아니다. 게다가 많은 IoT 디바이스에서 나오는 정보의 분석은 특히 대규모 IoT 그리드에서 도전적인 일이 되고 있다.

현재와 미래 IoT 애플리케이션은 임베디드 디바이스 자체뿐만 아니라 그 디바이스를 사용해 획득하는 데이터에서 매우 유용한 통찰력을 얻는 능력에 달렸다. 스마트 디바이스 연결은 새로운 가능성을 낳고 대규모 데이터의 처리와 분석 측면에서 새로운 도전을 가져온다. 모든 디바이스가 다른 센서를 통합할 수 있으므로 별개의 통신 프로토콜을 사용할 수 있다. 스마트 디바이스들의 조합은 정교한 수집, 저장소와 처리 방식을 필요로 하며, 다른 디바이스에서 나오는 데이터를 공유 시스템에서 통계적 모델을 사용해 통합하고 처리한다.

이런 중앙집중식 처리 장치는 고급 분석을 수행하며 수집하고 처리한 데이터의 표시와 누적, 필터링을 위한 통일된 인터페이스를 노출해 날것의 데이터를 명확하고 읽기 쉽게 만든다. 따라서 IoT는 대개 중앙 저장소와 처리 시스템으로 구성돼 사용자에게 디바이스 연결과 쉬운 처리 기능을 제공하고, 더 중요하게는 이들 스마트 유닛에서 나오는 데이터의 이해를 돕는다. 이 기능은 마이크로소프트 애저 IoT 스위트Microsoft Azure IoT Suite에서 제공하는데 3부, '애저 IoT 스위트'에서 자세히 설명한다.

그림 1-2에서는 다른 센서와 통합된 IoT 디바이스용 중앙 관리 시스템으로 마이크로소프트 애저 IoT 스위트의 예를 소개했다.

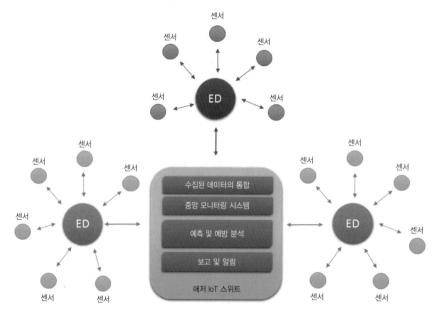

그림 1-2 IoT에서 다른 임베디드 디바이스(ED)에 연결된 다양한 센서에서 나오는 데이터를 중앙의 클라우드 기반 시스템으로 전송한다.

가장 기본적인 용어를 풀어 보면 IoT에서 사물things은 모든 종류의 디바이스와 센서를 의미하지만, 인터넷은 이들 디바이스를 연결하고 관리하는 중앙 집중식 시스템을 뜻한다. 이 시스템은 비즈니스 인텔리전스 기술을 사용해 센서에서 나오는 가공하지 않은 데이터를 잘 처리해 깨끗하고 읽기 쉬운 정보로 생성함으로써 의사결정을 단순화하고, 예측과 예방 분석을 가능케 하며, 많은 비즈니스 프로세스를 자동화한다.

전기 에너지 사용량은 IoT에서 비즈니스 프로세스를 어떤 식으로 단순화하는가에 대한 실용적인 예다. 먼저 전기 에너지 사용량을 측정하고, 더 명확히 표시할 뿐만 아니라 일별 청구나 선불식 계량기를 지원하는 전자 계량기(임베디드 디바이스)가 전기 기계식 계량기를 대체했다. 전자 계량기는 전기 에너지 사용량의 측정을 크게 향상시켰다. 하지만 전자 계량기가 연결돼 원격으로 값을 판독하고 중앙 처리 시스템에서 이를 저장할 때까지 직접 센서 판독이 여전히 필요했다. 결과적으로 발전소는 과금을 위해 자동으로 데이터를 수집하고 처리할 뿐만 아니라 전기 에너지 분배를 자동화하고 네트워크를 유지 관리하거나 오동작을 예측한다.

임베디드 디바이스 기본

CPU에서 실행되는 소프트웨어는 어떻게 주변 장치와 상호작용해 센서에서 데이터를 수집하고 다른 디바이스와 통신할까? 몇 가지 하드웨어와 소프트웨어 개념이 필요하다.

하드웨어 관점에서 마이크로컨트롤러는 외부 케이스에 핀으로 노출된 물리적인 커넥터를 통해 주변 장치에 연결된다(그림 1-3 참고). 이 프로세스는 데이터 전송에 사용된 특성 전송 프로토콜과 매체(예, 유선이나 광섬유, 자유 공간 통신 채널)에 독립적이며, 다음과 같이 동작한다.

1. 마이크로컨트롤러와 주변 장치 사이의 유선 연결은 정보 비트를 전압이나 전류와 같은 물리적 양으로 인코딩한 전기 신호를 전달한다.

2. 이들 물리적인 관측치는 적절한 아날로그-디지털 변환기를 사용해 디지털 값으로 변환된다.

3. 디지털 값은 디지털-아날로그 변환기를 사용해 주변 장치에 보내기 전에 다시 물리적인 양으로 변환된다.

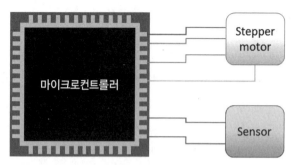

그림 1-3 주변 장치는 마이크로컨트롤러 핀에 연결된다.

소프트웨어는 수신한 이진 데이터(읽기 작업)를 액세스하고 주변 장치에 데이터를 전송하는 방법(쓰기 작업)을 알고 있다. 대개 주변 장치에서 수신받은 신호의 디지털 표현은 데이터 버스를 사용해 디바이스 사이에 분배된다. 적절한 데이터 분배는 물리 메모리에 있는 이진 데이터의 물리적인 위치 정보를 전달하는 주소 버스가 필요하다. 데이터와 주소 버스를 사용해 주변 장치에 데이터를 읽고 쓰는 두 가지 방식이 있다. 이들 방식은 포트 매핑 ^port mapping 된 I/O와 메모리 매핑된 I/O로 정의된다.

- 포트 매핑된 I/O에서 CPU는 로컬 메모리와 주변 장치에서 데이터를 어드레싱하고자 별도의 주소 버스를 사용한다. 특정 읽기/쓰기 명령은 마이크로컨트롤러와 주변 장치 간에 데이터를 전송한다(그림 1-4 참고). 하드웨어 관점에서 별도의 주소 버스는 어드레싱을 단순화한다. 하지만 소프트웨어 관점에서 포트 매핑된 I/O를 사용해 주변 장치를 액세스하는 것은 메모리 레지스터에 데이터를 읽고 쓰는 데 필요할 뿐만 아니라 주변 장치와 이진 데이터를 주고받기 위한 적절한 I/O 명령이 필요하기 때문에 상당히 복잡해진다.

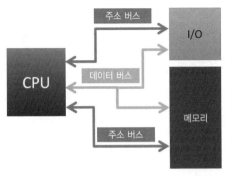

그림 1-4 포트 매핑된 I/O에서 두 가지 별도 주소 버스가 메모리와 주변 장치의 물리 위치를 가리킨다. 메모리와 I/O 디바이스는 별도로 액세스해야 한다.

- 메모리 매핑된 I/O는 통신을 위한 RAM의 일부를 예약하므로 펌웨어는 사실상 메모리 레지스터를 액세스하는 동일한 방식(단일 주소 버스)으로 I/O 디바이스를 액세스한다(그림 1-5 참고). 이 접근 방식은 소프트웨어를 있는 그대로 단순화한다. 단일 주소 버스를 사용해 메모리와 주변 장치를 제어하면 소프트웨어 복잡성 수준을 더 낮춘다. 하지만 주소 디코딩과 인코딩에는 보다 정교한 스키마^{schema}가 필요하다. 사용자가 사용할 수 있는 메모리의 양도 약간 줄어든다. 윈도우 데스크톱 플랫폼에서 작업 관리자를 사용해 하드웨어에 예약된 메모리의 양을 확인할 수 있다.

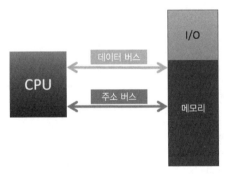

그림 1-5 메모리 매핑된 I/O에서 단일 주소 버스는 메모리와 주변 장치에서 물리 위치를 가리킨다. 추가 I/O 명령은 불필요하다.

레지스터는 RAM의 빌딩 블록이며, (마이크로컨트롤러 형식에 따라) 8 또는 16, 24, 32, 64비트를 포함할 수 있다. 마이크로컨트롤러의 제조사에서 정의한 이들 일부 레지스터는 프로세서와 주변 장치 간에 데이터를 교환하도록 설계됐으므로 사용자의 RAM 양을 줄인다(그림 1-6 참고). 이런 특별히 설계된 레지스터의 각 비트는 물리적인 I/O 포트에 매핑되는데 이 포트가 마이크로컨트롤러의 물리적인 핀을 이루고 있다.

특정 핀에 할당된 논리 비트 값은 오프(0)와 온(1) 상태를 정의한 전압 레벨이나 전류 세기로 제어한다. 이들 핀이 메모리 레지스터에 매핑되기 때문에 모든 전압 레벨이나 전류 변화는 메모리 레지스터에 자동으로 반영된다.

따라서 펌웨어는 적절한 메모리 레지스터를 읽고 주소로 식별해 메모리에서 그 위치를 가리켜 주변 장치에서 수신한 데이터를 액세스한다. 데이터는 다시 동일한 방식으로(레지스트에 저장한 값을 수정해) 주변 장치로 다시 전송한다. 이 과정은 전압이나 전류와 같은 물리량과 이진 표현 사이의 변환이 필요하다.

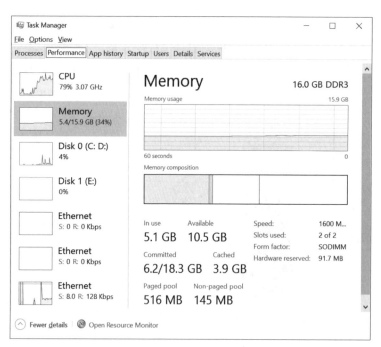

그림 1-6 메모리 매핑된 I/O, 하드웨어 예약된 메모리를 사용하는 컴퓨터 시스템에서 애플리케이션이 사용할 수 있는 전체 메모리를 줄인다. 이 예제에서 하드웨어는 약 92MB를 사용한다.

상황에 따라 이 접근 방식은 CPU와 주변 장치 사이 물리 신호의 변환과 전송이 RAM에서 사용하는 내장 메커니즘보다 더 느릴 수 있기 때문에 전체 메모리 액세스 속도가 느려질 수 있다. 더욱이 일부 메모리는 통신을 위해 예약되므로 사용자가 액세스할 수 없다. 물리적인 핀이 메모리 레지스터에 매핑되지 않은 포트 매핑된 I/O를 사용하는 것이 바람직할 때가 종종 있다. CPU는 주변 장치에 요청을 전송하고 응답을 받고자 추가적인 명령을 사용한다. 전송된 데이터는 별도 주소 공간에 저장되지만, 통신 시작을 위해 추가 물리적인 핀이 필요하다. 특정 통신 방식은 마이크로컨트롤러 제조사에 달렸다. 프로그래머는 특정 주변 장치와 통신 프로토콜과 연결된 메모리 레지스터의 주소를 알아야 한다(6장, '입력과 출력' 참고).

임베디드 디바이스의 소프트웨어는 센서의 업데이트된 상태를 가져오고자 레지스터에서 끊임없이 값을 읽어야 한다. 대신 적절한 이벤트가 발생할 때마다 펌웨어가 자동으로 알림을 줄 수 있다. 이 목적으로 마이크로컨트롤러는 핀의 물리적인 상태가 변경될 때마다 생성되는 신호인 인터럽트를 사용한다. CPU는 생성된 인터럽트와 연결된 소프트웨어 함수인 인터럽트 핸들러를 실행한다. 인터럽트 핸들러를 사용하면 펌웨어에서 레지스터 값을 계속해서 읽지 않아도 외부 이벤트에 반응할 수 있다. 이런 반응형 프로그래밍은 고수준 애플리케이션 프로그래밍에서 알려진 이벤트 기반 접근 방식과 비슷하다. 이 경우 버튼을 누르는 것과 같은 모든 사용자 요청이나 동작은 이벤트를 생성해 연결된 이벤트 핸들러를 차례차례 실행한다. 이 절차 내에서 구현한 로직이 사용자 요청에 응답한다.

임베디드 디바이스 프로그래밍 vs. 데스크톱, 웹, 모바일 프로그래밍

임베디드 시스템도 데스크톱, 웹, 모바일 애플리케이션과 동일한 언어와 비슷한 도구를 사용해 프로그래밍하지만, 임베디드 디바이스 코딩에는 하드웨어 요소와 직접 상호작용이 필요하다. 따라서 임베디드 디바이스 프로그래밍은 데스크톱, 웹, 모바일 코딩과 다르다. 하지만 유사한 점도 많다. 이어지는 내용에서 사용자 인터페이스, 하드웨어 추상 계층, 견고성, 리소스, 보안 측면의 비교를 다룬다.

유사성과 사용자 상호작용

인터럽트와 인터럽트 처리 이면의 개념은 데스트톱과 모바일 프로그래밍에서 이벤트 및 이벤트 처리와 상당히 유사하다. 하지만 각 기술은 특정 프로그래밍 관점에서는 거의 일치하는 뚜렷한 명명법을 사용한다. 데스크톱과 모바일 애플리케이션에서 이벤트는 버튼을 누르거나 목록을 스크롤하는 등의 사용자 동작과 관련돼 있다. 이런 종류의 동작은 이벤트 핸들러라는 메서드로 처리하는 이벤트를 생성한다. 이벤트는 예를 들면 낮은 배터리 수준이나 무선 연결 상실, 외부 디바이스의 연결/끊김을 가리키는 하드웨어나 시스템 관련 문제로도 트리거될 수 있다. 이벤트 핸들러를 하드웨어나 운영체제에서 트리거하는 사용자 동작이나 사건의 발생에 응답하는 데 사용할 수 있다.

모바일용이나 웹 플랫폼(ASP.NET)용으로 개발된 모델-뷰-컨트롤러 애플리케이션과 마찬가지로 다른 애플리케이션이나 서비스에서 들어온 모든 사용자 동작이나 쿼리^{query}는 요청이나 동작으로 정의된다. 모든 요청은 컨트롤러를 구현한 클래스의 적절한 메서드에 특정 동작을 매핑한 요청 핸들러^{request handler} 모듈로 처리된다. 요청 핸들러 모듈은 요청을 해석하고 애플리케이션의 상태(모델)를 업데이트하며, 표시된 뷰에서 해당 응답을 생성한다.

따라서 어떤 경우든 소프트웨어는 사용자 요청이나 외부 신호에 응답하고 적절한 동작을 취하거나 해당 응답을 반환한다. 하지만 데스크톱, 웹, 모바일 프로그래밍에서 이러한 요청은 주로 사용자가 생성한다. IoT 인터럽트는 대개 센서에 관련된 외부 신호(전기 신호)로 생성된다. 그러므로 임베디드 프로그래밍은 이벤트를 생성하는 원본으로 인해 데스크톱, 웹, 모바일 프로그래밍과는 다르다. 이런 점이 임베디드 디바이스가 사용자 요청에 전혀 응답하지 않는다는 뜻은 아니다. IoT 장치에는 터치 스크린과 같은 입력 시스템을 장착해 사용자가 임베디드 디바이스를 구성할 수 있다. 따라서 IoT도 사용자 인터페이스(UI)를 제공할 수 있다.

이어지는 장들에서 두 가지 이벤트 원본을 구분하고자 센서를 다룰 때는 인터럽트라고 하고, UI를 통해 생성된 사용자 요청을 다루는 메서드를 설명할 때는 이벤트라고 한다.

하드웨어 추상 계층

언뜻 보기에는 임베디드 디바이스 프로그래밍이 데스크톱, 웹, 모바일 애플리케이션 개발 기법과 비슷해 보이지만, 유사성 외에도 더 많은 핵심적인 차이가 있다. 이러한 차이점은 주로 전형적인 고수준 프로그래밍은 하드웨어와 저수준 상호작용이 필요하지 않다는 사실에서 기인한다. 하드웨어 관련 측면이 운영체제나 하드웨어 드라이버 내에서 구현되기 때문에 프로그래머는 보통 이를 직접 액세스하지 않는다.

일반적인 컴퓨터나 스마트폰은 임베디드 디바이스의 고급 버전이다. 모바일과 데스크톱 시스템의 내부 기능은 IoT 디바이스와 같은 개념을 기반으로 한다. 즉 CPU는 비슷한 기술을 사용해 주변 장치와 통신한다. 소프트웨어 개발자는 하드 드라이브에서 파일 액세스나 네트워크를 통한 직렬화된 데이터 전송, 화면에서 간단한 메시지 표시와 같은 소프트웨어 개발 작업 동안 이런 기술을 암시적으로 사용한다.

하지만 전통적인 컴퓨터 시스템은 표준화됐고, 하드웨어 추상 계층을 구현한 운영체제를 사용한다. 프로그래밍 프레임워크와 전통적인 애플리케이션 프로그래밍 인터페이스는 구현된 많은 알고리즘, 데이터 구조, 일반적인 작업을 수행하는 함수들을 제공해 소프트웨어 개발 과정을 크게 단순화한다.

임베디드 디바이스 프로그래밍은 하드웨어 동작을 운영체제 기능에 매핑하는 디바이스 드라이버를 작성하는 일과 비슷하다. 하지만 임베디드 디바이스 소프트웨어는 그런 중간 계층을 제공할 뿐만 아니라 하드웨어 유닛을 제어하기도 한다. 임베디드 디바이스 개발은 하드웨어의 역할과 드라이버, OS, 애플리케이션을 펌웨어 하나에 결합하므로 경계는 더 모호하다.

범용 컴퓨터 시스템의 하드웨어 추상 계층은 고객이 근본적인 차이점을 고려하지 않고 다양한 키보드, 마우스, 디스플레이, 스토리지 등을 구매할 수 있는 통합 계층을 제공한다. 임베디드 디바이스 개발의 경우 사실상 중간 계층 없이 다양한 종류의 디바이스와 작업할 수 있다.

견고성

자동차 안전 시스템, 전자적 차체 자세제어 프로그램ESP, Electronic Stability Program에 포함된 컴퓨팅 디바이스는 임베디드 디바이스 견고성의 좋은 예다. ESP는 마찰 손실을 감지해 차량의 안정성을 제어한다. ESP는 자동차 바퀴의 속도와 가속도를 센싱하는 다양한 하드웨어 유닛에서 나온 데이터를 분석한다. 언더스티어understeer나 오버스티어oversteer를 예측하는 데 필요한 데이터 분석은 아주 복잡해질 수 있다. 이 작업은 지속적인 데이터 처리와 노이즈 문제의 처리가 필요하다.

실세계 애플리케이션에서 센서 판독값은 기본 물리 효과로 인해 내장된 전자 회로에서 발생하는 노이즈에 영향받을 수 있다. 센서 판독값은 시간에 따라 변한다. 프로그래머는 시간에 따른 판독값을 누적하고 평균값이나 중간값과 같은 통계적 측정치를 사용해 이를 처리함으로써 노이즈 효과를 고려해야 한다. 애플리케이션에 따라 이런 처리는 잘못된 판독을 필터링하고, 하드웨어 장치의 안정적이고 예측 가능한 제어를 제공하고자 더 진보된 제어 알고리즘이 필요할 수 있다. 이는 안전이 중요한 애플리케이션에 특히 중요하다. 이러한 이유로 펌웨어는 빠르게 변하고 노이즈에 영향을 받는 센서 판독값에 신속하게 응답하고자 견고하고 오류가 없어야 한다.

특정 애플리케이션(예, ESP)에서 IoT 소프트웨어는 매우 빠르게 동작하도록 최적화돼야 한다. 어떤 경우는 단 몇 밀리초의 지연도 아주 중요한 영향을 끼칠 수 있지만, 전형적인 데스크톱이나 웹, 모바일 애플리케이션의 경우는 사용자가 그런 지연에 그다지 주목하지 않는다.

리소스

IoT 디바이스는 제어나 감시하는 시스템의 본체에 들어가기에 너무 작을 때가 자주 있다. 임베디드 디바이스는 동전이나 신용카드만큼 작을 수 있는데, 이는 일반적인 컴퓨터나 스마트폰과 비교해 제한된 저장소와 처리 능력을 갖는다는 뜻이다. 임베디드 디바이스를 제어하는 소프트웨어는 메모리와 CPU 시간 낭비 없이 하드웨어를 책임감 있게 사용해야 한다. 이 문제는 고수준 프로그래밍에서도 중요하지만, 대용량의 메모리와 거대한 처리 능력을 갖춘 전형적인 컴퓨터 시스템의 경우는 중요하지 않을 수도 있다.

보안

그림 1-3에 보이는 것처럼 주변 장치와 CPU 간에 전송된 데이터는 물리적인 핀 신호를 모니터링해 액세스할 수 있다. 임베디드 디바이스를 리버스 엔지니어링하는 이런 방식은 디바이스에 물리적으로 액세스해야 하므로 가능하지 않을 수 있지만, 오실로스코프를 활용할 수 있다. 한편 임베디드 디바이스를 네트워크(특히 무선 네트워크)에 연결할 때 데이터를 가로채기 당할 확률이 현저히 높아진다.

보안은 모든 종류의 프로그래밍에 중요한 문제지만, 무선 네트워크에 연결된 IoT 디바이스는 데이터의 손실이 가장 빈번하게 발생한다. 이런 이유로, 암호화 알고리즘을 사용해 네트워크를 통해 전송된 데이터를 보호해야 한다.

연결된 임베디드 디바이스는 민감한 데이터를 처리하고 수집하며, 중요한 하드웨어를 제어한다. 종종 사이버 공격에 직접 노출되는(예, 인터넷 연결을 통해서) 경우도 잦다. 따라서 IoT 보안Security of Thing이 매우 중요한 문제가 되고 있다.

연결된 임베디드 디바이스에서 수집된 데이터는 개인 정보를 포함한다. 예를 들어, 홈 오토메이션 장비는 매일의 습관을 추적한다(집을 떠났다 돌아왔을 때, 시청하는 TV 채널 등). 보안 카메라가 캡처한 이미지가 무엇인지도 추적한다. 그리고 물론 이런 장비는 다양한 디바이스에 대한 액세스 코드를 갖는다. 따라서 홈 오토메이션이 적절한 보안을 구현하지 않으면 이 모든 데이터를 도난당할 수 있다. 더 나쁜 상황은 여러분의 집을 통제하거나 감시하는 데 사용될 수도 있다는 점이다. 공격자가 자동차를 움직이는 IoT 디바이스의 제어권을 얻는 경우의 위험도 도사리고 있다. 이를테면 공격자는 여러분이 운전하는 동안 브레이크나 스티어링 시스템을 불능으로 만들 수 있다.

이러한 두 가지 예로 IoT 보안이 얼마나 중요한지 소개했다. 적절한 필터링을 적용하고 전송된 데이터를 검증하고 암호화함으로써 IoT 시스템을 안전하게 만들 수 있다. 더 나아가 IoT 시스템의 파일시스템과 구성 요소의 내부 일관성을 확인해야 한다.

윈도우 10 IoT 코어와 유니버설 Windows 플랫폼의 이점

IoT 디바이스를 프로그래밍할 때 경험하는 몇 가지 문제로 인해 스마트 디바이스용 소프 트웨어 개발 의욕을 빠르게 꺾어 버릴 수 있다. 이러한 상황은 전형적으로 다음의 문제에 서 기인한다.

- 마이크로컨트롤러 제조사에서 제공한 네이티브 도구와 컴파일러 체인, 프로그래밍 환경을 사용해야 함
- 저수준 프로그래밍 언어와 도구
- 디버깅의 어려움
- 패턴과 모범 사례의 부족
- 빈약한 커뮤니티
- 크로스 플랫폼 라이브러리와 도구를 사용한 UI 개발
- 제어할 센서와 하드웨어 장치가 광범위함
- 암호화 알고리즘을 직접 만들어 통신 프로토콜을 보호해야 함

윈도우 10 IoT 코어와 유니버설 Windows 플랫폼UWP은 앞서의 문제를 해결한다. 전자는 가장 작은 윈도우 10 버전이며 IoT에 맞게 만든 것이지만, 후자는 윈도우 10 기능을 액세 스하기 위한 API이며, 임베디드 프로그래밍을 간소화시킨다.

UWP는 이미 웹이나 모바일, 데스크톱 프로그래밍에 사용하는 것과 정확히 동일한 통합 API와 일련의 프로그래밍 도구를 제공한다. UWP 프로그래밍 도구는 WORAWrite Once Run Anywhere 패러다임을 따른다. 이런 접근 방식은 단일 프로그래밍 언어와 환경을 사용해 애 플리케이션을 작성한 다음 IoT에서 스마트폰, 데스크톱, 엔터프라이즈 서버에 이르기까지 다중 디바이스에 애플리케이션을 배포할 수 있는 프로그래밍 도구와 기술을 제공한다. 동 일한 도구 집합을 사용함으로써 여러 플랫폼을 대상으로 할 수 있다.

UWP는 다음과 같은 많은 포괄적인 알고리즘과 기능도 구현하고 있다.

- 센서에 대한 간편한 액세스

- 견고한 계산 수행

- 최소한의 코드로 고급 기능 작성

- 광범위한 데이터 쿼리

- 암호화 알고리즘을 사용한 안전한 데이터 전송

- 다른 많은 IoT 애플리케이션을 지원해 신호와 이미지를 처리하고, 인공지능 프로그래밍, 중앙 처리 시스템과 상호작용하며, 사용되지 않은 데이터를 통합해 읽기 쉬운 보고서로 변환한다.

마지막으로 UWP는 C#과 자바스크립트를 포함해 높은 수준의 인기 있는 프로그래밍 언어를 사용해 액세스할 수 있는데 이는 소프트웨어 개발 프로세스를 단순화하는 데 중요하다. UWP는 IoT 디바이스를 위해 소프트웨어로 빈틈없이 통합할 수 있는 UI 컨트롤 집합을 제공한다. 이는 문제가 많은 펌웨어의 네이티브native 기반 개발을 연결된 디바이스용 스마트한 소프트웨어 구축의 즐거운 경험으로 바꿨다.

윈도우 10 IoT 코어와 광범위한 UWP 기능은 이 책의 이어지는 장들에서 설명하고 있으며, IoT용 애플리케이션을 신속하게 개발하고 개념 증명 솔루션을 준비하며, 사용자가 원하는 디바이스를 만들고 프로그래밍하는 독창적인 기회를 만들어 낼 수 있다. 유일한 제한 제작자의 상상력일 뿐이다.

요약

1장에서는 이론을 간단하게 다뤘다. 데스크톱이나 웹, 모바일 플랫폼용 소프트웨어를 개발할 때 보통 고려하지 않는 IoT 이면에 존재하는 가장 중요한 개념을 설명했다. 여기서는 임베디드 프로그래머가 마주할 몇 가지 일반적인 도전을 지적했다. 윈도우 10 IoT 코어와 애저 IoT 스위트가 IoT 솔루션을 개발하는 데 얼마나 도움이 되는지도 설명했다.

디바이스용 유니버설 Windows 플랫폼

IoT 디바이스에는 전형적인 'Hello, world!' 애플리케이션의 출력에 사용할 화면 디스플레이가 없다. IoT 디바이스는 몇 개의 LED나 픽셀(극단적인 경우에는 하나의 LED나 픽셀)로 정보를 표시한다. 따라서 임베디드 프로그래밍 세계에서는 LED를 켜고 끄는 것으로 'Hello'를 표시한다.

2장에서는 C#과 C++로 만든 UWP 인터페이스를 사용해 LED를 다루는 방법을 소개한다. 이 두 가지 언어만 사용하는 이유는 이 책의 모든 애플리케이션을 C#을 사용해 구현하기 때문이다. C++는 나중에 네이티브 코드와 인터페이스하는 Windows 런타임 구성 요소를 구현하는 데 사용된다.

먼저 윈도우 10 IoT 코어를 정의하고 필요한 모든 소프트웨어와 하드웨어 구성 요소의 설치와 구성 과정을 안내한다. 그 뒤 전자 LED 회로 어셈블리를 설명한다. 코드를 직접 다뤄본 후 원격 디바이스 관리와 콘텐츠 액세스에 유용한 도구와 유틸리티를 설명한다.

윈도우 10 IoT 코어

윈도우 10 IoT 코어는 임베디드 디바이스용으로 설계되고 최적화된 윈도우 10의 콤팩트 버전이다. 윈도우 10 IoT 코어는 플랫폼과 하드웨어, 소프트웨어 추상 계층을 구현해 IoT 디바이스용 애플리케이션 개발 프로세스를 단순화시켜 준다. 최근까지 이 영역은 네이티브 프로그래밍 기술을 사용해야 하는 범접하기 쉽지 않은 분야였다. 하지만 윈도우 10 IoT

코어 덕분에 많은 고수준 소프트웨어 개발자도 이제 모든 윈도우 10 플랫폼에서 사용할 수 있는 UWP 프로그래밍 인터페이스를 사용해 임베디드 디바이스의 코드를 작성할 수 있다.

윈도우 10 IoT 코어 내에 구현된 하드웨어와 플랫폼, 소프트웨어 추상 계층은 네이티브 드라이버로 구성되며, C#이나 C++, 비주얼 베이직, 자바스크립트와 같은 UWP 프로그래밍 언어를 사용해 액세스할 수 있다. 윈도우 10 IoT 코어는 파이썬과 Node.js 런타임도 지원한다. 따라서 고수준 프로그래밍 언어를 사용하는 기능인 마이크로컨트롤러 인터페이스를 쉽게 액세스할 수 있다. 일반적으로 구식의 저수준 프로그래밍 구성을 해야 하는 대부분의 저수준 요소는 고맙게도 윈도우 10 IoT 코어 내에서 수행된다.

> **닷넷 마이크로 프레임워크(.NET Micro Framework)**
> 윈도우 10 IoT 코어는 마이크로소프트 닷넷 프레임워크의 가장 콤팩트한 버전인 닷넷 마이크로 프레임워크(NMF, .NET Microsoft Framework)에서 발전했다. 윈도우 10 IoT 코어와 NMF 배경의 아이디어는 아주 유사하다. 각각은 그 환경 내에서 임베디드 소프트웨어가 실행되는 IoT 디바이스용 실행 시스템을 포함하고 있고, 빠르고 안전하며, 견고하고 신뢰할 만한 애플리케이션 개발을 위한 풍부하고 친숙한 프로그래밍 인터페이스를 제공한다.

디바이스용 유니버설 Windows 플랫폼의 파워

모든 윈도우 10 플랫폼은 공통 베이스를 사용하며, 통합 커널과 공통 애플리케이션 모델을 구현한다. 유니버설 Windows 플랫폼[UWP]은 모든 UWP 디바이스에 사용할 수 있는 통합 애플리케이션 프로그래밍 인터페이스를 제공한다. 결과적으로 이 핵심 부분을 사용해 개발한 애플리케이션은 데스크톱, 모바일, 태블릿, 홀로렌즈[HoloLens], 엑스박스[Xbox], 서피스 허브[Surface Hub], IoT 디바이스를 포함하는 모든 윈도우 10 디바이스에서 실행할 수 있다. 하지만 윈도우의 핵심 부분과 그 API는 하나의 특정 플랫폼이나 다른 플랫폼에 맞춰 배타적으로 설계된 특정 기능은 포함하지 않는다. 이는 일부 하드웨어 플랫폼에서 제공하는 기능을 다른 디바이스에서는 사용할 수 없는 경우가 있기 때문이다. 예를 들어, IoT 디바이스는 데스크톱이나 모바일 디바이스에서 사용할 수 없는 특정 커스텀 센서를 제어할 수 있다. UWP의 핵심 요소는 모든 프로그래밍 인터페이스 구현을 플랫폼에 맞춰 특정 디바이스 군에 맞게 설계된 소프트웨어 개발 킷^{SDK, Software Development Kit} 확장을 제공한다(예를 들어, IoT 플랫폼에서 독점적으로 사용할 수 있는 기능 액세스). 그림 2-1에서는 UWP의 핵심 요소와 SDK 확장 간의 관계를 소개했다.

그림 2-1 IoT와 홀로그래픽, 모바일, 엑스박스, 데스크톱, 서피스 허브와 같은 특정 디바이스 군을 위한 기능을 액세스하고자 적절한 SDK 확장을 참조할 수 있다.

UWP의 중요한 이점은 UWP 프로젝트가 확장 SDK를 참조하더라도 특정 확장 집합을 지원하지 않는 플랫폼에 애플리케이션을 여전히 배포할 수 있는 것이다. 조건 컴파일은 필요하지 않다. 하지만 프로그래머는 애플리케이션에서 사용할 수 없는 기능은 액세스하지 못하도록 해야 한다. 특정 API를 현재 플랫폼에서 사용할 수 있는지 여부를 확인하려면 Windows.Foundation.Metadata 네임스페이스에서 정의한 `ApiInformation` 클래스의 정적 메서드를 사용한다. 다음 코드는 `Windows.Phone.Devices.Power.Battery`가 존재하는지 확인한다. 이 코드는 데스크톱 플랫폼에서 실행할 경우 `false`를 반환하고, 이 코드를 활용하는 애플리케이션을 홀로렌즈에서 실행할 경우는 `true`를 반환한다.

```
var typeName = "Windows.Phone.Devices.Power.Battery";
var canIReadBatteryLevelOfMyWindowsPhone = Windows.Foundation.Metadata.
    ApiInformation.IsTypePresent(typeName);
System.Diagnostics.Debug.WriteLine("Can I access a battery level of my Windows
Phone: " + canIReadBatteryLevelOfMyWindowsPhone);
```

모든 윈도우 10 디바이스에서 사용할 수 있는 통합 프로그래밍 인터페이스와 개발자가 자체 네이티브 드라이버(예를 들어, 메모리 매핑 레지스터)를 작성하지 않도록 하는 추상 계층 덕택에 윈도우 10 IoT 코어는 다른 UWP 디바이스에서 사용할 수 있는 소프트웨어 개발 키트도 제공한다. IoT 개발자는 다양한 프로그래밍 작업을 쉽게 수행할 수 있는데, 예를 들면 반응형 사용자 인터페이스를 만들고 제스처와 음성 입력을 처리하며, 디바이스를 웹과 클라우드 서비스에 연결하는 작업 등이다.

이런 접근 방식은 다른 솔루션에 비해 몇 가지 장점을 제공한다. 첫째 윈도우 10 IoT 코어 프로그래머는 UWP의 핵심 요소 내에서 이미 구현된 기능의 이점을 활용할 수 있다. 즉 개발 시간이 줄어들고 소프트웨어 기능을 크게 향상시킨다. 둘째, UWP 애플리케이션은 윈도우 10 IoT 코어를 실행하는 새로운 프로토타입 디바이스를 대상으로 할 수 있다. 셋째, 동일한 배포 채널을 통해 애플리케이션에서 수익을 얻을 수 있다(윈도우 스토어).

윈도우 10 IoT 코어는 빠른 프로토타입 개발을 위한 뛰어난 도구다. 하지만 일부 시나리오에서 네이티브 솔루션을 더 선호할 수 있다. 윈도우 10 IoT 코어와 UWP가 IoT 개발에 부족한 점이 있다는 말은 아니지만, 시간 기반 애플리케이션과 같은 예외적인 경우에는 윈도우 10 IoT 코어에서 제공하는 추가 계층들 간의 신호와 데이터 전송에 드는 추가 처리 시간을 피해야 한다. 그런 경우 네이티브 도구를 사용하고 성능을 높이고자 사용성과 유연성을 희생할 수 있다.

도구 설치와 구성

이 책에 필요한 소프트웨어 도구를 모두 갖췄는지 확인해 보자. 다음은 필수 요소다.

- 윈도우 10이 설치되고 개발자 모드가 설정된 개발 PC
- 통합 개발 환경으로서 비주얼 스튜디오 2019
- 윈도우 IoT 코어 프로젝트 템플릿
- 윈도우 10 IoT 코어 대시보드
- IoT 디바이스

윈도우 10

윈도우 IoT 코어용 애플리케이션 개발은 윈도우 10(10.0.10240 이상)을 사용하는 PC가 필요하다. 윈도우 10 설치는 간단하므로 이 책에서는 자세히 다루지 않는다.

개발development PC에서 이미 윈도우 10을 설치했다면 버전을 확인해야 하며, 필요한 경우 업그레이드해야 한다. 시스템 버전을 확인하려면 명령 프롬프트에서 winver를 실행하거나 시작 메뉴에서 winver를 검색한다(그림 2-2 참조).

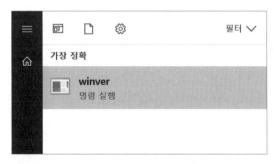

그림 2-2 winver 애플리케이션에서 컴퓨터의 윈도우 10의 빌드 번호를 알려 준다.

Windows 버전 확인 후 개발 PC에서 개발자 모드를 활성화한다. 시작 메뉴에서 Windows 설정 애플리케이션을 검색(winver처럼)하고 실행해 설정할 수 있다. 개발자 모드를 설정하려면 그림 2-3에서처럼 설정의 **업데이트 및 보안** 섹션으로 가서 **개발자용** 탭의 **개발자 모드**를 선택한다.

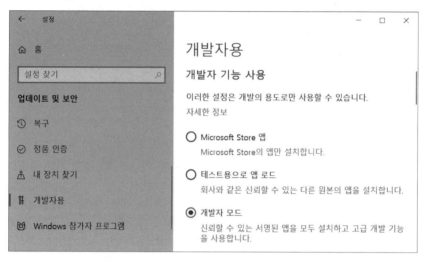

그림 2-3 설정 내의 업데이트 및 보안을 통해 Windows 10의 개발자 모드를 활성화한다.

비주얼 스튜디오 2017 이상

윈도우 IoT 코어 개발 PC는 통합 개발 환경으로서 비주얼 스튜디오 2017/2019(비주얼 스튜디오 2015 업데이트 1 이상)가 필요하다. https://www.visualstudio.com/ko에서 세 가지 다른 버전(Community, Professional, Enterprise)을 다운로드할 수 있다. 커뮤니티 버전은 무료이며 다른 두 가지는 유료 라이선스가 필요하지만 평가 기간 내에는 무료로 사용할 수 있다. 이 책에서는 비주얼 스튜디오 2019 커뮤니티Community를 사용한다.

비주얼 스튜디오 2019의 설치에서 UWP용 SDK를 설치해야 한다. 따라서 그림 2-4에서 나타낸 것처럼 **워크로드** 섹션의 **유니버설 Windows 플랫폼 개발**을 선택하고, 오른쪽 요약 섹션에서 **C++(v142) 유니버설 Windows 플랫폼 도구**와 **Windows 10 SDK**(10.0.14393.0) 체크 상자를 선택한다.

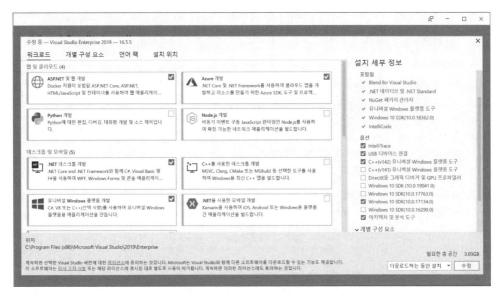

그림 2-4 윈도우 IoT 코어 개발에는 UWP 개발 도구가 필요하다. 비주얼 스튜디오 2019 Community의 인스톨러에서 '유니버설 Windows 플랫폼 개발'을 선택하고 추가적으로 'C++(v142) 유니버설 Windows 플랫폼 도구'와 'Windows 10 SDK(10.0.17134.0)'도 선택했다.

윈도우 IoT 코어 프로젝트 템플릿

마이크로소프트는 사용자 인터페이스 없이 IoT 애플리케이션 개발용으로 설계한 추가 프로젝트 템플릿을 제공한다. 이들 애플리케이션을 UI를 제공하는 UI 있는headed 애플리케이션과 대조적으로 UI 없는headless 애플리케이션이라 한다. 3장, '윈도우 IoT 프로그래밍 에센셜'에서 UI 없는 애플리케이션을 더 자세히 설명한다.

UI 없는 애플리케이션용 IoT 프로젝트 템플릿은 다음 단계를 따라서 비주얼 스튜디오 2019의 확장으로 설치한다.

1. 비주얼 스튜디오 2019에서 **확장 ＞ 확장 관리**로 간다.

2. **확장 관리** 대화 상자에서 **온라인** 노드를 확장하고 대화 상자의 오른쪽 상단에 있는 검색 상자에서 **IoT**를 입력한다.

3. 검색 결과에서 그림 2-5에 보이는 것처럼 Windows IoT Core Project Templates을 찾아서 **다운로드** 버튼을 클릭한다. 그러면 템플릿 다운로드 프로세스가 시작된다.

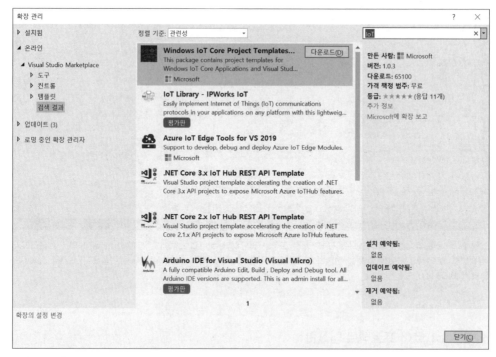

그림 2-5 비주얼 스튜디오 2019의 확장 관리 대화 상자

4. 프로젝트 템플릿이 다운로드된 후 비주얼 스튜디오를 종료하면 비주얼 스튜디오 확장VSIX, Visual Studio Extension 인스톨러는 라이선스 정보를 제공하는 예약된 작업 화면을 표시한다. Modify를 클릭한다.

5. 인스톨러는 해당 확장이 잘 설치돼 수정이 완료됐음을 알려 준다. Close를 클릭해 VSIX 인스톨러를 닫고, 비주얼 스튜디오 2019를 다시 시작한다.

윈도우 10 IoT 코어 대시보드

비주얼 스튜디오 2019를 설치한 후 윈도우 10 IoT 코어 대시보드를 다운로드하고 설치해야 한다. 이 애플리케이션은 로컬 네트워크에 연결된 새로운 윈도우 10 IoT 코어 디바이스를 설정(그리고 기존 디바이스를 관리하고 구성)하는 데 도움을 준다. 개발 PC와 여러분의 IoT 디바이스 모두에 사용할 수 있다.

먼저 https://docs.microsoft.com/ko-kr/windows/iot-core/downloads에서 대시보드 인스톨러를 다운로드한다. 그다음 방금 다운로드한 인스톨러 파일을 실행하고, **응용 프로그램 설치 ➤ 보안 경고** 대화 상자가 나타나면 **설치**를 클릭한다. 대시보드 다운로드 및 설치 프로세스가 시작되고, **Windows 10 IoT Core Dashboard 설치 중** 대화 상자를 보게 된다. 대시보드가 설치되고 사용할 준비가 되면 그림 2-6과 같은 화면을 볼 수 있다.

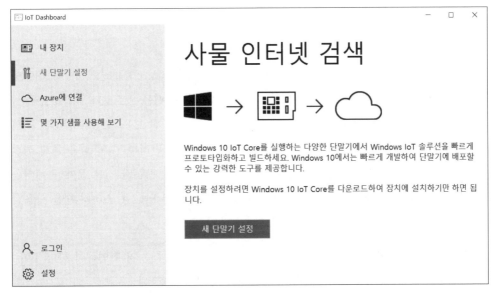

그림 2-6 Windows 10 IoT Core Dashboard

디바이스 셋업

이제 개발 환경에 필요한 모든 소프트웨어 구성 요소가 준비됐으므로 IoT 디바이스를 셋업해 보자.

라즈베리 파이 2와 파이 3용 윈도우 10 IoT 코어 스타터 팩

1장을 집필하는 동안 윈도우 10 IoT 코어는 네 가지 개발 보드(표 2-1에서 비교)를 사용할 수 있었다.

- 라즈베리 파이 2(RPi2)

- 라즈베리 파이 3(RPi3)

- 미노보드 맥스^{MinnowBoard MAX}

- 퀄컴 드래곤보드^{Qualcomm DragonBoard} 410c

애이다푸르트^{Adafruit}에서 준비한 윈도우 10 IoT용 스타터 팩(http://bit.ly/iot_pack) 내에서 사용할 수 있었기 때문에 첫 번째 것을 사용하기로 했다.[1] 이 팩은 프로토타입 회로를 구성하고 윈도우 IoT 디바이스용 소프트웨어를 개발하는 데 필요한 모든 도구와 검증된 구성 요소를 포함하기 때문에 IoT 프로그래밍을 시작하기에 매우 편리하다. 이 점은 문제 해결 과정에서 전선이나 LED, 센서와 같은 하드웨어 구성 요소에 관련된 기본 문제를 제거할 수 있기 때문에 초기 개발 단계에서 특히 아주 중요하다. 물론 RPi2용 스타터 팩을 사용할 필요는 없다. RPi2와 다른 구성 요소를 별도로 구할 수도 있다.

하지만 하드웨어 요소가 RPi2 및 윈도우 10 IoT 코어와 호환되는지 확인해야 한다. http://bit.ly/iot_compatibility_list에서 마이크로소프트에서 검증한 윈도우 10 IoT 코어 호환 하드웨어 구성 요소 목록(마이크로 SD, 센서 등)을 제공한다. 이 목록은 서로 다른 마이크로 SD 카드를 사용하고자 할 때 특히 중요하다. 그런 경우 적어도 클래스 10 마이크로 SD 카드가 필요하다. RPi2용 스타터 팩 대신 이 팩의 최신 버전인 RPi3를 포함하는 팩을 사용할

---

1 지금은 애이다푸르트의 스타터 팩에서 Pi3를 제공한다. - 옮긴이

수도 있다. 하지만 후자는 내부 ACT LED가 장착되지 않았다. RPi3는 몇 가지 샘플 애플리케이션을 실행할 때 외부 LED 회로를 사용해야 하는데, 이는 뒤에서 설명한다. RPi3용 스타터 팩은 외부 와이파이(Wi-Fi) 모듈을 포함하고 있지 않다.

표 2-1 윈도우 10 IoT 코어를 지원하는 개발 보드의 명세

보드	라즈베리파이 2	라즈베리파이 3	미노보드 맥스	퀄컴 드래곤보드 410c
아키텍처	ARM	ARM	x64	ARM
CPU	Quad-core ARM® Cortex® A7	Quad-core ARM® Cortex® A8	64-bit Intel® Atom™ E38xx Series SoC	Quad-core ARM® Cortex® A53
RAM	1GB	1GB	1 또는 2GB	1GB
온보드 와이파이	–	+	–	+
온보드 블루투스	–	+	–	+
온보드 GPS	–	–	–	+
HDMI	+	+	–	+
USB 포트	4	4	2	2
이더넷 포트	+	+	+	+

RPi2(또는 RPi3) 외에 그림 2-7에 보이는 라즈베리 파이 2/3용 마이크로소프트 IoT 팩은 다음의 구성 요소와 전선, 센서를 포함한다.

- 라스베리 파이 2/3 케이스 – 라즈베리용 하우징. 이 케이스에 보드를 삽하는 자세한 지침은 http://bit.ly/rpi_case에서 찾을 수 있다.

- 마이크로 USB 케이블이 있는 5V 2A 전원 공급 장치

- 무 땜납 브레드보드 – 회로 어셈블리에 필요

- 이더넷 케이블

- USB 와이파이 모듈

- 윈도우 IoT 코어가 포함된 8GB 마이크로 SD 카드(RPi3의 경우 16GB 카드)

- 수/수(male/male) 점퍼 전선

- 암/수(female/male) 점퍼 전선

- 전위차계^{potentiometer} 2개

- 촉각 스위치 3개

- 저항 10개

- 콘덴서 1개

- LED 6개

- 광전지 1개

- 온도 및 기압 센서

- 컬러 센서

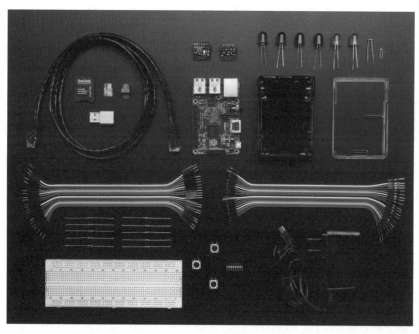

그림 2-7 라즈베리 파이 2를 포함한 윈도우 10 IoT 코어용 스타터 팩의 내용물. 라즈베리 파이 3을 포함하는 팩도 매우 비슷하다(www.adafruit.com 제공).

위 구성 요소 중 몇 가지를 사용해 LED와 저항으로 구성되는 회로를 조립하고 윈도우 유니버설 애플리케이션을 통해 제어한다. 하지만 먼저 RPi2(또는 RPi3) 디바이스에 윈도우 10 IoT 코어를 배포하고 기본 구성을 수행해야 한다. 윈도우 10 IoT 코어는 윈도우 10 IoT 스타터 팩에서 제공하는 마이크로 SD 카드에 이미 준비돼 있지만, 스타터 팩은 가장 최신의 윈도우 10 IoT 코어 빌드를 제공하지 않기 때문에 직접 윈도우 10 IoT 코어를 설치하는 것이 좋다. 마이크로 SD 카드를 교체해야 하는 경우도 윈도우 10 IoT 코어를 직접 설치해야 한다.

윈도우 10 IoT 코어 설치

RPi2(또는 RPi3)에 윈도우 10 IoT 코어를 설치하는 가장 쉬운 방법은 IoT 대시보드를 사용하는 것이다. IoT 대시보드의 **새 단말기 설정** 탭에서 사용할 수 있는 마법사는 PC의 카드 리더기에 호환 마이크로 SD 카드 중 하나를 넣은 이후의 과정을 완전히 자동화했다. 장치 유형을 선택하고 장치의 이름과(여기서는 'SteelFlea-RPI2') 새로운 관리자 암호를 입력한 뒤, 와이파이 네트워크 연결(사용할 수 있는 경우)을 선택하고, 소프트웨어 사용 조건에 동의한 다음 **다운로드 및 설치**를 클릭한다(그림 2-8 참고). IoT 대시보드에서 SD 카드 플래싱을 시작한다. 그림 2-9에 보이는 것처럼 현재 진행 상황이 표시된다. **배포 이미지 서비스 및 관리 도구**에서 윈도우 10 IoT 코어 이미지를 SD 카드에 적용한다(그림 2-10 참고). 그 뒤 IoT 대시보드는 그림 2-11과 같은 확인 화면을 표시한다.

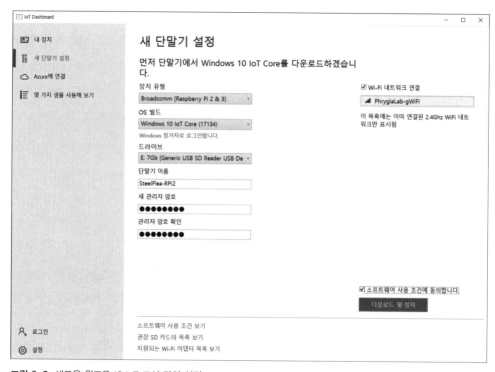

그림 2-8 새로운 윈도우 10 IoT 코어 장치 설정

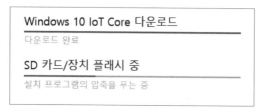

그림 2-9 SD 카드 준비

그림 2-10 배포 이미지 서비스 및 관리 도구에서 윈도우 10 IoT 코어 이미지를 SD 카드에 적용한다.

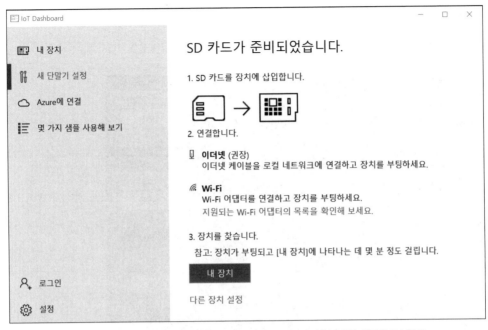

그림 2-11 IoT 대시보드에서 이미지 배포를 성공한 경우 이후의 단계를 안내하는 확인 화면을 표시한다.

개발 보드 구성

라즈베리 파이 2 모델 B V 1.1의 앞면과 뒷면을 각각 그림 2-12와 그림 2-13에서 나타냈다. 이 보드의 핵심 부품은 900MHz 쿼드 코어 ARM Cortex-A7 CPU와 비디오코어 VideoCore IV 3D 그래픽스 코어, 1GB RAM을 통합한 브로드컴Broadcom BCM2836 칩이다. 라즈베리 파이 2에는 다음과 같은 포트가 장착됐다.

- USB 타입 A 포트 4개

- 전원 공급을 위한 마이크로-B USB 포트 1개

- LANLocal Area Network 어댑터 1개

- HDMI 포트 1개

- 3.5mm 오디오 잭과 컴포지트 비디오(A/V) 1개

- GPIO 핀 40개

- 보드의 뒷면에 위치한 마이크로 SD 카드 슬롯 1개(그림 2-13 참고)

그림 2-12 라즈베리 파이 2의 앞면. CSI 인터페이스는 HDMI와 A/V 포트 사이에 있다.

그림 2-13 라즈베리 파이 2의 뒷면

라즈베리 파이 2와 파이 3는 CSI^{Camera Serial Interface}와 DSI^{Display Serial Interface}도 제공한다. 하지만 1장을 집필할 때까진 윈도우 10 IoT 코어에서 DSI 인터페이스를 지원하지 않았다.

RPi2(또는 RPi3)를 준비하고 실행하고자 다음 단계를 완료한다.

1. 라즈베리 파이 2 SD 카드 슬롯에 윈도우 10 IoT 코어를 적용한 마이크로 SD 카드를 삽입한다.

2. 5V 2A 마이크로-B USB 전원 공급 장치를 보드에 연결한다. RPi2/RPi3는 윈도우 10 IoT 코어를 자동으로 부팅하며, 1~2분 정도 걸린다.

3. 이더넷 케이블을 개발 PC와 동일한 로컬 네트워크에 연결하거나 라즈베리의 타입 A USB 포트 중 하나에 와이파이 모듈을 연결한다(RPi2).

이제 RPi2/RPi3 보드가 준비됐다. 진행하려면 IoT 대시보드를 실행하고 **내 장치** 탭으로 간다. 그림 2-14에 보이는 것처럼 IoT 대시보드에서 자동으로 사용 가능한 IoT 장치를 검색한다. 설치하는 동안 와이파이 연결을 선택했다면(그림 2-8 참고), IoT 장치는 자동으로 이 네트워크에 연결한다. 장치를 처음 부팅할 때 약간이 시간이 걸리니 인내심을 갖자. IoT 장치를 사용할 수 없다면 전원 공급 장치를 다시 연결해 RPi2(또는 RPi3)를 다시 시작해 보자.

그림 2-14 발견된 IoT 장치 목록

Hello, world! 윈도우 IoT

소프트웨어 도구 설치와 구성이 완료됐고, 적절한 IoT 장치가 준비됐다면, 이제 첫 번째 임베디드 UWP 애플리케이션을 작성해 보자. 이 애플리케이션은 전자 회로를 통해 RPi2(또는 RPi3)에 연결된 LED를 토글하는 'Hello, world!' 애플리케이션이다.

회로 어셈블리

LED를 제어하려면 먼저 전자 회로를 조립해야 한다. RPi2(또는 RPi3)용 윈도우 10 IoT 코어 스타터 팩에 있는 LED 중 하나를 IoT 장치의 적절한 GPIO 핀에 연결한다. 개발 보드의 경우 마이크로컨트롤러의 실제 핀은 납땜 없이 핀 연결을 단순화한 핀 확장 헤더를 통해 사용할 수 있다(더 자세한 내용은 1장, '임베디드 디바이스 프로그래밍'과 그림 1~3 참고). 확장 헤더는 PCB^{Printed Circuit Board}의 회로로 마이크로컨트롤러 핀에 물리적으로 연결된다. RPi2 보드나 적절한 PCB 설계를 분석해 이들 회로를 시각적으로 검사할 수 있다.

LED와 저항, 전자 컬러 코드

모든 LED는 전원을 인가하는 데 필요한 지정된 동작 전류가 있으므로 최대 임계값을 초과해 LED를 손상시키지 않도록 주의를 기울여야 한다. LED 회로의 입력 전류는 저항으로 조절한다. 권장 저항은 대개 LED 제조사의 데이터 시트에 있다.

윈도우 10 IoT 코어 스타터 팩 내에서 사용할 수 있는 LED는 저전력이므로 전류 흐름을 제한하려면 560옴(Ω) 저항을 사용한다. 윈도우 10 IoT 코어용 스타터 팩에 포함된 저항은 밴드라고 부르는 네 가지 수직 색 줄무늬로 구성된 4자리 컬러 코드를 사용해 인코딩된다. 첫 3개의 밴드는 실제 저항을 인코딩했고, 나머지 하나는 보통 다른 밴드와 다른 간격으로 존재하며, 저항 허용 오차, 이를테면 제조사에서 선언한 값과의 편차 등을 나타낸다.

저항 값은 2개의 중요한 수치(첫 번째와 두 번째 밴드)와 배율기(세 번째 밴드)를 사용해 인코딩된다. 표 2-2는 각 밴드 색의 정보를 나타냈다. 스타터 팩의 녹색-파란색-갈색-금색의 컬러 코드를 갖는 저항은 $R = 56 \times 10^1 = 560\Omega$이라는 저항값을 가지며, 허용 오차 ΔR은 ±5%다. 마찬가지로 갈색-검정색-오렌지색-금색이 나타내는 값은 $R = 10 \times 10^3 = 10k\Omega$과 ΔR은 ±5%다. 더 자세한 내용은 http://bit.ly/electronic_color_code를 참고하자.

표 2-2 전자 저항 컬러 코드

색	중요한 수치 값	배율	허용 오차
검정색	0	10^0	적용하지 않음
갈색	1	10^1	±1%
빨간색	2	10^2	±2%
오렌지색	3	10^3	적용하지 않음
노란색	4	10^4	±5%
녹색	5	10^5	±0.5%
파란색	6	10^6	±0.25%
보라색	7	10^7	±0.1%
회색	8	10^8	±0.05%
흰색	9	10^9	적용하지 않음
금색	적용하지 않음	10^{-1}	±5%
은색	적용하지 않음	10^{-2}	±10%
None	적용하지 않음	적용하지 않음	±20%

LED의 다리 중 긴 쪽은 양극(양전하)이라고 하며, 짧은 쪽은 음극(음전하)이라고 한다. 전하가 양극에서 음극 다리로 흐르기 때문에 저항을 LED의 긴 다리에 연결해야 한다. 이어서 저항과 짧은 LED 다리를 RPi2의 GPIO 핀에 연결한다. 마이크로컨트롤러를 사용해 LED를 제어하려면 논리 액티브 로(active-low, 부논리)와 액티브 하이 상태(active-high, 정논리)라는 두 가지 구성 중 하나를 채택할 수 있다.

액티브 로와 액티브 하이 상태

GPIO 핀은 0(로, low)과 1(하이, high)의 논리(디지털)값을 처리한다. 첫 번째 핀은 전형적으로 0V나 그 이하의 전압에 해당하지만, 두 번째는 특정 임계값을 넘는 전압 수준을 나타낸다. 실제로 아날로그 전압 신호는 잡음에 쉽게 영향 받는다. 따라서 신호는 낮은 값이나 높은 값 근처에서 무작위로 진동한다. 아날로그 전압 신호가 유효한 로^{low}와 유효한 하이^{high} 논리 수준을 보장하고자 로 상태의 경우 풀다운$^{pull-down}$ 저항, 하이 상태의 경우 풀업$^{pull-up}$ 저항이 사용된다. 따라서 LED를 통과하는 캐리어 흐름을 유도하는 두 가지 옵션이 있다.

- **액티브 로**^{active-low} **상태** 긴 LED 다리를 저항을 통해 3.3V 전압을 공급하는 전원 공급 장치 핀에 연결하고, 두 번째 LED 다리를 GPIO 핀에 연결한다. GPIO 핀이 로 상태로 가면 전류는 저항을 통해 전원 핀에서 LED로 간다.
- **액티브 하이**^{active-high} **상태** LED의 음극^{cathode}을 그라운드(GND, ground)에 연결하고, 양극을 GPIO 핀에 연결한다. 하이 상태로 구동되는 GPIO 핀은 캐리어 흐름을 유도한다.

라즈베리 파이 2/3 핀 배치도

LED 회로를 액티브 로나 액티브 하이 상태로 구성하기 전에 40핀 확장 헤더를 통해 주변 장치를 노출하는 RPi2/RPi3 핀 배치에 익숙해야 한다. 그림 2-12와 그림 2-15를 참고하자. 이 헤더의 각 핀은 1부터 시작하는 숫자를 매겨 놨다. 홀수 번호의 핀은 상단 헤더 열이다. 이는 핀 번호 1이 헤더의 왼쪽 하단 구석에 있고(두 번째 헤더 열의 첫 번째 요소), 핀 번호 2는 핀 번호 1의 바로 위에 있다는 뜻이다. 따라서 40번째 핀은 첫 번째 헤더 열의 오른쪽 끝에 있다.

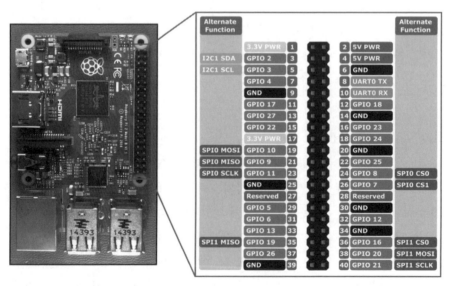

그림 2-15 라즈베리 파이 2의 핀 배치. (출처: https://docs.microsoft.com/ko-kr/windows/iot-core/learn-about-hardware/pinmappings/pinmappingsrpi) 이 다이어그램의 대화식 버전을 http://pinout.xyz/에서 찾을 수 있다.

라즈베리 파이 2/3의 모든 물리 핀은 6개의 그룹으로 나눠 다음의 확장 헤더 핀에 할당된다.

- 3.3V 전원 핀: 1, 17

- 5V 전원 핀: 2, 4

- I²C 버스 핀: 3, 5

- 그라운드(GND) 핀: 6, 9, 14, 20, 25, 30, 34, 39

- SPI 버스 핀: 19, 21, 23, 24, 26

- 제조사 예약 핀: 8, 10, 27, 28

추가적으로 17 GPIO 핀은 사용자가 사용할 수 있다. 표 2-3에서 핀 번호와 초기 상태(부팅 직후)를 요약했다.

표 2-3 라즈베리 파이 2의 GPIO 포트 할당

헤더 핀	GPIO 번호	초기 상태	헤더 핀	GPIO 번호	초기 상태
7	4	풀업	31	6	풀업
11	17	풀다운	32	12	풀다운
12	18	풀다운	33	13	풀다운
13	27	풀다운	35	19	풀다운
15	22	풀다운	36	16	풀다운
16	23	풀다운	37	26	풀다운
18	24	풀다운	38	20	풀다운
12	25	풀다운	40	21	풀다운
29	5	풀업			

RPi2 보드는 35와 47 GPIO 포트를 사용해 2개의 LED 상태를 제어한다. 이들 LED는 RPi2의 DSI 인터페이스 위에 있다(그림 2-12 참고). GPIO 포트 35는 빨간색 전원 LED(PWR)를 제어하는 반면, 두 번째 것은 녹색 LED(ACT)를 제어한다. 2장에서는 외부 LED만 사용한다. ACT LED는 RPi3에서 사용할 수 없다.

그림 2-15에서 볼 수 있듯이 몇 개의 핀은 대체 기능을 가질 수 있다. 예를 들어, 헤더 핀 2와 5(각각 GPIO 2와 3)는 I²C 인터페이스에 대한 액세스를 제공할 수도 있다. 'C#과 C++을 사용해 LED 켜고 끄기' 절에서 이 문제를 다룬다.

RPi2 핀 배치에 따르면 액티브 로 상태는 외부 LED의 짧은 다리를 확장 헤더(GPIO 5)의 핀 29에 연결하고, 긴 LED 다리를 저항을 거쳐 핀 1(3.3V 전원 공급)에 연결해 구성할 수 있다. 액티브 하이 상태는 음극을 GPIO 핀에 연결한다.

실제 소프트웨어를 작성하지 않고도 LED에 전원이 인가된다. 두 번째 LED 다리를 GND 핀 중 하나에 연결할 수 있다. LED는 바로 켜지고 RPi2는 단순히 3.3V 배터리로 동작한다.

액티브 하이 구성에서 LED의 짧은 다리는 그라운드(예, 핀 6)에 연결할 수 있다. 그다음 긴 LED 다리를 저항과 GPIO 핀에 연결하며 초기 상태는 0(풀다운)이다. 그 뒤 선택된 GPIO 포트를 액티브 하이 상태로 만들어 LED에 전원을 인가한다.

무납땜 브레드보드 연결

윈도우 10 IoT 코어용 스타터 팩에는 전자 소자의 프로토타입 배선을 지원하면서 납땜이 필요 없는 브레드보드breadboard를 제공한다. 이 브레드보드는 보드 양편에 2개의 전원 가로 대와 610개의 접속점을 배열했다. 그림 2-7의 하단부를 참고하자. 이 배열의 각 행은 대문자 A에서 J까지 레이블을 붙였고, 행은 숫자 0에서 시작한다. 이들 레이블은 브레드보드에서 접속점의 위치를 알아내는 데 도움을 준다.

LED 회로를 액티브 로 상태로 조립하려면 저항의 양쪽 다리를 구부리고 2개의 암/수female/male 점퍼 케이블을 사용한다. 그림 2-16에서 프릿징Fritzing이라는 오픈소스 도구(fritzing.org에서 다운로드)를 사용해 만든 연결 다이어그램을 나타냈다. 표 2-4에서는 브레드보드 헤더 맵을 나타냈고, 그림 2-17에서는 실제 연결을 나타냈다.

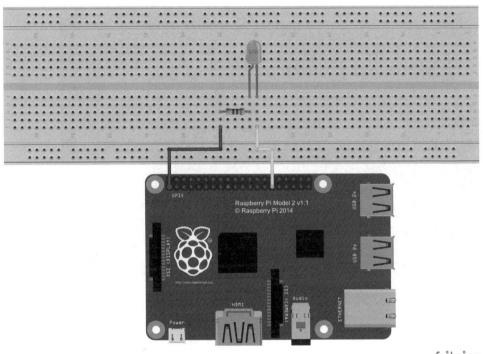

fritzing

그림 2-16 프릿징 다이어그램을 사용한 액티브 로 상태 LED 회로 시각화

표 2-4 액티브 로 LED 회로에 대한 샘플 연결 맵

구성 요소	다리 또는 커넥터	브레드보드 접속점 위치	헤더 핀
LED	짧은 다리	행: F, 열: 30	–
	긴 다리	행: F, 열: 31	–
저항	첫 번째 다리	행: H, 열: 31	–
	두 번째 다리	행: H, 열: 35	–
첫 번째 점퍼 케이블(그림 2-16과 그림 2-17에서 보라색)	수 커넥터	행: J, 열: 35	–
	암 커넥터	–	1(또는 17)
두 번째 점퍼 케이블(그림 2-16과 그림 2-17에서 노란색)	수 커넥터	행: J, 열: 30	–
	암 커넥터	–	29(또는 풀업 초기 상태의 경우 핀 7, 31)

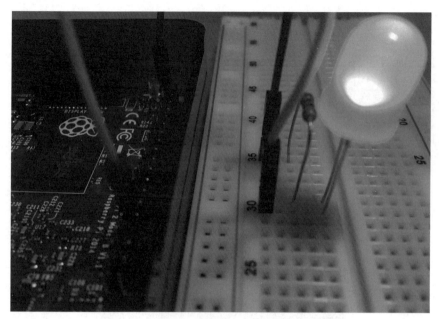

그림 2-17 액티브 로 상태 LED 회로의 실제 어셈블리

일반적으로 액티브 로 상태의 경우 초기에 풀업 상태인 GPIO 핀을 선택한다. 이는 해당 포트를 액세스할 때 전류 흐름을 차단한다. 반대로 액티브 하이 상태에서는 IoT 장치에 전원이 들어오고 캐리어의 흐름이 차단될 때 풀다운 상태인 GPIO 포트를 사용한다. 이러한 대체(액티브 하이) 회로 어셈블리를 그림 2-18, 표 2-5, 그림 2-19에 보이는 것처럼 구성할 수 있다. 이 구성을 액티브 로 상태의 구성과 비교해 보자.

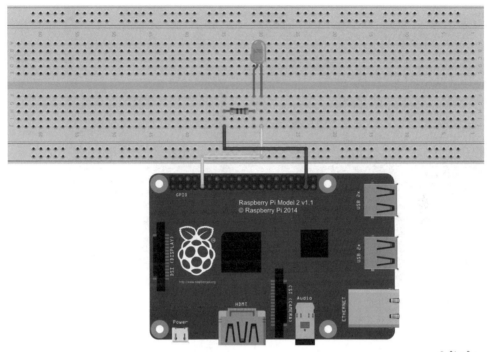

fritzing

그림 2-18 프릿징 다이어그램을 사용한 액티브 하이 상태 LED 회로 시각화(그림 2-16과 비교)

표 2-5 액티브 하이 LED 회로에 대한 샘플 연결 맵

구성 요소	다리 또는 커넥터	브레드보드 접속점 위치	헤더 핀
LED	짧은 다리	행: F, 열: 30	–
	긴 다리	행: F, 열: 31	–
저항	첫 번째 다리	행: H, 열: 31	–
	두 번째 다리	행: H, 열: 35	–
첫 번째 점퍼 케이블(그림 2-18과 그림 2-19에서 보라색)	수 커넥터	행: J, 열: 35	–
	암 커넥터	–	37(또는 풀다운 초기 상태의 다른 GPIO 포트, 예를 들면 핀 11, 12)
두 번째 점퍼 케이블(그림 2-18과 그림 2-19에서 노란색)	수 커넥터	행: J, 열: 30	–
	암 커넥터	–	9(또는 다른 GND, 예를 들면 핀 6, 14)

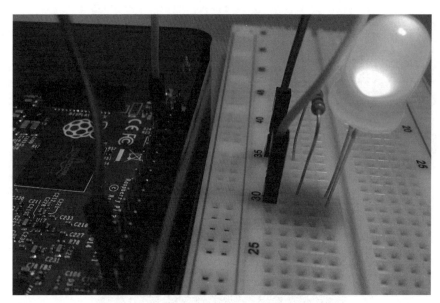

그림 2-19 액티브 하이 상태 LED 회로의 실제 어셈블리

C#과 C++를 사용해 LED 켜고 끄기

이제 액티브 로 구성에서 연결된 LED에 전원을 인가하는 UWP 애플리케이션을 작성할 준비가 됐다. UWP에서 사용할 수 있는 몇 가지 프로그래밍 모델로 이 작업을 완료할 수 있다. 애플리케이션의 논리 계층을 구현할 때 다음 중 하나를 사용한다.

- C#

- C++

- 비주얼 베이직

- 자바스크립트

언어에 따라 사용자 인터페이스를 선언하는 방법이 다를 수 있는데 C#과 C++, 비주얼 베이직의 경우 XAML, 자바스크립트의 경우 HTML/CSS를 사용한다. 비주얼 베이직과 자바스크립트의 예는 부록 A, '비주얼 베이직과 자바스크립트를 사용한 LED 제어 코드 예제'에서 찾을 수 있다.

C#/XAML

다음의 단계를 따라서 C#/XAML 프로그래밍 언어를 사용해 윈도우 IoT 장치용 첫 UWP 애플리케이션을 작성해 보자.

1. VS 2019를 실행해 **새 프로젝트 만들기**를 클릭한다(VS 2019를 실행 중인 경우 **파일 > 새로 만들기 > 프로젝트**를 클릭해도 된다).

2. **새 프로젝트 만들기** 대화 상자에서 다음의 단계를 따른다.

   a. 그림 2-20에서 보인 것처럼 템플릿 검색 상자에서 '유니버설'을 검색한다.

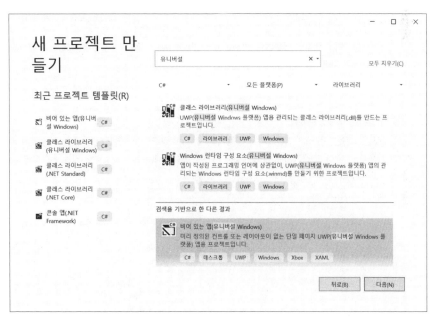

그림 2-20 비주얼 스튜디오 2019의 새 프로젝트 대화 상자. 비주얼 C#용 비어 있는 앱(유니버설 Windows) 프로젝트 템플릿 선택

   b. 검색 결과에서 **비어 있는 앱(유니버설 Windows)**를 프로젝트 템플릿을 선택하고 **다음** 버튼을 클릭한다.

   c. **새 프로젝트 구성** 대화 상자의 **프로젝트 이름**을 HelloWorldIoTCS로 변경하고 **솔루션 이름**을 Chapter02로 변경한 다음 **위치**를 적절하게 지정해 **만들기** 버튼을 클릭한다.

d. 새 유니버셜 Windows 플랫폼 프로젝트 대화 상자에서 **대상 버전**과 **최소 버전**을 Windows 10, version 1803(10.0, **빌드 17134**)로 설정한다(그림 2-21 참고). 새로운 빈 프로젝트가 만들어진다.

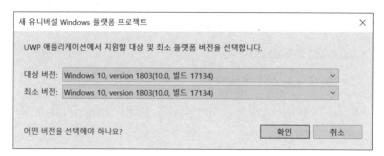

그림 2-21 비주얼 스튜디오 2019의 새 유니버셜 Windows 플랫폼 프로젝트 대화 상자에서 윈도우 10의 대상과 최소 지원 버전을 구성할 수 있다.

대상 버전과 최소 플랫폼 버전

대상 플랫폼 버전은 애플리케이션에서 사용할 수 있는 UWP API를 지정한다. 이 값이 더 높을수록 더 최신의 API를 사용할 수 있다. 마찬가지로 최소 플랫폼 버전은 애플리케이션이 실행할 수 있는 최소 UWP 버전을 지정한다.

노트 | 특별히 언급하지 않는다면 3장에서 대상 버전은 'Windows 10, version 1803(10.0, 빌드 17134)'로 설정한다.

---

3. 비주얼 스튜디오 2019에서 솔루션 탐색기가 보이지 않는다면 **보기 ❯ 솔루션 탐색기**를 클릭한다.

4. 솔루션 탐색기에서 HelloWorldIoTCS 노드를 확장하고, **참조**를 마우스 오른쪽 버튼 클릭한다. 콘텍스트 메뉴에서 **참조 추가**를 선택한다. 참조 관리자 창이 나타난다.

5. 참조 관리자 창에서 Universal Windows 탭으로 가서 **확장** 탭을 클릭한다.

6. 그림 2-22에 보이는 것처럼 Windows IoT Extensions for the UWP 체크 상자를 선택하고 **확인** 버튼을 클릭해 참조 관리자를 닫는다.

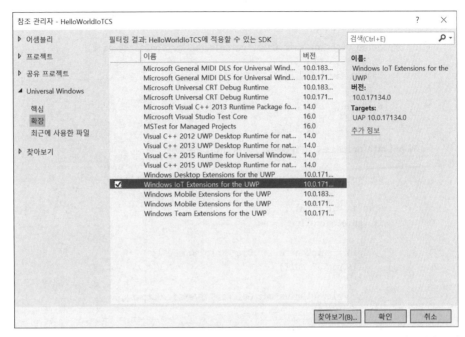

그림 2-22 HelloWorldIoTCS 프로젝트의 참조 관리자. Windows IoT Extensions for the UWP 체크 상자를 선택했다.

7. 솔루션 탐색기에서 MainPage.xaml.cs 파일을 열어 예제 2-1의 내용처럼 수정한다.

예제 2-1 GpioController를 사용해 구동되는 LED

```
using System.Threading.Tasks;
using Windows.Devices.Gpio;
using Windows.UI.Xaml.Controls;
using Windows.UI.Xaml.Navigation;

namespace HelloWorldIoTCS
{
    public sealed partial class MainPage : Page
    {
        private const int gpioPinNumber = 5;
        private const int msShineDuration = 5000;

        public MainPage()
        {
            InitializeComponent();
```

```
    }

    protected override void OnNavigatedTo(NavigationEventArgs e)
    {
        base.OnNavigatedTo(e);

        BlinkLed(gpioPinNumber, msShineDuration);
    }

    private GpioPin ConfigureGpioPin(int pinNumber)
    {
        var gpioController = GpioController.GetDefault();

        GpioPin pin = null;
        if (gpioController != null)
        {
            pin = gpioController.OpenPin(pinNumber);
            if (pin != null)
            {
                pin.SetDriveMode(GpioPinDriveMode.Output);
            }
        }

        return pin;
    }

    private void BlinkLed(int gpioPinNumber, int msShineDuration)
    {
        GpioPin ledGpioPin = ConfigureGpioPin(gpioPinNumber);

        if(ledGpioPin != null)
        {
            ledGpioPin.Write(GpioPinValue.Low);

            Task.Delay(msShineDuration).Wait();

            ledGpioPin.Write(GpioPinValue.High);
        }
    }
}
}
```

8. **프로젝트** 메뉴를 클릭한 다음 맨 아래 HelloWorldIoTCS **속성**을 선택한다.

9. HelloWorldIoTCS 속성 대화 상자에서 **디버그** 탭(그림 2-23 참고)으로 가서 다음 단계를 수행한다.

   a. **플랫폼** 드롭다운 목록에서 ARM을 선택한다.

   b. **시작 옵션** 그룹에서 **대상 장치** 드롭다운 목록을 클릭해 **원격 컴퓨터**를 선택한 뒤 **찾기** 버튼을 클릭한다. 그림 2-24에 보이는 것처럼 IoT 장치가 **자동 감지됨** 확장 아래에 나타난다. 나타나지 않는다면 장치 이름이나 IP 주소를 직접 입력해야 한다.[2] 윈도우 10 IoT 코어 대시보드를 통해 이들 값을 얻을 수 있다(그림 2-14 참고).

   c. **선택** 버튼을 클릭해 프로젝트 속성 창을 닫는다.

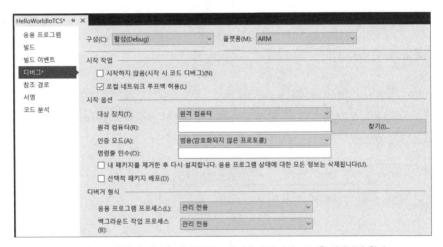

그림 2-23 프로젝트 속성 창의 디버그 탭. 플랫폼 드롭다운 목록에서 ARM을 선택해야 한다.

---

2   수동으로 한 번 설정했다가 다시 찾기 버튼을 클릭했을 때 자동감지 목록에 나타날 수도 있다. – 옮긴이

 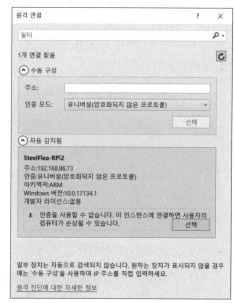

그림 2-24 IoT 장치 검색

10. 비주얼 스튜디오 2019 윗부분에서 그림 2-25에 보이는 구성 툴바를 찾아보자. 드롭다운 목록을 사용해 구성을 Debug로, 플랫폼을 ARM, 디버깅 대상을 **원격 컴퓨터**로 설정한다.

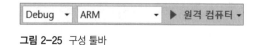

그림 2-25 구성 툴바

11. 애플리케이션을 실행한다. **디버그** 메뉴의 **디버깅 시작**을 사용하거나 구성 툴바에서 **원격 컴퓨터** 버튼을 클릭한다.

위 절차를 수행한 후 UWP 애플리케이션은 RPi2 장치에 자동으로 배포된 후 실행된다. 이어서 LED는 5초간 켜진다. **디버그 ▶ 디버깅 중지**를 클릭하면 언제든지 애플리케이션 실행이 중단된다.

위 솔루션에서 주목할 부분이 몇 가지 있다. 먼저 HelloWorldIoTCS 프로젝트는 다음 요소들로 이뤄졌다.

- project.json   이 파일은 프로젝트 종속성, 프레임워크, 런타임을 JSON 객체로 지정한다. 각 종속성 항목은 NuGet 패키지의 이름-버전 쌍으로 이뤄진다. 기본적으로 Microsoft.NETCore.UniversalWindowsPlatform 패키지 하나뿐이다. 이 프레임워크 컬렉션 아래에서 프로젝트가 대상으로 하는 프레임워크를 지정한다. UWP의 경우 uap10.0 프레임워크^{Universal App Platform}를 사용한다. 런타임은 런타임 식별자^{RID, Runtime Identifiers} 목록을 포함한다. 대개 https://docs.microsoft.com/ko-kr/dotnet/core/rid-catalog에서 지정한 값을 사용한다. 여기서 사용하는 UWP 프로젝트 템플릿은 윈도우 10 RID이며, 이 책에서 개발된 예제를 완료하는 데 다른 RID는 필요하지 않다. 예를 들어, ASP.NET Core MVC 웹 애플리케이션이나 웹 서비스처럼 크로스 플랫폼 .NET Core 애플리케이션을 개발할 때 다른 RID가 필요하다.

- Package.appxmanifest   이 요소는 애플리케이션 매니페스트^{manifest} 파일이다. 이 XML 파일은 애플리케이션 게시와 표시, 업데이트에 필요한 정보를 포함하며, 기능과 애플리케이션 요구 사항을 정의한다.

- Assets 폴더   이 요소는 프로젝트 에셋을 포함한다.

- App.xaml과 App.xaml.cs 파일   이들 요소는 App 클래스를 구현한다.

- MainPage.xaml와 MainPage.xaml.cs   이들 요소는 애플리케이션의 메인(기본) 뷰를 구현한다.

App 클래스의 기본 구현은 자동으로 생성되며, MainPage 클래스에서 구현된 뷰를 표시한다. MainPage 클래스는 Page 클래스에서 파생되며, MainPage.xaml과 MainPage.xaml.cs라는 두 가지 파일을 사용해 기본 애플리케이션 뷰를 구현한다. MainPage.xaml은 사용자 인터페이스를 구현하며, MainPage.xaml.cs는 그 뷰와 연결된 로직을 구현한다. 따라서 MainPage.xaml.cs는 코드 숨김이라고 한다.

3장, '윈도우 IoT 프로그래밍 에센셜'에서 UWP IoT 애플리케이션의 뷰와 진입점 간의 탐색 메커니즘을 설명한다. 지금은 MainPage.xaml.cs 파일만 애플리케이션 로직을 포함하기 때문에 이 파일에만 집중한다. 더욱이 현재 애플리케이션은 어떤 시각 요소도 포함하지 않은 빈 UI를 구현한다.

예제 2-1의 MainPage 클래스 내에서 gpioPinNumber와 msShineDuration이라는 2개의 상수 필드를 선언했다. 첫 번째 상수는 LED 상태를 제어하는 데 사용된 GPIO 포트의 핀 번호를 정의하고, 두 번째 상수는 LED가 켜져 있는 시간을 정의한다. 이 예제에서 LED 회로는 표 2-4에 따라 조립한 것으로 가정한다. 따라서 gpioPinNumber에 5라는 값을 할당했다.

LED가 빛을 내게 하는 절차는 BlinkLed 메서드 내에서 구현한다. Page.OnNavigatedTo 이벤트 핸들러의 재정의된 구현 아래에서 이 메서드를 호출했다. BlinkLed 메서드는 2개의 논리 요소로 구분된다. 첫 번째 요소는 ConfigureGpioPin 메서드를 호출해 IoT 장치의 기본 GPIO 컨트롤러에 대한 참조를 얻는다. 이 객체의 추상 표현은 Windows.Devices. GpioController 클래스다.

GpioController 클래스는 몇 가지 멤버를 노출하며 GPIO 주변 장치와 간단히 인터페이스 하도록 설계됐다. 특히 정적 메서드 GetDefault는 임베디드 장치의 기본 GPIO 컨트롤러를 반환한다. 예제 2-1에서 RPi2 GPIO 컨트롤러를 액세스하는 데 이 메서드를 사용한다. 기본 GPIO 컨트롤러를 나타내는 GpioController 클래스의 인스턴스를 얻은 후 선택된 GPIO 포트는 OpenPin 메서드를 호출해 연다. 이 메서드의 호출이 성공하면 GPIO 포트의 추상 표현인 GpioPin 클래스 인스턴스를 반환한다.

OpenPin 메서드의 가장 일반적인 버전은 2개의 입력 인수를 받는다. 첫 번째 인수 (pinNumber)는 GPIO 핀 번호를 가리키며, 두 번째 인수(sharingMode)는 GPIO 포트의 공유 모드를 정의한다. 이 공유 모드는 Windows.Devices.Gpio.GpioSharingMode 열거형의 값 중 하나로 정의한다. 즉 이 형식은 Exclusive와 SharedReadOnly라는 2개의 값을 노출한다. 배타 모드exclusive mode에서 프로그래머는 GPIO 포트와 읽기나 쓰기를 할 수 있지만, 두 번째의 경우는 쓰기 작업을 허용하지 않는다. 프로그래머는 공유 모드에서 동일한 GPIO 포트를 참조하는 몇 가지 인스턴스를 사용할 수 있다. GPIO 핀을 배타 모드에서 액세스한다면 이 작업이 불가능하다. 그런 경우는 GPIO 포트를 열려고 시도하면 예외를 일으킨다.

예제 2-1에서 사용된 OpenPin 메서드의 두 번째 버전은 GPIO 핀 번호만 받으며, 배타 모드에서 GPIO 핀을 연다.

GpioPin 클래스의 인스턴스 메서드 SetDriveMode는 GPIO를 출력 모드로 전환하는 데 사용된다. 사용할 수 있는 GPIO 드라이브 모드는 GpioPinDriveMode 열거형 내에서 구현된 값으로 표현한다.

GPIO 드라이브 모드를 구성한 후 해야 할 작업은 GPIO 포트를 로^{low} 상태로 설정하는 작업뿐이다. 이 작업은 LED 회로를 통한 전류 흐름을 일으킨다. LED 회로는 컨트롤 GPIO 핀이 하이 상태로 설정된 동안 전원을 공급받는다. 이 동작은 MainPage 클래스의 msShineDuration 멤버에서 지정한 지연 이후 자동으로 일어난다. 이 지연은 Task 클래스의 Delay 정적 메서드를 사용해 구현했는데, 3장에서 더 자세히 설명한다.

LED가 액티브 하이 상태에서 RPi2에 연결될 때 앞서의 절차는 다르게 진행된다. 즉 LED를 켜려면 GPIO 핀을 하이 상태로 만든 후 로 값을 작성해 전류 흐름을 차단한다. BlinkLed 메서드는 예제 2-2의 형태가 되고, 표 2-3에서 따라 gpioPinNumber를 26으로 업데이트해야 한다.

예제 2-2 액티브 하이 구성을 사용해 연결된 LED를 깜박인다. GpioPinValue.High와 GpioPinValue.Low 상태는 예제 2-1과 반대.

```
private void BlinkLed(int gpioPinNumber, int msShineDuration)
{
    GpioPin ledGpioPin = ConfigureGpioPin(gpioPinNumber);

    if(ledGpioPin != null)
    {
        ledGpioPin.Write(GpioPinValue.High);

        Task.Delay(msShineDuration).Wait();

        ledGpioPin.Write(GpioPinValue.Low);
    }
}
```

사용자에게 사용 가능한 GPIO 포트는 풀업 또는 풀다운 입력 모드 중 하나가 기본값이다(표 2-3 참고). 이들 모드는 논리적으로 액티브(풀업) 또는 인액티브(풀다운) 입력 GPIO 포트에 해당하며, 각각 `GpioPinDriveMode.InputPullUp`과 `GpioPinDriveMode.InputPullDown`으로 나타낸다.

GPIO로 대체 기능이 있는 물리 핀을 구성할 때 `Dispose` 메서드를 호출해 `GpioPin`의 인스턴스를 해제하지 않고서는 이들 대체 기능을 액세스할 수 없다.

마지막으로 주목할 부분이 UWP용 윈도우 IoT 확장이다. 이들 확장을 참조해 GPIO에 특정한, 더 자세하게는 IoT에 특정한 UWP용 API를 얻는다. 솔루션 탐색기-참조에서 Windows IoT Extensions for the UWP 항목을 선택한 뒤 아래 **속성** 창에서 이 SDK의 위치를 찾는다. 이 경우 기본 비주얼 스튜디오 설치인 UWP 10.0.17134.0에 대한 윈도우 IoT 확장이 다음 폴더에 존재한다.

C:\Program Files(x86)\Windows Kits\10\Extension SDKs\WindowsIoT\10.0.17134.0\

이 폴더를 열어 보면 Include\winrt 하위 폴더가 있다. 이 폴더에는 생성된 IDL[Interface Definition Language]과 C++ 헤더 파일의 집합이 있다. 이를테면 Windows.devices.gpio.idl과 Windows.devices.gpio.h는 GPIO와 인터페이스하기 위한 저수준 OS 기능을 액세스하는 데 제공되며, 앞서 예제에서 암시적으로 사용했다. 이러한 분석은 저수준 윈도우 API를 액세스하는 데 C++를 사용할 수 있음을 알려 준다. 다음 절은 C++를 사용해 LED 깜박임 기능을 구현하는 방법을 설명하며, 지연은 윈도우 API의 `Sleep` 함수를 사용해 구현했다. 더욱이 8장, '이미지 처리'에서는 네이티브 코드 인터페이스를 위한 Windows 런타임[Runtime] 구성 요소를 구현하는 데 C++를 사용하는 방법을 소개한다. C++와 Windows 런타임 구성 요소의 자세한 설명은 MSDN 매거진에 쓴 케니 커[Kenny Kerr]의 글을 참고하자(http://bit.ly/cpp_winrt).

C++/XAML

이 절에서는 LED 회로를 제어하는 C++ 애플리케이션을 구현하는 방법을 설명한다. 다음의 단계를 따른다.

1. VS 2019에서 Chapter02 솔루션을 열고 **솔루션 탐색기**에서 **솔루션 'Chapter02'** 항목을 마우스 오른쪽 클릭한 후 **추가 ➤ 새 프로젝트**를 선택한다.

2. **새 프로젝트 추가** 대화 상자에서 다음의 단계를 따른다.

   a. 그림 2-26에서 보인 것처럼 템플릿 검색 상자에서 '유니버설'을 검색한다.

   b. 검색 결과에서 **비어 있는 앱(유니버설 Windows – C++/CX)**를 프로젝트 템플릿을 선택하고 **다음** 버튼을 클릭한다.

   c. **새 프로젝트 구성** 대화 상자의 **프로젝트 이름**을 HelloWorldIoTCpp로 변경하고 **만들기** 버튼을 클릭한다.

   d. **새 유니버설 Windows 플랫폼 프로젝트** 대화 상자에서 대상 버전과 최소 버전을 Windows 10, version 1803(10.0, 빌드 17134)로 설정한다(그림 2-21 참고). 새로운 빈 프로젝트가 만들어진다.

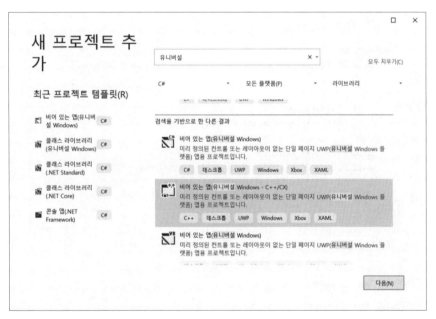

그림 2-26 비주얼 스튜디오 2019의 새 프로젝트 대화 상자. 비주얼 C++ 프로젝트용 비어 있는 앱(유니버설 Windows–C++/CX) 템플릿이 선택됐다.

3. Windows IoT Extensions for the UWP 참조를 추가한다. 앞서의 절에서 한 것처럼 작업하면 된다(그림 2-22 참고).

4. 예제 2-3의 코드 조각에 따라 MainPage.xaml.h을 수정한다.

예제 2-3 MainPage 클래스 선언

```
# pragma once

# include "MainPage.g.h"

using namespace Windows::UI::Xaml::Navigation;
using namespace Windows::Devices::Gpio;

namespace HelloWorldIoTCpp
{
    public ref class MainPage sealed
    {
    public:
        MainPage();

    protected:
        void OnNavigatedTo(NavigationEventArgs ^e) override;

    private:
        const int pinNumber = 5;
        const int msShineDuration = 2000;

        GpioPin ^ConfigureGpioPin(int pinNumber);
        void BlinkLed(int ledPinNumber, int msShineDuration);
    };
}
```

5. MainPage.xaml.cpp 파일에서 예제 2-4의 코드 블록을 삽입한다.

예제 2-4 MainPage 구현

```
# include "pch.h"
# include "MainPage.xaml.h"

using namespace HelloWorldIoTCpp;
using namespace Platform;
```

```cpp
MainPage::MainPage()
{
    InitializeComponent();
}

void MainPage::OnNavigatedTo(NavigationEventArgs ^e)
{
    __super::OnNavigatedTo(e);

    BlinkLed(pinNumber, msShineDuration);
}

GpioPin ^MainPage::ConfigureGpioPin(int pinNumber)
{
    auto gpioController = GpioController::GetDefault();

    GpioPin ^pin = nullptr;

    if (gpioController != nullptr)
    {
        pin = gpioController->OpenPin(pinNumber);

        if (pin != nullptr)
        {
            pin->SetDriveMode(GpioPinDriveMode::Output);
        }
    }

    return pin;
}

void MainPage::BlinkLed(int ledPinNumber, int msShineDuration)
{
    GpioPin ^ledGpioPin = ConfigureGpioPin(ledPinNumber);

    if (ledGpioPin != nullptr)
    {
        ledGpioPin->Write(GpioPinValue::Low);

        Sleep(msShineDuration);

        ledGpioPin->Write(GpioPinValue::High);
    }
}
```

6. 애플리케이션을 컴파일하고 IoT 장치로 배포한다.

   a. HelloWorldIoTCpp 속성 창을 열고, **구성 속성** 노드 아래 **디버깅** 탭을 찾는다.

   b. **플랫폼** 드롭다운 목록에서 **ARM**을 선택한다.

   c. **시작할 디버거** 드롭다운 목록에서 **원격 컴퓨터**를 선택한다.

   d. 인증 형식을 **유니버설(암호화되지 않은 프로토콜)**로 선택하고, **컴퓨터 이름** 드롭다운 목록에서 **찾기...** 옵션을 사용해 IoT 장치를 찾는다(그림 2-27).

   e. **적용** 버튼을 클릭하고 프로젝트 속성 창을 닫는다.

7. 애플리케이션을 실행한다.

앞 절에서처럼 이 애플리케이션은 IoT 장치에 자동으로 배포되고 실행된다. 이 애플리케이션은 동일한 기능을 구현한다. 즉 msShineDuration 멤버의 값에 따라 지정된 시간 동안 LED를 깜박이게 만든다. 예제 2-3을 참고하자.

C++와 C# 구현 사이의 주요 차이점은 기본 애플리케이션 뷰, 즉 MainPage가 이제는 단 2개의 파일(C#)이 아니라 3개의 파일(C++)로 구현된 점이다. C++ 프로젝트는 MainPage.xaml 과 MainPage.xaml.h, MainPage.xaml.cpp를 포함한다. 첫 번째 파일인 MainPage.xaml은 UI를 정의하며, 다른 2개는 로직(코드 숨김)을 구현한다. 헤더 파일인 MainPage.xaml.h는 MainPage 클래스의 선언을 포함하며, 이 클래스의 정의는 MainPage.xaml.cpp에 있다.

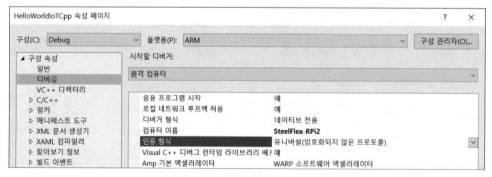

그림 2-27 C++ 유니버설 Windows 프로젝트에 대한 원격 컴퓨터 구성

예제 2-4의 코드에서 기호(^)는 C++ 언어의 CX^{Component Extensions}과 관련된 것이며, UWP 프로그래밍 인터페이스에서 해당 객체의 액세스를 허용한다. 자세한 설명은 부록 E, '비주얼 C++ 컴포넌트 확장'을 살펴보자.

프로그래밍 언어로 C++를 사용하면 UWP API뿐만 아니라 저수준 윈도우 API도 액세스할 수 있다. 예제 2-4에서 GpioPin 클래스의 Write 메서드에 대한 후속 호출들 간의 지연을 구현하려고, 윈도우 API에서 선언한 Sleep 함수를 사용했다.

유용한 도구와 유틸리티

임베디드 장치는 주로 원격 위치에서 동작한다. 이런 장치를 원격으로 관리할 때 디바이스 포털과 윈도우 IoT 리모트 클라이언트^{Remote Client}를 포함한 몇 가지 도구와 유틸리티를 사용한다. 게다가 SSH^{Secure Shell}를 연결하고 명령 줄을 사용해 장치를 관리한다. 장치의 SD 카드에 저장된 파일을 액세스할 때 FTP^{File Transport Protocol}를 사용하기도 한다. 이 절에서는 디바이스 포털^{Device Portal}과 윈도우 IoT 리모트 클라이언트 사용법, 무료 FTP와 SSH 클라이언트를 사용해 윈도우 10 IoT 코어 장치에 연결하는 방법을 설명한다.

디바이스 포털

디바이스 포털^{Device Portal}은 웹 기반 유틸리티이며, IoT 장치 구성과 애플리케이션 설치/제거, 활성 프로세스 표시, 윈도우 10 IoT 코어 업데이트를 수행한다. 디바이스 포털은 윈도우 10 데스크톱 버전에서 작업 관리자나 제어판을 통해 액세스하는 기능을 노출하는 계층이다. 당연히 작업 관리자와 제어판의 모든 기능을 디바이스 포털에서 사용할 수 있는 것은 아니며, 윈도우 10 IoT 코어에 관련된 기능만 해당된다. 장치 포털을 사용하면 장치를 원격으로 간단히 관리할 수 있다. 흥미롭게도 이와 아주 유사한 디바이스 포털을 홀로그래픽 플랫폼(홀로렌즈)과 데스크톱 윈도우 10(1주년 기념 에디션)에서도 사용할 수 있다.

디바이스 포털을 액세스하려면 IoT 대시보드를 사용한다. **내 장치**로 가서 해당 IoT 장치를 오른쪽 클릭한다. 그림 2-28에 보이는 것처럼 콘텍스트 메뉴에서 Device Portal에서 **열기** 옵션을 선택한다. 기본 브라우저에서 디바이스 포털이 열리고 자격 증명을 요청한다(그림 2-29 참고). 사용자 이름에 administrator를 입력하고 **암호** 칸에 앞서 IoT 코어 대시보드를 통해 윈도우 10 IoT 코어를 설치할 때 구성한 값을 입력한다.

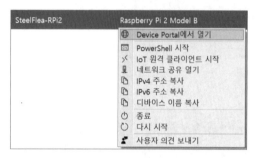

그림 2-28 IoT 대시보드에서 IoT 장치의 콘텍스트 메뉴

Windows 보안	✕

Microsoft Edge

192.168.86.74 서버가 사용자 이름과 암호를 요청하고 있습니다. 서버에서 Windows Device Portal의 요청이라고 보고합니다.

경고: 사용자 이름과 암호는 기본 인증을 사용하여 안전하지 않은 연결을 통해 전송됩니다.

| administrator |
| ●●●●●●●● |

| 확인 | 취소 |

그림 2-29 윈도우 디바이스 포털 로그인 화면

디바이스 포털에 로그인을 성공한 후 그림 2-30의 화면이 나타난다. Device Settings 탭을 기본으로 표시한다. 여기서 장치에 관한 기본 정보를 확인하고 이름과 암호, 디스플레이 설정과 같은 장치 설정을 구성한다. 디바이스 포털의 탭을 하나씩 눌러 보면서 각 탭에서 어떤 기능을 제공하는지 살펴보기 바란다. 나중에 디바이스 포털의 특정 기능을 사용한다.

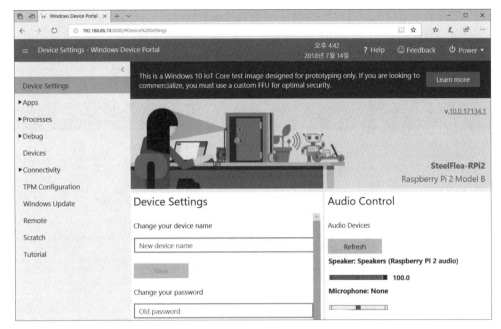

그림 2-30 윈도우 디바이스 포털의 Device Settings 탭

윈도우 IoT 리모트 클라이언트

윈도우 10 IoT 코어 1주년 기념 에디션부터 윈도우 IoT 리모트 클라이언트^{Remote Client}를 사용해 원격으로 IoT 장치를 제어하는 기능을 제공한다. 개발 PC나 태블릿 또는 폰에 설치하는 조그만 애플리케이션으로 윈도우 스토어에서 제공한다. PC나 태블릿 또는 폰과 IoT 장치 사이에 원격 클라이언트를 사용한 연결을 설정할 때 해당 IoT 장치는 윈도우 IoT 리모트 클라이언트 애플리케이션에 현재 화면을 전송한다. 이런 방식으로 또 다른 UWP 장치(데스크톱이나 모바일)에서 원격 IoT 장치상에 실행 중인 UWP 애플리케이션을 확인할 수 있다.

연결을 설정하려면 디바이스 포털을 사용해 윈도우 IoT 리모트 서버^{Remote Server}를 활성화해야 한다. 그림 2-31에 보이는 것처럼 해야 할 작업은 Remote 탭의 Enable Windows IoT Remote Server 체크 상자를 선택하는 것뿐이다. 그다음 윈도우 IoT 리모트 클라이언트를 실행하고 드롭다운 목록에서 장치를 선택하거나 IP 주소를 입력한다(그림 2-32 참고).
Connect 버튼을 클릭한 후 그림 2-33에 보이는 것처럼 IoT 장치 화면이 등장한다.

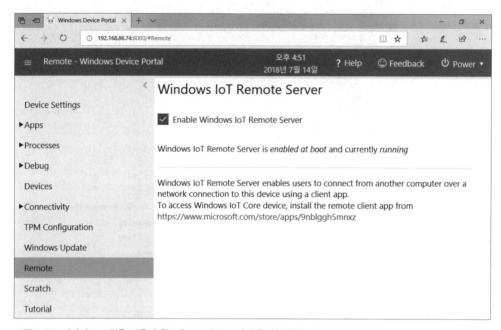

그림 2-31 디바이스 포털을 사용해 윈도우 IoT 리모트 서버 활성화하기

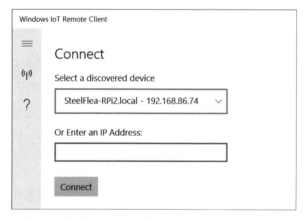

그림 2-32 윈도우 IoT 리모트 클라이언트를 사용한 원격 IoT 장치 연결

그림 2-33 라즈베리 파이 2 모델 B에서 실행 중인 기본 윈도우 10 IoT 코어 헤드 애플리케이션을 보여 주는 윈도우 IoT 리모트 클라이언트

윈도우 IoT 리모트 클라이언트는 익숙한 원격 데스크톱 클라이언트와 비슷하게 동작한다. 따라서 데스크톱 PC(키보드와 마우스) 또는 모바일(터치스크린)의 입력 장치를 사용해 원격 IoT 애플리케이션을 제어할 수 있다. 이 기능은 실제 입력 장치를 IoT 장치에 연결하지 않고도 애플리케이션을 테스트할 수 있는 편리한 방법을 제공한다.

SSH

Putty 애플리케이션을 사용해 SSH로 연결할 수 있다. Putty는 가장 인기 있는 SSH 윈도우 클라이언트 중 하나다. 이 경량 애플리케이션 실행 파일을 다운로드하려면 http://www.putty.org/를 방문하자.

다음 단계를 따라서 Putty 터미널을 사용해 윈도우 10 IoT 코어에 연결한다.

1. Putty SSH 클라이언트를 다운로드하고 실행한다.

2. 그림 2-34에 보이는 메인 Putty 창에서, IoT 장치의 호스트이름(또는 IP 주소)를 입력한 다음 Open를 클릭한다.

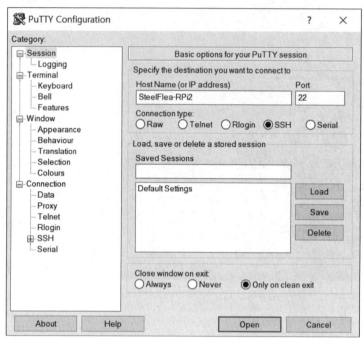

그림 2-34 Putty 애플리케이션

3. 보안 경고가 나타난다. 예를 클릭한다.

4. 자격 증명을 입력한다.

5. 다음 명령을 입력해 SD 카드 콘텐츠를 나열한다(그림 2-35 참고).

   ```
   cd C:\
   ```

   ```
   dir
   ```

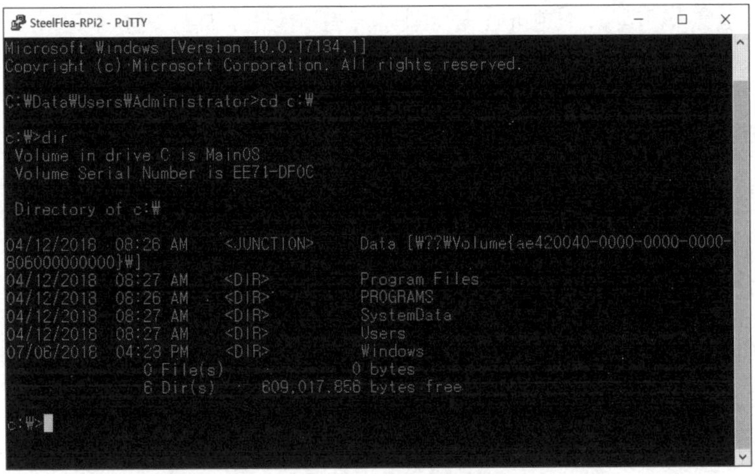

그림 2-35 SSh 클라이언트 애플리케이션을 사용해 윈도우 10 IoT 코어 장치의 폴더 구조 확인

SSH 프로토콜을 사용해 윈도우 10 IoT 코어에 연결하고 데스크톱 명령 프롬프트에서 비슷한 명령을 여기에 사용할 수 있다. 예를 들어, tlist를 입력하면 활성 프로세스의 목록을 표시한다. 네트워크 연결을 조사할 때는 netstat 유틸리티를 사용한다.

FTP

FTP 서버는 윈도우 10 IoT 코어에서 사용 안 함이 기본 설정이다. FTP 서버를 사용하려면 SSH 연결을 사용해 start c:\Windows\System32\ftpd.exe 명령을 실행한다. 이 명령은 FTP 서버를 시작한다. 이 서버가 실행 중인지 확인하려면 tlist | more를 입력한다. 이 명령은 활성 프로세스 목록을 표시한다. 스페이스바를 누르면 이 목록의 다음 페이지로 가며, Enter를 누르면 다음 줄을 표시한다.

kill ⟨PID⟩ 구문 형식으로 언제든지 FTP 서버를 중지할 수 있다. 여기서 ⟨PID⟩는 해당 프로세스 식별자다. 프로세스 목록에서 프로세스 이름의 왼편에 표시된 숫자다.

IoT 장치와 FTP 연결을 수립하려면 FTP 클라이언트가 필요하다. 여기서는 윈도우용 무료 FTP/SFTP 클라이언트인 WinSCP를 사용한다. https://winscp.net/eng/download.php 에서 다운로드할 수 있다.

이 애플리케이션을 설치하고 실행하면 등장하는 구성 화면은 그림 2-36과 같다. 이 대화
상자를 사용해 다음의 단계를 수행한다.

1. **파일 프로토콜** 드롭다운 목록에서 **FTP**를 선택한다.

2. 윈도우 10 IoT 코어를 실행하는 임베디드 장치의 IP 주소(호스트 이름)와 연결 자격
   증명을 입력한다. 사용자 이름에 administraotr, 비밀번호에 앞서 IoT 대시보드를 사
   용해 구성한 값을 사용한다.

3. **로그인** 버튼을 클릭해 IoT 장치에 연결한다.

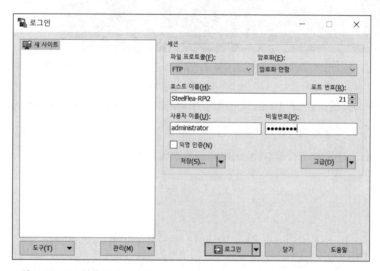

그림 2-36 FTP 연결 구성

4. 연결을 처리하는 동안 보안 경고가 나타난다. **예** 버튼을 클릭한다.

5. IoT 장치 SD 카드의 콘텐츠가 표시된다(그림 2-37 참고).

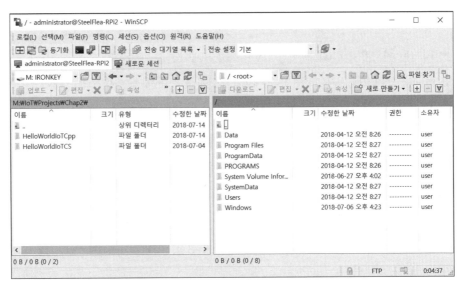

그림 2-37 윈도우 10 IoT 코어 장치의 SD 카드 콘텐츠

윈도우 10 IoT 코어 장치의 폴더 구조는 데스크톱 윈도우 버전의 폴더 배열과 비슷하다. 전형적인 윈도우 디스크의 폴더 목록은 다음의 요소를 포함한다.

- Program Files
- Users
- Windows

윈도우 10 IoT 코어 디바이스를 원격 연결하면 파일을 전송할 수 있다. 예를 들어, FTP 연결을 통해 센서에서 장치 상태 정보 등을 저장한 로그 파일을 쉽게 다운로드할 수 있다. 이 책의 경우 이 기능을 사용해 화면 캡처를 잡아서 내 PC로 전송했다.

WinSCP 애플리케이션에서 파일 메뉴에서 사용할 수 있는 옵션을 사용해 파일을 원격 컴퓨터와 로컬 컴퓨터 간에 복사할 수도 있다.

요약

2장에서는 윈도우 10 IoT 코어용 UWP 애플리케이션을 개발하기 위한 두 가지 프로그래밍 기술을 살펴봤다. 앞서 구현한 예제는 UWP에서 스마트 장치용 소프트웨어를 구현하는 편리한 방식을 제공한다는 점을 소개했다.

선택한 언어에 따라 추가 기능이 제공된다. 예를 들어, C++를 사용하면 UWP 프로그래밍 인터페이스뿐만 아니라 저수준 윈도우 API도 액세스할 수 있다.

임베디드 소프트웨어 개발에 C++를 사용하면 몇 가지 장점이 더 있다. 즉 네이티브 바이너리와 UWP를 쉽게 통합할 수 있다. 이 장점은 기존 C/C++ 라이브러리 같은 레거시 코드와 인터페이스해야 하는 시나리오에서 유용하다. 8장, '이미지 처리'에서 이러한 내용을 좀 더 자세히 살펴본다.

CHAPTER 3

윈도우 IoT 프로그래밍 에센셜

라즈베리 파이 2와 파이 3는 오디오와 비디오 데이터 전송용으로 설계된 HDMI^{High-Definition} Media Interface를 장착했다. 따라서 RPi2나 RPi3를 HDMI 호환 외부 디스플레이에 연결할 수 있다. 이는 센서에서 받은 원시 데이터를 백그라운드에서 처리한 다음 XAML이나 HTML/CSS 컨트롤을 사용해 시각화하는 사용자 인터페이스를 갖춘 애플리케이션을 개발하는 기능을 제공한다.

유니버설 Windows 플랫폼^{UWP}은 백그라운드 작업을 수행하기 위한 많은 API와 언어별 확장을 제공한다. 하지만 멀티스레드 애플리케이션 개발은 추가적인 복잡성이 더해진다. 예를 들어, 스레드 동기화 기법을 채용하지 않고 백그라운드 스레드에서 UI 요소에 액세스할 수 없다.

3장에서는 먼저 RPi2/RPi3 HDMI 인터페이스를 구성하는 방법을 살펴본 뒤 윈도우 10 IoT 디바이스의 UI 있는 모드와 UI 없는 모드의 특징을 확인한다. UI 있는 모드와 UI 없는 모드의 주요 차이점은 UI 없는 애플리케이션은 어떤 형태의 UI도 갖지 않는다는 점이다. 더욱이 3장에 보이는 것처럼 UI 있는 애플리케이션과 UI 없는 애플리케이션은 다른 진입점을 사용하므로 OS에서 다른 방식으로 실행된다. 특히 UI 없는 애플리케이션은 백그라운드 작업으로 실행된다.

작업자 스레드 생성과 관리, 동기화를 위한 가장 일반적인 클래스도 설명한다. 이 정보는 나중에 반복적으로 깜박이는 LED를 위한 상호작용 애플리케이션을 구현할 때 중요하다.

3장의 목적이 닷넷 프레임워크 UWP 애플리케이션의 스레딩 모델을 완전히 설명하려는 것은 아니지만, 가장 일반적인 스레딩 측면은 설명한다. 닷넷 프레임워크 스레딩 모델의 더 자세한 내용이 알고 싶다면 제프리 리처^{Jeffrey Richter}가 쓴 『CLR via C# 4판』(김명신, 남정현 옮김, 비제이퍼블릭, 2014)을 살펴보기 바란다.

라즈베리 파이 2의 외부 디스플레이 연결과 부트 구성

RPi2를 외부 디스플레이에 동작시키는 일은 간단하다. RPi2를 켜기 전에 적절한 케이블을 사용해 RPi2의 HDMI 인터페이스를 모니터나 TV에 연결한다. 브로드컴 마이크로컨트롤러는 HDMI 케이블 연결이 끊길 때 HDMI 인터페이스를 해제하므로 방금 설명한 부분이 중요하다.

외부 디스플레이에 연결한 후 해상도와 스크린 매개변수는 자동으로 조정돼 연결된 화면에서 익숙한 윈도우 10 로고가 등장한다. 하지만 결과 화면에 주름이 생기면 RPi2의 부트 구성을 변경해야 할 것이다. 이 구성은 마이크로 SD 카드의 config.txt 파일에 저장돼 있다. config.txt의 기본 콘텐츠를 다음에 나타냈다.

```
gpu_mem=32                      # set ARM to 480Mb DRAM, VC to 32Mb DRAM
framebuffer_ignore_alpha=1      # Ignore the alpha channel for Windows.
framebuffer_swap=1              # Set the frame buffer to be Windows BGR compatible.
disable_overscan=1              # Disable overscan
init_uart_clock=16000000        # Set UART clock to 16Mhz
hdmi_group=2                    # Use VESA Display Mode Timing over CEA
arm_freq=900
arm_freq_min=900
force_turbo=1
```

디스플레이 구성을 조정하려면 hdmi_group의 값을 2에서 1로 조정하거나 hdmi_mode라는 설정을 추가하고, 디스플레이에서 지원하는 화면 해상도에 따라 값을 설정한다. 부록 B, '라즈베리 파이 2 HDMI 모드'에서 hdmi_mode에 가능한 값 목록을 나타냈다. 그림 3-1에 보이는 것처럼 디바이스 포털의 Home 탭에서 Display Resolution과 Display Orientation 드롭다운 목록을 사용해 화면 해상도와 방향을 변경할 수도 있다. 하지만 디스플레이 설정을 변경한 후 디바이스가 깨어나지 않는다면 config.txt를 편집해 항상 설정을 복원할 수 있다.

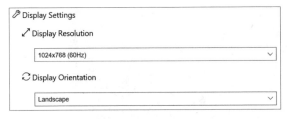

그림 3-1 디바이스 포털 Home 탭의 Display Settings 섹션

RPi2의 부트 구성을 통해 다른 디바이스 매개변수를 변경할 수 있다. 특히 `gpu_mem`은 브로드컴 마이크로컨트롤러의 그래픽 장치에 대한 RAM 크기(메가바이트)를 설정하며, `init_uart_clock`은 UART$^{Universal Asynchronous Receiver/Transmitter}$ 인터페이스의 프리퀀시^{frequency}를 구성한다.

여기서 목적은 config.txt 파일을 디스플레이 구성의 잠재적인 문제를 해결하는 데 사용할 수 있음을 알려 주는 것이므로 다른 구성 모드에 관해 자세한 설명은 하지 않았다.

UI 있는 모드 및 UI 없는 모드

윈도우 10 IoT 코어는 UI 있는 모드가 기본값이다. 이 모드에서 애플리케이션은 사용자 인터페이스^{UI}를 갖는다. 특히 RPi2 시작 시 대화형 앱이 실행된다(그림 3-2 참조). 이름과 IP 주소, OS 버전과 같은 기본 장치 파라미터를 표시한다. UI 있는 모드에서는 장치를 구성하고 튜토리얼 탭에서 사용 가능한 샘플 애플리케이션을 실행할 수도 있다.

UI 있는 모드에서 표준 UWP UI 스택 처리가 활성화된다. 이 모드에서 추가 UI 스택 처리가 필요하기 때문에 윈도우 10 IoT 코어를 UI 없는 모드로 전환해 시스템 리소스를 아끼고 싶을 것이다. UI 없는 모드에서 IoT 애플리케이션은 백그라운드 작업으로 동작하고 UI를 호출하지 않는다. 앱이 대화식으로 동작하지 않아도, UWP 프로그래밍 인터페이스를 계속 액세스할 수 있다.

그림 3-2 윈도우 10 IoT 코어 기본 앱. 이 그림은 x86 아키텍처용 윈도우 10 IoT 코어를 가상화해 준비한 것이다. 실제 RPi2 장치의 경우 상단 왼쪽 구석의 아이콘이 다르다.

윈도우 10 IoT 코어에서 사용자는 런타임에 UI 애플리케이션 간 전환을 할 수 없다. 한 번에 단 하나의 UI 애플리케이션만 시작될 수 있다. 스마트 장치를 UI 있는 모드에서 동작하도록 구성했더라도 많은 UI 없는 애플리케이션이 백그라운드에서 실행될 수 있다.

윈도우 10 IoT 코어의 UI 있는 모드 및 UI 없는 모드는 SSH 연결(2장, '디바이스용 유니버설 Windows 플랫폼의 파워')과 setbootoption 명령을 사용해 구성할 수 있다. 이 명령은 적절한 장치 모드를 설정하는 headed와 headless라는 2개의 인수를 갖는다. 예를 들어, UI 있는 모드(그림 3-3 참고)용 IoT 장치를 구성하려면 다음의 단계를 따른다.

1. SSH를 사용해 디바이스를 연결한다(2장의 '유용한 도구와 유틸리티' 절 참고).

2. setbootoption headless 입력

3. shutdown /r /t 0을 입력해 장치를 재시작한다. 디바이스 포털^{Device Portal}이나 기본 시작 애플리케이션을 사용해(예, 오른쪽 상단의 Restart 버튼을 클릭) 장치를 다시 시작할 수도 있다(그림 3-2 참고).

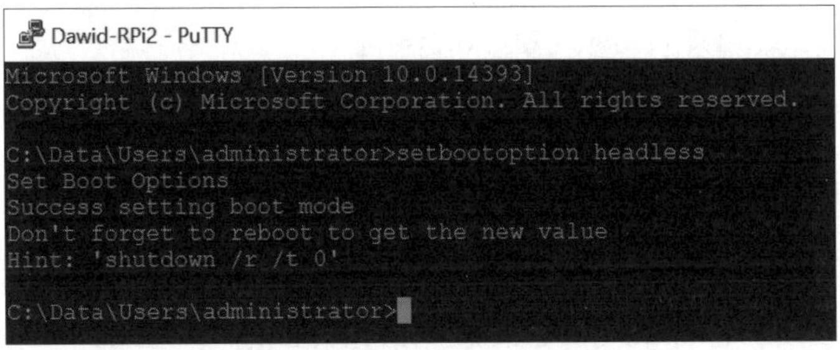

그림 3-3 setbootoption 명령 줄 도구를 사용한 IoT 장치 모드 구성

대개 디스플레이가 있는 IoT 장치나 유니버설 Windows 애플리케이션을 작성할 때 UI 있는 모드를 사용한다. IoT 플랫폼만 대상으로 하는 시나리오와 애플리케이션이 계속 실행되게 해야 할 때 UI 없는 모드를 선택한다. UI 있는 모드는 개발 PC에서 애플리케이션을 테스트할 때 좋다. 이런 이유로 대개는 UI 있는 모드를 사용한다.

UI 없는 애플리케이션

C#이나 C++(그리고 비주얼 베이직, 부록 A, '비주얼 베이직과 자바스크립트를 사용해 LED를 제어하는 코드 예제' 참고)로 작성한 백그라운드 UI 없는 애플리케이션은 IBackgroundTask 인터페이스에서 파생된 형식 내에서 구현된다. 이 인터페이스는 UI 없는 IoT 애플리케이션의 진입점인 단일 Run 메서드를 노출한다. 이 개념은 UI 있는 앱의 기본 진입점인 Program 클래스의 Main 메서드와 비슷하다. 하지만 백그라운드 작업은 종료되거나 충돌이 발생할 때마다 윈도우 10 IoT 코어에서 자동으로 재시작한다.

다음 'C#'절에서 C#과 C++용 IoT 프로젝트 템플릿을 사용해 LED 깜박임 샘플 애플리케이션을 구현하는 방법을 소개한다. 이들 애플리케이션과 2장에서 개발한 샘플 애플리케이션을 비교한다.

C#

C# 프로그래밍 언어로 시작해 보자. 백그라운드 애플리케이션 구현은 다음과 같이 진행한다.

1. VS2019의 새 프로젝트 대화상자를 연다.

2. 새 프로젝트 대화상자에서 다음의 내용을 입력한다.

   a. 검색상자에 IoT를 입력한다.

   b. Visual C# Background Application(IoT) 프로젝트 템플릿을 선택한다.

   c. 그림 3-4에 보이는 것처럼 프로젝트 이름을 IoTBackgroundAppCS로 변경한다.

3. Windows IoT Extensions for the UWP를 참조한다. 2장, 'C#/XAML'절의 4~6단계를 따른다.

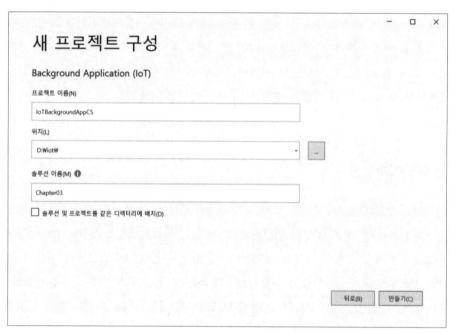

그림 3-4 Background Application (IoT) Visual C# 프로젝트 템플릿을 선택한 비주얼 스튜디오 2019의 새 프로젝트 구성 대화상자

4. 솔루션 탐색기를 사용해 StartupTask.cs 파일을 열고 예제 3-1을 따라 수정한다.

예제 3-1 C# 윈도우 10 IoT 코어 백그라운드 애플리케이션

```csharp
using System.Threading.Tasks;
using Windows.ApplicationModel.Background;
using Windows.Devices.Gpio;

namespace IoTBackgroundAppCS
{
    public sealed class StartupTask : IBackgroundTask
    {
        private const int gpioPinNumber = 5;
        private const int msShineDuration = 5000;

        public void Run(IBackgroundTaskInstance taskInstance)
        {
            BlinkLed(gpioPinNumber, msShineDuration);
        }

        private GpioPin ConfigureGpioPin(int pinNumber)
        {
            var gpioController = GpioController.GetDefault();

            GpioPin pin = null;

            if (gpioController != null)
            {
                pin = gpioController.OpenPin(pinNumber);

                if (pin != null)
                {
                    pin.SetDriveMode(GpioPinDriveMode.Output);
                }
            }

            return pin;
        }

        private void BlinkLed(int gpioPinNumber, int msShineDuration)
        {
            GpioPin ledGpioPin = ConfigureGpioPin(gpioPinNumber);

            if (ledGpioPin != null)
            {
```

```
        while(true)
        {
            SwitchGpioPin(ledGpioPin);
            Task.Delay(msShineDuration).Wait();
        }
    }
}

private void SwitchGpioPin(GpioPin gpioPin)
{
    var currentPinValue = gpioPin.Read();

    GpioPinValue newPinValue = InvertGpioPinValue(currentPinValue);

    gpioPin.Write(newPinValue);
}

private GpioPinValue InvertGpioPinValue(GpioPinValue currentPinValue)
{
    GpioPinValue invertedGpioPinValue;

    if (currentPinValue == GpioPinValue.High)
    {
        invertedGpioPinValue = GpioPinValue.Low;
    }
    else
    {
        invertedGpioPinValue = GpioPinValue.High;
    }

    return invertedGpioPinValue;
}
    }
}
```

5. 2장, 'C#/XAML' 절의 9~10단계를 사용해 IoT 장치에 앱을 배포한다.

LED를 깜박거리는 위 코드는 IoTBackgroundAppCS 앱의 상대 파트인 UI 있는 애플리케이션(HelloWorldIoTCS 프로젝트)에 사용된 코드와 비슷하다. 하지만 불필요한 대부분의 기능을 제거했기 때문에 실행 모델은 더 단순하다. 더욱이 모든 구현이 하나의 클래스 내에 들어 있다. 표준 UWP 프로젝트 템플릿을 사용했을 때는 유사한 결과를 얻고자 실제로

Program, App, MainPage라는 세 가지 클래스를 사용했다(3장 뒤에 나오는 'UI 있는 애플리케이션의 진입점' 절 참고).

원칙적으로 UI 없는 애플리케이션을 사용해 LED를 제어하는 애플리케이션 로직은 HelloWorldIoTCS 프로젝트와 정확히 동일하다. 그러나 코드 중복을 피하고자 앞서의 예제를 다음의 방식으로 확장했다. 먼저 GpioPin 클래스의 Read 메서드를 채용해 GPIO 핀의 현재 값을 읽어 왔다. 그다음 이 값을 반전시키고 이전 상태에 따라 전류 흐름을 중단하거나 허용하도록 이 값을 GPIO 포트에 쓰기했다.

이 기능을 구현하는 데 InvertGpioPinValue와 SwitchGpioPin이라는 두 가지 방법을 사용했다. 후자는 지연 구문과 함께 무한 while 루프 내에 존재한다. 따라서 LED는 온오프 상태를 계속해서 반복한다.

C++

비주얼 C++ 프로젝트 템플릿으로 백그라운드 UI 없는 IoT 애플리케이션을 작성할 뿐만 아니라 아두이노 와이어링^Arduino Wiring API를 사용하기도 한다. 백그라운드 애플리케이션으로 시작해서 이러한 가능성을 조사해 보자.

백그라운드 애플리케이션

'C#'절에서 사용했던 C#처럼 C++을 사용해 윈도우 유니버설 IoT 백그라운드 애플리케이션을 구현한다. 다음의 단계를 따른다.

1. 비주얼 C++ 백그라운드 애플리케이션(IoT) 프로젝트 템플릿을 사용해 새로운 백그라운드 애플리케이션 IoTBackgroundAppCpp을 만든다. 이 템플릿은 새 프로젝트 대화상자에서 'IoT'를 검색해 확인할 수 있다.

2. Windows IoT Extensions for the UWP를 참조한다.

3. StartupTask.h 파일을 열고 예제 3-2에서처럼 StartupTask 클래스의 선언을 수정한다.

4. StartupTask.cpp를 열고 예제 3-3을 사용해 StartupTask 클래스의 정의를 업데이트한다.

5. 2장의 'C++/ XAML' 절에서 6~7단계에서 설명한 절차를 사용해 IoT 장치에 앱을 배포한다.

예제 3-2 StartupTask 클래스의 선언

```
# pra gma once
# include "pch.h"

using namespace Windows::Devices::Gpio;

namespace IoTBackgroundAppCpp
{
    [Windows::Foundation::Metadata::WebHostHidden]
    public ref class StartupTask sealed : public Windows::ApplicationModel::
        Background::IBackgroundTask
    {
    public:
        virtual void Run(Windows::ApplicationModel::Background::
        IBackgroundTaskInstance ^taskInstance);

    private:
        const int pinNumber = 5;
        const int msShineDuration = 2000;

        GpioPin ^ConfigureGpioPin(int pinNumber);
        void BlinkLed(int ledPinNumber, int msShineDuration);
        void SwitchGpioPin(GpioPin ^gpioPin);
        GpioPinValue InvertGpioPinValue(GpioPinValue currentPinValue);

    };
}
```

예제 3-3 StartupTask 클래스 정의

```
# include "pch.h"
# include "StartupTask.h"

using namespace IoTBackgroundAppCpp;
```

```cpp
using namespace Platform;
using namespace Windows::ApplicationModel::Background;

void StartupTask::Run(IBackgroundTaskInstance ^taskInstance)
{
    BlinkLed(pinNumber, msShineDuration);
}

GpioPin ^StartupTask::ConfigureGpioPin(int pinNumber)
{
    auto gpioController = GpioController::GetDefault();

    GpioPin ^pin = nullptr;
    if (gpioController != nullptr)
    {
        pin = gpioController->OpenPin(pinNumber);

        if (pin != nullptr)
        {
            pin->SetDriveMode(GpioPinDriveMode::Output);
        }
    }

    return pin;
}

void StartupTask::BlinkLed(int ledPinNumber, int msShineDuration)
{
    GpioPin ^ledGpioPin = ConfigureGpioPin(ledPinNumber);

    if (ledGpioPin != nullptr)
    {
        while (true)
        {
            SwitchGpioPin(ledGpioPin);

            Sleep(msShineDuration);
        }
    }
}

void StartupTask::SwitchGpioPin(GpioPin ^gpioPin)
{
    auto currentPinValue = gpioPin->Read();
```

```
    GpioPinValue newPinValue = InvertGpioPinValue(currentPinValue);

    gpioPin->Write(newPinValue);
}

GpioPinValue StartupTask::InvertGpioPinValue(GpioPinValue currentPinValue)
{
    GpioPinValue invertedGpioPinValue;

    if (currentPinValue == GpioPinValue::High)
    {
        invertedGpioPinValue = GpioPinValue::Low;
    }
    else
    {
        invertedGpioPinValue = GpioPinValue::High;
    }

    return invertedGpioPinValue;
}
```

'백그라운드 애플리케이션'절에서 개발한 C++ 백그라운드 애플리케이션은 'C#' 절에서
개발했던 애플리케이션과 정확히 동일하게 동작한다. 즉 LED는 LED 회로를 구동하는 데
사용된 GPIO 핀의 현재 값에 따라 반복적으로 온오프된다.

C++ 프로젝트 템플릿은 몇 가지 더 있다. 백그라운드 애플리케이션(IoT) 프로젝트 템플릿
외에도 프로그래머는 두 가지 추가 프로젝트 템플릿을 사용할 수 있다. 다음과 같다.

- Blank Windows IoT Core Console Application   이 템플릿은 진입점을 구성하는 main 함
  수를 가진 간단한 콘솔 애플리케이션을 생성한다. 이 프로젝트의 구조는 임베디드
  프로그래밍용 전형적인 네이티브 기반 솔루션과 똑같다.

- Arduino Wiring Application for Windows IoT Core(VS2017에서 **사용 가능**)   이 프로젝트 템
  플릿은 윈도우 10 IoT 코어 애플리케이션에서 기존 아두이노 애플리케이션을 바로
  사용할 수 있도록 한다.

Arduino Wiring Application for Windows IoT Core 프로젝트 템플릿은 성능 문제를 해결해야 하거나 아두이노^Arduino 플랫폼에 익숙한 경우 특히 유용하다. 아두이노 와이어링 ^Arduino Wiring 프로젝트 템플릿은 메모리를 직접 액세스하므로 보안의 비용 측면에서 성능을 향상시킨다. 더욱이 아두이노 와이어링 API는 기존 아두이노 기반 솔루션을 RPi2(또는 RPi3)용 윈도우 10 IoT 코어와 MinnowBoard MAX 보드로 포팅하는 작업을 단순화해 준다. 기존 라이브러리와 솔루션은 적절한 프로젝트 템플릿을 사용해 생성한 윈도우 10 IoT 코어 애플리케이션의 소스 코드로 바로 복사할 수 있다. 이제 많은 아두이노용 기존 라이브러리를 윈도우 10 IoT 코어 플랫폼에서 사용할 수 있다.

아두이노 와이어링 애플리케이션(VS2017 사용)

다음 단계를 따라서 Arduino Wiring Application for Windows IoT Core 프로젝트 템플릿을 사용해 C++ 애플리케이션을 만들어 보자.

1. 새 프로젝트 대화 상자를 실행한다.

2. Visual C++ Arduino Wiring Application for Windows IoT Core를 선택한다.

3. 프로젝트 이름을 ArduinoWiringApp으로 바꾸고 **확인** 버튼을 클릭해 새 프로젝트 대화 상자를 닫는다.

4. 솔루션 탐색기 뷰에서 ArduinoWiringApp.ino를 더블클릭하고 예제 3-4의 내용을 이용해 편집한다.

예제 3-4 Arduino Wiring Application for Windows IoT Core를 사용해 LED 회로 제어하기

```
const uint8_t pinNumber = GPIO5;
const int msShineDuration = 500;

void setup()
{
    pinMode(pinNumber, OUTPUT);
}

void blinkLED()
{
```

```
    int currentPinValue = digitalRead(pinNumber);
    int newPinValue = !currentPinValue;

    digitalWrite(pinNumber, newPinValue);
}

void loop()
{
    blinkLED();

    delay(msShineDuration);
}
```

5. 디바이스 컨트롤러 드라이버를 Direct Memory Mapped Driver로 변경한다.

   a. 디바이스 포털에 로그인한다.

   b. Devices 탭을 찾는다(그림 3-5 참고).

   c. Default Controller Driver 드롭다운 목록에서 Direct Memory Mapped Driver를
      선택한다.

   d. 장치를 재시작해서 변경을 활성화한다(그림 3-6 참고).

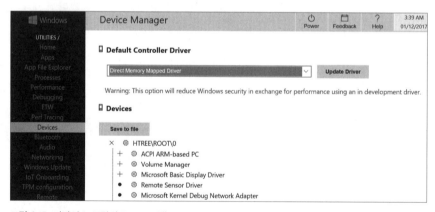

그림 3-5 디바이스 포털의 Devices 탭

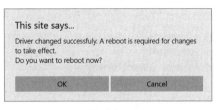

그림 3-6 재시작 확인 대화상자

6. 장치를 재시작한 후 2장의 'C++/XAML'절의 6~7단계에서 묘사한 절차를 사용해 앱을 IoT 장치에 배포한다.

방금 만든 아두이노 와이어링 앱은 두 가지 요소로 구성된다.

- setup 함수
- loop 함수

setup 함수는 시작할 때만 호출되므로 초기 보드 구성(예, GPIO 핀 구동 모드를 출력으로 구성)을 수행하는 데 사용할 수 있다. loop 함수는 실제 LED 회로 제어를 실행할 때 반복적으로 호출된다. 이 함수는 GpioPin 클래스의 해당 메서드와 유사하게 동작하는 digitalRead와 digitalWrite라는 두 가지 함수를 사용해 수행된다. 구체적으로 digitalRead는 GPIO 핀의 현재 값을 얻으며, digitalWrite는 이 핀의 값을 업데이트한다.

보다 공식적으로는 예제 3-4의 코드를 스케치 파일^{sketch file}이라고 부른다. 이 파일에 정의한 메서드는 StartupTask 클래스(StartupTask.cpp 파일) 내에서 호출된다. StartupTask는 예제 3-5에 보이는 것처럼 setup 메서드를 호출한 다음 무한 루프 내에서 loop 함수를 반복적으로 호출하는 Run 메서드를 구현한다.

예제 3-5 ArduinoWiringApp의 StartupTask

```
using namespace Windows::ApplicationModel::Background;

//이들 함수는 스케치 파일에서 정의해야 한다.
void setup();
void loop();
```

```
namespace ArduinoWiringApp
{
    [Windows::Foundation::Metadata::WebHostHidden]
    public ref class StartupTask sealed : public IBackgroundTask
    {
    public:
        virtual void Run(Windows::ApplicationModel::Background::
            IBackgroundTaskInstance^ taskInstance)
        {
            auto deferral = taskInstance->GetDeferral();

            setup();
            while (true)
            {
                loop();
            }

            deferral->Complete();
        }
    };
}
```

ArduinoWiringApp은 C 프로그래밍 관례를 따른다. 따라서 모든 함수는 그 함수를 사용하는 후속 구문의 상단에 선언해야 한다. 예제 3-4에서 blinkLED 함수는 loop 함수 이전에 정의했다. 그렇게 하지 않았다면 ArduinoWiringApp의 코드는 컴파일되지 않는다.

예제 3-4의 소스 코드와 이전 예제의 구현을 비교해 보면 아두이노 와이어링 애플리케이션은 LED 회로를 제어하는 데 필요한 구문을 상당히 단순화했다.

Arduino Wiring Application for Windows IoT Core 프로젝트 템플릿을 사용해 만든 아두이노 와이어링 애플리케이션은 RPi2와 MinnowBoard MAX에 대한 핀 번호 매핑을 구현하는 pins_arduino.h 헤더 파일을 포함한다. 기본적으로 이 프로젝트는 RPi2 보드용으로 컴파일한다. 이 동작을 변경하려면 _M_IX86나 _M_X64 전처리 지시문을 사용하거나 플랫폼을 x86이나 x64로 간단히 변경한다. 예제 3-4의 GPIO5 선언은 pins_arduino.h에서 나온 것이다.

pins_arduino.h 파일의 끝에 다음의 선언이 있다.

```
static const uint8_t LED_BUILTIN = 41;
```

이 매핑을 사용해 RPi2 보드의 녹색 LED를 구동할 수 있다. 3장의 샘플 애플리케이션을 수정해 커스텀 LED 회로를 사용하지 않고 내장 LED를 제어해 보기 바란다. 아두이노 와 이어링의 경우 LED_BUILTIN 상수를 사용하거나 다른 경우(C#, C++)에는 GPIO 번호 47 을 사용해야 한다.

pins_arduino.h 파일은 ArduinoWiringApp의 External Dependencies 아래에 있으며, Microsoft.IoT.Lightning SDK의 일부다. 특히 이 패키지는 DMAP^{Direct Memory Mapped Driver}를 통해 온보드 컨트롤러 버스를 인터페이스하는 데 사용하는 일련의 공급자를 포함한다. 여 기서는 GPIO 핀을 구동해 LED를 깜박이는 데 이를 사용했다.

Microsoft.IoT.Lightning SDK는 많은 헤더 파일을 제공한다. 이를 테면 Arduino Common.h에서는 다음과 같은 OUTPUT 상수를 선언한다.

```
const UCHAR DIRECTION_OUT = 0x01;
#define OUTPUT DIRECTION_OUT
```

흥미롭게도 Microsoft.IoT.Lightning SDK는 C# 프로젝트에 NuGet 패키지로도 설치할 수 도 있다. 설치한 다음 기본 버스 공급자 클래스 대신 Lightning 공급자를 사용해 보안성은 낮추면서 성능은 높일 수 있다. 10장, '모터'에서 Microsoft.IoT.Lightning SDK 사용법을 설명한다.

요약

윈도우 10 IoT 코어용 백그라운드 애플리케이션의 몇 가지 측면은 주목할 만하다. 가장 중 요한 점은 C#, C++, 비주얼 베이직 백그라운드 애플리케이션이 Windows 런타임^{WinRT}이 나 UWP 애플리케이션용 백그라운드 작업과 동일한 방식(예를 들면 IBackgroundTask 인터 페이스)으로 구현되는 점이다. 이 인터페이스는 Program 클래스의 정적 Main 메서드나 C 프 로그래밍에서 main 함수와 유사한 Run 메서드 하나를 구현한다. 따라서 IBackgroundTask

인터페이스에서 파생된 클래스의 Run 메서드는 백그라운드 애플리케이션의 진입점이다. 이런 애플리케이션은 충돌이나 종료가 일어날 때마다 자동으로 윈도우 10 IoT 코어가 애플리케이션을 다시 시작한다. 이런 메커니즘은 백그라운드 애플리케이션을 지속적이면서 독립적으로 실행하도록 만든다.

UI 있는 애플리케이션의 진입점

다른 윈도우 버전처럼 윈도우 10 IoT 코어는 사용자나 운영체제가 애플리케이션(UI 있는 모드나 UI 없는 모드)을 실행할 때마다 프로세스를 만든다. 이 프로세스는 해당 애플리케이션의 인스턴스다. 이 단계에서 운영체제는 애플리케이션을 실행하는 데 필요한 하드웨어와 소프트웨어 리소스(메모리와 프로세스 시간, 파일 시스템에 대한 액세스 등)를 이 프로세스에 할당한다. 윈도우는 프로세스의 첫 번째 스레드도 만든다. 보통 main이나 UI 스레드로 정의한 이 스레드는 진입점에서 애플리케이션을 시작한다. 조금 전에 UI 없는 애플리케이션의 진입점은 Run 메서드임을 알았다.

대개 UWP 애플리케이션의 진입점은 애플리케이션 개발에 사용한 프로그래밍 언어와 IoT 장치 모드에 달렸다. UI 있는 IoT 장치의 경우 진입점은 다른 플랫폼(데스크톱 또는 모바일)의 UWP 앱과 동일한 구조를 공유한다. 'UI 있는 애플리케이션의 진입점' 절 뒤에서 살펴보겠지만, XAML 애플리케이션의 진입점은 Program 클래스의 정적 Main 메서드이지만, WinJS(HTML) 애플리케이션은 이러한 목적으로 익명 자바스크립트 함수를 채용했다. 부록 A를 참고하자.

C#/XAML

C#/XAML UWP 애플리케이션의 진입점은 비주얼 스튜디오 2017/2019에서 자동으로 생성되고, App.g.i.cs 파일에 저장된다. 이 파일은 $(ProjectDir)\obj\$(PlatformName)\ $(Configuration) 폴더에서 찾을 수 있고, $(ProjectDir), $(PlatformName), $(Configuration) 은 빌드 명령을 위한 비주얼 스튜디오 매크로다.

$(ProjectDir)은 프로젝트 디렉터리에 대한 절대 경로를 포함하며, $(PlatformName)은 활성 솔루션 플랫폼이다. 마지막으로 $(Configuration)은 솔루션 구성을 지정한다. $(PlatformName)과 $(Configuration)의 값은 현재 솔루션의 **구성 관리자** 창을 사용해 수정할 수 있다(2장 참고).

C++ 애플리케이션의 경우 진입점은 App.g.h와 App.g.hpp라는 2개의 파일로 구성된다. 두 가지 모두 $(ProjectDir)\Generated Files 폴더 아래에 존재한다.

2장에서 개발했던 HelloWorldIoTCS 애플리케이션을 사용해 C#/XAML 애플리케이션의 기본 진입점을 설명한다. 이 프로젝트에 대한 App.g.i.cs의 기본 구현을 예제 3-6에서 나타냈다. 이 파일은 두 가지 클래스로 구성되는데 하나는 정적 Program 클래스이며, 나머지는 App 클래스의 부분 구현이다. 실제 진입점은 Program 클래스의 정적 Main 메서드다.

Main 메서드의 선언은 Application 클래스의 정적 Start 메서드를 호출하는 구문 하나를 포함한다. 후자는 Windows.UI.Xaml 네임스페이스에서 선언했으며, 애플리케이션 활성화 및 애플리케이션 수명 관리, 애플리케이션 리소스, 처리되지 않은 예외 감지용 메커니즘을 제공한다. 특히 정적 Start 메서드는 애플리케이션을 초기화하며, ApplicationInitialization Callback을 사용해 Application 클래스의 인스턴스 생성을 허용한다. 이 콜백은 애플리케이션 초기화동안 호출된다. ApplicationInitializationCallback의 인스턴스는 Application. Start 메서드의 인수를 사용해 전달된다.

예제 3-6 C# UWP 애플리케이션의 기본 진입점

```
namespace HelloWorldIoTCS
{
#if !DISABLE_XAML_GENERATED_MAIN
    /// <summary>
    /// Program class
    /// </summary>
    public static class Program
    {
        [global::System.CodeDom.Compiler.GeneratedCodeAttribute(
            "Microsoft.Windows.UI.Xaml.Build.Tasks"," 14.0.0.0")]
        [global::System.Diagnostics.DebuggerNonUserCodeAttribute()]
```

```csharp
        static void Main(string[] args)
        {
            global::Windows.UI.Xaml.Application.Start((p) => new App());
        }
    }
#endif

    partial class App : global::Windows.UI.Xaml.Application
    {
        [global::System.CodeDom.Compiler.GeneratedCodeAttribute(
            "Microsoft.Windows.UI.Xaml.Build.Tasks"," 14.0.0.0")]
        private bool _contentLoaded;
        /// <summary>
        /// InitializeComponent()
        /// </summary>
        [global::System.CodeDom.Compiler.GeneratedCodeAttribute(
            "Microsoft.Windows.UI.Xaml.Build.Tasks"," 14.0.0.0")]
        [global::System.Diagnostics.DebuggerNonUserCodeAttribute()]
        public void InitializeComponent()
        {
            if (_contentLoaded)
                return;

            _contentLoaded = true;
#if DEBUG && !DISABLE_XAML_GENERATED_BINDING_DEBUG_OUTPUT
            DebugSettings.BindingFailed += (sender, args) =>
            {
                global::System.Diagnostics.Debug.WriteLine(args.Message);
            };
#endif
#if DEBUG && !DISABLE_XAML_GENERATED_BREAK_ON_UNHANDLED_EXCEPTION
            UnhandledException += (sender, e) =>
            {
                if (global::System.Diagnostics.Debugger.IsAttached)
                    global::System.Diagnostics.Debugger.Break();
            };
#endif
        }
    }
}
```

자동으로 생성된 진입점의 경우 앱은 Application 클래스에서 파생된 App 클래스를 사용해 활성화된다. App.xaml의 코드 숨김에 App 클래스의 기본 구현이 있다. 따라서 프로그래밍 언어에 따라 App 클래스는 App.xaml.cs(C#) 또는 App.xaml.h 및 App.xaml.cpp(C++)에서 선언된다.

App 클래스의 partial 선언은 해당 App.g.* 파일에도 존재하며, 이 파일에 InitializeComponent 메서드의 정의가 있다. 기본적으로 이 메서드는 2개의 요소로 구성된다.

- 런타임 동안 일어나는 모든 감지된 처리되지 않은 예외에 대한 예외 핸들러
- 데이터 바인딩 에러에 대한 이벤트 핸들러. 4장, 'UI 있는 디바이스용 사용자 인터페이스 디자인' 참고.

InitializeComponent 메서드의 기본 선언과 Program.Main 메서드의 자동 생성은 그림 3-7에 보이는 프로젝트 속성 창에서 **빌드** 탭의 **조건부 컴파일 기호** 텍스트 상자에 적절한 전처리 지시문을 사용해 수정하거나 억제할 수 있다. 특히 DISABLE_XAML_GENERATED_MAIN 지시문을 선언하면 기본 Main 메서드를 생성하지 않는다. 그 결과 프로젝트는 컴파일에 실패하고 'CS5001: Program does not contain a static 'Main' method suitable for an entry point' 라는 에러를 표시한다. 이 문제를 극복하려면 Main 메서드를 직접 작성하거나 기본 진입점의 자동 생성을 다시 활성화해야 한다.

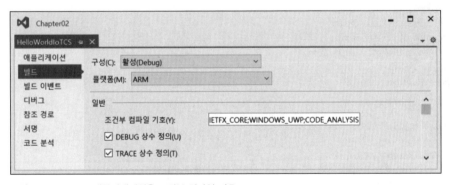

그림 3-7 C# UWP 애플리케이션용 조건부 컴파일 기호

여기서는 C# UWP 애플리케이션을 사용해 설명한다. 하지만 C++ UWP 애플리케이션용으로 자동 생성된 코드의 일반적인 구조도 동일하다. 진입점을 포함하는 파일은 프로그래밍 언어의 키워드에 따라 다르지만, 의미는 동일하다. 이러한 이유로 C# 프로그래밍 언어 전용 기본 App 클래스를 설명한다.

App 클래스의 선언을 포함하는 App.xaml.cs 파일의 내용을 예제 3-7에서 나타냈다. 2장에서 개발한 XAML 애플리케이션의 실행 흐름을 이해하고자 이 구현의 구조를 분석해 보자. 애플리케이션을 실행한 직후 무슨 일이 일어났으며, LED 회로를 제어하는 코드를 실제로 실행하는 OnNavigatedTo 메서드를 어떤 단계에서 호출하는지 이해해야 한다.

예제 3-7 자동으로 생성된 App 클래스의 구현

```
using System;
using System.Collections.Generic;
using System.IO;
using System.Linq;
using System.Runtime.InteropServices.WindowsRuntime;
using Windows.ApplicationModel;
using Windows.ApplicationModel.Activation;
using Windows.Foundation;
using Windows.Foundation.Collections;
using Windows.UI.Xaml;
using Windows.UI.Xaml.Controls;
using Windows.UI.Xaml.Controls.Primitives;
using Windows.UI.Xaml.Data;
using Windows.UI.Xaml.Input;
using Windows.UI.Xaml.Media;
using Windows.UI.Xaml.Navigation;

namespace HelloWorldIoTCS
{

    sealed partial class App : Application
    {
        /// <summary>
        /// 기본 응용 프로그램 클래스를 보완하는 응용 프로그램별 동작을 제공합니다.
        /// </summary>
        sealed partial class App : Application
        {
        /// <summary>
```

```
/// Singleton 응용 프로그램 개체를 초기화합니다. 이것은 실행되는 작성 코드의 첫 번째
/// 줄이며 따라서 main() 또는 WinMain()과 논리적으로 동일합니다.
/// </summary>
public App()
{
    this.InitializeComponent();
    this.Suspending += OnSuspending;
}


/// <summary>
/// 최종 사용자가 응용 프로그램을 정상적으로 시작할 때 호출됩니다. 다른 진입점은
/// 특정 파일을 여는 등 응용 프로그램을 시작할 때
/// </summary>
/// <param name="e">시작 요청 및 프로세스에 대한 정보입니다.</param>
protected override void OnLaunched(LaunchActivatedEventArgs e)
{
    Frame rootFrame = Window.Current.Content as Frame;

    // 창에 콘텐츠가 이미 있는 경우 앱 초기화를 반복하지 말고,
    // 창이 활성화돼 있는지 확인하십시오.
    if (rootFrame == null)
    {
        // 탐색 콘텍스트로 사용할 프레임을 만들고 첫 페이지로 이동합니다.
        rootFrame = new Frame();

        rootFrame.NavigationFailed += OnNavigationFailed;

        if (e.PreviousExecutionState == ApplicationExecutionState.
Terminated)
        {
            //TODO: 이전에 일시 중지된 응용 프로그램에서 상태를 로드합니다.
        }

        // 현재 창에 프레임 넣기
        Window.Current.Content = rootFrame;
    }

    if (e.PrelaunchActivated == false)
    {
        if (rootFrame.Content == null)
        {
            // 탐색 스택이 복원되지 않으면 첫 번째 페이지로 돌아가고
            // 필요한 정보를 탐색 매개변수로 전달해 새 페이지를
            // 구성합니다.
```

```
                    rootFrame.Navigate(typeof(MainPage), e.Arguments);
            }
            // 현재 창이 활성 창인지 확인
            Window.Current.Activate();
        }
    }


    /// <summary>
    /// 특정 페이지 탐색에 실패한 경우 호출됨
    /// </summary>
    /// <param name="sender">탐색에 실패한 프레임</param>
    /// <param name="e">탐색 실패에 대한 정보</param>
    void OnNavigationFailed(object sender, NavigationFailedEventArgs e)
    {
        throw new Exception("Failed to load Page " + e.SourcePageType.
FullName);
    }


    /// <summary>
    /// 응용 프로그램 실행이 일시 중단된 경우 호출됩니다. 응용 프로그램이 종료될지
    /// 또는 메모리 콘텐츠를 변경하지 않고 다시 시작할지 여부를 결정하지 않은 채
    /// 응용 프로그램 상태가 저장됩니다.
    /// </summary>
    /// <param name="sender">일시 중단 요청의 소스입니다.</param>
    /// <param name="e">일시 중단 요청에 대한 세부 정보입니다.</param>
    private void OnSuspending(object sender, SuspendingEventArgs e)
    {
        var deferral = e.SuspendingOperation.GetDeferral();
        //TODO: 응용 프로그램 상태를 저장하고 백그라운드 작업을 모두 중지합니다.
        deferral.Complete();
    }
  }
}
```

예제 3-7의 App 클래스는 매개변수가 없는 생성자를 포함하며, InitializeComponent 메서
드(App.g.i.cs 파일에서 정의됨)를 호출한다. 그다음 이 생성자는 Suspending 이벤트에 핸들
러를 연결한다. 후자는 애플리케이션이 일시 중단될 때 호출된다. 보통 앱은 사용자나 운
영체제에 의해 일시 중단된다. 어떤 경우든 Suspending 이벤트가 사용될 수 있는데, 이를
테면 현재 애플리케이션 상태를 저장할 때나 독점 리소스를 해제할 때다. 애플리케이션의

상태는 Application 클래스의 Resuming 이벤트를 사용하거나 OnLaunched 메서드 내에서 복원될 수 있다. 이 메서드는 사용자가 애플리케이션을 시작할 때마다 호출한다.

OnLaunched 메서드의 자동 생성 버전은 Frame 클래스를 초기화한 다음 이 클래스의 Navigate 메서드를 사용해 MainPage 클래스 내에 구현된 뷰를 표시한다. 이 동작은 2장에서 LED를 깜박이는 데 사용한 MainPage.OnNavigatedTo 이벤트를 호출한다.

Frame.Navigate 메서드의 첫 번째 매개변수는 Page 클래스에서 파생된 형식이다. XAML UWP 애플리케이션의 모든 뷰는 이런 식으로 구현된다. 따라서 Frame.Navigate 메서드의 매개변수를 자유롭게 변경해 Page 클래스를 파생시켜 구현한 다른 뷰를 표시할 수 있다. 뷰 디자인 방법은 4장에서 자세히 살펴본다.

비동기 프로그래밍

UI 있는 애플리케이션은 백그라운드 작업의 결과를 연속적으로 표시해야 한다. 예를 들어, 다양한 센서에서 수집되는 값을 표시하는 경우를 생각해 볼 수 있겠다. 이런 애플리케이션을 구현하고자 UWP 앱용으로 사용 가능한 비동기 프로그래밍 패턴을 사용할 수 있다. 자세한 내용으로 들어가기 전에 스레드와 C# 애플리케이션을 위한 UWP 스레딩 모델의 기초를 설명한다. 지금부터 대부분의 샘플 애플리케이션은 C#을 사용해 구현한다.

작업자 스레드와 스레드 풀

주 애플리케이션 스레드는 작업자 스레드로 정의한 추가 스레드를 만든다. IoT 프로그래밍에서는 작업이 지연될 수 있기 때문에 센서의 데이터를 얻고자 보통 작업자 스레드를 사용한다. 예를 들어, 주 스레드에서 제어하는 사용자 인터페이스가 센서의 응답을 기다리면서 일시 차단될 때처럼 통신이 방해받는 경우가 발생할 수 있다. 작업자 스레드를 사용하면 이 UI가 사용자 요청에 응답할 수 있다.

C#과 비주얼 베이직으로 작성된 작업자 스레드를 사용해 비동기 작업을 간단히 시작하도록 .NET 프레임워크에서는 작업 기반 비동기 패턴TAP, Task-based Asynchronous Pattern을 제공한다. 이 패턴의 핵심은 System.Threading.Tasks 네임스페이스에서 선언한 Task 클래스다.

TAP 패턴에서 비동기 작업은 두 가지 방법 중 하나로 시작될 수 있다.

- 실행할 코드를 나타내는 매개변수로 Task 클래스의 인스턴스를 만들고, Start 메서드를 호출하는 방법
- Task.Run 정적 메서드를 사용하는 방법

어떤 경우든 비동기 작업은 윈도우 10이 시작될 때 미리 만들어 놓은 작업자 스레드의 집합인 스레드 풀에 들어간다. 따라서 백그라운드에서 작업을 실행하고자 ThreadPool 클래스의 정적 메서드인 RunAsync를 사용할 수도 있다. 후자는 Windows.System.Threading 네임스페이스에서 선언했다.

여기서는 센서가 값을 판독하는 작업을 시뮬레이션하는 샘플 애플리케이션 작성 방법을 소개한다. 이러한 값 판독은 비동기 작업으로 구현되며, Task와 ThreadPool 클래스를 사용해 실행한다. 다음의 단계를 따른다.

1. 비어 있는 앱(유니버설 Windows) 프로젝트 템플릿으로 ThreadingSample이라는 이름의 새로운 비주얼 C# 애플리케이션을 만든다.
2. MainPage.xaml 파일에서 예제 3-8에 따라 내용을 수정한다.

예제 3-8 MainPage 뷰의 사용자 인터페이스 선언

```
<Page
    x:Class="ThreadingSample.MainPage"
    xmlns="http://schemas.microsoft.com/winfx/2006/xaml/presentation"
    xmlns:x="http://schemas.microsoft.com/winfx/2006/xaml"
    xmlns:local="using:ThreadingSample"
    xmlns:d="http://schemas.microsoft.com/expression/blend/2008"
    xmlns:mc="http://schemas.openxmlformats.org/markup-compatibility/2006"
    mc:Ignorable="d">


    <Page.Resources>
```

```xml
        <Style TargetType="Button">
            <Setter Property="Margin"
                    Value="10" />
            <Setter Property="HorizontalAlignment"
                    Value="Center" />
        </Style>

        <Style TargetType="StackPanel">
            <Setter Property="HorizontalAlignment"
                    Value="Center" />
            <Setter Property="VerticalAlignment"
                    Value="Top" />
            <Setter Property="Orientation"
                    Value="Vertical" />
        </Style>
    </Page.Resources>

    <StackPanel Background="{ThemeResource ApplicationPageBackgroundThemeBrush}">
        <Button x:Name="TaskButton"
                Click="TaskButton_Click"
                Content="Asynchronous operation (Task)" />

        <Button x:Name="ThreadPoolButton"
                Click="ThreadPoolButton_Click"
                Content="Asynchronous operation (ThreadPool)" />

        <Button x:Name="TimerButton"
                Click="TimerButton_Click"
                Content="Start Timer" />

        <Button x:Name="ThreadPoolTimerButton"
                Click="ThreadPoolTimerButton_Click"
                Content="Start ThreadPoolTimer" />

        <ProgressBar x:Name="ProgressBar" />
    </StackPanel>
</Page>
```

3. MainPage.xaml.cs 파일에 예제 3-9에서 나타낸 구문을 삽입한다.

예제 3-9 MainPage 뷰의 코드 숨김

```csharp
using System;
using System.Diagnostics;
```

```csharp
using System.Threading;
using System.Threading.Tasks;
using Windows.System.Threading;
using Windows.UI.Xaml;
using Windows.UI.Xaml.Controls;

namespace ThreadingSample
{
    public sealed partial class MainPage : Page
    {
        private Random randomNumberGenerator = new Random();
        private const int msDelay = 200;

        private const string debugInfoPrefix = "Random value";
        private const string numberFormat = "F2";
        private const string timeFormat = "HH:mm:fff";

        public MainPage()
        {
            InitializeComponent();
        }

        private void GetReading()
        {
            Task.Delay(msDelay).Wait();
            var randomValue = randomNumberGenerator.NextDouble();

            string debugString = string.Format("{0} | {1} : {2}",
                DateTime.Now.ToString(timeFormat),
                debugInfoPrefix,
                randomValue.ToString(numberFormat));

            Debug.WriteLine(debugString);
        }

        private void TaskButton_Click(object sender, RoutedEventArgs e)
        {
            var action = new Action(GetReading);
            Task.Run(action);

            // 또는 다른 방법으로
            // Task task = new Task(action);
            // task.Start();
        }
```

```
    private async void ThreadPoolButton_Click(object sender, RoutedEventArgs e)
    {
        var workItemHandler = new WorkItemHandler((arg) => { GetReading(); });

        await ThreadPool.RunAsync(workItemHandler);
    }

    private void TimerButton_Click(object sender, RoutedEventArgs e)
    {

    }

    private void ThreadPoolTimerButton_Click(object sender, RoutedEventArgs e)
    {

    }
  }
}
```

ThreadingSample 애플리케이션의 사용자 인터페이스는 4개의 버튼으로 구성된다. Asynchronous Operation(Task)과 Asynchronous Operation(ThreadPool) 버튼을 사용해 비동기 작업을 시작한다. 첫 번째 버튼에 연결된 이벤트 핸들러는 Task 클래스를 사용하는 반면, 두 번째 버튼은 ThreadPool 클래스의 정적 RunAsync 메서드를 사용해 백그라운드 작업을 호출한다.

어느 경우든 비동기 작업은 센서의 값 판독을 시뮬레이션한다. 무작위 번호 생성기와 특정 센서에서 응답을 보내기 전에 지연 시간을 모방하는 지연기를 사용한다. 무작위로 생성된 번호는 비주얼 스튜디오 2019/2017의 출력 창에 표시된다(그림 3-8 참고).

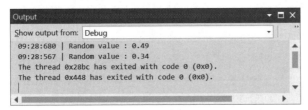

그림 3-8 비주얼 스튜디오 2019의 출력 창에 표시한 ThreadingSample 애플리케이션에서 생성한 결과

다음 절에서 MainPage 뷰에서 선언한 2개의 다른 버튼을 사용한다.

타이머

많은 IoT 애플리케이션은 센서의 데이터를 지정된 시간 간격으로 백그라운드에서 획득해서 처리하는 특정 프로세스의 지속적인 모니터링이 필요하다. 타이머는 이런 주기적인 작업을 수행하는 데 편리한 방법을 제공한다. UWP는 타이머를 구현하는 두 가지 클래스를 제공한다. 하나는 System.Threading 네임스페이스에서 선언한 Timer 클래스이고, 나머지 하나는 Windows.System.Threading 네임스페이스에서 선언한 ThreadPoolTimer 클래스다.

ThreadingSample 애플리케이션의 로직을 보완해 주기적인 센서 판독을 시뮬레이션하려면 다음처럼 MainPage.xaml.cs 파일을 수정한다.

1. 예제 3-10의 private 멤버와 예제 3-11의 메서드로 MainPage 클래스의 정의를 보완한다.

예제 3-10 타이머 관리를 위한 MainPage 클래스의 멤버

```
private  const string timerStopLabel = "Stop";
private const string timerStartLabel = "Start";

private TimeSpan timeSpanZero = TimeSpan.FromMilliseconds(0);
private TimeSpan timeSpanDelay = TimeSpan.FromMilliseconds(msDelay);

private Timer timer;
private ThreadPoolTimer threadPoolTimer;

private bool isTimerActive = false;
private bool isThreadPoolTimerActive = false;
```

예제 3-11 타이머를 사용해 모방한 센서값 판독

```
private void InitializeTimer()
{
    if(timer != null)
    {
        return;
```

```
    }
    else
    {
        var timerCallback = new TimerCallback((arg) => { GetReading(); });

        timer = new Timer(timerCallback, null, Timeout.InfiniteTimeSpan,
                timeSpanDelay);
    }
}

private void UpdateButtonLabel(Button button, bool isTimerActive)
{
    if(button != null)
    {
        var buttonLabel = button.Content as string;
        if(buttonLabel != null)
        {
            if(isTimerActive)
            {
                buttonLabel = buttonLabel.Replace(timerStartLabel, timerStopLabel);
            }
            else
            {
                buttonLabel = buttonLabel.Replace(timerStopLabel, timerStartLabel);
            }

            button.Content = buttonLabel;
        }
    }
}

private void UpdateTimerState()
{
    if(isTimerActive)
    {
        // 중지 타이머
        timer.Change(Timeout.InfiniteTimeSpan, timeSpanDelay);
    }
    else
    {
        // 시작 타이머
        timer.Change(timeSpanZero, timeSpanDelay);
    }

    isTimerActive = !isTimerActive;
```

```
}

private void StartThreadPoolTimer()
{
    var timerElapsedHandler = new TimerElapsedHandler((arg) => { GetReading(); });

    threadPoolTimer = ThreadPoolTimer.CreatePeriodicTimer
        (timerElapsedHandler, timeSpanDelay);
}

private void StopThreadPoolTimer()
{
    if(threadPoolTimer != null)
    {
        threadPoolTimer.Cancel();
    }
}

private void UpdateThreadPoolTimerState()
{
    if (isThreadPoolTimerActive)
    {
        StopThreadPoolTimer();
    }
    else
    {
        StartThreadPoolTimer();
    }

    isThreadPoolTimerActive = !isThreadPoolTimerActive;
}
```

2. MainPage 클래스의 생성자에 예제 3-12의 굵은 글씨 구문을 삽입한다.

예제 3-12 타이머 초기화

```
public MainPage()
{
    InitializeComponent();

    InitializeTimer();
}
```

3. 마지막으로 TimerButton_Click과 ThreadPoolTimerButton_Click 이벤트 핸들러의 정의를 예제 3-13에 따라 업데이트한다.

예제 3-13 타이머 활성화

```
private void TimerButton_Click(object sender, RoutedEventArgs e)
{
    UpdateTimerState();

    UpdateButtonLabel(sender as Button, isTimerActive);
}

private void ThreadPoolTimerButton_Click(object sender, RoutedEventArgs e)
{
    UpdateThreadPoolTimerState();

    UpdateButtonLabel(sender as Button, isThreadPoolTimerActive);
}
```

위 솔루션의 몇 가지 측면은 부연 설명이 필요하다. 구체적으로 애플리케이션이 시작될 때 Timer 클래스의 인스턴스는 InitializeTimer 메서드를 사용해 초기화된다(예제 3-12 참고). 이 메서드는 4개의 인수를 갖는 생성자를 사용해 Timer 클래스의 인스턴스를 만든다.

- 첫 번째 인수인 callback은 주기적으로 호출되는 콜백 함수를 설정한다.
- Timer 클래스의 두 번째 인수는 추가 인수를 콜백 함수로 전달한다.
- 세 번째 인수인 dueTime은 콜백 함수가 실행되기 전에 지연 시간을 설정한다.
- 마지막 인수인 period는 콜백 함수가 호출되는 시간 간격을 지정한다.

Timer 클래스의 인스턴스는 타이머를 시작하고 중지하기 위한 어떤 public 멤버도 갖지 않는다. 따라서 Timer 클래스는 dueTime 매개변수의 무한 시간 간격(Timeout.InfiniteTimeSpan)으로 초기화된다. 타이머를 시작할 때는 Timer 클래스 인스턴스의 Change 메서드를 사용해 동적으로 dueTime 값을 0으로 변경한다. 예제 3-11의 UpdateTimerState 메서드를 참고하자. 결과적으로 GetReading 메서드는 200ms 간격으로 주기적으로 호출된다. 타이머가 활성화될 때 그림 3-9에서처럼 출력 창은 무작위로 생성된 번호를 표시한다.

타이머를 중지하려면 dueTime을 다시 Timeout.InfiniteTimeSpan으로 설정한다.

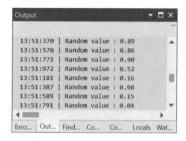

그림 3-9 Timer 클래스를 사용해 실행된 주기적인 백그라운드 작업

ThreadPoolTimer 클래스를 사용해 유사한 기능을 얻을 수 있다. 이 클래스의 인스턴스를 생성하려면 CreatePeriodicTimer라는 정적 메서드를 사용할 수 있다. 가장 단순한 사례는 handler와 period라는 2개의 인수를 받은 경우다. 첫 번째 인수인 handler는 지연 시간을 지정한 period 인수로 주기적으로 호출하는 콜백 함수를 가리킨다. CreatePeriodicTimer를 사용해 만든 타이머는 즉시 콜백 함수의 호출을 시작하고, ThreadPoolTimer 클래스 인스턴스의 Cancel 메서드를 호출해 중지할 수 있다. 예제 3-11의 StopThreadPoolTimer 메서드를 참고하자.

period 매개변수의 값은 동적으로 수정할 수 없다. ThreadPoolTimer의 새로운 인스턴스는 StartThreadPoolTimer 메서드가 호출될 때마다 만들어진다.

실세계 애플리케이션은 화면에 센서 판독값을 표시할 것이다. ThreadingSample 애플리케이션에서 이 기능을 포함하도록 다음과 같이 변경해 보자.

1. MainPage.xaml 파일을 열고 예제 3-14의 내용으로 업데이트한다.

예제 3-14 ThreadingSample 프로젝트의 MainPage.xaml

```
<Page
    x:Class="ThreadingSample.MainPage"
    xmlns="http://schemas.microsoft.com/winfx/2006/xaml/presentation"
    xmlns:x="http://schemas.microsoft.com/winfx/2006/xaml"
    xmlns:local="using:ThreadingSample"
    xmlns:d="http://schemas.microsoft.com/expression/blend/2008"
```

```
xmlns:mc="http://schemas.openxmlformats.org/markup-compatibility/2006"
mc:Ignorable="d">

<Page.Resources>
    <Style TargetType="Button">
        <Setter Property="Margin"
                Value="10" />
        <Setter Property="HorizontalAlignment"
                Value="Center" />
    </Style>

    <Style TargetType="StackPanel">
        <Setter Property="HorizontalAlignment"
                Value="Center" />
        <Setter Property="VerticalAlignment"
                Value="Top" />
        <Setter Property="Orientation"
                Value="Vertical" />
    </Style>

    <Style TargetType="ProgressBar">
        <Setter Property="Height"
                Value="20" />
        <Setter Property="Margin"
                Value="5" />
        <Setter Property="Foreground"
                Value="Orange" />
    </Style>
</Page.Resources>

<StackPanel Background="{ThemeResource ApplicationPageBackgroundThemeBrush}">
    <Button x:Name="TaskButton"
            Click="TaskButton_Click"
            Content="Asynchronous operation (Task)" />

    <Button x:Name="ThreadPoolButton"
            Click="ThreadPoolButton_Click"
            Content="Asynchronous operation (ThreadPool)" />

    <Button x:Name="TimerButton"
            Click="TimerButton_Click"
            Content="Start Timer" />

    <Button x:Name="ThreadPoolTimerButton"
```

```
                    Click="ThreadPoolTimerButton_Click"
                    Content="Start ThreadPoolTimer" />

        <ProgressBar x:Name="ProgressBar" />
    </StackPanel>
</Page>
```

2. MainPage.xaml.cs 파일에서 예제 3-9의 `GetReading` 메서드를 예제 3-15처럼 수정
   한다.

예제 3-15 타이머 활성화

```
private void GetReading()
{
    Task.Delay(msDelay).Wait();
    var randomValue = randomNumberGenerator.NextDouble();

    string debugString = string.Format("{0} | {1} : {2}",
        DateTime.Now.ToString(timeFormat),
        debugInfoPrefix,
        randomValue.ToString(numberFormat));

    Debug.WriteLine(debugString);

    DisplayReadingValueUsingSynchronizationContext(randomValue * 100);
}
```

3. 앱을 배포하고 실행한다.

앞서 ThreadingSample 애플리케이션을 변경하면서 ProgressBar 컨트롤을 MainPage
뷰에 추가했다(예제 3-14 참고). ProgressBar 컨트롤을 사용해 표시되는 값을 구성하는 데
무작위로 생성한 값을 사용하도록 예제 3-15에서 `GetReading` 메서드의 정의도 수정했다.

애플리케이션을 시작하고 GetReading 함수를 호출할 때 ProgressBar 컨트롤은 현재 생
성된 무작위 값을 반영한다. 하지만 앱을 실행한 후 어떤 시점에 예외가 던져진다. 이 예외
는 "The application called an interface that was marshalled for a different thread(애
플리케이션이 다른 스레드를 위해 마샬링됐던 인터페이스를 호출했음)."라는 내용을 알려 준다.

이 문제는 모든 UI 요소는 주 스레드에서 만들고 제어한다는 UWP 스레딩 모델의 특정 측면 때문에 발생한다. 주 스레드는 새로운 스레드를 시작하거나 백그라운드 작업을 수행하고자 미리 만들어 놓은 작업자 스레드를 사용할 수 있지만, 작업자 스레드는 UI 요소를 직접 업데이트할 수 없다. 대신 작업자 스레드는 주 스레드에 적절한 요청을 보내야 한다.

UI와 작업자 스레드 동기화

UI 있는 모드에서 주 스레드는 사용자 인터페이스를 제어한다. 작업자 스레드의 호출에 의한 모든 UI 업데이트 요청은 주 스레드로 보내져 UI 상태를 업데이트한다. 이런 이유로 주 스레드를 사용자 인터페이스 스레드라고도 한다.

CoreDispatcher 또는 SynchronizationContext, DispatcherTimer 클래스 중 하나를 사용해 작업자 스레드를 UI 스레드와 동기화한다.

CoreDispatcher

CoreDispatcher 클래스는 컨트롤 메시지 처리와 이벤트 디스패칭을 위한 메커니즘을 구현한다. UI 있는 애플리케이션의 모든 컨트롤을 관리하고자 항상 CoreDispatcher 하나가 실행 중이다. DependencyObject 클래스의 public Dispatcher 속성을 사용해 CoreDispatcher 클래스의 인스턴스를 액세스할 수 있다. 후자는 XAML 속성 시스템의 중심부이므로 컨트롤 속성의 많은 유형이 DependencyObject 클래스에서 파생된다.

다음 단계를 따라서 CoreDispatcher에 액세스하고 그 멤버를 사용해 ThreadingSample 애플리케이션에서 ProgressBar 컨트롤의 Value 속성을 안전하게(멀티스레딩의 관점에서) 업데이트한다.

1. Windows.UI.Core 네임스페이스를 포함한다. MainPage.xaml.cs 파일의 헤더에 다음 구문을 추가한다.

```
using Windows.UI.Core;
```

2. MainPage 클래스에서 DisplayReadingValue 메서드를 정의한다(예제 3-16 참고).

예제 3-16 컨트롤 속성 설정을 위한 스레드 안전 절차

```
private async void DisplayReadingValue(double value)
{
    if(Dispatcher.HasThreadAccess)
    {
        ProgressBar.Value = Convert.ToInt32(value);
    }
    else
    {
        var dispatchedHandler = new DispatchedHandler(() => {
            DisplayReadingValue(value); });

        await Dispatcher.RunAsync(CoreDispatcherPriority.Normal, dispatchedHandler);
    }
}
```

---

3. 예제 3-17에 따라서 (예제 3-9에 보이는) GetReading 메서드를 수정한다.

예제 3-17 모방된 센서 판독값을 ProgressBar 컨트롤 내에서 표시하기

```
private void GetReading()
{
    Task.Delay(msDelay).Wait();
    var randomValue = randomNumberGenerator.NextDouble();

    string debugString = string.Format("{0} | {1} : {2}",
        DateTime.Now.ToString(timeFormat),
        debugInfoPrefix,
        randomValue.ToString(numberFormat));

    Debug.WriteLine(debugString);

    //ProgressBar.Value = Convert.ToInt32(randomValue * 100);

    DisplayReadingValue(randomValue * 100);
}
```

CoreDispatcher 클래스에는 RunAsync 멤버가 있다. 이 멤버로 선택된 작업을 대기열에 넣어 UI 스레드에서 호출되도록 한다. 예제 3-16에서 RunAsync 메서드를 사용해 ProgressBar 컨트롤의 Value 속성을 업데이트했다. UI 요소가 직접 또는 UI 스레드를 통해 업데이트될지 여부를 검사하고자 CoreDispatcher의 인스턴스는 public 읽기 전용 속성인 HasThreadAccess를 노출한다. UI 스레드에서 DisplayReadingValue를 호출하면 HasThreadAccess가 참(true)이므로 주어진 컨트롤은 직접 업데이트될 수 있다. 그에 반해 작업자 스레드가 DisplayReadingValue 메서드를 호출할 때 CoreDispatcher 클래스의 HasThreadAccess 속성은 거짓^{false}이다. 그러므로 DisplayReadingValue는 CoreDispatcher 클래스 인스턴스의 RunAsync 메서드를 실행한다.

RunAsync 메서드는 priority와 agileCallback이라는 2개의 인수를 받는다. agileCallback 매개변수로 지정한 첫 번째는 작업의 중요도를 구성하는 데 사용된다. priority는 CoreDispatcherPriority 열거 값인 Idle이나 Low, Normal, High 중 하나를 갖는다. 예제 3-16의 코드 블록에서 priority를 Normal로 설정하고, agileCallback 매개변수의 경우 DisplayReadingValue 메서드를 호출하는 익명 함수를 전달한다. 결과적으로 UI 스레드는 DisplayReadingValue를 다시 호출한다. 하지만 이번엔 Dispatcher.HasThreadAccess가 참이므로(DisplayReadingValue가 UI 스레드에서 호출되기 때문) ProgressBar.Value 속성은 안전하게 업데이트된다. 결과적으로 사용 가능한 버튼 중 하나를 누른 후 모방된 센서 판독 값이 메인 앱 뷰에서 표시된다(그림 3-10의 맨 아래 진행 바 컨트롤 참고).

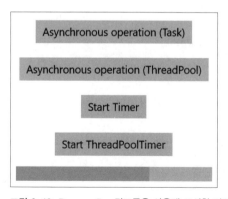

그림 3-10 ProgressBar 컨트롤을 사용해 표시한 값의 변화를 표시하는 MainPage 뷰의 일부

SynchronizationContext

CoreDispatcher 클래스는 UI 요소에 대한 액세스를 동기화한다. 작업자 스레드로 보내진 모든 UI 요청은 대기열에 들어가고 순서대로 호출된다. 이런 동기화를 구현하는 또 다른 방식이 있다. 이 솔루션은 System.Threading 네임스페이스에서 선언한 SynchronizationContext 클래스를 사용한다.

기본적으로 SynchronizationContext는 CoreDispatcher의 대체 솔루션이다. 선호도에 따라서 이들 중에 원하는 것을 사용하면 된다. 이전에 윈도우 폼^{Windows Forms} 애플리케이션으로 작업했다면 SynchronizationContext를 선호할지도 모르겠다.

다음 예제에서 ThreadingSample 앱의 소스 코드를 수정해 ProgressBar 컨트롤의 스레드 안전한 업데이트를 위해 SynchronizationContext를 사용한다.

1. 예제 3-18에 보이는 것처럼 MainPage.xaml.cs 파일에서 SynchronizationContext 형식의 private 멤버를 선언하고 MainPage 생성자에서 이 변수를 초기화한다.

예제 3-18 SynchronizationContext 클래스의 인스턴스에 대한 참조 얻기

```
private SynchronizationContext synchronizationContext;

public MainPage()
{
    InitializeComponent();

    InitializeTimer();

    synchronizationContext = SynchronizationContext.Current;
}
```

2. 예제 3-19에 따라 메서드로 MainPage 클래스의 정의를 보완한다.

예제 3-19 동기화 콘텍스트를 사용한 컨트롤 속성에 대한 스레드 안전한 액세스

```
private void DisplayReadingValueUsingSynchronizationContext(double value)
{
    var sendOrPostCallback = new SendOrPostCallback((arg) =>
```

```
    {
        ProgressBar.Value = Convert.ToInt32(arg);
    });

    synchronizationContext.Post(sendOrPostCallback, value);
}
```

3. 마지막으로 예제 3-20에 따라 GetReading 함수(예제 3-17 참고)를 수정한다.

예제 3-20 동기화 콘텍스트를 사용한 모방한 센서 판독 값 표시

```
private void GetReading()
{
    Task.Delay(msDelay).Wait();
    var randomValue = randomNumberGenerator.NextDouble();

    string debugString = string.Format("{0} | {1} : {2}",
        DateTime.Now.ToString(timeFormat),
        debugInfoPrefix,
        randomValue.ToString(numberFormat));

    Debug.WriteLine(debugString);

    //ProgressBar.Value = Convert.ToInt32(randomValue * 100);

    //DisplayReadingValue(randomValue * 100);

    DisplayReadingValueUsingSynchronizationContext(randomValue * 100);
}
```

애플리케이션을 배포하고 시작한 후 애플리케이션이 이전처럼 실행되는지 확인한다. 유일한 차이점은 SynchronizationContext 클래스를 사용한 스레드 동기화를 위해 작업자 스레드의 함수에서 스레드 안전한 UI 액세스의 대체 방식을 제공한 것이다.

SynchronizationContext 클래스의 정적 속성인 Current를 사용해 이 콘텍스트에 대한 참조를 얻는다. SynchronizationContext 클래스의 인스턴스를 얻은 후 Send 또는 Post 메서드를 사용해 UI 스레드에서 모든 작업을 호출할 수 있다. 두 가지 구문은 정확히 동일하다. 즉 Send와 Post 메서드는 SendOrPostCallback 형식의 d와 object 형식의 state라는 2개

의 인수를 받는다. 첫 번째 것은 호출될 메서드를 지정하는 반면, state 매개변수는 그 콜백에 추가 인수를 전달하는 데 사용된다.

Send와 Post 메서드 사이의 유일한 차이점은 첫 번째는 동기적으로 콜백을 디스패칭하지만, Post 메서드는 비동기적으로 수행한다는 점이다.

DispatcherTimer

DispatcherTimer 클래스는 주 스레드 디스패처와 연결된 디스패처로 통합된 주기적 타이머를 구현한다. 결과적으로 주기적 콜백이 UI 스레드에서 호출되므로 이전 2개의 절에서 설명한 동기화 기술은 필요없다. 하지만 전체 콜백이 UI 스레드에서 호출되므로 궁극적으로 UI를 사용하지 못하게 하는 실행 시간이 긴 작업을 포함할 수 없다.

DispatcherTimer 클래스는 다음 절의 예제에서 살펴본다.

DispatcherTimer를 사용해 LED 깜박거리기

이 절은 RPi2 장치의 내장 녹색 ACT LED를 제어하고 이 LED가 켜졌는지 꺼졌는지 여부를 표시하는 상호작용 윈도우 10 IoT 코어 애플리케이션 구현 방법을 소개한다. 버튼 하나, 슬라이더 하나, 타원으로 구성된 UI를 선언한다. 버튼은 LED를 제어하기 위한 비동기 작업을 시작하거나 중지하며, 슬라이더는 LED 깜박임 주파수 구성을 가능하게 하고, 타원의 색은 LED의 현재 상태를 반영한다. 즉 타원의 배경은 LED가 꺼졌을 때 녹색으로 바꾸고, 켜졌을 때 빨간색으로 바꾼다.

다음을 수행해 RPi2 장치의 LED를 제어하는 상호작용 UWP 애플리케이션을 구현한다.

1. 비주얼 C# 비어 있는 앱(유니버설 Windows) 프로젝트 템플릿을 사용해 새로운 프로젝트인 BlinkyApp을 만든다.

2. Windows IoT Extensions for the UWP를 참고한다.

3. MainPage.xaml 파일을 열고 예제 3-21을 사용해 사용자 인터페이스를 선언한다.

예제 3-21 메인 뷰 선언

```xml
<Page
    x:Class="BlinkyApp.MainPage"
    xmlns="http://schemas.microsoft.com/winfx/2006/xaml/presentation"
    xmlns:x="http://schemas.microsoft.com/winfx/2006/xaml"
    xmlns:local="using:BlinkyApp"
    xmlns:d="http://schemas.microsoft.com/expression/blend/2008"
    xmlns:mc="http://schemas.openxmlformats.org/markup-compatibility/2006"
    mc:Ignorable="d">

    <Page.Resources>
        <Thickness x:Key="DefaultMargin">10</Thickness>

        <Style TargetType="Ellipse">
            <Setter Property="Margin"
                    Value="{StaticResource DefaultMargin}" />
            <Setter Property="Height"
                    Value="100" />
            <Setter Property="Width"
                    Value="150" />
        </Style>

        <Style TargetType="Button">
            <Setter Property="Margin"
                    Value="{StaticResource DefaultMargin}" />
            <Setter Property="HorizontalAlignment"
                    Value="Center" />
        </Style>

        <Style TargetType="Slider">
            <Setter Property="Margin"
                    Value="{StaticResource DefaultMargin}" />
            <Setter Property="Minimum"
                    Value="100" />
            <Setter Property="Maximum"
                    Value="5000" />
            <Setter Property="StepFrequency"
                    Value="100" />
        </Style>

        <Style TargetType="TextBlock">
            <Setter Property="Margin"
```

```
                    Value="{StaticResource DefaultMargin}" />
            <Setter Property="HorizontalAlignment"
                    Value="Center" />
            <Setter Property="FontSize"
                    Value="20" />
        </Style>
    </Page.Resources>

    <StackPanel Background="{ThemeResource ApplicationPageBackgroundThemeBrush}">
        <Button x:Name="MainButton"
                Click="MainButton_Click" />

        <Ellipse x:Name="LedEllipse" />

        <Slider x:Name="Slider"
                ValueChanged="Slider_ValueChanged"/>

        <TextBlock Text="{Binding Value, ElementName=Slider}" />
    </StackPanel>
</Page>
```

4. MainPage.xaml.cs 파일의 내용을 예제 3-22에 따라 수정한다(여기서 사용한 GPIO
   핀 번호는 라즈베리 파이 2의 내장 ACT LED에 해당한다. 이 예제는 ACT LED가 없는 라즈
   베리 파이 3와 호환되지 않으므로 외부 LED 회로가 필요하다).

예제 3-22 BlinkyApp의 로직

```
using System;
using Windows.Devices.Gpio;
using Windows.UI;
using Windows.UI.Xaml;
using Windows.UI.Xaml.Controls;
using Windows.UI.Xaml.Controls.Primitives;
using Windows.UI.Xaml.Media;

namespace BlinkyApp
{
    public sealed partial class MainPage : Page
    {
        private const int ledPinNumber = 47;

        private GpioPin ledGpioPin;
```

```csharp
private DispatcherTimer dispatcherTimer;

private const string stopBlinkingLabel = "Stop blinking";
private const string startBlinkingLabel = "Start blinking";

public MainPage()
{
    InitializeComponent();

    ConfigureGpioPin();
    ConfigureMainButton();
    ConfigureTimer();
}

private void ConfigureMainButton()
{
    MainButton.Content = startBlinkingLabel;

    MainButton.IsEnabled = ledGpioPin != null ? true : false;
}

private void UpdateMainButtonLabel()
{
    var label = MainButton.Content.ToString();

    if (label.Contains(stopBlinkingLabel))
    {
        MainButton.Content = startBlinkingLabel;
    }
    else
    {
        MainButton.Content = stopBlinkingLabel;
    }
}

private void ConfigureGpioPin()
{
    var gpioController = GpioController.GetDefault();

    if (gpioController != null)
    {
        ledGpioPin = gpioController.OpenPin(ledPinNumber);

        if (ledGpioPin != null)
        {
```

```csharp
                ledGpioPin.SetDriveMode(GpioPinDriveMode.Output);
                ledGpioPin.Write(GpioPinValue.Low);
            }
        }
    }
}

private void Slider_ValueChanged(object sender,
    RangeBaseValueChangedEventArgs e)
{
    var msDelay = Convert.ToInt32(Slider.Value);
    dispatcherTimer.Interval = TimeSpan.FromMilliseconds(msDelay);
}

private void ConfigureTimer()
{
    dispatcherTimer = new DispatcherTimer();
    dispatcherTimer.Tick += DispatcherTimer_Tick;
}

private void DispatcherTimer_Tick(object sender, object e)
{
    Color ellipseBgColor;
    GpioPinValue invertedGpioPinValue;

    var currentPinValue = ledGpioPin.Read();

    if (currentPinValue == GpioPinValue.High)
    {
        invertedGpioPinValue = GpioPinValue.Low;
        ellipseBgColor = Colors.Gray;
    }
    else
    {
        invertedGpioPinValue = GpioPinValue.High;
        ellipseBgColor = Colors.LawnGreen;
    }

    ledGpioPin.Write(invertedGpioPinValue);
    LedEllipse.Fill = new SolidColorBrush(ellipseBgColor);
}

private void UpdateTimer()
{
    if(dispatcherTimer.IsEnabled)
    {
```

```
                dispatcherTimer.Stop();
            }
            else
            {
                dispatcherTimer.Start();
            }
        }

        private void MainButton_Click(object sender, RoutedEventArgs e)
        {
            UpdateTimer();

            UpdateMainButtonLabel();
        }
    }
}
```

BlinkyApp 애플리케이션을 IoT 장치에 배포하고 실행할 때 Slider 컨트롤을 사용해 깜박임 주파수를 동적으로 제어할 수 있다.

LED 온오프를 주기적으로 전환하고자 BlinkyApp은 DispatcherTimer 클래스를 사용한다. 이 클래스는 매개변수 없는 생성자를 사용해 인스턴스를 생성한다. Tick 이벤트를 사용해 콜백 함수를 설정한다. 예제 3-22의 ConfigureTimer 메서드를 참고하자. 타이머가 시작된 후 콜백 함수는 Interval 속성으로 지정한 간격에 따라 주기적으로 호출된다. 앞서의 예제에서 Interval 속성은 Slider 컨트롤을 사용해 설정한다. 예제 3-22에서 Slider_ValueChanged 함수를 주목하자.

앞서의 예제에서 콜백 함수(Tick 이벤트 핸들러)는 GPIO 핀 값을 바꾸고 타원 배경을 현재 LED 상태를 반영해 업데이트한다. 디스패처 타이머를 UI 스레드와 통합했으므로 Ellipse 컨트롤은 안전하게 업데이트될 수 있다(스레드 안전).

DispatcherTimer 클래스를 사용해 구현한 주기적인 비동기 작업은 Start와 Stop 멤버를 사용해 시작하거나 중지한다. 이런 인터페이스는 Timer와 ThreadPoolTimer 클래스로 노출한 것보다 더 편리하다.

요약

3장은 윈도우 10 IoT 코어 프로그래밍의 핵심에 집중했다. UI 있는 장치와 UI 없는 장치 모드의 설명으로 시작해서 UI와 백그라운드 애플리케이션에 대한 진입점을 설명했다. RPi2의 LED를 제어하기 위한 아두이노 와이어링 API의 사용 예도 소개했다. 또한 IoT 장치 측면에서 비동기 프로그래밍의 기초도 설명했다.

5장에서 이러한 내용을 다시 살펴본다.

## CHAPTER 4

UI 있는 장치를 위한
사용자 인터페이스 디자인

3장, '윈도우 IoT 프로그래밍 에센셜'에서 윈도우 10 IoT 코어를 실행하는 UI 있는 장치용
으로 개발한 애플리케이션이 상호작용하는 방법을 설명했다. 이는 사용자와 데이터 및 메
시지를 교환하기 위한 사용자 인터페이스를 만들 수 있음을 의미한다. 특히 표준 또는 사
용자 지정 UWP 컨트롤을 사용해 간결하고 시각적인 방식으로 스마트 장치를 제어하고 센
서 판독 값을 나타내는 데 UI를 사용할 수 있다. XAML(C#이나 C++, VB 애플리케이션) 또는
HTML(자바스크립트 애플리케이션) 마크업을 사용해 이들 컨트롤을 액세스한다.

4장은 비주얼 디자이너, XAML 네임스페이스, 컨트롤, 스타일, 레이아웃, 이벤트, 데이터
바인딩을 포함해 XAML로 UI를 만드는 데 필요한 모든 세부 사항을 다룬다. 이미 WPF와
UWP 애플리케이션과 같은 환경에서 XAML을 다뤄 봤다면 5장, '센서의 데이터 판독'으로
건너뛰어도 된다. 다만 여기서는 IoT와 UWP에만 구체적으로 관련된 다음의 몇 가지만 다
룬다.

- 비주얼 디자이너에서 IoT 장치 미리보기
- RelativePanel 레이아웃
- 적응 및 상태 트리거
- 컴파일된 데이터 바인딩

UWP 애플리케이션의 UI 디자인

4장에서는 UWP 애플리케이션용 UI를 디자인하는 측면에서 XAML 기능을 나타내는 몇 가지 샘플 애플리케이션을 만든다. 이 설명은 IoT UI 있는 장치만 국한하지 않고 다른 UWP 장치에도 적용된다. 앞서 만든 UI 있는 애플리케이션은 유니버설 Windows 프로젝트 템플릿을 기반으로 했다. 결과적으로 이들 애플리케이션은 윈도우 10을 실행하는 모든 장치에서 실행할 수 있다. 로컬 컴퓨터에서 BlinkyApp을 실행해 이러한 가능성을 살펴볼 수 있다. 다음의 단계를 따라 해보자.

1. 비주얼 스튜디오 2019/2017에서 BlinkyApp 프로젝트를 연다.

2. 시스템 아키텍처에 따라(32비트 또는 64비트) 구성 툴바에서 플랫폼을 x86이나 x64 아키텍처로 변경한다.

3. 구성 툴바의 드롭다운 목록을 사용해 대상 장치를 **로컬 컴퓨터**로 변경한다.

4. 애플리케이션을 실행한다.

앞서의 작업을 수행한 후 BlinkyApp 애플리케이션이 로컬 컴퓨터에서 실행된다. 하지만 그림 4-1에 보이는 것처럼 Start Blinking 버튼은 비활성화된다. 데스크톱 환경에서는 GPIO 컨트롤러를 액세스할 수 없기 때문이다. GpioController 클래스의 정적 GetDefault 메서드에서 null을 반환한다.

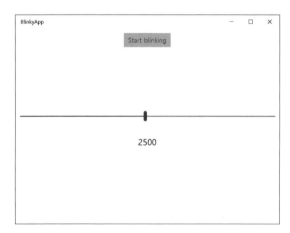

그림 4-1 윈도우 10 데스크톱 플랫폼에서 실행된 BlinkyApp

IoT 하드웨어에 관련된 기능을 테스트하는 데 로컬 컴퓨터를 사용할 수 없어도, 여전히 사용자 인터페이스를 디자인하고 테스트하는 데 개발 PC를 사용할 수 있다. 이 예제에서는 슬라이더 위치를 변경해 TextBlock 컨트롤에 표시된 숫자를 적절하게 바꾸는지 검증한다. 4장에서 만든 샘플 애플리케이션의 화면은 로컬 컴퓨터를 사용해 얻었다.

비주얼 디자이너

비주얼 스튜디오 2019/2017을 사용하면 툴박스에서 애플리케이션 페이지를 표시하는 캔버스로 컨트롤을 드래그해 직접 UI를 디자인할 수 있는 비주얼 디자이너로 UI를 만들 수 있다. 속성^{Properties} 창을 사용해 컨트롤의 모양뿐만 아니라 페이지 자체를 업데이트하거나 XAML 마크업을 편집해 컨트롤을 수정할 수 있다. 속성 창을 사용한 모든 변경은 XAML 마크업에 자동으로 반영되며, 그 반대도 마찬가지다. 따라서 비주얼 디자이너로 페이지의 모양을 미리보기할 수 있다. 애플리케이션을 실행하지 않아도 된다.

이 작업을 어떻게 하는지 설명하고자 비주얼 C# 비어 있는 앱(유니버설 Windows)을 사용해 HeadedAppDesign이라는 새로운 프로젝트를 만든다. 프로젝트를 만든 후 솔루션 탐색기^{Solution Explorer}에서 **MainPage.xaml**를 더블클릭해 그림 4-2와 같은 디자이너 뷰를 표시한다.

디자이너 뷰는 디자인과 XAML이라는 2개의 창으로 나뉜다. 첫 번째 창(그림 4-2의 왼쪽 부분)은 페이지를 보이며, 두 번째 창은 XAML 마크업을 편집한다. 디자인 창은 그림 4-3의 추가 디바이스 툴바를 포함한다. 이 디바이스 툴바를 사용해 페이지 미리보기를 구성할 수 있다. 드롭다운 목록으로 가상 미리보기 디바이스의 화면 크기를 선택한다. 드롭다운 목록 옆의 2개의 버튼은 화면 방향(가로 또는 세로)을 제어한다.

디바이스 툴바를 사용해 다양한 디바이스상에서 보이는 모습을 제어할 수 있다. 이런 기능은 다양한 화면을 가진 디바이스를 대상으로 하는 UWP 애플리케이션을 디자인할 때 특히 유용하다.

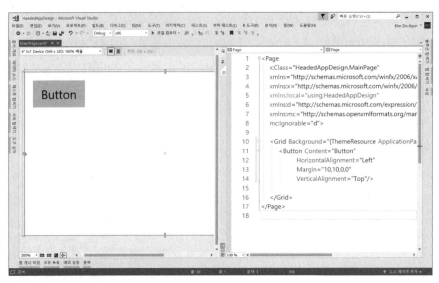

그림 4-2 비주얼 스튜디오 2019/2017을 사용한 사용자 인터페이스 디자인

그림 4-3 디바이스 툴바를 사용해 다른 디스플레이를 가진 가상 디바이스에서 페이지 미리보기

보기^{View} 메뉴에서 **도구 상자**^{Toolbox}를 클릭해 도구 상자를 활성화하면 사용할 수 있는 XAML 컨트롤 목록을 표시한다(그림 4-4 참고). 도구 상자에서 사용 가능한 컨트롤을 페이지로 드래그한다. 페이지에 버튼을 드래그해 보자. XMAL 마크업이 자동으로 업데이트되고 모습은 예제 4-1에 사용된 것과 비슷할 것이다.

그림 4-4 사용할 수 있는 XAML 컨트롤의 목록을 포함하는 도구 상자

먼저 XAML 선언에는 루트 요소는 하나뿐이며, 그 아래로 하나 이상의 하위 요소를 갖는 계층 구조라는 점을 주목하자. 예제 4-1에서 루트 요소는 Page 개체다. 이 개체는 다른 UI 요소를 위한 컨테이너다. Page 요소는 Grid나 StackPanel 등의 뷰 레이아웃을 정의하는 컨트롤 하나만 가질 수 있다.

예제 4-1 MainPage 선언

```
<Page
    x:Class="HeadedAppDesign.MainPage"
    xmlns="http://schemas.microsoft.com/winfx/2006/xaml/presentation"
    xmlns:x="http://schemas.microsoft.com/winfx/2006/xaml"
    xmlns:local="using:HeadedAppDesign"
    xmlns:d="http://schemas.microsoft.com/expression/blend/2008"
    xmlns:mc="http://schemas.openxmlformats.org/markup-compatibility/2006"
    mc:Ignorable="d">

    <Grid Background="{ThemeResource ApplicationPageBackgroundThemeBrush}">
        <Button Content="Button"
                HorizontalAlignment="Left"
                Margin="10,10,0,0"
                VerticalAlignment="Top"/>
    </Grid>
</Page>
```

루트 요소의 선언에는 몇 가지 xmlns 특성을 포함한다. 이 특성은 몇 가지 네임스페이스를 가져와 바인딩한다.

XAML 네임스페이스

프로그래밍 이론에서 네임스페이스는 클래스와 구조체, 변수, 열거형의 선언과 정의 같은 소스 코드의 요소를 체계화하는 방식이다. 네임스페이스를 사용하면 코드를 관련 목적으로 체계화하고 범위를 제어해 이름 충돌을 피할 수 있다.

XAML과 XML에서 네임스페이스는 xmlns 특성 다음에 오는 접두사로 지정한다. 특히 xm
lns:local="using:HeadedAppDesign" 특성은 HeadedAppDesign 네임스페이스를 가져와
import local: 접두사에 매핑한다. 따라서 HeadedAppDesign 네임스페이스에서 선언한 모
든 UI 요소는 local: 접두사를 사용해 액세스할 수 있다.

예를 들어, 기본 Button 요소를 재정의하는 클래스를 정의하는 다음 단계를 따라서
HeadedAppDesign 프로젝트를 변경해 보자.

1. **프로젝트**Project 메뉴에서 **클래스 추가**Add Class 옵션을 클릭해 MyButton.cs 파일을 추가
   한다.

2. 새 항목 추가Add New Item 대화 상자에서 **클래스**Class 요소를 선택하고, 텍스트 상자에
   MyButton.cs를 입력한다(그림 4-5 참고).

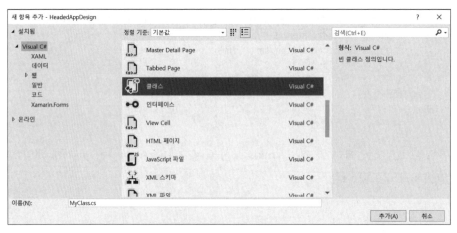

그림 4-5 비주얼 스튜디오 2017의 새 항목 대화 상자

3. 예제 4-2의 내용으로 MyButton.cs 파일의 내용을 수정한다.

예제 4-2 UI 요소 정의

```
using Windows.UI.Xaml;
using Windows.UI.Xaml.Controls;

namespace HeadedAppDesign
```

```
{
    public class MyButton : Button
    {
        private const string defaultContent = "My content";
        private const double defaultMargin = 10.0;

        public MyButton()
        {
            Content = defaultContent;
            Margin = new Thickness(defaultMargin);
        }
    }
}
```

4. 예제 4-3에 보이는 것처럼 MainPage.xaml 파일을 업데이트한다.

예제 4-3 접두사를 사용해 연결된 네임스페이스에 선언된 UI 요소를 가져온다.

```
<StackPanel Background="{ThemeResource ApplicationPageBackgroundThemeBrush}">
    <Button x:Name="DefaultButton"
        Content="Change visual state"
        HorizontalAlignment="Left"
        Margin="10,10,0,0"
        VerticalAlignment="Top" />

    <local:MyButton />
</StackPanel>
```

예제 4-2에서 나타낸 것처럼 MyButton 클래스는 기본 Button 클래스의 두 가지 속성을 설정하는 데 사용된 기본 생성자를 포함한다. 두 가지 속성은 Content와 Margin이다. 첫 번째 속성은 My content로 설정하고, 두 번째 속성 Margin은 각 방향으로 10이라는 일정한 값으로 할당했다. 예제 4.3의 XAML 선언 내에서 MyButton 클래스의 인스턴스를 선언하면 또 다른 My Content 버튼을 장치 미리보기 섹션에서 표시한다(그림 4-6 참고).

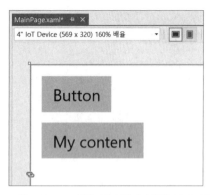

그림 4-6 local 접두어를 사용해 선언한 추가 버튼을 표시한 장치 미리보기

프로젝트 컴파일 후 예제 4-2에서 선언한 MyButton 컨트롤이 도구 상자에 나타난다. 비주얼 스튜디오는 이 정의를 새 UI 요소로 자동으로 인식한다. 따라서 MyButton 컨트롤의 또 다른 인스턴스를 추가하고 싶다면 특정 페이지로 MyButton 컨트롤을 드래그하면 된다. 한번 확인해 보기 바란다. 여기서는 MyButton 인스턴스를 추가하지 않는다.

예제 4-3에서는 XAML 네임스페이스를 사용해 UI 요소를 선언하는 방법을 설명했다. local 한정자는 빼고 기본 UWP 뷰 선언(예제 4-1 참고)에서는 d:, mc:, x:와 같은 네임스페이스 바인딩도 포함한다.

d: 접두어에 바인딩한 네임스페이스는 시각 디자이너 도구를 지원하는 선언을 포함한다(접두어 d:는 designer namespace에서 따온 것이다). 디자인 관련 선언은 런타임에서는 무시될 수 있다. 이는 mc:Ignorable 특성을 사용해 지정한다. mc: 접두어는 markup compatibility의 약어다. 따라서 해당 네임스페이스에서 선언한 개체는 XAML 파일과 구문 분석 메커니즘을 지원한다.

x: 접두어에 바인딩한 네임스페이스는 가장 자주 사용되는 요소를 포함한다. 특히 기본 UWP 페이지 XAML 선언은 x: 네임스페이스 다음에 나오는 개체를 사용한다.

- x:Class 해당 XAML 선언과 연결된 코드 숨김을 구현하는 클래스를 정의한다.

- **x:Name** 해당 객체를 식별하는 고유한 이름을 설정한다. 이 특성은 코드 숨김이나 또 다른 XAML 선언에서 요소를 액세스한다. 4장 뒷부분에서 설명하는 데이터 바인딩 목적의 선언을 예로 들 수 있겠다.

Page 요소의 기본 선언은 xmlns 특성을 포함하는데, 이 특성은 아무런 접두사를 갖고 있지 않다. 이 특성은 기본 핵심 XAML 네임스페이스를 가져온다.

컨트롤 선언, 속성, 특성

HTML과 XML 마크업에서처럼 XAML에서 모든 객체의 선언은 한 쌍의 태그로 구성된다. 여는 태그는 꺾쇠 괄호로 감싼 요소 이름으로 구성되며, 반면에 닫는 태그는 닫는 꺾쇠 괄호 앞에 슬래시를 추가한다. 예제 4-4에 보이는 것처럼 여는 태그와 닫는 태그 사이의 값을 입력해 컨트롤의 Content 속성을 설정한다.

예제 4-4 Button 선언

```
<Button>Internet of Things</Button>
```

또 다른 컨트롤 속성의 값을 설정하려면 여는 태그에 적합한 특성을 추가하면 된다. 예제 4-5는 글꼴 크기를 22px로 설정하는 Button 컨트롤의 선언을 나타냈다.

예제 4-5 여는 태그 특성을 사용한 글꼴 크기 구성

```
<Button FontSize="22">Internet of Things</Button>
```

여는 태그는 Button의 FontSize, Foreground, Content 속성처럼 여러 가지 특성을 가질 수 있다(예제 4-6 참고).

예제 4-6 여는 태그의 여러 가지 특성

```
<Button FontSize="22"
        Foreground="White"
        Content="Internet of Things"></Button>
```

예제 4-7에 보이는 것처럼 예제 4-6의 선언은 더 단축할 수 있다. 이런 약식 구문은 컨트롤에서 자식 요소를 포함할 때 적절하지 않다(예, 예제 4-3의 StackPanel 선언 참고).

예제 4-7 약식 Button 선언

```
<Button FontSize="22"
        Foreground="White"
        Content="Internet of Things" />
```

예제 4-5, 예제 4-6, 예제 4-7의 선언에서 컨트롤 속성은 인라인 특성을 사용한다. 다른 방법으로 UI 요소의 시각적 모습을 중첩 XAML 태그를 사용해 정의하는 속성 요소Property element 구문을 사용해 컨트롤 속성을 수정할 수도 있다. 예제 4-8에서 이 구문의 예를 보였다.

예제 4-8 속성 요소 구문

```
<Button>
    <Button.FontSize>22</Button.FontSize>
    <Button.Foreground>White</Button.Foreground>
    <Button.Content>Internet of Things</Button.Content>
</Button>
```

언뜻 보기에 속성 요소 구문은 특성 구문보다 훨씬 복잡해 보인다. 하지만 속성 요소 구문은 하나의 리터럴literal로 표현할 수 없는 복합 형식의 속성을 수정하는 유일한 방법이다. 속성과 특성 구문은 결합될 수 있지만 상호 교환할 수는 없다.

예제 4-9에서 특성 구문에서 글꼴 크기와 전경foreground, 버튼의 내용을 구성하면서 속성 요소 구문은 배경을 선형 컬러 그러데이션으로 변경하는 선언을 소개했다.

예제 4-9의 정의를 MainPage.xaml 파일의 `<local:MyButton />` 바로 아래에 추가한다. 새로운 버튼은 그림 4-7과 같다. 글꼴 색은 하얀색이고 버튼 배경은 약간의 그러데이션으로 채워진다.

```xml
<Button FontSize="22"
        Foreground="White"
        Content="Internet of Things">
    <Button.Background>
        <LinearGradientBrush StartPoint="0,0"
                             EndPoint="1,0">
            <GradientStop Color="Yellow"
                          Offset="0.0" />
            <GradientStop Color="Red"
                          Offset="0.25" />
            <GradientStop Color="Blue"
                          Offset="0.75" />
            <GradientStop Color="LimeGreen"
                          Offset="1.0" />
        </LinearGradientBrush>
    </Button.Background>
</Button>
```

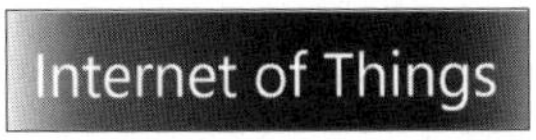

Internet of Things

그림 4-7 예제 4-9의 구문을 사용해 선언한 버튼의 모양

아마도 특정 컨트롤에 사용할 수 있는 모든 속성을 빨리 알아 낼 수 있는 방법이 궁금할지 모르겠다. 답은 간단하다. 모든 컨트롤 속성의 목록과 그 값을 속성 창에서 사용할 수 있다. 이 대화 상자를 비주얼 스튜디오의 **보기** 메뉴의 **속성 창** 옵션을 클릭해 액세스할 수 있다. 속성 창을 활성화한 후 비주얼 디자이너의 장치 미리 보기 섹션이나 XAML 코드의 해당 선언에서 주어진 컨트롤을 클릭하면 된다. 예제 4-9에서 선언한 버튼의 속성 목록은 그림 4-8과 같을 것이다. 배경 속성은 그림 4-7에서 그린 버튼의 실제 값을 반영한다. 속성 창을 사용해 사용 가능한 컨트롤 속성의 모든 부분을 수정할 수 있다. 선택한 속성을 업데이트해 보고 XAML 마크업이 자동으로 조정되는지 확인해 보기 바란다.

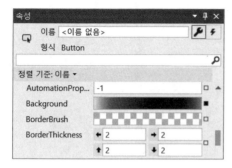

그림 4-8 예제 4-9에서 선언한 버튼의 특성 값을 표시하는 속성 창

시각 도구를 사용하는 UI 디자인은 특히 XAML을 처음 경험하는 경우 매우 편리하다. 복잡한 속성을 구성할 때 이 도구를 더 선호할 것이다. 그러나 경험이 쌓이면서 UI 정의를 더 빠르게 제공하는 직접 마크업 편집을 선호할 것이다. 마크업의 선택된 부분을 복사해서 코드의 선택된 영역을 복사 및 붙여넣기 해서 선택한 마크업 부분을 간단히 이동할 수 있다. 시각 요소는 코드 숨김 내에서 인스턴스로 만들어지고, 코드 숨김에서 구현된 프로시저는 컨트롤 속성을 동적으로 수정할 수 있다.

스타일

바로 앞 절에서 적절한 특성을 사용해 컨트롤 속성을 독립적으로 정의했다. 이런 접근 방식은 UI가 특정 형식의 컨트롤 하나를 포함할 때만 적합하며, 각 특성은 고유한 값을 갖는다. 하지만 XAML 태그들이 동일한 특성 값을 공유하는 경우 특성 선언을 중복하는 것은 마크업 복잡성을 높이며, 동일한 변경을 여러 군데의 선언에서 작업해야 하기 때문에 코드 유지 관리를 방해한다. 당연히 이런 컨트롤 선언은 기본 프로그래밍 원칙 '반복하지 않기 DRY, do not repeat yourself 또는 중복은 악이다DIE, duplication is evil'를 위반하는 것이다.

XAML 선언의 재사용성과 컨트롤 간의 특성 공유를 가능하게 하려면 UWP에서 Style 클래스를 구현한다. 후자는 Windows.UI.Xaml 네임스페이스에서 선언돼 있고 속성 세터 setters를 정의해 특정 컨트롤을 구현하는 형식의 인스턴스 간에 공유할 수 있다.

Style 선언은 대상 컨트롤의 형식을 정의하는 TargetType 특성을 포함해야 한다. 호환되지 않는 컨트롤 형식에 스타일을 적용하면 Windows.UI.Xaml.Markup.XamlParse Exception 예외를 일으킨다.

Style 선언

Style은 스타일을 포함해 재사용할 수 있는 정의의 모음인 resource 컬렉션 내에서 선언한다. 리소스 컬렉션의 범위를 컨트롤이나 뷰, 애플리케이션으로 제한할 수 있다.

resource 컬렉션의 모든 객체는 x:Key 특성에 값을 할당해 고유하게 식별한다. 스타일의 경우 x:Key 특성을 지정할 필요는 없다. 이런 스타일 선언은 익명이며, 주어진 리소스 범위 내에서 일치하는 모든 컨트롤에 암시적으로 적용된다.

예제 4-10에서 Button 형식의 컨트롤을 대상으로 하고, MainPage의 리소스 컬렉션에 포함된 익명 스타일의 샘플 선언을 나타냈다.

예제 4-10 Style 선언

```
<Page.Resources>
    <Style TargetType="Button">
    </Style>
</Page.Resources>
```

코드 숨김에서 동적으로 스타일을 만들 수도 있다. 이를테면 예제 4-11은 예제 4-10의 스타일 선언에 대한 C# 버전을 나타냈다. 보다시피 코드 숨김에서 선언한 스타일은 그 컨트롤을 구현하는 클래스의 인스턴스의 Style 속성에 적절한 값을 할당해 컨트롤에 명시적으로 적용할 수 있다(예제 4-12 참고). 예제 4-11은 `MainPage` 클래스 구현의 나머지를 포함한다. 이 예제를 컴파일하려면 예제 4-3에 보이는 것처럼 XAML 객체 이름을 DefaultButton으로 설정해야 한다.

예제 4-11 스타일 동적 구성

```
using Windows.UI.Xaml;
using Windows.UI.Xaml.Controls;

namespace HeadedAppDesign
{
    public sealed partial class MainPage : Page
    {
        private Style coloredButtonStyle = new Style(typeof(Button));

        public MainPage()
        {
            InitializeComponent();
        }
    }
}
```

예제 4-12 동적 스타일 할당을 묘사한 MainPage 클래스의 생성자

```
public MainPage()
{
    InitializeComponent();
    DefaultButton.Style = coloredButtonStyle;
}
```

Style 정의

Style 정의는 Setter 클래스 인스턴스의 컬렉션이다(속성 세터). 이들 각각은 Setter 클래스 인스턴스의 Property와 Value 특성을 변경해 주어진 컨트롤 속성을 설정할 수 있다. Property 특성을 사용해 대상 컨트롤 속성을 선택한 다음 Value 특성을 사용해 대상 값을 설정한다. 각 Style 정의는 필요한 만큼의 속성 세터를 가질 수 있다. 예제 4-13은 Internet of Things 버튼 선언을 단순화한 것이며, 예제 4-10에서 선언한 스타일의 샘플 Style 정의를 강조했다. 이제 Content 속성만 인라인으로 설정한다.

예제 4-13은 HeadedAppDesign의 MainPage.xaml의 업데이트한 선언도 표시했다. 로컬 프로젝트에서 이러한 변경을 적용할 때 모든 버튼의 시각적 모양도 그에 따라 업데이트된다.

예제 4-13 Style 정의에서 속성 세터의 목록 구성

```xml
<Page x:Class="HeadedAppDesign.MainPage"
    xmlns="http://schemas.microsoft.com/winfx/2006/xaml/presentation"
    xmlns:x="http://schemas.microsoft.com/winfx/2006/xaml"
    xmlns:local="using:HeadedAppDesign"
    xmlns:d="http://schemas.microsoft.com/expression/blend/2008"
    xmlns:mc="http://schemas.openxmlformats.org/markup-compatibility/2006"
    mc:Ignorable="d">

    <Page.Resources>
        <Style TargetType="Button">
            <Setter Property="BorderThickness"
                    Value="0.5" />
            <Setter Property="BorderBrush"
                    Value="Black" />
            <Setter Property="FontSize"
                    Value="22" />
            <Setter Property="Margin"
                    Value="10,10,0,0" />
            <Setter Property="Foreground"
                    Value="White" />
            <Setter Property="Background">
                <Setter.Value>
                    <LinearGradientBrush EndPoint="1,0"
                                         StartPoint="0,0">
                        <GradientStop Color="Yellow"
                                      Offset="0" />
                        <GradientStop Color="Red"
                                      Offset="0.25" />
                        <GradientStop Color="Blue"
                                      Offset="0.75" />
                        <GradientStop Color="LimeGreen"
                                      Offset="1" />
                    </LinearGradientBrush>
                </Setter.Value>
            </Setter>
        </Style>
    </Page.Resources>

    <StackPanel Background="{ThemeResource ApplicationPageBackgroundThemeBrush}">
        <Button x:Name="DefaultButton"
                Content="Button"
                HorizontalAlignment="Left"
                Margin="10,10,0,0"
```

```
                   VerticalAlignment="Top" />

        <local:MyButton />

        <Button Content="Internet of Things" />

    </StackPanel>
</Page>
```

코드 숨김 프로시저를 사용해 비슷한 결과를 얻으려면 코드를 조금 더 작성해야 한다. 예제 4-14에서 MainPage.xaml.cs 파일에 필요한 작업을 했다. 첫 번째 버튼의 모양(디자인 창)에는 전혀 영향을 끼치지 않으므로 애플리케이션을 실행해 이 코드의 효과를 확인할 수 있다. 후자는 익명 스타일을 할당했으므로 비주얼 스튜디오의 디자인 창에서 Internet of Things 버튼에도 동일한 서식이 적용됐다(첫 번째 버튼과 동일한 형식이다). 애플리케이션을 실행한 후 코드 숨김은 coloredButtonStyle을 DefaultButton이라는 컨트롤에 적용하므로 시각적 모양은 그림 4-9와 유사한 모습으로 바뀐다.

예제 4-14 코드 숨김에서 Style 정의

```
using Windows.UI;
using Windows.UI.Xaml;
using Windows.UI.Xaml.Controls;
using Windows.UI.Xaml.Media;

namespace HeadedAppDesign
{

/// <summary>
    /// 자체적으로 사용하거나 프레임 내에서 탐색할 수 있는 빈 페이지입니다.
    /// </summary>
    public sealed partial class MainPage : Page
    {
        private Style coloredButtonStyle = new Style(typeof(Button));

        public MainPage()
        {
            this.InitializeComponent();

            SetStylePropertySetters();
```

```
        DefaultButton.Style = coloredButtonStyle;
    }

    private void SetStylePropertySetters()
    {
        coloredButtonStyle.Setters.Add(new Setter(BorderThicknessProperty, 0.5));
        coloredButtonStyle.Setters.Add(new Setter(BorderBrushProperty, Colors.Black));
        coloredButtonStyle.Setters.Add(new Setter(FontSizeProperty, 20));
        coloredButtonStyle.Setters.Add(new Setter(ForegroundProperty, Colors.White));
        coloredButtonStyle.Setters.Add(new Setter(MarginProperty,
            new Thickness(10, 10, 0, 0)));
        coloredButtonStyle.Setters.Add(new Setter(BackgroundProperty,
            GenerateGradient()));
        }

    private LinearGradientBrush GenerateGradient()
    {
        var gradientStopCollection = new GradientStopCollection();

        gradientStopCollection.Add(new GradientStop()
        {
            Color = Colors.Yellow,
            Offset = 0
        });

        gradientStopCollection.Add(new GradientStop()
        {
            Color = Colors.Orange,
            Offset = 0.5
        });

        gradientStopCollection.Add(new GradientStop()
        {
            Color = Colors.Red,
            Offset = 1.0
        });

        return new LinearGradientBrush(gradientStopCollection, 0.0);
    }
  }
}
```

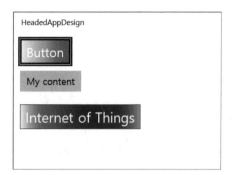

그림 4-9 동적(상단 버튼, 예제 4-14 참고) 및 정적(맨 아래 버튼, 예제 4-13 참고) 스타일 적용의 효과

예제 4-13에서 정의한 익명 스타일은 HeadedAppDesign 애플리케이션의 MainPage 내에 선언한 모든 Button 객체에 자동으로 적용함에도 불구하고, 프로퍼티 세터는 특정 버튼 선언 아래에서 재정의될 수 있다. 예를 들어, 예제 4-15에서 강조한 선언을 MainPage.xaml 추가할 때 글꼴 크기가 12픽셀이고 고정폭 너비가 190픽셀인 새로운 버튼이 만들어진다.

예제 4-15 컨트롤 선언 아래의 스타일 재정의하기

```
<StackPanel Background="{ThemeResource ApplicationPageBackgroundThemeBrush}">
    <Button x:Name="DefaultButton"
            Content="Button"
            HorizontalAlignment="Left"
            Margin="10,10,0,0"
            VerticalAlignment="Top" />

    <local:MyButton />

    <Button Content="Internet of Things" />

    <Button Content="Windows 10 IoT Core"
            FontSize="12"
            Width="190" />
</StackPanel>
```

이제 HeadedAppDesign 프로젝트의 메인 뷰에 추가한 버튼의 기본 서식을 복원하는 방법이 궁금할 것이다. 예제 4-13의 스타일 선언을 변경해 스타일을 비익명non-anonymous으로

만들 수 있다. 즉 명시적으로 스타일 식별자를 설정한다. 해당 스타일용 고유한 식별자와 다른 리소스는 x: 접두어에 바인딩된 네임스페이스에서 정의한 Key 특성에 할당된 값으로 구성한다. 예제 4-16은 MainPage 리소스에 선언한 버튼 스타일의 수정된 선언을 나타냈다. 이렇게 변경한 후 각 버튼의 모든 속성은 기본값으로 복원된다.

예제 4-16 고유 식별자가 있는 Style 선언

```
<Style TargetType="Button"
       x:Key="ColoredButtonStyle">
```

고유 식별자를 포함하는 스타일 선언은 해당 스타일을 프로퍼티 세터의 비익명 집합으로 전환한다. 익명 스타일과 달리 비익명 스타일은 Style 속성(예제 4-12나 예제 4-14)이나 XAML 마크업 확장을 사용해 주어진 컨트롤에 명시적으로 할당한다.

그런데 주어진 컨트롤에 스타일을 어떻게 적용할까? 그 스타일을 적절하게 참조함으로써 다음 절에서 다루는 특정 마크업 확장을 사용해 스타일을 적용할 수 있다.

StaticResource와 ThemeResource 마크업 확장

UI 선언을 파싱^{parsing}하는 동안 XAML 프로세서는 리터럴 특성 값을 원시 또는 복합 형식으로 변환한다. 이런 기본 파싱을 해제하거나 수정하고자 XAML은 마크업 확장 개념을 소개했다. 이들 객체는 중괄호를 사용해 선언되고 XAML 프로세서가 비표준 방식으로 특성 값을 처리하도록 지시한다.

핵심 및 기본 XAML 네임스페이스에서 몇 가지 마크업 확장을 구현했다. 컨트롤 서식의 경우 {StaticResource}과 {ThemeResource} 두 가지를 구별해야 한다. {StaticResource}는 리소스 컬렉션에서 선언한 객체를 가리키고, 해당 컨트롤에 프로퍼티 세터 집합을 할당하는 데 주로 사용된다. 두 번째 마크업 확장인 {ThemeResource}는 {StaticResource}처럼 동작하지만, 테마 종속적인 속성 세터를 정의한다. 해당 스타일은 특정 윈도우 10 디바이스에 사용되는 테마 설정으로 자동 조정될 것이다. 예를 들어, Light와 Dark 색 테마에서는 다른 버튼 배경이 적용된다.

{StaticResource}과 {ThemeResource} 마크업 확장의 샘플 용례를 나타내고자 예제 4-17에서 MainPage 선언을 수정한다. 이 선언은 MainPage의 리소스에 ColoredButtonStyle과 두 가지 테마 종속적인 리소스 딕셔너리로 구성되는 ResourceDictionary 클래스를 추가한다. 이들 컬렉션은 {ThemeResource} 마크업 확장을 사용해 Button 컨트롤의 Foreground와 Background 속성을 설정하는 데 사용하는 객체의 선언을 포함한다. XAML 프로세서는 현재 테마를 자동으로 확인하고 주어진 버튼에 해당 속성을 적용한다. 디자이너 미리보기의 현재 **테마**를 속성 창에서 변경할 수 있다는 점을 기억하자. 이러한 목적으로 속성 창에서 RequestedTheme 드롭다운 목록을 사용할 수 있다(그림 4-10 참고).

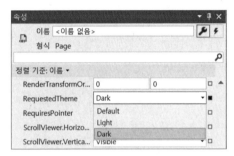

그림 4-10 MainPage.xaml의 속성에서 테마 구성

예제 4-17 테마 종속적인 프로퍼티 세터를 선언하고 적용하기 위한 XAML 마크업 확장

```xaml
<Page x:Class="HeadedAppDesign.MainPage"
      xmlns="http://schemas.microsoft.com/winfx/2006/xaml/presentation"
      xmlns:x="http://schemas.microsoft.com/winfx/2006/xaml"
      xmlns:local="using:HeadedAppDesign"
      xmlns:d="http://schemas.microsoft.com/expression/blend/2008"
      xmlns:mc="http://schemas.openxmlformats.org/markup-compatibility/2006"
      mc:Ignorable="d">

    <Page.Resources>
        <ResourceDictionary>
            <ResourceDictionary.ThemeDictionaries>
                <ResourceDictionary x:Key="Light">
                    <Color x:Key="ForegroundColor">White</Color>

                    <LinearGradientBrush x:Key="ColoredLinearGradientBrush"
                                         EndPoint="1,0"
```

```xml
                                    StartPoint="0,0">
                <GradientStop Color="Yellow"
                              Offset="0" />
                <GradientStop Color="Red"
                              Offset="0.25" />
                <GradientStop Color="Blue"
                              Offset="0.75" />
                <GradientStop Color="LimeGreen"
                              Offset="1" />
            </LinearGradientBrush>
        </ResourceDictionary>
        <ResourceDictionary x:Key="Dark">
            <Color x:Key="ForegroundColor">Yellow</Color>

            <LinearGradientBrush x:Key="ColoredLinearGradientBrush"
                                 EndPoint="1,0"
                                 StartPoint="0,0">
                <GradientStop Color="LimeGreen"
                              Offset="0" />
                <GradientStop Color="Blue"
                              Offset="0.25" />
                <GradientStop Color="Red"
                              Offset="0.75" />
                <GradientStop Color="Yellow"
                              Offset="1" />
            </LinearGradientBrush>
        </ResourceDictionary>
    </ResourceDictionary.ThemeDictionaries>

    <Style TargetType="Button"
           x:Key="ColoredButtonStyle">
        <Setter Property="BorderThickness"
                Value="0.5" />
        <Setter Property="BorderBrush"
                Value="Black" />
        <Setter Property="FontSize"
                Value="22" />
        <Setter Property="Margin"
                Value="10,10,0,0" />
        <Setter Property="Foreground"
                Value="{ThemeResource ForegroundColor}" />
        <Setter Property="Background"
                Value="{ThemeResource ColoredLinearGradientBrush}" />
    </Style>
</ResourceDictionary>
```

```
    </Page.Resources>

    <StackPanel Background="{ThemeResource ApplicationPageBackgroundThemeBrush}">
        <Button x:Name="DefaultButton"
                Content="Button"
                HorizontalAlignment="Left"
                Margin="10,10,0,0"
                VerticalAlignment="Top" />

        <local:MyButton />

        <Button Content="Internet of Things"
                Style="{StaticResource ColoredButtonStyle}"/>

        <Button Content="Windows 10 IoT Core"
                FontSize="12"
                Width="190"
                Style="{StaticResource ColoredButtonStyle}"/>
    </StackPanel>
</Page>
```

이 애플리케이션은 초기화 동안 색 테마를 요청할 수도 있다. 예제 4-18에서 나타낸 것처럼 App.xaml의 콘텐츠를 업데이트하거나 App.xaml.cs 파일에서 정의한 App 클래스 생성자(예제 4-19 참고)에서 요청된 테마를 설정할 수 있다. 런타임 동안 애플리케이션의 테마를 변경할 수는 없다. 변경을 시도하면 System.NotSupportedException 형식의 예외를 던진다.

예제 4-18 Application 태그의 특성을 사용해 요청된 테마를 설정할 수 있다.

```
<Application
    x:Class="HeadedAppDesign.App"
    xmlns="http://schemas.microsoft.com/winfx/2006/xaml/presentation"
    xmlns:x="http://schemas.microsoft.com/winfx/2006/xaml"
    xmlns:local="using:HeadedAppDesign"
    RequestedTheme="Dark">
</Application>
```

```
public App()
{
    InitializeComponent();
    Suspending += OnSuspending;

    RequestedTheme = ApplicationTheme.Light;
}
```

마지막으로 스타일은 {StaticResource} 마크업 확장을 사용해 컨트롤에 할당되며(예제 4-17의 하단 참고), 기본 보기를 Light와 Dark 색 테마로 나타냈다(그림 4-11 참고).

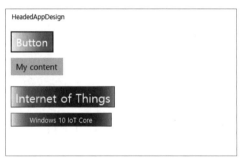 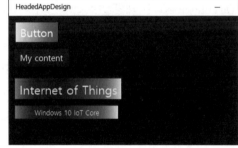

그림 4-11 테마 종속적인 컨트롤 스타일 적용하기

시각적 상태와 VisualStateManager

HeadedAppDesign 프로젝트를 테스트하는 동안 버튼을 클릭하면 발생하는 시각적 변화를 봤을 것이다. 짧은 애니메이션이 실행되고, 배경과 전경이 변경됐다. 더욱이 버튼의 위치가 약간 미세하게 변한다. 컨트롤 속성의 이런 동적 수정은 사용자에게 특정 동작이 일어났음을 알려 주고 다시 버튼을 클릭하지 않도록 한다. 이 접근 방법을 사용해 사용자에게 센서 판독 값이 임계 값이나 비정상 값에 접근하는지 알려 준다. 표시기의 색은 IoT 장치에 부착된 센서에서 수신한 신호에 따라 변한다. 센서 판독 값은 다른 속성 세터를 갖는 몇 가지 시각적 상태를 표시할 수 있다.

시각적 상태는 컨트롤 템플릿 내에서 `ControlTemplate` 클래스의 인스턴스에 Template 속성을 설정해 정의할 수 있다. 대개 이 클래스는 XAML 컨트롤의 시각적 구조를 정의한다. 시각적 상태는 VisualState 형식의 인스턴스로 표현한다. 후자는 `Storyboard` 클래스 인스턴스나 일련의 프로퍼티 세터로 구성할 수 있다. 전자는 컨트롤 애니메이션을 정의하지만, 후자는 `Setter` 클래스의 인스턴스 컬렉션이다. 애니메이션이 임시 서식 지정으로 효과적인 수행을 하기 때문에 보통 프로퍼티 세터는 스타일 정의와 비슷하다. 하지만 시각적 상태의 프로퍼티 세터는 Property 특성이 아니라 Target을 통해 구성한다. 대개 `ControlTemplate` 클래스는 몇 가지 XAML 컨트롤 클래스로 구성할 수도 있다. 그렇게 한다면 프로퍼티 세터는 다른 XAML 객체와 연결될 것이다. 이들 요소를 확인하기 위한 구문은 ControlName. TargetProperty처럼 사용하는데 여기서 ControlName은 x:Name 특성을 통해 설정하고 TargetProperty는 해당 컨트롤 특성을 나타내며 프로퍼티 세터로 업데이트한다.

시각적 상태를 정의한 후 `VisualStateManager` 클래스의 `GoToState` 정적 메서드를 사용해 이들 상태를 활성화할 수 있다. 대안으로 선택한 컨트롤 속성의 값이나 사용자의 동작 또는 외부 신호의 변경으로 인해 코드 숨김에서 스위치 스타일을 업데이트하는 사용자 지정 클래스를 작성할 수 있다. 다음 절에서 다루는 적응형 트리거나 상태 트리거를 사용할 수도 있다.

이제 컨트롤의 시각적 상태의 샘플 정의와 `VisualStateManager` 클래스의 선택된 메서드 사용법을 설명한다. 다음은 HeadedAppDesign 프로젝트에 필요한 변경 단계다.

1. 예제 4-20에 보이는 것처럼 ColoredButtonStyle 정의를 수정한다.

예제 4-20 컨트롤 템플릿 내에 정의한 시각적 상태

```
<Style TargetType="Button"
       x:Key="ColoredButtonStyle">
  <Setter Property="BorderThickness"
          Value="0.5" />
  <Setter Property="BorderBrush"
          Value="Black" />
  <Setter Property="FontSize"
          Value="22" />
```

```xml
<Setter Property="Margin"
        Value="10,10,0,0" />
<Setter Property="Foreground"
        Value="{ThemeResource ForegroundColor}" />
<Setter Property="Background"
        Value="{ThemeResource ColoredLinearGradientBrush}" />
<Setter Property="Template">
    <Setter.Value>
        <ControlTemplate TargetType="Button">
            <Grid x:Name="RootGrid"
                  Background="{TemplateBinding Background}">
                <VisualStateManager.VisualStateGroups>
                    <VisualStateGroup x:Name="CommonStates">
                        <VisualState x:Name="Normal" />

                        <VisualState x:Name="PointerOver">
                            <VisualState.Setters>
                                <Setter Target="RootGrid.Background"
                                        Value="{ThemeResource ForegroundColor}" />
                                <Setter Target="ContentPresenter.Foreground"
                                        Value="{ThemeResource
                                                ColoredLinearGradientBrush}" />
                            </VisualState.Setters>
                        </VisualState>

                        <VisualState x:Name="Pressed">
                            <Storyboard>
                                <SwipeHintThemeAnimation ToHorizontalOffset="5"
                                                         ToVerticalOffset="0"
                                                         TargetName="RootGrid" />
                            </Storyboard>
                        </VisualState>
                    </VisualStateGroup>
                </VisualStateManager.VisualStateGroups>
                <ContentPresenter x:Name="ContentPresenter"
                                  BorderBrush="{TemplateBinding BorderBrush}"
                                  BorderThickness="{TemplateBinding
BorderThickness}"

                                  Content="{TemplateBinding Content}"
                                  Padding="{TemplateBinding Padding}"
                                  HorizontalContentAlignment=
                                      "{TemplateBinding
                                          HorizontalContentAlignment}"
                                  VerticalContentAlignment=
```

```
                                              "{TemplateBinding VerticalContentAlignment}"
/>
            </Grid>
        </ControlTemplate>
      </Setter.Value>
    </Setter>
</Style>
```

2. StackPanel 태그 사이의 MainPage 선언 부분을 예제 4-21에 따라 업데이트한다(예제에서 첫 번째 버튼의 이름이 바뀌었다).

예제 **4-21** MainPage의 버튼 선언

```
<Button x:Name="GoToStateButton"
        Content="Change visual state"
        HorizontalAlignment="Left"
        Margin="10,10,0,0"
        VerticalAlignment="Top"
        Click="GoToStateButton_Click" />

<local:MyButton />

<Button x:Name="IoTButton"
        Content="Internet of Things"
        Style="{StaticResource ColoredButtonStyle}" />

<Button x:Name="Windows10IoTCoreButton"
        Content="Windows 10 IoT Core"
        FontSize="12"
        Width="190"
        Style="{StaticResource ColoredButtonStyle}" />
```

---

3. MainPage.xaml.cs 파일을 열고 예제 4-22에 보이는 것처럼 2개의 private 멤버를 정의한 뒤 MainPage 클래스의 기본 생성자를 업데이트한다.

예제 **4-22** MainPage 클래스의 private 필드 추가 및 생성자 업데이트

```
private Style coloredButtonStyle = new Style(typeof(Button));
private const string pointerOverVisualStateName = "PointerOver";
private const string normalVisualStateName = "Normal";
```

```
public MainPage()
{
    this.InitializeComponent();

    SetStylePropertySetters();

    GoToStateButton.Style = coloredButtonStyle;
}
```

4. MainPage 클래스에서 예제 4-23의 메서드를 포함한다.

예제 4-23 VisualStateManager를 사용한 시각적 상태 전환

```
private void GoToStateButton_Click(object sender, RoutedEventArgs e)
{
    SwapButtonVisualState(IoTButton);
    SwapButtonVisualState(Windows10IoTCoreButton);
}

private void SwapButtonVisualState(Button button)
{
    string newVisualState = pointerOverVisualStateName;

    if (button.Tag != null)
    {
        if (button.Tag.ToString().Contains(pointerOverVisualStateName))
        {
            newVisualState = normalVisualStateName;
        }
        else
        {
            newVisualState = pointerOverVisualStateName;
        }
    }

    VisualStateManager.GoToState(button, newVisualState, false);

    button.Tag = newVisualState;
}
```

앞서 소개한 솔루션의 몇 가지 측면은 부연 설명을 해야 한다. ColoredButtonStyle의 버튼 템플릿은 CommonStates라는 시각적 상태 그룹을 정의한다. 이 그룹은 Normal, PointerOver, Pressed라는 세 가지 시각적 상태로 구성된다. Normal 시각적 상태는 어떠한 프로퍼티 세터도 포함하지 않는다. 이 상태는 단지 2개의 다른 시각적 상태가 일으킨 모든 형식 변경을 되돌린다. PointerOver 시각적 상태는 Foreground와 Background 속성을 전환하는 2개의 프로퍼티 세터를 정의하지만, Pressed 시각적 상태는 SwipeHintThemeAnimation 클래스에서 구현한 애니메이션을 재생한다. 이 애니메이션은 MainPage 창의 오른쪽 테두리 쪽으로 5px만큼 버튼을 이동하는 구성이다. 버튼을 클릭할 때마다 이 애니메이션이 발생한다. 버튼 변환의 방향과 양은 SwipeHintThemeAnimation 클래스의 ToHorizontalOffset과 ToVerticalOffset 특성을 사용해 구성한다. SwipeHintThemeAnimation뿐만 아니라 다른 XAML 라이브러리 애니메이션은 Windows.UI.Xaml.Media.Animation 네임스페이스에서 정의한 것이다. XAML 애니메이션을 여기서 설명하진 않지만, Animation으로 끝나는 이름을 갖는 형식을 SwipeHintThemeAnimation으로 바꿔 생각하면 된다. 개체 브라우저를 사용해 이들 클래스를 찾아볼 수 있다(그림 4-12 참조). 이 창은 **보기 ▶ 개체 브라우저** 옵션을 클릭해 실행한 뒤, 검색 상자에서 'Animation'을 입력해 보자.

예제 코드로 돌아가서 IoTButton과 Windows10IoTCoreButton은 마우스 포인터가 이들 컨트롤의 경계 사각형 안으로 들어갈 때나 Change Visual State 버튼이 클릭될 때 PointerOver 시각적 상태로 들어간다. PointerOver 시각적 상태에서 RootGrid의 Background 속성은 ForegroundColor 테마 리소스로 설정되지만, ContentPresenter의 Foreground는 ColoredLinearGradientBrush 테마 리소스로 설정된다. 그림 4-13에서 이러한 변경의 효과를 나타냈다.

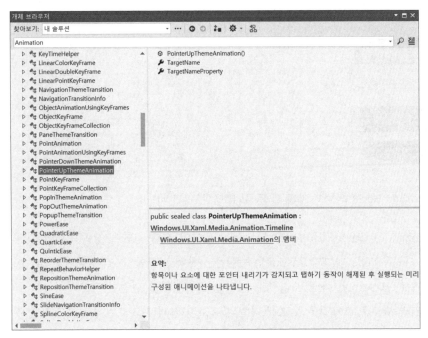

그림 4-12 개체 브라우저에서 Animation을 포함하는 이름을 가진 클래스 목록을 나타냈다.

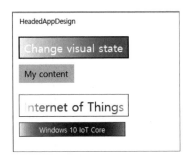

그림 4-13 ColoredButtonStyle의 시각적 상태

컨트롤 템플릿을 사용해 XAML 컨트롤의 시각적 구조를 변경할 수 있다. 이 기능을 사용해 둥근 버튼이나 텍스트 상자 표시기를 구현한다. 이들 컨트롤은 보통 사각형이지만, 컨트롤 템플릿을 사용해 이들을 수정할 수 있다. 예제 4-24에서 타원형 버튼용 컨트롤 템플릿을 포함하는 스타일 정의를 나타냈다. EllipsisButtonStyle과 Windows10IoTCoreButton을 연결하면 그림 4-14의 결과를 제공한다.

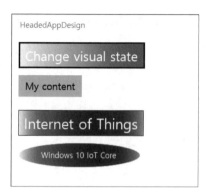

그림 4-14 ColoredButtonStyle을 확장하고 컨트롤 템플릿을 사용해 만든 둥근 버튼

EllipsisButtonStyle은 ColoredButtonStyle에서 프로퍼티 세터 집합을 상속해 정의했다. XAML에서 스타일은 Style 태그의 BasedOn 특성을 사용해 확장할 수 있다(예제 4-24). 이런 확장 스타일은 BasedOn 특성의 값으로 설정한 스타일에서 선언한 프로퍼티 세터를 상속한다. 하지만 새로운 스타일은 부모 스타일의 프로퍼티 세터를 로컬에서 재정의할 것이다.

예제 4-24 버튼의 시각적 구조를 변경해 ColoredButtonStyle의 정의 확장하기

```xml
<Style x:Key="EllipsisButtonStyle"
       TargetType="Button"
       BasedOn="{StaticResource ColoredButtonStyle}">
    <Setter Property="Template">
        <Setter.Value>
            <ControlTemplate TargetType="Button">
                <Grid Margin="10">
                    <Ellipse Fill="{TemplateBinding Background}"
                             Margin="-10" />
                    <ContentPresenter HorizontalAlignment="Center"
                                      VerticalAlignment="Center" />
                </Grid>
            </ControlTemplate>
        </Setter.Value>
    </Setter>
</Style>
```

적응형 트리거와 상태 트리거

컨트롤의 시각적 상태는 적응형 트리거와 상태 트리거로 활성화할 수 있다. 적응형 트리거는 AdaptiveTrigger 클래스에서 구현된 것으로 애플리케이션 창의 너비나 높이가 지정한 값보다 크거나 같을 때 가리키는 시각적 상태를 켠다. 적응형 트리거는 보통 화면 크기에 맞춰 애플리케이션 페이지를 조정하는 데 사용된다.

예제 4-25는 ColoredButtonStyle 정의의 수정된 버전을 나타냈는데 여기서 적응형 트리거는 LayoutChanged 시각적 상태와 연결됐다. 이 상태는 애플리케이션 창의 높이가 350px보다 크거나 같을 때 활성화된다. 이 상태가 활성화되는 경우 해당 버튼은 115%로 크기가 재조정된다. RenderTransform 속성은 ScaleTransform 클래스의 인스턴스를 할당받는다. 후자는 ScaleX, ScaleY, CenterX, CenterY라는 네 가지 특성을 매개변수로 받을 수 있다. ScaleX, ScaleY는 크기 조정 계수를 정의하며 주어진 시각적 요소의 현재 너비(ScaleX)와 높이(ScaleY)를 곱하는 데 사용된다. CenterX와 CenterY 속성은 크기 조정 작업의 중심 위치를 지정한다. 기본적으로 CenterX = CenterY = 0이다. 일반적인 컴퓨터 비주얼 애플리케이션에서처럼 이 위치는 XAML 컨트롤의 왼쪽 상단 구석에 해당한다. 예제 4-25에서 구현한 적응형 트리거의 효과를 그림 4-15에서 나타냈다.

예제 4-25 창 높이가 350px보다 크거나 같을 때 버튼 크기가 재조정된다.

```xml
<Style TargetType="Button"
       x:Key="ColoredButtonStyle">

    //이 부분은 예제 4-20과 동일하다.

    <Setter Property="Template">
        <Setter.Value>
            <ControlTemplate TargetType="Button">
                <Grid x:Name="RootGrid"
                      Background="{TemplateBinding Background}">
                    <VisualStateManager.VisualStateGroups>
                        <VisualStateGroup x:Name="CommonStates">
                            <VisualState x:Name="Normal" />

                            <VisualState x:Name="PointerOver">
                                <VisualState.Setters>
```

```xml
                    <Setter Target="RootGrid.Background"
                            Value="{ThemeResource ForegroundColor}" />
                    <Setter Target="ContentPresenter.Foreground"
                            Value="{ThemeResource
                            ColoredLinearGradientBrush}" />
                </VisualState.Setters>
            </VisualState>

            <VisualState x:Name="Pressed">
                <Storyboard>
                    <SwipeHintThemeAnimation ToHorizontalOffset="5"
                                             ToVerticalOffset="0"
                                             TargetName="RootGrid" />
                </Storyboard>
            </VisualState>

            <VisualState x:Name="LayoutChanged">
                <VisualState.Setters>
                    <Setter Target="RootGrid.RenderTransform">
                        <Setter.Value>
                            <ScaleTransform ScaleX="1.15"
                                            ScaleY="1.15" />
                        </Setter.Value>
                    </Setter>
                </VisualState.Setters>

                <VisualState.StateTriggers>
                    <AdaptiveTrigger MinWindowHeight="350" />
                </VisualState.StateTriggers>

            </VisualState>

        </VisualStateGroup>

    </VisualStateManager.VisualStateGroups>

    //이 부분은 예제 4-20과 동일하다.

            </Grid>
        </ControlTemplate>
    </Setter.Value>
</Setter>
</Style>
```

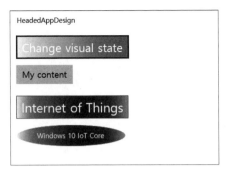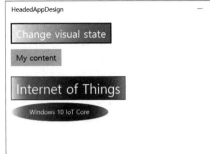

그림 4-15 애플리케이션 창의 높이가 350px이 되면 버튼 크기가 재조정된다.

상태 트리거는 StateTrigger 클래스 인스턴스의 IsActive 속성을 사용해 정의할 수 있는 사용자 지정 조건 선언으로 활성화한다. 이 메커니즘의 샘플 사용 예를 보이고자 HeadedAppDesign 프로젝트의 MainPage 선언에 CheckBox 컨트롤을 추가한다. 이어서 StateTrigger의 IsActive 속성과 CheckBox 컨트롤의 IsChecked 속성을 연결한다. 따라서 CheckBox 컨트롤이 선택될 때마다 상태 트리거가 활성화된다.

예제 4-26에서 이런 기능을 구현한 XAML 선언을 나타냈고, 그림 4-16에서 이렇게 수정한 효과를 소개했다.

예제 4-26 Translated 시각적 스타일과 상태 트리거 연결

```
<StackPanel Background="{ThemeResource ApplicationPageBackgroundThemeBrush}">
    <VisualStateManager.VisualStateGroups>
        <VisualStateGroup>
            <VisualState x:Name="Translated">
                <VisualState.Setters>
                    <Setter Target="GoToStateButton.RenderTransform">
                        <Setter.Value>
                            <TranslateTransform X="100" />
                        </Setter.Value>
                    </Setter>
                </VisualState.Setters>

                <VisualState.StateTriggers>
                    <StateTrigger IsActive="{Binding IsChecked,
                                    ElementName=StateTriggerCheckBox}" />
                </VisualState.StateTriggers>
```

```
        </VisualState>
      </VisualStateGroup>
   </VisualStateManager.VisualStateGroups>

   // 이 부분은 예제 4-21과 동일하다.

   <CheckBox x:Name="StateTriggerCheckBox"
             Content="Is state trigger active?"
             Margin="10"/>
</StackPanel>
```

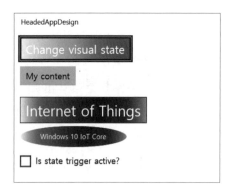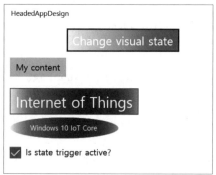

그림 4-16 CheckBox 컨트롤은 버튼을 Translated라는 시각적 상태로 토글하는 상태 트리거를 활성화한다.

예제 4-26의 XAML 선언은 Translated라는 새로운 시각적 상태를 정의했다. 이 시각적 상태에서 GoToStateButton은 수평 방향으로 100px 이동했다. 여기서는 TranslateTransform 클래스 인스턴스를 사용했다. 이 인스턴스는 2개의 요소 벡터 [X, Y]로 표현하는 오프셋으로 시각적 요소를 이동하는 아핀 변환^{affine transformation}을 구현한다. 이 변환 벡터의 항목은 TranslateTransform 클래스의 X와 Y 특성을 사용해 설정한다(예제 4-25 참조).

Translated 시각적 상태는 StackPanel 컨트롤과 연결된 VisualStateManager 아래에서 정의했다. 이 경우 컨트롤 템플릿은 필요하지 않다. 하지만 해당 시각적 상태는 특정 StackPanel 컨트롤에만 적용한다.

Translated 시각적 상태와 연결된 상태 트리거는 StateTriggerCheckBox가 선택될 때마다 활성화된다. XAML에서 이런 기능은 데이터 바인딩 기법을 사용해 얻는데, 이 기법에서 컨트롤 속성은 {Binding} 마크업 확장을 사용해 연결된다. 이 메커니즘의 더 자세한 논의는 4장 뒤에서 다룬다.

리소스 컬렉션

앞서 예제에서 선언한 모든 스타일의 범위는 현재 페이지다. 대개 스타일(또는 넓은 의미에서, 리소스)은 컨트롤이나 페이지, 애플리케이션 수준으로 제한됐다. 더욱이 스타일은 .xaml 확장자로 끝나는 파일에서 리소스 사전으로 저장함으로써 다른 애플리케이션 간에 공유할 수 있다.

컨트롤 범위

컨트롤 수준 범위로 스타일을 정의하려면 XAML 속성 요소 구문과 Resources 또는 Style 클래스에서 구현한 여는 태그와 닫는 태그 사이에 포함된 선언을 사용한다. 예를 들고자 예제 4-27에 보이는 것처럼 MainPage 선언에 Rectangle 컨트롤을 추가한다. 해당 마크업은 리소스와 익명 스타일이라는 2개의 요소로 구성된다. Resources 섹션은 스타일 정의에서 사각형의 너비와 높이를 설정하는 데 사용되는 2개의 double 형식 상수로 구성된다. 익명 스타일은 Rectangle 컨트롤의 자식으로 선언되므로 이 경우는 스타일 식별자를 구성할 필요가 없다. 이 스타일은 Rectangle 컨트롤에 자동으로 적용된다. 이 범위 내에는 다른 사각형은 없다.

예제 4-27 컨트롤 범위 리소스 선언

```
<Rectangle>
    <Rectangle.Resources>
        <x:Double x:Key="RectWidth">100</x:Double>
        <x:Double x:Key="RectHeight">100</x:Double>
    </Rectangle.Resources>
    <Rectangle.Style>
        <Style TargetType="Rectangle">
            <Setter Property="Fill"
                    Value="Orange" />
            <Setter Property="Width"
                    Value="{StaticResource RectWidth}" />
```

```
            <Setter Property="Height"
                    Value="{StaticResource RectHeight}" />
        </Style>
    </Rectangle.Style>
</Rectangle>
```

페이지 수준에서 범위를 잡은 리소스는 Page 또한 컨트롤이기 때문에 컨트롤 범위 리소스를 사용한다. 하지만 페이지는 보통 다른 컨트롤을 포함하므로 페이지 범위 내에 선언한 리소스는 자식 컨트롤에 대해서도 사용할 수 있음을 버튼 관련 초기 예제에서 소개했다.

애플리케이션 범위

애플리케이션 범위 리소스는 Application.Resources 태그 아래의 App.xaml 파일에서 정의했다. 이를테면 예제 4-28에 보이는 것처럼 페이지 범위 선언을 MainPage.xaml에서 App.xaml로 이동할 수 있다. 그다음 HeadedAppDesign 프로젝트의 모든 페이지에서 ColoredButtonStyle과 EllipsisButtonStyle을 참조할 수 있다.

리소스를 App.xaml로 이동한 후 프로젝트를 다시 빌드해야 디자인 창에 스타일이 나타난다. 따라서 빌드 메뉴에서 솔루션 다시 빌드 옵션을 사용하자.

예제 4-28 애플리케이션 수준에서 리소스 범위 선언

```
<Application
    x:Class="HeadedAppDesign.App"
    xmlns="http://schemas.microsoft.com/winfx/2006/xaml/presentation"
    xmlns:x="http://schemas.microsoft.com/winfx/2006/xaml"
    xmlns:local="using:HeadedAppDesign">

    <Application.Resources>
        <ResourceDictionary>
                // 이 부분은 예제 4-24와 예제 4-25의 내용과 동일하다.
        </ResourceDictionary>
    </Application.Resources>
</Application>
```

리소스 가져오기

리소스 즉 컨트롤 스타일, 템플릿, 다른 XAML 객체 등을 ResourceDictionary 클래스의 MergedDictionaries 특성을 사용해 정의할 수 있는 병합 딕셔너리를 사용해 다른 UWP 애플리케이션 간에 공유할 수 있다.

다음 예제에서 EllipsisButtonStyle 스타일의 정의를 별도 파일에서 선언한 사전으로 이동한다. 이 사전을 App.xaml 파일의 XAML 선언과 병합한다. 이 작업은 다음 단계로 구성된다.

1. **프로젝트** 메뉴의 새 항목 추가 옵션을 클릭해 **새 항목 추가** 대화 상자를 실행한다.
2. 새 항목 추가 대화 상자에서 Visual C#/XAML 탭으로 가서 **리소스 사전** 항목을 선택하고, 이름 텍스트 상자에 MyDictionary.xaml을 입력한다(그림 4-17 참고).

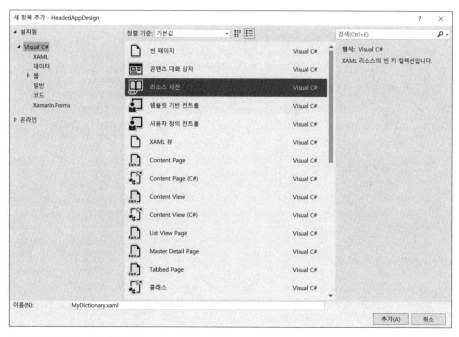

그림 4-17 리소스 사전 추가하기

3. **추가** 버튼을 클릭한다. MyDictionary.xaml이 HeadedAppDesign 프로젝트에 추가 된다.

4. MyDictionary.xaml의 내용을 예제 4-29에 따라 수정한다.

예제 4-29 MyDictionary.xaml 파일의 내용

```
<ResourceDictionary
    xmlns="http://schemas.microsoft.com/winfx/2006/xaml/presentation"
    xmlns:x="http://schemas.microsoft.com/winfx/2006/xaml"
    xmlns:local="using:HeadedAppDesign">

    <Thickness x:Key="DefaultMargin">10</Thickness>
    <Thickness x:Key="NegativeMargin">-10</Thickness>

    <Style x:Key="EllipsisButtonStyle"
            TargetType="Button"
            BasedOn="{StaticResource ColoredButtonStyle}">
        <Setter Property="Template">
            <Setter.Value>
                <ControlTemplate TargetType="Button">
                    <Grid Margin="{StaticResource DefaultMargin}">
                        <Ellipse Fill="{TemplateBinding Background}"
                                Margin="{StaticResource NegativeMargin}" />
                        <ContentPresenter HorizontalAlignment="Center"
                                                VerticalAlignment="Center" />
                    </Grid>
                </ControlTemplate>
            </Setter.Value>
        </Setter>
    </Style>
</ResourceDictionary>
```

---

5. App.xaml 파일에서 해당 정의를 MyDictionary.xaml 가져오기로 대체한다(예제 4-30 참고).

예제 4-30 파일에서 리소스 가져오기

```
<Application
    x:Class="HeadedAppDesign.App"
    xmlns="http://schemas.microsoft.com/winfx/2006/xaml/presentation"
    xmlns:x="http://schemas.microsoft.com/winfx/2006/xaml"
```

```
    xmlns:local="using:HeadedAppDesign">

    <Application.Resources>
        <ResourceDictionary>
            //이 부분은 예제 4-27과 동일하다.

            <!--<Style x:Key="EllipsisButtonStyle"
                    TargetType="Button"
                    BasedOn="{StaticResource ColoredButtonStyle}">
                <Setter Property="Template">
                    <Setter.Value>
                        <ControlTemplate TargetType="Button">
                            <Grid Margin="10">
                                <Ellipse Fill="{TemplateBinding Background}"
                                        Margin="-10" />
                                <ContentPresenter HorizontalAlignment="Center"
                                                    VerticalAlignment="Center" />
                            </Grid>
                        </ControlTemplate>
                    </Setter.Value>
                </Setter>
            </Style>-->

            <ResourceDictionary.MergedDictionaries>
                <ResourceDictionary Source="MyDictionary.xaml" />
            </ResourceDictionary.MergedDictionaries>
        </ResourceDictionary>
    </Application.Resources>
</Application>
```

근본적으로 HeadedAppDesign 프로젝트에서 메인 페이지 컨트롤의 시각적 모양은 바뀌지 않았다. 이 예제는 병합 사전이 애플리케이션 간 리소스를 공유하는 편리한 방법을 보여주며 플랫폼 형식이나 지역화와 관련해 XAML 파일을 구성하고 분리하는 데 도움을 준다.

코드 숨김에서 리소스 액세스하기

XAML로 선언된 컨트롤이나 페이지, 애플리케이션 수준 범위의 리소스는 코드 숨김 프로시저에서 액세스할 수 있다. 각 리소스는 그 리소스의 키(x:Key 특성의 값)로 식별하며, ResourceDictionary 클래스의 적합한 인스턴스를 사용해 액세스할 수 있다. 컨트롤 및 페이지 범위에서 선언된 리소스는 해당 컨트롤의 Resources 속성을 사용해 액세스할 수 있다. 애플리케이션 수준 범위 리소스를 저장하는 ResourceDictionary 인스턴스는 Application.Current.Resources 프로퍼티를 통해 사용할 수 있다.

HeadedAppDesign 프로젝트에서 이 메커니즘을 적용해 MyButton 컨트롤 인스턴스의 스타일을 동적으로 교환한다. 따라서 HeadedAppDesign 애플리케이션에서 다음과 같이 변경한다.

1. OrangeButtonStyle XAML 객체를 MainPage.xaml 파일에서 선언한 Page 객체의 Resources 태그 아래에 정의한다(예제 4-31).

예제 4-31 OrangeButtonStyle 정의

```
<Page.Resources>
    <Style x:Key="OrangeButtonStyle"
           TargetType="Button">
        <Setter Property="Background"
                Value="Orange" />
        <Setter Property="BorderBrush"
                Value="OrangeRed" />
        <Setter Property="BorderThickness"
                Value="2" />
        <Setter Property="FontSize"
                Value="26" />
    </Style>
</Page.Resources>
```

2. Click 특성을 사용해 MyButton 컨트롤의 선언을 확장한다.

예제 4-32 이벤트 핸들러 할당하기

```
<local:MyButton Click="MyButton_Click" />
```

3. MainPage 클래스(MainPage.xaml.cs)에서 예제 4-33의 세 가지 메서드를 정의한다.

예제 4-33 리소스 컬렉션에서 객체 가져오기 및 스타일 교환을 위한 프로시저

```csharp
private Style GetStyleFromResourceDictionary(ResourceDictionary
resourceDictionary, string styleKey)
{
    Style style = null;

    if (resourceDictionary != null && !string.IsNullOrWhiteSpace(styleKey))
    {
        if (resourceDictionary.ContainsKey(styleKey))
        {
            style = resourceDictionary[styleKey] as Style;
        }
    }

    return style;
}

private void SwapStyles(Button button)
{
    // 애플리케이션 범위 리소스
    var coloredButtonStyle = GetStyleFromResourceDictionary(
        Application.Current.Resources, "ColoredButtonStyle");

    // 페이지 범위 리소스
    var ellipsisButtonStyle = GetStyleFromResourceDictionary(
        Resources, "OrangeButtonStyle");

    Style newStyle;
    if (button.Style == coloredButtonStyle)
    {
        newStyle = ellipsisButtonStyle;
    }
    else
    {
        newStyle = coloredButtonStyle;
    }

    button.Style = newStyle;
}

private void MyButton_Click(object sender, RoutedEventArgs e)
{
    MyButton myButton = sender as MyButton;
```

```
    if (myButton != null)
    {
        SwapStyles(myButton);
    }
}
```

리소스 컬렉션 내에서 선언된 객체에 대한 인스턴스를 안전하게 얻고자 `GetStyleFrom ResourceDictionary` 헬퍼 메서드를 구현했다. 이 메서드는 2개의 인수, ResourceDictionary 컬렉션과 스타일 식별자를 받는다. `GetStyleFromResourceDictionary` 메서드는 인수가 올바른지 확인한 다음 주어진 리소스 컬렉션에서 지정한 스타일을 포함하는지 검증한다. 인수가 올바르고 지정한 스타일을 포함한다면 해당 객체에 대한 참조가 반환된다.

이어서 GetStyleFromResourceDictionary 헬퍼 함수는 ColoredButtonStyle과 OrangeButtonStyle 키로 확인되는 스타일을 얻고자 `SwapStyles` 메서드 내에서 사용됐다. 첫 번째 것은 애플리케이션 수준의 범위이므로 Application.Current.Resources 컬렉션에서 찾는다. `OrangeButtonStyle` 객체는 MainPage의 리소스에서 정의됐다. 따라서 Resources 속성을 사용해 이 컬렉션을 액세스한다.

스타일을 리소스에서 읽은 후 MyButton 컨트롤 인스턴스의 Style 속성 값을 이들 스타일로 설정한다. 동작하는지 확인하려면 앱을 실행하고 MyButton(My Content 레이블) 컨트롤을 몇 번 클릭한다(그림 4-18 참고).

그림 4-18 코드 숨김에서 동적 스타일 교환. My content 버튼의 시각적 모양은 버튼이 클릭된 후 바뀐다. 2개의 패널에서 My content 버튼의 시각적 스타일을 비교하자.

기본 스타일과 테마 리소스

주어진 컨트롤의 Style 속성을 명시적으로 설정하지 않았을 때 XAML 컨트롤은 스타일과 테마 리소스에 대해 기본 정의를 사용한다. 이들 기본 정의는 generic.xaml와 themeresources.xaml이라는 2개의 파일에서 찾아볼 수 있다. 이들 파일은 윈도우 10 SDK의 다음 폴더 아래에 존재한다.

DesignTime\CommonConfiguration\Neutral\UAP\〈SDK 버전〉\Generic

위치 구분자 〈SDK 버전〉은 10.0.10586.0와 같다. 앞의 폴더는 Program Files (x86)\ Windows Kits\10 경로 아래에 있다.

흥미롭게도 generic.xaml와 themeresources.xaml 파일에 저장된 정의는 새로운 스타일을 생성하고자 재정의되거나 활용될 수 있다. 이를테면 예제 4-17의 원래 선언에 있는 ThemeDictionaries 컬렉션을 예제 4-34에 따라서 업데이트해 ApplicationPageBackgroundThemeBrush 테마 리소스를 재정의할 수 있다. 그에 따라 StackPanel의 Background 속성이 적절하게 변경된다. 애플리케이션을 실행하고 디자인 창을 검토해 이런 점을 확인할 수 있다. 페이지 배경도 색상 테마를 따르는지 확인하길 권장한다.

예제 4-34 ApplicationPageBackgroundThemeBrush 재정의하기

```
<ResourceDictionary.ThemeDictionaries>
    <ResourceDictionary x:Key="Light">
        //예제 4-17과 동일
        <SolidColorBrush x:Key="ApplicationPageBackgroundThemeBrush"
                         Color="LightGoldenrodYellow" />
    </ResourceDictionary>
    <ResourceDictionary x:Key="Dark">
        //예제 4-17과 동일
        <SolidColorBrush x:Key="ApplicationPageBackgroundThemeBrush"
                         Color="DarkSlateGray" />
    </ResourceDictionary>
</ResourceDictionary.ThemeDictionaries>
```

레이아웃

원칙상 XAML 컨트롤은 적절히 구성한 Margin 특성으로 서로 상대적으로 배치할 수 있다. 하지만 이 방식으로 컨트롤을 배치하는 것은 다른 화면에서 올바른 UI 표시를 보장하지 못한다. 이 문제를 해결하고자 XAML에서 자동 레이아웃을 위한 몇 가지 컨트롤을 제공한다. 이들 컨트롤에는 StackPanel, Grid, RelativePanel이 있다.

StackPanel과 Grid 컨트롤을 이미 자주 사용했다. 여기서는 이들 컨트롤 활용의 내용을 간단히 요약하고 화면에서 시각적 요소를 최적으로 배치하고자 창 크기의 동적인 변경에 반응하는 적응 UI 레이아웃이나 뷰를 정의하는 데 사용할 수 있는 RelativePanel 컨트롤도 소개한다. 웹 프로그래밍에서 이런 적응 레이아웃은 반응형 웹 디자인이라고 한다.

StackPanel

StackPanel은 자식 컨트롤을 수평 또는 수직으로 맞춤 배치한다. 이때 맞춤 방향은 Orientation 특성을 사용해 구성한다. 기본 방향은 Vertical이다.

StackPanel 컨트롤은 중첩될 수 있으므로 이들 컨트롤의 여러 인스턴스를 사용해 자식 컨트롤로 구성한 테이블을 만들 수 있다. 이 부분을 보이고자 새로운 빈 UWP C# 프로젝트를 만들고 이름은 Layouts.StackPanel이라고 붙이고, 예제 4-35에서처럼 MainPage를 선언한다. 이 선언에서 3개의 행과 3개의 열로 구성된 배열로 9개의 TextBlock 컨트롤을 배치하므로 그림 4-19에서 나타낸 것과 같다.

예제 4-35 StackPanel 컨트롤 중첩하기

```
<Page
    x:Class="Layouts.StackPanel.MainPage"
    xmlns="http://schemas.microsoft.com/winfx/2006/xaml/presentation"
    xmlns:x="http://schemas.microsoft.com/winfx/2006/xaml"
    xmlns:local="using:Layouts.StackPanel"
    xmlns:d="http://schemas.microsoft.com/expression/blend/2008"
    xmlns:mc="http://schemas.openxmlformats.org/markup-compatibility/2006"
    mc:Ignorable="d">
```

```
<Page.Resources>
    <Style TargetType="StackPanel">
        <Setter Property="HorizontalAlignment"
                Value="Center" />
        <Setter Property="VerticalAlignment"
                Value="Center" />
        <Setter Property="Background"
                Value="{ThemeResource ApplicationPageBackgroundThemeBrush}" />
    </Style>

    <Style TargetType="TextBlock">
        <Setter Property="FontSize"
                Value="40" />
        <Setter Property="Margin"
                Value="20" />
    </Style>
</Page.Resources>

<StackPanel>
    <StackPanel Orientation="Horizontal">
        <TextBlock Text="A" />
        <TextBlock Text="B" />
        <TextBlock Text="C" />
    </StackPanel>
    <StackPanel Orientation="Horizontal">
        <TextBlock Text="D" />
        <TextBlock Text="E" />
        <TextBlock Text="F" />
    </StackPanel>
    <StackPanel Orientation="Horizontal">
        <TextBlock Text="G" />
        <TextBlock Text="H" />
        <TextBlock Text="I" />
    </StackPanel>
</StackPanel>
</Page>
```

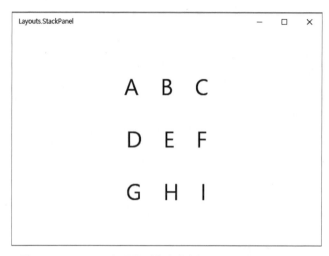

그림 2-6 StackPanel 컨트롤을 사용해 시각적 요소를 배열로 배치

Grid

Grid 컨트롤은 컨트롤을 표 형식으로 배치할 수 있는 레이아웃을 나타낸다. 기본 Grid 는 하나의 행과 하나의 열로 구성된다. 이 구성을 RowDefinitions와 ColumnDefinitions 의 두 가지 특성을 사용해 변경할 수 있다. 이들 특성은 Grid의 각 행과 열의 속성 을 정의할 수 있는 `RowDefinition`과 `ColumnDefinition` 객체의 컬렉션을 구성한다. 특히 RowDefinitions와 ColumnDefinitions의 요소 수는 각각 행과 열의 수를 지정한다. 더욱 이 각 RowDefinition은 해당 행의 Height 속성을 구성하는 데 사용될 수 있다. 마찬가지 로 `ColumnDefinition` 클래스는 열의 수평 크기를 제어하기 위한 Width 속성을 포함한다. Height와 Width 특성은 절대 또는 상대, 자동으로 구성할 수 있다.

그리드의 행과 열의 크기를 절대값으로 설정하려면 RowDefinition과 ColumnDefinition 각각의 Height와 Width 특성에 숫자 값(픽셀)을 할당한다. Grid의 해당 셀은 고정 크기다. 이 경우 셀의 크기보다 더 큰 자식 컨트롤은 잘린다. Grid 셀의 크기를 자동으로 조정하려 면 Height와 Width 속성을 Auto로 설정한다.

Grid 컨트롤의 특정 행과 열의 크기는 또한 주어진 Grid에 대한 RowDefinition과 ColumnDefinition의 다른 선언에 상대적으로 조정할 수도 있다. 이 목적으로 * 기호를 사용한다. 이 기호는 XAML 파서^{parser}에게 특정 행이나 열이 나머지 뷰 영역을 사용하도록 지시한다. 예를 들어, Grid는 150px인 2열의 고정 Height와 화면 높이 400px을 포함한 다음 Height가 *로 설정된 세 번째 열이 $100px(400-[2\times150])$의 너비를 갖는다면 Grid가 전체 화면에 확장된다고 가정한다.

구체적으로 기호 * 앞에 숫자 값이 올 수 있다. 이런 식으로 최소 2개 이상의 행이나 열의 크기를 매개변수화하면 뷰에 영향을 준다. 예를 들어, 예제 4-36의 선언은 Grid 컨트롤을 2개의 행으로 나눈다. 첫 번째 행은 가용한 화면 영역의 3/4을 사용하고, 두 번째 행은 1/4을 사용한다.

예제 4-36 Grid 컨트롤에서 행의 높이에 대한 상대적인 구성

```
<Grid.RowDefinitions>
    <RowDefinition Height="3*" />
    <RowDefinition Height="*" />
</Grid.RowDefinitions>
```

앞서의 논의를 요약하려면 Layouts.Grid라는 새로운 빈 UWP C# 프로젝트를 만들고, 예제 4-37에 따라 Page 선언을 수정한다. 그렇게 하면 그림 4-20에 보이는 애플리케이션 뷰를 만든다. 이 그림에서 중심 열은 사용 가능한 너비의 절반을 차지하고 바깥 열은 너비의 1/4을 사용한다. 첫 번째 열의 높이는 고정이므로 창의 크기 변경 시 변하지 않는다. 3개의 열에 걸친 마지막 행의 높이는 콘텐츠에 따라 자동으로 조정된다. 따라서 마지막 행의 높이는 자식 컨트롤의 크기(이를테면 글꼴의 크기) 변경에 영향을 받는다.

예제 4-37 Grid 컨트롤의 절대 및 상대, 자동 행 및 열 정의

```
<Page
    x:Class="Layouts.Grid.MainPage"
    xmlns="http://schemas.microsoft.com/winfx/2006/xaml/presentation"
    xmlns:x="http://schemas.microsoft.com/winfx/2006/xaml"
    xmlns:local="using:Layouts.Grid"
```

```xml
    xmlns:d="http://schemas.microsoft.com/expression/blend/2008"
    xmlns:mc="http://schemas.openxmlformats.org/markup-compatibility/2006"
    mc:Ignorable="d">

    <Page.Resources>
        <Style TargetType="TextBlock">
            <Setter Property="FontSize"
                    Value="40" />
            <Setter Property="Padding"
                    Value="20" />
            <Setter Property="TextAlignment"
                    Value="Center" />
            <Setter Property="VerticalAlignment"
                    Value="Center" />
        </Style>

        <Style TargetType="Border">
            <Setter Property="BorderThickness"
                    Value="10" />
        </Style>

        <Style x:Key="InnerBorder"
               TargetType="Border">
            <Setter Property="BorderThickness"
                    Value="0,10,0,10"/>
        </Style>
    </Page.Resources>

    <Grid Background="{ThemeResource ApplicationPageBackgroundThemeBrush}">
        <Grid.RowDefinitions>
            <RowDefinition Height="150" />
            <RowDefinition Height="*" />
            <RowDefinition Height="Auto" />
        </Grid.RowDefinitions>

        <Grid.ColumnDefinitions>
            <ColumnDefinition Width="*" />
            <ColumnDefinition Width="2*" />
            <ColumnDefinition Width="*" />
        </Grid.ColumnDefinitions>

        <Border BorderBrush="Orange">
            <TextBlock Text="A" />
        </Border>
```

```xml
        <Border BorderBrush="Orange"
                Grid.Column="1"
                Style="{StaticResource InnerBorder}">
            <TextBlock Text="B" />
        </Border>

        <Border BorderBrush="Orange"
                Grid.Column="2">
            <TextBlock Text="C" />
        </Border>

        <Border BorderBrush="GreenYellow"
                Grid.Row="1"
                Grid.Column="0">
            <TextBlock Text="D" />
        </Border>

        <Border BorderBrush="GreenYellow"
                Grid.Row="1"
                Grid.Column="1"
                Style="{StaticResource InnerBorder}">
            <TextBlock Text="E" />
        </Border>

        <Border BorderBrush="GreenYellow"
                Grid.Row="1"
                Grid.Column="2">
            <TextBlock Text="F" />
        </Border>

        <Border BorderBrush="LightCoral"
                Grid.Row="2"
                Grid.ColumnSpan="3">
            <TextBlock Text="Spanned row" />
        </Border>
    </Grid>
</Page>
```

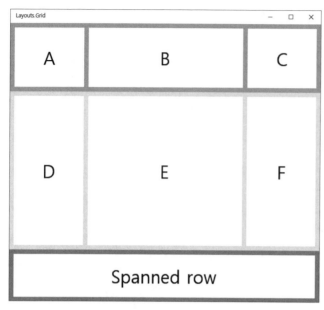

그림 4-20 Grid를 사용한 UI 요소 위치 결정

이제 애플리케이션 창의 크기를 변경해 예제 4-37 선언의 효과를 확인해 보자. 이를테면 첫 번째와 세 번째 행의 높이는 창의 크기를 변경할 때 변하지 않는다. 첫 번째 행의 높이는 150px 고정 크기이고 세 번째 행은 자식 컨트롤의 크기에 따라 자동으로 조정되기 때문이다. 이 예제에서 세 번째 행에는 TextBlock 컨트롤을 포함하므로 세 번째 행의 크기가 바뀌는 유일한 방법은 글꼴 크기 수정이다. 한편 가운데 행의 높이는 애플리케이션 창의 크기를 변경할 때 바뀐다. 가운데 행은 첫 번째와 세 번째 행 사이의 사용할 수 있는 모든 공간을 채운다.

애플리케이션 창의 크기를 바꾸면서 각 행의 너비가 자동으로 조정되는 점도 주목하자. 하지만 각 열에서 사용되는 너비 비율은 여전히 동일하다.

RelativePanel

RelativePanel은 자식 요소를 서로 상대적으로 배치할 수 있는 컨트롤을 위한 컨테이너를 구현한다. 이를 위해 RelativePanel 클래스는 특정 자식 컨트롤이 RelativePanel 클래스의 인스턴스에 포함된 다른 시각적 요소와 맞춤 정렬되는 방식을 지정하는 다수의 특성을 구현한다.

컨트롤의 상대적인 배치는 적응 및 상태-스타일 트리거와 결합될 때 반응형 웹 디자인과 비슷하게 동작하므로 시각적 요소의 배치가 애플리케이션 창의 크기에 동적으로 조정된다.

이런 디자인을 기반으로 한 예제 레이아웃 선언을 보이고자 Layouts.RelativePanel이라는 새로운 빈 UWP C# 프로젝트를 만들고, 예제 4-38에 보이는 것처럼 MainPage를 선언한다. 예제 4-38은 각 200×200px인 빨간색과 오렌지색, 노란색의 세 가지 사각형으로 구성된 페이지를 선언한다.

위쪽에 오렌지색 사각형, 아래쪽에 빨간색 사각형이 가로로 배치되고, 노란색 사각형은 빨간색 사각형 아래에 있다. 이 레이아웃은 사각형을 포함하는 RelativePanel 클래스 인스턴스를 사용해 구현했다. XAML 파서에서 빨간색 사각형 옆의 오렌지색 사각형을 배치하도록 RelativePanel.RightOf 특성을 사용했다. 마찬가지로 RelativePanel.Below 특성은 빨간색 사각형 아래에 노란색 사각형을 배치한다.

예제 4-38 RelativePanel을 사용한 자식 컨트롤의 상대 위치 지정

```
<Page
    x:Class="Layouts.RelativePanel.MainPage"
    xmlns="http://schemas.microsoft.com/winfx/2006/xaml/presentation"
    xmlns:x="http://schemas.microsoft.com/winfx/2006/xaml"
    xmlns:local="using:Layouts.RelativePanel"
    xmlns:d="http://schemas.microsoft.com/expression/blend/2008"
    xmlns:mc="http://schemas.openxmlformats.org/markup-compatibility/2006"
    mc:Ignorable="d">

    <Page.Resources>
        <Style TargetType="Rectangle">
            <Setter Property="Width"
                    Value="200" />
            <Setter Property="Height"
                    Value="200" />
        </Style>
    </Page.Resources>
```

```
<RelativePanel Background="{ThemeResource ApplicationPageBackgroundThemeBrush}">
    <VisualStateManager.VisualStateGroups>
        <VisualStateGroup x:Name="CommonStates">
            <VisualState x:Name="OneLineLayout">
                <VisualState.StateTriggers>
                    <AdaptiveTrigger MinWindowWidth="600" />
                </VisualState.StateTriggers>

                <VisualState.Setters>
                    <Setter Target="YellowSquare.(RelativePanel.AlignTopWithPanel)"
                            Value="True" />
                    <Setter Target="YellowSquare.(RelativePanel.RightOf)"
                            Value="OrangeSquare" />
                </VisualState.Setters>
            </VisualState>
        </VisualStateGroup>
    </VisualStateManager.VisualStateGroups>

    <Rectangle x:Name="RedSquare"
            Fill="Red"/>

    <Rectangle x:Name="OrangeSquare"
            Fill="Orange"
            RelativePanel.RightOf="RedSquare"/>

    <Rectangle x:Name="YellowSquare"
            Fill="Yellow"
            RelativePanel.Below="RedSquare" />
</RelativePanel>
</Page>
```

창의 너비가 같거나 600px보다 클 경우 적응 트리거가 OneLineLayout 시각적 상태
를 활성화한다. 이 상태에서 RelativePanel.AlignTopWithPanel 속성을 true로 설정하고
RelativePanel.RightOf를 OrangeSquare로 설정해 노란색 사각형은 오렌지색 사각형 옆
에 배치된다.

그림 4-21에서 동적 컨트롤 배치의 효과를 볼 수 있다. 창 크기의 변경에 반응해 뷰 레이
아웃을 동적으로 조정하는 데는 로직이 필요하지 않다. 이러한 조정은 자동으로 수행되며,
모든 것은 해당 뷰 내에서 선언한다. 따라서 UI 개발자는 코드 숨김 부분을 작성하는 프로

그래머와 독립적으로 사용자 경험을 디자인할 수 있다. 이는 프로젝트에서 역할을 나누는데 도움이 되며, UI/UX 프로그래머는 실제로 IoT를 알아야 할 필요가 없는 다른 플랫폼용 뷰를 디자인할 수 있다.

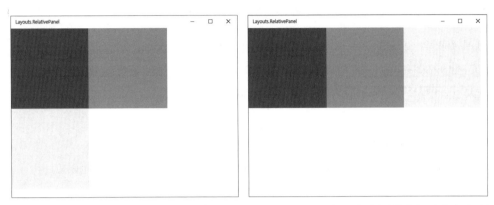

그림 4-21 RelativePanel은 적응 스타일 트리거와 함께 사용해 애플리케이션 창 크기 변경에 응답하고자 동적 컨트롤 재배치를 허용한다.

이벤트

특정 상황이 발생하면 이를 다른 애플리케이션 구성 요소(리스너listener라고 한다)에 알리는 메커니즘을 구성한다. 뷰의 경우 이벤트는 버튼 클릭이나 드롭다운 목록에서 항목 선택, 체크 상자 선택과 같은 사용자가 취한 동작에 관해 리스너에게 통지하는 데 흔히 사용된다. IoT 애플리케이션에서 이벤트는 통상 백그라운드 작업의 상태에 관해 알림을 전송하는 데 사용된다.

이벤트는 송신자(공급자)가 보낸 메시지라고 이해할 수 있으며, 리스너에 대한 이벤트를 생성한다. 공급자와 리스너 사이의 성공적인 통신은 적절한 인터페이스가 필요하다. 이 리스너는 송신자에게서 받는 메시지의 종류를 알아야 한다.

이 메커니즘은 C/C++에서 포인터 기능에 해당하는 대리자delegate 형식을 사용한다. 대리자 선언은 메서드의 시그니처를 지정하며, 특정 이벤트(메시지 구조)와 호환된다.

Button 컨트롤의 Click 이벤트에 대한 대리자 선언을 예제 4-39에서 나타냈다. 이 대리자는 메서드와 일치하며, 값을 반환하지 않고 object 형식의 sender와 RoutedEventArgs 형식의 e라는 2개의 인수를 받는다. 첫 번째는 이벤트를 일으키는 공급자를 나타내고, 두 번째는 해당 이벤트(이벤트 인수)에 관한 정보를 전송한다.

예제 4-39의 코드 조각은 대개 대리자 선언이 접근 한정자(public 또는 private, protected, internal, protected internal)와 delegate 키워드, 반환 데이터 형식과 이름, 메서드 매개변수 목록으로 구성된 시그니처로 구성됐음을 나타냈다.

예제 4-39 RoutedEventHandler 대리자 선언

```
public delegate void RoutedEventHandler(System.Object sender, RoutedEventArgs e);
```

이벤트 처리

이벤트는 이벤트 핸들러라는 특수한 메서드와 연결해 처리된다. 이 기능은 공급자가 생성한 알림에 응답하는 로직을 구현한다. 앞서의 많은 절에서 버튼 클릭을 처리하는 데 이벤트를 사용했다. 이벤트 핸들러는 XAML 특성을 사용해 해당 이벤트를 연결했다. 하지만 이벤트와 이벤트 처리의 다른 측면은 지금까지는 생략했다.

보통 이벤트를 일으키는 클래스는 이벤트 핸들러에게 대리자 선언을 따르는 추가 정보를 전달한다. 컨트롤 측면에서 추가 데이터는 이벤트를 일으킨 객체sender의 인스턴스와 이벤트를 특징짓는 추가 데이터를 포함하는 클래스의 인스턴스를 포함한다. 예를 들어, TextBox 컨트롤의 KeyUp 이벤트는 리스너에 Windows.UI.Xaml.Input 네임스페이스에서 선언한 KeyRoutedEventArgs 클래스의 인스턴스를 전송한다. 이 클래스의 인스턴스는 사용자가 누른 키에 관한 정보를 저장하는 Key 멤버를 갖는다.

이 메커니즘을 살펴보고자 다음의 단계를 따라 또 다른 UWP UI 있는 애플리케이션을 구현한다.

1. EventsSample이라는 새로운 비어 있는 앱(유니버설 Windows) 프로젝트를 만든다.

2. 예제 4-40에 따라서 MainPage.xaml 파일을 수정한다.

예제 4-40 EventsSample 애플리케이션의 메인 뷰 정의

```xml
<Page
    x:Class="EventsSample.MainPage"
    xmlns="http://schemas.microsoft.com/winfx/2006/xaml/presentation"
    xmlns:x="http://schemas.microsoft.com/winfx/2006/xaml"
    xmlns:local="using:EventsSample"
    xmlns:d="http://schemas.microsoft.com/expression/blend/2008"
    xmlns:mc="http://schemas.openxmlformats.org/markup-compatibility/2006"
    mc:Ignorable="d">

    <Page.Resources>
        <Thickness x:Key="DefaultMargin">10,5,10,10</Thickness>

        <Style TargetType="TextBox">
            <Setter Property="Margin"
                    Value="{StaticResource DefaultMargin}" />
        </Style>

        <Style TargetType="Button">
            <Setter Property="Margin"
                    Value="{StaticResource DefaultMargin}" />
        </Style>

        <Style TargetType="ListBox">
            <Setter Property="Margin"
                    Value="{StaticResource DefaultMargin}" />
        </Style>
    </Page.Resources>

    <Grid Background="{ThemeResource ApplicationPageBackgroundThemeBrush}">
        <Grid.RowDefinitions>
            <RowDefinition Height="Auto" />
            <RowDefinition Height="*" />
        </Grid.RowDefinitions>

        <StackPanel>
            <TextBox x:Name="IoTTextBox"
                KeyUp="IoTTextBox_KeyUp" />
            <Button x:Name="ClearButton"
```

```
                        Content="Clear list"
                        Click="ClearButton_Click" />
        </StackPanel>

        <ListBox x:Name="IoTListBox"
                 Grid.Row="1" />
    </Grid>
</Page>
```

3. MainPage 클래스(MainPage.xaml.cs) 정의를 예제 4-41에 보이는 것처럼 업데이트
   한다.

예제 4-41 EventsSample 애플리케이션의 MainPage 클래스

```
using Windows.UI.Xaml;
using Windows.UI.Xaml.Controls;
using Windows.UI.Xaml.Input;

namespace EventsSample
{
    public sealed partial class MainPage : Page
    {
        public MainPage()
        {
            InitializeComponent();
        }

        private void ClearButton_Click(object sender, RoutedEventArgs e)
        {
            IoTListBox.Items.Clear();
        }

        private void IoTTextBox_KeyUp(object sender, KeyRoutedEventArgs e)
        {
            IoTListBox.Items.Add(e.Key.ToString());
        }
    }
}
```

EventsSample 애플리케이션을 실행한 후 TextBox 컨트롤에 입력한 모든 문자에 관한 정보는 목록 항목으로 표시된다(그림 4-22 참고). 이 동작은 KeyRoutedEventArgs 인스턴스의 Key 속성 값을 읽어 수행된다. 후자의 속성은 각 키 입력을 나타내는 170개 요소로 구성된 VirtualKey 열거 형식이다.

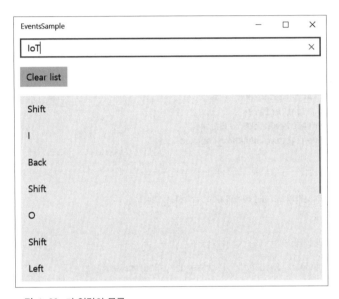

그림 4-22 키 입력의 목록

앞서의 예제에서 이벤트 핸들러는 XAML 특성을 사용해 컨트롤과 연결된다. 대안으로 해당 메서드를 += 연산자를 사용해 코드 숨김에서 이벤트와 연결할 수 있다. 이벤트 핸들러는 -= 연산자를 사용해 언제든지 연결을 끊을 수 있다.

1. 예제 4-42에서 정의한 스타일로 Page.Resources를 보완한다.

예제 4-42 CheckBox 컨트롤의 스타일 정의

```
<Style TargetType="CheckBox">
    <Setter Property="IsChecked"
            Value="True" />
    <Setter Property="Margin"
            Value="{StaticResource DefaultMargin}" />
</Style>
```

2. 예제 4-43을 따라서 MainPage의 StackPanel 선언을 수정한다.

예제 4-43 CheckBox 선언

```
<StackPanel>
    <TextBox x:Name="IoTTextBox" />
        <!--KeyUp="IoTTextBox_KeyUp" />-->

    <Button x:Name="ClearButton"
                Content="Clear list"
                Click="ClearButton_Click" />

    <CheckBox x:Name="KeyUpEventActiveCheckBox"
                Content="Is KeyUp event active?"
                Checked="KeyUpEventActiveCheckBox_Checked"
                Unchecked="KeyUpEventActiveCheckBox_Checked" />
</StackPanel>
```

---

3. MainPage 클래스의 정의를 예제 4-44의 메서드로 확장한다.

예제 4-44 이벤트 핸들러의 동적 연결과 해제

```
private void KeyUpEventActiveCheckBox_Checked(object sender, RoutedEventArgs e)
{
    CheckBox checkBox = sender as CheckBox;

    bool isChecked = IsCheckBoxChecked(checkBox);

    if (isChecked)
    {
        IoTTextBox.KeyUp += IoTTextBox_KeyUp;
    }
    else
    {
        IoTTextBox.KeyUp -= IoTTextBox_KeyUp;
    }
}

private bool IsCheckBoxChecked(CheckBox checkBox)
{
    bool isChecked = false;

    if (checkBox != null)
```

```
    {
        if (checkBox.IsChecked.HasValue)
        {
            isChecked = checkBox.IsChecked.Value;
        }
    }

    return isChecked;
}
```

EventsSample 애플리케이션을 컴파일하고 실행하면 TextBox 컨트롤의 KeyUp 이벤트는 CheckBox 컨트롤이 선택된 경우 처리된다. TextBox 컨트롤의 선언에서 KeyUp 특성을 제거했다. 결과적으로 +=을 사용해 이벤트 핸들러를 연결하면 특정 이벤트가 발생할 때마다 호출되는 메서드를 추가한다. 따라서 KeyUpEventActiveCheckBox_Checked 메서드는 두 번 호출된다. 이런 상황을 피하고자 TextBox 컨트롤의 KeyUp 특성을 제거했다.

예제 4-43에서 동일한 이벤트 핸들러가 Checked와 Unchecked라는 2개의 이벤트와 연결됐다. 이는 두 가지 이벤트 모두 동일한 대리자 선언(KeyEventHandler)을 사용하므로 가능하다(예제 4-45 참고). 즉 공급자에서 리스너로 전송하는 메시지의 구조는 양쪽 이벤트 모두에 대해 동일하다.

예제 4-45 KeyEventHandler 대리자의 선언

```
public delegate void KeyEventHandler(System.Object sender, KeyRoutedEventArgs e);
```

이벤트 핸들러와 비주얼 디자이너

XAML 특성을 사용해 메서드와 이벤트를 연결하려면 이벤트 이름의 선험적인 지식이 필요하다. 이는 특히 일반적이지 않은 이벤트를 사용하고 싶을 때 어려울 수 있다. 필요한 것을 찾으려면 그림 4-8에 보이는 것처럼 속성 창을 사용하자.

속성 창은 속성 목록과 특정 컨트롤에서 발생하는 이벤트 목록을 표시한다. 주어진 컨트롤에 대한 이벤트 목록을 활성화하려면 속성 창의 오른쪽 상단 구성에 나타난 번개 모양 아

이콘을 간단히 클릭한다. 그림 4-23에서 결과를 표시했다. 이 모드에서 모든 이벤트와 해당 이벤트 핸들러의 목록을 확인할 수 있다. 빈 텍스트 상자 중 하나를 더블클릭하면 비주얼 스튜디오는 자동으로 선택된 이벤트를 처리하는 빈 메서드를 생성한다. 원하는 이벤트를 사용해 이를 독립적으로 확인할 수 있다.

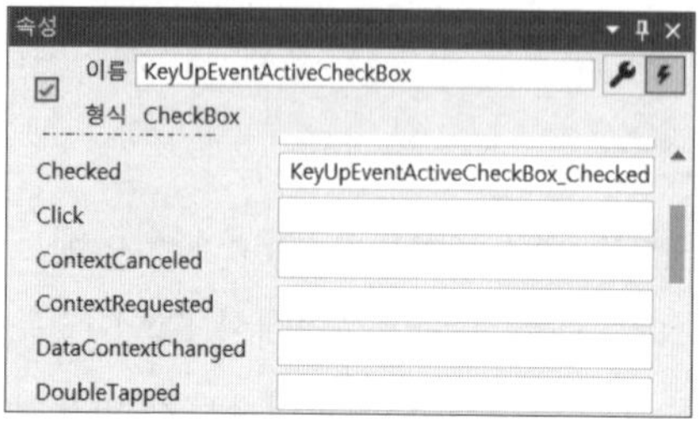

그림 4-23 CheckBox 컨트롤의 이벤트

이벤트 전파

XAML 뷰 정의는 계층적 구조를 갖는다. 그러므로 XAML 컨트롤에서 발생한 이벤트는 부모 컨트롤에 전파될 수 있다. 이 메커니즘을 이벤트 라우팅이라고 정의하며, 부모 컨트롤과 연결된 이벤트 핸들러를 사용해 자식 컨트롤의 이벤트를 처리하는 데 적용할 수 있다. 대부분의 이벤트 대리자의 선언에서 두 번째 인수의 형식 이름은 Routed 구성 요소를 포함한다(예제 4-45 참고).

다음은 이벤트 라우팅이 UI 있는 IoT 애플리케이션의 상호작용성에 어떻게 영향을 끼치는가에 대한 예다. EventsSample 애플리케이션을 다음처럼 수정한다.

1. MainPage.xaml 파일을 열고 나서 Grid 컨트롤 정의를 예제 4-46에 따라 업데이트한다.

예제 4-46 EventsSample 프로젝트의 MainPage 정의 업데이트

```
<Grid Background="{ThemeResource ApplicationPageBackgroundThemeBrush}"
      Tapped="Grid_Tapped">
    <Grid.RowDefinitions>
        <RowDefinition Height="Auto" />
```

```
            <RowDefinition Height="*" />
    </Grid.RowDefinitions>

    <StackPanel>
        <TextBox x:Name="IoTTextBox" />

        <StackPanel Orientation="Horizontal">
            <Button x:Name="ClearButton"
                    Content="Clear list"
                    Click="ClearButton_Click" />

            <AppBarButton Icon="Globe"
                          Tapped="AppBarButton_Tapped" />

            <Button x:Name="RaiseCustomEventButton"
                    Content="Raise custom event"
                    Click="RaiseCustomEventButton_Click" />
        </StackPanel>

        <CheckBox x:Name="KeyUpEventActiveCheckBox"
                  Content="Is KeyUp event active?"
                  Checked="KeyUpEventActiveCheckBox_Checked"
                  Unchecked="KeyUpEventActiveCheckBox_Checked" />
    </StackPanel>

    <ListBox x:Name="IoTListBox"
             Grid.Row="1" />
</Grid>
```

2. MainPage.xaml.cs에서 예제 4-47의 네 가지 메서드를 사용해 MainPage 클래스의 정의를 보충한다.

예제 4-47 이벤트 라우트 추적을 위해 이벤트 라우팅 프로세스에서 참여하는 컨트롤들의 형식 이름 표시

```
private void Grid_Tapped(object sender, TappedRoutedEventArgs e)
{
    DisplayEventRoute(sender, e.OriginalSource);
}

private void AppBarButton_Tapped(object sender, TappedRoutedEventArgs e)
{
    IoTListBox.Items.Add("AppBarButton tapped event");
```

```
    }

private void DisplayEventRoute(object sender, object originalSource)
{
    string routeString = string.Empty;

    routeString = "Sender: " + GetControlTypeName(sender);
    routeString += ", original source: " + GetControlTypeName(originalSource);

    IoTListBox.Items.Add(routeString);
}

private string GetControlTypeName(object control)
{
    string typeName = "Unknown";

    if(control != null)
    {
        typeName = control.GetType().Name;
    }

    return typeName;
}
```

지구본 아이콘이 있는 AppBarButton을 선언해 EventsSample 애플리케이션의 UI를 보완했다. 이 컨트롤은 사용자가 가리키는 제스처나 터치 제스처(터치 가능한 IoT 장치의 경우)를 사용해 컨트롤을 클릭할 때 발생하는 Tapped 이벤트에 연결된 이벤트 핸들러를 갖는다. AppBarButton을 Clear 레이블을 가진 버튼과 수평으로 맞추고자 추가 StackPanel 컨트롤을 사용했다. Grid 컨트롤의 선언은 Grid_Tapped 이벤트 핸들러와 Tapped 이벤트를 연결하고자 Tapped 특성으로 확장했다.

Grid_Tapped 메서드는 이벤트 라우팅에 참여하는 컨트롤의 형식 이름을 표시한다. 즉 이벤트 정보를 보내는 컨트롤의 형식 이름과 오리지널 이벤트 원본의 형식 이름(예, 이벤트를 일으킨 실제 컨트롤)으로 구성된 문자열을 목록 상자에 추가한다.

애플리케이션을 시작한 후 AppBarButton을 클릭하면 Tapped 이벤트를 발생시킨다. 결과적으로 리터럴 AppBarButton tapped event가 목록 상자에 표시된다. 하지만 그림

4-24에는 목록 상자에 추가 항목이 보인다. 이 요소는 이벤트 라우트를 표시한다. 이 표시는 지구본 아이콘을 클릭해 AppBarButton과 Grid 컨트롤 모두의 Tapped 이벤트를 일으켰음을 의미한다. Tapped 이벤트는 자식(AppBarButton)에서 부모(Grid)로 전파됐다.

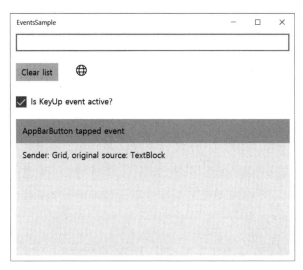

그림 4-24 이벤트 전파

목록 상자는 이벤트를 일으키는 컨트롤의 형식으로 TextBlock을 표시한다. 이는 generic.xaml에서 정의한 AppBarButton 컨트롤의 기본 템플릿이 TextBlock으로 구성되기 때문이다.

부모 컨트롤에 이벤트 전파를 중지할 수 있다. 이벤트가 처리되고 부모 컨트롤로 전파되지 않아야 한다는 것을 런타임에 알리고자 예제 4-48에 보이는 것처럼 Tapped RoutedEventArgs의 Handled 속성을 true로 설정할 수 있다.

예제 4-48 이벤트 라우팅 해제

```
private void AppBarButton_Tapped(object sender, TappedRoutedEventArgs e)
{
    IoTListBox.Items.Add("AppBarButton tapped event");
    e.Handled = true;
}
```

사용자 지정 이벤트 선언과 발생

사용자 지정 이벤트는 코드 숨김 클래스의 멤버로 선언된다. 특히 C#의 경우 이벤트 선언은 접근 한정자와 event 키워드, 대리자 형식, 이벤트 이름으로 구성된다. 게다가 이벤트 선언은 static이나 virtual, sealed, abstract 키워드로 보완할 수 있다. 이들 키워드의 의미는 다른 클래스 멤버와 클래스의 경우와 동일하다. 즉 static으로 표시한 이벤트는 클래스의 인스턴스를 만들지 않고 사용할 수 있지만, virtual 키워드는 파생된 클래스가 해당 이벤트를 재정의할 수 있음을 지정한다. 이벤트가 sealed로 표시된 경우는 재정의할 수 없다. abstract 이벤트는 파생된 형식에서 구현돼야 한다.

IoT 프로그래밍에서 이벤트는 백그라운드 작업의 진행률이나 상태를 보고하는 데 사용될 수 있다. 다음 예제에서 무작위 수를 생성하고 사용자 지정 이벤트를 통해 리스너에 전달하는 Task를 구현해 백그라운드 작업을 시뮬레이션한다. 다음은 EventsSample 애플리케이션을 구현하는 데 필요한 변경 목록이다.

1. **프로젝트** 메뉴에서 **클래스 추가**를 클릭해 새 항목 추가 대화 상자를 시작한다.

2. 새 항목 추가 대화 상자의 이름 텍스트 상자에 RandomNumberEventArgs.cs를 입력한다. **추가** 버튼을 클릭해 대화 상자를 닫는다. 새 파일이 프로젝트에 추가된다. 예제 4-49와 같이 편집한다.

예제 4-49 이벤트 리스너에 데이터를 전달하는 데 사용된 사용자 지정 클래스의 정의

```
using System;

namespace EventsSample
{
    public class RandomNumberEventArgs : EventArgs
    {
        private Random r = new Random();

        public double Value { get; private set; }

        public RandomNumberEventArgs()
        {
            Value = r.NextDouble();
        }
```

```
        }
}
```

3. MainPage.xaml.cs 파일을 열고 맨 위에 System과 System.Threading.Tasks라는
   두 가지 네임스페이스를 포함한다.

```
using System;
using System.Threading.Tasks;
```

4. MainPage 클래스에 예제 4-50의 멤버와 메서드를 추가한다.

예제 4-50 사용자 지정 이벤트의 발생과 처리

```
private const int msDelayTime = 500;
public event EventHandler<RandomNumberEventArgs> RandomNumberGenerated = delegate
{ };

private async void MainPage_RandomNumberGenerated(object sender,
    RandomNumberEventArgs e)
{
    await Dispatcher.RunIdleAsync((a) => { IoTListBox.Items.Add(e.Value); });
}

private void RaiseCustomEventButton_Click(object sender, RoutedEventArgs e)
{
    Task.Run(() => {
        Task.Delay(msDelayTime).Wait();

        RandomNumberGenerated(this, new RandomNumberEventArgs());
    });
}
```

5. 예제 4-51에 보이는 것처럼 MainPage 클래스의 기본 생성자를 업데이트한다.

예제 4-51 이벤트 핸들러와 사용자 지정 이벤트 연결하기

```
public MainPage()
{
    this.InitializeComponent();
```

```
    RandomNumberGenerated += MainPage_RandomNumberGenerated;
}
```

6. 마지막으로 MainPage.xaml 파일에서 예제 4-52의 Button 선언을 AppBarButton
   을 정의하는 마크업 바로 아래 삽입한다.

예제 4-52 백그라운드 작업 시뮬레이션을 활성화하는 버튼 선언

```
<Button x:Name="RaiseCustomEventButton"
        Content="Raise custom event"
        Click="RaiseCustomEventButton_Click" />
```

대개 이벤트 선언은 임의 대리자를 사용할 수 있다. 하지만 예제 4-50의 선언에서
EventHandler 대리자를 사용했다. 이 방식은 UWP API를 따르는 대리자를 제공해 이벤트
선언을 단순화시킨다. 즉 이들 대리자는 값을 반환하지 않고 2개의 인수를 받는 메서드
에 대한 참조를 유지한다. 첫 번째 인수는 공급자를 나타내는 클래스의 인스턴스를 리스너
에게 전달하는 데 사용된다. 두 번째 인수는 추가 이벤트 데이터를 저장하는 클래스의 인
스턴스를 담고 있다. 앞서의 예제에서(예제 4-50) 추가 데이터는 무작위로 생성된 수로 구
성되며, 이 데이터는 RandomNumberEventArgs 클래스의 인스턴스를 사용해 전달된다.
RandomNumberEventArgs는 EventArgs에서 파생됐다.

하나의 값을 전달하는 데 새로운 클래스를 선언할 필요는 없다. 하지만 값을 클래스로 패
키징하는 것은 좋은 관례다. 이런 접근 방식은 더 나은 유지 관리에 도움을 주며 소스 코드
를 확장한다.

무작위 값은 지정한 지연 시간이 지나면 백그라운드에서 생성되는데 이는 센서에서 데이
터를 읽는 데 필요한 일정한 시간을 에뮬레이션한 것이다. 게다가 MainPage 클래스의 인스
턴스와 RandomNumberEventArgs의 새 인스턴스를 리스너에 전송한다. 무작위로 생성된 수는
RandomNumberEventArgs 클래스 인스턴스의 Value 멤버에 저장된다.

대리자를 호출하기 전에 리스너가 이벤트에 연결됐는지 확인해야 한다. 이렇게 하려면 다
음 조건 구문을 작성한다.

```
if (RandomNumberGenerated != null)
{
    RandomNumberGenerated(this, new RandomNumberEventArgs());
}
```

하지만 예제 4-50에서 이벤트에 빈 대리자를 할당했다. 이렇게 하면 이 기본 핸들러가 아무것도 하지 못해도 RandomNumberGenerated 이벤트가 항상 연결된 이벤트 핸들러를 갖도록 한다. 따라서 사전 검증이 필요하지 않다.

흥미롭게도 C# 6.0은 대리자 호출을 단순화하는 기능을 소개했다. 다음과 같이 널[null] 조건부 연산자(?.)를 사용해 대리자가 연결된 이벤트를 갖는지 확인할 수 있다.

```
RandomNumberGenerated?.Invoke(this, new RandomNumberEventArgs());
```

사용자 지정 이벤트는 정규 이벤트와 정확히 동일한 방식으로(즉 이벤트와 적절한 이벤트 핸들러를 연결해) 리스너에서 사용한다(예제 4-50 참고). 이 예제에서 사용자 지정 이벤트 RandomNumberGenerated는 `MainPage_RandomNumberGenerated` 메서드와 연결된다. 따라서 앱을 실행하고 Raise Custom Event 버튼을 클릭한 후 무작위로 생성된 값이 0.5초 지연 후 ListBox 컨트롤에 표시된다.

데이터 바인딩

데이터 바인딩은 원본과 대상이라는 2개의 속성을 연결하는 기술로 대상 속성은 원본 속성이 바뀔 때마다 자동으로 업데이트된다. 단방향 바인딩은 원본에서 대상 속성으로 값을 다시 작성하기 위한 로직을 작성할 필요가 없다.

데이터 바인딩은 양방향 모드(양방향 바인딩)로 동작하도록 구성할 수도 있다. 이 경우 대상 속성에 일어난 모든 변경도 원본 속성을 업데이트한다. 원본 속성의 첫 번째 수정 후 대상 속성이 한 번만 업데이트되는 단방향 바인딩도 있다.

UI 디자인 측면에서 데이터 바인딩은 이벤트 처리와 사용자에 대한 데이터 표시를 단순화한다. 즉 센서에서 받은 데이터는 클래스 속성에 저장되고 UI에 바인딩돼 센서 판독 값을 표시하는 컨트롤은 자동으로 업데이트된다. 반면에 사용자가 입력한 값의 판독만을 목적으로 특별한 이벤트 핸들러를 유지할 필요가 없다. 데이터는 적절한 속성에 바인딩된다. 따라서 코드 숨김 양을 줄일 수 있다.

앞서의 몇 가지 예제에서 2개의 컨트롤 속성을 연결하는 데 단방향 바인딩을 사용했다. 여기서 이 기법을 좀 더 자세하게 설명하며, 변환기와 UI 요소를 클래스 멤버에 바인딩하는 내용을 다룬다.

컨트롤 속성 바인딩

Windows.UI.Xaml.Data 네임스페이스에서 선언한 {Binding} 마크업 확장을 사용해 2개의 컨트롤 속성을 연결할 수 있다. {Binding} 마크업 확장을 구현하는 Binding 클래스는 몇 가지 공용 속성을 갖고 있다. 가장 중요한 속성은 데이터 바인딩 연결의 원본 속성을 가리키는 Path 속성이다. ElementName 속성에 할당한 값은 원본 컨트롤을 설정하며, FallbackValue 속성은 XAML 파서가 데이터 바인딩을 통해 값을 얻을 수 없을 때 표시되는 값을 설정하는 데 사용한다. Mode 속성은 바인딩 방향을 가리키며, BindingMode 열거 값인 OneTime(일회성 바인딩) 또는 OneWay(단방향 바인딩), TwoWay(양방향 바인딩) 중 하나다.

Binding 클래스 특성의 사용 예를 보이고자 비어 있는 앱(유니버설 Windows) 템플릿을 사용해 DataBinding이라는 새로운 프로젝트를 만든다. 이 앱의 MainPage의 선언(MainPage. xaml)은 예제 4-53에 나타냈다.

예제 4-53 컨트롤 속성의 단방향 및 양방향 데이터 바인딩

```
<Page
    x:Class="DataBinding.MainPage"
    xmlns="http://schemas.microsoft.com/winfx/2006/xaml/presentation"
    xmlns:x="http://schemas.microsoft.com/winfx/2006/xaml"
    xmlns:local="using:DataBinding"
    xmlns:d="http://schemas.microsoft.com/expression/blend/2008"
    xmlns:mc="http://schemas.openxmlformats.org/markup-compatibility/2006"
    mc:Ignorable="d">
```

```xml
<Page.Resources>
    <Thickness x:Key="DefaultMargin">20</Thickness>

    <Style TargetType="Slider">
        <Setter Property="Margin"
                Value="{StaticResource DefaultMargin}" />
    </Style>

    <Style TargetType="TextBox">
        <Setter Property="Margin"
                Value="{StaticResource DefaultMargin}" />
        <Setter Property="MaxWidth"
                Value="100" />
        <Setter Property="FontSize"
                Value="25" />
        <Setter Property="TextAlignment"
                Value="Center" />
    </Style>

    <Style TargetType="TextBlock">
        <Setter Property="Margin"
                Value="{StaticResource DefaultMargin}" />
        <Setter Property="HorizontalAlignment"
                Value="Center" />
        <Setter Property="FontSize"
                Value="40" />
    </Style>
</Page.Resources>

<StackPanel Background="{ThemeResource ApplicationPageBackgroundThemeBrush}">
    <Slider x:Name="MsDelaySlider" />

    <TextBox Text="{Binding Path=Value, ElementName=MsDelaySlider,
        Mode=TwoWay, FallbackValue=0}" />

    <TextBlock Text="{Binding Value, ElementName=MsDelaySlider}" />
</StackPanel>
</Page>
```

DataBinding 앱을 실행하고 Slider 컨트롤을 이동시킨 후 TextBox와 TextBlock 컨트롤과 같은 다른 UI 요소는 자동으로 업데이트된다. 그림 4-25에서 나타낸 이 효과는 단방향 바인딩을 사용했다. 반면에 TextBox 컨트롤의 Text 속성은 양방향 바인딩을 사용해

Slider 컨트롤의 Value 특성에 바인딩했다. 따라서 Slider 컨트롤에 표시된 값은 사용자가 TextBox 컨트롤에 새로운 숫자 값을 입력할 때마다 자동으로 업데이트된다. 이 예제를 실행하는 동안 TextBox 컨트롤은 포커스를 잃은 후 값 변경에 관해 리스너에 알린다. 이는 애플리케이션 창의 어딘가를 탭하거나 클릭해 TextBox 컨트롤 외부에서 포인터를 가져와야 함을 뜻한다.

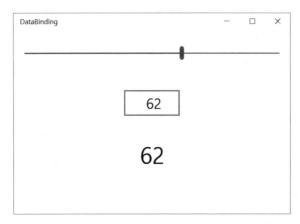

그림 4-25 데이터 바인딩: TextBlock과 TextBox 컨트롤은 사용자가 트랙을 따라 슬라이더를 이동할 때마다 자동으로 업데이트된다.

Path 속성은 {Binding} 마크업 확장의 기본 특성이므로 Path 특성을 명시적으로 할당할 필요는 없다. 즉 데이터 바인딩의 선언은 `<TextBlock Text="{Binding Path=Value, ElementName=MsDelaySlider}"/>`이 아니라 `<TextBlock Text="{Binding Value, ElementName=MsDelaySlider}"/>`와 같이 쓸 수 있다.

변환기

앞에서 데이터 바인딩 메커니즘이 자동으로 Slider 컨트롤의 Value 특성에 저장된 double 형식의 값을 TextBox와 TextBlock 컨트롤의 Text 속성이 받는 문자열 표현으로 변환하는 것을 설명했다. 이 메커니즘은 반대 방향으로도 동작한다. 즉 TextBox에 입력한 문자열 값을 숫자 값으로 변환한다. 이런 기본 변환기가 특히 사용자 정의 형식이나 복합 형식의 값을 항상 변환할 수는 없다.

XAML 데이터 바인딩 엔진은 {Binding} 마크업 확장의 Converter 특성을 사용해 사용자 지정 변환기를 지정할 수 있다. 클래스에서 구현하는 사용자 지정 변환기는 IValueConverter 인터페이스를 구현해야 한다. 이 인터페이스는 Convert와 ConvertBack이라는 두 가지 메서드로 구성된다. 이들 메서드를 구현해 데이터 바인딩 링크를 통해 전달되는 데이터를 수정할 수 있다. Convert 메서드는 데이터가 원본에서 대상 속성으로 전송될 때 호출되는 반면, ConvertBack 메서드는 값이 대상에서 원본 속성으로 전달될 때 호출된다. ConvertBack 메서드는 데이터 바인딩이 양방향 모드로 설정될 때만 호출된다.

이 절에서는 숫자 값에 ms라는 접미사를 보완하는 NumericToMsDelayConverter를 구현하는 방법을 설명한다. 그 후 이 변환기를 사용해 TextBlock 컨트롤에 값을 표시한다. 이 절차는 다음의 단계로 구성된다.

1. 새 항목 추가 대화 상자를 사용해 NumericToMsDelayConverter.cs를 프로젝트에 추가하고 예제 4-54와 같이 내용을 수정한다.

예제 4-54 변환기 정의

```
using System;
using Windows.UI.Xaml.Data;

namespace DataBinding
{
    public class NumericToMsDelayConverter : IValueConverter
    {
        private const string msSymbol = "ms";

        public object Convert(object value, Type targetType,
            object parameter, string language)
        {
            return string.Format("{0} {1}", value, msSymbol);
        }

        public object ConvertBack(object value, Type targetType,
            object parameter, string language)
        {
            throw new NotImplementedException();
        }
    }
}
```

2. 예제 4-55에 보이는 것처럼 App.xaml 파일에 NumericToMsDelayConverter를 선언한다.

예제 4-55 사용자 지정 변환기를 정적 리소스로 선언

```
<Application
    x:Class="DataBinding.App"
    xmlns="http://schemas.microsoft.com/winfx/2006/xaml/presentation"
    xmlns:x="http://schemas.microsoft.com/winfx/2006/xaml"
    xmlns:local="using:DataBinding"
    RequestedTheme="Light">

    <Application.Resources >
        <local:NumericToMsDelayConverter x:Key="NumericToMsDelayConverter" />
    </Application.Resources>
</Application>
```

3. TextBlock 컨트롤의 선언에서 NumericToMsDelayConverter를 사용한다(예제 4-53 참고). 이 컨트롤의 업데이트한 선언을 예제 4-56에서 나타냈다.

예제 4-56 데이터 바인딩 동안 사용자 지정 변환기 사용

```
<TextBlock Text="{Binding Value,
           ElementName=MsDelaySlider,
           Converter={StaticResource NumericToMsDelayConverter}}" />
```

애플리케이션을 실행할 때 바인딩을 사용해 전달한 데이터는 NumericToMsDelayConverter를 통해 전송한다. 그에 따라 Slider 컨트롤의 값은 텍스트 표현으로 변환된다. 게다가 ms 접미사가 결과 문자열에 붙는다. NumericToMsDelayConverter는 단방향 바인딩에 사용되므로 ConvertBack 메서드는 여기서 구현하지 않는다.

필드에 바인딩하기

컨트롤 속성은 코드 숨김 클래스의 필드에 바인딩할 수도 있다. {Binding} 마크업 확장과 상당히 비슷하게 동작하는 {x:Bind} 마크업 확장을 사용해 이런 링크를 정의할 수 있지만,

둘 사이의 중요한 차이점은 {x:Bind}를 사용해 선언한 바인딩은 코드 숨김으로 컴파일된다는 점이다. 이런 이유로 모든 실수는 {Binding} 마크업 확장의 경우처럼 런타임이 아니라 컴파일 동안 확인되고 해결된다.

더욱이 {Binding}은 컨트롤 속성을 Page 클래스의 DataContext 필드에 바인딩해야 한다. 대조적으로 {x:Bind}는 코드 숨김 객체가 바인딩 원본처럼 동작할 수 있다.

이 절에서는 MainPage의 MsDelay 속성을 UI 선언의 레이블(TextBlock) 컨트롤과 연결한다. MsDelay의 값은 백그라운드에서 증가되고, 현재 값은 TextBlock 컨트롤에서 표시된다. 설명한 기능을 구현하고자 DataBinding 프로젝트를 다음처럼 수정한다.

1. 예제 4-57에 보이는 것처럼 MainPage.xaml.cs를 수정한다.

예제 4-57 UI에 바인딩한 속성의 변경에 관한 알림은 이벤트를 사용해 전송한다.

```
using System;
using System.ComponentModel;
using System.Runtime.CompilerServices;
using System.Threading.Tasks;
using Windows.UI.Xaml;
using Windows.UI.Xaml.Controls;

namespace DataBinding
{
    public sealed partial class MainPage : Page, INotifyPropertyChanged
    {
        private int msDelay;

        public int MsDelay
        {
            get
            {
                return msDelay;
            }
            private set
            {
                msDelay = value;
                OnPropertyChanged();
            }
        }
```

```csharp
        public event PropertyChangedEventHandler PropertyChanged = delegate { };

        public MainPage()
        {
            this.InitializeComponent();
        }

        public void OnPropertyChanged([CallerMemberName] string propertyName = "")
        {
            PropertyChanged(this, new PropertyChangedEventArgs(propertyName));
        }

        private async void Button_Click(object sender, RoutedEventArgs e)
        {
            Button button = sender as Button;

            if (button != null)
            {
                button.IsEnabled = false;

                await BackgroundAction();

                button.IsEnabled = true;
            }
        }

        private Task BackgroundAction()
        {
            const int msDelay = 50;
            const int iterationsCount = 100;

            return Task.Run(async () =>
            {
                for (int i = 1; i <= iterationsCount; i++)
                {
                    await Dispatcher.RunIdleAsync((a) => { MsDelay = i; });

                    Task.Delay(msDelay).Wait();
                }
            });
        }
    }
}
```

2. MainPage(MainPage.xaml 파일)의 XAML 선언을 예제 4-58과 같이 업데이트한다.

예제 4-58 컴파일된 바인딩의 선언

```xml
<StackPanel Background="{ThemeResource ApplicationPageBackgroundThemeBrush}">
    <Slider x:Name="MsDelaySlider" />
    <TextBox Text="{Binding Path=Value, ElementName=MsDelaySlider, Mode=TwoWay,
FallbackValue=0}" />

    <!--<TextBlock Text="{Binding Value, ElementName=MsDelaySlider,
        Converter={StaticResource NumericToMsDelayConverter}}" />-->

    <TextBlock Text="{x:Bind MsDelay, Converter={StaticResource
        NumericToMsDelayConverter}, Mode=OneWay}" />

    <Button Content="Run task"
        Click="Button_Click" />
</StackPanel>
```

애플리케이션을 실행하고 Run Task 버튼을 클릭할 때 기본 백그라운드 작업이 시작된다. 이 작업은 MsDelay 속성을 1에서 100까지 변경한다. 결과적으로 `MainPage`의 레이블은 MsDelay 속성의 현재 값을 표시한다(그림 4-26 참고).

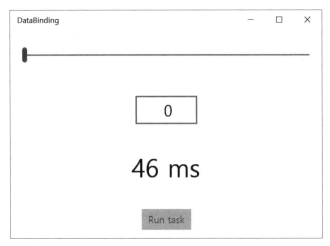

그림 4-26 레이블은 코드 숨김에서 속성 값을 변경해 업데이트된다.

백그라운드 스레드에서 MsDelay 속성을 변경하기 때문에 주 스레드에서 UI 요소 액세스를 보장해야 한다. 따라서 MsDelay는 Dispatcher 클래스를 통해 업데이트된다.

{x:Bind} 마크업 확장을 포함하는 각 선언이 컴파일된다. 이는 UI 업데이트를 담당하는 해당 XAML 선언이 자동으로 C# 코드로 전환되며 다른 C# 구문과 함께 이진 파일로 변환됨을 의미한다. 컴파일된 바인딩을 포함하는 중간 C# 코드는 중간 obj 폴더 아래에서 찾을 수 있다. 이 파일의 이름 형식은 〈PageName〉.g.cs이며, 여기서 〈PageName〉은 뷰 이름이다. DataBinding 앱의 경우 이 파일은 MainPage.g.cs다. 이 파일을 열면 MsDelay 특성에 따라 TextBlock 컨트롤의 Text 속성 업데이트를 담당하는 메서드가 있다. 이들 메서드는 예제 4-59와 같다. 이 코드는 앞서 정의한 NumericToMsDelayConverter를 사용해 TextBlock의 Text 속성을 간단히 업데이트한다. 특히 예상한 것처럼 NumericToMsDelayConverter 클래스의 Convert 메서드를 호출하는 자동 생성된 C# 코드도 확인할 수 있다.

예제 4-59 컴파일된 바인딩

```
private void Update_(global::DataBinding.MainPage obj, int phase)
{
    this.bindingsTracking.UpdateChildListeners_(obj);
    if (obj != null)
    {
        if ((phase & (NOT_PHASED | DATA_CHANGED | (1 << 0))) != 0)
        {
            this.Update_MsDelay(obj.MsDelay, phase);
        }
    }
}


private void Update_MsDelay(global::System.Int32 obj, int phase)
{
    if((phase & ((1 << 0) | NOT_PHASED | DATA_CHANGED)) != 0)
    {
        XamlBindingSetters.Set_Windows_UI_Xaml_Controls_TextBlock_Text(this.obj3,
            (global::System.String)this.LookupConverter("NumericToMsDelayConverter").
            Convert(obj, typeof(global::System.String), null, null), null);
    }
}
```

좀 더 자세히 살펴보면 예제 4-59의 Update_ 메서드는 `MainPage_obj1_BindingsTracking` 클래스의 `UpdateChildListeners_` 인스턴스 메서드를 호출하고 있다. 이 클래스는 전파되는 메시지를 PropertyChanged라는 단일 이벤트로 구성된 INotifyPropertyChanged 인터페이스를 사용해 소비하는 리스너를 구현한다. 이 이벤트가 호출되면 데이터 바인딩에 참여하는 속성의 변경을 UI에 알려 준다.

`UpdateChildListeners_` 메서드의 정의를 분석하면(예제 4-60 참고) `PropertyChanged_` 핸들러와 PropertyChanged 이벤트를 연결하고 있다.

예제 4-60 데이터 바인딩은 속성 변경 알림을 받는 이벤트를 사용한다.

```
public void UpdateChildListeners_(global::DataBinding.MainPage obj)
{
    MainPage_obj1_Bindings bindings;
    if(WeakRefToBindingObj.TryGetTarget(out bindings))
    {
        if (bindings.dataRoot != null)
        {
            ((global::System.ComponentModel.INotifyPropertyChanged)bindings.
                dataRoot).PropertyChanged -= PropertyChanged_;
        }
        if (obj != null)
        {
            bindings.dataRoot = obj;
            ((global::System.ComponentModel.INotifyPropertyChanged)obj).
                PropertyChanged += PropertyChanged_;
        }
    }
}

public void PropertyChanged_(object sender,
    global::System.ComponentModel.PropertyChangedEventArgs e)
{
    MainPage_obj1_Bindings bindings;
    if(WeakRefToBindingObj.TryGetTarget(out bindings))
    {
        string propName = e.PropertyName;
        global::DataBinding.MainPage obj = sender as global::DataBinding.MainPage;
        if (global::System.String.IsNullOrEmpty(propName))
        {
```

```
        if (obj != null)
        {
            bindings.Update_MsDelay(obj.MsDelay, DATA_CHANGED);
        }
    }
    else
    {
        switch (propName)
        {
            case "MsDelay":
            {
                if (obj != null)
                {
                    bindings.Update_MsDelay(obj.MsDelay, DATA_CHANGED);
                }
                break;
            }
            default:
                break;
        }
    }
}
```

UI에 MsDelay 속성의 업데이트를 알리고자 `MainPage` 클래스에서 PropertyChanged 이벤트를 정의해 INotifyPropertyChanged 인터페이스를 구현했다(예제 4-57 참고). 이 이벤트는 MsDelay 속성의 세트^set 접근 한정자가 사용될 때마다 발생된다. 결과적으로 MainPage_obj1_BindingsTracking의 리스너는 이 정보를 소비하고 TextBlock 컨트롤을 적절히 업데이트한다.

예제 4-58에서 {x:Bind} 마크업 확장을 OneWay로 명시적으로 설정했다. {x:Bind} 마크업 확장을 사용해 선언한 바인딩은 기본이 일회성 바인딩 동작이므로 Text 속성은 한 번만 업데이트된다. 대조적으로 {Binding} 마크업 확장을 사용해 연결한 단방향 바인딩의 경우 기본이 OneWay이므로 Mode 특성을 명시적으로 설정할 필요 없다. 이 사실은 앞서 {Binding} 마크업으로 작업한 경우 특히 중요하다. {x:Bind}로 전환하면서 이런 사실을 인지하고 이전의 습관을 일부 변경해야 할지도 모른다.

메서드 바인딩하기

대상 및 최소 플랫폼 버전을 윈도우 10 1주년 기념 에디션(10.0, 빌드 14393) 이상으로 설정하면 컨트롤 속성을 메서드에 바인딩할 수 있다. UWP는 WPF처럼 다중 값 바인딩을 지원하지 않기 때문에 이 메커니즘을 사용해 다수의 컨트롤 속성을 바인딩할 수 있다. 이번 절은 메서드에 대한 바인딩을 사용하는 두 슬라이더 값의 합을 계산하고자 DataBinding 앱을 확장하는 방법을 소개한다.

1. DataBinding 속성 대화 상자를 열고 **응용 프로그램** 탭을 클릭한 다음 그림 4-27에 보이는 것처럼 **대상 버전**과 **최소 버전**을 Windows 10 Anniversary Edition(10.0, 빌드 14393)으로 변경한다. 변경할 때 팝업 대화 상자가 열려 프로젝트를 닫고 업데이트한 설정으로 다시 열어야 한다고 알려 준다. **예**를 클릭하고 계속 진행한다.

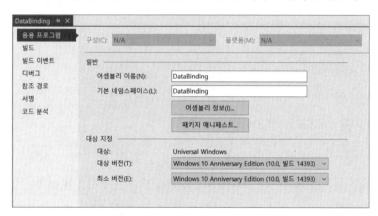

그림 4-27 대상 및 최소 버전 구성하기

2. MainPage.xaml 파일을 결과 예제 4-61에 보이는 것처럼 StackPanel 선언을 확장한다.

예제 4-61 속성 값을 메서드에 바인딩하기

```xml
<StackPanel Background="{ThemeResource ApplicationPageBackgroundThemeBrush}">
    <Slider x:Name="MsDelaySlider" />

    <Slider x:Name="SecondSlider" />
```

```
    <TextBox Text="{Binding Path=Value, ElementName=MsDelaySlider, Mode=TwoWay,
        FallbackValue=0}" />

    <!--<TextBlock Text="{Binding Value, ElementName=MsDelaySlider,
        Converter={StaticResource NumericToMsDelayConverter}}" />-->
    <TextBlock Text="{x:Bind MsDelay,
        Converter={StaticResource NumericToMsDelayConverter}, Mode=OneWay}" />

    <TextBlock Text="{x:Bind Sum(MsDelaySlider.Value, SecondSlider.Value),
        Mode=OneWay}" />

    <Button Content="Run task"
            Click="Button_Click" />
</StackPanel>
```

3. MainPage.xaml.cs에서 BackgroundAction 정의(예제 5-47 참고) 아래에 예제 4-62
   에 보이는 것처럼 새로운 메서드를 구현한다.

예제 4-62 A simple summing function, bound to the UI

```
private string Sum(double val1, double val2)
{
    return "Sum: " + (val1 + val2).ToString();
}
```

예제 4-61에 보이는 것처럼 메서드를 속성에 바인딩하려면 이전에 사용한 것과 동일한 접
근 방식을 따른다. 하지만 원본 속성 대신 메서드 이름을 사용한다. 모든 메서드 인수는 C#
코드처럼 전달된다. 여기서 슬라이더 값을 얻고자 명명된 슬라이더 컨트롤을 사용한 후 이
들 컨트롤의 Value 속성을 접근한다.

애플리케이션을 실행하고 슬라이더 값을 변경하면 추가 TextBlock 컨트롤에서 두 슬라이
더 값의 합을 구해 표시한다(그림 4-28 참고). 슬라이더 위치를 바꿀 때마다 컴파일된 바인
딩에서 예제 4-62의 Sum 메서드를 호출한다. MainPage.g.cs 파일을 다시 확인해 보면 Sum
메서드를 명시적으로 호출하는 것을 확인할 수 있다.

그림 4-28 두 슬라이더에서 설정한 값의 합계를 표시하는 추가 텍스트 블록

요약

4장에서는 UI 있는 IoT 장치를 위한 UI(UWP 애플리케이션)를 구성하는 방법을 소개했다. 비주얼 디자이너로 시작해서 컨트롤 선언, 리소스, 계속해서 레이아웃과 적응 트리거, 마지막으로 데이터 바인딩까지 꽤 넓은 범위를 다뤘다. 이러한 주제는 UI를 디자인하는 데 아주 중요하며, 그중에서 XAML은 UI 디자인 측면에서 아주 강력하다.

XAML은 UI 선언 내에 기본 로직을 포함할 수 있다. 속성의 재작성과 같은 일반적인 작업은 코드 숨김 내에 포함해서는 안 된다. 그 대신 해당 바인딩을 정의해야 한다. 컨트롤의 시각적 모양의 정의는 XAML 리소스에 포함할 수 있다. 그 후에 적응 트리거나 VisualStateManager 클래스의 정적 메서드를 사용해 시각적 상태를 트리거할 수 있다. 가능한 한 로직을 UI와 분리해야 하며, 그렇게 되면 UI와 로직은 서로 다른 그룹 멤버가 동시에 개발할 수 있다. 더욱이 애플리케이션의 이식성을 개선하는 이런 접근 방식은 Xamarin. Forms를 사용해 개발한 크로스 플랫폼 애플리케이션의 UI를 디자인하는 데도 적용할 수 있다. 이 주제는 찰스 페졸드^{Charles Petzold}가 쓴 『Creating Mobile Apps with Xamarin. Forms』(Pearson)라는 책에서 다루고 있다.

PART 2

디바이스 프로그래밍

1부는 IoT 프로그래밍의 기본을 다뤘다. 2부는 이러한 기본 내용을 사용해 센서 판독과 버튼 또는 조이스틱을 사용한 디바이스 제어, 연결, 오디오, 이미지 처리와 관련된 UWP와 윈도우 10 IoT 코어의 기능을 살펴본다. 5장, '센서의 데이터 판독'은 로봇 센서를 구현하는 데 사용할 수 있는 센서에 집중한다. 데이터를 직렬화하고 전송하고자 비트와 바이트 작업을 수행하는 유용한 클래스(BitConverter와 BitArray)를 설명하고, 온도와 습도, 기압, 가속도, 자기장을 측정하는 광범위한 센서의 데이터를 읽고 해석하는 방법을 설명한다.

6장, '입력과 출력'에서 하드웨어 인트럽트와 버튼과 조이스틱을 사용해 디바이스를 제어하는 방법을 설명하고, 이들 요소와 LED를 조합해 IoT용 간단한 I/O 디바이스를 구현한다. 7장, '오디오 처리'는 윈도우 10 IoT 코어의 음성 합성 및 인식 기능을 다룬다. 오디오 신호의 스펙트럼을 계산하고자 주파수 영역에서 음파의 몇 가지 오디오 처리 루틴 기본기를 다진다. 스펙트럼은 밴드로 나뉘어 LED 어레이에 표시된다. 이러한 기능을 이용해 음악과 함께 리듬으로 LED를 깜박이는 샘플 애플리케이션을 구현한다.

8장, '이미지 처리'에서는 머신 비전 애플리케이션을 다룬다. USB 카메라와 UWP 얼굴 탐지, 추적 프로시저로 구성한 비전 시스템을 구현하는 방법을 소개한다. USB 카메라에서 얻은 이미지를 처리해 다양한 객체를 찾고 인식하는 자신만의 이미지 처리 애플리케이션을 만드는 방법도 설명한다.

9장, '디바이스 연결'에서는 연결에 집중한다. IoT 디바이스 연결을 위한 다양한 인터페이스를 설명하고, 디바이스가 유무선 통신 모듈을 사용해 서로 통신할 수 있는 샘플 애플리케이션을 구현하는 방법을 소개한다.

10장, '모터'에서는 모터 제어의 기본기를 학습하고 적응형 디바이스 제어를 위해 모터를 부드럽게 제어하거나, 로봇을 포함해 이동형 IoT 디바이스를 만드는 데 사용할 모터를 제어한다.

11장, '디바이스 러닝'에서는 마이크로소프트 코그니티브 서비스와 애저 머신러닝 솔루션을 사용해 IoT 디바이스에서 인공지능을 통합하는 방법을 소개한다. 구체적으로 사람의 감정을 인식할 수 있는 애플리케이션을 구현하는 방법과 맞춤 이상 감지기를 구현하는 방법을 설명한다. 따라서 지능적이고 자율적인 IoT 디바이스를 만드는 방법을 배운다.

CHAPTER 5

센서의 데이터 판독

현대의 센서는 MEMS^{MicroElectroMechanical System}로 제조되며, 온도, 압력, 공간에서 위치 등과 같은 특정 물리적 식별 값의 변화를 감지하는 데 사용한다. 이러한 감지는 전기적 신호를 사용해 보고되며 적절한 전자 장치로 전송된 후 사람이 읽을 수 있는 형식으로 데이터를 처리하고 해석한다.

보통 센서에서 데이터를 얻는 작업은 적절한 메모리 레지스터에서 원시 바이트 값을 읽는 작업으로 구성된다. 따라서 원시 데이터 표현과 체계를 이해하는 일은 센서에서 받은 정보를 해석하는 데 중요하다. IoT 소프트웨어는 비트와 바이트, 데이터 형식, 비트 시프트^{shift} 연산 등의 저수준 조작을 광범위하게 사용한다.

5장은 비트 단위, 비트 시프트 연산자, BitConverter, BitArray 같은 편리한 클래스를 사용해 저수준 비트 및 바이트 연산을 처리하는 방법의 배경 정보로 시작한다. 이 지식을 사용해 RPi2와 RPi3에 연결한 센스 HAT 애드온 보드^{Sense HAT add-on board}의 다양한 센서에서 값을 얻고 해석한다.

그림 5-1에 보이는 센스 HAT 애드온 보드는 온도계, 기압계, 자력계, 자이로스코프, 가속도계 같은 몇 가지 센서를 장착하고 있다. 이들 센서는 STM^{STMictroelectronics}에서 제조했으며, 아주 비슷한 방식으로 제어된다. 즉 이들 센서를 제어하려면 특정 메모리 레지스터 바이트의 특정 비트 값을 설정해야 한다. 이 작업이 중요한 이유는 몇 가지 STM 센서는 절전 모드가 기본값이고, 이 모드에서는 기능이 제한되기 때문이다. 따라서 센서를 정상 동작 모드로 전환하려면 적절한 비트를 설정해야 한다.

그림 5-1 라즈베리 파이 2와 파이 3용 센스 HAT 애드온 보드. 이 보드는 40핀 헤더를 사용해 라즈베리 파이에 부착한다(http://www.adafruit.com 제공).

센서를 구성한 후 원시 바이트 배열을 사람이 읽을 수 있는 숫자로 적절히 변환해야 모니터링 물리적인 값을 올바로 표시한다. 이 변환은 센서의 메모리에서 얻을 수 있는 디바이스별 조정 매개변수를 사용하는 몇 가지 변환 단계가 필요할 수 있다.

이러한 여러 가지 측면을 여기서 설명하고 그림 5-2에서 나타낸 기능을 5장의 끝부분에서 얻을 수 있도록 할 것이다. 따라서 5장을 읽은 후 자체 환경 또는 더 정교한 모니터링 시스템을 구축할 수 있다.

그림 5-2 센스 HAT 애드온 보드의 LPS25H 센서에서 얻은 기압

비트, 바이트, 데이터 형식

고수준 애플리케이션을 구현할 때 보통은 비트와 바이트를 크게 고민하지 않는다. 오히려 정수나 부동 소수점수, 문자열 같은 더 큰 데이터 형식으로 작업하며, 소프트웨어로 자동화하고 있는 특정 도메인 객체와 프로세스를 나타내는 추상 클래스를 위한 빌딩 블록으로 이들 데이터 형식을 사용한다. 이런 상황에서는 실제로 메모리에서 특정 비트와 바이트가 어떻게 구성되는지 다룰 필요 없다.

하지만 IoT 세계에서는 비트 하나하나가 활용돼 데이터를 이룬다. 이런 구조는 센서와 마이크로컨트롤러 사이나 다양한 IoT 디바이스 간에 전송하는 정보의 양을 최소화하는 데 도움을 준다. 따라서 적절한 데이터 순서를 포함해 바이트 배열에서 정보를 조심스럽게 추출해야 IoT 디바이스에서 모니터링하는 실제 변수를 나타내는 올바른 값을 최종적으로 얻는다.

이어지는 절에서 UWP에서 구현한 비트 연산자와 클래스를 사용해 올바른 값을 얻는 방법을 소개한다. 비트, 바이트, 데이터 형식 체계에 관해 빠르게 훑어보고 싶다면 개념을 설명하고 있는 부록 C '비트와 바이트, 데이터 형식'을 참고하기 바란다. 더욱이 부록에서 16진법도 다룬다. IoT 센서 문서는 대개 이런 숫자 표현을 기반으로 하므로 이 부록이 유용할 것이다. 이러한 개념에 이미 익숙하다면 바로 다음 절로 넘어가자.

이진 데이터 디코딩과 인코딩

IoT 세계에서 센서와 마이크로컨트롤러 간에 전송된 데이터는 비트를 사용해 인코딩되므로 각 바이트는 8개의 정보 조각으로 전송할 수 있다. 이 데이터를 디코딩하려면 비트 연산이나 BitConverter와 BitArray 클래스의 메서드를 사용할 수 있다. 특정 문제의 솔루션을 찾을 때 BitConverter와 BitArray 클래스를 솔루션으로 사용하기보다는 일반적으로 비트와 시프트 연산자를 사용해 해결해야 하기 때문에 여기서는 두 가지 접근 방식을 모두 제시한다. 하지만 이들 클래스는 비트와 바이트 연산에 대한 견고한 솔루션을 제공하므로 개발 시간을 크게 줄이고 코드의 가독성을 개선할 수 있다. 따라서 `BitConverter`와 `BitArray`가 어떻게 동작하는지 내부를 들여다보고 이해하면 도움이 된다. 그러나 다시 한번 말하지만 이러한 개념에 이미 익숙하다면 '센스 HAT 애드온 보드' 절로 건너뛰어도 된다.

비트 연산자

논리곱 &(AND), 논리합 |(OR), 배타적 OR^(XOR), 보수 ~(NOT)라는 네 가지 일반적인 비트 연산자가 있다. 이들 연산자는 특정 변수를 구성하는 비트를 빠르게 조작하는 데 사용된다.

비트 보수는 단항 연산자다. 즉 피연산자는 하나이며 변수의 모든 비트를 반전시킨다. 예를 들어, 0010 1110의 비트 보수는 1101 0001다.

비트 AND, OR, XOR 연산자는 2개의 피연산자가 필요하며, 표 5-1에서 다양한 연산자에 의한 연산 결과를 나타냈다. 즉 AND(&) 비트 연산자는 양쪽 피연산자 비트가 1일 때 1을 출력하고, 그렇지 않은 경우는 0을 출력한다. OR(|) 비트 연산자는 두 피연산자 중 하나가 1일 때 1을 출력한다. 그리고 XOR(^) 비트 연산자는 피연산자가 동일하면 0, 피연산자가 서로 다르면 1을 출력한다.

표 5-1 비단항 비트 연산자

Bit 1	Bit 2	& (AND)		(OR)	^ (XOR)
0	0	0	0	0
0	1	0	1	1
1	0	0	1	1
1	1	1	1	0

앞서의 보수를 제외한 비트 연산자 모두는 &=와 |=, ^= 같은 줄임 연산자도 사용할 수 있다. 이들 연산자는 표 5-1에서 나타낸 연산자와 동일하게 동작하지만, 예제 5-1에서 나타낸 것처럼 특정 비트 연산 다음에 할당을 수행해야 하는 절차를 줄일 수 있다.

```
private void BitwiseOperators()
{
    byte a = 0;  // Binary: 0000
    byte b = 5;  // Binary: 0101
    byte c = 10; // Binary: 1010

    c |= a; // c = 10 (Binary: 1010)
    c ^= b; // c = 15 (Binary: 1111)
    c &= b; // c = 5 (Binary: 0101)
}
```

시프트 연산자와 비트 마스킹, 이진 표현

비트 연산은 시프트 연산자 《《와 》》로도 가능하다. 이들 연산자는 식의 비트를 지정된 비트 수만큼 왼쪽(《《)이나 오른쪽(》》)으로 이동시킨다. 단일 시프트는 2를 곱하거나(《《) 나누는 효과(》》)를 낸다. 예제 5-2는 시프트 연산의 몇 가지 예와 결과를 소개했다. 값 0의 시프트 연산은 초기에 설정된 비트 값이 없기 때문에 아무런 변화도 일어나지 않는다.

예제 5-2 비트 시프트 연산자의 사용 예

```
private void BitShiftOperators()
{
    byte a = 0; // Binary: 0000 0000
    byte b = 4; // Binary: 0000 0100
    byte c = 8; // Binary: 0000 1000

    int bitShiftResult;

    bitShiftResult = a << 1; // bitShiftResult = 0 (Binary: 0000 0000)
    bitShiftResult = b >> 1; // bitShiftResult = 2 (Binary: 0000 0010)
    bitShiftResult = c << 2; // bitShiftResult = 32 (Binary: 0010 0000)
}
```

비트 연산자와 조합된 시프트 연산은 일반적으로 비트 마스크를 만드는 데 사용된다. 특히 특정 비트가 설정됐는지 여부를 찾고자 & 비트 연산자를 사용해 비트 마스크를 변수에 적용할 수 있다. 이런 내용이 프로그래밍 수업이나 튜토리얼에서 푸는 과제 중 하나처럼 보일 수도 있다. 실제로 IoT 세계에서 시프트와 비트 연산자를 사용해 특정 센서나 보드 기능이 켜져 있는지 확인하거나 바이트를 더 큰 데이터 형식으로 결합하거나 센서 판독 값을 의미 있는 값으로 변환한다.

비트는 최상위 비트(MSB, Most Significant Bit)나 최하위 비트(LSB, Least Significant Bit)에서 시작해 두 가지 방식으로 순서를 정할 수 있다. 이 순서는 비트 컬렉션을 의미 있는 값으로 디코딩하는 것과 밀접하게 관련되기 때문에 중요하다(더 자세한 내용은 부록 C 참고). 이 순서는 디바이스를 적절하게 구성하는 데도 필요하다. 기술 문서에서 이진 표현은 일반적으로 MSB로 시작한다. 더욱이 이런 비트 순서는 Convert 클래스의 ToString 메서드가 생성한다(System 네임스페이스에서 정의).

이제 System.Convert.ToString 메서드를 사용해 16비트 정수의 이진 표현을 찾아보자. 이런 목적으로, 십진 값을 이진 문자열로 변환하는 메서드 하나가 있는 간단한 콘솔 애플리케이션을 작성할 수 있다. 하지만 다른 방법을 선택할 것이다. 즉 데이터 바인딩과 이진 표현을 결정하는 적절한 변환기를 사용하는 UI 있는 UWP 애플리케이션을 작성한다. 이 아이디어는 일반적으로 고수준 UWP나 WinRT, WPF 애플리케이션을 사용해 IoT 소프트웨어를 구현하는 데 사용하는 데이터바인딩 메커니즘을 통합해 보여 준다.

대개 웹 서비스나 데이터베이스 레코드를 사용하는 고수준 애플리케이션은 속성 값을 단순히 다시 작성하는 많은 절차를 줄이고자 데이터 바인딩을 사용한다. 더욱이 선택된 정보만 추출하고 표시하고자 변환기를 사용한다.

IoT 소프트웨어에서는 변환기가 '더 저수준'으로 보이지만, 정확히 동일한 도구를 사용할 수 있다. UWP가 좋은 이유는 소스 코드가 '매우 고수준'으로 보이며, 좋아하는 모든 프로그래밍 패턴을 사용할 수 있어서다. 하지만 몇 가지 특정 측면(변환기와 일부 로직), 간단히 말해 센서나 감지기, 카메라, IoT 엔드포인트는 특정 '저수준' 필요에 맞게 조정된다.

요점으로 돌아가서 앞서 언급한 비트 값을 추출하는 알고리즘을 구현해 보자. UWP 플랫폼에서 이를 구현하는 자세한 절차는 이렇다.

1. BinaryRepresentation이라는 UWP 비어 있는 앱을 만든다.

2. ShortToBinaryConverter.cs라는 새로운 파일을 프로젝트에 추가하고 예제 5-3을 따라 수정한다(이 메커니즘은 전형적인 고수준 UWP나 앞서 작성한 WinRT 애플리케이션에 사용하는 것과 유사하다).

예제 5-3 변환기를 사용한 16비트 부호 있는 정수의 이진 표현

```
using System;
using Windows.UI.Xaml.Data;

namespace BinaryRepresentation
{
    public class ShortToBinaryConverter : IValueConverter
    {
        public object Convert(object value, Type targetType,
            object parameter, string language)
        {
            string result = string.Empty;

            if (value != null)
            {
                short inputValue;
                if (short.TryParse(value.ToString(), out inputValue))
                {
                    const int bitcount = 16;

                    result = System.Convert.ToString(inputValue, 2);
                    result = result.PadLeft(bitcount, '0');
                }
            }

            return result;
        }

        public object ConvertBack(object value, Type targetType,
            object parameter, string language)
        {
            throw new NotImplementedException();
        }
    }
}
```

3. 예제 5-4에 보이는 것처럼 BinaryRepresentation 애플리케이션의 `MainPage` 정의를 업데이트한다.

예제 5-4 BinaryRepresentation 애플리케이션의 사용자 인터페이스 정의

```xml
<Page
    x:Class="BinaryRepresentation.MainPage"
    xmlns="http://schemas.microsoft.com/winfx/2006/xaml/presentation"
    xmlns:x="http://schemas.microsoft.com/winfx/2006/xaml"
    xmlns:local="using:BinaryRepresentation"
    xmlns:d="http://schemas.microsoft.com/expression/blend/2008"
    xmlns:mc="http://schemas.openxmlformats.org/markup-compatibility/2006"
    mc:Ignorable="d"

    Background="{ThemeResource ApplicationPageBackgroundThemeBrush}">

    <Page.Resources>
        <Thickness x:Key="DefaultMargin">5</Thickness>

        <x:Double x:Key="DefaultFontSize">28</x:Double>

        <x:Double x:Key="DefaultTextBoxWidth">150</x:Double>

        <local:ShortToBinaryConverter x:Key="ShortToBinaryConverter" />

        <Style TargetType="TextBlock">
            <Setter Property="Margin"
                    Value="{StaticResource DefaultMargin}" />
            <Setter Property="VerticalAlignment"
                    Value="Center" />
            <Setter Property="FontSize"
                    Value="{StaticResource DefaultFontSize}" />
        </Style>

        <Style TargetType="TextBox">
            <Setter Property="Margin"
                    Value="{StaticResource DefaultMargin}" />
            <Setter Property="FontSize"
                    Value="{StaticResource DefaultFontSize}" />
            <Setter Property="Width"
                    Value="{StaticResource DefaultTextBoxWidth}" />
        </Style>
    </Page.Resources>
```

```
    <StackPanel Background="{ThemeResource ApplicationPageBackgroundThemeBrush}">
        <StackPanel Orientation="Horizontal">
            <TextBlock Text="Enter a value:" />
            <TextBox x:Name="TextBoxInputValue" />
        </StackPanel>

        <TextBlock Text="Binary representation (MSB):" />
        <TextBlock Text="{Binding Text, ElementName=TextBoxInputValue,
            Converter={StaticResource ShortToBinaryConverter}}" />
    </StackPanel>
</Page>
```

UI는 3개의 레이블(TextBlock 컨트롤)과 하나의 텍스트 상자로 구성된다. 텍스트 상자에 이진 표기로 변환하고 싶은 숫자를 입력한다. 이 연산의 결과는 레이블 중 하나에서 표시된다. 결과값은 텍스트 상자에 데이터를 바인딩하므로 모든 로직은 적합한 변환기 내에서 구현된다. 실제 코드 숨김(MainPage.xaml.cs)은 기본 콘텐츠만 갖는다. UI 모습은 그림 5-3을 참고하자.

이진 표현에서 숫자의 길이를 제한하고자 사용자가 16비트 부호 있는 정수만 변환하도록 허용했다. 이 변환은 데이터 바인딩과 변환기를 사용해 구현했으며, 예제 5-3에서 정의했다. 이 ShortToBinaryConverter 클래스는 System.Convert.ToString 메서드를 사용한다. 이 메서드를 사용해 특정 변수의 이진 표현뿐만 아니라 8진수와 16진수 형식을 얻을 수 있다. 진법 기수numeral system radix를 변경하려면 System.Convert.ToString 메서드의 두 번째 인수에 2(binary), 8(octet), 10(decimal), 16(hexadecimal) 중 하나를 지정한다.

이진수 표현의 경우 System.Convert.ToString은 선행하는 0 없이 문자열을 출력한다. 이를 제대로 표현하고자 그림 5-3에 보이는 것처럼 결과 문자열에 0을 채워 넣는다. 이 그림은 255와 21845라는 두 가지 값의 이진수 표현을 묘사한다. 첫 번째 이진수 표현은 8개의 1과 8개의 0을 표현하지만, 두 번째 이진수 표현은 1과 0을 번갈아 구성했다. 가장 작은 인덱스가 MSB에 할당됐다. 따라서 이진수 표현을 포함하는 문자열은 MSB로 시작한다.

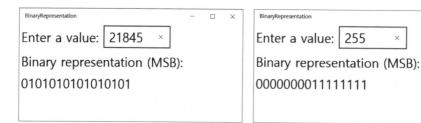

그림 5-3 16비트 부호 있는 정수의 이진수 표현은 최상위 비트로 시작한다.

LSB 표현은 어떻게 얻을 수 있을까? 문자열을 거꾸로 바꾸거나 비트 쿼리를 위한 자체 메서드를 작성할 수 있다. 전자는 System.Linq에서 Reverse 메서드를 사용해 수행할 수 있는 반면, 후자는 예제 5-5에 보이는 것처럼 시프트 연산자를 비트 AND 연산자와 함께 사용해 구현할 수 있다. 즉 지정한 위치의 숫자로 1을 시프트해 비트 마스크를 만든 다음 이 마스크를 적용하고 비트 & 연산자를 사용해 값을 해석한다. 이 연산의 결과는 1(비트가 설정된 경우)이나 0(그렇지 않은 경우)이다.

예제 5-5 비트 연산자와 비트 시프트로 만든 비트 마스크를 사용해 비트 쿼리하기

```
private string IsBitSet(short value, int position)
{
    return (value & (1 << position)) > 0 ? "1" : "0";
}
```

이제 BinaryRepresentation 애플리케이션에서 이 접근 방식을 활용할 수 있다. 이를 위해 예제 5-6에 보이는 것처럼 ShortToBinaryConverter 클래스의 Convert 메서드를 업데이트한다.

예제 5-6 이진 마스크를 사용해 비트를 쿼리 함으로써 이진 표현 결정

```
public object Convert(object value, Type targetType, object parameter, string language)
{
    string result = string.Empty;

    if (value != null)
    {
        short inputValue;
```

```
        if (short.TryParse(value.ToString(), out inputValue))
        {
            const int bitcount = 16;

            //result = System.Convert.ToString(inputValue, 2);
            //result = result.PadLeft(bitcount, '0');

            for (int i = 0; i < bitcount; i++)
            {
                result += IsBitSet(inputValue, i);
            }
        }
    }

    return result;
}
```

추가로 MainPage.xaml에서 다음처럼 마지막 TextBlock 정의를 변경한다.

```
<TextBlock Text="Binary representation (LSB):" />
```

애플리케이션을 다시 실행한 후 그림 5-4에 보이는 것처럼 이제 이진 표현은 LSB로 시작한다.

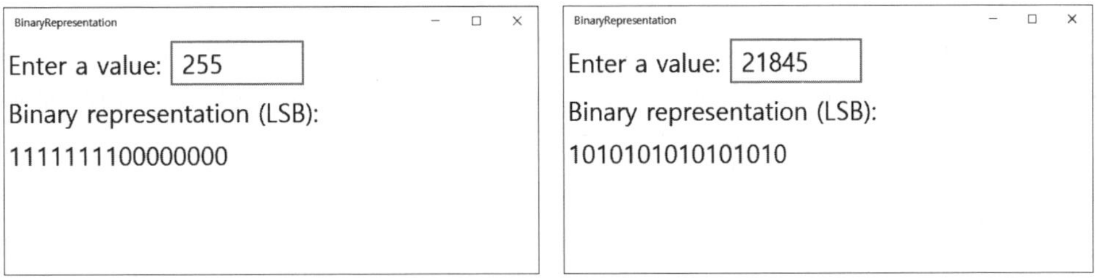

그림 5-4 첫 번째 비트 순서를 사용한 16비트 부호 있는 정수의 이진 표현. 비트 순서는 그림 5-3과 반대다.

LSB 첫 번째 비트 순서를 찾는 데 비트 마스크를 사용하는 것은 효율적인 방식이 아니다. `System.Convert.ToString` 메서드의 결과를 거꾸로 만드는 방식이 낫다. 하지만 비트 마스크를 사용하는 것이 더 일반적이다. 비트 마스크는 특정 비트 값을 설정하고 지우는 데 사용될 수도 있다. 특히 주어진 위치에서 해당 비트의 값을 1로 설정하려면 예제 5-5의

IsBitSet 메서드에 보이는 것처럼 동일한 구조를 따른다. & 연산자를 |로 바꾸기만 하면 된다(예제 5-7 참고). 따라서 비트를 지우려면(비트의 값을 0으로 설정) 예제 5-8에 보이는 것처럼 &를 이진 부정(~)과 함께 사용한다.

예제 5-7 비트와 비트 시프트 연산자를 사용해 비트 설정하기

```
private static int SetBit(int value, int position)
{
    return value | (1 << position);
}
```

예제 5-8 비트 값 지우기

```
private static int ClearBit(int value, int position)
{
    return value & ~(1 << position);
}
```

이제 예제 5-7과 예제 5-8의 메서드를 BinaryRepresentation 앱에 통합해 입력 16비트 정수의 비트 값을 조작해 보자. 이를 위해 예제 5-9의 선언으로 외부 StackPanel의 선언을 바꾸고 이어서 MainPage.xaml.cs를 예제 5-10에 따라 업데이트한다. 텍스트 상자에 입력한 정수값은 데이터 바인딩 속성을 사용해 코드 숨김에서 비트로 다룬다. 그다음 뷰에 OutputValue의 결과 이진 표현을 표시한다. 알다시피 모든 부분에 이벤트 핸들러를 사용하지 않았다. 앱을 다시 실행한 후 그림 5-5에 보이는 것처럼 입력 정수의 특정 비트를 조작할 수 있다.

예제 5-9 특정 인덱스에서 비트를 설정하고 지울 수 있도록 추가 텍스트 상자를 업데이트한 UI 선언

```
<StackPanel Background="{ThemeResource ApplicationPageBackgroundThemeBrush}">
    <Grid>
        <Grid.RowDefinitions>
            <RowDefinition Height="Auto" />
            <RowDefinition Height="Auto" />
            <RowDefinition Height="Auto" />
        </Grid.RowDefinitions>
```

```xml
            <Grid.ColumnDefinitions>
                <ColumnDefinition Width="*" />
                <ColumnDefinition Width="*" />
            </Grid.ColumnDefinitions>

            <!--첫 번째 행-->
            <TextBlock Text="Enter a value:" />
            <TextBox Text="{x:Bind InputValue, Mode=TwoWay}"
                        Grid.Column="1" />

            <!--두 번째 행-->
            <TextBlock Text="Bit to set:"
                        Grid.Row="1" />
            <TextBox Text="{x:Bind BitToSet, Mode=TwoWay}"
                        Grid.Row="1"
                        Grid.Column="1" />

            <!--세 번째 행-->
            <TextBlock Text="Bit to clear:"
                        Grid.Row="2" />
            <TextBox Text="{x:Bind BitToClear, Mode=TwoWay}"
                        Grid.Row="2"
                        Grid.Column="1" />
        </Grid>

        <!--<TextBlock Text="Binary representation (MSB):" />-->
        <TextBlock Text="Binary representation (LSB):" />
        <TextBlock Text="{x:Bind OutputValue, Converter={StaticResource
            ShortToBinaryConverter}, Mode=OneWay}" />
</StackPanel>
```

예제 5-10 MainPage.xaml.cs 업데이트

```csharp
using System.ComponentModel;
using System.Runtime.CompilerServices;
using Windows.UI.Xaml.Controls;

namespace BinaryRepresentation
{
    public sealed partial class MainPage : Page, INotifyPropertyChanged
    {
        public event PropertyChangedEventHandler PropertyChanged = delegate { };
```

```csharp
    public short BitToSet
    {
        get { return bitToSet; }
        set { SetBit(value); }
    }

    public short BitToClear
    {
        get { return bitToClear; }
        set { ClearBit(value); }
    }

    public short InputValue
    {
        get { return inputValue; }
        set { OutputValue = inputValue = value; }
    }

    public short OutputValue
    {
        get { return outputValue; }
        set
        {
            outputValue = value;
            OnPropertyChanged();
        }
    }

    private const int shortBitLength = 16;

    private short bitToSet;
    private short bitToClear;
    private short inputValue;
    private short outputValue;

    public MainPage()
    {
        InitializeComponent();
    }

    private void OnPropertyChanged([CallerMemberName] string propertyName = "")
    {
        PropertyChanged(this, new PropertyChangedEventArgs(propertyName));
    }
```

```
    private void SetBit(short position)
    {
        if(position >= 0 && position <= shortBitLength)
        {
            OutputValue |= (short)(1 << position);
            bitToSet = position;
        }
    }

    private void ClearBit(short position)
    {
        if (position >= 0 && position <= shortBitLength)
        {
            OutputValue &= (short)~(1 << position);
            bitToClear = position;
        }
    }
}
```

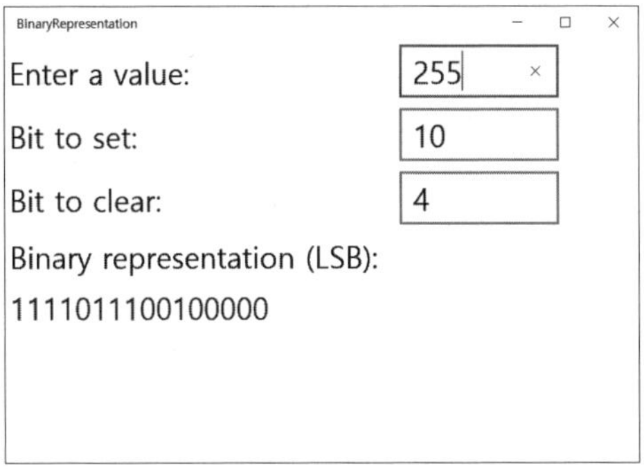

그림 5-5 인덱스 10에서 비트를 설정해 255의 초깃값(1111 1111 0000 0000)을 수정하고 인덱스 4에서 비트를 지운다. 따라서 최종값은 1263 (1111 0111 0010 0000)이다.

지금까지 이 모든 단계를 설명한 이유가 뭘까? 윈도우 10 IoT 코어를 사용해 UI 있는 IoT 애플리케이션을 개발하는 일이 데스크톱이나 모바일 Windows 플랫폼용 애플리케이션을 개발할 때 이미 알고 있는 동일한 패턴을 따른다는 점을 명시적으로 보여 주고 싶었다. 그런 이유로 윈도우 10 IoT 코어와 UWP를 사용하는 IoT UI 있는 앱의 UI/UX 계층 프로그래밍은 보통의 UWP 프로그래밍과 아주 유사하다. 하지만 알다시피 모바일과 데스크톱 애플리케이션을 개발하는 동안 일반적인 작업에 비해 저수준의 특정 프로그래밍 측면에 직면한다.

바이트 인코딩과 엔디언

비트와 시프트 연산자에 익숙해졌다면 이제 또 다른 두 가지 중요한 개념인 바이트 인코딩과 엔디언을 살펴보자. 이 두 가지는 8비트 이상을 차지하는 데이터 형식을 다룰 때 중요한 역할을 한다. 이런 객체는 네트워크를 통해 정보를 전송하거나 메모리에 데이터를 저장하는 데 자주 사용되는 바이트 배열로 보일 수 있다. 전송되거나 읽힌 데이터는 끝점에서 해석돼야 한다. 이 해석은 시프트와 비트 연산자를 사용해 수행될 수도 있다. 이를테면 2개의 바이트를 부호 없는 16비트 정수로 변환하려면 예제 5-11에 보이는 코드를 사용할 수 있다.

예제 5-11 바이트 배열을 ushort로 변환하기

```
var data = new byte[] { 65, 127 };
var result = (ushort)(data[0] | data[1] << 8);
```

이 변환은 두 번째 바이트를 왼쪽으로 8번째 위치로 이동시킨 다음 첫 번째 바이트로 비트 OR 계산을 한다. 당연히 이 변환은 32비트와 64비트 정수로 일반화할 수 있다. 예제 5-12는 4개의 요소를 가진 바이트 배열을 uint로 변환하는 예를 나타냈다.

예제 5-12 리틀 엔디언을 가정한 바이트 배열의 uint 변환

```
const int offset = 8;
var data = new byte[] { 65, 127, 1, 13 };
uint result = data[0];

for(int i = 1; i < data.Length; i++)
{
    result |= (uint)(data[i] << i * offset);
}
```

일반적으로 앞서의 연산 결과는 바이트 순서에 달렸다(즉 엔디언^{endian}). 바이트는 최상위^{MSB}에서 최하위의 순서로 정렬된다. 하지만 MSB는 바이트 배열의 첫 번째(가장 왼쪽) 또는 마지막 요소(가장 오른쪽)에 위치할 수 있다. 첫 번째 경우를 빅 엔디언$^{big-endian}$, 반면에 두 번째 바이트 순서는 리틀 엔디언$^{little-endian}$으로 정의한다. 최상위와 최하위 바이트를 각각 하이^{high} 또는 로^{low} 바이트로 표기하기도 한다. 예를 들어, 2개의 바이트 배열 {0, 255}를 받아서 예제 5-11의 코드를 사용해 ushort로 변환하면 마지막 바이트(255)는 최상위라고 가정하기 때문에 65280을 얻는다. 대조적으로 빅 엔디언 형식에서, 첫 번째 바이트(0)를 십진수로 최상위가 된다고 가정하는데 여기서 숫자는 최상위 값에서 최하위 값으로 정렬된다. 백만 단위 이후에 천 단위가 오는 식이다. 따라서 빅 엔디언 형식으로 받은 배열은 65280가 아니라 255로 해석해야 한다.

엔디언 이름(빅 엔디언 및 리틀 엔디언)은 혼란을 줄 수 있다. 여기서 빅^{big}과 리틀^{little}은 메모리 주소와 관련 있다. 바이트 배열의 마지막 요소는 가장 작은 주소를 갖는 메모리 셀에 저장된다. 빅 엔디언 형식에서 하위 비트로 갈수록 메모리 주소 값이 올라간다. 따라서 마지막 바이트는 가장 큰 주소를 갖는 메모리 셀에 저장된다.

엔디언은 시스템의 아키텍처에 종속적이므로 IoT 디바이스들 간에 다를 수 있다. 바이트 배열을 올바로 해석하려면 이 순서를 알아야 한다. 보통 센서나 디바이스의 명세에서 엔디언을 확인한다. 예제 5-11과 예제 5-12에서는 바이트 순서가 리틀 엔디언을 따른다고 가정한다. 빅 엔디언의 경우 변환은 예제 5-13에 보이는 것처럼 반대 순서로 수행된다. 대안으로 입력 배열을 뒤바꿀 수도 있다.

예제 5-13 빅 엔디언을 가정한 바이트 배열의 uint 변환

```
const int offset = 8;
var data = new byte[] { 65, 127, 1, 13 };
int lastElementIndex = data.Length - 1;
var result = data[lastElementIndex];

for (int i = 0; i < data.Length; i++)
{
    result |= (uint)(data[i] << (lastElementIndex - i) * offset);
}
```

BitConverter

바이트 배열 변환은 일반적이며 뒤에서 살펴볼 수 있듯이 센서에서 데이터를 판독하거나 다른 디바이스와 통신해야 할 때 중요한 작업이다. 바이트 배열 변환은 추가 라이브러리를 사용하지 않는 한 센서의 메모리에서 읽거나 원격 디바이스에서 수신한 데이터가 원시 바이트 스트림이기 때문에 중요하다. 이 데이터를 해석하려면 인터페이스하는 센서나 디바이스에 대한 통신 프로토콜 명세가 필요하다. 그다음 이러한 명세에 따라 원시 바이트 스트림을 의미 있는 정보, 예를 들어 온도나 습도 값, 명령 등으로 변환하는 바이트 배열 파서parser를 작성한다.

바이트 변환을 단순화하고 자동화하고자 UWP는 System.BitConverter 클래스를 구현한다. BitConverter 클래스는 바이트 배열을 받아서 정수나 부동 소수점, 문자로 변환하는 몇 가지 public 메서드를 노출한다. 예제 5-14의 코드 조각은 4개의 바이트 배열을 부호 없는 32비트 정수로 변환한다. 따라서 비트 시프트 연산자와 비트 마스크를 사용하지 않고 메서드 하나를 호출해 변환을 수행한다.

예제 5-14 BitConverter 클래스를 사용한 바이트 배열 변환

```
var data = new byte[] { 65, 127, 1, 13 };
var result = System.BitConverter.ToUInt32(data, 0);
```

예제 5-14에서 BitConverter 클래스의 ToUInt32 정적 메서드를 사용했다. 이 메서드는 2개의 인수를 받는다. 첫 번째 인수는 바이트 배열이며, 두 번째는 변환을 시작하는 바이트 배열의 인덱스를 가리키는 데 사용되는 startIndex다. 보통 긴 바이트 스트림을 읽은 다음 변환하는 동안 이 매개변수를 사용한다. 따라서 변환은 루프 내에서 수행될 수 있으며, 정적 BitConverter 메서드의 startIndex 인수를 적절히 변경한다.

BitConverter 클래스는 디바이스의 엔디언을 검사하는 데도 사용할 수 있다. 이 정보는 IsLittleEndian 필드에 저장된 값을 읽어 가져온다. 이를테면 빅 엔디언 머신에서 바이트 배열을 수신하고 코드가 리틀 엔디언 CPU에서 실행된다면 변환 메서드는 예제 5-15에서 나타낸 것과 같을 것이다. 보다시피 바이트 배열을 변환하기 전에 먼저 엔디언을 검사하

고, 필요한 경우 입력 배열을 뒤집는다. 이러한 뒤집기를 위해 System.Linq 네임스페이스에서 정의한 확장 Reverse 메서드를 사용했다.

예제 5-15 빅 엔디언 머신에서 얻은 바이트 배열은 변환 전에 뒤집는다.

```
var data = new byte[] { 13, 1, 127, 65 }; // 가정: 빅-엔디언 형식

if (BitConverter.IsLittleEndian)
{
    data = data.Reverse().ToArray();
}

var result = System.BitConverter.ToUInt32(data, 0);
```

예제 5-15에서 나타낸 코드는 단일 부호 없는 정수를 포함하는 바이트 배열에 대해서만 유효하다. 입력 배열이 여러 개의 바이트 인코딩된 숫자를 포함한다면 뒤집어서 변환하기 전에 이들 숫자를 분리해야 한다. 그런 경우 Array 클래스의 정적 Copy 메서드를 사용해 예제 5-16에 보이는 것처럼 처리한다. 이 코드 조각에서 인수 값의 유효성을 검사한 후 먼저 제공된 배열에서 지정한 인덱스에서 시작하는 4개의 바이트를 복사하고 이어서 BitConverter 클래스를 사용해 배열을 UInt32로 변환한다.

예제 5-16 부호 없는 32비트 정수로 변환하기 전에 입력 배열에서 적절한 4바이트를 분리한다.

```
public static uint GetUInt32(byte[] value, int startIndex)
{
    const int uintLength = 4;

    // 값 인수 유효성 검사
    if (value == null)
    {
        throw new ArgumentNullException();
    }

    // startIndex 확인
    if (startIndex < 0 || startIndex > value.Length - uintLength)
    {
        throw new ArgumentOutOfRangeException();
    }
```

```
    var singleIntegerBuffer = new byte[uintLength];

    Array.Copy(value, startIndex, singleIntegerBuffer, 0, uintLength);

    if (BitConverter.IsLittleEndian)
    {
        singleIntegerBuffer = singleIntegerBuffer.Reverse().ToArray();
    }

    return BitConverter.ToUInt32(singleIntegerBuffer, 0);
}
```

BitConverter 클래스의 또 다른 중요한 멤버는 GetBytes 메서드다. 이 메서드는 간단한 형식의 변수에 대한 바이트 표현을 조회하므로 앞서 설명한 절차와 반대로 동작한다.

정수값의 바이트 표현을 얻는 방법을 나타내는 샘플 코드를 예제 5-17에서 소개했다. 이 코드는 단순히 ulong과 uint 데이터 형식의 최대값을 나타내는 2개의 상수값 사이의 차이를 계산한다. 결과값은 ulong 형식이므로 8바이트에 달한다. 여기서 4개의 바이트는 0, 다른 것은 255이므로 다시 ulong으로 변환하면 18446744069414584320 값을 얻게 된다 (부록 C 참고).

예제 5-17 부호 없는 64비트 정수의 바이트 표현 가져오기

```
var bytes = System.BitConverter.GetBytes(ulong.MaxValue - uint.MaxValue);
for(int i = 0; i < bytes.Length; i++)
{
    System.Diagnostics.Debug.WriteLine(bytes[i]);
}
```

BitArray

UWP는 비트 컬렉션을 편리하게 표현할 수 있는 System.Collections.BitArray 클래스도 제공한다. 이 컬렉션의 각 요소는 부울 변수^{Boolean variable}로 표현된다. BitArray의 인스턴스는 바이트 배열을 사용해 만들 수 있다. 결과 BitArray 인스턴스는 바이트의 특정 입력 배

열을 나타내는 비트의 컬렉션으로 구성된다. 이 컬렉션의 각 요소는 특정 위치의 비트 값에 해당하는 논리 값이다.

BitConverter와 BitArray 클래스의 기능을 사용해 앞서 BinaryRepresentation 애플리케이션에 사용한 ShortToBinaryConverter 클래스의 정의를 수정해 부호 있는 16비트 정수의 이진 표현을 찾을 수 있다. 해당 구현은 예제 5-18에서 나타냈다. 이 예제는 예제 5-5의 IsBitSet 메서드를 사용하는 ShortToBinaryConverter의 원래 버전이 있는 정의와 비교할 가치가 있다. 보다시피 이제 논리 비트 값을 검사하는 데 비트 연산자를 사용하는 대신, 간단히 특정 인덱스에서 BitArray 요소의 부울^{Boolean} 값을 검사할 수 있다. 더욱이 부호 없는 16비트 정수의 바이트 배열을 얻고자 BitConverter 클래스의 GetBytes 메서드를 사용했다.

예제 5-18 BitConverter와 BitArray 클래스의 메서드를 사용해 추출한 이진 표현

```
using System;
using System.Collections;
using Windows.UI.Xaml.Data;

using System.Linq;

namespace BinaryRepresentation
{
    public class ShortToBinaryConverter : IValueConverter
    {
        public object Convert(object value, Type targetType,
            object parameter, string language)
        {
            var result = string.Empty;

            if (value != null)
            {
                short inputValue;
                if (short.TryParse(value.ToString(), out inputValue))
                {
                    //const int bitCount = 16;

                    //result = System.Convert.ToString(inputValue, 2);
                    //result = result.PadLeft(bitCount, '0');

                    //for (int i = 0; i < bitCount; i++)
```

```
        //{
        //      result += IsBitSet(inputValue, i);
        //}

            var bytes = BitConverter.GetBytes(inputValue);
            var bitArray = new BitArray(bytes);

            for (int i = 0; i < bitArray.Length; i++)
            {
                result += BoolToBinaryString(bitArray[i]);
            }
        }
    }

    return result;
}

public object ConvertBack(object value, Type targetType,
    object parameter, string language)
{
    throw new NotImplementedException();
}

private string IsBitSet(short value, int position)
{
    return (value & (1 << position)) > 0 ? "1" : "0";
}

private string BoolToBinaryString(bool value)
{
    return value ? "1" : "0";
}
    }
}
```

BitArray 클래스의 인스턴스는 비트 연산을 수행하기 위한 몇 가지 멤버도 노출한다. 여기에는 비트 보수(NOT), 곱(AND), 합(OR), 배타적 합(OR)을 각각 구현한 Not, And, Or, Xor 메서드를 포함한다(표 5-1 참고). 예제 5-1에서 나타낸 동일한 기능을 대체하고자 이들 메서드를 사용할 수 있다. 즉 BitArray 클래스의 적절한 메서드를 사용해 비트 합, 배타적 합, 곱을 수행하는 완전한 코드 조각을 표시했다. 먼저 3개의 BitArray 클래스 인스턴스를 생

성했다. 이어서 Or, Xor, And 메서드를 연속으로 호출했다. 이들 메서드는 비트 연산자 |, ^, &에 해당한다. 그다음 BitArray 클래스를 구성하는 비트의 숫자 및 이진 값을 디버깅한다. 비트 인코딩된 바이트의 실제 값을 얻고자 BitArray 클래스의 CopyTo 메서드를 사용했다. 이 메서드는 자동으로 비트를 바이트로 디코딩한다. 마지막으로 Convert.ToString 메서드를 사용해 이진 표현을 얻게 되므로 예제 5-19의 BitArrayBitwiseManipulation 메서드는 콘솔(비주얼 스튜디오의 출력 창)에 다음 값을 출력한다.

```
10 (Binary: 1010)
15 (Binary: 1111)
5 (Binary: 101)
```

예제 5-19 BitArray 클래스를 사용한 비트 연산

```
public static void BitArrayBitwiseManipulation()
{
    byte a = 0; // Binary: 0000
    byte b = 5; // Binary: 0101
    byte c = 10; // Binary: 1010

    // 비트 배열 만들기
    var aBitArray = new BitArray(new byte[] { a });
    var bBitArray = new BitArray(new byte[] { b });
    var cBitArray = new BitArray(new byte[] { c });

    // 비트 합
    cBitArray.Or(aBitArray);
    DebugBitArrayValue(cBitArray);

    // 비트 배타적 합
    cBitArray.Xor(bBitArray);
    DebugBitArrayValue(cBitArray);

    // 비트 곱
    cBitArray.And(bBitArray);
    DebugBitArrayValue(cBitArray);
}

private static byte GetByteValueFromBitArray(BitArray bitArray)
{
    var buffer = new byte[1];
```

```
    // 변환 수행
    ((ICollection)bitArray).CopyTo(buffer, 0);

    return buffer[0];
}

private static void DebugBitArrayValue(BitArray bitArray)
{
    var value = GetByteValueFromBitArray(bitArray);

    var binaryValue = Convert.ToString(value, 2);

    var debugString = string.Format("{0} Binary: {1}", value, binaryValue);

    System.Diagnostics.Debug.WriteLine(debugString);
}
```

게다가 BitArray 클래스는 Set 메서드를 구현하고 있어 특정 위치에서 비트 값을 업데이트할 수 있는데, 예를 들면 cBitArray.Set(3, true);와 같은 식이다. 따라서 BitArray와 BitConverter를 함께 사용하면 추가적인 더 고수준의 API를 제공함으로써 일반적인 비트와 바이트 배열 조작을 간단하게 할 수 있다. BitConverter가 BitArray를 적절한 숫자 값으로 변환할 수 있는 추가 메서드를 구현한다면 이상적일 것이다. 하지만 적절한 확장 메서드 집합을 직접 구현할 수 있다.

센스 HAT 애드온 보드

이제 앞서의 모든 정보를 사용해 RPi2 및 RPi3용 센스 HAT 애드온 보드의 센서에서 데이터를 읽는다. 센스 HAT는 2대의 라즈베리 파이 컴퓨터를 활용해 국제 우주 정거장의 다양한 환경과 동적 속성을 측정하려는 Astro PI 프로젝트용으로 특별히 설계된 것이다.

센스 HAT는 8×8 컬러 LED 배열, 5개의 버튼 조이스틱, 온도와 습도, 관성, 자기장을 모니터링하기 위한 몇 가지 센서를 장착하고 있다. 센스 HAT는 40핀 GPIO 확장 포트를 사용해 연결하고 I²C 인터페이스를 사용해 라즈베리 파이 2(또는 3)와 통신한다. 센스 HAT는 센서, LED 배열, 조이스틱 등의 특정 보드 구성 요소를 액세스하기 위한 프록시로 제공되는 자체 마이크로컨트롤러를 갖고 있다.

다음 몇 개의 절에서 센스 HAT 센서를 구성하는 방법과 여기서 제공받는 데이터를 얻어서 해석하는 방법을 설명한다.

사용자 인터페이스

센서 상호 작용을 위한 실제 코드를 작성하기 전에 센스 HAT 각 센서에서 수신한 데이터를 별도의 탭 커스텀 컨트롤을 사용해 표시하는 애플리케이션의 사용자 인터페이스(그림 5-2 참고)를 준비했다. 어두운 색 테마를 적용하고자 Application 태그의 Requested Theme 특성을 Dark로 설정했다.

커스텀 컨트롤은 노란색 배경과 오렌지색 테두리가 있는 둥근 텍스트 블록을 구현했다. 함께 제공하는 코드(Chapter 05/SenseHat/Controls/RoundedTextBlock.xaml)에서 이 컨트롤의 전체 구현을 찾을 수 있다. 이후에는 전체 목록이 필요하지 않을 때는 전체 코드 목록을 표시하지 않고, 함께 제공하는 코드를 참조하라고 표시할 것이다.

UWP의 테이블 형식 컨트롤은 Pivot 클래스 내에서 구현된 것이며, 각 탭은 PivotItem으로 표시된다.

다음으로 3차원 벡터의 성분을 저장하는 제네릭 Vector3D 클래스를 정의했다(Chapter 05/SenseHat/Helpers/Vector3D.cs의 코드 참고). 나중에 살펴보겠지만 이 구조체는 가속도계, 자이로스코프, 자기계에서 얻은 판독 값을 보다 간결하게 표현하는 데 사용된다.

그 뒤에 각 센서에서 얻은 값을 저장하고자 SensorReadings 클래스를 구현했다(Chapter 05/SenseHat/Sensors/SensorReadings.cs). 예제 5-20에 보이는 것처럼 SensorReadings 클래스의 Public 속성은 UI에 단방향으로 바인딩되므로 UI를 업데이트하고자 컨트롤 속성을 직접 설정할 필요 없다. SensorReadings 클래스 인스턴스의 필드는 해당 UI에 바인딩되며 애플리케이션 범위 리소스 사전에서 선언된 변환기를 사용해 서식이 지정된다(Chapter

05/SenseHat/Converters의 코드 참고). 모든 센서 판독은 Pivot 컨트롤의 각 탭을 사용해 표시했다. 따라서 사용자는 살짝 밀기나 마우스를 사용해 각 탭 사이를 탐색할 수 있다. 함께 제공되는 코드에서 센스 HAT UI의 전체 구현을 찾을 수 있다(예제 5-21 참고. Converters는 적합한 물리적 단위로 보완하도록 숫자 값에 서식을 적용하는 데 사용된다).

예제 5-20 MainPage 선언

```
<Page
    x:Class="SenseHat.MainPage"
    xmlns="http://schemas.microsoft.com/winfx/2006/xaml/presentation"
    xmlns:x="http://schemas.microsoft.com/winfx/2006/xaml"
    xmlns:local="using:SenseHat"
    xmlns:controls="using:SenseHat.Controls"
    xmlns:d="http://schemas.microsoft.com/expression/blend/2008"
    xmlns:mc="http://schemas.openxmlformats.org/markup-compatibility/2006"
    mc:Ignorable="d">

    <Pivot Background="{ThemeResource ApplicationPageBackgroundThemeBrush}" >
        <PivotItem Header="Temperature">
            <controls:RoundedTextBlock Text="{x:Bind sensorReadings.Temperature,
            Mode=OneWay, Converter={StaticResource TemperatureToStringConverter}}" />
        </PivotItem>

        <PivotItem Header="Pressure">
            <controls:RoundedTextBlock Text="{x:Bind sensorReadings.Pressure,
            Mode=OneWay, Converter={StaticResource PressureToStringConverter}}" />
        </PivotItem>

        <PivotItem Header="Humidity">
            <controls:RoundedTextBlock Text="{x:Bind sensorReadings.Humidity,
            Mode=OneWay, Converter={StaticResource HumidityToStringConverter}}" />
        </PivotItem>

        <PivotItem Header="Accelerometer">
            <controls:RoundedTextBlock Text="{x:Bind sensorReadings.Accelerometer,
            Mode=OneWay, Converter={StaticResource LinearAccelerationToStringConverter}}" />
        </PivotItem>

        <PivotItem Header="Gyroscope">
            <controls:RoundedTextBlock Text="{x:Bind sensorReadings.Gyroscope,
            Mode=OneWay, Converter={StaticResource AngularSpeedToStringConverter}}" />
        </PivotItem>
```

```xml
                <PivotItem Header="Magnetometer">
                    <controls:RoundedTextBlock Text="{x:Bind sensorReadings.Magnetometer,
                    Mode=OneWay, Converter={StaticResource MagneticFieldToStringConverter}}" />
                </PivotItem>
        </Pivot>
</Page>
```

예제 5-21 애플리케이션 범위 변환기 선언

```xml
<Application
    x:Class="SenseHat.App"
    xmlns="http://schemas.microsoft.com/winfx/2006/xaml/presentation"
    xmlns:x="http://schemas.microsoft.com/winfx/2006/xaml"
    xmlns:local="using:SenseHat"
    xmlns:converters="using:SenseHat.Converters"
    RequestedTheme="Dark">

    <Application.Resources>
        <converters:TemperatureToStringConverter x:Key="TemperatureToStringConverter" />
        <converters:PressureToStringConverter x:Key="PressureToStringConverter" />
        <converters:HumidityToStringConverter x:Key="HumidityToStringConverter" />
        <converters:LinearAccelerationToStringConverter
            x:Key="LinearAccelerationToStringConverter" />
        <converters:AngularSpeedToStringConverter
            x:Key="AngularSpeedToStringConverter" />
        <converters:MagneticFieldToStringConverter
            x:Key="MagneticFieldToStringConverter" />
    </Application.Resources>
</Application>
```

보다시피 SenseHat 애플리케이션의 소스 코드는 하위 폴더 구조로 만들었다. 이런 절차는 솔루션을 체계화하고 특정 기능을 분리하는 데 도움을 준다. 비주얼 스튜디오 2019의 '솔루션 탐색기'에서 프로젝트를 마우스 오른쪽 클릭한 후 콘텍스트 메뉴에서 '추가'-'새 폴더' 메뉴를 사용해 이런 프로젝트 폴더를 만들 수 있다. 그다음 프로젝트의 폴더에 추가한 모든 코드 파일은 자동으로 〈ProjectName〉.〈FolderName〉 형식의 네임스페이스 블록이 채워지는데, 여기서 〈ProjectName〉과 〈FolderName〉은 각각 프로젝트의 이름(예, SenseHat)과 폴더 이름(예, Sensors)을 뜻한다. 예를 들어, Sensors 하위 폴더의 코드 파일은 자동으로 SenseHat.Sensors라는 네임스페이스를 할당한다.

예제 5-20과 예제 5-21에서는 커스텀 XAML 네임스페이스 접두사인 xmlns:controls와 xmlns:converters를 사용했다. 따라서 C# 네임스페이스인 SenseHat.Controls (Rounded TextBlock 컨트롤)과 SenseHat.Converters(데이터 바인딩 값 변환기)에서 선언한 객체를 참조할 수 있다.

온도와 기압

이제 센스 HAT 애드온 보드의 LPS25H 센서를 사용해 온도와 기압 값을 얻어 보자. LPS25H 센서는 STM에서 제조한 콤팩트 센서다. 이 센서는 최대 25Hz(즉 40밀리초마다) 주파수로 온도와 압력을 모니터링(샘플링)할 수 있다.

LPS25H의 압력 감지 요소는 외부 압력이 가해질 때 마이크로 크기의 얇은 막이 휘는 MEMS로 구성된다. 이 휨은 피에조piezo 저항을 유도하고, 다시 아날로그 전압으로 변환된다. 이어서 전압 레벨은 아날로그-디지털 변환기를 사용해 변환되며, 결과 디지털 값은 센서의 메모리에 저장된다. 압력은 온도에도 종속적이기 때문에 LPS25H는 정밀한 기압을 판독하고자 이 물리적 양을 측정하는 또 다른 MEMS 요소를 포함한다.

대개 압력과 온도 두 가지 값은 적절한 레지스터에 저장된 값을 판독해 I²C나 SPI 시리얼 인터페이스를 통해 액세스할 수 있다. 여기에는 레지스터 매핑이 필요한데 이 정보는 LPS25H 데이터시트에서 찾을 수 있다(http://bit.ly/pressure_sensor).

하지만 센스 HAT 애드온 보드는 Atmel ATtiny88 마이크로컨트롤러를 추가 장착하고 있어, 센서, LED 배열, 조이스틱을 액세스하기 위한 계층으로 동작한다. RPi2와 RPi3는 I²C 인터페이스를 사용해 Atmel ATtiny88과만 통신한다.

I²C 주변 장치를 통해 데이터를 교환하는 기능은 Windows IoT Extensions for the UWP의 Windows.Devices.I2c 네임스페이스에서 정의한 I2cDevice 클래스에서 구현했다. I2cDevice 클래스는 public 생성자를 구현하지 않는다. 따라서 센서와 연결하는 클래스의 인스턴스를 얻고자 I2cDevice 클래스의 FromIdAsync 정적 메서드를 사용한다. 이 메

서드는 디바이스 ID와 `I2cConnectionSettings` 클래스 인스턴스라는 2개의 인수를 받는다. 첫 번째 인수는 사용 가능한 I²C 인터페이스를 열거함으로써 얻을 수 있다. 이 열거는 Windows.Devices.Enumeration 네임스페이스에서 정의한 `DeviceInformation` 클래스의 `FindAllAsync` 메서드를 사용해 수행할 수 있다. 사용 가능한 각 I²C 디바이스는 주소로 확인하며 `I2cConnectionSettings` 클래스의 인스턴스를 통해 전달된다. 이 작업은 `FromIdAsync` 메서드의 두 번째 인수를 사용해 수행한다.

이제 물리적인 센서 주소를 사용해 `I2cDevice` 클래스의 인스턴스를 얻고자 헬퍼 클래스를 작성하자. 앞서의 계획에 따르면 먼저 연결 문자열을 설정한 다음 사용 가능한 디바이스를 열거해 제공한 주소와 일치하는 디바이스를 찾는다. 이 클래스의 전체 구현은 SenseHat 애플리케이션의 I2cHelper.cs 파일에 있으며, 예제 5-22에서 소개했다.

예제 5-22 I2cHelper 클래스의 정의

```
using System;
using System.Linq;
using System.Threading.Tasks;
using Windows.Devices.Enumeration;
using Windows.Devices.I2c;

namespace SenseHat.Helpers
{
    public static class I2cHelper
    {
        public static async Task<I2cDevice> GetI2cDevice(byte address)
        {
            I2cDevice device = null;

            var settings = new I2cConnectionSettings(address);

            string deviceSelectorString = I2cDevice.GetDeviceSelector();

            var matchedDevicesList = await DeviceInformation.
                FindAllAsync(deviceSelectorString);
            if (matchedDevicesList.Count > 0)
            {
                var deviceInformation = matchedDevicesList.First();

                device = await I2cDevice.FromIdAsync(deviceInformation.Id, settings);
```

```
        }

        return device;
    }
  }
}
```

I2cDevice 클래스의 인스턴스를 얻은 후 마이크로컨트롤러와 센서 사이의 데이터를 전송할 수 있다. I²C 시리얼 통신에서 데이터는 바이트 배열로 이진 형식으로 전송된다. 따라서 I2cDevice 클래스는 센서에서 바이트 배열을 판독하거나 쓰기 위한 몇 가지 멤버를 노출한다. 이 메서드 집합은 Read, Write, WriteRead를 포함한다. 첫 번째와 두 번째 메서드는 주어진 레지스터에서 바이트 배열을 읽고 쓸 때 사용되지만, WriteRead 메서드는 레지스터에 데이터를 작성한 다음 읽기 작업을 수행한다. 일반적으로 센서에 요청을 보낸 다음 동일한 레지스터 주소를 사용해 응답을 읽기 원하기 때문에 WriteRead를 단축 메서드라고 한다.

STM 센서에서 데이터를 읽고 쓰는 작업은 동일한 방식을 따른다. 센스 HAT 애드온 보드의 다른 센서도 STM에서 제조했으므로 8비트 레지스터에서 데이터 판독 프로세스를 단순화하고 바이트 배열을 16비트와 32비트 부호 있는 정수로 자동 변환하는 헬퍼 클래스를 구현한다. 이 클래스의 정의는 예제 5-23에서 나타냈다(함께 제공되는 코드 Chapter 05/SenseHat/Helpers/RegisterHelper.cs 참고).

예제 5-23 일반적인 레지스터 작업을 수행하기 위한 헬퍼 클래스

```
using System;
using System.Linq;
using Windows.Devices.I2c;

namespace SenseHat.Helpers
{
    public class RegisterHelper
    {
        public static byte ReadByte(I2cDevice device, byte address)
        {
            Check.IsNull(device);

            // 쓰기 버퍼는 레지스터 주소 포함
```

```csharp
        var writeBuffer = new byte[] { address };

        // 읽기 버퍼는 단일 요소 바이트 배열
        var readBuffer = new byte[1];

        device.WriteRead(writeBuffer, readBuffer);

        return readBuffer.First();
    }

    public static void WriteByte(I2cDevice device, byte address, byte value)
    {
        Check.IsNull(device);

        var writeBuffer = new byte[] { address, value };

        device.Write(writeBuffer);
    }

    public static short GetShort(I2cDevice device, byte[] addressList)
    {
        const int length = 2;

        Check.IsLengthEqualTo(addressList.Length, length);

        var bytes = GetBytes(device, addressList, length);

        return BitConverter.ToInt16(bytes.ToArray(), 0);
    }

    public static int GetInt(I2cDevice device, byte[] addressList)
    {
        const int minLength = 3;
        const int maxLength = 4;

        Check.IsLengthInValidRange(addressList.Length, minLength, maxLength);

        var bytes = GetBytes(device, addressList, maxLength);

        return BitConverter.ToInt32(bytes.ToArray(), 0);
    }

    private static byte[] GetBytes(I2cDevice device, byte[] addressList, int
totalLength)
    {
```

```
            var bytes = new byte[totalLength];

            for (int i = 0; i < addressList.Length; i++)
            {
                bytes[i] = ReadByte(device, addressList[i]);
            }

            if (!BitConverter.IsLittleEndian)
            {
                bytes = bytes.Reverse().ToArray();
            }

            return bytes;
        }
    }
}
```

예제 5-23의 코드 조각은 I2cDevice 클래스의 Write 및 WriteRead 메서드를 사용해 I²C 디바이스의 특정 레지스터에 저장된 단일 바이트를 얻는 방법을 보여 준다. 보다시피 RegisterHelper 클래스에서 BitConverter 클래스의 메서드를 사용해 바이트 배열을 정수 데이터 형식으로 변환하고 있다. 더욱이 인수 유효성 검사는 헬퍼 Check 클래스를 사용해 수행된다. 이 클래스는 함께 제공되는 코드(Chapter 05/SenseHat/Helpers/Check.cs)에서 구현했다. 이 클래스는 많은 다른 프로젝트에서 헬퍼로 사용된다. Check 클래스의 특정 구현은 프로젝트에 따라 다양하다.

다음 단계는 STM 센서와 연결이 수립되고 센서가 적절히 초기화되도록 한다. 이 단계는 RegisterHelper 클래스의 ReadByte 정적 메서드를 사용해 주소 0x0F에서 WHO_AM_I 레지스터를 읽어 수행할 수 있다. 모든 부분이 잘 준비됐다면 센서는 0xBD라는 값을 반환한다.

하지만 더 나가기 전에 STM 센서의 더 중요한 측면을 살펴봐야 한다. 즉 LPS25H 데이터 시트datasheet에 따르면 이 모듈(그리고 5장에서 사용할 다른 센서)은 기본적으로 파워-다운 제어 모드다. 이 모드에서 센서는 실제 판독 값을 반환하지 않는다. 이를 위해 제어 레지스터에 적절한 값을 설정해야 한다. 이 값은 부호 없는 바이트로 구성되며, 각 비트는 기본 센서 구성을 담당한다(그림 5-6과 센서 데이터시트의 25페이지). 특히 마지막 비트MSB는 센서 모드(파워 다운 또는 액티브 모드)를 제어하며, 4-6 위치의 비트는 ODR^{Output Data Rate}을 제어하고 비트 인덱스 2는 BDU^{Block Data Update}를 제어한다.

Bit index	0	1	2	3	4	5	6	7
Function	Self-test	Fast ODR	Output Data Rate (ODR)			Performance mode		Temperature compensation

그림 5-6 LPS25H 제어 레지스터의 비트 인코딩. 통신은 I²C 버스를 사용해 수행되고, 인터럽트를 사용하거나 vauto zero 기능을 재설정하지 않으므로 BDU, ODR, PD 비트만 사용된다.

센서를 켜려면 제어 레지스터의 MSB를 1로 설정해야 한다. 즉 센서를 파워 다운^{power down}에서 액티브 모드로 전환한다. 그다음 BDU와 ODR을 구성할 수 있다.

BDU는 내부 센싱 모듈이 레지스터를 업데이트하는 방식을 구성한다. BDU = 0의 경우 센싱 모듈은 온도와 압력 값으로 레지스터를 연속적으로 업데이트한다. 따라서 로우 및 하이 바이트는 다른 시간에 업데이트된다. 그래서 업데이트 중에 레지스터를 읽을 경우 잘못된 값을 읽을 수도 있다. 이런 연속적인 업데이트를 해제하고자 BDU의 값을 1로 설정하는 것을 권장한다.

ODR은 센서 새로 고침(샘플링)률, 즉 모듈이 압력과 온도를 측정하는 주기를 정의한다. ODR 비트 구성은 표 5-2에서 나타냈다. STM 데이터시트와 달리 LSB 비트 순서를 사용하고 있음에 주목하자. 이유는 이런 순서가 `BitArray` 클래스에서 사용된 관례에 해당하기 때문이다. 즉 BitArray 컬렉션의 첫 번째 요소는 인덱스 0의 LSB이다.

표 5-2 LPS25H 모듈에 대한 ODR 구성

레지스터 비트 인덱스			리프레시 율 [Hz]
4 (ODR0)	5 (ODR1)	6 (ODR2)	
0	0	0	One-shot
1	0	0	1
0	1	0	7
1	1	0	12,5
0	0	1	25

제어 레지스터를 사용해 구성되는 세 가지 다른 기능도 있다. 이들 세 가지는 SPI Interface Mode(인덱스 0의 비트)와 Reset AutoZero(인덱스 1의 비트), Interrupt Circuit(인덱스 3의 비트)이다. 첫 번째 기능인 SPI Interface Mode는 SPI 모드를 구성하게 한다. 하지만 여기서는 I²C 인터페이스를 사용하므로 SPI 모드는 기본값으로 남긴다. 두 번째 제어 비트인 Reset AutoZero는 센서 판독 교정에 사용되는 기준 압력을 재설정하는 데 사용된다. 센서를 수작업으로 재보정하지 않고 Reset AutoZero 비트를 기본값(즉 0)으로 남겨 둔다. 끝으로 Interrupt Circuit은 새로운 센서 판독이 사용 가능할 때마다 인터럽트를 사용할 수 있도록 허용한다.

여기서는 제어 레지스터의 PD, BDU, ODR만 구성하고 다른 비트의 기본값은 유지한다. 제어 레지스터의 구성을 단순화하고자 또 다른 헬퍼 클래스인 TemperatureAndPressure SensorHelper를 구현했다. 예제 5-24에서 이 부분의 코드 조각을 참고하자. 함께 제공되는 코드에서 이 클래스의 전체 코드를 찾을 수 있다(Chapter 05/SenseHat/Helpers/TemperatureAndPressureSensorHelper.cs).

예제 5-24 BitArray 클래스를 사용한 제어 레지스터 구성

```
public static byte ConfigureControlByte(
    BarometerOutputDataRate outputDataRate = BarometerOutputDataRate.Hz_25,
    bool safeBlockUpdate = true, bool isOn = true)
{
    var bitArray = new BitArray(Constants.ByteBitLength);
    // BDU
    bitArray.Set(bduIndex, safeBlockUpdate);

    // ODR
    SetOdr(outputDataRate, bitArray);

    // Power-down bit
    bitArray.Set(pdIndex, isOn);

    return ConversionHelper.GetByteValueFromBitArray(bitArray);
}
```

TemperatureAndPressureSensorHelper는 ConfigureControlByte라는 public 멤버 하나를 갖는다. 이 메서드는 outputDataRate, safeBlockUpdate, isOn이라는 3개의 인수를 갖는다. 첫 번째 인수는 BarometerOutputDataRate라는 커스텀 열거 형식이다. 이 인수는 5개의 멤버를 정의한다. 예제 5-25의 아랫부분을 참고하자. 이들 값은 표 5-2에서 제공한 ODR 구성에 해당하며, 센서 샘플링 비율을 설정하는 데 사용된다.

ConfigureControlByte 메서드의 다른 두 가지 인수는 BDU(safeBlockUpdate)와 PD(isOn)를 설정한다. 보다시피 ConfigureControlByte의 정의는 BitArray 클래스와 앞서 기술한 다른 메서드가 제공한 고수준 API를 사용한다. 특히 특정 비트 값을 변경하고자 BitArray 클래스의 Set 메서드를 사용했다.

private SetOdr 메서드는 동일한 방식으로 구현됐다(예제 5-25 참고). 즉 BarometerOutput DataRate 열거형의 값 중 하나를 사용해 선택된 ODR에 따라 부울 변수의 세 가지 요소 배열을 초기화했다. 이 배열은 ODR 비트의 논리적인 상태를 반영한다. 이어서 Conver sionHelper 클래스에서 구현한 SetBitArrayValues라는 헬퍼 메서드를 사용해 BitArray 컬렉션에 이들 값을 할당한다(예제 5-26 참고).

예제 5-25 기압 센서 샘플링 비율 구성

```
private static void SetOdr(BarometerOutputDataRate outputDataRate, BitArray bitArray)
{
    bool[] odrBitValues;

    switch (outputDataRate)
    {
        case BarometerOutputDataRate.OneShot:
            odrBitValues = new bool[] { false, false, false };
            break;

        case BarometerOutputDataRate.Hz_1:
            odrBitValues = new bool[] { true, false, false };
            break;

        case BarometerOutputDataRate.Hz_7:
            odrBitValues = new bool[] { false, true, false };
            break;
```

```
        case BarometerOutputDataRate.Hz_12_5:
            odrBitValues = new bool[] { true, true, false };
            break;

        case BarometerOutputDataRate.Hz_25:
        default:
            odrBitValues = new bool[] { false, false, true };
            break;
    }

    ConversionHelper.SetBitArrayValues(bitArray, odrBitValues, odrBeginIndex,
odrEndIndex);
}

public enum BarometerOutputDataRate
{
    OneShot, Hz_1, Hz_7, Hz_12_5, Hz_25
}
```

예제 5-26 BitArray 컬렉션의 설정 요소를 위한 헬퍼 메서드

```
public static void SetBitArrayValues(BitArray bitArray, bool[] values,
    int beginIndex, int endIndex)
{
    Check.IsNull(bitArray);
    Check.IsNull(values);

    Check.IsPositive(beginIndex);
    Check.LengthNotLessThan(bitArray.Length, endIndex);

    for (int i = beginIndex, j = 0; i <= endIndex; i++, j++)
    {
        bitArray[i] = values[j];
    }
}
```

WHO_AM_I 레지스터를 읽어 제어 레지스터 값을 설정하는 작업등을 단순화하는 골격
으로 SensorBase 클래스를 구현했다(Chapter 05/SenseHat/Sensors/SensorBase.cs 참고).
SensorBase 클래스는 IsInitialized라는 하나의 public 속성을 갖는데, 이 속성은 센서가

적절히 초기화됐는지 여부를 확인하는 데 사용된다(즉 WHO_AM_I 레지스터가 기대한 값을 갖는지 여부). 더욱이 `SensorBase`는 device, sensorAddress, whoAmIRegisterAddress, whoAmIDefaultValue라는 네 가지 재정의 가능한 protected 멤버를 갖는다. 첫 번째는 `I2cDevice` 클래스의 참조를 저장하는 데 사용된다. 두 번째는 센서 주소, 즉 특정 센서를 액세스하는 데 사용된 실제 I^2C 디바이스의 주소를 저장하는 데 사용된다. 모든 센서 주소는 'http://pinout.xyz/pinout/sense_hat'에서 제공하는 상호작용 다이어그램에서 찾아볼 수 있다. 마지막 두 가지 멤버인 whoAmIRegisterAddress와 whoAmIDefaultValue는 WHO_AM_I 레지스터 주소와 특정 센서에 대한 값을 설정하는 데 사용된다. 따라서 sensorAddress, whoAmIRegisterAddress, whoAmIDefaultValue는 protected라는 액세스 한정자를 가지므로 각 STM 센서에 대한 추상 계층을 구현하는 특정 클래스에서 재정의될 수 있다.

게다가 `SensorBase` 클래스는 I^2C 연결을 얻어 WHO_AM_I 레지스터를 판독한 다음 `Configure` 메서드를 사용해 제어 레지스터를 구성하는 `public Initialize` 메서드를 구현한다(예제 5-27 참고). 이 절차는 센서가 초기화되지 않은 경우만 수행된다. 보다시피 `Configure` 메서드의 기본 정의는 비어 있다. 각 센서별로 이 메서드를 재정의한다.

예제 5-27 물리 STM 센서를 나타내는 베이스 클래스의 선택된 메서드

```
public async Task<bool> Initialize()
{
    if (!IsInitialized)
    {
        device = await I2cHelper.GetI2cDevice(sensorAddress);

        if (device != null)
        {
            IsInitialized = WhoAmI(whoAmIRegisterAddress, whoAmIDefaultValue);

            if (IsInitialized)
            {
                Configure();
            }
        }
    }
}
```

```
    return IsInitialized;
}

protected bool WhoAmI(byte registerAddress, byte expectedValue)
{
    byte whoami = RegisterHelper.ReadByte(device, registerAddress);

    return whoami == expectedValue;
}

protected virtual void Configure(){}
```

먼저 기압 센서로 시작해 보자. LP25SH 센서의 추상 표현인 TemperatureAndPressureSensor
클래스의 전체 구현은 함께 제공되는 코드 'Chapter 05/SenseHat/Sensors/Temperature
AndPressureSensor.cs'에 있다. TemperatureAndPressureSensor는 베이스 클래스의
protected 멤버를 설정하는 생성자를 구현하고 베이스 Configure 메서드를 재정의한다
(예제 5-28 참고).

예제 5-28 온도와 압력 센서의 초기화와 구성
```
public TemperatureAndPressureSensor()
{
    sensorAddress = 0x5C;
    whoAmIRegisterAddress = 0x0F;
    whoAmIDefaultValue = 0xBD;
}

protected override void Configure()
{
    CheckInitialization();

    const byte controlRegisterAddress = 0x20;
    var controlRegisterByteValue = TemperatureAndPressureSensorHelper.
ConfigureControlByte();

    RegisterHelper.WriteByte(device, controlRegisterAddress,
controlRegisterByteValue);
}
```

TemperatureAndPressureSensor 클래스의 중심은 GetTemperature와 GetPressure라는 두 가지 public 메서드로 구성된다. 이들 메서드는 앞서 개발한 헬퍼 클래스를 기반으로 하므로 예제 5-29에 보이는 것처럼 구현은 깔끔하고 간결하다. LP25SH 센서에서 온도를 판독하는 작업은 적절한 레지스터에서 2개의 바이트를 얻은 다음 단일 16비트 정수로 변환하는데, 이 정수는 나중에 섭씨로 다시 조정된다.

예제 5-29 GetTemperature와 GetPressure 구현

```
public float GetTemperature()
{
    CheckInitialization();

    // 레지스터 주소 목록
    const byte tempLowByteRegisterAddress = 0x2B;
    const byte tempHighByteRegisterAddress = 0x2C;

    // 로, 하이 바이트를 판독한 다음 16비트 부호 있는 정수로 변환
    var temperature = RegisterHelper.GetShort(device,
        new byte[] { tempLowByteRegisterAddress, tempHighByteRegisterAddress });

    // 물리 단위로 변환 [섭씨 온도]
    return temperature / tempScaler + tempOffset;
}
```

예제 5-29에 보이는 것처럼 온도 값을 가져오려면 0x2B와 0x2C 주소의 레지스터에서 2개의 바이트를 읽는다. 다음으로 이들 값을 부호 있는 16비트 정수로 변환한다. 결과 원시값은 물리적으로 중요한 값인 섭씨로 변환해야 한다.

$$T = \frac{t}{480} + 42.5$$

여기서 t는 센서의 메모리에서 얻은 원시값이며, 상수값은 TemperatureAndPressureSensor 클래스의 private 멤버로 저장된다.

압력 판독도 비슷한 방식으로 얻는다(예제 5-30 참고. 압력은 3개의 바이트를 읽어 32비트 부호 있는 정수로 전환한 다음 물리적으로 의미 있는 단위로 변환한다). 원시 기압 p는 0x28, 0x29,

0x2A 주소의 레지스터에서 세 가지 바이트를 사용해 저장된다. 이들 레지스터에서 얻은 값은 32비트 부호 있는 정수로 변환되며, 다음 관계식을 사용해 헥토파스칼(hPa)로 변환된다.

$$P = \frac{p}{4096}$$

여기서 상수 스칼라는 TemperatureAndPressureSensor 클래스의 pressureScaler private 필드에 저장된다.

예제 5-30 판독한 압력 얻기

```
public float GetPressure()
{
    CheckInitialization();

    // 레지스터 주소 목록
    const byte pressureLowByteRegisterAddress = 0x28;
    const byte pressureMiddleByteRegisterAddress = 0x29;
    const byte pressureHighByteRegisterAddress = 0x2A;

    // 레지스터를 읽어 결과값을 32비트 부호 있는 정수로 변환
    var pressure = RegisterHelper.GetInt(device, new byte[] {
        pressureLowByteRegisterAddress,
        pressureMiddleByteRegisterAddress,
        pressureHighByteRegisterAddress });

    // 물리적 단위로 변환 [헥토파스칼, hPa]
    return pressure / pressureScaler;
}
```

이제 이 모든 내용을 모아서 기압 센서 판독값을 UI에 표시해 보자. 이를 위해 MainPage. xaml.cs 파일에서 TemperatureAndPressureSensor 클래스를 초기화한 다음 연속적인 센서 판독을 시작한다(예제 5-31). 그리고 MainPage 클래스 내에서 private 헬퍼 메서드인 BeginSensorReading을 정의했다. 이 메서드를 사용해 지정한 지연 시간으로 연속적인 센서 판독을 실행한다. 이 절에서 사용한 기압 센서의 경우 샘플링 비율은 25Hz로 설정한다. 따

라서 TemperatureAndPressureSensor 클래스의 GetTemperature와 GetPressure 메서드는 40 밀리초 단위로 호출된다.

예제 5-31 온도와 기압값 표시하기

```
using System;
using SenseHat.Sensors;
using Windows.UI.Xaml.Controls;
using Windows.UI.Core;
using System.Threading.Tasks;

namespace SenseHat
{
    public sealed partial class MainPage : Page
    {
        private SensorReadings sensorReadings = new SensorReadings();

        private TemperatureAndPressureSensor temperatureAndPressureSensor =
            new TemperatureAndPressureSensor();

        public MainPage()
        {
            InitializeComponent();

            InitSensors();
        }

        private async void InitSensors()
        {
            // 온도와 압력 센서
            if (await temperatureAndPressureSensor.Initialize())
            {
                BeginTempAndPressureAcquisition();
            }
        }

        private void BeginTempAndPressureAcquisition()
        {
            const int msDelayTime = 40;

            BeginSensorReading(async () =>
            {
                // 센서를 판독해 표시하기
                await Dispatcher.RunAsync(CoreDispatcherPriority.Normal, () =>
```

```
            {
                sensorReadings.Temperature = temperatureAndPressureSensor.
                    GetTemperature();
                sensorReadings.Pressure = temperatureAndPressureSensor.
                    GetPressure();
            });
        }, msDelayTime);
    }

    private void BeginSensorReading(Action periodicAction, int msDelayTime)
    {
        Task.Run(() =>
        {
            while (true)
            {
                periodicAction();
                Task.Delay(msDelayTime).Wait();
            }
        });
    }
  }
}
```

애플리케이션을 컴파일하고 실행한 후 그림 5-2와 그림 5-7에 보이는 것처럼 온도와 압력 값을 보게 된다.

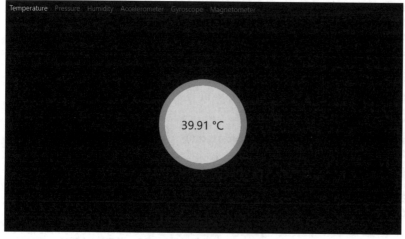

그림 5-7 LPS25H 센서의 온도 판독

기압이 실제로 동작하는지 보려면 지역 날씨 예보의 값과 비교해 보면 된다. 온도 센서 기능이 적절히 동작하는지 확인하려면 센스 HAT를 손으로 덮어 보자. 온도가 올라가야 한다. 센스 HAT에서 얻은 온도값이 방 온도와 다를 수 있음을 염두에 두자. 이는 센서가 판독한 값이 방 온도보다 더 높은 RPi2나 RPi3 온도, 특히 디바이스가 예열된 후에 영향을 받을 수 있다.

그림 5-8에서 센스 HAT 애드온 보드에서 짧은 퍼프puff 후 기록한 온도의 시간 경과를 그렸다. 온도 피크는 확실히 눈에 띈다. 이건 과학놀이다. IoT 처리 모듈은 종종 외부 조건으로 인해 일어나는 모든 이상을 감지하고자 물리량을 지속적으로 모니터링해야 한다. 이 절에서 이런 지속적인 데이터 판독을 구현했으며, 11장, '디바이스 러닝'에서 외부 교란을 감지하는 방법을 배운다.

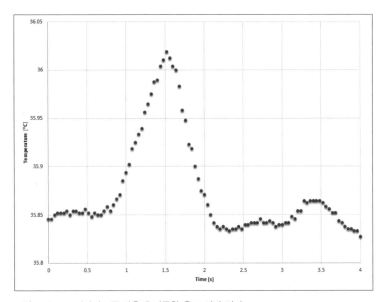

그림 5-8 IoT 디바이스를 사용해 기록한 온도 시간 경과

이 절에서 마지막으로 언급하고 싶은 부분은 대부분의 구현 시간이 비트 조작 및 바이트 배열 변환을 수행하기 위한 헬퍼 클래스를 만드는 데 집중했다는 점이다. 이들 헬퍼 클래스에서 TemperatureAndPressureSensor 클래스는 매우 명확하며, 특정 센서에 대한 로직만

포함한다. 따라서 다음 절에서 센스 HAT 애드온 보드의 다른 센서에서 판독을 처리하는데 이 기본 구현을 사용한다.

상대 습도

센스 HAT 습도 센서는 STM HTS221 모듈로 구성된다(http://bit.ly/humidity_sensor). 이 센싱 모듈은 상대 습도 센싱 요소로 폴리머 유전체 평면 커패시터를 사용한다.

대개 센서에서 획득한 데이터는 LPS25H의 경우와 비슷하게 처리된다. 먼저 WHO_AM_I 레지스터를 읽은 다음 ODR을 구성하고, 마지막으로 제어 레지스터를 사용해 활성 디바이스 모드를 켠다. 이 경우 WHO_AM_I 레지스터의 기본값은 각각 0x0F와 0xBC다. 주소 0x20의 제어 레지스터에 저장된 바이트는 전원 상태(인덱스 7의 비트)과 BDU(인덱스 2의 비트), ODR(첫 번째 및 두 번째 비트)로 구성된다. 구체적으로 ODR 구성은 표 5-3에 나타냈다.

표 5-3 HTS221 모듈에 대한 출력 데이터 속도 구성

레지스터 비트 인덱스		재생률 [Hz]
0 (ODR0)	1 (ODR1)	
0	0	One-shot
1	0	1
0	1	7
1	1	12.5

제어 레지스터를 구성하고자 HumiditySensorHelper라는 또 다른 헬퍼 클래스를 작성했다(제공하는 코드의 Chapter 05/SenseHat/Helpers/HumiditySensorHelper.cs 참고). 이 클래스는 TemperatureAndPressureSensorHelper 클래스와 일맥상통한다. ODR 처리에 있어 약간의 차이점이 있을 뿐이다. 따라서 이 클래스의 자세한 설명은 생략한다.

이어서 원시 습도값 h_r을 판독하는 것도 앞 절에서와 비슷하게 처리한다. 즉 0x28와 0x29 레지스터에서 값을 읽은 다음 16비트 부호 있는 정수로 변환한다. 하지만 상대 습도 $H_\%$로의 변환(기상 관측소에서 제공)은 선형보간이 필요하다.

$$H_\%(h_r) = \left(\frac{h_1 - h_0}{t_1 - t_0}\right)(h_r - t_0) + t_1$$

계수 h_0, h_1은 0x30, 0x31 두 레지스터에서 부호 없는 8비트 정수로 저장된다. 센서 데이터시트에 따라 이들 값을 얻은 후 2로 나눠야 한다. 이어서 레지스터 0x36, 0x37, 0x3A를 읽어 t_0, t_1 계수를 각각 얻어야 한다. 이들 값은 부호 있는 16비트 정수이므로 이 목적으로 `RegisterHelper` 클래스의 `GetShort` 메서드를 사용할 수 있다. h_0, h_1, t_0, t_1 계수를 모으는 전체 알고리즘 구현은 `HumiditySensor` 클래스의 private 멤버 GetHumidityScalers 내에 있다(예제 5-32와 Chapter 05/SenseHat/Sensors의 HumiditySensor.cs 파일 참고).

예제 5-32 습도 센서 메모리에서 보간 계수 가져오기

```csharp
private void GetHumidityScalers()
{
    CheckInitialization();

    const byte h0RegisterAddress = 0x30;
    const byte h1RegisterAddress = 0x31;

    const byte t0LowByteRegisterAddress = 0x36;
    const byte t0HighByteRegisterAddress = 0x37;

    const byte t1LowByteRegisterAddress = 0x3A;
    const byte t1HighByteRegisterAddress = 0x3B;

    const float hScaler = 2.0f;

    humidityScalerH0 = RegisterHelper.ReadByte(device, h0RegisterAddress) / hScaler;
    humidityScalerH1 = RegisterHelper.ReadByte(device, h1RegisterAddress) / hScaler;

    humidityScalerT0 = RegisterHelper.GetShort(device,
        new byte[] { t0LowByteRegisterAddress, t0HighByteRegisterAddress });
    humidityScalerT1 = RegisterHelper.GetShort(device,
        new byte[] { t1LowByteRegisterAddress, t1HighByteRegisterAddress });
}
```

선형 보간 계수는 런타임 동안 변경하지 않는다. 그러므로 예제 5-33에 보이는 것처럼 HumiditySensor 클래스의 Configure 메서드 내에서 한 번만 GetHumidityScalers 메서드를 호출한다.

예제 5-33 제어 레지스터 구성 후 보간 계수를 모은다.

```
protected override void Configure()
{
    CheckInitialization();

    const byte controlRegisterAddress = 0x20;
    var controlRegisterByteValue = HumiditySensorHelper.ConfigureControlByte();

    RegisterHelper.WriteByte(device, controlRegisterAddress,
        controlRegisterByteValue);

    GetHumidityScalers();
}
```

다음으로 레지스터에서 주소 0x28, 0x29에 저장된 바이트를 읽어 습도를 조회할 수 있다. 마찬가지로 앞 절에서처럼 이런 기능은 RegisterHelper 클래스의 적절한 메서드를 기반으로 한다(예제 5-34 참고).

예제 5-34 STM HTS221 센싱 유닛에서 상대 습도 얻기

```
public float GetHumidity()
{
    CheckInitialization();

    const byte humidityLowByteRegisterAddress = 0x28;
    const byte humidityHighByteRegisterAddress = 0x29;

    var rawHumidity = RegisterHelper.GetShort(device,
        new byte[] { humidityLowByteRegisterAddress, humidityHighByteRegisterAddress
        });

    return ConvertToRelativeHumidity(rawHumidity);
}

private float ConvertToRelativeHumidity(short rawHumidity)
```

```
{
    var slope = (humidityScalerH1 - humidityScalerH0) / (humidityScalerT1 -
            humidityScalerT0);

    return slope * (rawHumidity - humidityScalerT0) + humidityScalerH0;
}
```

마지막으로 상대 습도를 표시하려면 HumidityAndTemperatureSensor 클래스 인스턴스를 생성하고 앞 절에서 했던 동일한 방식으로 습도를 얻기 시작해야 한다(예제 5-35 참고). 그다음 SenseHat 앱을 다시 실행한 후 적절한 탭에서 상대 습도를 표시할 것이다(그림 5-9 참고).

예제 5-35 상대 습도 얻기

```
private HumidityAndTemperatureSensor humidityAndTemperatureSensor =
    new HumidityAndTemperatureSensor();

private async void InitSensors()
{
    // 온도와 압력 센서
    if (await temperatureAndPressureSensor.Initialize())
    {
        BeginTempAndPressureAcquisition();
    }

    // 습도
    if (await humidityAndTemperatureSensor.Initialize())
    {
        BeginHumidityAcquisition();
    }
}

private void BeginHumidityAcquisition()
{
    const int msDelayTime = 80;

    BeginSensorReading(async () =>
    {
        // 습도 센서 판독 값을 가져와 표시
        await Dispatcher.RunAsync(CoreDispatcherPriority.Normal, () =>
        {
            sensorReadings.Humidity = GetHumidity();
```

```
        });
    }, msDelayTime);
}
```

HTS221 센서는 온도도 측정할 수 있다. 이 작업은 앞서 보였던 것과 비슷하게 처리하므로 해당 모듈의 데이터시트를 사용해 독자적으로 그 기능을 구현해 보길 권장한다.

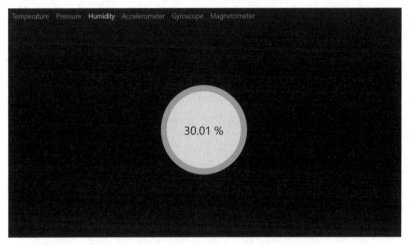

그림 5-9 센스 HAT 애드온 보드의 HTS221 센서를 사용해 수집한 상대 습도 값

가속도계 및 자이로스코프

센스 HAT의 가속도계와 자이로스코프는 STM LSM9DS1 센싱 모듈(http://bit.ly/inertial_sensor)의 구성 요소다. 이 센서는 알려진 질량 객체의 관성 운동을 사용해 선형 가속도(가속도계)와 각속도(자이로스코프)를 측정한다.

LSM9DS1는 MEMS 기술을 사용해 제조됐으므로 마이크로 스프링을 사용한다. 모듈 이동이 물체 위치 이동을 일으킨다. 이 이동을 시간으로 측정함으로써 가속도와 속도가 결정된다. 결과값은 전기적 신호로 인코딩되며, 디지털 신호로 변환돼 알맞은 레지스터에 저장된다. 앞서와 마찬가지로 가속도와 속도 값은 센서의 메모리에서 관련 값을 판독해 얻는다.

LSM9DS1의 데이터 시트에 따르면 가속도계와 자이로스코프에서 동시에 판독하고자 0x10(CTRL_REG1_G)과 0x20(CTRL_REG6_XL) 2개의 제어 레지스터를 사용해야 한다. 첫 번째, CTRL_REG6_XL 레지스터에 파워 다운 명령(0x00이라는 값)을 작성해야 한다. 두 번째, CTRL_REG1_G의 ODR을 구성한다. 이 경우 ODR 비트는 위치 5-7을 채우는데, 의미는 표 5-4에 나타냈다. ODR 구성은 헬퍼 클래스 InertialSensorHelper 내에서 구현했다 (Chapter 05/SenseHat/Helpers/InertialSensorHelper.cs의 코드 참고).

여기서는 238Hz 재생률을 사용하므로 InertialSensor 클래스의 Configure 메서드는 예제 5-36에 기술된 형식을 취하고, 따라서 CTRL_REG1_G에 작성한 값은 0000 0001(즉 0x80)이다. 선형 가속도와 각속도를 동시에 측정하고자 2개의 제어 레지스터가 구성된다. 첫 번째 CTRL_REG6_XL는 0x00이다. 그다음 CTRL_REG1_G을 사용해 238Hz 샘플링 레이트를 설정한다.

표 5-4 LSM9DS1 모듈에 대한 출력 데이터 레이트와 파워 다운 구성

레지스터 비트 인덱스			재생률 [Hz]
5 (ODR0)	6 (ODR1)	7 (ODR2)	
0	0	0	Power down
1	0	0	14.9
0	1	0	59.5
1	1	0	119
0	0	1	238
1	0	1	476
0	1	1	952

예제 5-36 InertialSensor 클래스의 Configure 메서드

```
protected override void Configure()
{
    CheckInitialization();

    // 6XL 레지스터에 파워 다운 작성
    const byte controlRegister6XlAddress = 0x20;
    const byte controlRegister6XlByteValue = 0x00;
```

```
    RegisterHelper.WriteByte(device, controlRegister6XlAddress,
                             controlRegister6XlByteValue);

    // 자이로스코프와 가속도계 사용
    const byte controlRegister1GAddress = 0x10;
    var controlRegister1GByteValue = InertialSensorHelper.ConfigureControlByte();

    RegisterHelper.WriteByte(device, controlRegister1GAddress,
                             controlRegister1GByteValue);
}
```

LSM9DS1은 세로(X), 가로(Y), 법선(Z)의 세 가지 축을 따라 가속도를 측정한다. 각속도 측
정의 경우 이들 축은 롤(R), 피치(P), 요(Y_w)로 표기한다. 각 축을 따라 판독한 가속도를 나
타내고자 제네릭 Vector3D 클래스를 사용하고 있다(예제 5-37 참고). 이 클래스는 세 가지
요소 벡터의 추상 표현이다. 이런 벡터의 각 구성 요소는 센서가 선형 가속도와 각속도를
측정하는 특정 축에 해당한다.

예제 5-37 세 가지 요소 벡터로 값을 저장하는 헬퍼 제네릭 클래스

```
namespace SenseHat.Helpers
{
    public class Vector3D<T> where T : struct
    {
        public T X { get; set; }
        public T Y { get; set; }
        public T Z { get; set; }

        public override string ToString()
        {
            return string.Format("{0} {1} {2}", X, Y, Z);
        }
    }
}
```

Vector3D 클래스에서 선형 가속도의 실제 센서 판독값은 다음처럼 처리된다(예제 5-38
참고). 먼저 X, Y, Z축을 따라 측정된 원시 측정값은 6개의 메모리 레지스터에서 수집된
다. 이들 레지스터의 메모리 위치 주소는 0x28와 0x29(X), 0x2A와 0x2B(Y), 0x2C와

0x2D(Z)다. 다음으로 이들 바이트의 각 쌍은 부호 있는 16비트 정수로 바뀌며, 적절하게
크기가 다시 적절하게 조정된다.

예제 5-38 선형 가속도의 센서 판독

```
public Vector3D<float> GetLinearAcceleration()
{
    var xLinearAccelerationRegisterAddresses = new byte[] { 0x28, 0x29 };
    var yLinearAccelerationRegisterAddresses = new byte[] { 0x2A, 0x2B };
    var zLinearAccelerationRegisterAddresses = new byte[] { 0x2C, 0x2D };

    var xLinearAcceleration = RegisterHelper.GetShort(device,
        xLinearAccelerationRegisterAddresses);
    var yLinearAcceleration = RegisterHelper.GetShort(device,
        yLinearAccelerationRegisterAddresses);
    var zLinearAcceleration = RegisterHelper.GetShort(device,
        zLinearAccelerationRegisterAddresses);

    return new Vector3D<float>()
    {
        X = xLinearAcceleration / linearAccelerationScaler,
        Y = yLinearAcceleration / linearAccelerationScaler,
        Z = zLinearAcceleration / linearAccelerationScaler
    };
}
```

이들 센서에서 반환한 선형 가속도는 중력 가속도 g=9.81m/s²의 단위로 제공되며, 기본
측정 범위는 ±2g다. 따라서 센서가 반환한 원시값의 크기를 다시 조정하고자 원시 데이
터를 short.MaxValue/2로 나눴다. 여기서 2는 측정 범위에서 나온다. 그래서 결과 가속도
판독값은 각 축을 따라 ±1g의 범위다.

각속도 샘플도 동일한 방식으로 가져온다. 예제 5-39의 GetAngularAcceleration 메서드의
정의를 참고하자. STM 관성 센서에서 측정한 각속도는 6개의 레지스터를 판독해 수집되
고, 결과값을 초당 각도의 단위로 변환한다. 결과 가속도 벡터는 Vector3D 클래스를 사용해
저장한다. 선형 및 각 가속도를 얻는 데는 두 가지 차이점이 있다. 즉 예제 5-39에서 서로
다른 레지스터와 변환 스케일러를 사용한다.

예제 5-39 GetAngularAcceleration 메서드

```csharp
public Vector3D<float> GetAngularSpeed()
{
    var xAngularSpeedRegisterAddresses = new byte[] { 0x18, 0x19 };
    var yAngularSpeedRegisterAddresses = new byte[] { 0x1A, 0x1B };
    var zAngularSpeedRegisterAddresses = new byte[] { 0x1C, 0x1D };

    var xAngularSpeed = RegisterHelper.GetShort(device, xAngularSpeedRegisterAddresses);
    var yAngularSpeed = RegisterHelper.GetShort(device, yAngularSpeedRegisterAddresses);
    var zAngularSpeed = RegisterHelper.GetShort(device, zAngularSpeedRegisterAddresses);

    return new Vector3D<float>()
    {
        X = xAngularSpeed / angularSpeedScaler,
        Y = yAngularSpeed / angularSpeedScaler,
        Z = zAngularSpeed / angularSpeedScaler
    };
}
```

각 축을 따라 측정한 각속도 값은 메모리 위치 0x18와 0x19(R), 0x1A와 0x1B(P), 0x1C 와 0x1D(Y_w)에 저장된다. 이들 레지스터에서 수집한 값은 16비트 부호 있는 정수로 변환 한 다음 물리적으로 중요한 단위, 이 경우는 dps$^{degree per second}$로 변환해야 한다.

기본적으로 STM 관성 센서의 각속도 측정 범위는 ±245dps이므로원시 데이터는 short. MaxValue/245로 나뉜다.

이제 UI에서 선형 가속도와 각속도 측정을 표시하고자 해야 할 작업은 예제 5.40에서처럼 MainPage.xaml.cs 파일의 InertialSensor 클래스의 선행 public 메서드를 적절히 호출하 는 것이다(관성 센서의 판독값은 5분마다 새로 고침된다).

예제 5-40 MainPage 클래스 정의 중 일부

```csharp
private SensorReadings sensorReadings = new SensorReadings();

private TemperatureAndPressureSensor temperatureAndPressureSensor =
    new TemperatureAndPressureSensor();
private HumidityAndTemperatureSensor humidityAndTemperatureSensor =
    new HumidityAndTemperatureSensor();
```

```csharp
private InertialSensor inertialSensor = new InertialSensor();

public MainPage()
{
    InitializeComponent();

    InitSensors();
}

private async void InitSensors()
{
    // 온도와 압력 센서
    if (await temperatureAndPressureSensor.Initialize())
    {
        BeginTempAndPressureAcquisition();
    }

    // 습도
    if (await humidityAndTemperatureSensor.Initialize())
    {
        BeginHumidityAcquisition();
    }

    // 관성
    if (await inertialSensor.Initialize())
    {
        BeginAccelerationAndAngularSpeedAcquisition();
    }
}

private void BeginTempAndPressureAcquisition()
{
    const int msDelayTime = 40;

    BeginSensorReading(async () =>
    {
        // 센서 판독값을 가져와 표시하기
        await Dispatcher.RunAsync(CoreDispatcherPriority.Normal, () =>
        {
            sensorReadings.Temperature = temperatureAndPressureSensor.GetTemperature();
            sensorReadings.Pressure = temperatureAndPressureSensor.GetPressure();
        });
    }, msDelayTime);
}
```

이제 SenseHat 애플리케이션을 실행해 관성 센서에서 판독한 값을 확인할 수 있다. RPi2나 RPi3 위에 센스 HAT를 얹고 움직이지 않는 상태일 때 가속도계는 단순히 중력을 측정한다. 그런 경우 Z축을 따라 약 1g의 값을 알려 준다. 하지만 RPi2 디바이스를 회전하기 시작할 때 선형 가속도 판독값이 변한다. 더욱이 그림 5-11에 보이는 것처럼 디바이스를 얼마나 빨리 흔들거나 움직였는지를 반영해 각속도를 변경한다.

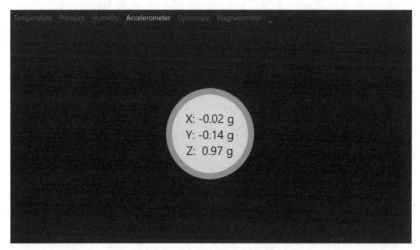

그림 5-10 SenseHat 애플리케이션을 사용해 수집한 가속도계 판독값 샘플

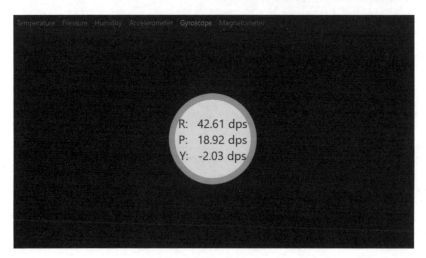

그림 5-11 MEMS 자이로스코프를 사용해 측정한 IoT 디바이스 각속도 샘플

자기계

자기계^{magnetometer} 또한 LSM9DS1 모듈의 구성 요소지만 별도 메모리 레지스터를 가지므로 이 요소를 독립적으로 구성한다. 자계 센서를 사용하고 구성하려면 2개의 레지스터를 조작해야 한다. 이들 레지스터는 CTRL_REG1_M(0x20)와 CTRL_REG3_M(0x22)이다. 전자는 그림 5-12에 보이는 것처럼 성능 모드(비트 5와 6)와 ODR(비트 2-4)를 구성하는 데 사용된다. 더욱이 최상위 비트(인덱스 7)를 사용하면 온도 보정을 활성화할 수 있으며, 반면에 최하위 비트를 사용하면 센서 자체 테스트를 사용 또는 해제할 수 있다. 게다가 인덱스 1의 비트를 사용하면 80Hz보다 더 높은 샘플링 레이트를 패스트 ODR 모드로 사용할 수 있다. 그렇지만 자기계 샘플링 레이트(ODR)는 표 5-5에 보이는 것처럼 3개의 비트로 매개변수화된다(ODR0, ODR1, ODR2는 각각 CTRL_REG1_M 레지스터의 인덱스 2-4의 비트 값을 나타낸다. 그림 5-12 참고). 여기서는 `MagneticFieldSensorHelper` 클래스의 `SetOdr` 메서드 내에서 ODR 구성을 구현했다. 함께 제공되는 코드를 참고하자(Chapter 05/SenseHat/Helpers/MagneticFieldSensorHelper.cs). 이 구현은 `BitArray` 클래스를 기반으로 하며, 이미 알려진 기법을 사용하므로 구체적인 설명은 생략한다.

Bit index	0	1	2	3	4	5	6	7
Function	Self-test	Fast ODR	Output Data Rate (ODR)			Performance mode		Temperature compensation

그림 5-12 센스 HAT 자기계의 CTRL_REG1_M 레지스터의 구조. 이 레지스터는 센서 자체 테스트 활성화는 별도로 샘플링 레이트, 성능, 온도 보상을 구성하는 데 사용된다.

표 5-5 STM LSM9DS1 관성 모듈의 자기계의 출력 데이터 레이트 구성

레지스터 비트 인덱스			샘플링 레이트 [Hz]
5 (ODR0)	6 (ODR1)	7 (ODR2)	
0	0	0	0.625
1	0	0	1.25
0	1	0	2.50
1	1	0	5.00

레지스터 비트 인덱스			샘플링 레이트 [Hz]
5 (ODR0)	6 (ODR1)	7 (ODR2)	
0	0	1	10.0
1	0	1	20.0
0	1	1	40.0
1	1	1	80.0

자기계는 저전력(비트 설정: 00)과 중간 성능(비트 설정: 10), 고성능(비트 설정: 01), 초고성능 (비트 설정: 11)의 몇 가지 다른 모드로 동작할 수 있다. 성능 구성을 SetPerformance 메서드 내에서 구현했다. 이 메서드의 정의는 SetOdr과 유사하므로 설명은 생략한다.

SetPerformance와 SetOdr 두 가지 메서드는 CTRL_REG1_M 레지스터를 구성하고자 MagneticFieldSensorHelper 클래스의 public ConfigureSensingParameters 메서드 내에서 사용된다.

앞서 설명한 레지스터 CTRL_REG1_M으로 자기계를 활성화할 수 없다. 이를 위해 또 다른 레지스터인 CTRL_REG_3_M(0x22)를 사용해야 한다. 그림 5-13에서 그 구조를 나타냈다. 어떤 기능도 제어하지 않는 3개의 비트(3, 4, 6)가 있지만, 자기계의 적절한 동작을 위해 0 으로 설정해야 한다. 비트 7은 I^{2}C 인터페이스를 비활성화할 수 있다. 하지만 여기서는 바람직하지 않으므로 이 비트는 기본값으로 남긴다. 다음으로 인덱스 5의 비트는 SPI 모드를 제어한다. 하지만 여기서는 SPI 인터페이스를 사용하지 않으므로 이 비트 역시 변경하지 않는다. 인덱스 2의 비트는 자기계를 저전력 모드로 전환하는 데 사용될 수 있으며, 샘플 링은 가장 낮은 ODR, 즉 0.625Hz(매 1.6초)로 수행된다.

Bit index	0	1	2	3	4	5	6	7
Function	Operating mode		Low-power mode	-		SPI mode	-	Disable I^{2}C

그림 5-13 센스 HAT 자기계의 CTRL_REG_M3의 구조

마지막으로 실제 센서 작동 모드는 인덱스 0과 1의 두 가지 비트를 사용해 구성한다. 표 5-6에 보이는 것처럼 자기계는 연속 변환(비트 설정: 00), 단일 변환(비트 설정: 0), 전원 끄기(비트 설정: 11 또는 10)의 세 가지 다른 모드로 작동할 수 있다. 연속 변환 모드에서 센서는 CTRL_REG1_M 레지스터에서 지정한 샘플링 레이트로 자기장 판독값을 연속적으로 업데이트한다. 단일 변환 모드는 자기장이 한 번만 업데이트되는 단발 처리 모드다. 끝으로 전원 끄기 모드는 자기장이 전혀 측정되지 않는다. 모든 모드에서 자기장 구성 요소를 포함하는 레지스터를 읽을 수 있더라도 이들 값은 전원 끄기 모드에서는 업데이트되지 않으며, 단일 변환 모드에서 한 번만 업데이트된다.

표 5-6 CTRL_REG_M3 레지스터의 자기계 OM(Operating Mode) 비트 인코딩(그림 5-13 참고)

레지스터 비트 인덱스		작동 모드
0 (OM0)	1 (OM1)	
0	0	연속 변환
1	0	단일 변환
0	1	전원 끄기
0	1	

작동 모드를 구성하고자 MagneticFieldSensorHelper 클래스의 적절한 메서드 SetOperating Mode를 구현했다. 이 메서드의 정의는 앞서의 기능과 유사하므로 여기서는 명시적으로 설명하지 않지만, 함께 제공되는 코드에서 찾을 수 있다. SetOperatingMode 메서드는 MagneticFieldSensorHelper 클래스의 public ConfigureOperatingMode 내에서 호출된다.

자기계 판독값을 얻고자 MagneticFieldSensor 클래스를 구현했다(Chapter 05/SenseHat/ Sensors/MagneticFieldSensor.cs 코드 참고). 앞서처럼 2개의 헬퍼 메서드 ConfigureOpera tingMode와 ConfigureSensingParameters를 호출하는 Configure 메서드를 재정의했다(예제 5-41 참고). 다음으로 각 축(X, Y, Z)의 실제 센서 판독값은 6개의 레지스터 0x28와 0x29(X), 0x2A와 0x2B(Y), 0x2C와 0x2D(Z)를 읽어 수집한다. 이 기능은 가속도 판독의 경우처럼 처리하므로 예제 5-42에서 나타낸 해당 구현은 자기계에서 보고한 값이 가우스 (G) 단위로 제공됐다는 사실을 제외하고는 유사해서 추가 설명이 필요 없다. 따라서 ±4G 의 기본 측정 범위의 경우 원시 16비트 부호 있는 정수는 short.MaxValue/4로 나눈다.

예제 5-41 자기계 구성

```csharp
protected override void Configure()
{
    CheckInitialization();

    // 자기계 활성화
    const byte operatingModeControlRegisterAddress = 0x22;
    var operatingModeResiterValue = MagneticFieldSensorHelper.ConfigureOperatingMode();

    RegisterHelper.WriteByte(device, operatingModeControlRegisterAddress,
        operatingModeResiterValue);

    // 센싱 매개변수 구성(ODR, performance)
    const byte controlRegisterAddress = 0x20;
    var controlRegisterByteValue = MagneticFieldSensorHelper.ConfigureSensingParameters();

    RegisterHelper.WriteByte(device, controlRegisterAddress, controlRegisterByteValue);
}
```

예제 5-42 자기계 필드는 6개의 레지스터 0x28~0x2D에서 값을 읽어 수집된다.

```csharp
public Vector3D<float> GetMagneticField()
{
    var xMagneticFieldRegisterAddresses = new byte[] { 0x28, 0x29 };
    var yMagneticFieldRegisterAddresses = new byte[] { 0x2A, 0x2B };
    var zMagneticFieldRegisterAddresses = new byte[] { 0x2C, 0x2D };

    var xMagneticField = RegisterHelper.GetShort(device, xMagneticFieldRegisterAddresses);
    var yMagneticField = RegisterHelper.GetShort(device, yMagneticFieldRegisterAddresses);
    var zMagneticField = RegisterHelper.GetShort(device, zMagneticFieldRegisterAddresses);

    return new Vector3D<float>()
    {
        X = xMagneticField / scaler,
        Y = yMagneticField / scaler,
        Z = zMagneticField / scaler
    };
}
```

이것들을 모두 통합하고자 예제 5-43에 보이는 것처럼 MagneticFieldSensor 클래스를 MainPage.xaml.cs에 넣었다. MainPage.xaml.cs의 이 코드 조각은 MagneticFieldSensor 클래스를 어떻게 사용하는지 소개했다. 자기계 판독값은 13ms마다 업데이트되는데 대략 80Hz의 샘플링 레이트에 해당한다.

예제 5-43 MainPage.xaml.cs 파일에서 MagneticFieldSensor 클래스 통합하기

```
public sealed partial class MainPage : Page
{
    private MagneticFieldSensor magneticFieldSensor = MagneticFieldSensor.Instance;

    private async void InitSensors()
    {
        // 온도와 압력 센서
        if (await temperatureAndPressureSensor.Initialize())
        {
            BeginTempAndPressureAcquisition();
        }

        // 습도
        if (await humidityAndTemperatureSensor.Initialize())
        {
            BeginHumidityAcquisition();
        }

        // 관성
        if (await inertialSensor.Initialize())
        {
            BeginAccelerationAndAngularSpeedAcquisition();
        }

        // 자기장
        if (await magneticFieldSensor.Initialize())
        {
            BeginMagneticFieldAcquisition();
        }
    }

    private void BeginMagneticFieldAcquisition()
    {
        const int msDelayTime = 13;
```

```
    BeginSensorReading(async () =>
    {
        // 센서 판독값을 얻어 표시하기
        await Dispatcher.RunAsync(CoreDispatcherPriority.Normal, () =>
        {
            sensorReadings.Magnetometer = magneticFieldSensor.GetMagneticField();
        });
    }, msDelayTime);
    }
}
```

전형적인 실내 환경에서 자기계는 지구의 자기장을 측정해야 한다. 따라서 그림 5-14에 보이는 것처럼 결과 판독값은 위치에 따라 0.25~0.65G의 범위다.

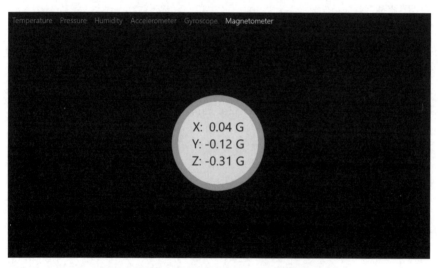

그림 5-14 SenseHat 애플리케이션 UI의 마지막 탭에 나타낸 샘플 자기계 판독값

선형 가속도와 각속도의 측정이 간단하므로 자기장 측정에 무엇이 필요한지 궁금할 것이다. 자기계는 기본 방위를 알아내는 데 사용될 수 있으므로 스마트폰에서 나침반을 구현하는 데 널리 사용된다. 알다시피 LSM9DS1 센싱 모듈의 표면은 3.5×3mm에 불과하므로이 센서는 모든 스마트폰이나 스마트 워치, 또는 다른 스마트 디바이스에 눈에 띄지 않게장착할 수 있다.

자기계를 사용해 기본 방위를 알아내는 문제로 다시 돌아가 보자. 이를 위해 또 다른 public 메서드 GetDirectionAngle로 MagneticFieldSensorHelper 클래스의 정의를 확장했다(예제 5-44 참고). 이 메서드는 Math 클래스의 Atan2 정적 메서드를 사용해 수집된 자기장의 X와 Y 구성 요소 사이의 각도를 알아낸다. 이후 라디안으로 제공된 결과 각도는 RadToDeg 헬퍼 메서드를 사용해 각도^{degree}로 변환한다.

예제 5-44 자기계에서 수집한 자기장 벡터를 사용해 나침반을 구현할 수 있다.

```
public static double GetDirectionAngle(Vector3D<float> sensorReading)
{
    Check.IsNull(sensorReading);

    double directionAngle;

    if (sensorReading.Y != Constants.NorthAngle)
    {
        var radAngle = Math.Atan2(sensorReading.Y, sensorReading.X);
        var degAngle = RadToDeg(radAngle);

        directionAngle = degAngle < Constants.NorthAngle ?
            degAngle + Constants.MaxAngle : degAngle;
    }
    else
    {
        directionAngle = sensorReading.X > Constants.NorthAngle
            ? Constants.NorthAngle : Constants.SouthAngle;
    }

    return directionAngle;
}

private static double RadToDeg(double radAngle)
{
    return radAngle * 180.0 / Math.PI;
}
```

각도는 -180°에서 +180°의 범위에 있다. 따라서 이 결과를 기본 방위에 필요한 0에서 360°의 범위로 전환하고자 360°의 값이 음의 각도에 추가된다.

예제 5-44에서 자기장의 Y 구성 요소가 0G인지도 체크한다. 그런 경우 방위각은 X 자기장 구성 요소가 양의 값일 때 0°(North), 그렇지 않은 경우 180°(South)의 2개의 값을 가질 수 있다.

예제 5-45에 보이는 것처럼 자기장 벡터를 얻은 후 GetDirectionAngle을 호출할 수 있다. 그다음 SenseHat 애플리케이션을 다시 실행하고 자기장 평면 XY에서 디바이스를 회전한 후(디바이스는 그라운드에 평행으로 유지), 디버그 구성을 사용하는 경우 방위각이 비주얼 스튜디오 출력 창에 표시된다. 결과값을 스마트폰의 나침반 값과 비교할 수 있다.

예제 5-45 자기계를 사용해 계산된 기본 방위각은 비주얼 스튜디오의 출력 창에 표시된다.

```
private void BeginMagneticFieldAcquisition()
{
    const int msDelayTime = 13;

    BeginSensorReading(async () =>
    {
        // 센서 판독값을 가져와 표시하기
        await Dispatcher.RunAsync(CoreDispatcherPriority.Normal, () =>
        {
            sensorReadings.Magnetometer = magneticFieldSensor.GetMagneticField();

            var directionAngle = Helpers.MagneticFieldSensorHelper.
                GetDirectionAngle(sensorReadings.Magnetometer);
            System.Diagnostics.Debug.WriteLine(directionAngle.ToString("F2"));
        });

    }, msDelayTime);
}
```

하지만 이 테스트 동안 자기계가 부정확하다는 것을 알게 된다. 자기계를 보정하지 않았기 때문이다. 이 문제는 다음 절에서 더 자세히 다룬다.

실제로 SenseHat 애플리케이션에 대한 또 다른 탭을 독립적으로 구현해 방위각을 표시할 수 있다.

센서 보정

현대의 센싱 요소들이 모두 미세 전자 기계 기술을 사용해 동일한 방식으로 제조되지만, 온도, 압력, 습도, 선형, 각 가속도, 자기장을 포함해 다양한 물리적 관측값의 정밀한 측정은 센서마다 보정이 필요하다. 이 때문에 먼저 사용하기 전에 일반적으로 스마트폰의 나침반을 보정해 봐야 한다.

대개 실제 센서 판독값은 몇 가지 이유, 예를 들어 센서 감도나 센서 최종 장착 과정 등으로 인해 정밀하지 않을지 모른다. 이런 문제는 관성 센싱 모듈에서 두드러지는데 각 방향의 판독값이 비대칭이기 때문이다. 이 영향을 확인하려면 IoT 디바이스를 바닥 표면에 놓았을 때 자기계가 Z축에 대해 보고하는 값을 기록하면 된다. 나의 경우는 센서가 평균 $-0.428G(Z1)$ 값을 보고했다. 다음으로 IoT 디바이스를 거꾸로 놓고 다시 자기계 판독값을 기록해야 한다. 나의 경우는 평균 $0.368G(Z2)$ 값을 보고했다.

이상적으로 이들 두 가지 값은 대칭이어야 한다. 즉 차이점은 부호뿐이어야 한다. 하지만 실제로 센서 판독값은 Z2에서 Z1의 절대값을 빼고 2로 나눠 결정되는 일정한 오프셋을 고려해야 한다. 이렇게 구한 값이 Z축 방향 조정 오프셋 값 C_z이며, Z축을 따라 각 자기계 판독값에서 빼야 한다.

$$C_z = \frac{Z2 - |Z1|}{2} = -0.03$$

다른 축에 대해서도 이 절차를 반복해 조정 벡터를 결정할 수 있으며, 예제 5-46에 보이는 것처럼 판독값을 수정하는 데 사용한다. 이렇게 대칭값을 얻는다.

예제 5-46 조정 오프셋으로 수정한 센서 판독값

```
public Vector3D<float> GetMagneticField()
{
    var xMagneticFieldRegisterAddresses = new byte[] { 0x28, 0x29 };
    var yMagneticFieldRegisterAddresses = new byte[] { 0x2A, 0x2B };
    var zMagneticFieldRegisterAddresses = new byte[] { 0x2C, 0x2D };
```

```
var xMagneticField = RegisterHelper.GetShort(device, xMagneticFieldRegisterAddresses);
var yMagneticField = RegisterHelper.GetShort(device, yMagneticFieldRegisterAddresses);
var zMagneticField = RegisterHelper.GetShort(device, zMagneticFieldRegisterAddresses);

return new Vector3D<float>()
{
    X = xMagneticField / scaler - calibrationOffset.X,
    Y = yMagneticField / scaler - calibrationOffset.Y,
    Z = zMagneticField / scaler - calibrationOffset.Z
};
}
```

완벽한 조정을 하려면 알려진 값의 자기장을 센서에 적용한 다음 판독값을 검증해야 한다. 이는 일반적으로 가능한 작업이 아니므로 앞서의 절차가 측정값 대칭성에 관한 기본적인 물리적 통찰을 사용해 센서 판독값을 수정하는 데 도움을 준다.

조정을 수행한 후 LSM9DS1 기반 나침반 판독값은 스마트폰 기반 나침반 판독값과 일치해야 한다. 물론 비슷한 조정을 LSM9DS1 센서의 선형 및 각 가속도 센싱 구성 요소에 수행할 수 있다.

싱글턴 패턴

전형적으로 IoT 디바이스는 특정 유형의 센서 하나만 장착하고 있다. 즉 가속도계 하나와 자이로스코프 하나, 자기계 하나를 갖고 있다. 따라서 적절한 클래스들의 인스턴스를 여러 번 생성하는 것은 옳지 않다. 대신 이른바 싱글턴^{singleton} 패턴을 구현하는 것이 좋다.

일반적으로 C#으로 구현한 스레드 안전한 싱글턴 패턴은 Instance라는 public 정적 속성을 통해 해당 클래스 인스턴스를 사용할 수 있다(http://bit.ly/singleton_cs에서 'C#의 싱글턴 구현하기' 참고). 더욱이 이 클래스는 크리티컬 섹션 내에서 private 생성자를 사용해 인스턴스가 생성되므로 스레드는 Instance 속성에 순차적으로 액세스할 수 있다.

센서 클래스에서 디자인 패턴을 적용하려면 다음을 수행해야 한다. 첫째 추가 protected 멤버로 SensorBase 클래스를 확장해야 한다.

```
protected static object syncRoot = new object();
```

둘째, 해당 센서의 각 클래스 구현에서(TemperatureAndPressureSensor, HumiditySensor, Inertial
Sensor, MagneticFieldSensor), 생성자의 액세스 한정자를 private으로 수정하고, public
Instance 속성을 구현한다. TemperatureAndPressureSensor 클래스에 대한 샘플 구현을 예
제 5-47에서 나타냈다. 스레드 동시성 문제를 피하고자 DCL^{Double-Check Locking}을 사용했다.
더욱이 volatile 키워드를 사용해 인스턴스 변수는 변수 인스턴스 생성을 완료한 후 액세스
하게 했다.

예제 5-47 C#에서 싱글턴 패턴의 스레드 안전한 구현

```
public static TemperatureAndPressureSensor Instance
{
    get
    {
        if (instance == null)
        {
            lock (syncRoot)
            {
                if (instance == null)
                {
                    instance = new TemperatureAndPressureSensor();
                }
            }
        }

        return instance;
    }
}

private static volatile TemperatureAndPressureSensor instance;

private TemperatureAndPressureSensor()
{
    sensorAddress = 0x5C;

    whoAmIRegisterAddress = 0x0F;
    whoAmIDefaultValue = 0xBD;
}
```

마지막으로 MainPage.xaml.cs를 수정해 각 센서 클래스의 Instance 속성을 사용한다. 각 센서의 추상 표현인 클래스는 필요할 때만 인스턴스가 된다.

예제 5-48 싱글턴 패턴 사용

```
private TemperatureAndPressureSensor temperatureAndPressureSensor =
    TemperatureAndPressureSensor.Instance;

private HumidityAndTemperatureSensor  humidityAndTemperatureSensor =
    HumidityAndTemperatureSensor.Instance;

private InertialSensor inertialSensor = InertialSensor.Instance;

private MagneticFieldSensor magneticFieldSensor = MagneticFieldSensor.Instance;
```

앞서의 변경이 애플리케이션 기능에 영향을 주지는 않지만, C# 애플리케이션에 대한 표준 가이드인 패턴 앤드 프랙티스Pattern and Practice를 따른다.

요약

5장은 RPi2와 RPi3에 대한 센스 HAT 애드온 보드의 다양한 센서에서 데이터를 얻고 변환하는 부분에 대한 윈도우 10 IoT 코어 기능을 살펴봤다. 이 보드는 스마트폰, 스마트워치, 액티비티 트랙커tracker 등의 많은 웨어러블 및 모바일 디바이스에서 찾을 수 있는 MEMS 센서를 사용한다. 따라서 5장을 읽으면서 얻은 지식은 이제 IoT 디바이스를 사용해 로컬 날씨 조건 분석을 위한 모바일 모니터링 시스템이나 보행 계수기, 게이밍 입력 디바이스를 만드는 데 사용할 수 있다. 더욱이 액티비티 트랙커에서 사용된 것처럼 생체 의료 측정을 위한 스마트 디바이스용 소프트웨어를 구현할 준비가 됐다. 7장에서 주파수 도메인의 센서 데이터를 분석하는 데 도움을 줄 수 있는 약간의 고급 수학 기능을 보여 줄 것이다. 이는 특히 보행 계수기나 생체 의료 애플리케이션에 유용할 수 있다.

5장 전체에서 임의로 선택한 센서 매개변수의 고정값으로 센서를 구성했다. 구성을 최소화하고 했기 때문에 센서 판독값은 최소한의 노력을 얻었다. 하지만 비트 연산자를 처리하는 BitConverter 클래스와 BitArray 클래스를 사용해 측정 범위와 같은 다른 센서 매개변수를 구성할 수 있는 메서드로 현재 클래스를 확장할 수 있다.

끝으로 센서를 조정하는 방법과 더욱이 최고의 디자인 패턴을 채택하는 방법을 배웠다.

여러분은 내가 애드온 보드를 사용한 이유가 궁금할지 모르겠다. 대규모 소프트웨어 프로젝트의 프로그래밍처럼 실세계 애플리케이션에서 전체 디바이스의 특정 기능은 전형적으로 특정 구성 요소를 제어하는 서브보드sub-board로 위임된다. 5장은 이와 비슷한 일을 한 것이다. 센스 HAT 애드온 보드는 물리적인 관측치를 센싱하는 기능을 제공하며, 6장에서 다룰 기본 I/O 디바이스 역할을 한다.

CHAPTER 6

입력과 출력

종종 IoT 디바이스는 작은 하우징에 들어가므로 전체 키보드 크기나 커다란 디스플레이가 들어갈 공간이 없고 입력과 출력도 다른 형식에 의존한다. 이를테면 입력 디바이스는 버튼이나 조이스틱이지만, 출력은 작은 LED 디스플레이 또는 터치스크린이다.

이런 디바이스가 RPi2용 센스 HAT 애드온 보드이며, 이 보드는 8×8 배열 RGB LED 보드이고, 5버튼 조이스틱이 장착돼 있다(그림 6-1 참고). 이 조이스틱은 IoT 디바이스를 제어할 수 있으며, LED 배열은 단순한 저해상도 디스플레이로 동작할 수 있다.

그림 6-1 RPi2 위에 올린 센스 HAT 애드온 보드. 손가락이 작은 조이스틱 위에 있다. 이 조이스틱은 전형적인 게임 컨트롤러와는 관련 없지만, 예를 들어 마이크로스위치와 같은 매우 유사한 구성 요소를 사용해 만들었다. 이들 스위치는 GPIO 입력을 통해 기록되는 신호를 생성하며, 여기서 보이는 것과 같이 LED 배열처럼 다른 IoT 요소와 결합된다.

조이스틱은 형식상 마이크로 버튼(마이크로 스위치)의 집합이기 때문에 촉각 버튼으로 생성된 GPIO 입력을 처리하는 방식의 예제로 6장을 시작한다. 촉각 버튼은 마이크로 스위치로 구성되며, 이 버튼을 누를 때 신호를 생성한다. 다음으로 센스 HAT 조이스틱과 LED 배열을 활용하는 UWP 앱을 작성하고, 제스처를 처리하는 방법을 설명한다.

촉각 버튼

그림 6-2에 보이는 것처럼 촉각 버튼은 라즈베리 파이 2/3용 윈도우 10 IoT 코어 팩의 일부다. 버튼을 누르면 마이크로 스위치를 활성화시키고, 내부 회로를 논리적인 켜짐^{on} 상태로 만든다. 이런 디바이스는 IoT 디바이스의 선택한 기능을 스위치로 켜거나 끄는 데 사용할 수 있다. 특히 RPi2의 녹색 ACT LED를 깜박이는 데 사용할 수 있다. 그렇게 하려면 먼저 무납땜 브레드보드를 통해 RPi2에 버튼을 연결한다. 연결 스키마는 외부 LED를 구동하고자 2장, '디바이스용 유니버설 Windows 플랫폼'에서 사용한 것과 매우 비슷하다. 하지만 추가 저항을 사용할 필요 없으며, GPIO 확장 헤더를 액세스하고자 센스 HAT 애드온보드를 벗겨야 한다.

그림 6-2 촉각 버튼은 아주 간단한 입력 디바이스다(www.adafruit.com 제공).

촉각 버튼은 4개의 다리를 갖고 있으며, 그림 6-3에서는 D1, D3, G59, G57라는 브레드보드 포인트에 연결했다. 2개의 점퍼선을 사용해 하나는 GPIO5(RPi2 GPIO 헤더에서 핀 29)와 브레드보드 포인트 J59를 연결하고, 나머지 하나는 RPi2의 그라운드 포트(예, 핀 25나 39)와 H57 포인트를 연결한다. 이 구성이 액티브 로$^{active-low}$ 상태다.

그림 6-3 무납땜 브레드보드를 사용해 RPi2에 연결한 촉각 버튼. 빨간 점퍼선은 그라운드(핀 39)에 연결했고, 브라운 점퍼선은 GPIO5(핀 29)에 연결했다.

하드웨어 구성 요소를 연결한 다음 실제 소프트웨어를 작성한다. 여기서 UI는 필요하지 않으므로 UI 없는 애플리케이션을 구현한다. Background Application (IoT) C# 프로젝트 템플릿을 사용한다. ButtonInputBgApp이라는 애플리케이션을 만든 다음, 이 템플릿을 사용해 먼저 'Windows IoT Extensions for the UWP'를 참조하고, 두 번째로 GPIO 핀 번호 47의 상태를 변경하는 로직을 구현한다. 이 핀은 RPi2의 녹색 ACT LED의 상태를 제어한다.

노트 | RPi3은 이 LED가 없으므로 샘플을 실행하려면 2장에서 만든 외부 LED 회로를 사용할 수 있다.

3장, '윈도우 IoT 프로그래밍 에센셜'에서 봤던 것처럼 UI 없는 앱의 기본 애플리케이션 로직은 StartupTask 클래스 내에서 구현했다. 이 클래스의 전체 구현은 GPIO 입력을 처리하는 함께 제공되는 코드 'Chapter 06/ButtonInputBgApp/StartupTask.cs'에서 찾을 수 있다. 이 구현은 2장과 3장에서 보였던 것처럼 LED 상태를 제어하는 비슷한 메서드로 구성한다.

예제 6-1은 GpioPin 클래스의 멤버를 사용해 GPIO 핀에 연결된 버튼의 상태 변경을 처리하는 방법을 소개했다. 첫째 버튼이 눌려질 때 받은 신호가 유효한 로직(하이 또는 로) 상태가 되도록 구동 모드를 InputPullUp으로 변경한다. 둘째, ValueChanged 이벤트에 핸들러를 연결한다. 버튼을 누르거나 놓을 때 이벤트가 발생한다. 버튼을 누를 때 마이크로 스위치에서 2개의 접점 사이의 거리는 줄어들게 되므로 노이즈에 영향을 받기 쉽기 때문에 논리 레벨이 변경될 수 있다. ValueChanged 이벤트가 여러 번 일어날 수 있다. 이 문제를 극복하고자 debouncing을 사용해 노이즈가 생성한 신호를 필터링할 수 있다. 이렇게 함으로써 GpioPin 클래스 인스턴스의 DebounceTimeout 속성으로 구성하는 지정 시간 동안 단일 디지털 신호만 GPIO 컨트롤러에 의해 등록되게 한다.

예제 6-1 입력 디바이스를 사용해 LED 제어하기

```
public sealed class StartupTask : IBackgroundTask
{
    private const int buttonPinNumber = 5;
    private const int ledPinNumber = 47;

    private const int debounceTime = 20;

    private GpioPin ledPin;
    private BackgroundTaskDeferral bgTaskDeferral;

    public void Run(IBackgroundTaskInstance taskInstance)
    {
        bgTaskDeferral = taskInstance.GetDeferral();

        var buttonPin = ConfigureGpioPin(buttonPinNumber, GpioPinDriveMode.InputPullUp);
        if (buttonPin != null)
        {
            buttonPin.DebounceTimeout = TimeSpan.FromMilliseconds(debounceTime);
            buttonPin.ValueChanged += ButtonPin_ValueChanged;

            ledPin = ConfigureGpioPin(ledPinNumber, GpioPinDriveMode.Output);
            if (ledPin != null)
            {
                ledPin.Write(GpioPinValue.Low);
            }
        }
        else
        {
            bgTaskDeferral.Complete();
        }
    }
```

```
private void ButtonPin_ValueChanged(GpioPin sender, GpioPinValueChangedEventArgs args)
{
    if (ledPin != null)
    {
        var newValue = InvertGpioPinValue(ledPin);

        ledPin.Write(newValue);
    }
}

// 여기에 ConfigureGpioPin과 InvertGpioPinValue 메서드. 함께 제공되는 코드 참고
}
```

 노트 | 외부 LED 회로를 사용한다면 ledPinNumber의 값을 업데이트해야 한다.

예제 6-1에서 BackgroundTaskDeferral 객체를 사용했다. 이 객체는 BackgroundTaskDeferral 클래스 인스턴스의 Complete 메서드가 호출될 때까지 런타임에 의해 백그라운드 작업이 종료되지 않게 한다. 이 접근 방식은 GpioPin 클래스가 내부적으로 만든 작업자 스레드를 사용해 GPIO 핀 값의 모든 변경을 모니터링하고 ValueChanged 이벤트를 사용해 보고하기 때문에 필요하다. 백그라운드 작업 지연이 없다면 Run 메서드 완료 후 애플리케이션을 종료하므로 GpioPin 클래스 인스턴스는 ValueChanged 이벤트를 일으킬 기회조차 갖지 못한다.

ButtonInputBgApp을 테스트하고자 앱을 IoT 디바이스에 배포한다. 녹색 ACT LED(또는 외부 LED)가 버튼을 누를 때마다 켜진다(그림 6-4 참고).

그림 6-4 버튼이 눌러질 때 인터럽트가 생성되고, RPi2의 녹색 ACT 온보드 LED가 켜진다. IoT 디바이스의 오른쪽 구석을 확인하자. 이 사진을 그림 6-3의 사진과 비교해 보자.

조이스틱

센스 HAT 애드온 보드의 조이스틱은 5개의 버튼(마이크로 스위치)으로 구성된다. 네 가지 방향 중 한 방향으로 스틱을 이동하거나 누를 때 해당 마이크로 스위치가 활성화돼 인터럽트를 생성한다. 이 신호는 센스 HAT 애드온 보드의 Atmel 마이크로컨트롤러가 등록하고 저장한다. 현재 조이스틱 상태를 읽으려면 I²C 버스와 0x46의 주소를 사용해 마이크로컨트롤러에 요청을 보낸다. 이 동작은 센서에서 데이터를 판독하는 것과 비슷하다. 따라서 다음 IoT 애플리케이션에 대한 빌딩 블록으로서 앞서 개발한 헬퍼 클래스를 사용할 수 있다.

조이스틱 마이크로 스위치는 상, 하, 좌, 우 방향에 해당한다(그림 6-5 참고). 센스 HAT가 위로 향하도록 RPi2 보드가 위치한 경우 조이스틱의 왼쪽과 오른쪽 방향은 RPi2의 긴 쪽과 평행하다. 따라서 위와 아래 조이스틱 방향은 더 긴 RPi2 쪽에 수직이다. 오른쪽 조이스틱 버튼은 RPi2의 LAN과 USB 포트 방향이며, 왼쪽 버튼은 LED 배열 방향이다.

추가 마이크로 스위치는 조이스틱을 아래로 누를 때 활성화된다. 이 버튼은 Enter로 정의 됐다(그림 6-5의 문자 E).

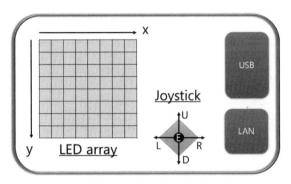

그림 6-1 디바이스가 위로 향한다고 가정한 RPi2의 센스 HAT 애드온 보드의 스케치. L, U, D, R과 E는 각각 조이스틱 버튼을 좌, 상, 하, 우 이동과 Enter를 누르는 동작을 나타낸다. 이 그림은 또한 6장 뒤에서 사용하는 LED 인덱싱을 위한 좌표계를 소개했다.

센스 HAT 조이스틱 버튼

센스 HAT를 얘기할 때 공식 라즈베리 파이 웹사이트와 일관성을 갖고자 조이스틱 버튼이라는 용어를 사용한다. 센스 HAT 조이스틱의 버튼을 전형적인 게임 컨트롤러의 버튼과 비교할 수 없더라도 저수준의 관점에서 비슷한 개념을 사용하는데, 구체적으로 말하면 마이크로 스위치가 접촉 상태에 있을 때 GPIO 신호를 생성한다. 따라서 조이스틱 버튼과 마이크로 스위치 용어는 서로 바꿔쓸 수 있다.

미들웨어 계층

조이스틱 상태에 관한 정보는 한 바이트의 5개 비트를 사용해 인코딩되며, 센스 HAT 애드온 보드에서 저장한다. 이 바이트의 각 비트는 LSB에서 시작하며, 아래, 오른쪽, 위, 엔터, 왼쪽 버튼에 해당한다(표 6-1 참고). 적절한 마이크로 스위치가 눌려질 때 해당 비트는 1로 설정된다. 현재 누른 마이크로 스위치에 관한 정보를 디코딩하고자 5장, '센서의 데이터 판독'에서 설명한 BitArray 클래스나 비트 연산자를 사용할 수 있다.

별도 Joystick 클래스를 구현할 예정이며, 이 클래스는 조이스틱의 추상 표현이다. 이 클래스는 센스 HAT 애드온 보드에 요청을 보내 현재 조이스틱 상태를 원시 바이트로 얻는다. 이 바이트는 BitArray 클래스를 사용해 디코딩되고, 현재 눌려진 조이스틱 마이크로 스위치에 관한 정보는 커스텀 이벤트를 사용해 모든 리스너에 전파된다. 조이스틱을 활용하는 모든 애플리케이션이 이런 내부적 기능을 알 필요는 없으며, 적절한 이벤트를 간단히 처리할 수 있다. 해야 할 작업은 저수준 디바이스 기능을 고수준 API로 변환하는 미들웨어를 구현하는 일이다.

표 6-1 조이스틱 상태 인코딩

비트 인덱스	0	1	2	3	4
버튼	Down	Right	Up	Enter	Left
마이크로 스위치가 활성화될 때 숫자 값	1	2	4	8	16

이 기능의 전체 구현은 함께 제공하는 코드(Chapter 06/SenseHatIO)를 참고하자. Sense HatIO라는 새로운 비어 있는 UWP 프로젝트를 만들어 시작한다. 다음으로 Windows IoT Extensions for the UWP를 참조한 다음 5장에서 개발하는 방법을 보였던 I2cHelper.cs, RegisterHelper.cs, Check.cs라는 파일을 프로젝트에 추가한다.

이어서 이벤트 인수를 나타내는 JoystickEventArgs 클래스를 작성했다. 예제 6-2와 함께 제공하는 코드의 파일을 참고하자(Chapter 06/SenseHatIO/SenseHatJoystick/JoystickEvent Args.cs). 여기서 구현된 클래스는 JoystickButton과 JoystickButtonState라는 2개의 열거 형식을 사용한다. 전자는 사용 가능한 조이스틱 버튼 Down, Right, Up, Enter, Left를 표현하고, JoystickButtonState는 가능한 버튼 상태인 Pressed, Holding, Released에 해당한다. 게다가 JoystickButton과 JoystickButtonState 열거형은 이벤트 리스너에게 조이스틱이 중립에 있어서 쉽게 가늠할 수 없는 상태에 있음을 알리는 데 사용되는 None 요소를 정의한다.

예제 6-2 전용 클래스를 사용해 조이스틱 버튼과 그 상태를 전달한다.

```
public class JoystickEventArgs : EventArgs
{
    public JoystickButton Button { get; private set; }

    public JoystickButtonState State { get; private set; }

    public JoystickEventArgs(JoystickButton button, JoystickButtonState state)
    {
```

```
            Button = button;
            State = state;
    }
}

public enum JoystickButton : byte
{
    None = 0, Down = 1, Right = 2, Up = 4, Enter = 8, Left = 16
}

public enum JoystickButtonState : byte
{
    None = 0, Pressed, Holding, Released
}
```

열거형을 정의한 후 헬퍼 클래스 JoystickHelper를 준비한다.(Chapter 06/SenseHatIO/Sense
HatJoystick/JoystickHelper.cs 참고). JoystickHelper는 GetJoystickButton과 GetJoystick
ButtonState라는 2개의 정적 메서드를 포함한다. 첫 번째 GetJoystickButton은 센스 HAT
애드온 보드에서 얻은 정보에 따라 현재 눌려진 조이스틱 버튼에 관한 정보를 디코딩한다.
BitArray 클래스를 활용하고 Atmel 마이크로컨트롤러에서 얻은 단일 바이트를 사용해 이
클래스 인스턴스를 생성한다. 그래서 부울 변수의 결과 배열은 자동으로 어느 버튼이 활성
화됐는지 알려 준다. 여기서는 예제 6-3에 보인 것처럼 이 배열 요소를 반복하면서 어느
비트가 설정됐는지 확인하고, 어느 조이스틱 버튼이 눌려졌는지 추론하는 데 이 비트를 사
용한다.

예제 6-3 현재 눌려진 조이스틱 버튼에 관한 정보는 BitArray 클래스를 사용해 센스 HAT 애드온 보드에서 얻은
단일 바이트를 디코딩한다.

```
public static JoystickButton GetJoystickButton(byte buttonInput)
{
    var bitArray = new BitArray(new byte[] { buttonInput });

    var joystickButton = JoystickButton.None;

    for (int i = 0; i < bitArray.Length; i++)
    {
        if (bitArray[i])
```

```
    {
        var numValue = Convert.ToByte(Math.Pow(2, i));

        if (Enum.IsDefined(typeof(JoystickButton), numValue))
        {
            joystickButton = (JoystickButton)numValue;
        }

        break;
    }
}

return joystickButton;
}
```

버튼을 눌렀는지 또는 누른 상태를 유지하는지 아니면 놓았는지 여부를 추론하고자 현재 활성 버튼 상태를 이전 상태와 비교하는 추가 로직을 작성했다. 두 상태가 같다면 버튼은 사용자가 누른 상태를 유지(Holding 상태)하거나 손을 뗀(None 상태) 상태다. 그다음으로 이전 상태가 None인지 검사한다. None이라면 조이스틱의 상태는 None(그렇지 않으면 Holding)이다.

마찬가지로 현재 누른 버튼이 이전 상태와 다를 때 조이스틱 상태를 조사할 수 있다. 그런 경우 조이스틱은 Pressed 상태이며, 이전 상태는 None이었다. 따라서 버튼은 이전 상태가 Pressed였을 때 Released가 된다.

앞서의 조건 검사는 예제 6-4에 보이는 `JoystickHelper` 클래스의 `GetJoystickButtonState` 메서드 내에서 수행된다.

예제 6-4 현재 및 이전 상태에서 추론된 현재 조이스틱 상태. JoystickButtonState 열거형의 값 중 하나로 표시.

```
public static JoystickButtonState GetJoystickButtonState(JoystickButton currentButton,
    JoystickButton previousButton, JoystickButtonState previousButtonState =
JoystickButtonState.None)
{
    var buttonState = previousButtonState;

    if (currentButton != previousButton)
```

```
    {
        switch (previousButtonState)
        {
            case JoystickButtonState.None:
                buttonState = JoystickButtonState.Pressed;
                break;

            case JoystickButtonState.Holding:
                buttonState = JoystickButtonState.Released;
                break;
        }
    }
    else
    {
        if (currentButton == JoystickButton.None)
        {
            buttonState = JoystickButtonState.None;
        }
        else
        {
            buttonState = JoystickButtonState.Holding;
        }
    }

    return buttonState;
}
```

조이스틱 상태를 바이트 인코딩한 값을 얻으려면 센스 HAT 애드온 보드의 마이크로 컨트롤러에 적절한 요청을 전송하고 RegisterHelper 클래스의 정적 ReadByte 메서드를 사용해 주소 0xF2 레지스터에서 한 바이트를 읽어야 한다. 센스 HAT 애드온 보드의 마이크로컨트롤러는 80Hz 주기로 조이스틱의 상태를 샘플링한다. 따라서 DispatcherTimer 클래스를 사용해 12ms마다 센스 HAT로 요청한다.

센스 HAT 애드온 모드에서 새로운 바이트를 받을 때마다 이를 JoystickHelper 클래스의 정적 메서드를 사용해 디코딩하고, 결과 정보는 커스텀 이벤트를 사용해 리스너에게 전달한다. 따라서 미들웨어 계층의 사용자는 이 이벤트만 처리해 조이스틱 상태 변경을 감지해야 한다.

이 기능은 Joystick 클래스 내에서 구현했다(Chapter 06/SenseHatIO/SenseHatJoystick/Joystick.cs 참고). 이 클래스에서 DispatcherTimer를 구성하고 DispatcherTimer 클래스 인스턴스의 Interval 이벤트 핸들러를 사용해 I²C 인터페이스로 주기적으로 센스 HAT 애드온 보드에 요청을 전송한다. 예제 6-5의 ConfigureTimer 메서드를 참고하자.

예제 6-5 Joystick 클래스의 일부

```
public class Joystick
{
    private const int msUpdateInterval = 12;
    private I2cDevice device;
    private DispatcherTimer joystickTimer;

    public Joystick(I2cDevice device)
    {
        Check.IsNull(device);

        this.device = device;

        ConfigureTimer();
    }

    private void ConfigureTimer()
    {
        joystickTimer = new DispatcherTimer();

        joystickTimer.Interval = TimeSpan.FromMilliseconds(msUpdateInterval);
        joystickTimer.Tick += JoystickTimer_Tick;

        joystickTimer.Start();
    }

    //JoystickTimer_Tick 이벤트 핸들러는 예제 6-6에서 표시.
}
```

센스 HAT에서 수신한 응답은 JoystickHelper 클래스의 정적 메서드를 사용해 처리되고, 조이스틱 버튼의 결과값과 그 상태는 적절한 private 멤버(previousButton과 previousButtonState)를 사용해 저장된다(예제 6-6 참고). 이들 값은 이어지는 처리에서 현재 조이스틱 상태를 확인하는 데 사용되기 때문에 저장한다.

예제 6-6 원시 입력 디코딩과 ButtonPressed라는 커스텀 이벤트를 사용해 고수준 API에 결과 정보 전달을 위한 Joystick 클래스의 멤버

```
public event EventHandler<JoystickEventArgs> ButtonPressed = delegate { };

private JoystickButton previousButton = JoystickButton.None;
private JoystickButtonState previousButtonState = JoystickButtonState.None;

private void JoystickTimer_Tick(object sender, object e)
{
    var rawInput = RegisterHelper.ReadByte(device, commandId);

    var buttonInfo = GetButtonInfo(rawInput);

    ButtonPressed(this, buttonInfo);
}

private JoystickEventArgs GetButtonInfo(byte buttonInfo)
{
    var currentJoystickButton = JoystickHelper.GetJoystickButton(rawInput);
    var currentJoystickButtonState = JoystickHelper.GetJoystickButtonState(
        currentJoystickButton, previousButton, previousButtonState);

    // 버튼 값과 상태 저장
    previousButton = currentJoystickButton;
    previousButtonState = currentJoystickButtonState;

    return new JoystickEventArgs(currentJoystickButton, currentJoystickButtonState);
}
```

앞서 설명한 코드는 재사용할 수 있다. 따라서 이제 다른 UWP 애플리케이션에서 종속성 클래스와 함께 Joystick 클래스를 사용할 수 있다. 이 기능을 UWP에 대한 관리되는 클래스 라이브러리로 배포할 수 있다. 자세한 내용은 부록 D, '센스 HAT 센서에 대한 클래스 라이브러리'를 참고하자.

대개 이러한 관심사 분리가 다양한 애플리케이션들 사이에서 코드를 구성, 테스트, 관리, 재사용하는 데 도움이 된다. 로직, 컨트롤, 변환기를 별도 클래스나 라이브러리로 간단히 분리한 다음 데스크톱, 모바일, 홀로그래픽, IoT UWP 애플리케이션들 간에 공유할 수 있다.

조이스틱 상태 시각화

미들웨어 계층이 준비됐으면 이제 최종 사용자에게 노출하는 실제 고수준 기능을 만들 수 있다. 이를 위해 기본 애플리케이션 뷰에서 조이스틱 상태를 설명한다. 이 뷰는 Grid 컨트롤 내에서 십자 형태로 배열된 5개의 사각형을 사용해 현재 눌려진 조이스틱 버튼을 묘사한다. 각 사각형은 사용자가 조이스틱 버튼을 눌렀을 때 배경색을 회색에서 녹색으로 바꾼다.

독립적인 뷰 구성 요소를 명시적으로 분리하고자 JoystickControl이라는 커스텀 컨트롤을 준비했다. 이 부분을 Chapter 06/SenseHatIO/Controls 아래에서 함께 제공되는 코드인 JoystickControl.xaml과 JoystickControl.xaml.cs에서 전체 구현을 제공한다.

그림 6-6은 JoystickControl의 시각적인 부분을 표시한다. 이 컨트롤은 4장, 'UI 있는 디바이스용 사용자 인터페이스 디자인'에서 설명한 XAML 레이아웃 기술을 기반으로 3×3 그리드를 사용해 십자형으로 5개의 Rectangle 컨트롤을 배치한다.

그림 6-6 JoystickControl의 중심에 위치한 사각형의 채움 색은 엔터 버튼이 활성 상태임을 가리키는 녹색이다.

하지만 추가적으로 JoystickControl과 연결된 JoystickControl.xaml.cs와 같은 코드 숨김 기능의 설명이 필요하다. 이 파일에서 구현된 클래스는 UpdateView라는 public 메서드 하나를 노출한다. 예제 6-7에 나타낸 이 메서드 정의에 따르면 UpdateView는 button과 buttonState라는 2개의 인수를 받는다. 따라서 UpdateView 메서드의 두 가지 인수는 조이스틱의 상태를 완전히 표시한다. button 인수는 JoystickControl의 Rectangle과 연결되고, buttonState는 Rectangle의 Fill 속성을 구성하는 데 사용된다.

예제 6-7 조이스틱의 상태를 반영해 사각형 배경색 변경

```
private SolidColorBrush inactiveColorBrush = new SolidColorBrush(Colors.LightGray);
private SolidColorBrush activeColorBrush = new SolidColorBrush(Colors.GreenYellow);
```

```
public void UpdateView(JoystickButton button, JoystickButtonState buttonState)
{
    ClearAll();

    if (button != JoystickButton.None)
    {
        var colorBrush = inactiveColorBrush;

        switch (buttonState)
        {
            case JoystickButtonState.Pressed:
            case JoystickButtonState.Holding:
                colorBrush = activeColorBrush;
                break;
        }

        buttonPads[button].Fill = colorBrush;
    }
}
```

 노트 | ClearAll 메서드와 buttonPads 사전의 정의를 예제 6-8에서 나타냈다.

조이스틱의 버튼과 Rectangle 컨트롤을 연결하고자 Dictionary 클래스를 사용해 구현한 buttonPads라는 조회 테이블^{LUT, Look-Up Table}을 사용했다. 예제 6-8에 보이는 것처럼 이 사전의 키는 JoystickButton 형식이며, 그 값은 Rectangle 형식이다. 따라서 특정 조이스틱 버튼을 수반한 Rectangle에 대한 액세스는 매우 간단히 얻을 수 있다. 이를테면 Up 조이스틱 버튼을 나타내는 Rectangle을 액세스하려면 다음 구문을 사용한다.

```
buttonPads[JoystickButton.Up].Fill = new SolidColorBrush(Colors.YellowGreen);
```

buttonPads LUT는 JoystickControl 클래스의 생성자 내에서 초기화된다(예제 6-8 참고). 이 생성자뿐만 아니라 UpdateView 메서드에서 헬퍼 메서드 ClearAll을 사용한다. 이 메서드를 사용해 각 Rectangle의 Fill 속성의 기본값을 회색으로 설정한다.

예제 6-8 JoystickControl 클래스의 일부 조각

```
private Dictionary<JoystickButton, Rectangle> buttonPads;

public JoystickControl()
{
    InitializeComponent();

    ConfigureButtonPadsDictionary();

    ClearAll();
}

private void ConfigureButtonPadsDictionary()
{
    buttonPads = new Dictionary<JoystickButton, Rectangle>();

    buttonPads.Add(JoystickButton.Up, Up);
    buttonPads.Add(JoystickButton.Down, Down);
    buttonPads.Add(JoystickButton.Left, Left);
    buttonPads.Add(JoystickButton.Right, Right);
    buttonPads.Add(JoystickButton.Enter, Enter);
}

private void ClearAll()
{
    foreach (var buttonPad in buttonPads)
    {
        buttonPad.Value.Fill = inactiveColorBrush;
    }
}
```

 노트 | buttonPads 사전은 클래스 생성자 내에서 초기화되지만, ClearAll은 각 사각형의 Fill 속성을 inactive ColorBrush로(연한 회색) 설정하기 위한 헬퍼 메서드다.

마지막으로 커스텀 컨트롤을 구현한 후 SenseHatIO 애플리케이션에서 Joystick 클래스와 이 컨트롤을 함께 사용할 수 있다. 먼저 이미 적절한 컨트롤을 구현했기 때문에 MainPage. xaml 파일의 콘텐츠를 수정한다. 예제 6-9에서 보듯이 MainPage.xaml 선언은 매우 간결

하다. 여기에는 JoystickControl을 선언하는 마크업과 JoystickControl의 수평 및 수직을 중앙으로 배치하는 익명 스타일 정의 하나만 포함한다.

예제 6-9 MainPage의 XAML 정의

```
<Page x:Class="SenseHatIO.MainPage"
    xmlns="http://schemas.microsoft.com/winfx/2006/xaml/presentation"
    xmlns:x="http://schemas.microsoft.com/winfx/2006/xaml"
    xmlns:local="using:SenseHatIO"
    xmlns:controls="using:SenseHatIO.Controls"
    xmlns:converters="using:SenseHatIO.Converters"
    xmlns:d="http://schemas.microsoft.com/expression/blend/2008"
    xmlns:mc="http://schemas.openxmlformats.org/markup-compatibility/2006"
    mc:Ignorable="d">

    <Page.Resources>
        <Style TargetType="controls:JoystickControl">
            <Setter Property="VerticalAlignment"
                    Value="Center" />
            <Setter Property="HorizontalAlignment"
                    Value="Center" />
        </Style>
    </Page.Resources>

    <Grid Background="{ThemeResource ApplicationPageBackgroundThemeBrush}">
        <controls:JoystickControl x:Name="SenseHatJoystickControl" />
    </Grid>
</Page>
```

예제 6-10은 적절한 I2cDevice 초기화와 이를 사용해 Joystick 클래스 인스턴스 생성을 처리하는 해당 코드 숨김을 나타냈다. 다음으로 Joystick 클래스 인스턴스의 Button Pressed 이벤트를 처리한다. 이 이벤트는 예제 6-10에 보이는 것처럼 JoystickControl의 UpdateView 메서드를 호출하는 Joystick_ButtonPressed가 처리한다. 따라서 십자형에서 적합한 사각형의 배경색은 연결된 조이스틱의 버튼을 누를 때마다 변한다(그림 6-6 참고).

```csharp
public sealed partial class MainPage : Page
{
    public MainPage()
    {
        this.InitializeComponent();
    }

    protected async override void OnNavigatedTo(NavigationEventArgs e)
    {
        base.OnNavigatedTo(e);

        await Initialize();
    }

    private async Task Initialize()
    {
        const byte address = 0x46;
        var device = await I2cHelper.GetI2cDevice(address);

        if (device != null)
        {
            joystick = new Joystick(device);
            joystick.ButtonPressed += Joystick_ButtonPressed;
        }
    }

    private void Joystick_ButtonPressed(object sender, JoystickEventArgs e)
    {
        SenseHatJoystickControl.UpdateView(e.Button, e.State);
    }
}
```

Joystick 클래스는 편리한 API를 노출하므로 UWP 뷰와 쉽게 통합됐다. 디바이스 상호작용을 담당하는 코드를 뷰와 분리했다. 따라서 MainPage의 코드 숨김이 간단하고 깔끔해 보인다.

LED 배열

출력 디바이스로 센스 HAT의 색 LED 배열을 사용할 수 있다. 특히 색 LED 배열은 기호나 컬러를 사용해 사용자에게 정보를 표시할 수 있다. 여러분의 IoT 디바이스가 외부 디스플레이에 연결되지 않은 경우 이 기능을 사용할 수 있다. LED 배열과 조이스틱은 IoT 디바이스를 제어할 수 있는 입-출력 디바이스 역할을 한다.

대체로 LED 배열은 64개의 픽셀로 구성되기 때문에 저해상도 디스플레이다. 이 값을 800만 개 이상의 픽셀을 갖는 현대 QHD 디스플레이와 비교하면 센스 HAT 애드온 보드는 현대 디스플레이 기능의 0.001% 이하다. 그러나 IoT는 특수 목적의 디바이스이므로 이들 64픽셀은 여러 특수한 기능에 충분하다.

센스 HAT 애드온 보드 LED 배열의 각 픽셀은 SMD^{Surface Mounted Device} LED로 구성된다. 이들 SMD LED는 빨간색, 녹색, 파란색 LED 세 가지를 포함한다. 각 LED에서 나오는 빛의 파장(색)을 혼합하면 최종 조명색이 나온다(http://bit.ly/cree_plcc6 참고).

센스 HAT LED는 8×8 배열로 배치된다. 각 LED의 위치는 행과 열 인덱스를 사용해 인코딩된다. Row(x)와 column(y) 인덱스는 0에서 시작해 각각 USB 포트(x)와 HTMI 포트(y) 방향으로 증가한다(그림 6-5 참고). 따라서 상단 왼쪽 구석 LED는 (0, 0)이라는 위치를 갖는다.

각 LED의 색은 3개의 5비트 값 집합을 사용해 인코딩된다. 각각은 해당 색 채널(빨간색, 녹색, 파란색)이 결과 색에 기여하는 정도를 지정한다. 이 5비트 색 스케일은 0-31 사이의 범위로 $32(2^5)$개의 개별 수준을 사용한다. 이를테면 (31, 0, 0)이라는 5비트 RGB 값은 LED를 빨간색 조명으로 구동한다. 반면, Colors 클래스(Windows.UI 네임스페이스)의 정적 멤버로 정의된 UWP 플랫폼의 색은 8비트 색 스케일을 사용한다. 따라서 8비트와 5비트 색 스케일을 매핑하고자 LUT와 다음 방정식을 사용해 변환을 구현한다.

$$C_5(C_8) = \left\lceil C_8 \frac{2^5 - 1}{2^8 - 1} \right\rceil$$

여기서 C_5와 C_8은 각각 5비트와 8비트 색 스케일의 채널값을 표시하고, 기호 $\lceil x \rceil$는 천장 함수$^{\text{ceiling function}}$를 나타낸다. 스케일링 계수의 분자 및 분모값인 $\frac{2^5 - 1}{2^8 - 1}$은 각각 5비트 및 8비트 부호 없는 정수의 최댓값에서 나온다.

비슷하게 LedArray라는 별도 클래스에서 LED 배열 제어를 담당하는 로직을 구현했다. 함께 제공되는 코드에서 이 클래스의 전체 정의를 확인할 수 있다(Chapter 06/SenseHatIo/LedArray/LedArray.cs).

LED 배열을 구동하고자 조이스틱의 경우처럼 동일한 I²C 디바이스를 사용한다. 따라서 LedArray 클래스 생성자(예제 6-11 참조)는 I2cDevice 형식의 단일 인수를 기대한다. 이 객체에 대한 참조를 저장한 후 Buffer와 pixelByteBuffer라는 2개의 배열을 초기화한다. 첫 번째 배열인 Buffer는 8×8 배열이며, 물리 LED 배열의 고수준 표현을 추상화했다. 이 배열의 각 요소는 Windows.UI.Color 형식이므로 적절한 배열 인덱스로 식별한 특정 LED의 색을 변경하는 데 사용할 수 있다. 두 번째 배열인 pixelByteBuffer는 내부적으로 Buffer 속성의 8비트 RGB 색 요소를 해당하는 5비트 부호 없는 바이트 표현으로 변환한다. 따라서 pixelByteBuffer는 각 RGB 색을 표현하는데 3바이트가 필요하기 때문에 Buffer 배열보다 3배 더 많은 요소를 가진다. 6장의 뒷부분에서 pixelByteBuffer의 추가 요소를 다룬다.

예제 6-11 LedArray 클래스의 속성과 필드, 생성자

```
public static byte Length { get; private set; } = 8;

public static byte ColorChannelCount { get; private set; } = 3;

public Color[,] Buffer { get; private set; }

private I2cDevice device;

private byte[] pixelByteBuffer;
private byte[] color5BitLut;

public LedArray(I2cDevice device)
{
    Check.IsNull(device);
```

```
    this.device = device;

    Buffer = new Color[Length, Length];
    pixelByteBuffer = new byte[Length * Length * ColorChannelCount + 1];

    GenerateColorLut();
}
```

LedArray 생성자 내에서 수행된 마지막 단계는 GenerateColorLut 메서드를 호출한다. 이 메서드의 정의는 예제 6-12에서 나타냈고, 256개의 요소(color5BitLut private 필드)로 구성된 LUT를 초기화한다. 이 배열의 각 요소는 8비트를 5비트 단일 채널 색 수준으로 변환하는 이산값이다. 이를테면 UWP 색의 빨간색 요소에 대한 5비트 표현을 얻으려면 다음과 같은 구문을 사용할 수 있다.

```
var yellowColorRedComponent5bit = color5BitLut[Colors.Yellow.R];
```

예제 6-12 색 스케일 변환을 위한 조회 테이블 초기화 및 생성

```
private byte[] color5BitLut;

private void GenerateColorLut()
{
    const float maxValue5Bit = 31.0f; // 2^5 - 1

    int colorLutLength = byte.MaxValue + 1; // 256 discrete levels
    color5BitLut = new byte[colorLutLength];

    for (int i = 0; i < colorLutLength; i++)
    {
        var value5bit = Math.Ceiling(i * maxValue5Bit / byte.MaxValue);

        value5bit = Math.Min(value5bit, maxValue5Bit);

        color5BitLut[i] = Convert.ToByte(value5bit);
    }
}
```

LedArray 클래스에서 앞서 언급한 가능성을 사용해 특정 UWP 색의 각 밴드에 대한 5비트 색 값을 저장하는 3요소 바이트 배열을 얻는다. 이 기능은 LedArray 클래스의 ColorToByteArray 메서드 내에서 구현했다. 예제 6-13을 참고하자.

예제 6-13 Windows.UI.Color를 5비트 부호 없는 바이트를 이루는 바이트 배열로 변환한다.

```
private byte[] ColorToByteArray(Color color)
{
    return new byte[]
    {
        color5BitLut[color.R],
        color5BitLut[color.G],
        color5BitLut[color.B]
    };
}
```

 노트 | 이 메서드는 UWP 색을 센스 HAT 애드온 보드가 이해할 수 있는 값으로 변환한다.

각 LED의 색이 5비트 스케일로 변환된 후 192개의 요소로(64개의 LED와 LED 당 3개의 값) 구성되는 바이트 배열로 배열해야 한다. 그다음 그 버퍼를 센스 HAT에 쓰면 바이트 배열이 24바이트의 8개 블록으로 나뉠 것이다. 이들 행은 추가로 8바이트의 집합 3개로 나뉜다. 왼쪽 집합은 빨간색 채널을 인코딩하며 가운데는 녹색, 오른쪽은 파란색 밴드에 해당한다. 이런 LED 버퍼 배치를 그림 6-7에서 나타냈다.

0	1	2						...	21	22	23
24	25							...		46	47
48	...									...	71
...											...
120	...									...	143
144	145									166	167
168	169	170						...	189	190	191

그림 6-7 LED 버퍼 구조. 각 셀은 배열의 단일 바이트에 해당하며, 센스 HAT 애드온 보드의 LED를 제어한다. 버퍼는 3개의 블록을 나뉘며, 각 색 채널인 빨간색, 녹색, 파란색에 해당한다.

고수준 Buffer 속성을 바이트 배열로 배열하는 작업을 담당하는 Serialize 메서드를 예제 6-14에서 나타냈다. pixelByteBuffer 필드를 먼저 지운 다음 Buffer 배열의 요소를 두 번의 루프로 반복한다. 첫 번째인 루프 변수 x는 행을 담당하고, 두 번째는 열을 담당한다. 각 반복에서 Buffer 속성의 현재 요소는 3개의 요소를 갖는 바이트 배열로 변환된다. 결과 배열의 각 요소는 pixelByteBuffer 배열의 적절한 위치로 복사된다(그림 6-7 참고). 각 루프 반복에서 바이트 대상(index 변수)은 다음 방정식을 사용해 결정한다.

$$index=x+i*Length+y*Length*ColorChannelCount+1$$

여기서 Length는 LED 배열 크기이며, RGB LED를 사용하므로 ColorChannelCount는 3, x와 y는 각각 LED 배열의 행과 열, 1은 동기화 바이트를 뜻한다.

예제 6-14 LED 색 버퍼 직렬화

```
private void Serialize()
{
    int index;
    var widthStep = Length * ColorChannelCount;

    Array.Clear(pixelByteBuffer, 0, pixelByteBuffer.Length);

    for (int x = 0; x < Length; x++)
    {
        for (int y = 0; y < Length; y++)
        {
            var colorByteArray = ColorToByteArray(Buffer[x, y]);

            for (int i = 0; i < ColorChannelCount; i++)
            {
                index = x + i * Length + y * widthStep + 1;

                pixelByteBuffer[index] = colorByteArray[i];
            }
        }
    }
}
```

pixelByteBuffer 멤버 내에서 저장된 결과 바이트 버퍼는 주소 0x64의 I²C 디바이스에 작성해야 한다. 이 작업은 I2cDevice 클래스의 Write 메서드를 사용한다. 센스 HAT의 마이크로컨트롤러는 내부적으로 유효 길이가 193인 조이스틱 컨트롤과 LED에 동일한 시프트 레지스트를 사용한다. 따라서 LED 업데이트를 요청할 때마다 추가 요소를 전송된 배열에 추가하면 동기화 바이트로서 효과적으로 동작한다. 센스 HAT 애드온 보드는 LED 상태를 결정하는 버퍼의 선택된 부분을 업데이트하는 데 사용하는 API를 노출하지 않는다. 픽셀 값 하나를 업데이트할 때도 항상 전체 배열을 전송해야 한다.

단일 픽셀의 색을 설정하고자 SetPixel 메서드를 작성했다. 예제 6-15를 참고하자. 이 메서드는 픽셀 위치를 나타내는 x와 y를 검사한 다음 Buffer 배열을 업데이트한다. 그다음 디바이스에 업데이트된 바이트 버퍼를 썼다(UpdateDevice 메서드).

예제 6-15 x와 y에 위치한 LED 배열의 색 설정

```
public void SetPixel(int x, int y, Color color)
{
    CheckPixelLocation(x);
    CheckPixelLocation(y);

    ResetBuffer(Colors.Black);
    Buffer[x, y] = color;

    UpdateDevice();
}

private void UpdateDevice()
{
    Serialize();

    device.Write(pixelByteBuffer);
}
private void CheckPixelLocation(int location)
{
    if (location < 0 || location >= Length)
```

```
    {
        throw new ArgumentException("LED square array has maximum length of: " +
            Length);
    }
}
```

요약하면 Buffer 속성의 해당 값을 변경해 특정 LED 픽셀의 색을 설정하도록 LedArray의
API를 구성한다. 다음으로 이 속성에 저장된 값은 193개의 요소를 포함하는 바이트 배열
로 변환되고 나중에 I²C 버스를 통해 센스 HAT 애드온 보드로 전송된다.

LedArray 클래스는 2개의 편리한 함수 Reset과 RgbTest도 구현한다. 예제 6-16을 참고하
자. 첫 번째 함수인 Reset은 모든 다이오드의 색을 일정한 값으로 변경하고, RgbTest는 모
든 LED를 순차적으로 빨간색, 녹색, 파란색으로 구동한다. 특히 RgbTest 메서드를 사용해
LedArray 클래스의 기능을 확인한다. 이를 위해 예제 6-17에 보이는 것처럼 SenseHatIO
애플리케이션의 MainPage.xaml.cs 파일에서 이 메서드를 간단히 호출할 수 있다. 그다음
SenseHatIO 앱을 배포하고 실행한 후 LED 배열의 색이 약 1초 간격으로 빨간색에서 녹
색, 파란색으로 계속해서 변경되는 것을 확인할 수 있다.

예제 6-16 LedArray 클래스의 두 가지 헬퍼 메서드

```
public void RgbTest(int msSleepTime)
{
    Color[] colors = new Color[] { Colors.Red, Colors.Green, Colors.Blue };

    foreach (var color in colors)
    {
        Reset(color);
        Task.Delay(msSleepTime).Wait();
    }
}

private void ResetBuffer(Color color)
{
    for (int x = 0; x < Length; x++)
    {
        for (int y = 0; y < Length; y++)
        {
```

```
                Buffer[x, y] = color;
            }
        }
    }
}
```

예제 6-17 LED 배열이 순차적으로 일정한 빨간색, 녹색, 파란색으로 구동된다.

```
using SenseHatIO.SenseHatLedArray;

namespace SenseHatIO
{
    public sealed partial class MainPage : Page, INotifyPropertyChanged
    }
        private Joystick joystick;
        pr ivate LedArray ledArray;

        // 이 부분은 예제 6-20과 동일

        private async Task Initialize()
        {
            const byte address = 0x46;
            var device = await I2cHelper.GetI2cDevice(address);

            if (device != null)
            {

                joystick = new Joystick(device);
                joystick.ButtonPressed += Joystick_ButtonPressed;

                le dArray = new LedArray(device);
                BeginRgbTest();
            }
        }

        private void Joystick_ButtonPressed(object sender, JoystickEventArgs e)
        {
            SenseHatJoystickControl.UpdateView(e.Button, e.State);
        }

        private void BeginRgbTest()
        {
            const int msDelayTime = 1000;
```

```
        while (true)
        {
            ledArray.RgbTest(msDelayTime);
        }
    }
  }
}
```

그림 6-8, 그림 6-9, 그림 6-10은 LED 배열이 각각 빨간색, 녹색, 파란색으로 구동되는
것을 보였다. 각 색은 다른 LED 위치를 켠다. 이를테면 빨간색 채널은 왼쪽에 위치한 서
브-LED로 생성하고(GPIO 헤더가 아래에 위치한다고 가정), 녹색 LED는 SMD LED의 중앙
부분이다. 따라서 파란색 LED는 SMD LED의 오른쪽 부분에서 확인할 수 있다. 이제 각 서
브-LED의 휘도에 어떤 영향을 주는지 다른 색으로 실험할 수 있다.

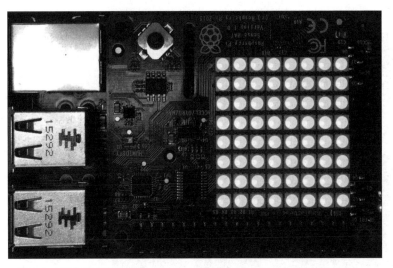

그림 6-8 균일한 빨간색으로 구동되는 LED 배열. 이 경우는 각 LED의 하단 왼쪽 부분.

그림 6-9 균일한 녹색으로 구동되는 LED 배열. 각 LED의 중앙 부분이 녹색 채널 제공 담당

그림 6-10 모든 LED 픽셀이 파란색으로 구동. 이 경우 각 SMD LED의 오른쪽 부분만 활성 상태.

조이스틱과 LED 배열 통합

조이스틱과 LED 배열이 잘 동작하는지 확인한 후 이들을 결합할 수 있다. 이제 조이스틱을 사용해 LED 휘도를 제어하는 모든 도구를 준비했다. 특히 조이스틱은 LED 배열의 단일 픽셀 도트의 위치와 색을 제어할 수 있다. 상, 하, 좌, 우 버튼은 픽셀 위치를 변경할 수 있으며, 엔터 버튼은 픽셀 색을 변경할 수 있다.

예제 6-18에서 SenseHatIO 애플리케이션의 메인 뷰에서 앞서 언급한 기능을 구현하는 데 필요한 변경을 표시했다. 애플리케이션을 다시 실행한 후 위치(0, 0)에서 픽셀은 빨간색이다. 이 색은 엔터 버튼을 누른 후 녹색으로 바뀌고, 조이스틱을 움직여 LED 픽셀 위치를 변경할 수 있다.

픽셀 위치를 업데이트하고자 LedArray 클래스의 SetPixel 메서드를 사용하고 조이스틱 버튼 상태가 Pressed인 Joystick 클래스의 ButtonPressed 이벤트가 발생할 때마다 이 메서드를 호출한다. 예제 6-18의 Joystick_ButtonPressed 이벤트 핸들러의 정의를 살펴보자. 그다음 x와 y 2개의 private 멤버를 사용해 저장한 픽셀 위치를 업데이트한다. 이들 멤버는 조이스틱 버튼이 눌러짐에 따라 증가되거나 감소된다. 예제 6-19의 UpdateDotPosition 메서드를 참고하자. x와 y의 값이 유효한지 확인하고자(예, 양수이며 7[LED 배열 크기 -1]보다 크지 않음) CorrectLedCoordinate라는 헬퍼 메서드를 작성한다. 이 메서드는 LED의 x나 y 위치에 대한 새로운 값이 유효한 범위에 있는지 확인하고, 필요한 경우 입력값을 정정한다. 예제 6-18을 참고하자. 그림 6-11에서 이 프로그램의 동작을 나타냈다.

예제 6-18 조이스틱을 사용해 LED 배열 제어하기

```
using SenseHatDisplay.Helpers;
using SenseHatIO.SenseHatJoystick;
using SenseHatIO.SenseHatLedArray;
using System;
using Windows.Devices.I2c;
using Windows.UI;
using Windows.UI.Xaml.Controls;
using Windows.UI.Xaml.Navigation;
```

```
namespace SenseHatIO
{
    public sealed partial class MainPage : Page
    {
        private Joystick joystick;
        private LedArray ledArray;

        private int x = 0;
        private int y = 0;

        private Color dotColor = Colors.Red;

        // 이 부분은 예제 6-17과 동일

        private async Task Initialize()
        {
            const byte address = 0x46;
            var device = await I2cHelper.GetI2cDevice(address);

            if (device != null)
            {
                joystick = new Joystick(device);
                joystick.ButtonPressed += Joystick_ButtonPressed;

                ledArray = new LedArray(device);
                //BeginRgbTest();
                UpdateDevice();
            }
        }

        private void Joystick_ButtonPressed(object sender, JoystickEventArgs e)
        {
            SenseHatJoystickControl.UpdateView(e.Button, e.State);

            if (e.State == JoystickButtonState.Pressed)
            {
                UpdateDotPosition(e.Button);
            }
        }

        // 이 부분은 예제 6-17과 동일

        private void UpdateDotPosition(JoystickButton button)
        {
            switch (button)
```

```
    {
        case JoystickButton.Up:
            y -= 1;
            break;

        case JoystickButton.Down:
            y += 1;
            break;

        case JoystickButton.Left:
            x -= 1;
            break;

        case JoystickButton.Right:
            x += 1;
            break;

        case JoystickButton.Enter:
            InvertDotColor();
            break;
    }

    UpdateDevice();
}

private void UpdateDevice()
{
    x = CorrectLedCoordinate(x);
    y = CorrectLedCoordinate(y);

    ledArray.SetPixel(x, y, dotColor);
}

private static int CorrectLedCoordinate(int inputCoordinate)
{
    inputCoordinate = Math.Min(inputCoordinate, LedArray.Length - 1);
    inputCoordinate = Math.Max(inputCoordinate, 0);

    return inputCoordinate;
}

private void InvertDotColor()
{
    dotColor = dotColor == Colors.Red ? Colors.Green : Colors.Red;
}
```

```
    }
  }
```

그림 6-11 조이스틱을 사용해 LED 배열 제어하기. SenseHatIO 애플리케이션이 디바이스에 배포될 때 (0, 0)에 위치한 해당 픽셀은 빨간색이다. 조이스틱을 사용해 픽셀의 위치와 색을 바꿀 수 있다.

센서 판독과 LED 배열 통합하기

간단한 아케이드 게임 구현에서 센서 판독값과 LED 배열을 결합하는 데 이르기까지 앞 절에서 개발된 샘플 애플리케이션을 여러 가지 방식으로 확장할 수 있다. 이를테면 픽셀을 가속도계 판독값을 따라 이동할 수 있다. 함께 제공하는 코드에서 이런 기능을 구현했다(Chapter 06/SpaceDot). 이 애플리케이션은 InertialSensor 클래스(5장 참고)에서 구현한 기능과 LedArray 클래스의 SetPixel 메서드를 결합한다. SpaceDot 애플리케이션의 MainPage.xaml.cs를 살펴보자.

이 파일의 구조를 주목해 봐야 한다. LedArray와 InertialSensor 클래스 인스턴스를 생성한 후 선형 가속도를 얻는다. 예제 6-19를 참고하자. 그다음 상수 스케일러와 x/y축 방향의 가속도계 판독값을 곱한다. 이 스케일러의 값을 변경해 LED 픽셀 이동 속도를 제어할 수 있다. 결과값은 새로운 픽셀 위치를 계산하고 디바이스에 전송한다. 예제 6-19의 UpdateDotPosition을 참고하자. 따라서 IoT 디바이스에 SpaceDot 애플리케이션을 배포하고 실행한 후 액티브 LED는 디바이스를 이동하거나 흔드는 방식에 따라 변한다. 여기서 구현된 대부분의 기능은 별도 클래스로 위임했다. 적절한 프로젝트를 참조해 이들 클래스를 다른 IoT 애플리케이션에 쉽게 통합할 수 있다.

예제 6-19 가속도계를 사용해 제어한 LED 배열

```
private void BeginAccelerationAcquisition()
{
    const int msDelayTime = 25;

    BeginSensorReading(() =>
    {
        var linearAcceleration = inertialSensor.GetLinearAcceleration();

        UpdateDotPosition(linearAcceleration);
    }, msDelayTime);
}

private void UpdateDotPosition(Vector3D<float> accelerometerReading)
{
    var stepX = Convert.ToInt32(accelerometerReading.X * accelerationScaler);
    var stepY = Convert.ToInt32(accelerometerReading.Y * accelerationScaler);

    x = CorrectLedCoordinate(x - stepX);
    y = CorrectLedCoordinate(y - stepY);

    ledArray.SetPixel(x, y, dotColor);
}
```

 노트 | LED 픽셀 위치는 IoT 디바이스의 위치에 따라 바뀐다.

터치스크린과 제스처 다루기

ATM과 자동차 오디오 시스템과 같은 임베디드 시스템은 터치스크린을 장착하고 있다. 이런 디바이스는 탭이나 더블 탭, 슬라이드, 꼬집기와 같은 터치 제스처에 반응한다. UWP 인터페이스를 사용하면 디바이스를 이들 제스처에 반응시킬 수 있다. 여기서는 태블릿과 폰에도 이 방식을 사용할 수 있다. 이 절에서 설명한 샘플 애플리케이션은 외부 디스플레이에 연결된 IoT 디바이스를 사용해 테스트할 수 있다. 터치 감지 계층이 없을 수도 있다. RPi2의 USB 포트 중 하나를 연결한 마우스를 사용해 제스처를 에뮬레이션할 수 있다. 제스처 처리를 테스트할 때 또 다른 가능한 방법은 윈도우 IoT 리모트 클라이언트(2장 참조)를 사용하는 것이다. RPi2 전용 터치스크린을 연결할 수도 있다.

제스처 처리 로직은 제스처 형식과 특정 애플리케이션에 달렸다. 간단한 제스처는 사용자가 특정 UI 요소를 간단히 터치하거나(Tap 이벤트) 요소를 누른 상태를 유지하는 것(Holding 이벤트)이다. 하지만 복잡한 제스처로 제어할 수 있는 애플리케이션도 있다. 일반적으로 터치스크린의 UI 요소에 여러 손가락을 얹어 제스처 역할을 하고, 사용자는 UI의 구분된 부분을 조작해 위치를 변경하거나 크기를 바꾸기도 하고, 회전시킬 수 있다. 그림 6-12는 초기 모양과 사용자의 제스처로 수정된 UI 객체의 위치를 나타냈다.

이런 복잡한 제스처는 UWP 시각적 요소가 일으키는 몇 가지 조작 이벤트를 사용해 다룬다. 특히 사용자가 UI 요소를 터치할 때 ManipulationStarting과 ManipulationStarted 이벤트가 트리거된다. 그다음 일련의 ManipulationDelta 이벤트가 발생한다.

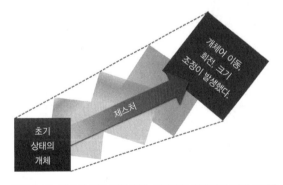

그림 6-12 제스처 동안 객체 조작. 대부분의 일반적인 객체 조작은 변환, 회전, 크기 변경을 수반한다.

각 이벤트는 UI 요소의 순간순간 상태를 나타낸다. 그림 6-12의 연한 회색 상자를 주목하자. 마지막으로 제스처가 끝날 때 ManipulationCompleted 이벤트가 발생한다. 이 이벤트는 제스처 동안 일어난 전체 조작에 관한 정보를 제공한다.

조작이 일어나는 동안 객체는 변환과 회전, 크기 조정을 겪을 수 있다. 이들 각 변형에 관한 정보는 System.Windows.Input 네임스페이스에서 설명한 ManipulationDelta 클래스의 인스턴스를 사용해 적합한 이벤트 핸들러에 전달된다. ManipulationDelta는 해당 객체가 어떻게 변환Translation, 회전Rotation, 크기 조정Scale이 되는지 알려 주는 Translation, Rotation, Scale, Expansion 속성을 갖고 있다. Expansion 필드는 확대/축소 변형을 기술하지만, Scale과는 다른 단위를 사용해 표시된다. 즉 Expansion은 디바이스 독립 단위(인치의 1/96)이지만, Scale은 백분율로 제공된다. 이를테면 0.5Scale은 두 접점(예. 손가락) 사이의 거리가 절반으로 줄어든 것을 뜻한다.

이 절에서는 SenseHatIO 애플리케이션을 더 확장해 Rectangle 컨트롤의 DoubleTapped 와 ManipulationDelta 이벤트와 연결된 두 가지 제스처를 통합한다. 첫 번째 이벤트인 DoubleTapped는 사용자가 Rectangle 컨트롤을 두 번 터치할 때마다 발생한다. 여기서는 이 이벤트를 사용해 LED 픽셀의 색과 Rectangle의 배경을 바꾼다. 이 동작은 조이스틱의 엔터 버튼과 근본적으로 동일하다.

두 번째 이벤트인 ManipulationDelta는 복잡한 제스처를 하는 동안 발생한다. 여기서는 적절한 이벤트 인수를 통해 얻은 변환 벡터를 사용해 LED 배열의 픽셀 위치를 업데이트하는 데 이 이벤트를 사용한다. 이러한 변경은 조이스틱을 사용해 일으킨 업데이트와 동기화된다. 따라서 조이스틱의 엔터 버튼을 누를 때 Rectangle은 자신의 현재 상태에 따라 색을 녹색이나 빨간색으로 바꾼다. 다른 조이스틱 버튼은 LED 배열의 LED 픽셀과 스크린의 Rectangle 위치 두 가지를 변환한다.

구현은 다음과 같이 진행한다. 두 가지 탭PivotItem으로 구성한 Pivot 컨트롤을 추가해 UI를 수정한다(예제 6-20 참고). 첫 번째 PivotItem은 JoystickControl을 포함하고, 두 번째는 Rectangle 컨트롤 하나를 포함해 터치 조작에 반응한다.

예제 6-20 조작 가능한 Rectangle 컨트롤

```xml
<Page x:Class="SenseHatIO.MainPage"
      xmlns="http://schemas.microsoft.com/winfx/2006/xaml/presentation"
      xmlns:x="http://schemas.microsoft.com/winfx/2006/xaml"
      xmlns:local="using:SenseHatIO"
      xmlns:controls="using:SenseHatIO.Controls"
      xmlns:converters="using:SenseHatIO.Converters"
      xmlns:d="http://schemas.microsoft.com/expression/blend/2008"
      xmlns:mc="http://schemas.openxmlformats.org/markup-compatibility/2006"
      mc:Ignorable="d">

    <Page.Resources>
        <Style TargetType="controls:JoystickControl">
            <Setter Property="VerticalAlignment"
                    Value="Center" />
            <Setter Property="HorizontalAlignment"
                    Value="Center" />
        </Style>

        <Style TargetType="Rectangle">
            <Setter Property="ManipulationMode"
                    Value="All" />
            <Setter Property="VerticalAlignment"
                    Value="Top" />
            <Setter Property="HorizontalAlignment"
                    Value="Left" />
            <Setter Property="Margin"
                    Value="0" />
        </Style>

        <converters:ColorToBrushConverter x:Key="ColorToBrushConverter" />
    </Page.Resources>

    <Pivot x:Name="MainPivot"
           Background="{ThemeResource ApplicationPageBackgroundThemeBrush}">
        <PivotItem Header="Joystick">
            <controls:JoystickControl x:Name="SenseHatJoystickControl" />
        </PivotItem>

        <PivotItem Header="Dot position">
            <Rectangle Fill="{x:Bind DotColor, Mode=OneWay, Converter={StaticResource
                            ColorToBrushConverter}}"
                       Width="{x:Bind rectangleWidth}"
                       Height="{x:Bind rectangleHeight}"
```

```
                RenderTransform="{x:Bind rectangleTransform, Mode=OneWay}"
                ManipulationDelta="Rectangle_ManipulationDelta"
                DoubleTapped="Rectangle_DoubleTapped" />
        </PivotItem>
    </Pivot>
</Page>
```

예제 6-20에서 ColorToBrushConverter라는 커스텀 컨트롤을 사용한다. 이 컨트롤의 정의는 함께 제공되는 코드를 참고하자(Chapter 06/SenseHatIO/Converters/ColorToBrush Converter.cs). 이 변환기는 UWP 색을 SolidColorBrush 클래스의 인스턴스로 안전하게 형 변환하고 Rectangle 컨트롤의 Fill 속성을 업데이트한다.

특정 시각적 요소에 대한 조작이 가능하도록 ManipulationMode 속성을 구성한다. 이 속성은 ManipulationModes 열거형(Windows.UI.Xaml.Input)에서 정의된 값을 받는다. 여기서는 가능한 조작을 모두 허용했지만, 시각적 요소가 변환이나 회전, 크기 변경에만 반응하도록 제한할 수 있다.

그다음 `MainPage` 클래스를 수정했다. 그림 6-21에서 보다시피 데이터 바인딩을 사용해 Rectangle 색을 업데이트하고자 INotifyPropertyChanged 인터페이스를 구현했다. 업데이트를 위해 Rectangle 색의 Fill 속성이 `MainPage`의 DotColor 속성에 바인딩된다. 예제 6-20과 예제 6-21을 참고하자. 제스처 조작과 조이스틱을 사용해 일어난 변경을 동기화하고자 연결된 dotColor private 멤버 대신 DotColor 속성을 업데이트하도록 `InvertDotColor` 메서드도 수정했다.

예제 6-21 Rectangle 위치와 현재 색이 LED 배열에 반영된다.

```
public sealed partial class MainPage : Page, INotifyPropertyChanged
{
    public event PropertyChangedEventHandler PropertyChanged = delegate { };

    public Color DotColor
    {
        get { return dotColor; }
        set
        {
```

```
            dotColor = value;
            OnPropertyChanged();
        }
    }

    public void OnPropertyChanged([CallerMemberName] string propertyName = "")
    {
        PropertyChanged(this, new PropertyChangedEventArgs(propertyName));
    }

    private void InvertDotColor()
    {
        //dotColor = dotColor == Colors.Red ? Colors.Green : Colors.Red;
        DotColor = dotColor == Colors.Red ? Colors.Green : Colors.Red;
    }

    private void Rectangle_DoubleTapped(object sender, DoubleTappedRoutedEventArgs e)
    {
        InvertDotColor();

        UpdateDevice();
    }

    //나머지 구현은 함께 제공되는 코드에서 확인
}
```

사용자가 간단한 더블 탭 제스처를 수행할 때마다 호출되는 이벤트 핸들러 Rectangle_DoubleTapped를 구현했다. 이런 경우 조이스틱의 엔터 버튼을 사용할 때처럼 동작하도록 액티브 LED의 색을 반전시킨다.

화면의 Rectangle 위치를 업데이트하고자 Rectangle의 RenderTransform 속성에 바인딩되는 TranslateTransform을 사용했다. TranslateTransform은 X와 Y 두 가지 요소로 구성된 변환 벡터를 나타낸다. 예제 6-22에서 보듯이 Rectangle_ManipulationDelta 이벤트 핸들러의 이벤트 인수에서 얻은 정보를 사용해 이들 속성을 업데이트한다. 이 이벤트 핸들러에 전달된 두 번째 인수는 ManipulationDeltaRoutedEventArgs 형식이다. 이 클래스는 제스처 조작을 나타내는 두 가지 멤버 Cumulative와 Delta를 노출한다. 전자는 조작 시작 이후 전체 변환, 회전, 크기 변경을 저장하고, Delta 속성은 가장 최근의 변환을 포함한다.

Cumulative와 Delta 두 가지 모두는 ManipulationDelta 형식이다. 따라서 Rectangle을 이동하고자 ManipulationDelta.Translation 속성의 X와 Y public 멤버를 사용한다. 여기서는 이들 값을 TranslateTransform 클래스의 해당 속성에 간단히 추가했다. 예제 6-22의 Joystick_ButtonPressed를 참고하자. 따라서 Rectangle은 지정된 거리만큼 이동한다.

예제 6-22 제스처 조작을 사용해 LED 배열 제어하기

```
private TranslateTransform rectangleTransform = new TranslateTransform();

private void Joystick_ButtonPressed(object sender, JoystickEventArgs e)
{
    SenseHatJoystickControl.UpdateView(e.Button, e.State);

    if (e.State == JoystickButtonState.Pressed)
    {
        UpdateDotPosition(e.Button);

        rectangleTransform.X = x * rectangleWidth;
        rectangleTransform.Y = y * rectangleHeight;
    }
}

private void Rectangle_ManipulationDelta(object sender, ManipulationDeltaRoutedEventArgs e)
{
    if (!e.IsInertial)
    {
        rectangleTransform.X += e.Delta.Translation.X;
        rectangleTransform.Y += e.Delta.Translation.Y;

        UpdateDotPosition();
    }

    e.Handled = true;
}

private void UpdateDotPosition()
{
    x = Convert.ToInt32(rectangleTransform.X / rectangleWidth);
    y = Convert.ToInt32(rectangleTransform.Y / rectangleHeight);

    UpdateDevice();
}
```

조작이 끝난 후 UWP는 추론할 수 있다. 즉 이전 입력에 따라 시각적 요소의 기하학적 변환을 계속한다. 이는 자유(관성) 객체 움직임에 대한 착각을 야기하며, 이런 이유로 조작 관성이라 부른다. 이러한 외삽법extrapolation은 외력이 적용될 때 실제 객체의 움직임을 물리적으로 시뮬레이션하는 데 사용된다. 즉 객체를 밀고 난 후 잠깐 동안 움직임이 지속되고 즉시 멈추지 않는다. 마찬가지로 시각적 요소는 조작이 완료될 때 즉시 멈추지 않는다.

조작이 관성인지 여부를 확인하고자 ManipulationDeltaRoutedEventArgs 클래스의 IsInertial 속성을 사용할 수 있다. 예제 6-22에서 보다시피 조작이 비관성일 때 LED 배열과 Rectangle 위치만 업데이트한다.

조이스틱을 사용해 일어난 변경과 복잡한 제스처를 사용한 변경을 동기화하고자 먼저 오버로드한 매개변수 없는 메서드인 UpdateDotPosition을 사용해 센스 HAT 애드온 보드의 적절한 LED를 켰다. 매개변수를 사용한 메서드와 달리 이 메서드는 TranslateTransform 속성을 사용해 적절한 LED를 선택한다.

이 LED 선택은 약간의 계산이 추가로 필요하다. MainPage가 표시될 때 화면 크기와 LED 배열 크기에 따라 Rectangle의 크기를 조정한다. 예제 6-23을 참고하자. 그다음 화면은 사실상 8×8 격자로 나뉜다. 해당 격자의 각 셀cell은 센스 HAT 애드온 보드의 LED 하나에 해당한다. 적절한 가상 셀에서 제스처나 조이스틱을 사용해 Rectangle을 이동할 때 해당 LED 배열 요소가 활성화된다. 또한 Rectangle은 항상 가장 가까운 격자의 셀에 물린다. UpdateDotPosition 메서드의 매개변수 없는 버전의 정의를 참고하자(예제 6-22 참조).

예제 6-23 사각형의 너비와 높이는 실제 화면과 LED 배열 치수에 맞춰 동적으로 조정된다.

```
protected override async void OnNavigatedTo(NavigationEventArgs e)
{
    base.OnNavigatedTo(e);

    await Initialize();

    AdjustRectangleToScreenSize();
}

private void AdjustRectangleToScreenSize()
```

```
{
    const int headerHeight = 50;

    rectangleWidth = Window.Current.Bounds.Width / LedArray.Length;
    rectangleHeight = (Window.Current.Bounds.Height - headerHeight) / LedArray.Length;
}
```

요약

6장에서는 버튼, 조이스틱, 제스처 조작을 포함해 몇 가지 I/O 접근 방식을 살펴봤다. 센스 HAT 애드온 보드의 LED 배열을 제어하고 조이스틱을 통한 입력을 처리하는 작업을 담당하는 여러 가지 클래스를 준비하는 방법을 소개했다. 이들 클래스를 결합해 LED 배열을 조이스틱과 복잡한 제스처 조작을 사용해 제어하는 방법을 설명했다. LED 배열과 가속도계 판독값을 결합해 3D 공간에서 IoT 디바이스 위치에 따라 LED를 켜는 방법도 소개했다.

7장에서는 더 나아가 여기서 개발한 LedArray 클래스를 UWP 스피치, 안면 인식 엔진, 커스텀 오디오, 이미지 처리 루틴, 인공 지능과 결합한다.

CHAPTER 7

오디오 처리

7장은 UWP의 음성 합성과 인식 기능을 탐구한다. 이들 기능을 사용해 사용자의 음성 명령에 따라 LED 배열색을 변경하는 애플리케이션을 만든다. 그다음 오디오 파일에서 오디오 신호를 판독하는 방법을 소개한다. 고속 푸리에 변환FFT, Fast Fourier Transformation은 이 신호를 디지털로 처리해 주파수로 표현한다. 결과 주파수 분포는 8개의 밴드로 나뉘며, 각 밴드에서 전체 스펙트럼의 기여를 LED 배열에 표시한다. 따라서 IoT 디바이스는 실시간 오디오 스펙트럼 분석기로 동작하며, LED는 음악 리듬으로 깜박인다.

이런 것들은 IoT 프로그래밍의 좀 더 진보된 측면이다. 1장 '임베디드 디바이스 프로그래밍'에서 설명한 것처럼 특정 프로세스를 제어하는 디지털 신호 처리가 IoT 세계에서 핵심 요소 중 하나다. IoT 디바이스는 외부 센서에서 시간 신호를 지속적으로 수집해 백그라운드에서 이 신호를 처리하고 결과 정보를 사용해 특정 제어 작업을 수행한다. IoT 디바이스는 자동차의 견인을 모니터링하거나 의료 이미지 장치를 제어할 수 있다.

7장은 마이크로폰에서 오디오 신호를 수집하거나 파일에서 이 신호를 읽는 IoT 디바이스를 다룬다. 이 신호를 처리하고 결과 정보를 보내 LED 배열을 구동한다. 베이스 IoT 디바이스인 RPi2나 RPi3는 수집하고 처리한 신호를 사용해 또 다른 장치인 센스 HAT 애드온 보드를 구동한다. 자동차도 비슷한 장치를 사용한다. 이를테면 견인력 제어 IoT 디바이스는 센서 신호를 수집해 차량의 불안정성을 감지해 결과적으로 제동 시스템을 구동하고 오버스티어oversteer나 언더스티어understeer를 교정한다.

음성 합성

음성 합성[SS, Speech Synthesis]은 테스트를 인간의 음성으로 변환하는 방법이다. 이런 인공 음성 생성은 사용자에게 피드백을 표현하는 자연스러운 방식을 제공하기 때문에 사람-기계 인터페이스에서 중요한 역할을 한다. 음성 인식[SR, Speech Recognition]은 기계가 인간의 음성 명령을 이해할 수 있게 한다. SS와 SR을 함께 사용하면 컴퓨터 시스템에서 핸즈프리 작업을 할 수 있다. 이 기능은 디바이스를 음성으로 제어하기 때문에 특히 IoT 애플리케이션에 흥미롭고 유용하다.

UWP는 SS에 편리한 프로그래밍 인터페이스를 제공한다. 이 절에서 UI 있는 음성 사용 애플리케이션인 Speech 구현 방법을 설명한다. 이 예제를 확장해 SR을 포함하는 방법도 소개한다.

UWP의 음성 기능은 유니버설이다. 따라서 초기 기능을 개발 PC를 사용해 테스트한다. 다음으로 이 애플리케이션을 RPi2와 RPi3 기능으로 맞출 것이다.

함께 제공하는 코드 Chapter 07/Speech에서 Speech 애플리케이션의 전체 코드를 확인할 수 있다. 여기서는 이 애플리케이션을 만드는 방법을 요약해서 설명한다. 먼저 재사용 가능한 헬퍼 클래스를 구현했다(예제 7-1과 Speech 애플리케이션의 Helpers 하위 폴더에 있는 Helper.cs 파일 참고). 이 클래스를 UWP 클래스 라이브러리 프로젝트(부록 D, '센스 HAT 센서용 클래스 라이브러리' 참고)에 포함한 뒤 UWP 애플리케이션에서 이를 사용한다. 하지만 SpeechHelper 클래스는 iOS와 안드로이드 같은 다른 플랫폼에서는 사용할 수 없다.

예제 7-1 재사용 가능한 헬퍼 클래스의 정의

```
public class SpeechHelper
{
    private static SpeechSynthesizer speechSynthesizer;
    private static MediaElement mediaElement;

    static SpeechHelper()
    {
        speechSynthesizer = new SpeechSynthesizer();
        mediaElement = new MediaElement();
```

```
    }

    public static async void Speak(string textToSpeech, VoiceInformation voice = null)
    {
        if (!string.IsNullOrEmpty(textToSpeech))
        {
            ConfigureVoice(voice);

            var speechStream = await speechSynthesizer.
                SynthesizeTextToStreamAsync(textToSpeech);

            await mediaElement.Dispatcher.RunAsync(CoreDispatcherPriority.Normal, () =>
            {
                mediaElement.SetSource(speechStream, speechStream.ContentType);
                mediaElement.Play();
            });
        }
    }

    private static void ConfigureVoice(VoiceInformation voice)
    {
        if (voice != null)
        {
            speechSynthesizer.Voice = voice;
        }
        else
        {
            speechSynthesizer.Voice = SpeechSynthesizer.DefaultVoice;
        }
    }
    }
}
```

SpeechHelper 클래스의 두 가지 주 요소인 SpeechSynthesizer와 MediaElement가 여기서 중요하다. 첫 번째는 Windows.Media.SpeechSynthes 네임스페이스에서 정의한 것으로 텍스트를 음성 변환하는 UWP 구현이다. 2개의 public 메서드, SynthesizeTextToStreamAsync와 SynthesizeSsmlToStreamAsync 중 하나를 사용해 사람의 음성을 합성할 수 있다. 둘 다 string 형식의 인수 하나를 받는다. SynthesizeTextToStreamAsync의 경우 인수는 변환할 텍스트다. SynthesizeSsmlToStreamAsync는 SSML^{Speech Synthesis Markup Language}를 사용해 인코딩

한 문자열이 필요하다. SSML은 SS 커뮤니티에서 개발한 XML 기반 마크업 언어다. SSML은 웹 애플리케이션에서 음성 합성을 위한 표준 언어를 제공한다. SSML은 더 나은 음성 합성 제어를 제공한다. 하지만 `SynthesizeTextToStreamAsync`가 사용하기 더 쉽다. 따라서 여기서는 SSML을 생략한다.

합성 방식과 상관없이 두 가지 함수는 `SpeechSynthesisStream` 클래스의 인스턴스로 저장된 인공 인간 음성이라는 동일한 형식의 결과를 생성한다. 특히 이 객체는 WAV^{Waveform Audio File}^{format}라는 바이트 배열을 포함한다. 따라서 WAV 파일로 변환하거나 `MediaElement` 클래스를 사용해 바로 재생할 수 있다.

음성 합성에 필요한 모든 기능을 포함한 `SpeechHelper` 클래스가 있으므로 최종 사용자에게 SS 기능을 노출하는 `MainPage`를 구현했다. Pivot 컨트롤을 사용해 UI를 정의하고 텍스트 상자, 드롭다운 목록, 버튼을 배치했다(그림 7-1과 함께 제공하는 코드 Chapter 07/Speech/MainPage.xaml 참고). 사용자는 이 텍스트 상자에 입력한다. 드롭다운 목록에서 선택한 음성 엔진을 Speak 버튼을 클릭할 때 활성화시키고, 그에 따라 텍스트를 음성으로 변환한다. 그다음 연결된 이벤트 핸들러가 `SpeechHelper` 클래스의 적절한 메서드를 호출한다(Speech 앱의 코드 숨김을 포함하는 예제 7-2 참고).

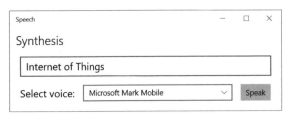

그림 7-1 사용자가 변환할 텍스트와 합성 엔진을 지정할 수 있는 Speech 애플리케이션의 사용자 인터페이스

```
public sealed partial class MainPage : Page
{
    private string textToSpeak;

    private object allVoices = SpeechSynthesizer.AllVoices;
    private object voice;

    public MainPage()
    {
        this.InitializeComponent();
    }

    private void ButtonSpeak_Click(object sender, RoutedEventArgs e)
    {
        SpeechHelper.Speak(textToSpeak, voice as VoiceInformation);
    }
}
```

SS 엔진의 UWP 구현은 VoiceInformation 클래스 인스턴스로 나타냈다. 사용할 수 있는 엔진의 목록은 SpeechSynthesizer 클래스의 AllVoices 정적 속성에서 가져올 수 있다. Speech 애플리케이션에서 사용할 수 있는 음성 엔진 목록은 드롭다운 컨트롤에 바인딩했다. 이 컨트롤을 사용해 원하는 음성 엔진을 사용한다. 이 컨트롤은 SpeechSynthesizer 클래스의 Voice 속성을 자동으로 업데이트한다(예제 7-1과 함께 제공하는 코드 Chapter 07/Speech/MainPage.xaml 참고). 이 속성을 명시적으로 설정하지 않으면 기본 음성이 사용된다. 윈도우 10의 데스크톱 버전에서 기본 음성은 그림 7-2에 보이는 것처럼 설정Setting 앱을 사용해 구성할 수 있다.

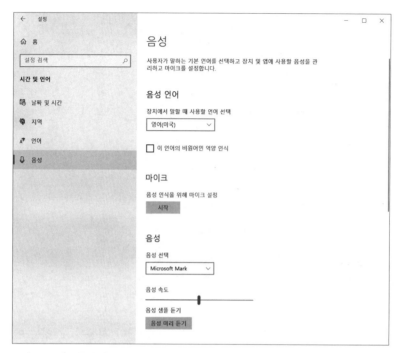

그림 7-2 기본 음성 합성 구성

MainPage 클래스의 textToSpeak 필드는 해당 UI의 TextBox 컨트롤에 바인딩했다. 따라서 textToSpeak는 사용자가 텍스트 상자에 문자열을 입력할 때마다 자동으로 업데이트된다.

Speech 애플리케이션을 실행하면 음성 목록이 설정 애플리케이션과 정확히 동일하다. **Select Voice** 드롭다운 목록을 사용해 합성 엔진을 선택하고 텍스트를 입력하고 나면 **Speak** 버튼을 클릭한다(그림 7-1 참고). 결과적으로 텍스트는 음성으로 변환되고 기본 사운드 재생 디바이스를 사용해 재생된다.

Speech 애플리케이션을 RPi2 디바이스에 배포할 수도 있다. Speech 애플리케이션을 완전히 테스트하려면 RPi2를 외부 디스플레이에 연결하고 USB 마우스를 연결해 UI를 사용해야 한다. 그다음 인공 음성을 듣고자 헤드폰과 같은 오디오 디바이스를 RPi2의 오디오 포트에 연결한다(그림 2-12 참고).

이 UI를 사용하기 원치 않으면 예제 7-3에 보이는 것처럼 MainPage의 OnNavigatedTo 메서드를 언제나 재정의할 수 있다. 재정의하면 MainPage를 탐색한 후 바로 SpeechHelper 클래스의 Speak 메서드를 사용해 'Internet of Things' 문자열을 합성한다.

예제 7-3 UI 컨트롤을 사용하지 않고 음성 합성 직접 호출하기

```
protected override void OnNavigatedTo(NavigationEventArgs e)
{
    base.OnNavigatedTo(e);

    SpeechHelper.Speak("Internet of Things");
}
```

음성 인식

대개 SR을 수행하는 가능한 방법에는 일회성 인식과 UI가 있는 일회성 인식, 연속 음성 인식 세션 세 가지가 있다. UI가 있는 일회성 인식은 아직은 윈도우 10 IoT 코어에서 사용할 수 없다. 이들 옵션을 사용하기 전에 SR의 배경을 살펴보자.

배경

인간은 매일 자신의 음성으로 대화한다. 말하는 사람이 있고, 듣고 해석하는 사람이 있다. 이러한 해석 과정에서 듣는 사람은 인식한 단어를 그의 어휘와 맞춘다. 물론 이 어휘는 시간이 지남에 따라 발전한다. 새로운 단어를 들을 때 이 단어를 배우고 기억에 저장할 수 있다. 디지털 SR 시스템도 비슷한 방식을 사용한다. 현대 음성 인식기(가상의 듣는 사람이라고 생각하자)는 원시 음성 입력을 분석해 각 언어에서 기본 단어 블록인 하나의 음소로 특징을 추출한다. 이 음소는 말에서 구분할 수 있는 가장 짧은 부분이다.

이런 특징을 추출하는 것은 오디오 신호의 복잡성을 줄인다. 레코딩 품질에 따라 그 신호는 수 밀리초 안에서 최대 수천 개의 배열 요소의 길이가 되거나 수십 개의 요소만 포함할 수 있다. 디코더는 음성 기능을 모델 음소 세트와 매칭하고, 결과는 단어와 문장으로 결합된다.

디지털 음성 인식 시스템, 모델 음소 세트, 디코더는 어떤 의미에서는 인간의 청각 시스템이 수신하는 소리를 처리하는 인간의 뇌에 해당한다. 디지털 세계에서 모델 음소 세트가 음소 데이터베이스를 구성한다. 이 모델은 수신한 음소를 알려진 모델링된 신호와 매칭해 들어오는 말을 식별하는 계산 알고리즘을 동반한다. 이들 계산 알고리즘을 특정 SR 요구에 맞춰 훈련하고 조정할 수 있다. 학습 데이터 세트가 있으면 SR 시스템은 음향이나 발음, 언어 모델 매개변수를 최적화해 최상의 인식 성능을 얻을 수 있다.

실제로 현대 SR은 적절한 모델에 저장된 실제 알려진 특징을 나타내는 기능들 간의 최대 가능성을 찾는다. 이런 가능성 평가는 보통 HMM$^{Hidden\ Markov\ Model}$을 기반으로 수행된다. 이런 모델은 많은 과학 및 엔지니어링 영역에서 폭 넓게 사용되며, 처음에는 문자 순서를 모델링하고자 개발했다.

HMM을 사용하면 대규모 모델을 기반으로 음성 인식을 매우 빠르게 수행할 수 있다. 현대 SR은 말하는 사람에 독립적이므로 템플릿 매칭에 기반을 둔 기술에서 요구했던 직접 훈련이 필요 없다. 곧 알게 되겠지만 SR 시스템은 지난 수십 년 동안 크게 개선됐으며, 이제는 아주 견고하다.

앱 기능과 시스템 구성

UWP에서 SR 모듈은 오디오 신호를 기록하는 마이크로폰을 액세스해야 한다. 따라서 패키지 매니페스트$^{package\ manifest}$ 편집기를 사용해 해당 기능을 활성화해야 한다. 이 편집기를 실행하려면 Speech 애플리케이션의 솔루션 탐색기에서 Package.appxmanifest를 더블클릭한다. 그림 7-3에 보이는 것처럼 기능 탭에서 **마이크** 체크 상자를 선택한다.

그림 7-3 마이크 액세스 제공하기

윈도우 10 IoT 코어는 SR을 활성화하는 데 추가 구성이 필요하지 않다. 하지만 윈도우 10의 데스크톱 버전에서는 **개인 정보** 설정을 적절하게 구성해야 한다. 그렇게 하려면 개인 정보 설정의 음성 명령 탭에서 끔 스위치를 **켬**으로 전환한다(그림 7-4 참고). 이제 개발 PC는 음성을 인식할 수 있다.

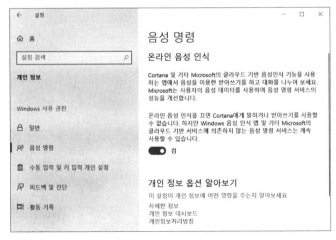

그림 7-4 윈도우 10의 데스크톱 버전에서 음성 인식 활성화하기

UI 변경

SR을 제어하고자 일회성 실행, 지속적인 음성 인식, SR 진단 정보와 인식 결과 표시용 컨트롤을 포함하는 PivotItem을 추가해 Speech 애플리케이션의 UI를 확장했다. 특히 그림 7-5에 보이는 것처럼 Pivot 컨트롤의 추가 탭은 ListBox와 Recognize(One-Time), Start Continuous Recognition, Clear라는 3개의 버튼으로 구성된다. ListBox는 인식 처리의 상태를 표시하고, 첫 번째 2개의 버튼은 SR을 활성화 또는 비활성화한다. Clear 버튼은 ListBox 콘텐츠를 지운다. 이 UI는 XAML 선언을 사용해 만들었다(함께 제공하는 코드 Chapter 07/Speech/MainPage.xaml 참고). 따라서 이들 선언은 추가 설명을 하지 않는다.

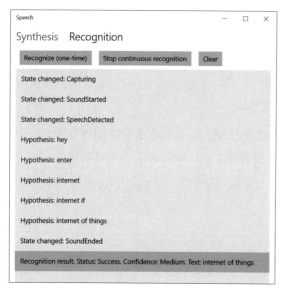

그림 7-5 음성 인식이 오디오 캡처와 음성 감지로 시작된다. 그다음 처리 체인이 호출된다.

일회성 인식

Windows.Media.SpeechRecognition 네임스페이스에서 정의한 SpeechRecognizer 클래스를 통해 UWP SR을 프로그래밍 방식으로 액세스할 수 있다. Speech 애플리케이션에서 SpeechRecognizer 클래스를 MainPage.xaml.cs에 통합했다(함께 제공하는 코드 Chapter 07/ Speech/MainPage.xaml.cs 참고).

SpeechRecognizer 클래스는 클래스 생성자 내에서 InitializeSpeechRecognizer 헬퍼 메서드를 사용해 초기화된다(예제 7-4 참고). 이 메서드는 MainPage의 SpeechRecognizer 클래스의 매개변수 없는 생성자를 사용해 private 멤버인 speechRecognizer의 인스턴스를 생성한다.

예제 7-4 SR 초기화

```
private SpeechRecognizer speechRecognizer;

public MainPage()
{
    InitializeComponent();
    InitializeSpeechRecognizer();
}

private async void InitializeSpeechRecognizer()
{
    speechRecognizer = new SpeechRecognizer();

    await speechRecognizer.CompileConstraintsAsync();

    speechRecognizer.RecognitionQualityDegrading +=
        SpeechRecognizer_RecognitionQualityDegrading;
    speechRecognizer.StateChanged += SpeechRecognizer_StateChanged;
    speechRecognizer.HypothesisGenerated += SpeechRecognizer_HypothesisGenerated;
}
```

노트 | RecognitionQualityDegrading과 StateChanged에서 생성한 모니터링 정보로 음성 인식의 상태를 모니터링할 수 있다. 가상 음성 인식 결과는 HypothesisGenerated 이벤트를 통해 얻을 수 있다. Recognition QualityDegrating와 StateChanged, HypothesisGenerated 이벤트 핸들러는 예제 7-5의 DisplayInfo 메서드를 호출한다.

짐작할 수 있듯이 SR은 계산 비용이 많이 들 수 있다. SR을 더 빠르게 하려면 SpeechRecognizer 클래스의 Constraints 속성을 사용해 인식 제한을 적용할 수 있다. CompileConstraintsAsync 메서드를 사용해 제약 조건을 확인하자. 앞서 예제에서 기본 인식 제약 조건을 사용하므로 CompileConstraintsAsync 메서드만 호출했다. 7장 뒤에서 음성 인식을 제한된 RPi2와 RPi3 기능에 맞춰 조정하면서 사용자 지정 제약 조건을 설정하는 방법의 예를 소개한다.

보다시피 InitialzeSpeechRecognizer는 `SpeechRecognizer` 클래스의 RecognitionQuality Degrading, StateChanged, HypothesisGenerated 이벤트에도 메서드를 연결한다. 이들 이벤트는 SR 처리를 진단하는 데 사용될 수 있으며, 이 예제에서는 UI에서 이벤트를 통해 얻는 정보를 간단히 표시한다. 모든 이벤트 핸들러는 비슷하며, 예제 7-5의 `DisplayInfo` 메서드를 호출한다. 특히 SpeechRecognizer의 StateChanged 이벤트는 SR 시스템이 수행한 특정 단계를 분석한다.

예제 7-5 RecognitionQualityDegrading 이벤트 핸들러는 SR 동안 일어나는 모든 문제 표시

```
private void SpeechRecognizer_RecognitionQualityDegrading(SpeechRecognizer sender,
    SpeechRecognitionQualityDegradingEventArgs args)
{
    DisplayInfo("Quality degrading: " + args.Problem);
}

private async void DisplayInfo(string infoMessage)
{
    if (Dispatcher.HasThreadAccess)
    {
        ListBoxResults.Items.Add(infoMessage);
        ListBoxResults.SelectedIndex = ListBoxResults.Items.Count - 1;
    }
    else
    {
        await Dispatcher.RunAsync(CoreDispatcherPriority.Normal, () => {
            DisplayInfo(infoMessage);
        });
    }
}
```

 노트 | 예제 7-4에서 사용한 다른 이벤트 핸들러도 비슷한 정의를 가지므로 생략했다.

음성 인식기를 초기화한 후 일회성 음성 인식 세션은 ButtonOneTimeRecognition_Click 이벤트 핸들러를 사용해 시작된다(예제 7-6 참고). 거기서 SpeechRecognizer 클래스 인스턴스의 RecognizeAsync 메서드를 호출한다. 하지만 이 메서드 호출을 성공하려면 마이크 액세스와 인식 제약 조건 구성, 적절한 개인 정보 설정이 필요하다. 마이크 액세스를 허용하지 않으면 RecognizeAsync는 UnauthorizedAccessException을 던진다. 마찬가지로 제약 조건이 설정되지 않았을 때는 InvalidOperationException을 던진다. 개인 정보 설정에서 SR을 비활성화할 때 HResult 속성 값이 -2147199735인 예외를 던진다. 이런 예외들을 잡고자 ButtonOneTimeRecognition_Click 이벤트 핸들러에서 RecognizeAsync를 호출을 적절한 try catch 블록으로 감쌌다. 성공한 인식 결과는 인식된 텍스트, 상태, 신뢰도(가능 추정치)를 구성해 UI에 표시한다.

예제 7-6 일회성 음성 인식

```
private async void ButtonOneTimeRecognition_Click(object sender, RoutedEventArgs e)
{
    try
    {
        var recognitionResult = await speechRecognizer.RecognizeAsync();

        DisplayInfo(GetRecognitionResultInfo(recognitionResult));
    }
    catch (UnauthorizedAccessException)
    {
        DisplayInfo("Speech recognition requires an access to a microphone");
    }
    catch (Exception)
    {
        DisplayInfo("Speech recognition is disabled");
    }
}

private string GetRecognitionResultInfo(SpeechRecognitionResult speechRecognitionResult)
{
    return string.Format("Recognition result. Status: {0}. Confidence: {1}. Text: {2}",
        speechRecognitionResult.Status,
        speechRecognitionResult.Confidence,
        speechRecognitionResult.Text);
}
```

음성을 자동으로 감지하는 컴퓨터 시스템의 기능은 입력 신호 품질에 달렸다. 오디오 입력에 잡음이 많은 경우, 사용자가 볼륨이 너무 높거나 빠른 속도로 말하는 경우, 단순히 유효한 오디오 신호가 없다면 인식이 실패한다. 이러한 문제는 SpeechRecognizer가 RecognitionQualityDegrading 이벤트를 사용해 보고한다. 해당 이벤트 핸들러는 SpeechRecognitionQualityDegradingEventArgs 클래스의 Problem 속성을 읽어 궁극적인 문제를 확인할 수 있다.

SR 엔진이 첫 번째 Capturing 상태 동안 입력 신호의 문제를 감지하지 못한다면(그림 7-5의 첫 번째 리스트 항목 참고) 오디오 처리는 음성 활동 감지를 시작한다(그림 7-5의 두 번째 SoundStarted와 세 번째 SpeechDetected 리스트 항목 참고). 유효한 음성이 감지되면 처리 엔진은 음성의 특징을 추출하고 단어를 인식한다. 그다음 SpeechRecognizer는 몇 가지 가설을 생성한다. 이들 가설의 인식을 HypothesisGenerated 이벤트에서 보고하고 UI에 표시한다(그림 7-5의 목록에서 4-8 항목).

말하기 활동을 끝내면 최종 인식 결과인 SoundEnded 상태가 생성된다. 이 상태를 SpeechRecognitionResult 클래스의 인스턴스로 저장한다. 이 객체를 사용해 인식한 문장(Text 속성), 인식 신뢰도(Confidence 또는 RawConfidence 속성), 인식 상태(Status 속성)를 얻을 수 있다. Confidence와 RawConfidence를 사용하면 현재 음성 특징이 알려진 모델에서 저장된 특징에 얼마나 잘 반영됐는지를 측정하는 인식 품질을 결정한다. 특히 RawConfidence(백분율로 제공)가 선택한 임계값 미만일 때 인식된 텍스트를 거부할 수 있다.

SR을 직접 살펴보려면 Speech 애플리케이션을 실행하고 Recognize (One-Time) 버튼을 클릭한 다음 아무 말이나 해본다. 인식 모듈은 음성 입력을 처리해 단어와 문장을 감지한다.

결과는 그림 7-5와 비슷할 것이다. 즉 음성 인식은 오디오 캡처로 시작한다. 그다음 말하기 활동을 분리해 처리하고 알려진 단어를 감지한다. 최종 결과가 생성되기 전에 몇 가지 가상 인식이 보고된다. 일회성 음성 인식은 소리의 끝을 감지할 때 중지한다. 음성 인식을 계속하려면 RecognizeAsync 메서드를 다시 호출하거나 연속 음성 인식을 사용해야 한다.

연속 인식

IoT 애플리케이션의 경우 연속 인식은 특히 디바이스 제어의 일회성 음성 인식보다 더 적합하다. 원칙적으로 연속 인식은 일회성 인식처럼 수행된다. 즉 인식 엔진이 오디오 입력을 처리해 음소를 추출한 다음 모델 데이터 집합에 매핑하고 결과를 생성한다. 유일한 차이점은 RecognizeAsync 메서드가 반환한 객체를 해석하기보다는 이벤트 핸들러를 사용해 인식 결과를 판독하는 점이다.

연속 음성 인식을 시작하려면 SpeechContinuousRecognitionSession의 StartAsync 메서드를 호출해야 한다. 예제 7-7에서 Start Continuous Recognition 버튼의 이벤트 핸들러 코드를 나타냈다. 이 코드에서 SR 시작은 일회성 인식과 아주 비슷하다. 구체적으로 인식기 상태 변경, 입력 신호 에러, 가설 생성을 모니터링하는 데 일회성 인식에서처럼 정확히 동일한 이벤트를 사용한다. 더욱이 음식 인식 세션을 중지하려면 StopAsync 메서드를 호출한다.

예제 7-7 일회성 인식과 비슷하게 시작하는 연속 음성 인식

```
private const string startCaption = "Start";
private const string stopCaption = "Stop";

private async void ButtonContinuousRecognition_Click(object sender, RoutedEventArgs e)
{
    var buttonCaption = ButtonContinuousRecognition.Content.ToString();

    if (buttonCaption.Contains(startCaption))
    {
        try
        {
            await speechRecognizer.ContinuousRecognitionSession.StartAsync();

            ButtonContinuousRecognition.Content =
                buttonCaption.Replace(startCaption, stopCaption);
        }
        catch (UnauthorizedAccessException)
        {
            DisplayInfo("Speech recognition requires an access to a microphone");
        }
        catch (Exception)
```

```
        {
            DisplayInfo("Speech recognition is disabled");
        }
    }
    else
    {
        await speechRecognizer.ContinuousRecognitionSession.StopAsync();

        ButtonContinuousRecognition.Content =
            buttonCaption.Replace(stopCaption, startCaption);
    }
}
```

하지만 인식 결과를 얻으려면 SpeechContinuousRecognitionSession.ResultGenerated
이벤트를 처리해야 한다. SpeechContinuousRecognitionSession 인스턴스는 Speech
Recognizer 클래스의 속성으로 사용할 수 있다. SpeechContinuousRecognitionSession.
ResultGenerated 이벤트를 처리하고자 예제 7-8에 보이는 것처럼 InitializeSpeech
Recognizer 메서드의 정의를 확장했다. 이 예제에서 SpeechContinuousRecognitionSess
ion.Completed 이벤트에도 메서드를 연결했다. 이 이벤트는 연속 음성 인식이 끝날 때 호
출된다. 이 상황은 보통 ContinuousRecognitionSession.StopAsync 메서드를 호출할 때 일어
난다(예제 7-7 참고).

예제 7-8 연속 음성 인식의 결과를 얻어서 표시하기

```
private async void InitializeSpeechRecognizer()
{
    speechRecognizer = new SpeechRecognizer();

    await speechRecognizer.CompileConstraintsAsync();

    speechRecognizer.RecognitionQualityDegrading +=
        SpeechRecognizer_RecognitionQualityDegrading;
    speechRecognizer.StateChanged += SpeechRecognizer_StateChanged;
    speechRecognizer.HypothesisGenerated += SpeechRecognizer_HypothesisGenerated;

    speechRecognizer.ContinuousRecognitionSession.ResultGenerated +=
        ContinuousRecognitionSession_ResultGenerated;
    speechRecognizer.ContinuousRecognitionSession.Completed +=
```

```
        ContinuousRecognitionSession_Completed;
}

private void ContinuousRecognitionSession_ResultGenerated(
    SpeechContinuousRecognitionSession sender,
    SpeechContinuousRecognitionResultGeneratedEventArgs args)
{
    DisplayInfo(GetRecognitionResultInfo(args.Result));
}

private void ContinuousRecognitionSession_Completed(
    SpeechContinuousRecognitionSession sender,
    SpeechContinuousRecognitionCompletedEventArgs args)
{
    DisplayInfo("Speech recognition completed. Status: " + args.Status);
}
```

연속 음성 인식을 테스트하려면 Speech 애플리케이션을 실행하고 Continuous Recognition 버튼을 클릭한 다음 말을 시작해야 한다. 일회성 인식에서처럼 UWP는 말하기 활동을 감지한 다음 음성 입력을 처리해 단어를 식별한다. 그다음 인식 단계와 결과가 ListBox 컨트롤에 표시된다. 결과는 여러분의 PC에 계속 말할 수 있다는 점을 제외하고 그림 7-5에 보이는 것과 유사하다.

음성 명령을 사용해 디바이스 제어하기

이 절은 UWP의 음성 기능을 사용해 음성으로 제어하는 UI 있는 IoT 애플리케이션을 만드는 방법을 살펴본다. 이 애플리케이션은 사용자의 음성 명령에 따라 센스 HAT LED 배열의 색을 변경한다. 첫 번째 단계는 오디오 입력과 출력 디바이스 구성이다.

하드웨어 설정

윈도우 10 IoT 코어의 음성 인식 엔진은 호환되는 마이크가 필요하다. 여기서는 Microsoft Life Cam HD-3000의 내장 마이크를 사용한다. 이 장치는 저렴하며(20~30달러) 널리 사용하는 USB 장치이므로 RPi2와 RPi3 포트 중 하나에 연결할 수 있다. 이 장치(또는 다른 호환 USB 마이크)를 RPi2나 RPi3에 연결한 후 디바이스 포털을 사용해 마이크를 구성할 수 있다. 그림 7-6에 보이는 것처럼 마이크 입력 레벨과 RPi2 스피커의 볼륨을 제어할 수 있는 Audio 탭을 찾는다. SR 엔진은 입력 신호 품질에 크게 의존하기 때문에 인식 엔진이 어떤 문제에 봉착한다면 마이크 레벨을 조정해 보자.

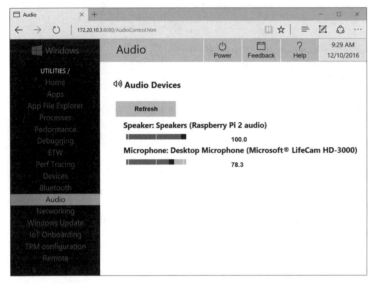

그림 7-6 디바이스 포털의 Audio 탭. 윈도우 10 IoT 코어는 제어판이 없으므로 오디오 구성은 디바이스 포털을 사용해 수행한다.

애플리케이션은 SS를 사용해 명령을 확인하고 사용자에게 에러를 소리로 알려 준다. RPi2와 대화하려면 RPi2나 RPi3의 미니 잭 포트에 헤드폰이나 이어폰을 연결해야 한다. 대안으로 USB 헤드셋을 사용할 수 있지만, IoT 디바이스에 전원을 인가하기 전에 먼저 연결해야한다. 그렇게 하면 사운드 출력이 USB 헤드셋으로 나온다.

코드 작성

이제 IoT 디바이스에서 SR을 사용하는 방법을 설명한다. 개발 PC에서 IoT로 전환하는 데는 IoT 처리 기능과 관련해 특정 고려 사항이 필요하다. 완전한 스피커 독립 모델을 기반으로 하는 SR은 더 많은 처리 시간이 필요하므로 IoT 디바이스는 음성 명령 응답에 상당한 지연을 경험할 수 있다. 이 문제를 해결하고자 인식 제약 조건을 사용한다. 이 제약 조건은 아주 적은 음성 특징 모델로 계산 시간을 줄이며, 비용은 일반적인 SR 시스템보다 적다.

IoT 앱에서 SS와 SR의 샘플 사례를 표시하고자 SpeechControl 프로젝트를 준비했다 (Chapter 07/SpeechControl에서 함께 제공하는 코드 참고). 이 애플리케이션을 IoT 디바이스에 배포한 후 애플리케이션이 LED 배열과 SpeechRecognizer 클래스를 초기화한다. SpeechRecognizer를 초기화할 수 없으면 LED 배열이 깜박인다. 그렇지 않으면 성공적인 초기화가 성공하면 디바이스가 '준비됐습니다. 색을 선택하세요'라는 인공 음성 메시지를 사용해 확인해 준다. 'Red' 또는 'Green', 'Blue', 'None'으로 응답할 수 있다. 명령에 따라 디바이스는 모든 센스 HAT LED를 구동해 지정한 색(Red, Green, Blue)으로 구동하거나 LED 배열을 끈다(None).디바이스는 OK 메시지를 사용해 정확한 명령 인식을 확인한다. 어떤 이유로 디바이스가 명령을 인식할 수 없다면 '이해하지 못했습니다'라고 말한다.

이 기능을 구현하고자 비어 있는 UWP 비주얼 C# 애플리케이션 프로젝트 템플릿을 사용하고, Windows IoT Extensions for the UWP를 참조한 다음 마이크 기능을 추가하고, 앞서 개발한 몇 가지 파일(Check.cs, I2cHelper.cs, LedArray.cs, SpeechHelper.cs)을 추가했다. 여기서는 앞서의 프로젝트에서 파일을 간단히 가져온다. 하지만 더 일반적인 방식은 별도의 클래스 라이브러리 프로젝트에서 이들 파일을 포함한 다음 이 프로젝트를 참조하는 것이다(부록 D 참고).

다음으로 헬퍼 메서드 InitializeCommandsDictionary를 작성했다(예제 7-9 참고). 이 메서드는 음성 명령을 특정 색과 관련 짓는 LUT 인스턴스를 생성한 다음 센스 HAT LED 배열을 구동하는 데 사용한다. InitializeCommandsDictionary 메서드는 MainPage 생성자에서 한 번만 호출된다.

예제 7-9 음성 명령 조회 테이블 초기화

```
private Dictionary<string, Color> commandsDictionary;

private void InitializeCommandsDictionary()
```

```
{
    commandsDictionary = new Dictionary<string, Color>();

    commandsDictionary.Add("Red", Colors.Red);
    commandsDictionary.Add("Green", Colors.Green);
    commandsDictionary.Add("Blue", Colors.Blue);
    commandsDictionary.Add("None", Colors.Black);
}
```

 노트 | 음성 명령이 색에 매핑된 다음 LED 배열을 제어하는 데 사용된다.

다음 단계는 InitializeLedArray 메서드를 사용해 LED 배열을 초기화한다. 이 메서드는 6장에서 설명했으므로 다시 설명하지 않는다. 예제 7-10에 보이는 Initialize SpeechRecognizer 메서드는 설명해야 한다. 이 메서드는 앞서의 메서드를 사용해 연속 음성 인식을 초기화한다. 추가적으로 음성 인식 모듈이 음소 검색을 Red, Green, Blue, None이라는 4개의 단어로 제한하도록 제약 조건을 구성했다. 이러한 제약 조건은 Spee chRecognitionListConstraint 클래스의 인스턴스를 사용해 적용했다. 이 클래스의 기본 생성자는 단어나 구를 나타내는 문자열 목록이 필요하다. 앞서의 예제에서 명령 목록은 Dictionary 객체를 사용해 색과 연결했다. 따라서 SpeechRecognitionListConstraint 클래스 인스턴스를 생성하고자 commands-Dictionary 필드의 Keys 속성을 사용했다.

예제 7-10 제약 조건으로 음성 인식기 초기화하기

```
private const string welcomeMessage = "I'm ready. Choose a color";

private async void InitializeSpeechRecognizer()
{
    try
    {
        speechRecognizer = new SpeechRecognizer();

        // 제약 조건 구성
        var listConstraint = new SpeechRecognitionListConstraint(commandsDictionary.Keys);
        speechRecognizer.Constraints.Add(listConstraint);
```

```
        await speechRecognizer.CompileConstraintsAsync();

        // 이벤트 핸들러 연결 및 연속 인식 시작
        speechRecognizer.ContinuousRecognitionSession.ResultGenerated +=
            ContinuousRecognitionSession_ResultGenerated;

        await speechRecognizer.ContinuousRecognitionSession.StartAsync();

        SpeechHelper.Speak(welcomeMessage);
    }
    catch (UnauthorizedAccessException)
    {
        StartBlinking();
    }
}

private void StartBlinking()
{
    const int msDelay = 100;

    while (true)
    {
        ledArray.Reset(Colors.Black);
        Task.Delay(msDelay).Wait();

        ledArray.Reset(Colors.Red);
        Task.Delay(msDelay).Wait();
    }
}
```

 노트 | ContinuousRecognitionSession_ResultGenerated의 정의는 예제 7-11에서 나타냈다.

예제 7-10에서 보다시피 SpeechRecognizer를 초기화할 수 없다면 LED 배열이 깜박이기 시작한다. 그렇지 않은 경우 SpeechHelper 클래스를 사용해 환영 메시지를 생성하고 연속 인식이 음성 입력을 처리한다. SR이 적절한 신뢰도 수준으로 올바른 명령을 인식할 때 LED 배열 색은 사용자가 요청한 색으로 바뀐다(예제 7-11 참고). LED 배열 색은 SetColor 메서드 내에서 구성한다. 이 메서드는 인식된 텍스트가 commandsDictionary LUT의 키 중 하나와 일치하는지 여부를 간단히 확인한다. 일치한다면 그 키에 해당하는 색이 LedArray 클래스의 Reset 메서드에 전달된다. 따라서 LED 배열은 색을 적절히 변경한다. 앞서의 애플리케이션은 이전 절과 장의 몇 가지 빌딩 블록을 사용했으므로 아주 쉽게 만들었다.

예제 7-11 LED 배열은 음성 입력에 따라 색을 변경한다.

```csharp
private const string recognitionError = "I did not get that";
private const string confirmationMessage = "OK";

private void ContinuousRecognitionSession_ResultGenerated(
    SpeechContinuousRecognitionSession sender,
    SpeechContinuousRecognitionResultGeneratedEventArgs args)
{
    string message = recognitionError;

    if (args.Result.Confidence != SpeechRecognitionConfidence.Rejected)
    {
        message = SetColor(args);
    }

    SpeechHelper.Speak(message);
}

private string SetColor(SpeechContinuousRecognitionResultGeneratedEventArgs args)
{
    var message = recognitionError;

    var recognizedText = args.Result.Text;

    if (commandsDictionary.ContainsKey(recognizedText))
    {
        var color = commandsDictionary[recognizedText];

        message = confirmationMessage;

        ledArray.Reset(color);
    }

    return message;
}
```

시간 및 주파수 도메인에서의 파동

SR은 복잡한 작업이다. 시간이 지남에 따라 여러 가지 접근 방법이 개발돼 SR을 빠르고 견고하게 만들었다. 모든 음성 인식 알고리즘은 원시 오디오 신호를 처리해 유용한 특징을 추출하고 알려지거나 모델링된 오디오 특성과 비교한다. UWP는 매우 견고한 SR 시스템을 제공하므로 저수준 SR 처리 알고리즘에 신경 쓸 필요가 없다. 하지만 여러 자동화 솔루션에서 발생할 수 있는 커스텀 오디오 또는 신호 처리 루틴을 구현하고 싶으면 신호 처리의 기본적인 측면 몇 가지를 알아야 한다. 특히 거의 모든 SR 시스템은 시간 신호를 주파수 도메인으로 변환해 처리한다.

오디오 신호는 음파가 생성한 사운드의 디지털 표현이다. 이 파동을 입자나 탄성체의 진동을 포함하는 교란의 전파로 볼 수 있으며, 이것이 음원이 된다. 대체로 인간의 청각 계통에서 인간 귀의 바깥 부분을 구성하는 입자는 들어오는 음파가 진동시킨다. 이러한 진동은 머리카락 세포가 감지해 청각 뉴런으로 정보를 전달해 처리한다. 디지털 세계에서 오디오 처리는 이 메커니즘에서 영감을 받았다. 머리카락 세포는 마이크로 대체했고, 신호는 CPU에서 처리하는 국소 매체 진동에 따른 주파수에 맞춰 주기적으로 진동함으로써 음파를 분석한다.

주기적 현상(파동이나 진자 운동)의 시간 경과는 대개 많은 중복 데이터 포인트로 구성된다. 이 효과를 나타내는 데 필요한 데이터양을 줄이려면 주파수 분석을 사용해야 한다. 시간과 주파수 도메인에서 파동(또는 주기적인 현상)과 관련된 수학적 도구가 푸리에 변환Fourier transform이다. 그림 7-7에서 보다시피 이 변환은 시간 파동 신호를 복소수 주파수 분포(스펙트럼)로 변환한다. 즉 이 분포는 시간과 주파수 도메인에서 신호를 서로 변환한다. 그다음 전체 신호에서 각 주파수가 기여한 부분을 사용할 수 있고, 푸리에 변환된 신호의 진폭으로 전달된다.

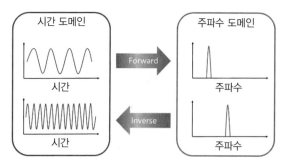

그림 7-7 시간과 주파수 도메인 간의 신호를 상호 변환하는 푸리에 변환

푸리에 변환은 SR 알고리즘에서 일반적으로 첫 번째 단계다. 이 변환은 각 음소의 특징을 추출한 사운드 스펙트럼을 제공한다. 자세한 음성 인식 처리 체인은 책 한 권을 통째로 내어 줘야 할 만큼 다룰 내용이 많다. 여기에 흥미를 가진 독자라면 http://bit.ly/htk_book 에서 제공하는 HTK(Hidden Markov Model Toolkit) PDF 전자 문서를 참고하기 바란다.

푸리에 변환은 많은 과학 및 엔지니어링 애플리케이션에서 강력한 도구이며, 일반적으로 많은 수치 해석 라이브러리의 기본 요소다. 곧 다룰 절에서 샘플 UWP 애플리케이션을 작성하고 아주 단순한 사인파의 푸리에 변환 크기를 계산하고 표시하는 방법을 표시해 주파수 분포를 결정하는 방법을 소개한다.

고속 푸리에 변환

고속 푸리에 변환[FFT, Fast Fourier Transformation]은 푸리에 변환의 수치적 변환에 효과적이고 널리 사용된다. 이 변환은 특히 길이가 2의 거듭제곱인 입력 신호에 최적화돼 있다. 많은 라이브러리에서 FFT를 구현하므로 자세한 설명은 몇 개의 글과 책을 살펴보면 쉽게 찾아낼 수 있다. 예를 들어 'Numerical Recipes: The Art of Scientific Computing(수치 레시피: 과학을 위한 컴퓨팅의 기술)(http://numerical.recipes/)'를 한번 살펴보자. 여기서는 구구절절한 역사 얘기는 생략하고, UWP 애플리케이션에서 FFT를 사용하는 방법을 소개한다.

7장에서는 FrequencyDistribution이라는 C# UWP 애플리케이션을 개발했다(Chapter 07/ FrequencyDistribution에서 함께 제공하는 코드 참고). 2장, '디바이스용 유니버설 Windows 플랫폼'에서 설명한 것처럼 빈 UWP C# 프로젝트 템플릿을 사용해 프로젝트를 만든 후, 2개의 NuGet 패키지를 설치했다. 첫 번째 패키지인 MathNet.Numerics(그림 7-8 참고)는 FFT를 포함해 많은 수치 알고리즘을 구현한다. 두 번째인 OxyPlot.Windows(그림 7-9 참고)는 도표를 그리는 데 사용된다. 7장을 작성할 즈음에는 OxyPlot.Windows 패키지를 시험판으로만 사용할 수 있어서 NuGet 관리자에서 **시험판 포함** 체크 상자를 선택했지만, 지금은 정식 출시된 안정 버전을 제공한다(그림 7-9 참고). FFT 라이브러리에 대한 선택은 다운로드 횟수로 결정했다. OxyPlot.Windows는 인기 있고 사용하기 간편한 도표 그리기 라이브러리다.

그림 7-8 FFT 라이브러리의 목록을 나타내는 NuGet 패키지 관리자

패키지 설치 후 Windows IoT Extensions for the UWP를 참조했고, 앞서 개발한 파일인 Check.cs와 I2cHelper.cs, LedArray.cs를 포함했다. 그다음 2개의 정적 헬퍼 클래스인 PlotHelper와 SpectrumHelper를 구현했다. 함께 제공하는 코드에서 FrequencyDistribution 애플리케이션의 하위 폴더인 Helpers 아래에 각각의 전체 코드가 있다.

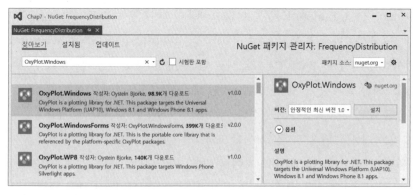

그림 7-9 OxyPlot.Windows NuGet 패키지 설치

특히 PlotHelper에는 여기서 중요한 GenerateSineWave, AddLineSeries라는 2개의
public 메서드가 있다. 예제 7-12에 보이는 GenerateSineWave는 부호 있는 16비트 정
수의 배열을 만들어 그 배열에서 진폭(높이)이 short.MaxValue이고 주어진 사이클(주기)
의 수로 사인파의 시간 경과를 나타낸다. 주기의 횟수는 frequency 인수의 값으로 제어한
다. 여기에 배열의 길이를 고려해 Math 클래스의 정적 Sin 함수를 사용해 각 배열 요소의
값을 설정한다.

예제 7-12 사인파 생성하기

```
public static short[] GenerateSineWave(int length, double frequency)
{
    Check.IsLargerThanZero(length);

    double degToRadScaler = Math.PI / 180.0d;
    double lengthScaler = 360.0d / length;

    short[] sineWave = new short[length];

    for (int i = 0; i < length; i++)
    {
        var phase = i * degToRadScaler * frequency * lengthScaler;

        var sin = short.MaxValue * Math.Sin(phase);

        sineWave[i] = Convert.ToInt16(sin);
    }
```

```
    return sineWave;
}
```

PlotHelper 클래스의 다른 public 메서드, 즉 AddLineSeries와 AddBarSeries는 OxyPlot
패키지에서 제공하는 차트에 입력 벡터를 추가한다(그린다)(예제 7-13 참고). OxyPlot에
서 차트 모양은 PlotModel 클래스의 인스턴스를 통해 제어한다. 이 클래스의 인스턴스는
PlotView 컨트롤에 바인딩되며, 7장 뒤에서 보였듯이 XAML 코드로 선언할 수 있다. 따라
서 PlotModel에 수행하는 모든 변경은 InvalidatePlot 메서드를 호출한 후 UI에서 자동으
로 반영된다.

예제 7-13 OxyPlot의 차트를 사용해 선 계열 도표 그리기

```
public static void AddLineSeries<T>(PlotModel plotModel, T[] inputData, OxyColor
color)
{
    Check.IsNull(plotModel);
    Check.IsNull(inputData);

    var lineSeries = new LineSeries()
    {
        Color = color
    };

    AddDataPointSeries(plotModel, inputData, lineSeries);
}

private static void AddDataPointSeries<T>(PlotModel plotModel, T[] inputData,
    DataPointSeries dataPointSeries)
{
    for (int i = 0; i < inputData.Length; i++)
    {
        dataPointSeries.Points.Add(new DataPoint(i, Convert.ToDouble(inputData[i])));
    }

    plotModel.Series.Clear();
    plotModel.Series.Add(dataPointSeries);

    plotModel.InvalidatePlot(true);
}
```

두 번째 헬퍼 클래스인 SpectrumHelper(예제 7-14 참고)는 FourierMagnitude라는 public 메서드 하나를 구현한다. 여기서는 MathNet.Numerics.IntegralTransforms에서 선언한 Fourier 클래스의 Forward 메서드를 호출한다. 따라서 해당 신호는 시간에서 주파수 도메인으로 변환되고, Inverse 메서드에서 구현한 역 FFT를 사용해 다시 시간 도메인으로 변환할 수 있다.

예제 7-14 short 배열로 표현한 입력 시간 신호의 수치적 푸리에 변환

```
public static class SpectrumHelper
{
    public static double[] FourierMagnitude(short[] inputData)
    {
        Check.IsNull(inputData);

        var complexInput = ShortToComplexArray(inputData);

        Fourier.Forward(complexInput);

        return GetMagnitude(complexInput);
    }

    private static Complex[] ShortToComplexArray(short[] inputData)
    {
        int elementsCount = inputData.Length;
        var complexData = new Complex[elementsCount];

        for (int i = 0; i < elementsCount; i++)
        {
            complexData[i] = new Complex(inputData[i], 0.0d);
        }

        return complexData;
    }

    private static double[] GetMagnitude(Complex[] fft)
    {
        var magnitude = new double[fft.Length];

        for (int i = 0; i < magnitude.Length; i++)
        {
            magnitude[i] = fft[i].Magnitude;
        }
```

```
        return magnitude;
    }
}
```

SpectrumHelper 클래스의 FourierMagnitude 메서드는 부호 있는 16비트 정수에서만 동작한다. 따라서 이어지는 절에서 이 메서드를 WAV 형식의 오디오 신호를 처리하는 데 사용한다. 대부분의 경우 이 형식은 16비트 정수를 사용해 오디오 신호를 디지털로 표현한다.

여기서는 순방향 변환을 사용하고 시간 도메인 신호를 주파수 도메인으로 변환해 그림 7-7에서 본 결과를 재현한다. 즉 사인파로 모델링된 입력 신호 도표를 그린 다음 푸리에 변환의 크기를 그린다.

전반적으로 내 목표는 오디오파와 같은 다양한 시간 신호의 진동을 푸리에 변환을 사용해 감지할 수 있는 방법을 명시적으로 보여 주는 것이다. 그다음 이 속성을 통해 일반적으로 다른 주파수의 많은 사인파로 구성된 오디오파의 스펙트럼을 추출한다. 이들 주파수는 다른 음색에 해당한다.

그림 7-10과 그림 7-11에서 보다시피 슬라이더 1개와 PlotView 컨트롤 2개로 구성한 UI를 선언한다. 첫 번째 차트는 사인파를 표시하지만, 두 번째 차트는 FFT를 사용해 푸리에 변환된 신호의 크기를 나타낸다.

슬라이더를 사용해 입력파 주파수를 바꿀 수 있다. 슬라이더 컨트롤은 MainPage 클래스의 Frequency 속성에 바인딩된다(예제 7-15 참고). 슬라이더 위치를 바꿀 때마다 UpdatePlots 메서드가 호출된다. 이 메서드는 먼저 사인파를 나타내는 적절한 배열을 생성한다. 사인파의 길이는 1,024개의 점으로 설정한 inputDataLength 변수를 사용해 제어한다(예제 7-15 참고). 생성된 사인파는 UI의 왼편에 있는 PlotView 컨트롤에서 그려진다. 두 번째 PlotView 컨트롤은 SpectrumHelper 클래스를 사용해 계산한 해당 FFT 크기를 그린다.

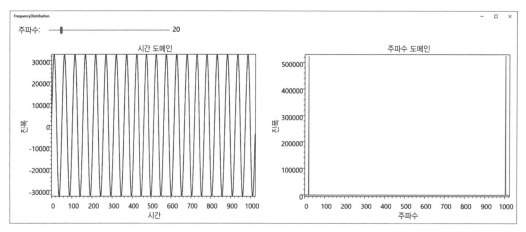

그림 7-10 이상적인 단일 주파수 사인파(왼쪽)와 해당 FFT의 크기

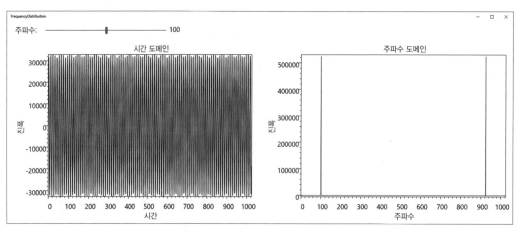

그림 7-11 FFT의 크기(오른쪽)는 입력 신호의 주파수 변화를 반영한다. 그림 7-10과 비교해 보자.

예제 7-15 MainPage의 코드 숨김

```
public sealed partial class MainPage : Page
{
    private const int inputDataLength = 1024;

    private PlotModel sineWavePlotModel;
    private PlotModel fftPlotModel;
```

```
private double frequency;

public double Frequency
{
    get { return frequency; }
    set
    {
        frequency = value;
        UpdatePlots();
    }
}
    public MainPage()
    {
        this.InitializeComponent();

        InitializePlots();

        Frequency = 1;
    }

    private void InitializePlots()
    {
        sineWavePlotModel = new PlotModel();
        fftPlotModel = new PlotModel();

        // 글꼴 크기
        const int fontSize = 22;
        sineWavePlotModel.DefaultFontSize = fontSize;
        fftPlotModel.DefaultFontSize = fontSize;

        // 제목
        sineWavePlotModel.Title = "Time-domain";
        fftPlotModel.Title = "Frequency-domain";

        // 축
        ConfigureAxes();
    }

private void UpdatePlots()
{
    var sineWave = PlotHelper.GenerateSineWave(inputDataLength, Frequency);
    var fourierMagnitude = SpectrumHelper.FourierMagnitude(sineWave);

    PlotHelper.AddLineSeries(sineWavePlotModel, sineWave, OxyColors.Blue);
```

```
        PlotHelper.AddLineSeries(fftPlotModel, fourierMagnitude, OxyColors.OrangeRed);
    }

    //ConfigureAxes 메서드는 함께 제공하는 코드에 있다.
    //차트 모양을 축과 제목, 범위 등으로 간단히 구성한다.
}
```

예제 7-15에서 2개의 `PlotModel` 클래스 인스턴스도 선언하고 초기화했다. 이들 인스턴스는 2개의 PlotView 컨트롤과 연결되며, 차트 모양을 구성하는 데 사용된다. 특히 글꼴 크기, 차트와 축 제목, 축 범위를 구성한다.

그림 7-10은 저주파수 사인파에 대한 샘플 결과를 그린 반면, 그림 7-11은 빠르게 진동하는 파의 스크린샷을 나타냈다. 이상적인 파동의 경우 FFT 크기는 2개의 피크를 포함한다. 보다시피 입력 파동 주파수를 변경할 때 이들 피크의 위치가 바뀐다. 따라서 FFT는 입력 시간 신호의 주파수를 디코딩한다. FFT 크기의 첫 번째 피크는 정확히 파동 주파수(그림 7-10의 20과 그림 7-11의 100)에 위치하지만, 두 번째 피크는 인덱스 1004(그림 7-10 참고)와 924(그림 7-11 참고)에 있다. 두 번째 피크의 존재는 실제 신호의 푸리에 변환에서 복잡한 결합 대칭에 기인한다. 다음 절에서 이 부분을 더 자세히 설명한다.

샘플링 레이트와 주파수 척도

지금까지, 입력 신호와 해당 주파수 범위의 시간 척도를 표시하는 물리적 단위를 사용하지 않았다. 대개 이런 단위는 신호를 기록하는 데 사용한 수집 디바이스에 달렸다. 원하는 기록 품질에 따라 오디오 신호는 일반적으로 초당 3,000~44,100개의 샘플로 수집된다. 이 샘플링 속도는 기록 디바이스가 연속 오디오파를 잘 샘플링하는지 나타낸다. 실제로 마이크와 같은 기록 디바이스는 오디오 신호를 샘플링하면서 연속적인 샘플을 저장하는 데 약간의 시간 지연이 필요하다. 따라서 기록 디바이스는 연속 오디오파를 이상적으로 표현할 수 없다. 샘플의 수를 증가시킬수록 품질은 좋아진다. 주파수가 높을수록 더 자세한 정보, 즉 더 높은 음색을 전달하므로 기록된 신호의 품질은 샘플링 레이트에 따라 증가한다. 따라서 전화는 3~8kHz라는 낮은 샘플링 주파수를 사용하지만, CD 품질은 44.1kHz의 샘플링 레이트가 필요하다. 여기서 kHz는 킬로^{kilo} 헤르츠^{hertz} 단위를 표시한다(kHz, 1kHz = 1 ms^{-1}).

샘플링 레이트는 신호 시간 척도와 해당 주파수 범위도 결정한다. 공식적으로 샘플링 레이트 f_s는 연속 기록(샘플) 간의 시간 지연 δt에 반비례한다. 즉 $f_s = \dfrac{1}{\delta t}$이다. 따라서 샘플링 레이트는 헤르츠로 표시된다. 제공된 샘플의 수를 n이라 했을 때 레코드 길이는 $\Delta t = n\delta t$로 정의한다.

그러나 이 숫자를 FrequencyDistribution 애플리케이션에서 표시한 것과 어떻게 관련시킬까? 이 애플리케이션은 시간 척도가 없는 이산 벡터를 사용하며, 일반적으로 특정 오디오 디바이스의 녹음 기능에 따라 설정된다. FrequencyDistribution 애플리케이션은 inputDataLength 필드의 값을 사용해 제어하는 레코드 길이뿐이다(예제 7-15 참고).

샘플링 레이트를 알면 δt를 결정한 다음 오디오 샘플을 포함하는 입력 배열의 인덱스를 물리적인 시간 척도로 변환할 수 있다. 즉 f_s = 4kHz의 경우 δt = 0.25 ms, f_s = 44.1kHz의 경우 $\delta t \approx 0.023$ms다.

레코드 길이를 사용해 시간 신호의 주파수 범위(또는 주파수 밴드) $\Delta f = \dfrac{1}{\Delta t}$을 계산한다. 이 범위는 동일 간격의 주파수 해상도로 나뉜다.

$$f_i = i \times \frac{f_s}{n}, i = 0,1,\dots,n$$

일반적으로 FFT는 복소수에서 동작한다. 하지만 입력 신호가 실수일 때 FFT의 이른바 Hermitian 대칭은 주파수 분포에서 유용한 점의 수를 2배 감소시킨다. 그림 7-10과 그림 7-11에서 보다시피 푸리에 변환 배열의 후반부는 전반부의 미러 이미지다. 이런 이유로 FFT 배열의 절반은 시간 신호에 관한 유용한 정보를 포함한다. 따라서 최대 사용 가능 주파수는 $f_N = \dfrac{f_s}{2}$다. 이 값은 나이키스트 주파수^{Nyquist frequency}로 정의된다. 수학적 관점에서 0 주파수는 불명확하다. 기술적으로 이 주파수는 입력파의 오프셋, 즉 신호가 진동하는 값에 해당한다. 앞서의 예제에서 사인파는 0 근처에서 진동하므로 DC 성분은 0이다. DC 오프셋의 영향을 살펴보고자 0이 아닌 상수 벡터, 즉 동일한 상수값으로 구성된 배열을 푸리에 변환할 수 있다. FFT 크기의 DC 성분은 배열을 만드는 데 사용하는 값이 증가함에 따라 증가한다.

앞서의 논의에서처럼 계산된 FFT 크기에서 f_N 보다 큰 주파수와 DC 성분을 제외해야 한다. 이를 위해 예제 7-16에서 강조한 것처럼 예제 7-14에서 원래 정의를 나타낸 GetMagnitude 메서드를 수정한다. 결과적으로 MainPage.xaml.cs 파일에서 FFT 도표 그리기의 가로좌표 범위도 변경했다. 이러한 수정의 결과를 그림 7-12에서 나타냈다.

예제 7-16 추가 분석을 위해 FFT 크기의 의미 있는 부분만 사용

```
private static double[] GetMagnitude(Complex[] fft)
{
    var magnitude = new double[fft.Length / 2];

    for (int i = 0; i < magnitude.Length; i++)
    {
        // 나이키스트 주파수보다 높은 주파수와
        // DC 성분을 건너뛴다.
        magnitude[i] = fft[i + 1].Magnitude;
    }

    return magnitude;
}
```

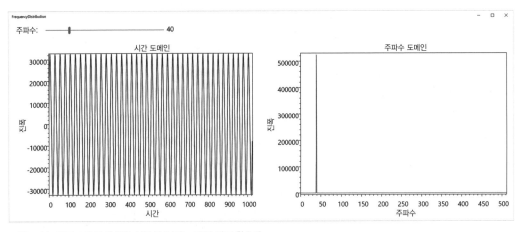

그림 7-12 FFT 크기의 유용한 부분이 이제는 단일 피크 함수다.

그림 7-12의 예는 특정 음색에 해당하는 이상화된 단일 주파수 파동을 나타냈다. 실제로 음성이나 멜로디 같은 오디오 신호는 서로 다른 주파수로 진동하는 많은 기본적인 사인파로 구성된다. 그런 경우 FFT의 진폭은 많은 피크를 포함하는데 이 피크의 높이는 각 음색이 오디오 신호에 대한 기여도를 정량화한다.

데시벨 척도

다른 신호의 FFT 크기를 비교하고 표현을 위해 FFT 크기는 종종 다음 식을 사용해 데시벨 척도로 변환한다.

$$P = 20 \log_{10} \frac{A}{A_0}$$

여기서 A와 A_0는 실제 및 기준 신호의 FFT 크기를 나타낸다. A_0의 값은 애플리케이션에 따라 다르다. 예를 들어, 음향 파워 측정에서는 $A_0 = 10^{-12}W$다. 하지만 디지털 프로세싱의 경우 애플리케이션은 일반적으로 기준 측정을 사용할 수 없으므로 1이라는 값을 갖는다고 가정할 수 있다.

데시벨 척도는 FFT 크기를 그리는 데 사용할 때 높은 피크가 두드러진 선형 척도에서 낮은 피크를 식별한다. 이러한 이유로 웨이브폼 스펙트럼^{waveform spectrum} 분석기에서 데시벨 척도를 사용한다. 앞서의 방정식을 구현한 SetDbScale 메서드로 SpectrumHelper 클래스의 정의를 보완한다(예제 7-17 참고).

예제 7-17 입력 배열을 데시벨 척도로 변환

```
private static void SetDbScale(double[] input)
{
    for (int i = 0; i < input.Length; i++)
    {
        // 엡실론을 추가해 무한대 피하기
        input[i] = 20.0 * Math.Log10(input[i] + double.Epsilon);
    }
}
```

예제 7-17에서 로그를 계산하기 전에 입력 배열의 각 요소에 수치적인 0, 즉 $\varepsilon \approx 5{\times}10^{-324}$ 을 추가한다. 이 작업은 최종 결과에 전혀 영향을 끼치지 않으며 $\log_{10}x$에서 $x=0$일 때 발생하는 무한대를 피하게 한다.

웨이브폼 스펙트럼 분석기

이제 FFT 기초에 익숙해졌으므로 WAV 오디오 파일의 실시간 스펙트럼 분석기를 구현할 수 있다. 파일에서 판독한 오디오 신호를 재생하고 처리하면 주파수 표현을 확인할 수 있다. 그 후에 주파수 도메인의 오디오 신호는 8-빈^{bin} 히스토그램으로 변환되고 LED 배열에 표시된다. 신호 처리는 백그라운드에서 오디오 재생과 병행해 수행되고 LED는 음악의 리듬에 깜박거린다. 오디오 소프트웨어에서 오디오 분석기는 이 기능에 영감을 받았다.

이 기능을 구현하려면 몇 가지 추가 모듈이 필요하다. 이진 파일의 콘텐츠를 읽는 헬퍼 메서드로 시작한 다음 WAV 파일 데이터를 파싱하는 클래스를 구현하고, 이어서 STFT^{Short} $^{Time\ Fourier\ Transform}$를 구현한다. 입력 신호의 단편(20~40ms)만 FFT에서 변환된다. 결과 주파수 분포를 데시벨 척도로 변환해 빈으로 만든 뒤 6장에서 개발한 LedArray 클래스를 사용해 센스 HAT 애드온 보드에 전송한다.

파일 읽기

UWP에서 단일 파일은 Windows.Storage 네임스페이스에서 선언한 StorageFile 클래스로 나타낸다. 보통 기존 파일을 열고자 FileOpenPicker 클래스(Windows.Storage.Pickers 네임스페이스)에서 구현한 시스템 파일 선택기를 사용한다. FileOpenPicker 클래스의 인스턴스는 사용자가 파일을 찾도록 파일 선택기를 활성화하는 몇 가지 방법을 제공한다. 파일 경로를 알고 있다면 StorageFile 클래스의 다음 정적 메서드 GetFileFromPathAsync나 GetFileFromApplicationUriAsync 중 하나를 사용할 수 있다. StorageFolder 클래스 인스턴스의 GetFileAsync 메서드를 사용해 기존 파일을 열 수도 있다. StorageFolder 클래스는 폴더를 관리하는 객체다. 하지만 윈도우 10 IoT 코어에서 파일 선택기는 사용할 수 없다. 여기서는 StorageFolder의 GetFileAsync를 사용한다. 솔루션에 WAV 파일을 추가해 IoT 디바이스에 앱과 함께 배포한다.

다음으로 16비트 WAV 파일(*.wav 확장자)을 FrequencyDistribution 프로젝트에 추가하는 방법을 소개한다. 먼저 기존 항목 추가 대화 상자를 열고(프로젝트 ➤ 기존 항목 추가), 파일을 audio.wav로 변경한다. 그다음 audio.wav의 빌드 속성을 변경해야 출력 디렉터리로 복사된다(그림 7-13 참고). 예제 7-18에 보이는 StorageFileHelper.cs 파일을 FrequencyDistribution에 추가한다. 이 예제는 현재 애플리케이션 폴더에 있는 파일을 여는 방법을 보여 준다. Package 클래스의 InstalledLocation 속성을 통해 폴더를 프로그래밍 방식으로 액세스할 수 있다. 다음으로 StorageFile 클래스의 인스턴스를 반환하는 GetFileAsync 메서드를 비동기로 호출한다. 파일을 열고자 IRandomAccessStreamWithContentType 인터페이스를 구현하는 객체를 반환하는 OpenReadAsync 메서드를 사용했다. 파일 내용을 읽으려면 스트림을 읽어야 한다. StorageFileHelper 클래스의 StreamToBuffer 메서드에서 이를 구현한다(예제 7-18 참고). 7장 뒤에서 StorageFileHelper 클래스의 메서드를 사용한다.

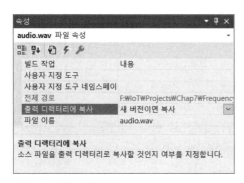

그림 7-13 빌드 작업 구성

예제 7-18 앱 폴더에서 파일을 읽는 헬퍼 클래스

```
public static class StorageFileHelper
{
    public static async Task<IRandomAccessStreamWithContentType> OpenLocalFile(string
        fileName)
```

```
    {
        Check.IsNull(fileName);

        // 앱 폴더 얻기
        var storageFolder = Package.Current.InstalledLocation;

        // 파일을 가져와 열기
        var storageFile = await storageFolder.GetFileAsync(fileName);

        return await storageFile.OpenReadAsync();
    }

    public static async Task<Windows.Storage.Streams.Buffer> StreamToBuffer(
        IRandomAccessStreamWithContentType stream)
    {
        Check.IsNull(stream);

        var size = Convert.ToUInt32(stream.Size);

        var buffer = new Windows.Storage.Streams.Buffer(size);

        await stream.ReadAsync(buffer, size, InputStreamOptions.None);

        return buffer;
    }
}
```

웨이브폼 오디오 파일 포맷 읽기 프로그램

WAV 파일 명세는 RIFF^{Resource Interchanged File Format}를 기반으로 한다. RIFF는 청크라고 하는 별개의 구조로 나눈다. 각 청크는 4바이트 청크 길이의 정수인 식별자와 청크 데이터로 구성된다. WAV 파일의 구조는 RIFF 식별자를 포함하는 마스터 청크로 시작하고 이어서 크기와 WAVE 문자열이 온다. 그다음은 포맷(fmt, format) 청크다(표 7-2 참고). 포맷 청크는 식별자로 시작하고 이어서 포맷을 나타내는 값과 레코드 파라미터(오디오 채널의 수, 샘플 레이트 등)가 온다.

표 7-1 RIFF 청크 구조

필드	길이(바이트)	파일 시작 오프셋(바이트)	값
청크 ID	4	0	RIFF
청크 길이	4	4	전체 파일 길이 – 8바이트(청크 ID와 청크 길이 포함)
WAV 식별자	4	8	WAVE

포맷 청크에서 포맷 코드는 등록된 아날로그 샘플이 아날로그에서 디지털 표현으로 변환되는 방식을 자세히 지정한다. 이 변환은 PCM^{Pulse-Code Modulation}을 통해 발생한다. 일정한 간격으로 입력 아날로그 신호의 진폭을 샘플링한 다음 선형 척도(선형 PCM)로 변환한다. A-law나 u-law 알고리즘은 진폭을 비선형 척도로 합성할 수도 있다. 어음 역동 범위^{speech dynamic range}를 확장하는 통신 프로토콜은 일반적으로 비선형 척도를 활용한다. 하지만 대부분의 컴퓨터 WAV 파일은 선형 PCM 포맷을 사용해 인코딩된다. 여기서 구현한 WAV 파서는 선형 PCM 포맷만 지원한다.

포맷 청크는 데이터 청크에 저장되는 오디오 채널의 수, 샘플 레이트, 오디오 샘플의 비트 심도(bit depth)도 지정한다. 데이터 청크는 데이터 식별자와 오디오 샘플이 있는 바이트 배열로 구성된다. 오디오 신호가 2개의 채널(왼쪽과 오른쪽)을 가지면 왼쪽과 오른쪽 채널의 샘플은 인접하지 않도록 배열된다.

표 7-2 포맷 청크 구조

필드	길이(바이트)	파일 시작 오프셋(바이트)	값 / 설명
청크 ID	4	12	RIFF
청크 길이	4	16	16, 18 또는 40
포맷 코드	2	20	0x0001(pulse-code modulation / PCM/) 0x0003(IEEE fl oat) 0x0006 PCM A-law 알고리즘 0x0007 PCM μ-law 알고리즘 0xFFEE 확장 가능한 포맷
오디오 채널의 수	2	22	1 또는 2
샘플 레이트	4	24	샘플링 레이트, 레코드 디바이스에 따라 다르다.
초당 바이트	4	28	데이터 레이트, 초당 평균 바이트

필드	길이(바이트)	파일 시작 오프셋(바이트)	값 / 설명
블록 정렬	2	32	데이터 블록 크기
샘플당 비트	2	34	8, 16(PCM) 그리고 32 또는 64(비 PCM)
확장 길이	4	36	포맷 확장은 청크 길이 18에서만 존재하며, 크기는 0 또는 22다.

WAV 바이트 배열을 파싱하는 WaveData 클래스의 완전한 구현은 함께 제공하는 코드 Chapter 07/FrequencyDistribution/Helpers/WaveData.cs에서 나타냈다. 기본적으로 WaveData 클래스는 WAV 파일을 나타내는 몇 개의 public 속성을 노출한다. 이들 속성은 ChunkLength, ChannelsCount, SampleRate, AverageBytesPerSecond, BlockAlign, BitsPerSample, SamplesPerChannel, 16비트 샘플을 포함하는 2개의 배열을 포함한다. 여기서의 WaveData 클래스 구현은 16비트 PCM WAV 파일과 호환된다. 확장된 WAV 파일 포맷에 나올 수 있는 FACT 청크는 파싱하지 않는다.

WaveData의 속성은 원시(raw) 바이트 배열에서 얻는다. 이 작업은 StoregeFileHelper 클래스를 사용해 WAV 파일을 읽으면 된다. 다음으로 Windows.Storage.Streams.Buffer 형식인 StorageFileHelper.StreamToBuffer 메서드의 결과는 바이트 배열로 변환해야 한다. 여기서는 System.Runtime.InteropServices.WindowsRuntime 네임스페이스의 WindowsRuntimeBufferExtensions 정적 클래스에서 선언한 인스턴스 ToArray 확장 메서드를 사용한다.

바이트 배열은 WaveData 클래스의 생성자 내에서 분석한다(예제 7-19 참고). 이 생성자는 인수 검증을 수행한 후 WAV 파일의 특정 부분을 파싱하는 몇 가지 헬퍼 함수를 호출한다. 이들 각 함수는 BitConverter 클래스를 사용한다. WAV 포맷 지정자가 제공되면(표 7-1과 표 7-2) BitConverter 클래스의 적절한 메서드를 호출해 특정 위치에서 바이트 블록을 의미 있는 WAV 파일과 오디오 샘플을 나타내는 값으로 변환한다. 예를 들어, WAV 파일의 포맷 청크를 읽는 방법을 보여 주는 예제 7-20을 살펴보자.

예제 7-19 바이트 배열의 RIFF 포맷과 데이터 청크를 판독하는 WaveData 클래스

```
public WaveData(byte[] rawData)
{
    Check.IsNull(rawData);
    Check.NotLessThan(rawData.Length, minLength);

    int offset = ReadRiffChunk(rawData);

    offset = ReadFormatChunk(rawData, offset);

    ReadDataChunk(rawData, offset);
}
```

예제 7-20 BitConverter 클래스의 메서드를 사용해 WAV 파일의 포맷 청크 파싱하기

```
private const string fmtChunk = "fmt ";
private const int pcmTag = 1;
private const int fmtExtendedSize = 18;
private const int supportedBitsPerSample = 16;

private int shortSize = sizeof(short);
private int intSize = sizeof(int);

private int ReadFormatChunk(byte[] rawData, int offset)
{
    VerifyChunkId(rawData, offset, fmtChunk);
    offset += chunkIdLength;

    var formatChunkLength = BitConverter.ToInt32(rawData, offset);
    offset += intSize;

    var formatTag = BitConverter.ToInt16(rawData, offset);
    VerifyFormatTag(formatTag);
    offset += shortSize;

    ChannelsCount = BitConverter.ToInt16(rawData, offset);
    offset += shortSize;

    SampleRate = BitConverter.ToInt32(rawData, offset);
    offset += intSize;

    AverageBytesPerSecond = BitConverter.ToInt32(rawData, offset);
```

```
        offset += intSize;

        BlockAlign = BitConverter.ToInt16(rawData, offset);
        offset += shortSize;

        BitsPerSample = BitConverter.ToInt16(rawData, offset);
        VerifyBps();
        offset += shortSize;

        if (formatChunkLength == fmtExtendedSize)
        {
            var extensionLength = BitConverter.ToInt16(rawData, offset);
            offset += extensionLength + shortSize;
        }

        return offset;
    }

    private void VerifyFormatTag(int formatTag)
    {
        if (formatTag != pcmTag)
        {
            throw new ArgumentException("Unsupported data format");
        }
    }

    private void VerifyBps()
    {
        if (BitsPerSample != supportedBitsPerSample)
        {
            throw new ArgumentException("Unsupported sample bit depth");
        }
    }
}
```

신호 윈도우와 단구간 푸리에 변환

일반적인 노래의 길이는 대략 4~5분이지만, 실시간 스펙트럼 분석기를 구현하고자 곡 전체의 스펙트럼을 표현하고 싶지는 않다. 대신 약 1밀리초의 짧은 노래 조각을 처리하려고 한다. 이 작업은 전체 입력 신호를 짧은 프레임으로 나누고 재생하는 프레임만 처리한다는 뜻이다. 결과 스펙트럼은 오디오 파일의 실제 위치에 해당한다.

작은 프레임을 더 긴 신호에서 추출할 때 구간의 정수를 포함하지 않을 수도 있다. 그런 경우 FFT는 스퓨리어스 주파수를 생성한다. 보통 이 효과를 줄이고자 FFT 계산 전에 신호 윈도우잉signal windowing을 한다. 윈도우잉은 경계에서 입력 신호의 진폭을 감소시킨다. 따라서 단구간 푸리에 변환STFT, Short Time Fourier Transform은 입력 신호의 짧은 조각을 추출해 윈도우 함수를 적용하고, FFT를 계산하는 방법이다.

몇 가지 윈도우 함수를 사용할 수 있다. 가장 인기 있는 함수는 Bartlett 또는 Blackman, Hann, Hamming이다. 이들 함수는 MathNet.Numerics NuGet 패키지의 `Window` 클래스에서 구현했다.

7장에서는 Hamming 윈도우를 사용한다. 예제 7-21에서 이 함수를 사용해 입력 신호를 윈도우잉하는 방법을 소개했다. 보다시피 먼저 Hamming 메서드를 호출한 다음 입력 신호를 결과 배열의 요소별로 곱한다.

예제 7-21 불연속성의 부정적 영향을 줄이고자 FFT 계산 전에 적용한 윈도우 함수

```
private static void ApplyWindow(short[] inputData)
{
    var window = MathNet.Numerics.Window.Hamming(inputData.Length);

    for (int i = 0; i < window.Length; i++)
    {
        inputData[i] = Convert.ToInt16(window[i] * inputData[i]);
    }
}
```

스펙트럼 히스토그램

센스 HAT 애드온 보드의 LED 배열은 8×8 디스플레이여서 처리된 오디오 신호의 전체 스펙트럼을 표시할 수 없다. 스펙트럼의 길이를 줄이려면 주변 주파수 빈(bin)을 결합해 히스토그램을 생성해야 한다(그림 7-14 참고). 오디오 히스토그램의 주파수 범위를 임의로 선택할 수 있지만, 주파수를 옥타브octave로 구성하는 방법과 같은 몇 가지 표준화된 방법을 사용할 수 있다. 옥타브는 주파수 범위다. 상한이 하한의 2배다. 예를 들어, ISO^International

Organization for Standardization는 오디오 스펙트럼을 44.1kHz의 샘플링 레이트를 가정해 31.5Hz, 63Hz, 125Hz, 250Hz, 500Hz, 1kHz, 2kHz, 4kHz, 8kHz, 16kHz라는 10개의 옥타브로 나눈다.

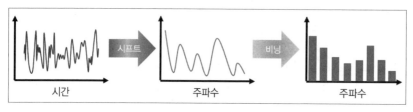

그림 7-14 오디오 스펙트럼 시각화를 위한 스펙트럼 비닝

센스 HAT가 8개의 열뿐이기 때문에 여기서 10밴드 히스토그램은 적당하지 않다. 따라서 스펙트럼을 8개의 옥타브로 나누고 14kHz에서 스펙트럼을 임계값으로 설정하는데 이 레벨보다 더 높은 주파수는 거의 영향을 주지 않기 때문이다.

스펙트럼 비닝binning을 구현하고자 SpectrumHelper를 Histogram이라는 public 메서드 1개, 헬퍼 private 메서드인 GetHistogram과 GetFrequencyBins 2개로 확장했다. 함께 제공하는 코드 Chapter 07/FrequencyDistribution/SpectrumHelper.cs에서 확인하자. 2개의 연관된 private 멤버는 빈의 수와 임계 주파수를 제어한다.

GetFrequencyBins 메서드는 샘플링 레이트에 따라 주파수 빈의 8개 구성 요소 배열을 준비한다(예제 7-22 참고). 이 배열은 히스토그램을 만드는 데 사용한 주파수 범위의 상한 및 하한을 지정한다(그림 7-12 참고). 앞서의 옥타브 방식을 사용해 이러한 범위를 구성할 수 있다. 필요하다면 상한 주파수 범위를 나이키스트 주파수로 해서 임계값을 14kHz로 설정한다. 이전 단계에서 상한 주파수를 2의 계수로 나누어 후속 주파수 범위를 구성한다.

예제 7-2 옥타브 계산

```
private const int binsCount = 8;

private static double[] GetFrequencyBins(double sampleRate)
{
    var bins = new double[binsCount];
```

```
    var startFrequency = sampleRate;

    for (int i = binsCount; i > 0; i--)
    {
        startFrequency /= 2;

        bins[i - 1] = Math.Min(startFrequency, maxFrequency);
    }

    return bins;
}
```

주파수 범위가 제공되면 이제 각 STFT 진폭을 예제 7-23의 GetHistogram 메서드 내 적절한 주파수 빈에 할당할 수 있다. 이 메서드는 푸리에 변환 주파수 벡터를 반복적으로 처리하고, 데시벨 척도 크기 값을 적절한 히스토그램 요소에 추가한다.

예제 7-23 스펙트럼 비닝

```
private const double maxFrequency = 14000;

private static double[] GetHistogram(double[] dbFourierMagnitude, double sampleRate)
{
    var histogram = new double[binsCount];

    var bins = GetFrequencyBins(sampleRate);

    var signalLength = 2 * dbFourierMagnitude.Length;
    var frequencyScale = Fourier.FrequencyScale(signalLength, sampleRate);

    for (int i = 0, frequencyIndex = 0; i < histogram.Length; i++)
    {
        var binWidth = 0;
        while (frequencyScale[frequencyIndex] <= bins[i])
        {
            histogram[i] += dbFourierMagnitude[frequencyIndex];
            binWidth++;

            if (frequencyIndex++ == dbFourierMagnitude.Length - 1)
            {
                break;
            }
```

```
        }

        histogram[i] = histogram[i] / binWidth;
    }

    return histogram;
}
```

앞서의 메서드는 Histogram 함수 내에서 호출된다. 이 함수는 먼저 STFT를 계산한 다음 크기를 데시벨 척도로 변환한다. 그 후에 GetHistogram 메서드는 스펙트럼 히스토그램을 결정한다. (예제 7-24 참고) 막대 차트를 만들고자 PlotHelper 클래스를 AddBarSeries라는 추가 메서드로 보완했다. 이 메서드 정의는 AddLineSeries와 유사하므로 추가 설명은 하지 않는다.

예제 7-24 단구간 푸리에 변환(STFT)과 스펙트럼 비닝의 구현

```
public static double[] Histogram(short[] inputData, double sampleRate)
{
    Check.IsNull(inputData);

    // 윈도우잉(Windowing)
    ApplyWindow(inputData);

    // FFT
    var fourierMagnitude = FourierMagnitude(inputData);

    // Db 척도
    SetDbScale(fourierMagnitude);

    // 비닝(Binning)
    return GetHistogram(fourierMagnitude, sampleRate);
}
```

스펙트럼 표시

앞서 구현했던 모든 기능을 통합해 해당 순간의 오디오 스펙트럼 히스토그램을 결정한다. 오디오 프레임과 히스토그램은 MainPage에서 도표를 그리고 버튼을 추가해 신호 처리를

트리거한다. 적절한 버튼 선언으로 MainPage의 XAML 코드를 보완했다. 이 버튼은 그림 7-15와 그림 7-16에서 나타낸 결과를 얻고자 백그라운드로 커스텀 오디오 처리를 시작한다.

이 커스텀 오디오 처리는 앞 절에서 개발한 블록을 기반으로 한다. 함께 제공하는 코드 Chapter 07/FrequencyDistribution/MainPage.xaml.cs에서 전체 구현을 확인할 수 있다.

앞서 설명한 기능의 핵심 부분은 이벤트 핸들러 내에 포함돼 있으며, 예제 7-25에서 나타냈다. IsMediaElementPlaying 속성의 값에 따라 오디오 처리를 시작하거나 중지한다. 오디오 처리가 시작되기 전에 먼저 WAV 파일을 열고 파싱한다. 그다음 처리하는 오디오 프레임의 길이를 샘플링 레이트에 맞춰 조정해 STFT 윈도우 길이가 ~40ms이 되도록 한다 (함께 제공하는 코드에서 AdjustWindowLength 확인).

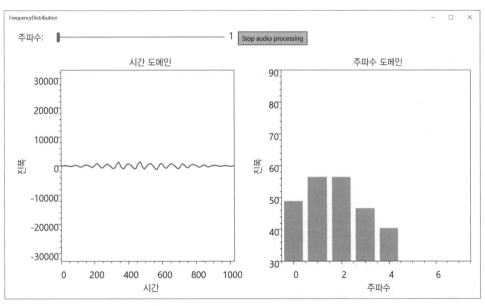

그림 7-15 저주파 오디오 진동(왼쪽)과 해당 스펙트럼 히스토그램. 입력 프레임이 주로 저주파 성분으로 구성될 때 히스토그램 에너지는 처음 몇 옥타브에 걸쳐 분산된다.

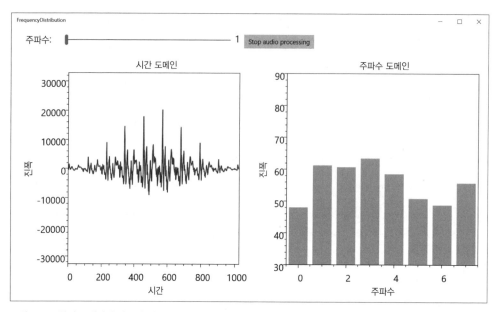

그림 7-16 입력 프레임이 저주파 및 고주파로 구성될 때 히스토그램 에너지는 전체 옥타브에 걸쳐 분산된다.

예제 7-25 버튼의 이벤트 핸들러, 커스텀 오디오 처리를 시작하는 데 사용

```
private async void ButtonProcessAudio_Click(object sender, Windows.UI.Xaml.
RoutedEventArgs e)
{
    if (!IsMediaElementPlaying)
    {
        // 오디오 스트림 가져오기
        var audioStream = await StorageFileHelper.OpenLocalFile(fileName);

        // 버퍼 가져와 파싱하기
        var waveBuffer = await StorageFileHelper.StreamToBuffer(audioStream);
        var waveData = new WaveData(waveBuffer.ToArray());

        // 윈도우 길이를 샘플링 레이트에 맞춰 조정하기
        var windowLength = AdjustWindowLength(waveData.SampleRate);

        // 도표 표시 범위 업데이트
        ConfigureAxes(true, windowLength);

        // 스트림 재생
        IsMediaElementPlaying = true;
```

```
        mediaElement.SetSource(audioStream, audioStream.ContentType);
        mediaElement.Play();

        // 오디오 처리 시작
        await Task.Run(() => {
            DetermineAudioSpectrum(waveData, windowLength);
        });
    }
    else
    {
        mediaElement.Stop();

        IsMediaElementPlaying = false;
    }
}
```

MediaElement 클래스를 사용해 파일을 재생한 다음 DetermineAudioSpectrum 메서드를 호출해 작업을 실행한다(예제 7-26 참고). 스펙트럼 히스토그램은 오디오 파일의 현재 재생된 조각에 해당한다.

예제 7-26 오디오 조각을 처리해 스펙트럼 히스토그램을 결정하고 표시하기

```
private async void DetermineAudioSpectrum(WaveData waveData, int windowLength)
{
    while (IsMediaElementPlaying)
    {
        var inputData = new short[windowLength];

        // MediaElement 위치 가져오기
        int index = await GetWindowPosition(waveData.SampleRate, windowLength);

        if (index + windowLength < waveData.SamplesPerChannel)
        {
            // 현재 프레임 가져오기
            Array.Copy(waveData.SamplesLeftChannel, index, inputData, 0, windowLength);

            // 히스토그램 결정
            var hist = SpectrumHelper.Histogram(inputData, waveData.SampleRate);

            // 입력 프레임과 히스토그램 그리기
            PlotHelper.AddLineSeries(sineWavePlotModel, inputData, OxyColors.Blue);
            PlotHelper.AddBarSeries(fftPlotModel, hist, OxyColors.Orange);
```

```
        }
        else
        {
            // 파일 종료
            IsMediaElementPlaying = false;
        }
    }
}
```

오디오 재생을 신호 처리와 동기화하고자 `MediaElement` 객체의 Position 속성에 따라 프레임을 처리한다. 이 속성에 저장된 값은 알고 있는 샘플링 레이트를 통해 초로 변환한 다음 오디오 버퍼의 실제 샘플 인덱스로 변환한다(예제 7-27에서 `GetWindowPosition` 메서드 참고).

예제 7-27 오디오 파일의 현재 재생된 조각의 위치를 사용해 샘플 인덱스 얻기

```
private async Task<int> GetWindowPosition(double sampleRate, int windowLength)
{
    int index = 0;

    await Dispatcher.RunAsync(CoreDispatcherPriority.Normal, () =>
    {
        var position = mediaElement.Position.TotalSeconds * sampleRate;
        index = Convert.ToInt32(position) - windowLength / 2;
        index = Math.Max(index, 0);
    });

    return index;
}
```

앞의 예제는 왼쪽 채널만 처리한다. 더 일반적인 접근 방식은 2개의 채널을 별도로 처리한 다음 결과 스펙트럼 히스토그램 평균을 구하거나 따로 표시해야 한다. 여러분이 직접 이런 기능을 구현하기 바란다.

애플리케이션을 실행하고 Start Audio Processing 버튼을 클릭하면 애플리케이션은 사운드를 재생하고 입력 오디오 프레임을 표시한 다음 해당 빈 주파수 분포를 실시간으로 보여준다. FrequencyDistribution 애플리케이션의 캡처된 순간 결과 두 가지 예를 그림 7-15

와 그림 7-16에서 나타냈다. 그림 7-15는 저주파(낮은 음색)를 구성하는 입력 프레임을 나타냈다. 보다시피 해당 스펙트럼 히스토그램은 고주파 옥타브를 포함하지 않는다. 한편 그림 7-16의 오디오 프레임은 저주파, 중파, 고주파 기본파(각각 저음, 중음, 고음)로 구성된다. 결과적으로 모든 옥타브를 볼 수 있다. 방금 만든 스펙트럼 분석기는 다른 형식의 오디오 신호를 구별할 수 있어서 간단한 기계 청각 시스템을 구성한다.

마지막으로 설명이 필요한 부분이 dbMinValue과 dbMaxValue 변수를 사용해 제어하는 히스토그램 동적 범위다. 즉 30dB(dbMinValue)보다 작고 90dB(dbMaxValue)보다 큰 모든 히스토그램 값은 표시되지 않는다. 다시 말해 히스토그램 표시 범위는 30~90dB로 고정된다. 오디오 파일이나 특정 처리 애플리케이션에 따라 이 범위를 경험적으로 수정할 수 있다.

LED 배열에서 스펙트럼 표시

이 절에서는 센스 HAT LED 배열을 통합해 LED가 오디오 신호의 리듬으로 깜박거리도록 스펙트럼 히스토그램을 동적으로 표시하는 방법을 소개한다(그림 7-17과 그림 7-18 참고).

그림 7-17 LED 배열에서 표시한 스펙트럼 히스토그램

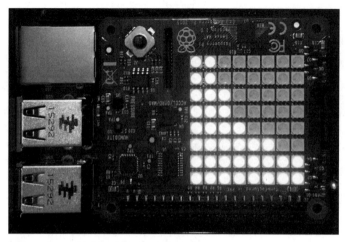

그림 7-18 LED 배열에서 동적으로 변하는 깜박임

이 기능을 구현하려면 차트를 사용하는 대신 센스 HAT LED 배열을 사용해 스펙트럼 히스토그램을 표시해야 한다. 따라서 먼저 DrawHistogram 메서드를 추가해 LedArray 클래스의 정의를 확장했다(예제 7-28 참고). 이 메서드는 해당 스펙트럼 히스토그램의 막대를 나타내는 8개의 수직선을 그린다. 각 선의 높이는 히스토그램 값으로 조정된다.

예제 7-28 LED 배열에서 컬러 히스토그램 그리기

```
public void DrawHistogram(double[] histogram, double minValue, double maxValue)
{
    Check.IsNull(histogram);

    for (int i = 0; i < Length; i++)
    {
        var height = SetHeight(histogram[i], minValue, maxValue);

        DrawLine(Length - 1 - i, height);
    }

    UpdateDevice();
}

private int SetHeight(double histogramValue, double minValue, double maxValue)
{
    double step = (maxValue - minValue) / Length;
```

```
    var stretchedValue = Math.Floor((histogramValue - minValue) / step);
    var height = Convert.ToInt32(stretchedValue);

    height = Math.Max(height, 0);
    height = Math.Min(height, Length);

    return height;
}

private void DrawLine(int position, int height)
{
    for (int i = 0; i < Length; i++)
    {
        Buffer[position, i] = GetColor(i, height);
    }
}
```

 노트 | 열 컬러는 막대 높이가 올라감에 따라 바뀐다.

히스토그램을 좀 더 멋지게 만들고자 GetColor 메서드를 구현했다(예제 7-29 참고). 이 메
서드는 간단한 컬러 램프를 만든다. 히스토그램의 맨 위 LED 픽셀은 빨간색이다. 중간 픽
셀은 오렌지색이며, 가장 아래 픽셀은 녹색이다(그림 7-17과 그림 7-18 참고).

예제 7-29 컬러 램프 구현

```
private Color GetColor(int level, int height)
{
    const int lowLevel = 3;
    const int mediumLevel = 6;

    var color = Colors.Black;

    if (level < height)
    {
        if (level < lowLevel)
        {
            color = Colors.Green;
        }
```

```
        else if (level < mediumLevel)
        {
            color = Colors.OrangeRed;
        }
        else
        {
            color = Colors.Red;
        }
    }

    return color;
}
```

다음으로 예제 7-30에서 보듯이 I2cHelper 클래스를 사용해 LED 배열을 제어하고자 센스 HAT와 연결한다. 그다음 ButtonProcessAudio_Click을 호출한다(예제 7-31 참고). 이 이벤트 핸들러는 애플리케이션을 배포한 후 바로 오디오 처리를 시작하도록 약간 수정한다. IoT 디바이스를 시작할 때 사운드가 재생되고 처리되며, 결과 스펙트럼 히스토그램이 LED 배열에 표시된다(그림 7-17과 그림 7-18 참고).

예제 7-30 LED 배열 초기화 및 오디오 처리 활성화

```
private LedArray ledArray;
private bool isIoTPlatform = false;

protected override void OnNavigatedTo(NavigationEventArgs e)
{
    base.OnNavigatedTo(e);

    InitializeLedArray();
}

private async void InitializeLedArray()
{
    const byte address = 0x46;
    var device = await I2cHelper.GetI2cDevice(address);

    if (device != null)
    {
        ledArray = new LedArray(device);
        isIoTPlatform = true;
```

```
        ButtonProcessAudio_Click(null, null);
    }
}
```

예제 7-31 IoT 디바이스에서 FrequencyDistribution을 실행하면 스펙트럼 히스토그램이 센스 HAT LED 배열에 그려진다.

```
private async void DetermineAudioSpectrum(WaveData waveData, int windowLength)
{
    while (IsMediaElementPlaying)
    {
        var inputData = new short[windowLength];

        // MediaElement 위치 가져오기
        int index = await GetWindowPosition(waveData.SampleRate, windowLength);

        if (index + windowLength < waveData.SamplesPerChannel)
        {
            // 현재 프레임 가져오기
            Array.Copy(waveData.SamplesLeftChannel, index, inputData, 0,
windowLength);

            // 히스토그램 결정
            var hist = SpectrumHelper.Histogram(inputData, waveData.SampleRate);

            if (isIoTPlatform)
            {
                ledArray.DrawHistogram(hist, dbMinValue, dbMaxValue);
            }
            else
            {
                // 입력 프레임과 히스토그램 그리기
                PlotHelper.AddLineSeries(sineWavePlotModel, inputData, OxyColors.
Blue);

                PlotHelper.AddBarSeries(fftPlotModel, hist, OxyColors.Orange);
            }
        }
        else
        {
            // 파일 종료
            IsMediaElementPlaying = false;
        }
    }
}
```

요약

7장은 오디오 처리 부분의 넓은 범위, 즉 음성 합성과 음성 인식, 커스텀 디지털 신호 처리 루틴을 다뤘다. UWP는 기본적으로 음성 합성과 인식을 지원하지만, IoT 소프트웨어에 통합해 핸즈프리 디바이스를 쉽게 제어할 수 있다. 더욱이 여기서 설명한 디지털 신호 처리 기초는 커스텀 및 고급 IoT 처리 솔루션이나 머신러닝 시스템을 만드는 기반을 제공한다. 이를테면 센서 판독과 FFT를 결합해 물리적으로 관찰할 수 있는 환경의 주기적 변화를 IoT 디바이스를 사용해 모니터링하고 감지할 수 있다.

여기서 설명한 신호 처리 기초는 오디오 처리에만 한정되지 않는다. 이런 기초 지식은 웨어러블 페도미터^{pedometer}와 심박수 계수기에서부터 사람 피에서 산소 포화도를 측정하는 의료기에 이르기까지 많은 디바이스에서 널리 사용된다.

CHAPTER 8

이미지 처리

7장에서는 1차원 음성 신호를 다뤘다. 그러나 IoT 장치는 특히 2차원 또는 3차원 이미지를 처리하고 분석하는 경우가 많다. 임베디드 기기는 쉽게 구할 수 있는 USB 웹캠에서부터 적외선(열) 카메라와 같은 고급 카메라에 이르기까지 다양한 카메라에서 데이터를 획득할 수 있다. 카메라로부터 획득한 이미지는 이후 특정 작업을 수행하고자 분석된다. 예를 들어, IoT 기기는 부품 제작 시 손상을 확인해 제조 상황을 모니터링할 수 있다. 자동차에 장착된 소형 카메라는 교통표지판을 식별하는 데 사용될 수 있다. 인공지능^{AI, Artificial} Intelligence 모듈은 해당 정보와 차량 속도를 모니터링하는 센서에서 전송되는 데이터를 사용해 자율적으로 자동차를 조종할 수 있다. 또한 IoT 장치는 고속도로를 지나가는 자동차를 세거나 로보틱 비전^{robotic vision}을 구성하거나 보안 모듈 임무를 수행할 수도 있다.

8장에서는 RPi2 또는 RPi3에 부착된 USB 카메라를 사용해 기계 시각 시스템^{machine vision} ^{system}을 구축할 예정이다. 그런 다음 해당 시스템을 UWP의 얼굴 인식 및 추적 기능과 결합해 그림 8-1과 같이 사람의 얼굴을 감지하고 추적할 것이다.

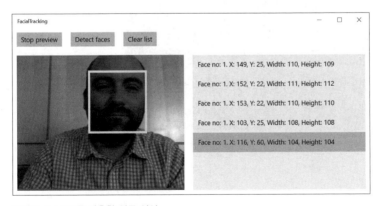

그림 8-1 UWP를 사용한 얼굴 인식

그런 다음 OpenCV 라이브러리를 사용해 맞춤형 객체 인식 접근 방법을 다룰 예정이다. 이 책을 집필하고 있는 시점에서 OpenCV는 SourceForge의 로봇공학 분야에서 상위 프로젝트 중 하나이다. 따라서 OpenCV는 로봇을 만드는 데 사용할 수 있는 맞춤형 IoT 컴퓨터 비전 시스템을 구축하는 데 좋은 도구다(https://bit.ly/air_hockey_robot에서 에어 하키 로봇Air Hockey Robot 프로젝트를 예제로 참고).

8장에서도 7장에서와 마찬가지로 마이크로소프트 라이프 캠Microsoft Life Cam HD-3000을 사용할 것이다. 하지만 8장에는 이미지 캡처 용도로만 사용할 예정이다.

8장을 읽고 나면 UWP API로 사람의 얼굴을 추적하고, 얼굴 움직임을 센스 HAT의 LED 배열에 표시할 수 있는 저예산 기계 시각 시스템을 구축할 수 있을 것이다. 또한 그림 8-2와 같이 IoT 장치를 감지된 형상을 LED 배열에 표시하는 물체 감지기로 변환할 수 있을 것이다.

그림 8-2 마이크로소프트 라이프 캠 HD-3000에 연결된 센스 HAT를 장착한 RPi2

USB 카메라를 사용한 이미지 획득

이미지 획득 모듈은 모든 기계 시각 시스템의 핵심 부품이다. UWP에서 이미지 획득은 MediaCapture 클래스 내에서 구현된다. 이미지 시퀀스를 획득하려면 먼저 Streaming CaptureMode 필드를 포함하는 `MediaCaptureInitializationSettings` 클래스의 인스턴스를 사용해 `MediaCapture` 객체를 초기화한다. 이 멤버 변수는 캡처 모드를 구성하고 StreamingCaptureMode 열거 내에 선언된 AudioAndVideo, Audio, Video 값 중 하나를 사용할 수 있다. 스트리밍 모드에 따라 음성과 이미지를 동시에 획득하거나 음성 또는 이미지 스트림을 선택적으로 획득할 수 있다.

사람의 얼굴을 감지하고 추적할 수 있도록 MediaCaptureInitializationSettings 및 MediaCapture를 사용해 USB 카메라에서 이미지 시퀀스를 획득한다. 이를 위해 먼저 비어 있는 앱(유니버설 Windows) 프로젝트 템플릿을 사용해 FacialTracking이라는 프로젝트를 생성한다(함께 제공되는 코드 'Chapter 08/FacialTracking' 참고). 그런 다음 헬퍼 클래스인 `CameraCapture`를 구현한다(함께 제공되는 코드 'Chapter 08/FacialTracking/Helpers/Camera Capture.cs' 참고). `CameraCapture`는 `MediaCapture` 클래스 위에 구축된다. 예제 8-1에서 알 수 있듯이 적절하게 준비된 MediaCaptureInitializationSettings 인스턴스를 `MediaCapture.InitializeAsync` 메서드에 전달해 이미지 획득을 위한 MediaCapture 인스턴스를 구성한다. 이 메서드는 캡처 장치를 초기화한다.

예제 8-1 이미지 캡처를 위한 MediaCapture 초기화

```
public MediaCapture MediaCapture { get; private set; } = new MediaCapture();

public bool IsInitialized { get; private set; } = false;

public async Task Initialize(CaptureElement captureElement)
{
    if (!IsInitialized)
    {
        var settings = new MediaCaptureInitializationSettings()
        {
            StreamingCaptureMode = StreamingCaptureMode.Video
```

```
        };

        try
        {
            await MediaCapture.InitializeAsync(settings);

            GetVideoProperties();

            if (captureElement != null)
            {
                captureElement.Source = MediaCapture;

                IsInitialized = true;
            }
        }
        catch (Exception)
        {
            IsInitialized = false;
        }
    }
}
```

이후 이미지 시퀀스를 표시하려면 MediaCapture 클래스와 CaptureElement 컨트롤을 연결
해야 한다. CaptureElement는 획득한 이미지를 표시하는 UWP 컨트롤이다. MediaCapture
를 특정 CaptureElement와 연결하려면 CaptureElement의 Source 속성을 사용한다(예
제 8-1 참고). 나중에 소개하겠지만, CaptureElement는 표준 XAML 태그를 사용해 UI에서
선언된다.

CameraCapture 클래스의 Initialize 메서드 내에서 GetVideoProperties 메서드 또한 호출
한다. 이 메서드는 MediaCapture 클래스를 사용해 획득한 이미지의 너비와 높이를 읽는다.
예제 8-2에서 알 수 있듯이 이러한 속성은 VideoEncodingProperties 객체에서 가져온다.
이 객체는 VideoDeviceController 클래스의 GetMediaStreamProperties 메서드에 의해 반환
된다.

MediaCapture 클래스에서 획득한 이미지의 너비와 높이 구하기

```
public uint FrameWidth { get; private set; }
public uint FrameHeight { get; private set; }

private void GetVideoProperties()
{
    if (MediaCapture != null)
    {
        var videoEncodingProperties = MediaCapture.VideoDeviceController.
            GetMediaStreamProperties(MediaStreamType.VideoPreview)
            as VideoEncodingProperties;

        FrameWidth = videoEncodingProperties.Width;
        FrameHeight = videoEncodingProperties.Height;
    }
}
```

MediaCapture를 초기화한 후 StartPreviewAsync 및 StopPreviewAsync 메서드를 호출해 미리보기를 시작하거나 중지할 수 있다. 예제 8-3에서 볼 수 있듯이 이러한 메서드의 사용법은 매우 직관적이다. CameraCapture 클래스는 미리보기의 활성화 여부를 알려 주는 IsPreviewActive 속성을 제공한다.

예제 8-3 이미지 획득 시작 및 중지

```
public bool IsPreviewActive { get; private set; } = false;

public async Task Start()
{
    if (IsInitialized)
    {
        if (!IsPreviewActive)
        {
            await MediaCapture.StartPreviewAsync();

            IsPreviewActive = true;
        }
    }
}

public async Task Stop()
```

```
{
    if (IsInitialized)
    {
        if (IsPreviewActive)
        {
            await MediaCapture.StopPreviewAsync();

            IsPreviewActive = false;
        }
    }
}
```

CameraCapture 클래스를 구현한 후 하나의 버튼으로 구성된 UI와 웹캠의 이미지를 표시하는 CaptureElement 컨트롤을 선언한다. 예제 8-4에서 해당 XAML 코드를 살펴볼 수 있다(전체 코드는 'Chapter 08/FacialTracking/MainPage.xaml' 참고).

예제 8-4 이미지 획득 및 표시를 위한 최소 UI 선언

```
<Page
    x:Class="FacialTracking.MainPage"
    xmlns="http://schemas.microsoft.com/winfx/2006/xaml/presentation"
    xmlns:x="http://schemas.microsoft.com/winfx/2006/xaml" >

    <Page.Resources>
        // 스타일 정의는 함께 제공되는 코드 참고
    </Page.Resources>

    <Grid Background="{ThemeResource ApplicationPageBackgroundThemeBrush}"
          HorizontalAlignment="Stretch">
        <Grid.RowDefinitions>
            <RowDefinition Height="Auto" />
            <RowDefinition Height="*" />
        </Grid.RowDefinitions>

        <Button x:Name="ButtonPreview"
                Click="ButtonPreview_Click" />

        <CaptureElement x:Name="CaptureElementPreview"
                        Grid.Row="1" />
    </Grid>
</Page>
```

UI와 관련된 로직은 다음 두 가지 작업을 수행한다.

- 미리보기 상태에 따라 버튼 캡션을 구성한다(UpdateUI 메서드 참고).
- 예제 8-5에서 상수 문자열을 구성한다.

UpdateUI 메서드는 생성자 내에서, 그리고 미리보기 상태가 변경될 때마다 호출된다.

예제 8-5 버튼 캡션은 미리 보기 상태에 따라 다르다

```
private const string previewStartDescription = "Start preview";
private const string previewStopDescription = "Stop preview";

private CameraCapture cameraCapture = new CameraCapture();

public MainPage()
{
    InitializeComponent();

    UpdateUI();
}

private void UpdateUI()
{
    ButtonPreview.Content = cameraCapture.IsPreviewActive ? previewStopDescription :
        previewStartDescription;
}
```

버튼을 클릭하면 미리보기 상태를 변경할 수 있으며, 예제 8-6의 이벤트 핸들러가 호출된다. 해당 이벤트 핸들러는 CameraCapture 클래스의 인스턴스를 초기화한 다음 Camera Capture 클래스의 IsPreviewActive 플래그에 따라 미리보기를 시작하거나 중지한다.

예제 8-6 이미지 시퀀스 획득 시작 및 중지

```
private async void ButtonPreview_Click(object sender, RoutedEventArgs e)
{
    await cameraCapture.Initialize(CaptureElementPreview);

    if (cameraCapture.IsInitialized)
    {
```

```
        await UpdatePreviewState();

        UpdateUI();
    }
    else
    {
        Debug.WriteLine("Video capture device could not be initialized");
    }
}

private async Task UpdatePreviewState()
{
    if (!cameraCapture.IsPreviewActive)
    {
        await cameraCapture.Start();
    }
    else
    {
        await cameraCapture.Stop();
    }
}
```

FacialTracking 앱은 웹캠 기능이 필요하다. 7장에서와 같이 Package.appxmanifest를 사용해 웹캠 기능을 선언할 수 있다(그림 8-3 참고). 그런 다음 개발 컴퓨터나 IoT 장치에서 FacialTracking 앱을 실행할 수 있다. 그림 8-4에서와 같이 카메라 개인 정보 설정에서 **앱에서 카메라에 액세스하도록 허용** 버튼을 토글해 카메라 액세스를 활성화한다.

앱을 배포하고 실행한 후 **Start Preview**(미리보기 시작) 버튼을 클릭한다. USB 카메라의 이미지 스트림이 MainPage의 CaptureElement 컨트롤에 표시된다. 버튼을 다시 클릭하면 언제든지 미리보기를 중지할 수 있다.

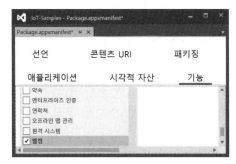

그림 8-3 USB 카메라 액세스 시 웹캠 기능이 필요하다.

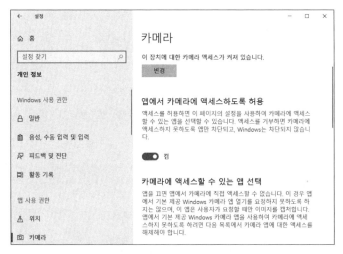

그림 8-4 윈도우 10 개인 정보 설정의 카메라 탭

얼굴 감지

얼굴 감지^{FD, Face Detection}는 주어진 이미지에서 사람의 얼굴을 찾는 것이 목표인 디지털 이미지 처리의 한 분야다. 얼굴 감지 알고리즘은 일반적으로 사람의 얼굴 특징을 찾고자 이미지를 처리한다. 얼굴 특징은 자세, 나이, 감정에 따라 달라질 수 있다. 일부 FD 시스템은 이러한 매개변수를 식별할 수도 있다(11장, '디바이스 러닝' 참고).

얼굴 감지는 개념적으로 음성 감지 및 인식과 유사하다. 음성 인식은 1차원 신호를 분석하지만, 이미지 획득은 대개 특정 시간에 시작해 고정된 시간에 종료되기 때문에 얼굴 감지보다 더 어려울 수 있다. 게다가 이미지 시퀀스의 각 이미지는 크기가 같다. 음성 신호는 길이가 다를 수 있고 대개 동기화되지 않으므로 음성 처리 알고리즘이 처리 전에 음성 활동을 추출해야 한다. 일반적으로 음성 처리 알고리즘은 음성이 시작되고 끝나는 시점을 알지 못한다.

얼굴 감지는 얼굴 인식FR, Face Recognition과 구별된다. 얼굴 인식은 이미지에서 사람의 얼굴을 감지할 뿐만 아니라 특정인에게 검출된 얼굴을 할당하는 과정을 말한다.

UWP는 Windows.Media.FaceAnalysis.FaceDetector 클래스 내에서 얼굴 감지 기능을 구현한다. FaceDetector를 사용하면 특정 이미지에서 SoftwareBitmap 클래스의 인스턴스로 표시되는 여러 사람의 얼굴을 감지할 수 있다. 웹캠에서 이러한 단일 프레임을 캡처하고자 예제 8-7과 같이 CapturePhotoToSoftwareBitmap 메서드로 CameraCapture 클래스를 확장한다.

예제 8-7 단일 이미지 획득 및 SoftwareBitmap으로의 변환

```
public async Task<SoftwareBitmap> CapturePhotoToSoftwareBitmap()
{
    // 비트맵으로 인코딩된 이미지 생성
    var imageEncodingProperties = ImageEncodingProperties.CreateBmp();

    // 사진 캡처
    var memoryStream = new InMemoryRandomAccessStream();
    await MediaCapture.CapturePhotoToStreamAsync(imageEncodingProperties,
memoryStream);

    // 비트맵으로 스트림 디코딩
    var bitmapDecoder = await BitmapDecoder.CreateAsync(memoryStream);

    return await bitmapDecoder.GetSoftwareBitmapAsync();
}
```

이미지 스트림에서 현재 프레임을 분리하고자 MediaCapture 클래스의 CapturePhoto ToStreamAsync 메서드를 사용한다. 이 함수는 제공된 스트림에 인코딩된 이미지를 저장 한다. 인코딩 형식은 Windows.Media.MediaProperties.ImageEncodingParameters 의 인스턴스를 사용해 지정된다. 예제 8-7에서 ImageEncodingParameters 클래스 의 CreateBmp 메서드를 사용해 이미지를 BMP 형식으로 변환한다. 사용할 수 있는 다 른 형식으로는 JPEG(CreateJpg), JPEG XR(CreateJpgXR), PNG(CreatePng), NV12, BGRA8(CreateUncompressed)이 있다. BitmapDecoder 클래스의 CreateAsync 메서드는 나 중에 비트맵 스트림을 SoftwareBitmap의 인스턴스로 변환하는 데 사용된다. 이 객체는 분석을 위해 얼굴 감지 모듈로 전달될 수 있다.

FacialTracking 프로젝트에 FaceDetector 클래스를 통합하고자 먼저 목록 상자와 2개의 추가 버튼(Detect Faces 및 Clear List)으로 UI를 확장한다. 첫 번째 버튼은 웹캠에서 획득한 이미지로부터 사람 얼굴 감지하는 연산을 수행하고, 두 번째 버튼은 단순히 목록 상자에 표시된 항목을 지운다.

FaceDetector 클래스는 어떠한 public 생성자도 구현하지 않는다. 따라서 FaceDetector 클 래스의 인스턴스를 얻고자 CreateAsync 메서드를 사용한다. 이 메서드는 예제 8-8에서와 같이 InitializeFaceDetection 내에서 호출된다. 얼굴 검출기 초기화는 이미지 미리보기가 처음 시작될 때 한 번만 수행된다(예제 8-8의 ButtonPreview_Click 이벤트 핸들러에서 굵게 표 시된 코드 참고).

예제 8-8 얼굴 감지 모듈 초기화

```
private FaceDetector faceDetector;
private BitmapPixelFormat faceDetectorSupportedPixelFormat;

private async void ButtonPreview_Click(object sender, RoutedEventArgs e)
{
    await cameraCapture.Initialize(CaptureElementPreview);

    await InitializeFaceDetection();

    if (cameraCapture.IsInitialized)
```

```
        {
            await UpdatePreviewState();

            UpdateUI();
        }
        else
        {
            Debug.WriteLine("Video capture device could not be initialized");
        }
    }

    private async Task InitializeFaceDetection()
    {
        if (FaceDetector.IsSupported)
        {
            if (faceDetector == null)
            {
                faceDetector = await FaceDetector.CreateAsync();
                faceDetectorSupportedPixelFormat = FaceDetector.
                    GetSupportedBitmapPixelFormats().FirstOrDefault();
            }
        }
        else
        {
            Debug.WriteLine("Warning. FaceDetector is not supported on this device");
        }
    }
```

FaceDetector는 모든 플랫폼에서 사용하지 못할 수 있다. FaceDetector.isSupported 속성을 사용해 플랫폼이 얼굴 감지를 지원하는지 확인할 수 있다.

FaceDetector 클래스는 특정 포맷의 이미지에서 얼굴을 감지할 수 있다. GetSupported BitmapPixelFormats를 사용해 지원되는 포맷 목록을 얻을 수 있다. 이 예제에서는 지원되는 첫 번째 포맷을 사용한다(예제 8-8 참고). IsBitmapPixelFormatSupported 메서드를 사용하면 입력 이미지의 포맷이 FaceDetector 클래스와 호환되는지 확인할 수 있다. 비트맵이 호환되지 않으면 예제 8-9와 같이 SoftwareBitmap 클래스의 Convert 메서드를 사용해 지원되는 픽셀 포맷으로 변환할 수 있다.

예제 8-9 사람 얼굴 감지

```
private async Task<IList<DetectedFace>> DetectFaces(SoftwareBitmap inputBitmap)
{
    if (!FaceDetector.IsBitmapPixelFormatSupported(inputBitmap.BitmapPixelFormat))
    {
        inputBitmap = SoftwareBitmap.Convert(inputBitmap, faceDetectorSupportedPixelFormat);
    }

    return await faceDetector.DetectFacesAsync(inputBitmap);
}
```

예제 8-9는 DetectFacesAsync 메서드를 사용해 얼굴을 찾는 방법도 보여 준다. 이 함수는 SoftwareBitmap 유형과 선택적으로 검색 영역을 좁히는 데 사용할 수 있는 BitmapBounds 구조체를 인수로 받는다. 이미지가 처리된 후 DetectFacesAsync 메서드는 DetectedFace 객체 집합을 반환한다. 예제 8-10와 같이 이 집합을 Detect Faces 버튼 이벤트 핸들러 안에 사용해 DisplayFaceLocations 메서드를 통해 목록 상자에 얼굴 위치를 표시한다.

예제 8-10 얼굴 감지 처리 과정은 이미지 획득, 처리, 결과 표시로 구성된다.

```
private async void ButtonDetectFaces_Click(object sender, RoutedEventArgs e)
{
    if (faceDetector != null)
    {
        var inputBitmap = await cameraCapture.CapturePhotoToSoftwareBitmap();

        var facesDetected = await DetectFaces(inputBitmap);

        DisplayFaceLocations(facesDetected);
    }
}
```

DetectedFace는 BitmapBounds 유형의 public 속성 FaceBox로 구성되며 얼굴 경계 상자, 즉 지정된 이미지의 얼굴 위치를 나타내는 4개의 값을 저장한다. 예제 8-11과 같이 이 값은 목록 상자에 연속된 행으로 표시된다.

예제 8-11 목록 상자에 얼굴 위치 표시

```
private void DisplayFaceLocations(IList<DetectedFace> facesDetected)
{
    for (int i = 0; i < facesDetected.Count; i++)
    {
        var detectedFace = facesDetected[i];
        var detectedFaceLocation = DetectedFaceToString(i + 1, detectedFace.FaceBox);

        AddItemToListBox(detectedFaceLocation);
    }
}

private string DetectedFaceToString(int index, BitmapBounds detectedFaceBox)
{
    return string.Format("Face no: {0}. X: {1}, Y: {2}, Width: {3}, Height: {4}",
        index,
        detectedFaceBox.X,
        detectedFaceBox.Y,
        detectedFaceBox.Width,
        detectedFaceBox.Height);
}

private void AddItemToListBox(object item)
{
    ListBoxInfo.Items.Add(item);
    ListBoxInfo.SelectedIndex = ListBoxInfo.Items.Count - 1;
}
```

마지막으로 Clear List 버튼의 이벤트 핸들러는 목록 상자 항목 집합의 Clear 메서드를 호출한다(예제 8-12 참고).

예제 8-12 Clear List 버튼의 이벤트 핸들러

```
private void ButtonClearInfo_Click(object sender, RoutedEventArgs e)
{
    ListBoxInfo.Items.Clear();
}
```

이 기능을 테스트하려면 FacialTracking 앱을 실행하고, 미리보기를 시작한 다음 Detect Faces 버튼을 클릭한다. 감지된 얼굴의 위치가 목록 상자에 표시될 것이다.

 노트 │ 예제 8-6의 단일 캡처는 어두운 환경에서 필요할 수 있는 카메라 플래시(조명)를 활성화하지 않기 때문에 미리보기를 시작해야 한다.

얼굴 추적

앞 절에서 다룬 얼굴 감지 모듈은 단일 이미지에서 얼굴을 감지한다. UWP는 이미지 시퀀스 작업 시 유용한 FaceTracker 클래스를 제공한다. FaceTracker를 사용하면 이미지 프레임에서 얼굴을 감지할 수 있을 뿐만 아니라 실시간으로 추적할 수도 있다.

FaceTracker 클래스의 API는 기본적으로 FaceDetector 클래스의 API와 매우 유사하다. CreateAsync 메서드를 사용해 FaceTracker 클래스의 인스턴스를 생성한 다음, Process NextFrameAsync를 호출해 획득한 이미지에서 사람 얼굴 목록을 가져온다. 주된 차이점은 ProcessNextFrameAsync가 VideoFrame 유형의 인수를 요구한다는 것이다. 이것은 이미지 시퀀스에서 단일 프레임을 나타내며, MediaCapture 클래스의 GetPreviewFrameAsync 메서드를 사용해 이러한 객체를 얻는다.

예제 8-13은 FaceTracker 초기화가 FaceDetector와 비슷하게 진행됨을 보여 준다(전체 코드는 '08/FacialTracking/MainPage.xaml.cs' 참고).

예제 8-13 FaceTracker 초기화

```
private FaceTracker faceTracker;
private BitmapPixelFormat faceTrackerSupportedPixelFormat;

private async Task InitializeFaceDetection()
{
    if (FaceDetector.IsSupported)
    {
```

```
            if (faceDetector == null)
            {
                faceDetector = await FaceDetector.CreateAsync();
                faceDetectorSupportedPixelFormat = FaceDetector.
                    GetSupportedBitmapPixelFormats().FirstOrDefault();
            }
        }
        else
        {
            Debug.WriteLine("Warning. FaceDetector is not supported on this device");
        }

        if (FaceTracker.IsSupported)
        {
            if (faceTracker == null)
            {
                faceTracker = await FaceTracker.CreateAsync();
                faceTrackerSupportedPixelFormat = FaceTracker.
                    GetSupportedBitmapPixelFormats().FirstOrDefault();
            }
        }
        else
        {
            Debug.WriteLine("Warning. FaceTracking is not supported on this device");
        }
    }
```

이전과 마찬가지로 먼저 현재 플랫폼에서 얼굴 추적을 사용할 수 있는지 확인하고, 비동기식 팩토리 메서드인 CreateAsync를 호출한다. 그런 다음 얼굴 추적에서 지원되는 첫 번째 사용 가능한 BitmapPixelFormat을 가져온다. 이제 얼굴 추적을 시작할 수 있으며, 이를 위해 UpdatePreviewState 메서드(예제 8-6)를 예제 8-14와 같이 수정한다.

예제 8-14 카메라 캡처가 활성화될 때마다 얼굴 추적이 실행된다.

```
private async Task UpdatePreviewState()
{
    if (!cameraCapture.IsPreviewActive)
    {
        await cameraCapture.Start();

        BeginTracking();
```

```
    }
    else
    {
        await cameraCapture.Stop();

        CanvasFaceDisplay.Children.Clear();
    }
}
```

이미지 미리보기가 시작될 때마다 BeginTracking 메서드를 호출한다. BeginTracking은 사람 얼굴 추적을 위한 백그라운드 작업을 수행한다(예제 8-15 참고). 그런 다음 미리보기가 중지되면 CanvasFaceDisplay의 Children 집합을 삭제한다. 이것은 UI에 선언돼 있으며, 8장의 뒷부분에서 자세히 설명할 예정이다.

예제 8-15 사람의 얼굴을 추적하고자 이미지 프레임이 백그라운드에서 처리된다.

```
private void BeginTracking()
{
    if (faceTracker != null)
    {
        Task.Run(async () =>
        {
            while (cameraCapture.IsPreviewActive)
            {
                await ProcessVideoFrame();
            }
        });
    }
}
```

이미지 시퀀스는 별도의 작업자 스레드를 사용해 백그라운드에서 처리된다. 이러한 처리 과정은 카메라 캡처가 있을 때마다 활성화된다. 백그라운드 스레드는 Task 클래스의 Run 메서드를 사용해 시작한다는 점에 유의하자.

FaceTracker는 지정된 포맷의 이미지 프레임만 처리할 수 있다. 지원되는 VideoFrame 포맷은 프레임 획득 중에 설정된다(예제 8-16의 ProcessVideoFrame 메서드 참고). 참고로 Process

VideoFrame 메서드는 CameraCapture 클래스 인스턴스의 FrameWidth 및 FrameHeight 속성을 명시적으로 사용해 VideoFrame 객체를 생성한다. 또한 생성된 VideoFrame 객체는 획득한 프레임을 포함하며, FaceTracker 클래스 인스턴스의 ProcessNextFrameAsync에 전달된다.

```
예제 8-16 이미지 프레임 처리
private async Task ProcessVideoFrame()
{
    using (VideoFrame videoFrame = new VideoFrame(faceTrackerSupportedPixelFormat,
        (int)cameraCapture.FrameWidth, (int)cameraCapture.FrameHeight))
    {
        await cameraCapture.MediaCapture.GetPreviewFrameAsync(videoFrame);

        var faces = await faceTracker.ProcessNextFrameAsync(videoFrame);

        if (ledArray == null)
        {
            DisplayFaces(videoFrame.SoftwareBitmap, faces);
        }
        else
        {
            TrackFace(faces);
        }
    }
}
```

얼굴 추적 모듈인 FaceDetector는 DetectedFace 객체의 집합을 반환한다. 여기서는 각 DetectedFace의 FaceBox 속성에 저장된 값을 표시하는 대신 이미지 스트림에서 감지된 얼굴 위에 노란색 사각형을 그리거나 센스 HAT LED 배열에서 얼굴 움직임을 표시하는 데 사용한다. 다음 절에서 두 모드를 자세히 설명한다. FacialTracking 앱은 IoT 혹은 데스크톱 플랫폼에서 실행되는지에 따라 다른 모드로 실행된다. 적절한 I2cDevice가 초기화됐는지 확인해 모드를 결정한다. 만약 적절한 I2cDevice가 초기화됐다면 미리보기와 얼굴 추적도 자동으로 시작한다(예제 8-17 참고).

예제 8-17 센스 HAT LED 배열 초기화

```
private LedArray ledArray;

protected override async void OnNavigatedTo(NavigationEventArgs e)
{
    base.OnNavigatedTo(e);

    await InitializeLedArray();
}

private async Task InitializeLedArray()
{
    const byte address = 0x46;
    var device = await I2cHelper.GetI2cDevice(address);

    if (device != null)
    {
        ledArray = new LedArray(device);

        ButtonPreview_Click(null, null);
    }
}
```

UI에서 얼굴 위치 표시

UI에서 얼굴 위치를 나타내고자 CanvasFaceDisplay라는 Canvas를 사용한다. 이 컨트롤은 UI에서 선언돼 CaptureElement를 호스팅한다(함께 제공되는 코드 '08/FacialTracking/MainPage.xaml' 참고). Canvas는 컨테이너이며, 자식 객체를 컨테이너 내에서 절대 좌표로 배치할 수 있다. 또한 자식 객체가 렌더링되는 순서를 지정할 수 있다. 이를 위해 Canvas.ZIndex 연결 속성을 사용한다(예제 8-18 참고).

예제 8-18 Canvas.ZIndex에 연결된 속성을 사용해 CaptureElement가 먼저 렌더링되도록 지정하므로 그 위에 얼굴 상자가 표시된다.

```
<Canvas x:Name="CanvasFaceDisplay"
        Grid.Row="1" />

<CaptureElement x:Name="CaptureElementPreview"
```

```
                    Grid.Row="1"
                    Canvas.ZIndex="-1" />
```

Canvas.ZIndex를 사용해 얼굴 상자가 카메라 이미지 위에 그려지도록 CaptureElement 컨트롤을 배치한다(그림 8-1 참고). Canvas.ZIndex를 -1로 설정하면 CaptureElement가 얼굴 경계 상자가 그려지는 전경 아래에 배치된다.

예제 8-19는 감지된 얼굴에 상자를 그리는 코드를 보여 준다. DisplayFaces 메서드는 먼저 가로(xScalingFactor)와 세로(yScalingFactor) 배율 요소를 결정해 상자 크기를 Capture Element 컨트롤에 표시되는 이미지의 실제 크기로 조정한다. 일반적으로 이 크기는 애플리케이션 창의 크기에 따라 달라질 수 있다. 그런 다음 DisplayFaces는 캔버스에서 이전 상자를 지우고 FaceTracker에서 얻은 감지된 각 Face 객체에 대해 DrawFaceBox 메서드를 호출한다.

예제 8-19 카메라 이미지 위에 얼굴 상자 그리기

```
private async void DisplayFaces(SoftwareBitmap displayBitmap, IList<DetectedFace> faces)
{
    if (Dispatcher.HasThreadAccess)
    {
        var xScalingFactor = CanvasFaceDisplay.ActualWidth / displayBitmap.PixelWidth;
        var yScalingFactor = CanvasFaceDisplay.ActualHeight / displayBitmap.PixelHeight;

        CanvasFaceDisplay.Children.Clear();

        foreach (DetectedFace face in faces)
        {
            DrawFaceBox(face.FaceBox, xScalingFactor, yScalingFactor);
        }
    }
    else
    {
        await Dispatcher.RunAsync(CoreDispatcherPriority.Normal, () =>
        {
            DisplayFaces(displayBitmap, faces);
        });
    }
}
```

DrawFaceBox(예제 8-20 참고)는 FaceBox의 Width 및 Height 속성을 배율 인수와 함께 사용해, 감지된 얼굴의 크기에 해당하는 노란색 상자를 동적으로 생성한다. 그런 다음 이 상자는 주어진 얼굴 위에 나타나도록 변환된다. 이를 위해 FaceBox의 재조정된 X와 Y 속성을 사용한다. 또한 해당 상자는 CanvasFaceDisplay의 Children 집합에 Rectangle 컨트롤을 추가해 Canvas에 표시된다.

예제 8-20 상자는 동적으로 생성돼 Canvas 컨트롤의 Children 집합에 추가된다.

```
private void DrawFaceBox(BitmapBounds faceBox, double xScalingFactor, double yScalingFactor)
{
    // 경계 상자 준비
    var rectangle = new Rectangle()
    {
        Stroke = new SolidColorBrush(Colors.Yellow),
        StrokeThickness = 5,
        Width = faceBox.Width * xScalingFactor,
        Height = faceBox.Height * yScalingFactor
    };

    // 경계 상자 변환
    var translateTransform = new TranslateTransform()
    {
        X = faceBox.X * xScalingFactor,
        Y = faceBox.Y * yScalingFactor
    };

    rectangle.RenderTransform = translateTransform;

    // 경계 상자 표시
    CanvasFaceDisplay.Children.Add(rectangle);
}
```

개발 PC에서 FacialTracking을 실행하면 그림 8-1과 유사한 결과를 얻을 수 있다. Facial Tracking은 복수의 얼굴을 감지할 수 있으며, 이 경우 여러 개의 상자를 그릴 수 있다.

LED 배열의 얼굴 위치 표시

이 절에서는 센스 HAT LED 배열에서 처음 감지된 얼굴의 실제 위치를 나타내고자 FacialTracking 애플리케이션을 확장하는 방법을 설명한다. 센스 HAT LED 배열은 64픽셀밖에 없기 때문에 하나의 LED를 사용해 해당 얼굴 상자의 중심 위치를 표시한다. 이 픽셀은 이미지의 얼굴 변위에 따라 LED 배열에서 '이동'한다.

당연히 이 기능에는 LED 배열 인터페이스와 얼굴 변위의 적절한 계산이 필요하다. LED 배열을 제어하고자 Windows IoT Extensions for the UWP를 참조하고, FacialTracking 프로젝트에 다음 파일을 추가한다.

- I2cHelper.cs: 5장, '센서의 데이터 판독'의 예제 5-22 참고
- Check.cs: 6장, '입력과 출력' 참고
- LedArray.cs: 6장, '입력과 출력' 및 7장, '오디오 처리' 참고

그런 다음 헬퍼 구조체인 LedPixelPosition을 구현한다(함께 제공되는 코드 'Chapter 08/FacialTracking/Helpers/LedPixelPosition.cs' 참고). 이 구조체는 LED 픽셀 위치의 X 및 Y 좌표 정보를 담고 있으며, 예제 8-21의 TrackFace 메서드에서와 같이 사람의 얼굴 변위를 추적할 때 사용된다.

예제 8-21 LED 배열에 얼굴 변위 표시하기

```
private LedPixelPosition previousLedPixelPosition;

private void TrackFace(IList<DetectedFace> faces)
{
    var face = faces.FirstOrDefault();

    if (face != null)
    {
        // LED 픽셀 위치 계산
        var ledPixelPosition = CalculatePosition(face.FaceBox);

        // 위치 표시
        ledArray.SetPixel(ledPixelPosition.X, ledPixelPosition.Y, Colors.Green);
```

```
    // 위치 저장
    previousLedPixelPosition = ledPixelPosition;
}
else
{
    // 얼굴이 감지되지 않을 경우, 색상을 빨간색으로 전환
    ledArray.SetPixel(previousLedPixelPosition.X, previousLedPixelPosition.Y,
        Colors.Red);
}
}
```

이전 예제에서 얼굴 추적은 다음과 같이 진행된다. 우선 감지된 얼굴 집합에서 첫 번째 요소를 가져온다. 이 요소가 유효하다면(null이 아니면) LED 픽셀의 위치를 계산한 다음 색상을 초록색으로 설정한다. 그런 다음 해당 위치를 previousLedPixelPosition 필드에 저장한다. 얼굴이 감지되지 않은 경우 previousLedPixelPosition 필드에 저장된 값을 사용하고, 픽셀 색상을 빨간색으로 설정한다.

기본적으로 LED 배열을 사용해 얼굴 위치를 표시하려면 얼굴 경계 상자 중심 위치와 8×8 LED 그리드의 픽셀을 매핑해야 한다. CalculatePosition 메서드(예제 8-22)에 구현된 이러한 매핑 과정은 다음과 같다. 먼저 LED 배열과 관련된 좌표계의 가로 좌표(xScaler)와 세로 좌표(yScaler)를 따라 2개의 스케일러를 계산한다(그림 6-5 참고). 이 스케일러는 다음 방정식을 사용해 계산한다.

$$xScaler = \frac{W - w}{L - 1}$$

$$yScaler = \frac{H - h}{L - 1}$$

- W와 H는 각각 이미지 프레임의 너비와 높이를 나타낸다.
- w와 h는 얼굴 경계 상자의 너비와 높이를 나타낸다.
- L은 LED 배열의 길이다(예, 8).

스케일러를 사용해 BitmapBounds 구조체의 X 및 Y 속성을 각각 xScaler 및 yScaler로 나눠 LED 픽셀 위치를 결정한다.

예제 8-22 얼굴 상자를 LED 픽셀 위치에 매핑하기

```
private LedPixelPosition CalculatePosition(BitmapBounds faceBox)
{
    // 비트맵 LED 배열 스케일러 결정
    var xScaler = (cameraCapture.FrameWidth - faceBox.Width) / (LedArray.Length - 1);
    var yScaler = (cameraCapture.FrameHeight - faceBox.Height) / (LedArray.Length - 1);

    // LED 픽셀 위치 획득
    var xPosition = Convert.ToInt32(faceBox.X / xScaler);
    var yPosition = Convert.ToInt32(faceBox.Y / yScaler);

    // 좌표 보정
    xPosition = CorrectLedCoordinate(LedArray.Length - 1 - xPosition);
    yPosition = CorrectLedCoordinate(yPosition);

    return new LedPixelPosition()
    {
        X = xPosition,
        Y = yPosition
    };
}
```

LED 픽셀 좌표가 LED 배열의 크기에 해당하는 유효한 범위를 벗어나지 않도록 예제 8-23의 CorrectLedCoordinate 메서드를 사용한다. 이 메서드는 계산된 좌표가 양수이고 LED 배열의 길이에서 1을 뺀 값보다 크지 않은지 확인한다.

예제 8-23 LED 좌표가 유효한지 확인하기

```
private int CorrectLedCoordinate(int inputCoordinate)
{
    inputCoordinate = Math.Min(inputCoordinate, LedArray.Length - 1);
    inputCoordinate = Math.Max(inputCoordinate, 0);

    return inputCoordinate;
}
```

IoT 기기에서 FacialTracking이 실행되면 자동으로 이미지 획득, 얼굴 인식, 추적을 시작한다. 첫 번째 감지된 얼굴의 위치가 LED 배열에 표시된다. 앞의 예제는 UWP가 매우 신뢰할 수 있는 얼굴 감지 및 인식 능력을 갖고 있다는 것을 증명한다. 11장에서는 마이크로소프트 코그니티브 서비스^{Microsoft Cognitive Services}를 사용해 얼굴 감정을 인식하는 기능으로 이 기능을 더욱 확장한다.

OpenCV 및 네이티브 코드 인터페이스

UWP는 맞춤형 이미지 처리를 위한 API를 제공하지 않는다. 다행히도 기계 시각과 로봇 프로젝트를 위해 이미지 처리 라이브러리 중 하나를 사용할 수 있다. 여기서 눈여겨봐야 할 도구는 OpenCV^{Open Source Computer Vision} 라이브러리다. OpenCV는 인텔^{Intel Corporation}의 게리 브래드스키^{Gary Bradsky}에 의해 시작됐으며, 현재 잇시즈^{Itseez}에 의해 유지되고 있다. OpenCV는 약 5만 명의 개발자에게 달하는 대규모 커뮤니티를 가진 크로스 플랫폼^{cross-platform} 툴이다. 이 책을 집필하고 있는 현재, OpenCV는 SourceForge 사이트의 로봇 공학 분야에서 최상위 프로젝트로 표시돼 있다. 따라서 OpenCV는 기계 시각 IoT 애플리케이션에 사용하기 좋은 선택지다.

OpenCV는 크로스 플랫폼 도구이며 C/C++ 인터페이스를 제공한다. C 인터페이스는 OpenCV의 첫 번째 버전에서 사용됐다. 현재는 OpenCV를 인터페이스하기 위한 방법으로 C++를 추천한다. 비주얼 C# UWP 프로젝트에서 이러한 네이티브 라이브러리를 직접 사용할 수는 없지만, C++ Component Extensions(C++/CX)을 사용해 작성된 비주얼 C++ Windows 런타임 구성 요소^{WRC, Windows Runtime Component}를 사용하면 간접적으로 사용할 수 있다(부록 E, 'Visual C++ Component Extensions' 참고). 또한 WRC는 C/C++ 라이브러리를 포함한 네이티브 코드와 인터페이스하는 데 사용할 수 있다. 네이티브 코드와 인터페이스하는 다른 방법은 닷넷 프레임워크^{.NET Framework}의 P/Invoke(Platform Invoke) 기능을 사용하는 것이다. 그러나 해당 기능을 사용하려면 System.Runtime.InteropServices 네임스페이스^{namespace}에서 DllImportAttribute를 사용해 지정된 DLL에서 함수를 수동으로 가져와야 한다.

UWP 프로젝트에서 WRC를 참조한 후에는 쉽게 액세스할 수 있다. 다른 UWP API와 마찬가지로 WRC에서 메서드를 호출하기만 하면 된다. 이러한 유연성은 몇 가지 장점을 제공한다. 그중 하나는 시간상으로 중요한 작업(이미지나 음성 처리 등)을 WRC 내에서 구현한 다음, C# 또는 비주얼 베이직^{Visual Basic}에서 구현된 메인 프로젝트에서 호출할 수 있다는 것이다. 이러한 접근법은 제조업체가 C/C++ 드라이버 또는 SDK만 제공하는 맞춤형 장치나 센서를 제어하거나 네이티브 드라이버와 인터페이스해야 할 때도 유용하다. 또한 WRC는 Win32 및 UWP의 COM API와 인터페이스할 수 있어 더 많은 제어권을 얻거나 특정 기능에 액세스해야 할 때 낮은 수준의 시스템 기능에 액세스할 수 있다.

이 절에서는 앞의 전략을 사용해 UWP 프로젝트에서 OpenCV를 사용하는 방법을 설명한다. 먼저 WRC 내에서 여러 이미지 처리 알고리즘을 구현한다. 메인 UWP 프로젝트는 해당 WRC를 참고하고, USB 카메라에서 획득한 이미지 시퀀스에서 객체 감지를 위해 사용한다. 마지막으로 감지된 물체의 모양에 대한 정보는 센스 HAT LED 배열을 사용해 표시한다.

이 절에서 다룬 예제는 ImageProcessingComponent, ImageProcessing, Machine Vision의 세 가지 프로젝트를 포함한다. 함께 제공되는 코드의 Chapter 08 폴더에서 각각의 프로젝트를 찾을 수 있다.

솔루션 구성 및 OpenCV 설치

시작하려면 WRC를 참조하는 비어 있는 UWP 비주얼 C# 앱이 필요하다. 그런 다음 프로젝트 종속성을 구성하고 필요한 OpenCV NuGet 패키지를 설치한다. 자세한 절차는 다음과 같다.

1. ImageProcessing이라는 새로운 비어 있는 UWP 비주얼 C# 프로젝트를 생성한다.

2. 솔루션 탐색기에서 **솔루션 ImageProcessing**을 마우스 오른쪽 버튼으로 클릭하고 콘텍스트 메뉴에서 추가 메뉴를 선택한 다음, 다시 **새 프로젝트**를 선택한다.

3. 그림 8-5와 같이 새 프로젝트 대화 상자의 검색 상자에 **C++ Windows 런타임 구성 요소**를 입력한다. 그런 다음 **Windows 런타임 구성 요소(유니버설 Windows-C++/CX)**를 선택하고, 프로젝트 이름을 ImageProcessingComponent로 변경한 후 10.0.10586 윈도우 버전을 대상으로 하는 프로젝트를 생성한다.

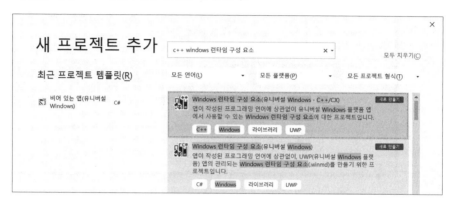

그림 8-5 Windows 런타임 구성 요소(유니버설 Windows-C++/CX) 프로젝트 템플릿을 보여 주는 새 프로젝트 대화 상자

4. 솔루션 탐색기로 다시 이동해 ImageProcessingComponent 프로젝트 아래의 **참조** 노드를 마우스 오른쪽 버튼으로 클릭하고, 콘텍스트 메뉴에서 **NuGet 패키지 관리**를 선택한다. 이렇게 하면 NuGet 패키지 관리자가 활성화되며, 이제 다음 단계를 수행한다.

  a. **시험판 포함** 체크 상자를 선택한다.

  b. **찾아보기** 탭을 클릭하고 검색 상자에 opencv.uwp를 입력한다.

  c. 검색 결과 목록에서 OpenCV.UWP.native.imgproc 패키지를 찾아 설치한다 (그림 8-6 참고). 또한 NuGet 패키지 관리자는 OpenCV.UWP.native.core와 같은 관련 패키지를 설치한다.

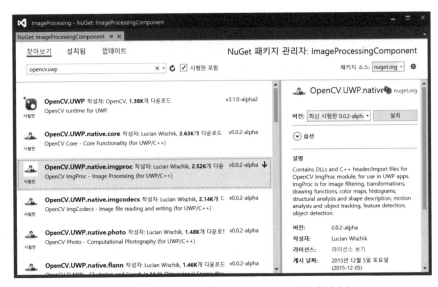

그림 8-6 OpenCV.UWP.native.imgproc 패키지를 보여 주는 NuGet 패키지 관리자

5. ImageProcessing 프로젝트에서 다음과 같이 ImageProcessingComponent를 참고한다.

    a. ImageProcessing 프로젝트에서 **참조**를 마우스 오른쪽 버튼으로 클릭하고 콘텍스트 메뉴에서 **참조 추가**를 선택한다. 참고 관리자 대화 상자가 나타난다.

    b. 참조 관리자에서 **프로젝트** 탭을 클릭하고 그림 8-7에 표시된 바와 같이 Image ProcessingComponent 체크 상자를 선택한다.

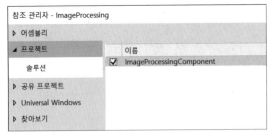

그림 8-7 참조 관리자 대화 상자. 적절한 참조 구성 후에 ImageProcessingComponent에 선언된 메서드 및 클래스를 기본 애플리케이션으로 사용할 수 있다.

메인 애플리케이션(ImageProcessing)과 프록시 프로젝트(ImageProcessingComponent)가 있도록 솔루션을 구성한다. 전자는 후자를 참조하므로 ImageProcessingComponent의 모든 public 구성원은 메인 애플리케이션에서 쉽게 사용할 수 있다.

안정적인 OpenCV 버전은 http://opencv.org에서 다운로드할 수 있으며, https://github.com/Itseez/opencv 깃허브^{GitHub} 리포지토리에서 현재 소스 코드를 얻을 수 있다. 또는 위에 나온 것처럼 가장 인기 있는 OpenCV 모듈을 NuGet 패키지로 설치할 수 있다.

ImageProcessingComponent에서 core 및 imgproc라는 2개의 OpenCV 모듈을 설치한다. 일반적으로 OpenCV 기능은 몇 가지 주요 모듈과 추가 모듈로 나뉜다. 주요 모듈은 이미지 처리 알고리즘, 객체 및 특징 감지, 이미지 스티칭, 머신러닝, 분할 등의 기능을 구현한다. 추가 모듈은 기여자에 의해 구현되며, 공식 OpenCV 릴리스와 함께 배포되지 않는다. 추가 모듈은 얼굴 인식, 신경망, 이미지 등록, 객체 추적 또는 생물학적으로 영감을 받은 비전 모델을 위한 다양한 고급 이미지 처리 루틴을 제공한다.

모든 모듈은 코어 모듈의 공통 선언을 사용한다. 특히 이미지를 나타내는 데 사용되는 Mat 객체(매트릭스)의 정의를 포함하고 있다. 대부분의 OpenCV 함수(예, imgproc 모듈에 정의된 메서드)는 매트릭스에 저장된 이미지 데이터를 처리해 특정 작업에 따라 적절한 출력을 생성한다. 그러나 많은 이미지 처리 알고리즘, 특히 객체 감지를 목표로 하는 알고리즘은 이미지 이진화^{binarization}에서 시작한다. 이미지 이진화는 입력 이미지를 이진수 척도로 변환하고, 가능한 2개의 값으로 구성하는 색상 척도 변환이다. 일반적으로 8비트의 경우 0과 255로 값을 구성하며, 높은 비트 심도^{bit-depth} 이미지의 경우 0과 1로 값을 구성한다. 이러한 이진 이미지는 다음 절에서 논의할 이미지 임계값 메서드로 얻을 수 있다.

> **프로젝트 구축에 관한 메모**
>
> UWP 프로젝트에서 참조하는 Windows 런타임 구성 요소(WRC)를 구현할 때 WRC 구성 요소를 수정할 때마다 변경 내용이 UWP 코드에 반영되도록 WRC 구성 요소를 다시 빌드해야 한다. 백그라운드 컴파일러에서 비주얼 C++ 코드를 자동으로 컴파일하지 않을 수 있으므로 수동으로 컴파일하자. 비주얼 스튜디오 2017에는 C++ 코드의 컴파일 시간이 향상됐으므로 비주얼 스튜디오 2015에서 앞의 문제가 더 두드러질 수 있다.

이미지 임계값 처리

이미지 임계값 처리Image thresholding는 입력 이미지의 모든 픽셀이 고정된 픽셀값인 임계값 레벨 미만 혹은 초과일 때 조정되는 작업이다. 특정 이미지에 대해 임의로 설정하거나 계산할 수 있다. 더 공식적으로 말해, 이미지가 2차원 배열 $I = [I_{ij}]$로 표현된다고 가정하면 임계값 알고리즘은 입력 이미지 $I^{(in)}$를 처리해 다음 공식을 사용해 출력(처리) 이미지 $I^{(out)}$를 생성한다.

$$I_{ij}^{(out)} = \begin{cases} v_1, & for\ I_{ij}^{(in)} > T \\ v_2, & otherwise \end{cases}$$

여기서 T는 임계값 레벨이며, v_1과 v_2는 특정 임계값 메서드($i=0, 1, \cdots, W-1, j = 0, 1, \cdots, H-1$, W = 이미지 너비, H = 이미지 높이)에 의해 설정된 값이다. 따라서 이미지 임계값 처리는 모든 픽셀을 T와 비교한 다음, 픽셀을 v_1 또는 v_2 값으로 할당하는 픽셀별 작업이다.

8비트 이미지의 가장 간단한 이진 임계값의 경우 $v_1 = 255$ 및 $v_2 = 0$이다. 따라서 임계값 레벨 초과의 픽셀은 모두 흰색이 되고, 그 외의 픽셀은 검은색이 된다. 이진 임계값은 $v_1 = 0$ 및 $v_2 = 255$로 쉽게 반전될 수 있다.

OpenCV의 imgproc 모듈은 이미지 임계값 처리를 위한 cv::threshold 함수를 제공한다. 이 메서드는 단일 채널(회색조) 이미지에서 작동하며, imgproc.hpp 파일의 cv::ThresholdTypes 열거형에 정의된 여러 임계값 작업을 지원한다. 단순한 이진 임계값과 반전된 이진 임계값을 제외하고, OpenCV는 몇 가지 픽셀 절단pixel-truncation 메서드 또한 제공한다. 임계값 레벨 미만(cv::ThresholdTypes::ToZero) 또는 초과 (cv::ThresholdTypes::Trunc 및 cv::ThresholdTypes::ToZeroInv)하는 값을 제외해 노이즈를 억제하는 데 사용할 수 있다. 이러한 알고리즘은 다음 v_1 및 v_2 값을 사용한다.

- cv::ThresholdTypes::ToZero $v_1 = I_{ij}^{(in)}, v_2$

- cv::ThresholdTypes::ToZeroInv $v_1 = 0, v_2 = I_{ij}^{(in)}$

- cv::ThresholdTypes::Trunc $v_1 = T, v_2 = I_{ij}^{(in)}$

OpenCV는 자동 임계값 결정(cv::ThresholdTypes::Otsu 및 cv::ThresholdTypes::Triangle)을 위한 두 가지 알고리즘 또한 구현한다. 해당 알고리즘은 이미지 히스토그램^{image histogram}을 분석해 최적의 임계값 레벨을 찾아내고, 픽셀값을 2개의 구별 가능한 그룹으로 분류한다. 첫 번째 그룹은 객체의 픽셀을 포함하고, 두 번째 그룹은 배경 픽셀을 포함한다. 이러한 자동 임계값 결정은 객체와 배경을 자동으로 구별하는 데 도움이 되기 때문에 객체 감지에 매우 중요하다.

OpenCV 임계값 알고리즘의 사용법을 습득하고자 다음과 같이 ImageProcessing Component를 구현해 보자. 먼저 OpenCV의 cv::ThresholdTypes를 C# 코드에서 사용할 수 있는 열거 형식으로 매핑하는 열거형을 정의한다(함께 제공되는 코드 'Chapter 08/ImageProcessingComponent/ThresholdType.h' 참고). 이러한 열거형을 정의하려면 C++/CX의 enum 클래스 키워드를 사용하자.

그런 다음 OpenCvWrapper 클래스를 구현한다. 이 클래스는 선언은 OpenCvWrapper.h 파일(예제 8-24)에 저장되고, 정의는 OpenCvWrapper.cpp에 저장되는 전형적인 C++ 클래스의 형태를 가진다(함께 제공되는 코드 'Chapter 08/ImageProcessingComponent/OpenCvWrapper/OpenCvWrapper.cpp' 참고).

예제 8-24 OpenCvWrapper 클래스 선언은 하나의 public 메서드와 4개의 private 헬퍼 함수로 구성된다.

```
#pragma once

#include "ThresholdType.h"
#include <opencv2\core.hpp>
#include <opencv2\imgproc.hpp>

using namespace Windows::UI::Xaml::Media::Imaging;
using namespace Windows::Storage::Streams;

namespace ImageProcessingComponent
{
    [Windows::Foundation::Metadata::WebHostHidden]
    public ref class OpenCvWrapper sealed
    {
    public:
        static void Threshold(WriteableBitmap^ inputBitmap, int level, ThresholdType type);
```

```
private:
    static const int pxMaxValue = 255;

    static void CheckInputParameters(WriteableBitmap^ inputBitmap);

    static cv::Mat ConvertWriteableBitmapToMat(WriteableBitmap^ inputBitmap);
    static cv::Mat ConvertMatToGrayScale(cv::Mat inputMat);

    static byte* GetPointerToPixelBuffer(IBuffer^ pixelBuffer);
};
}
```

앞선 선언의 몇 가지 항목은 설명이 필요하다. 먼저 헤더 파일에는 표준 #include 전처리기preprocessor 지시문과 네임스페이스 구문 사용이 포함돼 있다. 두 가지 모두 다른 곳에서 정의된 특정 함수를 포함하고자 사용되지만, #include는 네이티브(언매니지드) 코드에 사용되며, 네임스페이스는 적절한 UWP API(매니지드 코드)를 참조한다.

닷넷 프레임워크에서 매니지드 코드managed code는 컴파일러에서 생성되는 중간 코드intermediate code다. 생성된 중간 코드는 공통 언어 런타임CLR, Common Language Runtime에 의해 실행된다. CLR은 중간 코드를 이진 코드로 변환하고 메모리 사용을 관리한다. 일반적인 C/C++ 네이티브 애플리케이션은 이진 코드로 직접 컴파일되므로 메모리를 수동으로 할당 및 해제해야 한다.

닷넷 네이티브.NET Native의 등장으로 컴파일 모드(디버그 또는 릴리즈)에 따라 UWP 애플리케이션은 중간 코드(디버그) 또는 이진 코드(릴리즈)로 직접 변환된다. 릴리즈 모드는 앱의 성능을 향상시키지만, 컴파일 시간이 크게 증가한다.

UWP 애플리케이션은 네이티브 코드로 직접 컴파일할 수 있기 때문에 '매니지드 코드'라는 용어는 완전한 의미를 상실한다. 하지만 이 책에서는 UWP API를 가리킬 때 이 용어를 계속 사용할 것이다.

OpenCvWrapper 선언은 WebHostHidden 속성을 포함하며, 자바스크립트 UWP 애플리케이션에서 사용할 수 없다. 자바스크립트 UWP 인터페이스에서는 WriteableBitmap 클래스를 사용할 수 없기 때문이다.

OpenCvWrapper 클래스의 선언은 하나의 public 메서드와 4개의 헬퍼 메서드로 구성된다.
Threshold 메서드는 예제 8-25에서와 같이 OpenCV의 threshold 함수를 사용해 입력 이
미지를 처리하는 데 사용된다. 하지만 OpenCV 함수를 호출하기 전에 몇 가지 단계를 거
쳐야 한다. 먼저 inputBitmap 인수의 유효성을 검사한다(예제 8-25의 하단과 같이 널값인지
확인한다).

예제 8-25 OpenCV를 사용한 이미지 임계값 처리

```
void OpenCvWrapper::Threshold(WriteableBitmap ^inputBitmap, int thresholdLevel,
    ThresholdType type)
{
    CheckInputParameters(inputBitmap);

    // Mat 초기화 및 회색조로 변환
    auto inputMat = ConvertWriteableBitmapToMat(inputBitmap);
    auto workingMat = ConvertMatToGrayScale(inputMat);

    // 이미지 임계값 처리
    cv::threshold(workingMat, workingMat, thresholdLevel, pxMaxValue, (int) type);

    // Bgra8로 되돌리기
    cv::cvtColor(workingMat, inputMat, CV_GRAY2BGRA);

    // 리소스 반환
    workingMat.release();
}

void OpenCvWrapper::CheckInputParameters(WriteableBitmap^ inputBitmap)
{
    if (inputBitmap == nullptr)
    {
        throw ref new NullReferenceException();
    }
}
```

그런 다음 UWP WriteableBitmap 객체를 Mat 클래스의 인스턴스로 적절하게 변환한다.
WriteableBitmap과 Mat 클래스는 2차원 바이트 배열을 사용해 비트맵 형식의 원시 이미지
데이터를 나타낸다. 이 배열의 행 수는 이미지 높이에 해당하는 반면, 열 수는 이미지 폭,
픽셀 비트 심도(픽셀 데이터 유형), 컬러 채널 수에 따라 결정된다. OpenCV에서 픽셀 비트

심도와 이미지 컬러 채널의 수는 몇 가지 사전 정의된 형식(CV_⟨B⟩_⟨T⟩_C⟨N⟩)을 사용해 제어되며, 사전 정의된 형식은 다음과 같다.

- ⟨B⟩: 비트 심도(8, 16, 24, 32)
- ⟨T⟩: 사용 가능한 픽셀 데이터 유형
  - U: unsigned
  - S: signed
  - F: float
- ⟨N⟩: 채널 수(1, 2, 3, 4)

예를 들어, CV_8UC1에서는 원시 이미지 데이터가 2차원 배열(매트릭스)로 표현되며, 각 항목은 8비트의 부호 없는unsigned 정수임을 나타낸다. 또한 이미지는 채널이 하나뿐이므로 열의 수는 이미지 너비와 같다. 그러나 최적화로 인해 너비는 4의 배수로 패딩할 수 있다. 이러한 패딩된 너비는 일반적으로 이미지 너비 스텝image width step이라 불리며. 바이트 단위로 측정된 연속 행 사이의 거리를 말한다.

한편, WriteableBitmap은 비트맵 형식 이미지를 처리하며, 픽셀 형식은 Windows. Graphics.Imaging 네임스페이스에 정의된 BitmapPixelFormat 열거형의 Bgra8 형식을 가진다. Bgra8 형식은 4개의 채널과 부호 없는 8비트 정수를 사용하며, 픽셀 데이터 배열(매트릭스)의 채널 순서(열 순서)는 파란색, 녹색, 빨간색, 알파(BGRA)순이다. 따라서 이러한 픽셀 데이터 구성은 CV_8UC4 OpenCV 유형에 대응한다. 이 유형은 예제 8-26의 ConvertWriteableBitmapToMat 메서드에서도 사용된다.

예제 8-26 WriteableBitmap에서 Mat로의 변환

```cpp
cv::Mat OpenCvWrapper::ConvertWriteableBitmapToMat(WriteableBitmap ^inputBitmap)
{
    // 원시 픽셀 데이터에 대한 포인터 획득
    auto imageData = GetPointerToPixelBuffer(inputBitmap->PixelBuffer);

    // OpenCV 이미지 구성
```

```
    return cv::Mat(inputBitmap->PixelHeight, inputBitmap->PixelWidth, CV_8UC4, imageData);
}
```

기본적으로 WriteableBitmap 클래스의 인스턴스 내에 저장된 이미지 데이터를 사용해 Mat 객체를 초기화한다. Mat 객체는 이미지의 크기(PixelWidth 및 PixelHeight)와 원시 이미지 데이터를 포함하며, PixelBuffer 속성을 통해 액세스할 수 있다. 하지만 Mat 객체는 메모리에 액세스하고자 포인터와 유사한 네이티브 메서드를 사용한다. 따라서 WriteableBitmap의 PixelBuffer 속성에 대한 포인터를 획득하고자 COM 시스템의 IBufferByteAccess 인터페이스를 사용한다(예제 8-27의 GetPointerToPixelBuffer 메서드 참고).

예제 8-27 COM 시스템을 사용한 네이티브 포인터 액세스하기

```
byte* OpenCvWrapper::GetPointerToPixelBuffer(IBuffer^ pixelBuffer)
{
    ComPtr<IBufferByteAccess> bufferByteAccess;

    reinterpret_cast<IInspectable*>(pixelBuffer)->QueryInterface(
        IID_PPV_ARGS(&bufferByteAccess));

    byte* pixels = nullptr;
    bufferByteAccess->Buffer(&pixels);

    return pixels;
}
```

결과 포인터를 사용해 Mat 클래스를 초기화하고, 이후 예제 8-25의 Threshold 메서드 정의에서와같이 OpenCV 메서드를 사용해 이미지를 처리한다. 이 메서드는 먼저 예제 8-28의 ConvertMatToGrayScale 메서드에서 cv::cvtColor 함수를 사용해 이미지를 회색조로 변환한다. cv:threshold 메서드는 단일 채널 이미지만 처리하기 때문에 이 변환이 필요하다. 이후 cv::threshold 메서드를 호출해 처리된 이미지를 획득한다. 마지막으로 이미지 색상 척도를 다시 8비트 BGRA(OpenCV의 경우 BGRA8, UWP의 경우 Bgra8)로 변환한다. WriteableBitmap 클래스의 입력 인스턴스는 이에 따라 업데이트되며 처리된 이미지 데이터를 포함한다.

예제 8-28 색상 척도 변환

```
cv::Mat OpenCvWrapper::ConvertMatToGrayScale(cv::Mat inputMat)
{
    auto workingMat = cv::Mat(inputMat.rows, inputMat.cols, CV_8U);

    cv::cvtColor(inputMat, workingMat, CV_BGRA2GRAY);

    return workingMat;
}
```

처리 결과 시각화

이 절에서는 먼저 여러 임계값으로 실험하고, 데스크톱 플랫폼에서 ImageProcessing 애플리케이션을 실행할 예정이다. 그런 다음 이를 바탕으로 IoT 애플리케이션을 구현할 것이다.

ImageProcessing 애플리케이션을 컴파일, 배포, 실행한 후에는 **Browse** 버튼을 사용해 비트맵을 선택할 수 있다. 해당 버튼을 선택하면 OS 선택기가 활성화돼 JPG, PNG, BMP 형식의 이미지를 선택할 수 있다. 이후 이미지 컨트롤에 이미지가 표시되고, 슬라이더 위치를 변경하거나 드롭다운 목록을 사용해 임계값 알고리즘을 변경하면 이미지가 처리된다. 처리된 이미지는 그림 8-8과 그림 8-9에서와 같이 두 번째 이미지 컨트롤에 표시된다.

ImageProcessing 애플리케이션에서 다양한 임계값 유형과 레벨을 사용해 전반적인 작동 방식을 확인해 보자. 임계값 레벨을 변경하면 더 많은 혹은 더 적은 이미지 특징을 추출할 수 있다는 점에 유의하자. 또한 오츠Otsu와 트라이앵글Triangle 알고리즘의 경우 임계값 레벨이 자동으로 계산되므로 슬라이더 위치를 변경해도 처리된 이미지에 영향을 미치지 않는다.

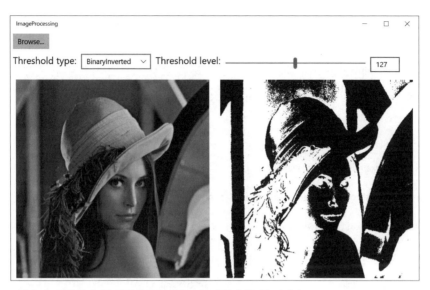

그림 8-8 입력 이미지와 이진 반전 임계값 127을 사용해 처리된 이미지

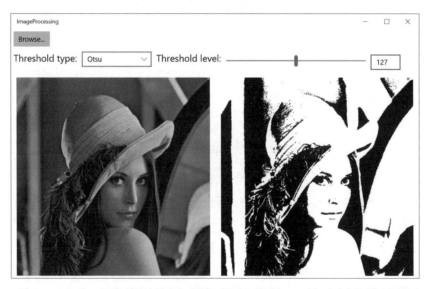

그림 8-9 오츠 알고리즘은 최적의 임계값 레벨을 자동으로 결정하므로 많은 이미지 특징을 분리할 수 있다.

애플리케이션을 만들고자 UI를 선언하는 것부터 시작해 보자. 주요 요소는 애플리케이션 창의 왼쪽 상단 모서리에 있는 Browse 버튼이다. 해당 버튼을 클릭하면 예제 8-29의 메서드가 호출된다. 이 메서드는 처리할 이미지를 로드하고 표시하는 데 사용된다. 자세한 내용은 함께 제공되는 코드 'Chapter 08/ImageProcessing' 프로젝트를 참고하자.

예제 8-29 처리할 입력 이미지 선택하기

```
private SoftwareBitmap inputSoftwareBitmap;

private async void ButtonLoadImage_Click(object sender, RoutedEventArgs e)
{
    var bitmapFile = await PickBitmap();

    if (bitmapFile != null)
    {
        inputSoftwareBitmap = await GetBitmapFromFile(bitmapFile);

        InputImage = inputSoftwareBitmap.ToWriteableBitmap();
    }
}
```

이미지를 로드하고자 `PickBitmap`과 `GetBitmapFromFile` 메서드를 생성했으며, 자세한 내용은 8장의 뒷부분에서 설명할 예정이다. 이미지를 표시하고자 XAML 이미지 컨트롤을 사용할 수 있다. XAML 이미지 컨트롤을 사용하려면 최소한 Source 속성을 설정해야 한다. ImageProcessing 애플리케이션에서 InputImage 필드를 UI의 첫 번째 이미지 컨트롤의 Source 속성과 연결하는 바인딩을 정의한다(함께 제공되는 코드 'Chapter 08/ImageProcessing/MainPage.xaml' 참고). 따라서 InputImage 필드를 수정할 때마다 이미지 컨트롤이 업데이트된다. 또한 이미지 컨트롤에 대한 기본 스타일을 정의하는 데 여기서 Stretch 속성을 Uniform으로 설정한다. Stretch 속성은 이미지 컨트롤에 의해 확장된 사각형에 이미지를 채우기 위한 렌더링 방법을 지정한다. Uniform 확장은 이미지 컨트롤에 맞게 원본 이미지의 가로세로 비율이 유지되도록 이미지 크기가 조정됨을 의미한다. 다른 확장 옵션은 다음과 같다.

- **None**: 이미지가 원본 크기를 유지하며, 이미지 컨트롤의 크기가 이미지 크기와 일치하지 않으면 이미지가 잘린다.

- **Fill**: 원본 이미지의 가로세로 비율을 유지하지 않고 이미지 컨트롤을 채우도록 이미지 크기가 조정된다. 크기가 일치하지 않으면 소스 이미지가 이미지 컨트롤을 채우지 않는다.

- **UniformToFill**: Uniform과 Fill 기능을 결합한 옵션으로, 원본의 가로세로 비율을 유지하면서 이미지의 크기를 조정한다. 하지만 이미지 컨트롤 크기가 원본의 가로세로 비율과 일치하지 않으면 이미지가 표시되기 전에 잘린다. 이미지 컨트롤의 크기를 조정하면 가로세로 비율을 유지할 수 없는 경우에만 소스 비트맵이 잘린다.

다양한 이미지로 직접 렌더링 옵션을 실험해 보는 것을 추천한다. ImageProcessing 앱의 MainPage 리소스에서 스타일 정의를 수정하고, 이미지를 로드하고, 애플리케이션 창의 크기를 조정할 수 있다. 이렇게 함으로써 다양한 렌더링 옵션이 이미지 표시에 어떤 영향을 미치는지 확인할 수 있다.

사용자가 비트맵을 선택할 수 있도록 하고자 예제 8-30의 메서드를 사용한다. 이 함수는 파일 선택 시 `FileOpenPicker` 클래스를 사용해 OS 대화 상자를 활성화하는 방법을 보여 준다. 이 대화 상자의 내용이 표시되는 방법(ViewMode 속성)을 구성하고 초기 폴더(SuggestedStartLocation)를 선택한 다음 파일 검색 필터(FileTypeFilter 집합)를 설정할 수 있다. 그런 다음 `PickSingleFileAsync` 메서드를 사용해 사용자가 선택한 파일을 획득한다. 이 메서드는 UWP에 있는 파일의 추상적 표현인 `StorageFile` 클래스의 인스턴스를 반환한다. IoT 플랫폼에서는 OS 선택기를 사용할 수 없다는 점에 유의하자. 필자는 데스크톱과 모바일 플랫폼에서 이미지 선택기를 성공적으로 테스트했다.

예제 8-30 비트맵 파일 선택하기

```
private string[] extensions = new string[] { ".jpg", ".jpeg", ".png", ".bmp" };

private IAsyncOperation<StorageFile> PickBitmap()
{
    var photoPicker = new FileOpenPicker()
```

```
    {
        ViewMode = PickerViewMode.Thumbnail,
        SuggestedStartLocation = PickerLocationId.PicturesLibrary
    };

    foreach (string extension in extensions)
    {
        photoPicker.FileTypeFilter.Add(extension);
    }

    return photoPicker.PickSingleFileAsync();
}
```

StorageFile 클래스의 인스턴스는 예제 8-31의 GetBitmapFromFile 메서드 내에서 사용된다. 파일을 연 후 BitmapDecoder를 사용해 내용을 읽은 다음 SoftwareBitmap 객체에 저장한다. BitmapDecoder는 파일 스트림에서 비트맵 속성(픽셀 형식 및 크기 등)을 자동으로 추출한다.

예제 8-31 비트맵 파일 읽기

```
private async Task<SoftwareBitmap> GetBitmapFromFile(StorageFile bitmapFile)
{
    using (var fileStream = await bitmapFile.OpenAsync(FileAccessMode.Read))
    {
        var bitmapDecoder = await BitmapDecoder.CreateAsync(fileStream);

        return await bitmapDecoder.GetSoftwareBitmapAsync();
    }
}
```

SoftwareBitmap은 압축되지 않은 비트맵에 해당한다. 처리할 원시 픽셀 데이터에 액세스하려면 해당 데이터를 WriteableBitmap으로 변환해야 한다. ImageProcessing 애플리케이션에서 이 변환은 SoftwareBitmapExtensions 클래스의 확장 메서드로 구현된다(예제 8-32).

예제 8-32 SoftwareBitmap을 WriteableBitmap으로 변환하기 위한 확장 메서드

```
public static class SoftwareBitmapExtensions
{
```

```
private static BitmapPixelFormat bitmapPixelFormat = BitmapPixelFormat.Bgra8;

public static WriteableBitmap ToWriteableBitmap(this SoftwareBitmap softwareBitmap)
{
    if (softwareBitmap != null)
    {
        if (softwareBitmap.BitmapPixelFormat != bitmapPixelFormat)
        {
            softwareBitmap = SoftwareBitmap.Convert(softwareBitmap,
                bitmapPixelFormat);
        }

        var writeableBitmap = new WriteableBitmap(softwareBitmap.PixelWidth,
            softwareBitmap.PixelHeight);

        softwareBitmap.CopyToBuffer(writeableBitmap.PixelBuffer);

        return writeableBitmap;
    }
    else
    {
        return null;
    }
}
```

SoftwareBitmapExtensions는 하나의 정적 메서드인 `ToWriteableBitmap`만 구현한다. 이 함수는 먼저 입력 객체를 Bgra8 픽셀 형식으로 변환한 다음 WriteableBitmap의 인스턴스를 생성한다. 마지막으로 원시 픽셀 데이터는 `SoftwareBitmap` 클래스의 `CopyToBuffer` 메서드를 사용해 WriteableBitmap에 복사된다.

`ToWriteableBitmap` 확장 메서드는 이미지를 표시하고 처리한다. 드롭다운 목록에서 이진화 알고리즘을 선택하거나 슬라이더 컨트롤을 사용해 임계값 레벨(T)을 변경할 때마다 이미지 처리를 수행한다(그림 8-8, 그림 8-9 참고). 또한 선택한 임계값은 텍스트 상자에 표시된다.

임계값 유형과 임계값은 `MainPage` 클래스의 적절한 필드를 통해 UI에 바인딩된다. 모든 임계값 알고리즘 목록은 예제 8-33과 같이 ThresholdType 열거형에서 가져온다. 기본적으로 ThresholdType 열거형의 첫 번째 값인 Binary를 사용한다.

```
private void ConfigureThresholdComboBox()
{
    thresholdTypes = Enum.GetValues(typeof(ThresholdType));
    ThresholdType = (ThresholdType)thresholdTypes.GetValue(0);
}

private object ThresholdType
{
    get { return thresholdType; }
    set
    {
        thresholdType = (ThresholdType)value;
        ThresholdImage();
    }
}
```

ThresholdType 속성은 UI에 바인딩되며, 임계값 알고리즘이 변경될 때마다 `Threshold` `Image` 메서드를 실행한다. 슬라이더에 바인딩된 ThresholdLevel 속성 또한 유사하게 동작한다.

실제 이미지 처리는 `OpenCvWrapper.Threshold` 메서드를 호출해 수행된다. 예제 8-34에서와 같이 입력 이미지를 WriteableBitmap으로 변환한 다음 UI에서 얻은 매개변수를 사용해 인플레이스in-place 임계값을 수행하면 된다. 인플레이스 작업은 원본 이미지의 픽셀 버퍼가 덮어쓰이는 것을 의미한다.

```
private void ThresholdImage()
{
    if (inputSoftwareBitmap != null)
    {
        processedImage = inputSoftwareBitmap.ToWriteableBitmap();

        OpenCvWrapper.Threshold(processedImage, thresholdLevel, thresholdType);

        OnPropertyChanged("ProcessedImage");
    }
}
```

다음 예제에서는 객체 감지를 위해 이 애플리케이션을 확장한다.

객체 감지

앞서 언급했듯이 이미지 임계값 처리는 일반적으로 객체 감지를 목표로 하는 이미지 처리 알고리즘의 첫 번째 단계다. 이전 절에서 임계값 처리를 실험했으므로 이제 고급 항목으로 옮겨서 객체 감지를 구현해 보자. OpenCV는 이러한 목적을 위한 몇 가지 알고리즘을 제공한다. 일반적으로 이러한 알고리즘은 이진 이미지를 분석해 경계(픽셀값의 급격한 변화)를 감지한 다음 객체를 둘러싼 윤곽선으로 정렬한다. 윤곽선을 찾는 가장 편리한 방법의 하나는 cv::findContours 함수를 사용하는 것이다. cv::findContours 함수는 이진 이미지를 입력으로 받아 감지된 윤곽선을 반환한다. 따라서 객체를 감지하려면 입력 이미지에 임계값을 적용한 다음 cv::findContours 함수를 호출하면 된다. 또한 감지된 윤곽선을 시각화하고자 cv::drawContours 함수를 사용할 수 있다.

이러한 함수의 사용법을 습득하고자 ImageProcessing 애플리케이션을 새로운 버튼인 Draw contours(윤곽선 그리기)로 확장한다. 이 버튼을 선택하면 로드된 이미지에서 객체 감지를 수행하고, 두 번째 이미지 컨트롤에 결과를 표시한다(그림 8-10 참고).

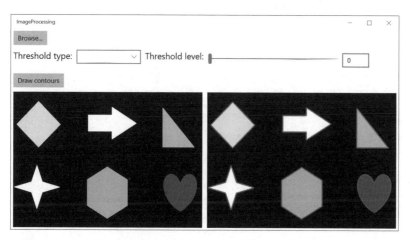

그림 8-10 OpenCV 도구를 사용한 객체 감지

Draw contours 버튼의 이벤트 핸들러는 예제 8-35에 나타난다. 이 메서드의 구조는 예제 8-34의 ThresholdImage와 유사하다. 먼저 소스 SoftwareBitmap을 WriteableBitmap으로 변환한 다음 결과 객체를 OpenCvWrapper.DetectObjects 메서드에 전달한다.

예제 8-35 윤곽선 감지

```
private void ButtonDrawContours_Click(object sender, RoutedEventArgs e)
{
    if (inputSoftwareBitmap != null)
    {
        processedImage = inputSoftwareBitmap.ToWriteableBitmap();

        OpenCvWrapper.DetectObjects(processedImage, true);

        OnPropertyChanged("ProcessedImage");
    }
}
```

OpenCvWrapper.DetectObjects를 구현하고자 OpenCvWrapper 선언을 예제 8-36에서 강조 표시된 코드로 확장한다.

예제 8-36 객체 감지를 위해 하나의 public 멤버와 2개의 private 멤버로 보완된 OpenCvWrapper 클래스 선언

```
#pragma once

#include "ThresholdType.h"
#include <opencv2\core.hpp>
#include <opencv2\imgproc.hpp>

using namespace std;
using namespace Windows::UI::Xaml::Media::Imaging;
using namespace Windows::Storage::Streams;

namespace ImageProcessingComponent
{
    [Windows::Foundation::Metadata::WebHostHidden]
    public ref class OpenCvWrapper sealed
    {
    public:
        static void Threshold(WriteableBitmap^ inputBitmap, int level, ThresholdType
```

```
type);
        static void DetectObjects(WriteableBitmap^ inputBitmap, bool drawContours);

    private:
        static const int pxMaxValue = 255;

        static void CheckInputParameters(WriteableBitmap^ inputBitmap);

        static cv::Mat ConvertWriteableBitmapToMat(WriteableBitmap^ inputBitmap);
        static cv::Mat ConvertMatToGrayScale(cv::Mat inputMat);

        static byte* GetPointerToPixelBuffer(IBuffer^ pixelBuffer);

        static vector<vector<cv::Point>> FindContours(cv::Mat inputMat);
        static void DrawContours(cv::Mat inputMat, vector<vector<cv::Point>>
contours);
    };
}
```

FindContours와 DrawContours라는 2개의 새로운 private 메서드와 이 두 private 함수의 기능을 결합한 public 메서드인 DetectContours가 있다. FindContours는 예제 8-37에 정의돼 있다. 해당 예제를 살펴보면 먼저 Otsu의 알고리즘을 사용해 입력 이미지의 임계값을 설정한 다음 처리된 이미지를 cv::findContours 메서드에 전달한다. 또한 std::vector 컨테이너를 사용해 저장된 윤곽선을 검색한다.

예제 8-37 윤곽선 찾기

```
vector<vector<cv::Point>> OpenCvWrapper::FindContours(cv::Mat inputMat)
{
    // 임계값 이미지
    cv::threshold(inputMat, inputMat, 0, pxMaxValue, cv::ThresholdTypes::THRESH_OTSU);

    // 윤곽선 찾기
    vector<vector<cv::Point>> contours;
    cv::findContours(inputMat, contours, cv::RetrievalModes::RETR_LIST,
        cv::ContourApproximationModes::CHAIN_APPROX_SIMPLE);

    return contours;
}
```

OpenCV 도구에서 구현된 윤곽선 찾기 알고리즘은 윤곽선 검색(모드)과 근사치(메서드) 모드를 사용해 제어할 수 있다. 사용할 수 있는 검색 모드는 cv::RetrievalModes 열거형 (imgproc.hpp) 내에 선언돼 있다. 이 유형은 cv::findContours 함수로 윤곽선 계층 구조를 구성하는 방법을 제어한다. 윤곽선 계층은 객체(부모) 안에 위치한 다른 객체(자식) 간의 관계다. 물론 자식 객체는 다른 객체의 부모가 될 수 있다. 따라서 초기 부모는 조부모가 된다.

예제 8-37에서와 같이 검색 모드가 RETR_LIST로 설정되면 계층이 설정되지 않는다. RETR_CCOMP의 경우 부모와 직계 자손만 계층으로 배열된다. RETR_EXTERNAL 플래그 는 cv::findContours 함수가 최상위 객체만 선택하도록 지시한다. 반대로 RETR_TREE는 전체 윤곽선 계층 구조를 검색한다.

앞의 예제에서는 윤곽선 계층 구조를 사용하지 않았지만, cv::findContours의 두 번째 오 버로드된 버전의 인수 계층 구조를 통해 이를 얻을 수 있다. 계층 구조는 윤곽선과 같은 방 식으로 반환된다.

궁극적으로 감지된 윤곽선을 압축해 윤곽선을 구성하는 점의 수를 줄일 수 있다. 이는 cv::findContours 함수의 메서드 인수로 제어된다. 사용할 수 있는 윤곽선 압축 메서드 는 cv::ContourApproximationModes(imgproc.hpp)에 선언돼 있다. 압축 기능을 비활성 화(CHAIN_APPROX_NONE)하거나 수평, 수직, 대각선 세그먼트만 압축(CHAIN_APPROX_ SIMPLE)할 수 있다. 또한 Teh-Chin 알고리즘을 사용해 윤곽선의 우세점(dominant point) 을 감지(CHAIN_APPROX_TC89_L1, CHAIN_APPROX_TC89_KCOS)할 수 있다(Teh, C.H.와 Chin, R.T.가 1989년에 작성한 IEEE 논문, 'On the Detection of Dominant Points on Digital Curve' PAMI 11 8, pp. 859-872 참고). 예제 8-37에서는 윤곽선 계층 구조를 사용하지 않고 간단한 윤곽선 세그먼트 필터링을 적용한다. 하지만 cv::findContours 옵션을 개별적으로 수정해 윤곽선 감지에 어떤 영향을 미치는지 확인할 수 있다.

윤곽선 집합은 cv::drawContours 메서드를 사용해 이미지에 그려질 수 있다. 예제 8-38 은 이 함수의 사용법을 보여 준다. 기본적으로 색상과 선 두께를 정의한 다음 윤곽선 집합 의 크기만큼 반복한다. OpenCV에서 RGB 색상을 정의할 때 cv::Scalar 구조를 사용한다. cv::Scalar는 4개의 멤버로 구성돼 있으며, 파랑, 초록, 빨강, 알파의 순으로 각각 컬러 채널

을 지정하고 있다. 따라서 예제 8-38에서 불투명한 빨간색을 정의하고자 빨강 및 알파 채
널을 255로 설정한다.

예제 8-38 윤곽선 그리기

```
void OpenCvWrapper::DrawContours(cv::Mat inputMat, vector<vector<cv::Point>> contours)
{
    // 선 색상 및 두께
    cv::Scalar red = cv::Scalar(0, 0, 255, 255);
    int thickness = 5;

    // 윤곽선 그리기
    for (uint i = 0; i < contours.size(); i++)
    {
        cv::drawContours(inputMat, contours, i, red, thickness);
    }
}
```

OpenCvWrapper의 FindContours와 DrawContours는 예제 8-39의 DetectObjects 메서드에 사
용된다. 이 메서드에는 처리할 비트맵(inputBitmap)과 Boolean 매개변수(drawContours)
의 두 가지 인수가 있다. drawContours는 이미지에 감지된 윤곽선의 표시 여부를 지정한
다. DetectObjects는 앞서 설명한 기술을 사용하므로 자세한 설명은 생략한다.

예제 8-39 객체 감지

```
void OpenCvWrapper::DetectObjects(WriteableBitmap^ inputBitmap, bool drawContours)
{
    CheckInputParameters(inputBitmap);

    auto inputMat = ConvertWriteableBitmapToMat(inputBitmap);
    auto workingMat = ConvertMatToGrayScale(inputMat);

    auto contours = FindContours(workingMat);

    if (drawContours)
    {
        DrawContours(inputMat, contours);
    }
}
```

객체 인식을 위한 기계 시각

이전 절에서는 OpenCV를 사용한 이미지 처리의 기본에 대한 몇 가지 통찰력을 제공했다. 또한 해당 지식을 사용해 IoT 앱을 구축할 수 있다. 이 절에서는 USB 카메라와 OpenCV 도구를 결합할 것이다. 다음 프로젝트의 목표는 선, 삼각형, 사각형 등 간단한 기하학적 형태를 감지하는 애플리케이션을 이용해 이미지 시퀀스 안의 객체를 인식하는 것이다. 또한 감지된 모든 윤곽선이 다각형 곡선으로 근사되도록 윤곽선 감지 루틴을 활용하고 확장할 것이다. 애플리케이션은 가장 큰 면적의 객체를 선택하고 기하학적 모양을 분석한다. 이러한 분석 결과를 그림 8-2에서와 같이 센스 HAT LED 배열에 표시한다.

이 예제의 구현은 다음과 같이 두 단계로 나뉜다.

- ImageProcessingComponent 내의 윤곽선 근사치를 설명하며, 윤곽선에 근접한 다각형 곡선의 목록을 보여 준다.
- 데이터를 LED 배열을 구동하는 데 사용할 메인 IoT 애플리케이션으로 전달하는 방법을 보여 준다. 이를 위해 삼각형, 사각형, X 기호 등 도형을 그리기 위한 메서드를 통해 LedArray 클래스의 정의를 확장한다.

윤곽선 근사치

윤곽선 정보(곡선을 둘러싼 면적과 윤곽선)을 저장하고자 Object Descriptor 클래스를 정의한다(함께 제공되는 코드 'Chapter 08/ImageProcessingComponent/ObjectDescriptor' 참고). 이 클래스에는 Area과 Points의 두 가지 속성이 있다.

Area 속성은 cv::contourArea를 사용해 계산한 윤곽 영역을 저장한다. cv::contourArea 함수는 2개의 인수를 입력으로 받는다. 하나는 cv::Point 객체의 입력 벡터인 윤곽선이며, 나머지 하나는 Boolean 플래그인 방향이다. 이 플래그는 윤곽선 방향(시계 방향 또는 반시계 방향)을 설정할지 지정한다. 이번 예제에서는 절대 영역에만 관심이 있기 때문에 윤곽선 방향을 사용하지 않는다. 필요한 경우 방향은 cv::contourArea에 의해 반환된 값의 부호로 반환된다.

ObjectDescriptor의 Points 속성은 윤곽 주변 곡선을 Windows::Foundation::Point 구조체로 표시되는 UWP 2D 점의 집합으로 저장한다. ObjectDescriptor 생성자 내에서 cv::Point 구조체의 집합인 원본 윤곽 주변 곡선을 변환한다(예제 8-40 참고). 이 변환은 UWP 애플리케이션에서 다각형 윤곽 곡선에 대한 액세스를 단순화한다.

예제 8-40 ObjectDescriptor 생성자

```
ObjectDescriptor::ObjectDescriptor(vector<cv::Point> contour, double area)
{
    auto contourSize = contour.size();
    if (contourSize > 0)
    {
        points = ref new Vector<Point>();

        for (int i = 0; i < contourSize; i++)
        {
            auto cvPoint = contour.at(i);

            points->Append(Point(cvPoint.x, cvPoint.y));
        }
    }

    this->area = area;
}
```

예제 8-41의 OpenCvWrapper::ContoursToObjectList 메서드에서 ObjectDescriptor를 사용한다. 이 메서드는 윤곽선 집합을 사용해 객체 설명자를 생성한다. 각 윤곽선(cv::Point의 2차원 집합)을 반복해 윤곽 영역과 윤곽을 둘러싸는 다각형 곡선을 저장하는 ObjectDescriptor를 생성한다.

예제 8-41 객체 설명자 집합 생성하기

```
IVector<ObjectDescriptor^>^ OpenCvWrapper::ContoursToObjectList(
    vector<vector<cv::Point>> contours)
{
    Vector<ObjectDescriptor^>^ objectsDetected = ref new Vector<ObjectDescriptor^>();

    const double epsilon = 5;
```

```
for (uint i = 0; i < contours.size(); i++)
{
    vector<cv::Point> polyLine;

    double contourArea = cv::contourArea(contours.at(i), false);

    if (contourArea > 0)
    {
        cv::approxPolyDP(contours.at(i), polyLine, epsilon, true);

        objectsDetected->Append(ref new ObjectDescriptor(polyLine, contourArea));
    }
}

return objectsDetected;
}
```

앞서 윤곽 영역 계산에 관해 설명했지만, 윤곽 근사치는 더 주의를 기울여야 한다. cv::approxPolyDP 함수를 사용해 윤곽선에 근접한 다각형 곡선을 구성하는 점 목록을 획득한다. 이 함수는 라머-더글러스 패커^{Ramer-Douglas Peucker} 알고리즘을 구현해 주어진 객체에 근접한 곡선에 포함된 점의 개수를 줄인다. 즉 윤곽선을 나타내는 원본 점의 집합(cv::approxPolyDP 함수의 첫 번째 인수)은 윤곽선 표현을 단순화하고자 감소한다. 단순화된 곡선은 cv::approxPolyDP 함수의 두 번째 인수를 사용해 획득한다. cv::approxPolyDP 함수의 정확도는 세 번째 인수(epsilon)에 의해 제어된다. epsilon은 입력 점과 감소한 곡선 사이의 거리를 지정한다. 또한 cv::aproxPolyDP 함수는 네 번째 인수(closed)의 값에 따라 닫히거나 열린 곡선을 반환한다. 앞의 예제에서는 정확도를 5로 설정하고, 윤곽선에 근접한 다각형 곡선을 강제로 닫았다.

윤곽선을 나타내는 점의 개수를 줄이면 윤곽선 정점에 해당하는 점의 집합을 구할 수 있다. 이러한 정점의 개수를 계산하면 모양의 종류를 유추할 수 있다. 즉 정점이 선에는 2개만 있고, 삼각형에는 3개, 정사각형에는 4개가 있다. 하지만 밝은 이미지(예, 흰색 배경의 이미지)의 경우 cv::findContours 함수는 이미지의 1픽셀 테두리를 항상 0으로 채우기 때문에 잘못된 객체를 반환한다. 밝은 이미지의 임계값을 처리한 후 테두리는 사각형 객체로 감지된다. ImageProcessing 애플리케이션을 사용해 흰색 배경 이미지에서 객체 감지 알고리즘을 실행하면 이 동작을 쉽게 확인할 수 있다. 그림 8-11은 그림 8-10의 이미지를 색상 반전해 객체 감지를 수행한 결과이며, 이 문제를 보여 준다.

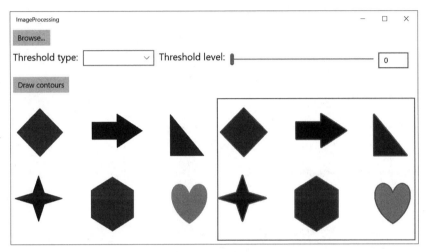

그림 8-11 밝은 이미지의 경우 윤곽선 찾기는 이미지 테두리를 객체로 잘못 식별한다. 입력 이미지는 6개의 객체(다이아몬드, 오른쪽 화살표, 삼각형, 별, 육각형, 하트)를 포함하고 있다. 하지만 처리된 이미지는 7개의 객체를 제시한다(일곱 번째 객체는 검출된 6개의 객체를 감싸고 있는 큰 직사각형이다).

이 문제를 극복하고자 이미지 밝기를 결정하는 함수를 구현한다. 이 함수는 회색조로 변환된 이미지에서 픽셀의 평균값을 계산한다(예제 8-42 참고). 밝기가 특정 값보다 높으면 가장 큰 객체를 부시한다. 이는 UWP 애플리케이션에서 구현된다.

예제 8-42 이미지 밝기 결정하기

```
double OpenCvWrapper::Brightness(WriteableBitmap^ inputBitmap)
{
    CheckInputParameters(inputBitmap);

    auto inputMat = ConvertWriteableBitmapToMat(inputBitmap);
    auto workingMat = ConvertMatToGrayScale(inputMat);

    return cv::mean(workingMat).val[0];
}
```

`OpenCvWrapper::DetectObjects` 메서드는 객체 설명자 목록을 반환한다. 이 메서드의 업데이트된 정의는 예제 8-43과 같다. 예제 8-43에는 예제 8-39와 비교한 모든 변경 사항이 강조 표시돼 있다.

예제 8-43 객체 설명자 목록 반환

```
IVector<ObjectDescriptor^>^ OpenCvWrapper::DetectObjects(WriteableBitmap^
    inputBitmap, bool drawContours)
{
    CheckInputParameters(inputBitmap);

    auto inputMat = ConvertWriteableBitmapToMat(inputBitmap);
    auto workingMat = ConvertMatToGrayScale(inputMat);

    auto contours = FindContours(workingMat);

    if (drawContours)
    {
        DrawContours(inputMat, contours);
    }

    return ContoursToObjectList(contours);
}
```

객체 식별

MachineVision 애플리케이션은 앞 절에서 구현한 기능을 사용한다(함께 제공되는 코드 'Chapter 08/MachineVision' 참고). 이 프로젝트는 ImageProcessing과 같은 방법으로 생성된다. 즉 비주얼 C# Blank UWP 프로젝트 템플릿을 사용하고, Windows IoT Extensions for the UWP와 ImageProcessingComponent를 참조한다. 그런 다음 웹캠 기능을 선언하고, CameraCapture.cs, Check.cs, I2cHelper.cs, LedArray.cs 등의 파일로 프로젝트를 보완한다. 해당 파일은 MachineVision 프로젝트의 Helpers 폴더 아래에 위치하고 있다.

MachineVision 프로젝트가 실행되면 이미지 캡처가 시작된다. 그런 다음 프레임이 백그라운드에서 처리돼 감지 및 압축된 윤곽선의 정점을 계산해 기하학적 모양을 인식한다. 처리 결과를 바탕으로 센스 HAT LED 배열에 해당 모양이 표시된다(그림 8-2 참고).

이미지 시퀀스를 획득하고 처리하고자 ImageProcessing 애플리케이션에서와 같은 접근 방식을 사용한다. 즉 OnNavigatedTo 이벤트 핸들러 내에서 미리보기를 시작한다. 또한 이 이벤트 핸들러는 센스 HAT LED 배열을 구동하는 데 사용하는 LedArray 클래스를 초기화한다.

그런 다음 예제 8-44와 같이 백그라운드에서 이미지 처리가 진행된다.

예제 8-44 객체 인식을 위한 이미지 프레임 처리

```
private async Task ProcessVideoFrame()
{
    using (VideoFrame videoFrame = new VideoFrame(faceTrackerSupportedPixelFormat,
        (int)cameraCapture.FrameWidth, (int)cameraCapture.FrameHeight))
    {
        await cameraCapture.MediaCapture.GetPreviewFrameAsync(videoFrame);

        var objectDescriptor = await FindLargestObject(videoFrame);

        DisplayDetectedObject(objectDescriptor);
    }
}
```

이미지 프레임을 획득하면 예제 8-45의 `FindLargestObject` 메서드로 전달한다. 이 메서드는 필요한 경우 UI 스레드로 전달되며, `OpenCvWrapper` 클래스의 `DetectObjects` 메서드에 의해 처리되는 `WriteableBitmap`의 준비를 담당한다. 참고로 여기서는 `WriteWitBitmap`의 새 인스턴스를 생성하기 때문에 `ToWriteableBitmap` 확장 메서드를 사용하지 않는다. 카메라 이미지가 클 수 있으므로 이러한 접근 방식은 특히 프레임 속도가 높은 경우 메모리 사용량이 많아진다. 메모리 사용량을 일정하게 유지하고자 `WriteableBitmap` 클래스의 단일 인스턴스인 workingBitmap 필드만 사용한다. workingBitmap은 백그라운드 처리를 시작하기 전에 인스턴스화된다(함께 제공되는 코드 'Chapter 08/MachineVision/MainPage.xaml.cs'에서 `BeginProcessing` 메서드 참고).

```
private WriteableBitmap workingBitmap = null;

private async Task<ObjectDescriptor> FindLargestObject(VideoFrame videoFrame)
{
    if (Dispatcher.HasThreadAccess)
    {
        videoFrame.SoftwareBitmap.CopyToBuffer(workingBitmap.PixelBuffer);

        var objects = OpenCvWrapper.DetectObjects(workingBitmap, false);

        return GetLargestObject(objects);
    }
    else
    {
        ObjectDescriptor objectDescriptor = null;

        await Dispatcher.RunAsync(CoreDispatcherPriority.Normal, async () =>
        {
            objectDescriptor = await FindLargestObject(videoFrame);
        });

        return objectDescriptor;
    }
}
```

OpenCvWrapper.DetectObjects 메서드가 객체 설명자 목록을 반환하면 해당 목록을 가장 큰 영역을 가진 객체를 반환하는 GetLargestObject 메서드에 전달한다. LED 배열에 모든 객체를 한 번에 표시할 공간이 없기 때문에 하나의 객체만 사용한다.

GetLargestObject 메서드의 정의는 예제 8-46에 나타난다. 이 메서드는 윤곽선 영역별로 객체 설명자 목록을 정렬한다. 그런 다음 OpenCvWrapper.Brightness로 계산되는 이미지 밝기에 따라 첫 번째 가짜 객체의 거부 여부를 반환하는 GetObjectIndex 메서드를 호출한다. 이미지 밝기가 100보다 크면 객체를 거부한다.

예제 8-46 객체 설명자 목록에서 가장 큰 객체 얻기

```
private ObjectDescriptor GetLargestObject(IList<ObjectDescriptor> objects)
{
    ObjectDescriptor largestObject = null;

    if (objects != null)
    {
        if (objects.Count() > 0)
        {
            var sorted = objects.OrderByDescending(s => s.Area);

            int objectIndex = GetObjectIndex();

            if (sorted.Count() >= objectIndex + 1)
            {
                largestObject = sorted.ElementAt(objectIndex);
            }
        }
    }

    return largestObject;
}

private const double minBrightness = 100.0d;

private int GetObjectIndex()
{
    double brightness = OpenCvWrapper.Brightness(workingBitmap);

    // 이미지 밝기가 충분히 큰 경우, 첫 번째 가짜 객체는 무시한다.
    return brightness > minBrightness ? 1 : 0;
}
```

DisplayDetectedObject 메서드(예제 8-44 참고)는 GetLargestObject 메서드에 의해 반환된 객체 설명자를 활용한다. 예제 8-47의 DisplayDetectedObject 메서드는 모양 종류를 인식한 다음 그에 따라 LED 배열을 구동한다.

```
private void DisplayDetectedObject(ObjectDescriptor objectDescriptor)
{
    if (ledArray != null)
    {
        var shapeKind = GetShapeKind(objectDescriptor);

        ledArray.DrawShape(shapeKind);
    }
}
```

MachineVision은 최대 4개의 정점을 가진 객체를 인식할 수 있다(이는 MainPage 클래스의 maxVerticesCount 필드에 의해 지정된다). 단일 점 또는 복잡한 모양은 X 기호로 표시되며, 이미지에 객체가 포함되지 않은 경우 센스 HAT 애드온 보드의 전체 LED가 빨간색으로 표시된다.

인식 가능한 모양은 예제 8-48(LeadArray.cs 파일)의 ShapeKind 열거형에 정의돼 있다. 이 유형의 값은 예제 8-49의 GetShapeKind 메서드에 의해 반환된다. 이 메서드는 정점 수를 ShapeKind 열거형의 적절한 항목에 매핑한다.

예제 8-48 감지 가능한 모양 열거

```
public enum ShapeKind
{
    None = 0, Line = 2, Triangle = 3, Square = 4, X = 5,
}
```

예제 8-49 정점 수에 따른 모양 종류 결정하기

```
private ShapeKind GetShapeKind(ObjectDescriptor objectDescriptor)
{
    var shapeKind = ShapeKind.None;

    if (objectDescriptor != null)
    {
        var objectDescriptorPointsCount = objectDescriptor.Points.Count;
```

```
        if (objectDescriptorPointsCount > maxVerticesCount)
        {
            // 복잡한 객체는 X 기호로 표시된다.
            shapeKind = ShapeKind.X;
        }
        else
        {
            if (Enum.IsDefined(typeof(ShapeKind), objectDescriptorPointsCount))
            {
                shapeKind = (ShapeKind)objectDescriptorPointsCount;
            }
        }
    }

    return shapeKind;
}
```

모양 종류가 결정되면 LED 배열에 적절한 그림이 표시된다. 이를 위해 DrawShape 메서드로 LedArray 클래스의 정의를 확장한다(예제 8-50 참고). 이 메서드에는 입력 인수에 따라 private 메서드인 DrawLine, DrawTriangle, DrawSquare, DrawX 중 하나를 호출하거나 전체 LED를 빨간색으로 구동하는 switch 문이 포함된다.

예제 8-50 LED 배열에서 모양 그리기

```
public void DrawShape(ShapeKind shapeKind)
{
    switch (shapeKind)
    {
        case ShapeKind.Line:
            DrawLine();
            break;

        case ShapeKind.Triangle:
            DrawTriangle(Colors.Red);
            break;

        case ShapeKind.Square:
            DrawSquare(Colors.Green);
            break;
```

```
        case ShapeKind.X:
            DrawX(Colors.Blue);
            break;

        case ShapeKind.None:
            Reset(Colors.Red);
            break;
    }
}
```

그리기 메서드는 이중 for 문을 사용하며, LedArray 클래스의 Buffer 속성을 구성한다(함께 제공되는 코드 'Chapter 08/MachineVision/Helpers/LedArray.cs' 참고). 이 메서드는 프로그래밍 연구실이나 튜토리얼에서 이미 알고 있을 법한 매우 기초적인 기법을 기반으로 한다.

MachineVision 애플리케이션을 테스트하고자 USB 카메라 앞에 다른 기하학적 모양을 포함하는 종이를 놓아 보자. 인식 결과에 따라 적절한 모양이 표시될 것이다. 흰 종이에 검은색으로 인쇄한 다양한 객체와 손으로 그린 다채로운 객체를 사용해 성공적으로 MachineVision을 검증했다.

최종 메모

앞 절의 프로젝트는 도로 표지판 자동 인식과 같은 실제 기계 시각 IoT 애플리케이션을 구현하기 위한 좋은 시작이 될 수 있다. 하지만 실제 객체 감지 및 인식 애플리케이션에서는 다음 두 가지 문제에 직면할 수 있다.

- **신호 대 잡음비**^{SNR, Signal to Noise Ratio} **감소**: 적절한 이미지 사전 처리를 통해 이를 극복할 수 있다. OpenCV:cv::blur, cv::GaussianBlur, cv::MedianBlur에서 구현된 기능 중 하나를 사용해 이미지를 흐리게 처리할 수 있다. 또는 히스토그램 평활화 (cv::equalizeHist)로 입력 이미지를 향상시킬 수 있다.

- **불균일한 이미지 밝기**: 이 경우 전역 임계값 알고리즘(cv::Threshold)이 모든 특징을 제대로 추출할 수 없으므로 모든 객체가 감지되는 것은 아니다. cv::adaptiveThreshold 함수에 구현된 적응형 임계값^{adaptive thresholding}을 사용하면 이 문제를 해결할 수 있다.

OpenCV는 객체 추적 및 매칭을 위한 몇 가지 기법을 제공한다. 예를 들어, cv::match Shapes 함수를 사용해 윤곽선을 매칭하거나 `cv::matchTemplate` 메서드 내에 구현된 보다 일반적인 템플릿 매칭 방식을 사용할 수 있다. 이러한 기법은 imgproc OpenCV 모듈에서 사용할 수 있다.

OpenCV는 수많은 책과 기사에서 다루는 매우 인기 있는 컴퓨터 시각 도구다. 특히 게리 브라드스키[Gary Bradsky]와 에이드리안 켈러[Adrian Kaehler]의 『Learning OpenCV 제대로 배우기 (Learning OpenCV: Computer Vision with OpenCV Library)』(한빛미디어, 2009)는 OpenCV 를 매우 포괄적으로 다루고 있는 책이다. 2008년에 출판된 초판은 OpenCV의 C 인터 페이스를 설명한다. 이후 C++ 인터페이스를 사용하는 이 책의 업데이트 버전인 『러닝! OpenCV 3(Learning OpenCV 3: Computer Vision in C++ with the OpenCV Library)』(위키북 스, 2018)도 출판됐다.

요약

8장에서는 UWP와 OpenCV의 몇 가지 기계 시각 기능을 살펴봤다. USB 카메라로부터 이 미지를 획득하는 기능을 구현하고, 얼굴을 감지 및 추적하는 UWP 기능을 사용했다. 그런 다음 OpenCV 도구를 기반으로 사용자 정의 디지털 이미지 처리 루틴을 작성하고, C++ Component Extensions를 사용해 작성된 WRC를 사용해 UWP 애플리케이션과 통합했 다. 이와 같은 접근 방법을 사용해 최신 애플리케이션을 언매니지드 및 레거시 코드와 인 터페이스할 수 있다. 이러한 가능성은 IoT 프로그래밍, 특히 UWP 애플리케이션을 네이티 브 라이브러리 또는 드라이버와 통합하는 데 매우 유용하다.

## CHAPTER 9

디바이스 연결

데이터 교환과 원격 디바이스 제어를 위한 다중 임베디드 디바이스 연결은 가장 중요한 IoT 솔루션 구현 요소 중의 하나다. 원격 센서에서 판독값을 얻으려는 목적으로만 디바이스를 연결하는 것은 아니다. 복잡한 임베디드 시스템에는 대형 시스템의 특정 부분을 제어하는 2개 이상의 내부 서브시스템이 포함될 수 있다. 이러한 상황에서는 일반적으로 유선 통신 인터페이스를 사용하며, 원격 디바이스 제어 및 센서 판독에는 블루투스 또는 와이파이와 같은 무선 인터페이스를 사용할 수 있다.

통신 인터페이스와 무관하게 디바이스 서로 간에 대화하는 언어인 통신 프로토콜이 필요하다. 맞춤형 제어 시스템에 대한 맞춤형 프로토콜을 정의할 수 있다. 널리 사용할 수 있는 소형 홈 오토메이션 디바이스는 표준화된 프로토콜을 사용해 통신한다.

9장에서는 유무선 통신 인터페이스를 기반으로 한 UWP 애플리케이션을 구축하는 방법을 소개한다. 또한 맞춤형 및 표준화된 통신 프로토콜을 구현하고 사용하는 방법을 다룬다.

시리얼 통신

시리얼 통신SC, Serial Communication은 임베디드 프로그래밍에서 가장 일반적으로 사용되는 통신 유형 중 하나다. 시리얼 통신은 순차적으로 바이트 배열을 전송한다. 즉 배열의 각 바이트를 구성하는 비트가 하나씩 이동한다. 이전 장에서 시리얼 통신을 사용해 센서에서 데이터를 읽거나 I^2C 버스를 사용해 LED 배열을 제어했다. 일반적으로 이 통신 인터페이스는 CPU와 주변장치 사이의 디바이스 간 통신을 가능하게 한다. 디바이스 간 통신을 위해 임베디드 디바이스는 보통 시리얼 포트와 RS-232, USB, TTL 인터페이스를 사용해 데이터를 교환하는 인터페이스인 UART^{Universal Asynchronous Receiver and Transmitter}를 사용한다.

IoT 솔루션에 왜 시리얼 통신이 필요할까? 비교적 간단하게 다른 디바이스와 데이터를 교환할 수 있기 때문이다. IoT 디바이스는 대형 시스템의 특정 부분을 제어하는 여러 보드를 포함할 수 있다. 이 모든 서브보드는 자신의 기능 상태를 상위 보드인 전역 의사결정 보드에 보고한다. 전역 의사결정 보드는 서브보드에 적절한 요청을 보낼 수 있으며, 데스크톱 PC와 같은 다른 디바이스와 통신해 디바이스 유지 보수, 센서 판독값 전송, 특정 서브보드의 펌웨어 업데이트 등의 작업을 수행할 수 있다.

이 절에서는 Windows.Devices.SerialCommunication 네임스페이스에 정의된 Serial Device 클래스를 사용해 시리얼 통신을 구현하는 방법을 다룰 예정이다. 이를 위해 RPi2와 개발 PC를 사용한다. 먼저 USB PC 포트와 RPi2 UART 인터페이스를 사용해 통신을 설정한다. 이 인터페이스는 확장 헤더의 8핀(송신기, TX)과 10핀(수신기, RX)을 통해 접근할 수 있다. USB를 해당 핀에 연결하고자 USB-TTL 변환기를 사용한다(https://www.adafruit.com/product/954에서 약 10달러에 구매 가능).

그런 다음 SerialCommunciation.Master와 SerialCommunication.Blinky라는 2개의 애플리케이션을 구현한다. 전자는 개발 PC에 배치하고, 후자는 IoT 디바이스에 배치해 내부 ACT LED 상태를 제어한다(RPi3를 사용할 경우 외부 LED 회로를 사용해야 한다). PC 애플리케이션은 LED 점멸 빈도를 업데이트하라는 요청을 IoT 디바이스에 보낼 것이다.

이 예제의 구현은 상당히 복잡하며 여러 구성 요소의 상호 운용성을 요구한다. 먼저 UART 루프백^{loopback} 모드를 사용하고 TX와 RX 핀을 함께 연결한다. 이를 통해 IoT 애플리케이션 하나로 SerialDevice 클래스의 메서드를 사용해 바이트 배열을 전송할 수 있다. 이러한 종류의 루프백 모드를 사용하면 개별 구성 요소가 올바르게 작동하는지 테스트할 수 있다.

UART 루프백 모드

먼저 하드웨어를 준비하고 RPi2/RPi3의 RX와 TX 핀을 함께 연결한다. 이 작업은 무납땜 브레드보드^{solderless breadboard}를 통해 RPi2/RPi3에 연결된 암/암^{female-female} 혹은 2개의 암/수 ^{female-male} 점퍼 와이어를 사용해 수행할 수 있다. 윈도우 10 IoT 팩에서는 암/암 점퍼 와이어를 사용할 수 없기 때문에 그림 9-1과 같이 두 번째 옵션을 사용한다.

그림 9-1 UART 루프백 모드. TX(노란색 와이어)와 RX(빨간색 와이어) 핀은 2개의 암/수 점퍼 와이어와 무납땜 브레드 보드를 사용해 연결된다.

프로젝트 골격

이제 소프트웨어 작업을 시작해 보자. 먼저 현재 시스템의 시리얼 포트를 열거하는 방법을 보여 주는 예제를 구현해 보자. 그런 다음 선택한 포트를 시리얼 통신을 위해 구성한다. 더 포괄적인 다음 프로젝트에서 이 기능을 사용할 예정이다. 따라서 IoT 디바이스에서 실행되는 메인 애플리케이션이 참조하는 별도의 클래스 라이브러리 프로젝트에서 핵심 기능을 구현한다. 이를 위해 다음 단계를 수행하자.

1. 새 프로젝트 대화 상자를 실행한 다음 새로운 비어 있는 앱(유니버설 Windows) 프로 젝트 템플릿을 선택한다.

2. 이름 텍스트 상자에 SerialCommunication.LoopBack을 입력한 다음 솔루션 이름을 SerialCommunication으로 변경한다.

3. 솔루션 탐색기에서 **솔루션 SerialCommunication**을 마우스 오른쪽 버튼으로 클릭하고, 콘텍스트 메뉴에서 **추가/새 프로젝트**를 선택한다.

4. 새 프로젝트 대화 상자의 검색 상자에 **클래스 라이브러리 유니버설**을 입력한다.

5. 일치하는 템플릿 목록에서 **클래스 라이브러리(유니버설 Windows)** 프로젝트 템플릿을 선택하고, 이름 텍스트 상자에 SerialCommunication.Common을 입력한다.

6. **만들기** 버튼을 클릭해 대화 상자를 닫는다.

7. 솔루션 탐색기에서 SerialCommunication.Common 프로젝트로 이동한 다음 Class1.cs의 이름을 SerialCommunicationHelper.cs로 변경한다.

8. 솔루션 탐색기의 SerialCommunication.LoopBack에서 **참조** 노드를 마우스 오른쪽 버튼을 눌러 클릭하고, 콘텍스트 메뉴에서 **참조 추가**를 선택한다.

9. 참조 관리자의 SerialCommunication.LoopBack에서 프로젝트/솔루션 탭으로 이동해 SerialCommunication.Common을 선택한다.

시리얼 디바이스 구성

시리얼 포트를 열거하고 구성하고자 SerialCommunicationHelper 클래스를 사용하자 (예제 9-1 및 함께 제공되는 코드 'Chapter 09/SerialCommunication.Common/Helpers/Serial CommunicationHelper.cs' 참고).

예제 9-1 시리얼 디바이스 열거형

```
public static async Task<DeviceInformationCollection> FindSerialDevices()
{
    var defaultSelector = SerialDevice.GetDeviceSelector();

    return await DeviceInformation.FindAllAsync(defaultSelector);
}
```

이 클래스는 다음과 같은 public 메서드를 구현한다.

- FindSerialDevices
- GetFirstDeviceAvailable
- SetDefaultConfiguration

FindSerialDevices는 UWP에 현재 시스템에서 사용 가능한 모든 시리얼 포트의 집합을 요청한다(예제 9-1 참고). 이 목록은 DeviceInformationCollection 클래스의 인스턴스를 나타내며, DeviceInformation 클래스의 정적 메서드인 FindAllAsync를 사용해 검색할 수 있다.

일반적으로 DeviceInformation.FindAllAsync 메서드를 사용하면 모든 디바이스를 열거할 수 있다. 검색 범위를 시리얼 디바이스로 좁히려면 SerialDevice 클래스의 정적 메서드인 GetDeviceSelector를 사용해 적절한 AQS^{Advanced Query Syntax} 선택기를 사용하자. 결과 문자열을 DeviceInformation.FindAllAsync 메서드의 인수로 전달하면 시리얼 포트 집합이 반환된다(참고로, 9장에서 '시리얼 디바이스'와 '시리얼 포트'라는 문구를 혼용하고 있는데 이는 UWP에서 시리얼 포트는 SerialDevice 클래스로 표시되기 때문이다.)

예제 9-2는 시리얼 디바이스의 AQS 선택기를 보여 준다. 이 선택기는 GUID^{Global Unique Identifier}를 사용해 디바이스를 필터링하고 활성화한다.

예제 9-2 시리얼 디바이스 선택기

```
System.Devices.InterfaceClassGuid:="{86E0D1E0-8089-11D0-9CE4-08003E301F73}" AND
    System.Devices.InterfaceEnabled:=System.StructuredQueryType.Boolean#True
```

기본적으로 RPi2/RPi3은 단일 UART 인터페이스만 있으므로 DeviceInformationCollection은 하나의 요소(DeviceInformation 클래스의 인스턴스)만 포함한다. 이것은 특정 디바이스의 추상적 표현이며, 따라서 시스템 디바이스를 식별하는 속성을 포함한다. 특히 Id 속성은 정적 메서드인 FromIdAsync를 사용해 SerialDevice 클래스를 인스턴스화하는 데 사용될 수 있다. 이 절차는 예제 9-3의 GetFirstDeviceAvailable 메서드에서 사용된다. 이 함수는 먼저 FindSerialDevices(예제 9-1 참고)를 호출한 다음 결과 DeviceInformationCollection 인스턴스의 첫 번째 요소의 Id를 가져온다. 이후 디바이스 식별자는 SerialDevice 클래스의 인스턴스를 얻고자 사용되며, RPi2/RPi3의 경우 UART 인터페이스에 접근할 수 있다.

예제 9-3 SerialDevice 클래스의 사용 가능한 첫 번째 인스턴스 반환

```
public static async Task<SerialDevice> GetFirstDeviceAvailable()
{
    var serialDeviceCollection = await FindSerialDevices();

    var serialDeviceInformation = serialDeviceCollection.FirstOrDefault();

    if (serialDeviceInformation != null)
    {
        return await SerialDevice.FromIdAsync(serialDeviceInformation.Id);
    }
    else
    {
        return null;
    }
}
```

SerialDevice 인스턴스를 구성하고자 SetDefaultConfiguration 메서드를 구현한다(예제 9-4 참고). 이 함수는 시리얼 통신을 제어하는 속성의 기본값을 설정한다. WriteTimeout 및 ReadTimeout 속성을 사용해 타임아웃을 구성할 수 있다. 또한 전송 속도(BaudRate 속성), 즉 시리얼 매체를 통해 비트가 전송되는 속도를 지정할 수 있다. 보레이트$^{baud\ rate}$는 비트/초(bits per second, bps)로 표현되며, 복수의 표준 보레이트가 정의된다(그림 9-2 참고).

예제 9-4 시리얼 포트 구성

```
private const int msDefaultTimeOut = 1000;

public static void SetDefaultConfiguration(SerialDevice serialDevice)
{
    if (serialDevice != null)
    {
        serialDevice.WriteTimeout = TimeSpan.FromMilliseconds(msDefaultTimeOut);
        serialDevice.ReadTimeout = TimeSpan.FromMilliseconds(msDefaultTimeOut);

        serialDevice.BaudRate = 115200;
```

```
        serialDevice.Parity = SerialParity.None;
        serialDevice.DataBits = 8;
        serialDevice.Handshake = SerialHandshake.None;
        serialDevice.StopBits = SerialStopBitCount.One;
    }
}
```

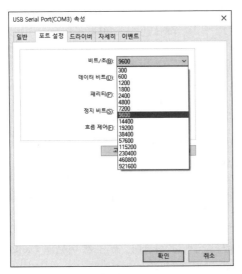

그림 9-2 USB-TTL 변환기가 지원하는 보레이트 목록

예제 9-4에서 기본 보레이트를 115200bps로 설정하고 패리티^{parity}, 데이터 비트, 핸드셰이크^{handshake}, 정지 비트를 구성한다. 시리얼 통신에서는 전송할 비트가 프레임으로 분할된다. 문자 프레이밍^{character framing}이라고도 하는 이 접근 방식에서 프레임은 실제 정보(데이터 비트)를 전달하는 지정된 수의 비트와 동기화, 통신 오류 감지에 사용되는 추가 비트로 구성된다. 동기화 비트는 전송되는 프레임의 시작과 끝을 추적한다. 패리티 비트는 프레임을 전송하기 전에 계산한 후 수신기에 의해 점검된다. 수신기가 패리티 비트의 잘못된 값을 감지할 경우 잘못된 프레임을 거부하거나 송신기가 주어진 프레임을 재전송하도록 요청할 수 있다.

시작 비트	데이터 비트	패리티 비트 (선택 사항)	정지 비트

그림 9-3 시리얼 통신에 사용되는 프레임 문자의 구조. 5~9비트는 실제 정보(데이터 비트)를 전달하는 것으로, 동기화 비트(시작 및 정지)와 오류 검출을 위해 사용되는 선택적 패리티 비트로 둘러싸여 있다.

기본 구성(예제 9-4 참고)에서는 데이터 비트 수(DataBits 속성)를 8로 설정한다. 또한 패리티 비트와 핸드셰이크를 비활성화하고, 정지 비트^{StopBits}를 하나만 사용한다.

데이터 쓰기/읽기

시리얼 포트를 구성한 후에는 데이터 전송을 위한 실제 기능을 구현할 수 있다. 그림 9-4는 이번 예제에서 사용될 UI 계층을 보여 준다. 해당 XAML 선언은 함께 제공되는 코드 'Chapter 09/SerialCommunication.LoopBack/MainPage.xaml'에서 확인할 수 있다.

기본적으로 애플리케이션은 Perform Test(테스트 수행)와 Clear List(목록 초기화) 버튼과 ListBox 컨트롤로 구성된다. 첫 번째 버튼인 Perform Test는 'UART transfer' 문자열을 전송하고 SerialDevice 클래스의 메서드를 사용해 메시지를 읽는다. 두 번째 버튼인 Clear List는 ListBox의 목록을 초기화한다. 이 목록에 표시된 항목은 ObservableCollection 제네릭 클래스에 선언된 diagnosticData 필드와 바인딩돼 있다. 이 클래스는 INotifyPropertyChanged 인터페이스를 구현한다. 따라서 diagnosticData 필드의 모든 변경 사항(예, 요소 추가 또는 제거)은 UI에 자동으로 반영된다. 즉 ObservableCollection 클래스 덕분에 INotifyPropertyChanged 인터페이스를 독립적으로 구현할 필요가 없다.

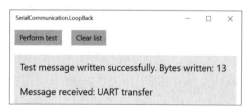

그림 9-4 UART 루프백 모드. 테스트 메시지 UART transfer가 TX 핀을 통해 전송되고, 이 신호는 즉시 RX 핀에서 수신된다.

데이터 전송을 위한 MainPage 클래스는 SerialDevice 클래스의 메서드를 사용해 구현한다 (함께 제공되는 코드 'Chapter 09/SerialCommunication.LoopBack/MainPage.xaml.cs' 참고). MainPage 클래스에는 다음과 같은 3개의 주요 메서드가 있다.

- InitializeDevice
- WriteTestMessage
- ReadTestMessage

InitializeDevice(예제 9-5 참고)는 SerialCommunicationHelper 클래스의 메서드를 기반으로 한다. 이 메서드는 사용 가능한 첫 번째 시리얼 포트를 획득하고 구성한다. 이후 InitializeDevice 메서드는 SerialDevice의 OutputStream 및 InputStream 멤버를 사용해 DataWriter 및 DataReader 클래스의 인스턴스를 생성한다. DataWriter와 DataReader를 각각 시리얼 포트의 출력 및 입력 스트림에 대한 래퍼wrapper라고 생각하자.

예제 9-5 시리얼 포트를 구성하고 DataWriter 및 DataReader 클래스를 인스턴스화해 시리얼 통신을 더욱 단순화하는 데 사용되는 SerialDevice 클래스의 인스턴스(예제 9-6, 예제 9-7 참고)

```
private SerialDevice serialDevice;

private DataWriter dataWriter;
private DataReader dataReader;

private async Task InitializeDevice()
{
    if (serialDevice == null)
    {
        serialDevice = await SerialCommunicationHelper.GetFirstDeviceAvailable();

        SerialCommunicationHelper.SetDefaultConfiguration(serialDevice);

        if (serialDevice != null)
        {
            dataWriter = new DataWriter(serialDevice.OutputStream);
            dataReader = new DataReader(serialDevice.InputStream);
        }
    }
}
```

시리얼 포트를 사용해 데이터를 전송하고자 SerialDevice 클래스의 OutputStream 멤버로 구현된 IOutputStream 인터페이스의 WriteAsync 메서드를 사용한다. 하지만 WriteAsync 메서드는 참고된 바이트 배열을 나타내는 IBuffer 형식의 인수만 허용하기 때문에 전송하는 데이터는 IBuffer 형식으로 변환해야 한다. 이 작업을 단순화하고자 DataWriter 클래스를 사용하자. DataWriter 클래스는 자동으로 적절한 변환을 수행하는 여러 쓰기 메서드를 제공한다. 또한 DataWriter는 ByteOrder 속성을 사용해 설정할 수 있는 엔디안을 처리한다.

예제 9-6은 WriteTestMessage 메서드의 정의를 보여 준다. 여기서 DataWriter 클래스의 인스턴스는 WriteString 메서드를 사용해 문자열 'UART transfer'를 전송한다. 이 함수는 시리얼 포트 송신기의 추상 표현으로 출력 스트림에 지정된 문자열을 쓴다. 시리얼 링크를 통해 데이터를 전송하려면 StoreAsync 메서드를 호출한다. 이 메서드는 기본 스트림 버퍼에 비동기식으로 데이터를 전달한다. 결과적으로 UART 인터페이스는 테스트 메시지가 포함된 바이트 배열을 전송한다.

예제 9-6 시리얼 포트를 사용한 데이터 전송

```csharp
private const string testMessage = "UART transfer";

private async Task WriteTestMessage()
{
    if (dataWriter != null)
    {
        dataWriter.WriteString(testMessage);

        var bytesWritten = await dataWriter.StoreAsync();

        DiagnosticInfo.Display(diagnosticData,
            "Test message written successfully. Bytes written: " + bytesWritten);
    }
    else
    {
        DiagnosticInfo.Display(diagnosticData, "Data writer has been not initialized");
    }
}
```

UART 인터페이스가 수신한 데이터를 읽으려면 DataWriter 클래스의 메서드를 사용하는 대신 DataReader 클래스의 관련 메서드를 사용하자(예제 9-7 참고). 먼저 입력 스트림의 데이터가 DataReader의 내부 저장소에 로드된다(LoadAsync 메서드). 그런 다음 수신한 바이트 배열을 ReadString 메서드를 사용해 문자열로 읽는다. 이 메서드를 사용하려면 읽을 버퍼 길이를 지정해야 한다. UnconsumedBufferLength 속성의 값을 읽으면 남은(읽지 않은) 바이트 수를 확인할 수 있다.

예제 9-7 시리얼 포트를 통해 수신된 문자열 읽기

```
private async Task ReadTestMessage()
{
    if (dataReader != null)
    {
        var stringLength = dataWriter.MeasureString(testMessage);

        await dataReader.LoadAsync(stringLength);

        var messageReceived = dataReader.ReadString(dataReader.UnconsumedBufferLength);

        DiagnosticInfo.Display(diagnosticData, "Message received: " + messageReceived);
    }
    else
    {
        DiagnosticInfo.Display(diagnosticData, "Data reader has been not initialized");
    }
}
```

시리얼 포트에서 데이터를 읽는 또 다른 방법은 SerialDevice 클래스의 InputStream 멤버를 사용하는 것이다. 이 멤버는 UART 인터페이스의 수신기 모듈을 나타내며, 단일 ReadAsync 메서드를 제공한다. 이 메서드는 지정된 바이트 수를 지정된 바이트 배열로 읽는다. 그러나 이 배열은 IBuffer 인터페이스를 사용해 표시되므로 최종 변환 작업을 직접 구현해야 한다.

예제 9-8의 헬퍼 클래스 메서드를 사용해 UI 및 디버깅 콘솔(비주얼 스튜디오의 출력 창)에서 성공적인 쓰기 및 읽기 작업을 확인할 수 있다. 목록 항목을 추가하려면 ICollection 인터페이스의 Add 메서드를 호출하자. 해당 메서드를 호출하면 UI가 자동으로 업데이트된다.

```csharp
public static class DiagnosticInfo
{
    private const string timeFormat = "HH:mm:fff";

    public static void Display(ICollection<string> collection, string info)
    {
        if(collection != null)
        {
            collection.Add(info);
        }

        DisplayDebugMessage(info);
    }

    private static void DisplayDebugMessage(string message)
    {
        string debugString = string.Format("{0} | {1}",
            DateTime.Now.ToString(timeFormat), message);

        Debug.WriteLine(debugString);
    }
}
```

샘플 애플리케이션을 실행하려면 시리얼 포트에 대한 애플리케이션 액세스 권한도 부여해야 한다. 이를 위해 다음 단계를 수행해 보자.

1. 솔루션 탐색기로 이동한다.

2. SerialCommunication.LoopBack 프로젝트에서 Package.appxmanifest를 마우스 오른쪽 버튼으로 클릭하고 콘텍스트 메뉴에서 **코드 보기**를 선택한다.

3. 예제 9-9와 같이 Capabilities 태그를 업데이트한다. 이제 IoT 디바이스에 애플리케이션을 배포할 준비가 됐다.

예제 9-9 시리얼 포트 기능 선언

```xml
<Capabilities>
  <Capability Name="internetClient" />
  <DeviceCapability Name="serialcommunication">
```

```
    <Device Id="any">
      <Function Type="name:serialPort" />
    </Device>
  </DeviceCapability>
</Capabilities>
```

애플리케이션을 배포한 후 Perform Test 버튼을 클릭해 보자. 이 작업의 상태는 UI에 나타난다(그림 9-4 참고). UI를 사용하지 않으려면 예제 9-10에서와 같이 클래스 생성자 또는 OnNavigatedTo 메서드에서 ButtonPerformTest_Click 메서드를 호출할 수 있다. 그러면 출력 창에 쓰기 및 읽기 상태가 표시된다(그림 9-5 참고).

예제 9-10 통신 테스트 호출
```
public MainPage()
{
    InitializeComponent();

    ButtonPerformTest_Click(null, null);
}
```

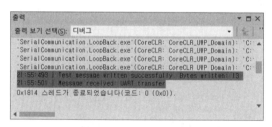

그림 9-5 디버깅 콘솔에서 강조 표시된 UART 루프백 모드 테스트 결과

디바이스 내부 통신을 위한 애플리케이션 작성

디바이스 내 통신을 위한 애플리케이션을 작성하기 전에 RPi2를 개발 PC의 USB 포트에 연결해야 한다. 그 후 PC에서 실행되는 애플리케이션과 IoT 디바이스에서 실행되는 애플

리케이션을 작성한다. PC 애플리케이션은 시리얼 통신을 이용해 IoT 디바이스를 원격으로 제어한다.

변환기 연결

USB-TTL 변환기를 사용해 RPi2의 UART 인터페이스를 개발 PC에 연결한다(그림 9-6 참고). 이 변환기의 한쪽 끝에는 표준 USB 타입 A 커넥터가 있고, 다른 쪽 끝에는 왼쪽부터 접지(검은색), RX(흰색), TX(녹색), 전원(빨간색)의 와이어 4개가 있다.

그림 9-6 USB-TTL 변환기(www.adafruit.com 제공)

점퍼 와이어를 연결하는 방법은 다음과 같다(그림 9-7 참고).

- 흰색(RX) 와이어를 확장 헤더에서 RPi2 8번 핀(GPIO 11)의 UART TX 핀에 연결한다.
- 녹색(TX) 와이어를 RPi2 10번 핀(GPIO 13)의 UART RX 핀에 연결한다.
- 검은색(접지) 와이어를 RPi2 확장 헤더의 GND 핀(6, 14, 20, 30, 34) 중 하나에 연결한다. 그림 9-7에서는 6번 핀을 사용했다.
- 빨간색 와이어는 연결되지 않은 상태로 유지한다.

그림 9-7 RPi2 핀에 연결된 USB-TTL 변환기의 와이어. RPi2는 마이크로 USB 스위치를 통해 전원이 공급되므로 빨간색(전원) 와이어는 연결하지 않는다.

루프백^{loopback} 모드를 사용해 USB-TTL 변환기가 올바르게 작동하는지 확인할 수 있다. 이를 위해 암/암 점퍼 와이어로 녹색과 흰색 와이어를 연결한다. 그런 다음 SerialCommunication.LoopBack 애플리케이션 또는 터마이트(Termite, https://bit.ly/termite_terminal)와 같은 다른 시리얼 터미널을 사용한다(그림 9-8 참고).

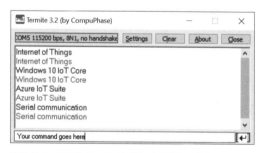

그림 9-8 루프백 모드와 시리얼 터미널을 사용한 USB-TTL 변환기 테스트. 파란색 문자열은 TX 핀을 통해 전송되며, RX 핀에서 이 메시지를 즉시 수신(녹색 문자열)한다.

IoT 디바이스 원격 제어

UI 없는 IoT 애플리케이션인 SerialCommunication.Blinky는 RPi2의 ACT LED를 제어한다(RPi3을 사용하는 경우 외부 LED 회로를 사용해야 한다). 이 애플리케이션은 ACT LED를 지속해서 켜고 끈다. 또한 SerialCommunication.Blinky는 통신 API를 제공해 원격 애플리케이션이 LED 점멸 빈도를 변경하거나 LED 점멸을 활성화/비활성화할 수 있도록 도와준다.

LED 점멸을 제어하고자 클라이언트 애플리케이션은 단순히 SerialCommunication.Blinky 애플리케이션에 텍스트 명령을 보낼 수 있다. 그러나 실제로 문자열 명령이 애플리케이션별 통신 프로토콜을 위해 사용되는 경우는 매우 드물다. 이러한 프로토콜은 일반적으로 고정 길이의 바이트 배열이 디바이스 간에 전송된다고 가정한다. 이 접근법은 순수 문자열을 보내는 것보다 다음과 같이 몇 가지 이점이 있다.

- 통신 프레임에는 보통 명령 데이터뿐 아니라 오류 탐지 및 수정에 사용되는 추가 바이트도 포함돼 있다.
- 디바이스가 항상 동일한 바이트 수를 기대하기 때문에 고정 길이의 프레임을 보내면 데이터 교환이 간소화된다.
- 사전 정의된 통신 프로토콜을 통해 디바이스 간에 전송되는 실제 정보를 숨길 수 있다.

통신 프로토콜

통신 프로토콜은 특정 요구 사항에 맞게 변경될 수 있다. 이번 예제에서는 2개의 명령을 사용한다. 하나는 점멸 빈도 변경에 사용하고, 다른 하나는 점멸을 활성화/비활성화하는 데 사용한다. 또한 점멸 빈도는 8바이트를 확장한 double 형식이라고 가정하고, 점멸을 활성화/비활성화하고자 1바이트만 필요하므로 총 16바이트로 구성된 프레임을 사용한다.

그림 9-9는 예제에서 사용되는 프레임의 구조를 보여 준다. 첫 번째 바이트(인덱스 0)와 마지막 바이트(인덱스 15)는 동기화에 사용된다. 각 바이트는 프레임의 시작과 끝을 표시하며, 각각 0xAA와 0xBB의 고정값을 가진다. 다음으로 명령 식별자를 지정하는 하나의 바

이트(인덱스 1)가 있다. 이 바이트는 10개의 명령 바이트(인덱스 2~12)와 에러 코드(인덱스 13, 1바이트), 체크섬(인덱스 14, 1바이트)이 뒤따른다.

인덱스	0	1	2-12	13	14	15
설명	시작 바이트	명령 식별자	명령 데이터	에러 코드	체크섬	종료 바이트
값	0xAA	변수				0xBB

그림 9-9 통신 프레임. 통신에 사용되는 바이트 배열은 16개의 요소를 포함한다.

프레임 구조를 디자인한 다음 SerialCommunication.Common 라이브러리에서 2개의 열거 형식을 정의한다. 첫 번째 열거 형식인 CommandId(예제 9-11 참고)는 Blink Frequency와 BlinkStatus 2개의 명령을 선언한다. 두 번째 열거 형식은 사용할 수 있는 에러 코드를 정의한다(예제 9-12 참고). 일반적으로 통신 프레임은 동시에 여러 에러를 포함할 수 있다. 즉 잘못된 시작, 종료, 체크섬 바이트를 포함할 수 있다. 이 모든 것을 보고하고자 ErrorCode 열거형은 Flags 속성으로 구성된다. 이 속성은 열거형이 비트 필드로 처리됨을 나타낸다. 따라서 비트 연산자를 사용해 복수의 플래그를 설정할 수 있다.

예제 9-11 명령 식별자

```
public enum CommandId : byte
{
    BlinkingFrequency = 0x01,
    BlinkingStatus = 0x02,
}
```

예제 9-12 에러 코드 정의

```
[Flags]
public enum ErrorCode : byte
{
    OK = 0x00,
    UnexpectedStartByte = 0x01,
    UnexpectedStopByte = 0x02,
```

```
    UnexpectedCheckSum = 0x04,
}
```

통신 프로토콜은 CommandHelper 클래스 내에서 구현한다(함께 제공되는 코드 'Chapter 09/
SerialCommunication.Common/Helpers/CommandHelper.cs' 참고). 이 클래스의 속성과 필
드는 그림 9-9의 통신 프레임 설계에 따라 프레임 길이, 특정 프레임 요소의 인덱스, 시작
및 중지 바이트 값을 결정한다(예제 9-13 참고). 이 값들은 한 곳에 정의돼 있다. 따라서 특
정 값의 변경이 필요할 때 한 번만 수정하면 된다.

예제 9-13 CommandHelper 클래스의 속성 및 필드

```
public static byte FrameLength { get; } = 16;
public static byte CommandIdIndex { get; } = 1;
public static byte CommandDataBeginIndex { get; } = 2;

public static byte StartByte { get; } = 0xAA;
public static byte StopByte { get; } = 0xBB;

private static byte startByteIndex = 0;
private static int errorByteIndex = FrameLength - 3;
private static int checkSumIndex = FrameLength - 2;
private static int stopByteIndex = FrameLength - 1;
```

정의된 값은 프레임 골격을 준비하기 위한 헬퍼 메서드를 작성하는 데 사용될 수 있
다. 그림 9-9에 따르면 시작과 중지 바이트는 명령 식별자와 체크섬처럼 고정돼 있
다. CommandHelper는 3개의 헬퍼 함수(PrepareCommandStructure, SetChecksum,
CalculateChecksum)를 구현한다(예제 9-14 참고).

예제 9-14 명령 골격 및 체크섬 계산

```
private static byte[] PrepareCommandStructure(CommandId commandId)
{
    var command = new byte[FrameLength];

    command[startByteIndex] = StartByte;
    command[CommandIdIndex] = (byte)commandId;
```

```
    command[stopByteIndex] = StopByte;

    return command;
}

private static void SetChecksum(byte[] command)
{
    command[checkSumIndex] = CalculateChecksum(command);
}

private static byte CalculateChecksum(byte[] command)
{
    long sum = 0;

    for (int i = 0; i < FrameLength; i++)
    {
        if (i != checkSumIndex)
        {
            sum += command[i];
        }
    }

    return (byte)(sum % byte.MaxValue);
}
```

첫 번째 메서드인 PrepareCommandStructure는 16개의 요소 바이트 배열을 인스턴스화한 다음, 첫 번째(시작 바이트), 두 번째(명령 ID), 마지막(중지 바이트) 요소의 값을 설정한다. 시작과 중지 바이트 값은 각각 StartByte 및 StopByte 속성에서 가져오고, 명령 식별자는 PrepareCommandStructure 메서드의 인수에서 얻는다.

SetChecksum은 CalculateChecksum 함수의 결과를 사용해 체크섬 바이트 값을 간단히 설정한다. 이 함수는 체크섬을 제외한 모든 프레임 요소의 값을 합산하는 간단한 알고리즘을 구현한다. 그런 다음 결과값을 255(Byte.MaxValue)로 나누고, 나머지 값은 체크섬으로 사용된다. 이 비교적 간단한 계산은 통신 에러를 감지하는 데 도움이 된다.

CommandHelper 클래스는 private 멤버인 VerifyCommand를 구현한다(예제 9-15 참고). 나중에 IoT 애플리케이션에서 이 메서드를 사용해 들어오는 명령의 정확성, 즉 프레임의 구조와 예상 체크섬이 올바른지 확인한다. 따라서 VerifyCommand 메서드는 프레임 길이를 확인한 후 시작, 중지, 체크섬 바이트를 예상값과 비교한다. 시작 바이트의 값이 잘못됐다고 해서 자동으로 중지 바이트가 유효하지 않은 것은 아니다. 그러므로 예제 9-15에서는 비트 연산을 사용해 다중 에러 코드를 설정한다.

예제 9-15 명령 구조 검증

```
public static ErrorCode VerifyCommand(byte[] command)
{
    Check.IsNull(command);
    Check.IsLengthEqualTo(command.Length, FrameLength);

    var errorCode = ErrorCode.OK;

    var actualChecksum = command[checkSumIndex];
    var expectedChecksum = CalculateChecksum(command);

    errorCode = VerifyCommandByte(actualChecksum, expectedChecksum,
        ErrorCode.UnexpectedCheckSum);

    errorCode = VerifyCommandByte(command[startByteIndex], StartByte,
        ErrorCode.UnexpectedStartByte | errorCode);

    errorCode = VerifyCommandByte(command[startByteIndex], StartByte,
        ErrorCode.UnexpectedStopByte | errorCode);

    return errorCode;
}

private static ErrorCode VerifyCommandByte(byte actualValue, byte expectedValue,
    ErrorCode errorToSet)
{
    var errorCode = ErrorCode.OK;

    if (actualValue != expectedValue)
    {
        errorCode = errorToSet;
    }

    return errorCode;
}
```

앞의 헬퍼 메서드는 실제 명령을 직관적으로 구현한다. 예제 9-16에서 정의된 메서드와 같이 2개의 명령이 필요하다. 이 예제에서는 먼저 PrepareCommandStructure 메서드를 호출한 다음 명령 데이터를 설정한다. 마지막으로 체크섬은 적절한 명령 바이트를 채운다.

예제 9-16 통신 프로토콜의 명령을 구현하는 마지막 메서드

```
public static byte[] PrepareSetFrequencyCommand(double hzBlinkFrequency)
{
    // 명령 준비
    var command = PrepareCommandStructure(CommandId.BlinkingFrequency);

    // 명령 데이터 설정
    var commandData = BitConverter.GetBytes(hzBlinkFrequency);
    Array.Copy(commandData, 0, command, CommandDataBeginIndex, commandData.Length);

    // 체크섬 설정
    SetChecksum(command);

    return command;
}

public static byte[] PrepareBlinkingStatusCommand(bool? isBlinking)
{
    // 명령 준비
    var command = PrepareCommandStructure(CommandId.BlinkingStatus);

    // 명령 데이터 설정
    command[CommandDataBeginIndex] = Convert.ToByte(isBlinking);

    // 체크섬 설정
    SetChecksum(command);

    return command;
}
```

명령 데이터는 요청에 따라 달라진다. 예를 들어, BlinkingFrequency 명령의 프레임은 double을 나타내는 8바이트로 채워지며, BitConverter 클래스의 GetBytes 메서드를 사용해 해당 바이트를 얻는다.

BlinkingStatus 명령의 실제 데이터는 논리값을 가진 단일 바이트로 구성된다. 따라서 명령 데이터 설정에 대한 부연설명이 필요하지 않다.

참고로 CommandHelper 클래스는 센서 관련 클래스와 유사하게 구현된다. 두 경우 모두 클라이언트 애플리케이션을 적절하게 준비하고 IoT 앱 바이트 배열을 사용한다. 하지만 통신 프로토콜은 센서와는 달리 자유롭게 정의할 수 있다.

UI 없는 IoT 앱

SerialCommunication.Blinky의 전체 코드는 함께 제공되는 코드 'Chapter 09/Serial Communication.Blinky'에서 확인할 수 있다. 이 애플리케이션을 구축하고자 Background Application (IoT) C# 프로젝트 템플릿을 사용하고, LedControl 클래스를 구현한다. 이 클래스는 GPIO 핀을 제어해 RPi2의 녹색 ACT LED를 점멸한다. 외부 LED 회로와 함께 RPi3를 사용할 경우 LedControl 클래스의 ledPinNumber 멤버를 적절한 GPIO 핀으로 수정해야 한다.

내부적으로 LedControl은 3장, '윈도우 IoT 프로그래밍 에센셜'에서 설명한 Timer 클래스를 사용한다. 타이머는 지정된 시간 간격으로 BlinkLed 콜백을 실행한다(예제 9-17 참고). TimeSpan 클래스의 인스턴스로 표시되는 이 간격은 LED 점멸 빈도를 결정한다. 타이머를 구성하려면 HertzToTimeSpan 함수 내에서 점멸 빈도(Hz 단위)를 TimeSpan으로 변환하자. 이 함수는 1000을 빈도로 나눈 값을 밀리초 단위로 표시한다. 이 값을 TimeSpan의 FromMilliseconds 정적 메서드에 전달한다(예제 9-17에서 참고된 ConfigureGpioPin 및 BlinkLed 메서드의 정의는 예제 9-12에 나타난다).

예제 9-17 타이머 구성 및 실행

```
private const int hzDefaultBlinkFrequency = 5;
private double hzBlinkFrequency = hzDefaultBlinkFrequency;

private Timer timer;

private TimeSpan timeSpanZero = TimeSpan.FromMilliseconds(0);
```

```
public LedControl()
{
    ConfigureTimer();

    ConfigureGpioPin();

    Start();
}

private void ConfigureTimer()
{
    var timerCallback = new TimerCallback((arg) => { BlinkLed(); });

    timer = new Timer(timerCallback, null, Timeout.InfiniteTimeSpan,
        HertzToTimeSpan(hzBlinkFrequency));
}

private static TimeSpan HertzToTimeSpan(double hzFrequency)
{
    var msDelay = (int)Math.Floor(1000.0 / hzFrequency);

    return TimeSpan.FromMilliseconds(msDelay);
}

public void Start()
{
    timer.Change(timeSpanZero, HertzToTimeSpan(hzBlinkFrequency));
}

public void Stop()
{
    timer.Change(Timeout.InfiniteTimeSpan, timeSpanZero);
}
```

ACT LED를 제어하고자 2장, '디바이스용 유니버설 Windows 플랫폼' 및 3장에서 설명한 것과 같은 메서드를 사용한다. 즉 먼저 GPIO 핀을 열고 구성한다(예제 9-18의 ConfigureGpioPin 메서드 참고). 이후 녹색 ACT LED와 관련된 GPIO 핀의 값을 반전시킨다(예제 9-18의 BlinkLed 메서드 참고).

```csharp
private const int ledPinNumber = 47;
private GpioPin ledGpioPin;

private void ConfigureGpioPin()
{
    var gpioController = GpioController.GetDefault();

    if (gpioController != null)
    {
        ledGpioPin = gpioController.OpenPin(ledPinNumber);

        if (ledGpioPin != null)
        {
            ledGpioPin.SetDriveMode(GpioPinDriveMode.Output);
            ledGpioPin.Write(GpioPinValue.Low);
        }
    }
}

private void BlinkLed()
{
    GpioPinValue invertedGpioPinValue;

    var currentPinValue = ledGpioPin.Read();

    if (currentPinValue == GpioPinValue.High)
    {
        invertedGpioPinValue = GpioPinValue.Low;
    }
    else
    {
        invertedGpioPinValue = GpioPinValue.High;
    }

    ledGpioPin.Write(invertedGpioPinValue);
}
```

실제 하드웨어 컨트롤을 시리얼 통신과 명시적으로 분리하고자 LedControl 클래스를 구현한다. LedControl 클래스는 다른 계층에게 GPIO 핀 제어의 구현 부분은 숨기고, 점멸 빈도와 상태(활성화/비활성화)를 제어하는 데 사용되는 몇 개의 public 멤버만 노출한다.

LedControl 클래스는 예제 9-19에서와 같이 Start, Stop, SetFrequency, Update 메서드를 구현한다.

예제 9-19 LED 점멸 상태 및 빈도 제어

```
public static double MinFrequency { get; } = 1;
public static double MaxFrequency { get; } = 50;

public static bool IsValidFrequency(double hzFrequency)
{
    return hzFrequency >= MinFrequency && hzFrequency <= MaxFrequency;
}

public void SetFrequency(double hzBlinkFrequency)
{
    if (IsValidFrequency(hzBlinkFrequency))
    {
        this.hzBlinkFrequency = hzBlinkFrequency;

        timer.Change(timeSpanZero, HertzToTimeSpan(hzBlinkFrequency));
    }
}

public void Update(bool isBlinkingActive)
{
    if(isBlinkingActive)
    {
        Start();
    }
    else
    {
        Stop();
    }
}

public void Start()
{
    timer.Change(timeSpanZero, HertzToTimeSpan(hzBlinkFrequency));
}

public void Stop()
{
    timer.Change(Timeout.InfiniteTimeSpan, timeSpanZero);
}
```

SetFrequency는 LED 점멸 빈도를 변경하는 메서드로 BlinkLed 함수가 호출되는 시간 간격을 변경하고자 단순히 Timer 클래스 인스턴스의 Change 메서드를 호출한다. SetFrequency 메서드에 전달된 빈도 설정값을 검증하고자 추가적인 정적 메서드 IsValidFrequency를 사용한다. 이를 통해 사용자가 빈도를 최소치 미만 혹은 최대치 초과로 설정하는 것을 방지할 수 있다. MinFrequency와 MaxFrequency라는 2개의 읽기 전용 public 속성을 사용해 이러한 수준을 정의한다.

Update 메서드는 인수의 값에 따라 타이머를 시작(isBlinkingActive 값이 true인 경우) 또는 중지(isBlinkingActive 값이 false인 경우)한다. 이를 위해 Update 메서드는 타이머 클래스의 Change 인스턴스 함수를 기반으로 하는 Start 및 Stop 함수를 호출한다. 또한 Timer의 dueTime 매개변수를 구성한다(3장 참고).

LedControl 클래스를 구현한 후 SerialCommunicationHelper 클래스를 2개의 정적 메서드로 보완한다(예제 9-20 참고). 첫 번째 WriteBytes 메서드는 바이트 배열을 시리얼 포트를 통해 전송한다. 앞서 '데이터 쓰기/읽기' 절에서 설명한 유사한 기법을 사용한다. 하지만 DataWriter는 매번 인스턴스화되기 때문에 데이터를 전송한 후 시리얼 포트의 기본 출력 스트림을 분리해야 한다. 이는 DataWriter 클래스 인스턴스의 DetachStream 메서드를 사용해 수행할 수 있다.

예제 9-20 시리얼 포트에서 바이트 배열을 읽고 쓰는 헬퍼 메서드

```
public static async Task<uint> WriteBytes(SerialDevice serialDevice, byte[] commandToWrite)
{
    return await WriteBytes(serialDevice.OutputStream, commandToWrite);
}

public static async Task<byte[]> ReadBytes(SerialDevice serialDevice)
{
    return await ReadBytes(serialDevice.InputStream);
}

public static async Task<uint> WriteBytes(IOutputStream outputStream, byte[] commandToWrite)
{
    Check.IsNull(outputStream);
    Check.IsNull(commandToWrite);
```

```
        uint bytesWritten = 0;

        using (var dataWriter = new DataWriter(outputStream))
        {
            dataWriter.WriteBytes(commandToWrite);
            bytesWritten = await dataWriter.StoreAsync();

            dataWriter.DetachStream();
        }

        return bytesWritten;
    }

public static async Task<byte[]> ReadBytes(IInputStream inputStream)
{
    Check.IsNull(inputStream);

    byte[] dataReceived = null;

    using (var dataReader = new DataReader(inputStream))
    {
        await dataReader.LoadAsync(CommandHelper.FrameLength);

        dataReceived = new byte[dataReader.UnconsumedBufferLength];

        dataReader.ReadBytes(dataReceived);

        dataReader.DetachStream();
    }

    return dataReceived;
}
```

예제 9-20의 두 번째 메서드 ReadBytes는 DataWriter 대신 DataReader를 사용하는 것을 제외하고 WriteBytes 메서드와 비슷한 방식으로 구현한다. 참고로 예제 9-20에서는 Command Helper 클래스의 정적 속성 FrameLength를 참고한다. 따라서 IoT 애플리케이션은 항상 일정한 길이의 바이트 배열을 기대한다. 즉 ReadByte 메서드는 항상 16바이트를 읽으려고 한다.

시리얼 포트를 통해 수신된 데이터를 읽으려면 정확한 프레임 길이를 알아야 하므로 조금 까다롭다. 일반적으로 사용되는 이 문제의 두 가지 해결책을 살펴보자. 여기서 사용한 첫 번째 해결책은 통신 프로토콜이 디바이스 간에 전송되는 각 바이트 프레임이 고정된 길이를 갖는다고 명시하는 것이다. 두 번째 해결책은 전송된 모든 메시지에 알려진 길이의 헤더를 포함하는 것이다. 이 헤더는 전송되는 데이터 프레임의 나머지 길이 정보를 포함한다. 클라이언트 애플리케이션은 먼저 헤더를 읽고 나머지 메시지를 읽는다.

다음으로 클라이언트 애플리케이션의 요청을 처리할 수 있도록 StartupTask 클래스를 확장한다. 이를 위해 예제 9-21과 같이 SetupCommunication 메서드를 작성해 StartupTask의 Run 메서드 내에서 호출한다. SetupCommunication은 먼저 시리얼 포트를 구성한 다음 명령을 수신하는 새 태스크를 실행한다. 예제 9-22에서와 같이 CommunicationListener 메서드는 시리얼 포트에서 바이트 배열을 읽는다. 그런 다음 사전 정의된 통신 프로토콜에 따라 파싱하고, LED 점멸 상태를 업데이트한다.

예제 9-21 LedControl 클래스를 인스턴스화하고, 시리얼 포트를 구성한 후 데이터를 수신하는 UI 없는 애플리케이션의 진입점

```
private BackgroundTaskDeferral taskDeferral;
private LedControl ledControl;
private SerialDevice serialDevice;

public async void Run(IBackgroundTaskInstance taskInstance)
{
    taskDeferral = taskInstance.GetDeferral();

    ledControl = new LedControl();

    await SetupCommunication();
}

private async Task SetupCommunication()
{
    serialDevice = await SerialCommunicationHelper.GetFirstDeviceAvailable();

    SerialCommunicationHelper.SetDefaultConfiguration(serialDevice);

    new Task(CommunicationListener).Start();
}
```

예제 9-22 수신된 요청은 SerialCommunicationHelper의 ReadBytes 메서드를 사용해 읽는다.

```csharp
private async void CommunicationListener()
{
    while (true)
    {
        var commandReceived = await SerialCommunicationHelper.ReadBytes(serialDevice);

        try
        {
            ParseCommand(commandReceived);
        }
        catch (Exception ex)
        {
            DiagnosticInfo.Display(null, ex.Message);
        }
    }
}
```

ParseCommand의 정의(예제 9-23 참고)는 통신 프로토콜에 의존한다. ParseCommand는 수신된 명령을 검증하고 요청 식별자를 확인한 다음 빈도를 설정하거나 LED 점멸 상태를 업데이트한다. 이를 위해 앞서 개발한 LedControl 클래스의 메서드를 사용한다. 관심 영역을 명시적으로 구분해 ParseCommand의 정의를 명확하고 읽기 쉽게 유지한다.

예제 9-23 점멸 빈도 및 상태를 업데이트하고자 수신된 요청을 해석한다.

```csharp
private void ParseCommand(byte[] command)
{
    var errorCode = CommandHelper.VerifyCommand(command);

    if (errorCode == ErrorCode.OK)
    {
        var commandId = (CommandId)command[CommandHelper.CommandIdIndex];

        switch (commandId)
        {
            case CommandId.BlinkingFrequency:
                HandleBlinkingFrequencyCommand(command);
                break;

            case CommandId.BlinkingStatus:
```

```
                    HandleBlinkingStatusCommand(command);
                    break;
        }
    }
}

private void HandleBlinkingFrequencyCommand(byte[] command)
{
    var frequency = BitConverter.ToDouble(command, CommandHelper.
CommandDataBeginIndex);

    ledControl.SetFrequency(frequency);
}

private void HandleBlinkingStatusCommand(byte[] command)
{
    var isLedBlinking = Convert.ToBoolean(command[CommandHelper.
CommandDataBeginIndex]);

    ledControl.Update(isLedBlinking);
}
```

이제 IoT 디바이스에 SerialCommunication.Blinky 애플리케이션을 배포할 준비가 됐다. 배포하거나 실행할 솔루션 프로젝트를 선택하려면 비주얼 스튜디오의 시작 프로젝트 드롭다운 목록을 사용하자(그림 9-10 참고). 애플리케이션을 배포하고 실행하면 녹색 ACT LED(또는 외부 LED)가 기본 빈도(5Hz)로 점멸하는 것을 확인할 수 있다.

그림 9-10 시작 프로젝트 선택하기

UI 있는 클라이언트 애플리케이션

UI 있는 클라이언트 애플리케이션은 개발 PC에서 IoT 디바이스를 원격으로 제어한다. 전체 소스 코드는 함께 제공되는 코드 'Chapter 09/SerialCommunication.Master' 폴더에서 확인할 수 있다. 대부분의 기본 기능이 SerialCommunication.Common 클래스 라이브러리 프로젝트 내에서 구현돼 있기 때문에 해당 프로젝트는 비교적 빠른 속도로 빌드된다.

먼저 그림 9-11과 같이 UI를 선언한다. 이 UI에는 시리얼 디바이스를 선택할 수 있는 드롭다운 목록을 포함한다. Connect 버튼을 클릭하면 연결을 수행한다. 디바이스에 연결한 후 슬라이더와 체크 박스를 사용해 점멸 빈도를 업데이트할 수 있다. Send 버튼을 클릭해 선택 사항을 확정한다. 이후 적절한 프레임이 IoT 디바이스로 전송되고 목록 상자에 표시된다. 프레임 전송이 성공할 때마다 IoT 디바이스는 녹색 LED의 상태를 업데이트한다.

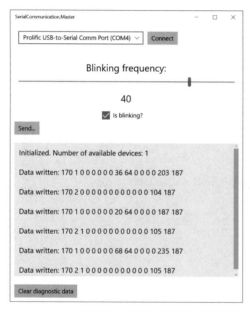

그림 9-11 IoT 디바이스를 원격으로 제어하는 메인 애플리케이션. 목록 상자는 IoT 디바이스로 전송된 원시 바이트 배열을 나타낸다.

Connect 버튼의 기본 이벤트 핸들러는 예제 9-24에 나타난다. 이 메서드는 이미 알려진 SerialCommunicationHelper 클래스의 기법과 메서드를 사용한다. 유일한 새로운 요소는 새 연결을 수행하기 전에 활성화된 연결을 닫는 것이다. SerialDevice 클래스의 인스턴스를 삭제하면 연결을 닫을 수 있다(예제 9-24의 CloseConnection 메서드 참고).

예제 9-24 Connect 버튼의 이벤트 핸들러

```csharp
private async void ButtonConnect_Click(object sender, RoutedEventArgs e)
{
    try
    {
        await SetupConnection();
    }
    catch (Exception ex)
    {
        DiagnosticInfo.Display(diagnosticData, ex.Message);
    }
}

private async Task SetupConnection()
{
    // 새로운 연결을 시도하기 전에 이전 연결을 모두 닫는다.
    CloseConnection();

    serialDevice = await SerialDevice.FromIdAsync(serialDeviceId);

    if (serialDevice != null)
    {
        // 연결 구성
        SerialCommunicationHelper.SetDefaultConfiguration(serialDevice);
    }
}

private void CloseConnection()
{
    if (serialDevice != null)
    {
        serialDevice.Dispose();
        serialDevice = null;
    }
}
```

또한 SerialCommunication.Master 애플리케이션은 예제 9-25에서와 같이 Send 버튼 이 벤트 핸들러를 정의해야 한다. 이 이벤트 핸들러는 헬퍼 함수 SendCommand를 두 번 호출 한다. 이 예제에서는 2개의 프레임을 전송한다. 한 프레임은 빈도를 설정하고, 다른 하나 는 점멸 상태를 구성한다. 물론 하나의 프레임만 사용할 수도 있다. 하지만 통신 프로토콜에서 적어도 2개의 서로 다른 명령을 갖도록 요청을 의도적으로 분리했다. 예제 9-26은 CommandToString의 정의를 보여 준다.

예제 9-25 IoT 디바이스로 제어 명령 보내기(두 명령은 순차적으로 전송됨)

```
private async void ButtonSendData_Click(object sender, RoutedEventArgs e)
{
    await SendCommand(CommandId.BlinkingFrequency);
    await SendCommand(CommandId.BlinkingStatus);
}

private async Task SendCommand(CommandId commandId)
{
    if (serialDevice != null)
    {
        byte[] command = null;

        switch (commandId)
        {
            case CommandId.BlinkingFrequency:
                command = CommandHelper.PrepareSetFrequencyCommand(hzBlinkingFrequen
cy);
                break;

            case CommandId.BlinkingStatus:
                command = CommandHelper.PrepareBlinkingStatusCommand(isLedBlinking);
                break;
        }

        await SerialCommunicationHelper.WriteBytes(serialDevice, command);
        DiagnosticInfo.Display(diagnosticData, "Data written: " + CommandHelper.
            CommandToString(command));
    }
    else
    {
        DiagnosticInfo.Display(diagnosticData, "No active connection");
    }
}
```

예제 9-26 디버깅 목적으로 통신 프레임을 문자열로 변환하는 헬퍼 함수 CommandToString의 정의

```
public static string CommandToString(byte[] commandData)
{
    string commandString = string.Empty;

    if (commandData != null)
    {
        foreach (byte b in commandData)
        {
            commandString += " " + b;
        }
    }

    return commandString.Trim();
}
```

블루투스

블루투스^{BT, Bluetooth}는 전파를 이용해 디바이스 간에 데이터를 전송하는 무선통신 기술이다. 블루투스 통신은 많은 최신 센서에서 사용된다. 에너지 효율이 매우 높은 저전력 블루투스^{BLE, Bluetooth Low Energy}를 지원하는 센서 그룹은 하나의 배터리로 몇 달 동안 원격 프로세스를 모니터링할 수 있다. 이러한 긴 수명은 블루투스와 기타 무선 통신을 IoT 세계에서 중요한 요소로 만든다.

이 절에서는 2개의 UWP 애플리케이션을 사용해 블루투스 통신의 활용 방법을 보여 준다. 첫 번째 BluetoothCommunication.Leds 애플리케이션은 RPi2/RPi3에 배포되는 UI 없는 애플리케이션으로 센스 HAT 애드온 보드의 LED 배열의 색상을 제어한다. 또한 이 UI 없는 애플리케이션은 RFCOMM^{Radio Frequency Communication} BT 프로토콜을 제공해 다른 애플리케이션이 LED 배열의 색상을 원격으로 변경할 수 있게 한다.

두 번째 BluetoothCommunication.Master 애플리케이션은 개발 PC에서 실행할 UI 있는 UWP 애플리케이션이다. 이 애플리케이션의 UI는 그림 9-12에 나타나 있다. 기본적으로

IoT 디바이스로 전송되는 색상의 특정 구성 요소를 설정하기 위한 3개의 슬라이더로 구성된다. 이를 위해 이전 절에서 개발된 통신 프로토콜에 하나의 명령을 추가해 확장한다. 첫 번째 단계는 하드웨어 컴포넌트를 구성하고 블루투스 장치를 페어링^{pairing}하는 것이다.

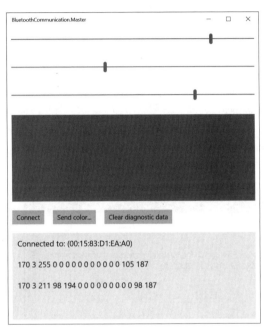

그림 9-12 LED 배열 색상의 원격 무선 제어를 위한 UI 있는 UWP 애플리케이션. 슬라이더는 사각형에 표시되는 색상을 구성한다. Send Color 버튼을 클릭하면 색상 정보를 IoT 디바이스로 전송한다.

연결 설정

RPi2에는 내장 블루투스 모듈이 없다. 하지만 저렴한 USB 블루투스 어댑터를 구입할 수 있다. 이 예제에서는 CSR8510 BT USB 호스트가 내장된 블루투스 어댑터를 사용했다(그림 9-13 참고). 이 모듈은 https://www.adafruit.com/product/1327에서 약 12달러에 쉽게 구입할 수 있다. 이 제품은 특별한 구성이나 설치가 필요하지 않으며, RPi2 USB 포트 중 하나에 연결하기만 하면 된다. 그런 다음 장치 포털의 블루투스 탭으로 이동하면 주변에 있는 블루투스 장치 중 사용할 수 있는 장치 목록이 표시된다(그림 9-14 참고).

그림 9-13 블루투스 4.0 CSR USB 모듈(www.adafruit.com 제공)

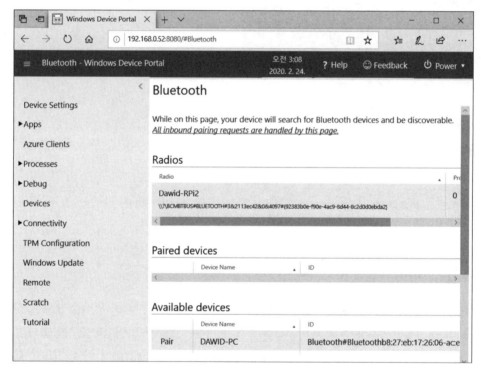

그림 9-14 장치 포털의 블루투스 탭에는 검색 가능한 모든 블루투스 장치가 표시된다.

주변 블루투스 장치 목록에 개발 PC가 표시되지 않으면 PC가 검색 가능한 상태인지 확인
해야 한다. 이를 위해 다음의 절차를 수행해 보자.

1. 설정 애플리케이션을 실행한다.

2. 장치/Bluetooth 및 기타 디바이스 탭으로 이동한 다음, **추가 Bluetooth 옵션** 링크를 누르면 Bluetooth 설정 창이 열린다.

3. Bluetooth 설정 창(그림 9-15 참고)에서 **Bluetooth 장치가 이 PC를 찾을 수 있도록 허용** 항목이 선택돼 있는지 확인한다. **새 Bluetooth 장치가 연결하려고 하면 알림 표시** 항목도 선택하면 유용하다.

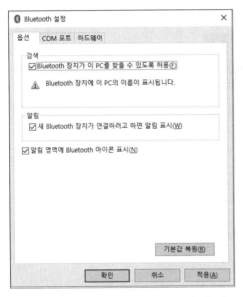

그림 9-15 Bluetooth 설정을 통해 PC가 검색 가능하도록 설정할 수 있다.

RPi2/RPi3가 PC 블루투스를 인식하는지 확인한 후 다음 단계를 수행해 해당 장치와 페어링해 보자.

1. 장치 포털의 블루투스 창에서 사용 가능한 장치 목록(그림 9-14 참고)으로 이동한 다음 IoT 디바이스를 찾는다. 이번 예제에서는 RPi2와 DAWID-PC를 페어링한다.

2. 장치 옆에 있는 **Pair 하이퍼링크** 버튼을 클릭한다. 장치 포털에 페어링 확인을 요청하는 팝업 창이 표시되면 **OK** 버튼을 클릭한다.

3. 장치 포털에 페어링 핀 번호가 포함된 다른 팝업 창이 표시되면, 다시 한번 OK 버튼을 클릭한다.

4. 개발 PC의 알림 센터에 장치 추가 알림이 표시된다. 해당 알림을 클릭하면 암호 비교 팝업 창이 나타난다(그림 9-16 참고). 이 팝업 창에는 장치 포털과 동일한 핀 번호가 표시돼야 한다. 핀 번호가 동일하면 **예** 버튼을 클릭한다.

5. 그림 9-17과 같이 장치가 페어링되면 개발 PC가 장치 포털의 페어링된 장치^{Paired devices} 목록에 나타난다.

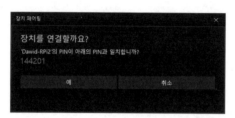

그림 9-16 페어링 과정에서 개발 PC에 암호 비교 팝업 창이 나타난다.

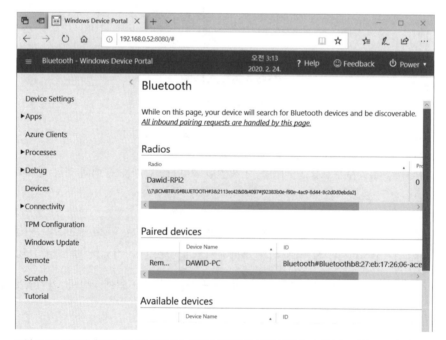

그림 9-17 페어링 절차가 끝나면 개발 PC 이름이 페어링된 장치 목록에 나타난다. 그림 9-14와 비교해 보자.

블루투스 본딩 및 페어링

블루투스 장치를 페어링하면 두 장치 사이의 결합^{bond}이 성립된다. 따라서 기기는 다시 통신 범위 내에 배치될 때 자동으로 다시 연결될 수 있다. 페어링은 안전하게 연결하기 위한 목적으로도 사용된다. 구체적으로 PIN 번호는 블루투스 인터페이스를 통해 전송되는 데이터를 암호화해 암호 비밀정보^{cryptographic secrets}를 생성하는 데 사용된다.

프로젝트 아키텍처 및 블루투스 장치 열거

프로젝트 아키텍처는 이전 절에서 개발된 것과 동일한 구조와 통신 프로토콜을 기반으로 한다. 함께 제공되는 코드 'Chapter 09/BluetoothCommunication'에서 전체 프로젝트를 찾을 수 있다. 함께 제공되는 코드는 다음과 같이 3개의 프로젝트로 구성돼 있다.

- BluetoothCommunication.Leds: UI 없는 IoT 애플리케이션
- BluetoothCommunication.Master: UI 있는 UWP 애플리케이션
- BluetoothCommunication.Common: 공통 기능을 구현한 클래스 라이브러리

BluetoothCommunication.Leds와 BluetoothCommunication.Master는 모두 Bluetooth Communication.Common을 참조한다. 또한 BluetoothCommunication.Leds는 Windows IoT Extensions for the UWP를 참조한다(Windows 10 SDK 10.0.17763.0 버전 이상에서는 Windows IoT Extensions 관련 API가 SDK에 통합돼, Windows IoT Extensions의 참조를 삭제해야 한다).

먼저 클래스 라이브러리를 살펴보자. 이 프로젝트는 3개의 public 메서드를 포함하는 단일 정적 클래스 BluetoothCommunicationHelper를 구현한다. 처음 2개의 메서드인 FindPaired Devices와 GetFirstPairedDeviceAvailable은 예제 9-27에 나타난다. 두 메서드는 Serial CommunicationHelper의 FindSerialDevices와 GetFirstDeviceAvailable 메서드와 유사하다. 유일한 차이점은 SerialDevice 대신 BluetoothDevice 클래스를 사용한다는 것이다. 또한 FindPairedDevices 메서드에서는 BluetoothDevice 클래스의 GetDeviceSelector 정적 메서드를 사용해 페어링된 블루투스 장치를 위한 AQS 선택기를 사용한다.

예제 9-27 블루투스 장치의 열거는 시리얼 포트의 경우와 유사하게 진행된다.

```
public static async Task<DeviceInformationCollection> FindPairedDevices()
{
    var defaultSelector = BluetoothDevice.GetDeviceSelector();

    return await DeviceInformation.FindAllAsync(defaultSelector);
}

public static async Task<BluetoothDevice> GetFirstPairedDeviceAvailable()
{
    var serialDeviceCollection = await FindPairedDevices();

    var serialDeviceInformation = serialDeviceCollection.FirstOrDefault();

    if (serialDeviceInformation != null)
    {
        return await BluetoothDevice.FromIdAsync(serialDeviceInformation.Id);
    }
    else
    {
        return null;
    }
}
```

다음으로는 선택한 블루투스 장치(BluetoothDevice 클래스의 인스턴스)와 연결하는 Connect 메서드를 구현한다. 예제 9-28과 같이 Connect 메서드는 블루투스 장치에 의해 GUID가 일치하는 RFCOMM 서비스를 얻은 다음 StreamSocket 클래스의 ConnectAsync 메서드를 사용해 해당 서비스에 연결한다. StreamSocket 클래스는 TCP 및 블루투스 RFCOMM 프로토콜을 통한 스트림 소켓 기반의 네트워크 통신에 사용된다. 소켓에 연결하면 시리얼 통신과 마찬가지로 장치 간에 데이터를 전송할 수 있다. 이를 위해 StreamSocket 클래스 인스턴스의 InputStream과 OutputStream 속성을 사용한다. 이후 모든 과정은 이전 예제와 동일하게 진행된다. 즉 데이터를 읽고 쓰려면 SerialCommunicationHelper 클래스의 ReadBytes와 WriteBytes 정적 메서드를 사용한다. 하지만 데이터를 전송하기 전에 명령을 추가해 통신 프로토콜을 확장해야 한다.

예제 9-28 RFCOMM 연결하기

```
public static async Task<StreamSocket> Connect(BluetoothDevice bluetoothDevice)
{
    Check.IsNull(bluetoothDevice);
    var serviceGuid = Guid.Parse("34B1CF4D-1069-4AD6-89B6-E161D79BE4D8");
    var rfcommServices = await bluetoothDevice.GetRfcommServicesForIdAsync(RfcommServi
ceId.FromUuid(serviceGuid), BluetoothCacheMode.Uncached);
    var rfcommService = bluetoothDevice.RfcommServices.FirstOrDefault();

    for (int i = 0; i < bluetoothDevice.RfcommServices.Count; i++)
    {
        rfcommService = bluetoothDevice.RfcommServices.ElementAt(i);

        if(rfcommService.ServiceId.Uuid.Equals(serviceGuid))
        {
            break;
        }
    }

    if (rfcommService != null)
    {
        return await ConnectToStreamSocket(bluetoothDevice,
            rfcommService.ConnectionServiceName);
    }
    else
    {
        throw new Exception(
            "Selected bluetooth device does not advertise any RFCOMM service");
    }
}

private async static Task<StreamSocket> ConnectToStreamSocket(
    BluetoothDevice bluetoothDevice,
    string connectionServiceName)
{
    try
    {
        var streamSocket = new StreamSocket();

        await streamSocket.ConnectAsync(bluetoothDevice.HostName,
            connectionServiceName);

        return streamSocket;
    }
```

```
    catch (Exception)
    {
        throw new Exception(
            "Connection cannot be established. Verify that device is paired");
    }
}
```

LED 색상 명령

LED 배열의 색을 원격으로 설정하려면 RGB 구성 요소를 원격 디바이스로 전송해야 한다. 'IoT 디바이스 원격 제어' 절에서 정의한 통신 프로토콜의 데이터 부분은 각각 색상 채널의 값을 전달하는 3개의 바이트를 포함하고 있다. 예제 9-29와 같이 PrepareLedColorCommand 메서드는 Color 클래스 인스턴스의 RGB 속성을 사용해 명령의 데이터 부분을 채운다. 또한 CommandId 열거형에 새롭게 추가된 값인 LedColor를 사용한다.

예제 9-29 RGB 색상 구성 요소를 전달하는 명령 데이터

```
public static byte[] PrepareLedColorCommand(Color color)
{
    // 명령 준비
    var command = PrepareCommandStructure(CommandId.LedColor);

    // 명령 데이터 설정
    command[CommandDataBeginIndex] = color.R;
    command[CommandDataBeginIndex + 1] = color.G;
    command[CommandDataBeginIndex + 2] = color.B;

    // 체크섬 설정
    SetChecksum(command);

    return command;
}
```

Windows 런타임 요구 사항을 적용한 LedArray 클래스

이제 이전 절에서 설명한 블루투스 통신을 이용해 센스 HAT 애드온 보드의 LED 배열을 원격으로 제어하는 UI 없는 IoT 애플리케이션을 구축해 보자. 전체 코드는 함께 제공되는 코드 '09/BluetoothCommunication/BluetoothCommunication.Leds'에서 확인할 수 있다. 이 애플리케이션은 SerialCommunication.Blinky와 유사한 구조로 돼 있다. 즉 StartupTask의 Run 메서드는 LedArray 클래스를 초기화한 다음 RFCOMM 서비스를 시작한다(예제 9-30 참고).

예제 9-30 BluetoothCommunication.Leds의 진입점

```
public async void Run(IBackgroundTaskInstance taskInstance)
{
    taskDeferral = taskInstance.GetDeferral();

    InitializeLedArray();

    await StartRfcommService();
}
```

LedArray 초기화는 이전 예제에서 다뤘으므로 자세한 설명은 생략한다. 하지만 센스 HAT 애드온 보드와 통신하는 데 사용되는 LedArray 클래스의 원본 버전과 I2cHelper 는 WinRT^{Windows Runtime} 구성 요소의 요구 사항에 맞게 수정됐다. 이는 Background Application(IoT) 프로젝트 템플릿의 기본 사항이다. LedArray 클래스의 수정된 요소는 다음과 같다.

- Buffer 멤버 선언이 속성에서 private 필드로 변경한다. WinRT 구성 요소는 다차원 public 배열을 내보낼 수 없다. 그렇게 하려는 시도는 WME1035 컴파일 에러를 발생한다.

- 네임스페이스를 BluetoothCommunication.Leds.SenseHatLedArray로 변경한다. WinRT 구성 요소는 네임스페이스 내에서 내보낸 클래스를 선언할 것을 요구한다. 이 클래스의 이름은 파일 이름으로 암시된다. 이 요건을 충족하지 못하면 WME1044 컴파일 에러가 발생한다.

- LedArray 클래스의 정의는 sealed 키워드로 수정됐기 때문에 이 유형을 상속할 수 없다. WinRT 구성 요소에서는 sealed로 정의되지 않은 클래스를 내보낼 수 없다(컴파일 오류: WME1086).

- 또한 WinRT 구성 요소는 배열 인수를 명시적으로 읽기 또는 쓰기 전용으로 설정해야 한다(컴파일 에러: WME1106). 이를 위해 [ReadOnlyArray] 또는 [WriteOnlyArray] 속성을 사용한다. DrawHistogram 메서드를 선언할 때 [ReadOnlyArray] 속성을 사용한다(예제 9-31 참고).

예제 9-31 WinRT 구성 요소의 배열 인수는 읽거나 쓸 수 있다.

```
public void DrawHistogram([ReadOnlyArray] double[] histogram, double minValue,
    double maxValue)
```

- I2cHelper 클래스 또한 유사하게 변경한다. 먼저 네임스페이스를 수정한 다음 GetI2cDevice 선언에서 async Task<I2cDevice> 대신 IAsyncOperation<I2cDevice>를 사용하도록 변경한다(예제 9-32 참고). WinRT 구성 요소에서 public 멤버를 내보낼 수 없으므로 이 작업을 수행한다. 대신 선언은 Windows.Foundation 네임스페이스에 정의된 다음 인터페이스 중 하나를 사용해야 한다.

  - IAsyncAction

  - IAsyncActionWithProgress<TProgress>

  - IAsyncOperation<TResult>

  - IAsyncOperationWithProgress<TResult, TProgress>

종속 코드의 관점에서 이 변화는 미미하다. 이는 표준 .NET await 패턴이 WinRT 비동기 인터페이스에도 적용되기 때문이다.

예제 9-32 WinRT 구성 요소의 public 메서드는 Task<T> 비동기 API를 사용할 수 없다.

```
using System;
using System.Linq;
using System.Threading.Tasks;
```

```
using Windows.Devices.Enumeration;
using Windows.Devices.I2c;
using Windows.Foundation;

namespace BluetoothCommunication.Leds.Helpers
{
    public static class I2cHelper
    {
        public static IAsyncOperation<I2cDevice> GetI2cDevice(byte address)
        {
            return GetI2cDeviceHelper(address).AsAsyncOperation();
        }

        private static async Task<I2cDevice> GetI2cDeviceHelper(byte address)
        {
            I2cDevice device = null;

            var settings = new I2cConnectionSettings(address);

            string deviceSelectorString = I2cDevice.GetDeviceSelector();

            var matchedDevicesList = await DeviceInformation.FindAllAsync(
                deviceSelectorString);
            if (matchedDevicesList.Count > 0)
            {
                var deviceInformation = matchedDevicesList.First();

                device = await I2cDevice.FromIdAsync(deviceInformation.Id, settings);
            }

            return device;
        }
    }
}
```

예제 9-33은 블루투스 RFCOMM 장치 서비스를 시작하고, 원격 클라이언트로부터 수신된 요청을 처리하는 방법을 보여 준다. RFCOMM 서비스를 시작하려면 RfcommService Provider와 StreamSocketListener의 두 가지 구성 요소가 필요하다. 첫 번째 RfcommService Provider 클래스는 클라이언트 장치에서 검색할 수 있는 블루투스 서비스를 생성한다. 두 번째 StreamSocketListener는 실제 소켓 통신을 처리한다. RfcommServiceProvider를 특정

StreamSocketListener와 연결하려면 StreamSocketListener 클래스의 BindServiceNameAsync 메서드를 사용한다.

예제 9-33 블루투스 RFCOMM 서비스의 알림 시작 및 StreamSocketListener와 바인딩

```csharp
private RfcommServiceProvider rfcommProvider;
private StreamSocketListener streamSocketListener;

private async Task StartRfcommService()
{
    var serviceGuid = Guid.Parse("34B1CF4D-1069-4AD6-89B6-E161D79BE4D8");
    var serviceId = RfcommServiceId.FromUuid(serviceGuid);

    rfcommProvider = await RfcommServiceProvider.CreateAsync(serviceId);

    streamSocketListener = new StreamSocketListener();
    streamSocketListener.ConnectionReceived += StreamSocketListener_
        ConnectionReceived;

    try
    {
        await streamSocketListener.BindServiceNameAsync(
            rfcommProvider.ServiceId.AsString(),
            SocketProtectionLevel.BluetoothEncryptionAllowNullAuthentication);

        rfcommProvider.StartAdvertising(streamSocketListener);

        DiagnosticInfo.Display(null, "RFCOMM service started. Waiting for
            clients...");
    }
    catch (Exception ex)
    {
        DiagnosticInfo.Display(null, ex.Message);
    }
}
```

원격 클라이언트가 RFCOMM 서비스에 연결하면 연결된 StreamSocketListener 클래스의 인스턴스가 ConnectionReceived 이벤트를 발생시킨다. 이 이벤트를 사용해 StreamSocket의 인스턴스를 가져올 수 있다. 그런 다음 해당 인스턴스를 사용해 장치와 원격 장치 간의 실제 통신을 수행한다. 또한 ConnectionReceived 이벤트를 처리하기 위한 추가 로직을 구현

한다. 여기서는 이러한 이벤트 핸들러를 사용해 StreamSocket 클래스에 대한 참조를 저장하는 것 외에 수신된 모든 요청을 처리하는 작업자 스레드를 시작한다(예제 9-34 참고).

예제 9-34 ConnectionReceived 이벤트 핸들러가 StreamSocket 클래스에 대한 참고를 가져오고, 수신된 요청을 처리하는 작업자 스레드를 시작한다.

```
private volatile bool isCommunicationListenerStarted = false;

private void StreamSocketListener_ConnectionReceived(StreamSocketListener sender,
    StreamSocketListenerConnectionReceivedEventArgs args)
{
    DiagnosticInfo.Display(null, "Client has been connected");

    streamSocket = args.Socket;

    StartCommunicationListener();
}

private void StartCommunicationListener()
{
    if (!isCommunicationListenerStarted)
    {
        new Task(CommunicationListener).Start();

        isCommunicationListenerStarted = true;
    }
}

private async void CommunicationListener()
{
    const int msSleepTime = 50;

    while (true)
    {
        var commandReceived = await SerialCommunicationHelper.ReadBytes(
            streamSocket.InputStream);

        try
        {
            if (commandReceived.Length > 0)
            {
                ParseCommand(commandReceived);
            }
        }
```

```
        catch (Exception ex)
        {
            DiagnosticInfo.Display(null, ex.Message);
        }

        Task.Delay(msSleepTime).Wait();
    }
}
```

예제 9-35에서 알 수 있듯이 수신된 요청은 유선 시리얼 통신과 유사하게 구문 분석된다. 즉 먼저 명령 구조를 확인한 다음 명령 식별자를 확인한다. 명령 식별자가 CommandId. LedColor와 같으면 명령 데이터에서 색상 구성 요소를 읽은 다음 **LedArray** 클래스 인스턴스의 **Reset** 메서드를 사용해 LED 배열 색상을 업데이트한다(예제 9-35의 HandleLedColorCommand 참고).

예제 9-35 LedColor 명령 구문 분석

```
private void ParseCommand(byte[] command)
{
    var errorCode = CommandHelper.VerifyCommand(command);

    if (errorCode == ErrorCode.OK)
    {
        var commandId = (CommandId)command[CommandHelper.CommandIdIndex];

        switch (commandId)
        {
            case CommandId.LedColor:
                HandleLedColorCommand(command);
                break;
        }
    }
}

private void HandleLedColorCommand(byte[] command)
{
    var redChannel = command[CommandHelper.CommandDataBeginIndex];
    var greenChannel = command[CommandHelper.CommandDataBeginIndex + 1];
    var blueChannel = command[CommandHelper.CommandDataBeginIndex + 2];

    var color = Color.FromArgb(0, redChannel, greenChannel, blueChannel);
```

```
    if (ledArray != null)
    {
        ledArray.Reset(color);
    }

    DiagnosticInfo.Display(null, color.ToString() + " " + redChannel
        + " " + greenChannel + " " + blueChannel);
}
```

UI 없는 IoT 애플리케이션은 이전 예제와 거의 동일하다. 주된 차이점은 통신을 시작하고 자 다른 절차를 사용한다는 것이다. 기기 간 데이터 전송 부분은 동일하다. 또한 블루투스 통신은 TCP 프로토콜과 소켓 통신 절차를 공유한다는 점에 유의해야 한다. 따라서 소켓과 TCP를 사용해 데이터를 전송하려면 동일한 단계를 수행한다.

마지막 요소는 블루투스 기능을 선언한다. 예제 9-36과 같이 Package.appxmanifest의 Capabilities를 보완해 보자.

예제 9-36 블루투스 장치 기능

```
<Capabilities>
  <Capability Name="internetClient" />
  <DeviceCapability Name="bluetooth" />
</Capabilities>
```

UI 있는 클라이언트 애플리케이션

UI 있는 클라이언트 애플리케이션은 IoT 디바이스를 원격으로 제어한다(함께 제공되는 코드 'Chapter 09/BluetoothCommunication/BluetoothCommunication.Master' 참고). 그림 9-12에서 보았듯이 이 애플리케이션의 화면에는 IoT 디바이스로 전송되는 색상의 RGB 채널을 구성하는 데 사용되는 3개의 슬라이더가 있다. 또한 사각형 패널에서 색상을 미리 볼 수 있다. 슬라이더와 사각형 패널은 헬퍼 클래스인 SenseHatColor를 통해 코드와 바인딩 된다(예제 9-37 참고). UWP는 여기에 필요한 다중 바인딩을 지원하지 않기 때문에 추가 객체를 사용한다. 이렇게 함으로써 메서드와 바인딩할 수 있다.

예제 9-37 데이터 바인딩에 사용되는 헬퍼 클래스 정의

```csharp
public class SenseHatColor
{
    public SolidColorBrush Brush { get; private set; }

    public double R
    {
        get { return colorComponents[0]; }
        set { UpdateColorComponent(0, Convert.ToByte(value)); }
    }

    public double G
    {
        get { return colorComponents[1]; }
        set { UpdateColorComponent(1, Convert.ToByte(value)); }
    }

    public double B
    {
        get { return colorComponents[2]; }
        set { UpdateColorComponent(2, Convert.ToByte(value)); }
    }

    private byte[] colorComponents;

    private void UpdateColorComponent(int index, byte value)
    {
        colorComponents[index] = value;
        UpdateBrush();
    }

    private void UpdateBrush()
    {
        Brush.Color = Color.FromArgb(255, colorComponents[0],
            colorComponents[1], colorComponents[2]);
    }

    public SenseHatColor()
    {
        var defaultColor = Colors.Black;

        colorComponents = new byte[]
        {
            defaultColor.R, defaultColor.G, defaultColor.B
```

```
        };

        Brush = new SolidColorBrush(defaultColor);
    }
}
```

기본적으로 SenseHatColor에는 Brush, R, G, B의 네 가지 속성이 있다. 첫 번째 Brush는 Rectangle.Fill 속성에 바인딩되고, R, G, B 속성은 대응하는 슬라이더와 연결된다. 사용자가 슬라이더 위치를 변경할 때마다 색상 채널값이 업데이트된다. 그런 다음 이 값은 Brush 속성을 업데이트하는 데 사용된다. 이를 위해 private 메서드인 UpdateColorComponent를 사용한다. 사각형 채우기는 RGB 구성 요소의 혼합에 따라 색상을 반영한다.

블루투스를 통해 선택한 색상을 IoT 디바이스로 전송하려면 BluetoothCommunication.Master는 활성화된 블루투스 연결이 필요하다. Connect 버튼의 Click 이벤트 핸들러 내에서 연결을 수행한다. 이 메서드에서는 연결할 수 있는 첫 번째 페어링된 장치와 연결한다. 여기서는 BluetoothCommunication 클래스의 GetFirstPairedDeviceAvailable 및 Connect 정적 메서드를 사용한다(예제 9-38 참고).

예제 9-38 페어링된 블루투스 장치에 연결하기

```
private ObservableCollection<string> diagnosticData = new ObservableCollection<string>();
private StreamSocket streamSocket;

private async void ButtonConnect_Click(object sender, RoutedEventArgs e)
{
    try
    {
        var device = await BluetoothCommunicationHelper.GetFirstPairedDeviceAvailable();

        await CloseConnection();

        streamSocket = await BluetoothCommunicationHelper.Connect(device);

        DiagnosticInfo.Display(diagnosticData, "Connected to: " + device.HostName);
    }
    catch (Exception ex)
    {
```

```
            DiagnosticInfo.Display(diagnosticData, ex.Message);
    }
}

private async Task CloseConnection()
{
    if (streamSocket != null)
    {
        await streamSocket.CancelIOAsync();

        streamSocket.Dispose();
        streamSocket = null;
    }
}
```

원격 장치에 연결한 후 LedColor 명령은 Send 버튼 이벤트 핸들러를 사용해 정보를 전
송한다(예제 9-39 참고). 이 메서드의 정의는 앞서 구현한 코드를 기반으로 한다. 즉 먼저
CommandHelper 클래스의 PrepareLedColorCommand를 사용해 RGB 색상 채널을 포함하
는 바이트 배열을 생성한다. 그런 다음 SerialCommunicationHelper 클래스의 WriteBytes 메
서드를 사용해 StreamSocket의 OutputStream에 바이트 배열을 쓴다.

예제 9-39 블루투스 RFCOMM 프로토콜을 사용해 LedColor 명령을 IoT 디바이스로 전송하기

```
private async void ButtonSendColor_Click(object sender, RoutedEventArgs e)
{
    if (streamSocket != null)
    {
        var commandData = CommandHelper.PrepareLedColorCommand(senseHatColor.Brush.
Color);

        await SerialCommunicationHelper.WriteBytes(streamSocket.OutputStream,
commandData);

        DiagnosticInfo.Display(diagnosticData, CommandHelper.
CommandToString(commandData));
    }
    else
    {
        DiagnosticInfo.Display(diagnosticData, "No active connection");
```

```
    }
}
```

BluetoothCommunication.Master 애플리케이션이 RPi2/RPi3 장치에 접근하려면 해당
장치에 대한 액세스 권한을 설정해야 한다. 액세스 권한은 윈도우의 신뢰할 수 있는 장치
사용 메뉴에서 설정할 수 있다(그림 9-18 참고). 이 액세스를 허용한 후 슬라이더를 사용해
원하는 색상을 생성할 수 있다. IoT 디바이스에 생성한 값을 전송하면 LED 배열의 색상이
그에 따라 변경된다.

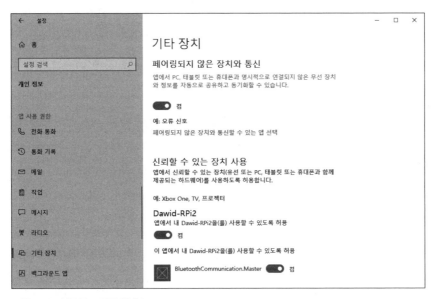

그림 9-18 블루투스 장치 액세스

RFCOMM 프로토콜을 기반으로 하는 블루투스 통신은 유선 시리얼 통신처럼 작동한다.
따라서 9장에서 찾을 수 있는 공통 혹은 공유 로직에 기초해 두 가지 기법을 모두 쉽게 구
현할 수 있다. 이를 통해 개발 시간을 단축하고 여러 네트워크 인터페이스를 사용해 IoT
디바이스의 기능을 노출할 수 있다.

와이파이

일반적으로 와이파이^{Wi-Fi}로 알려진 무선 근거리 통신망은 널리 사용되고 있으며, IoT 애플리케이션에 쉽게 적용할 수 있다. 이 절에서는 와이파이 어댑터를 프로그래밍 방식으로 열거하고, 와이파이 네트워크를 검색하고, 선택한 와이파이 네트워크에 연결 및 인증하는 방법을 보여 준다. 그런 다음 개발 PC와 IoT 디바이스를 동일한 로컬 네트워크에 연결한다. 네트워크에 연결되면 개발 PC에서 실행되는 UI 있는 UWP 앱을 사용해 IoT 디바이스를 원격으로 제어한다.

이 애플리케이션은 BluetoothCommunication.Master와 동일한 UI를 가지며, 센스 HAT LED 배열의 색상을 변경할 수 있다. 하지만 블루투스 대신 와이파이를 통신 매체로 사용한다. 이 예제에서는 와이파이 샘플 테스트를 위해 스마트폰에서 Dawid-WiFi라는 개인용 핫스팟(WPA2-Personal 보안 설정)을 설정했다.

함께 제공되는 코드 'Chapter 09/WiFiCommunication' 폴더에서 관련 소스 코드를 찾을 수 있다. 클래스 라이브러리 프로젝트 WiFiCommunication.Common은 공통 기능을 구현한다. WiFiCommunication.Common은 단일 정적 클래스 WiFiCommunicationHelper를 사용해 ConnectToWiFiNetwork와 ConnectToHost라는 2개의 public 메서드를 구현한다.

첫 번째 ConnectToWiFiNetwork 메서드는 제공된 암호를 사용해 지정된 SSID^{Service Set Identifier}의 네트워크에 연결한다. SSID 및 네트워크 암호는 ConnectToWiFiNetwork 인수에서 가져온다(예제 9-40 참고).

예제 9-40 와이파이 네트워크에 연결하기

```
public const string DefaultSsid = "Dawid-WiFi";
public const string DefaultPassword = "P@ssw0rD";

public static async Task<WiFiConnectionStatus> ConnectToWiFiNetwork(
    string ssid = DefaultSsid, string password = DefaultPassword)
{
    var connectionStatus = WiFiConnectionStatus.NetworkNotAvailable;
```

```csharp
    // SSID 및 비밀번호 유효성 확인
    if (!string.IsNullOrEmpty(ssid) && !string.IsNullOrEmpty(password))
    {
        // 애플리케이션이 와이파이 기능에 액세스할 수 있는지 확인
        var hasAccess = await WiFiAdapter.RequestAccessAsync();

        // 액세스할 수 있으면 첫 번째 와이파이 어댑터를 통해 사용할 수 있는 네트워크 검색
        if (hasAccess == WiFiAccessStatus.Allowed)
        {
            // 사용할 수 있는 첫 번째 와이파이 어댑터 획득
            var wiFiAdapters = await WiFiAdapter.FindAllAdaptersAsync();
            var firstWiFiAdapterAvailable = wiFiAdapters.FirstOrDefault();

            if (firstWiFiAdapterAvailable != null)
            {
                // 네트워크 검색
                await firstWiFiAdapterAvailable.ScanAsync();

                // 사용할 수 있는 네트워크 목록을 SSID로 필터링
                var wiFiNetwork = firstWiFiAdapterAvailable.NetworkReport.
                    AvailableNetworks.Where(network => network.Ssid == ssid).
                        FirstOrDefault();

                if (wiFiNetwork != null)
                {
                    // 제공된 암호를 사용해 네트워크에 연결 시도
                    var passwordCredential = new PasswordCredential()
                    {
                        Password = password
                    };

                    var connectionResult = await firstWiFiAdapterAvailable.
                        ConnectAsync(wiFiNetwork,
                        WiFiReconnectionKind.Automatic, passwordCredential);

                    // 연결 상태 반환
                    connectionStatus = connectionResult.ConnectionStatus;
                }
            }
        }
    }

    return connectionStatus;
}
```

와이파이 네트워크에 연결하려면 애플리케이션이 UWP에서 `WiFiAdapter` 클래스로 표시되는 와이파이 어댑터에 액세스해야 한다. 이 클래스의 멤버를 사용하면 로컬 와이파이 어댑터를 열거하고, 사용할 수 있는 네트워크를 검색하고, 선택한 네트워크에 연결할 수 있다.

먼저 `FindAllAdaptersAsync` 메서드를 호출해 와이파이 어댑터 목록을 가져온다. 이 예제에서는 사용할 수 있는 첫 번째 어댑터를 사용한다. 그런 다음 `ScanAsync` 메서드를 사용해 네트워크 검색을 시작한다. `WiFiAdapter` 클래스의 `NetworkReport` 속성을 통해 검색 결과를 얻는다. `NetworkReport`는 `WiFiNetworkReport` 유형으로 네트워크 검색 작업이 종료된 날짜와 시간을 포함하는 Timestamp 속성과 사용할 수 있는 네트워크 목록인 AvailableNetworks 속성을 포함한다. 예제 9-40에서는 SSID로 목록을 필터링해 `WiFiNetwork` 클래스의 인스턴스로 표시되는 선택된 네트워크를 찾는다. 해당 클래스에 대한 참조를 얻은 다음 `WiFiAdapter` 클래스의 `ConnectAsync` 메서드를 사용해 네트워크에 연결한다.

`ConnectAsync` 메서드를 사용하면 네트워크 키^{key}를 지정할 수 있다. `PasswordCredential` 클래스 인스턴스의 Password 속성을 통해 해당 값을 전달한다. `ConnectAsync` 메서드의 reconnectionKind 인수를 사용해 자동 네트워크 연결 기능을 설정할 수도 있다. 이 인수는 WiFiReconnectionKind 열거에 정의된 값(Automatic 또는 Manual) 중 하나를 가질 수 있다. 첫 번째 값(Automatic)은 OS가 자동으로 다시 연결되도록 지정하고, 두 번째 값(Manual)은 사용자가 수동으로 와이파이 네트워크에 다시 연결할 수 있도록 한다. 이 예제에서는 자동 연결을 사용한다. SSID와 비밀번호는 `WiFiCommunicationHelper` 클래스의 상수 멤버인 `DefaultSsid`와 `DefaultPassword`에 의해 정의된다.

와이파이 네트워크에 연결된 후에는 해당 네트워크의 모든 호스트에 연결할 수 있다. 이를 위해 `WiFiCommunicationHelper`에서 `ConnectToHost` 정적 메서드를 구현한다. 예제 9-41에서와 같이 `ConnectToHost` 메서드는 StreamSocket 클래스를 인스턴스화한 다음 `StreamSocket.ConnectAsync` 메서드를 호출한다. 원격 서비스 연결은 블루투스 통신과 매우 유사하지만, 여기에서는 원격 호스트 이름과 포트 번호를 명시적으로 지정해야 한다. 호스트 이름은 호스트 네트워크 이름 또는 해당 IP 주소를 포함하는 문자열이다.

```
public const string Rpi2HostName = "Dawid-RPi2";
public const int DefaultPort = 9090;

public static async Task<StreamSocket> ConnectToHost(string hostName = Rpi2HostName,
    int port = DefaultPort)
{
    var socket = new StreamSocket();

    await socket.ConnectAsync(new HostName(hostName), port.ToString());

    return socket;
}
```

이전 절에서와 같이 TCP 프로토콜을 통해 들어오는 연결을 수신하도록 UI 없는 애플리케이션을 준비하자(함께 제공되는 코드 'Chapter 09/WiFiCommunication/WiFiCommunication. Leds' 참고). 이전과 마찬가지로 StreamSocketListener 클래스의 인스턴스를 생성한 다음 선택한 TCP 포트에 바인딩해야 한다(예제 9-42 참고).

예제 9-42 선택된 TCP 포트에 바인딩된 StreamSocketListener 시작하기

```
private StreamSocketListener streamSocketListener;

private async void StartTcpService()
{
    var connectionStatus = await WiFiCommunicationHelper.ConnectToWiFiNetwork();

    if (connectionStatus == WiFiConnectionStatus.Success)
    {
        streamSocketListener = new StreamSocketListener();

        await streamSocketListener.BindServiceNameAsync(
            WiFiCommunicationHelper.DefaultPort.ToString());

        streamSocketListener.ConnectionReceived +=
            StreamSocketListener_ConnectionReceived;
    }
    else
    {
        DiagnosticInfo.Display(null, "WiFi connection failed: "
```

```
                + connectionStatus.ToString());
    }
}
```

하드웨어 와이파이 어댑터에 액세스하고 네트워크 서버를 생성하려면 애플리케이션에 wiFiControl 디바이스와 internetClientServer 기능이 필요하다. 해당 기능은 예제 9-43 에서와 같이 Package.appxmanifest에서 구성한다. UI 없는 IoT 애플리케이션의 다른 모든 요소는 BluetoothCommunication.Leds와 동일하다.

예제 9-43 WiFiCommunication.Leds 프로젝트의 기능

```
<Capabilities>
  <Capability Name="internetClient" />
  <Capability Name="internetClientServer" />
  <DeviceCapability Name="wiFiControl" />
</Capabilities>
```

클라이언트 애플리케이션에서는 Connect 버튼의 기본 이벤트 핸들러 내에서 `WiFiCommunicationHelper`의 헬퍼 메서드를 사용하도록 수정하면 된다(예제 9-44 및 함께 제공되는 코드 'Chapter 09/WiFiCommunication/WiFiCommunication.Master' 참고). 이 애플리케이션의 다른 모든 요소는 이전 절의 블루투스 클라이언트 애플리케이션과 동일하다.

예제 9-44 와이파이 네트워크를 사용해 원격으로 클라이언트에 연결하기

```
private async void ButtonConnect_Click(object sender, RoutedEventArgs e)
{
    try
    {
        await CloseStreamSocket();

        var connectionStatus = await WiFiCommunicationHelper.ConnectToWiFiNetwork();

        if (connectionStatus == WiFiConnectionStatus.Success)
        {
            streamSocket = await WiFiCommunicationHelper.ConnectToHost();

            DiagnosticInfo.Display(diagnosticData, "Connected to: " +
```

```
                 WiFiCommunicationHelper.Rpi2HostName);
        }
    }
    catch (Exception ex)
    {
        DiagnosticInfo.Display(diagnosticData, ex.Message);
    }
}

private async Task CloseStreamSocket()
{
    if (streamSocket != null)
    {
        await streamSocket.CancelIOAsync();

        streamSocket.Dispose();
        streamSocket = null;
    }
}
```

WiFiCommunication.Leds 애플리케이션을 IoT 디바이스에 배포하고 실행하면 들어오는 요청을 기다리는 웹 서버가 시작된다. WiFiCommunication.Master 애플리케이션을 사용해 해당 요청을 보낸다. 이전과 같이 슬라이더를 사용해 색상을 설정하고, 센스 HAT 애드온 보드의 LED 배열을 원격으로 업데이트하고자 해당 색상 정보를 전송할 수 있다.

요약하면 UWP는 무선 통신을 구현하기 위한 매우 편리한 인터페이스를 제공한다. 또한 동일한 절차를 사용해 다양한 무선 통신 프로토콜을 처리할 수 있다. 유일한 차이점은 각각의 무선 연결은 어댑터를 열거하고 특정 네트워크나 서비스에 연결하기 위한 특정 루틴이 필요하다는 것이다. 그러나 실제 데이터 전송 과정은 정확히 동일하다.

올조인

이전의 모든 예제에서는 사전 정의된 통신 프로토콜을 사용했다. 그러한 접근 방식은 맞춤형 솔루션이 필요할 때 완벽하게 적용된다. 그러나 다양한 센서나 장치를 포함하는 통신 시스템을 구축할 때는 일반적으로 표준화된 통합 통신 프로토콜을 활용해 새로운 장치로 IoT 네트워크를 자유롭게 확장할 수 있기를 원한다. 올조인AllJoyn, 아이오티비티IoTivity, 오픈 인터커넥트 컨소시엄OIC, Open Interconnect Consortium과 같은 여러 프로젝트가 이러한 범용 통신 프로토콜을 제공한다. 여기에서는 UWP가 기본적으로 지원하는 올조인을 설명한다.

올조인 프레임워크(https://github.com/alljoyn/extras-webdocs/tree/master/docs/develop/)는 D-Bus 메시지 버스(https://bit.ly/d-bus)에 기반한 핵심 서비스와 통신 프로토콜을 제공해 연결된 디바이스 간의 상호 운용성을 가능하게 한다. D-Bus는 원래 프로세스 간 통신IPC, Inter-Process Communication 프로토콜로 개발됐으며, 리눅스 데스크톱 환경에 원격 프로시저 호출RPC, Remote Procedure Call 메커니즘을 제공했다. 단일 가상 채널을 도입해 IPC와 RPC 메커니즘을 단순화함으로써 다양한 프로세스와 기계 간의 모든 통신을 수집하는 것이 D-Bus의 목표였다(그림 9-19 참고). IoT는 시스템 프로세스처럼 데이터를 교환하는 상호 연결된 장치의 그리드 역할을 수행하므로 D-Bus 접근 방식은 범용 IoT 통신 구현에 효과적이다. D-Bus는 전송에 독립적이므로 통신 매체에 의존하지 않는다.

올조인 디바이스는 생산자-소비자 모델로 통신한다. 생산자는 다음 절에서 설명하는 사전 정의된 '인트로스펙션Introspection' XML 파일을 사용해 지원하는 기능을 알린다. 이 파일은 생산자가 노출하는 메서드, 속성, 신호를 정의한다. 따라서 인트로스펙션 XML 파일을 기반으로 클라이언트 디바이스(소비자)는 생산자에게 어떤 요청을 보낼 수 있는지 알고 있다. 이것은 이전 예제에서 사용한 사전 정의된 통신 프로토콜에서는 불가능했다. 생산자 역할을 하는 IoT 백그라운드 애플리케이션은 지원하는 기능을 알리지 않았으며, 클라이언트 애플리케이션은 통신 프로토콜을 알고 있어야 했다.

D-Bus 콘텍스트는 버스(또는 인터페이스) 이름으로 식별된다. 이 이름은 2개 이상의 점으로 분리된 문자열(예, com.microsoft.iot)의 집합이다. D-Bus 네트워크 콘텍스트의 각 클라이언트는 자신의 고유한 연결 이름으로 인식될 수 있다. 기존 올조인 네트워크에 연결하고 디바이스와 데이터를 교환하는 가장 간단한 방법은 특정 인터페이스에 연결한 다음 생산자가 구현한 메서드, 속성, 신호를 이용하는 것이다.

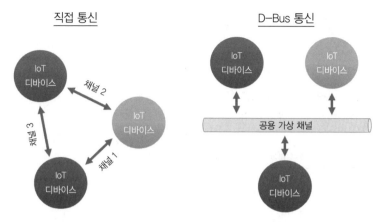

직접 통신

채널 2
채널 3
채널 1

IoT
디바이스

IoT
디바이스

IoT
디바이스

D-Bus 통신

IoT
디바이스

IoT
디바이스

공용 가상 채널

IoT
디바이스

그림 9-19 직접 통신 및 D-Bus 통신 비교. 직접 통신에서는 디바이스가 일대일 통신을 사용하기 때문에 모두 전용 채널을 통해 통신한다. 이와는 대조적으로 D-Bus 통신은 모든 장치가 메시지를 쓰고 읽는 공용 가상 채널을 사용한다.

다음 절에서는 인트로스펙션 XML 파일을 생성한 뒤 올조인 생산자와 소비자를 생성하는 과정을 설명한다. 그런 다음 올조인 네트워크를 통해 LED 배열에 도형을 그리는 원격 기능을 제공하는 UI 없는 IoT 애플리케이션을 구현한다. 다음으로 올조인 UWP 애플리케이션용 IoT 탐색기를 사용해 올조인 디바이스를 열거한다. 마지막으로 올조인 소비자를 개별적으로 구현하는 방법을 설명한다.

인트로스펙션 XML 파일

인트로스펙션 XML 파일(https://bit.ly/d-bus-api)에는 하위 설명^{Child Description} 태그와 하나 이상의 인터페이스 태그가 포함된 루트 노드^{root node} 태그가 있다. 각 인터페이스 태그는 생산자가 구현한 이름, 설명, 메서드, 속성, 신호를 정의한다. 예제 9-45는 올조인 생산자를 위해 정의한 맞춤형 인트로스펙션 XML 파일을 보여 주며, 센스 HAT LED 배열에 도형을 원격으로 그릴 수 있도록 한다. 이 프로토콜에는 DrawShape와 TurnOff라는 2개의 메서드가 있다. 첫 번째 DrawShape 메서드는 그릴 모양을 지정하는 단일 인수를 허용하는 반면, TurnOff는 모든 LED를 비활성화한다. 또한 소비자가 현재 표시된 모양을 나타내는 값을 읽을 수 있는, 읽기 전용 속성인 Shape도 있다.

```
<node>
  <description>AllJoyn introspection XML for the Sense HAT LED array </description>

  <interface name="com.iot.SenseHatLedArray">
    <description>Provides basic LED array control functionality</description>

    <method name="DrawShape">
      <description>Draws selected shape on the LED array</description>
      <arg name="shapeKind" type="i" direction="in">
        <description>A value to specify the shape to be drawn</description>
      </arg>
    </method>

    <method name="TurnOff">
      <description>Turns the LED array off</description>
    </method>

    <property name="Shape" type="y" access="read">
      <description>The current shape drawn on the LED array</description>
    </property>
  </interface>
</node>
```

인터페이스 메서드를 정의하려면 method 태그를 사용하자. method 태그의 name 특성이 메서드 이름을 나타낸다. method 태그 아래에 description 태그와 메서드 형식 매개변수를 정의하는 arg 태그 집합을 포함할 수 있다. 모든 arg 태그는 name, type, direction 특성을 사용해 매개변수화할 수 있다. 첫 번째 name 특성은 소비자가 보는 인수 이름을 지정하고, type 특성은 인수 유형을 지정한다. D-Bus는 직관적이지 않은 ASCII 코드로 유형을 식별한다. 예를 들어, y는 바이트를 나타내며, i는 부호 있는 32비트 정수(int C# 대응)다. 일반적으로 사용되는 다른 인수 유형은 표 9-1에 나타난다. 마지막으로 direction은 입력 인수인 경우 in을 지정하고, 출력 매개변수인 경우 out을 지정한다.

표 9-1 인수 유형의 ASCII 코드(https://dbus.freedesktop.org/doc/dbus-specification.html에서 전체 D-Bus 사양 참고)

타입 이름	ASCII 코드
Byte	y
Boolean	b
Int16	n
UInt16	q
Int32	i
UInt32	u
Int64	x
UInt64	t
Double	d
String	s
Array	a

속성은 property 태그를 사용해 정의된다. 메서드의 경우와 같이 name과 type 특성을 사용해 속성의 이름과 유형을 정의한다. 속성은 읽기/쓰기 접근 권한을 지정하는 또 다른 특성인 access를 포함한다. 각 속성은 읽기 전용(access="read"), 쓰기 전용(access="write"), 읽기 및 쓰기 가능(access="readwrite")일 수 있다.

올조인 스튜디오

올조인 생산자와 소비자는 네이티브 C 라이브러리인 올조인 표준 클라이언트 API(https://github.com/alljoyn/extras-webdocs/tree/master/docs/develop/api-guide)를 사용해 구현할 수 있다. 마이크로소프트는 이 과정을 단축하고자 비주얼 스튜디오용 올조인 스튜디오 AllJoyn Studio 확장을 도입했다(참고로 올조인 스튜디오는 비주얼 스튜디오 2015에서만 설치할 수 있다). 올조인 스튜디오는 자동으로 비주얼 C++ Windows 런타임 구성 요소를 생성해 인트로스펙션 XML 파일을 기반으로 생산자 및 소비자 클래스를 구현한다. 따라서 8장에서 OpenCV 라이브러리를 사용할 때처럼 올조인 표준 클라이언트 API를 UWP 프로젝트와 연결하는 미들웨어 비주얼 C++ 계층을 수동으로 구현할 필요 없다.

비주얼 스튜디오의 확장 관리 대화 상자를 사용해 올조인 스튜디오를 설치할 수 있다. 이 대화 상자에서 검색 텍스트 상자에 alljoyn을 입력한 다음 AllJoyn Studio를 선택하자(그림 9-20 참고). 설치 후 비주얼 스튜디오를 다시 시작하면 비주얼 스튜디오 메뉴에 AllJoyn이라는 새로운 항목이 추가돼 있을 것이다. 또한 올조인 스튜디오는 C#, 비주얼 C++, 비주얼 베이직, 자바스크립트용 AllJoyn App(유니버설 Windows) 프로젝트 템플릿을 설치한다.

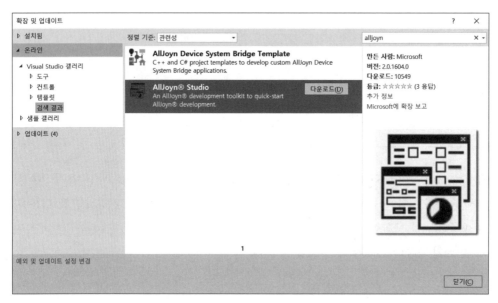

그림 9-20 올조인 스튜디오 설치

다음으로 생산자와 소비자 클래스를 생성하고자 새로운 UWP 애플리케이션을 생성한다. 여기서는 AllJoynCommunication.Producer라는 UI 없는 UWP 백그라운드 IoT 애플리케이션을 사용한다(함께 제공되는 코드 'Chapter 09/AllJoynCommunication' 참고). 프로젝트를 생성한 후 **AllJoyn** 메뉴에서 **Add/Remove Interfaces**(인터페이스 추가/제거)를 선택한다. 이후 AllJoyn 인터페이스 추가/제거 대화 상자가 나타나면 **Browse** 버튼을 클릭한 후 인트로스펙션 XML 파일을 선택한다. 여기서는 예제 9-45의 선언이 포함된 LedArray-introspection.xml 파일을 사용한다.

올조인 스튜디오는 인트로스펙션 XML 파일을 구문 분석한 다음 인터페이스를 감지해 목록에 표시한다. com.iot.SenseHatLedArray 인터페이스를 선택하고, 프로젝트 이름을 AllJoynCommunication.SenseHatLedArrayInterface로 변경한 다음 OK 버튼을 클릭하자(그림 9-21 참고). Windows 런타임 구성 요소가 생성돼 솔루션에 추가된다. 하지만 AllJoynCommunication.Producer에서 해당 프로젝트를 수동으로 참고해야 한다.

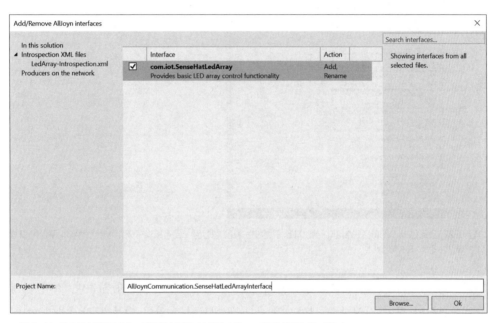

그림 9-21 인트로스펙션 XML 파일에서 구문 분석된 AllJoyn 인터페이스 추가하기

생성된 프로젝트의 구조를 간략히 살펴보면 올조인 생산자(SenseHatLedArrayProducer)와 소비자(SenseHatLedArrayConsumer)를 구현하는 것 외에도 올조인 버스를 관리(AllJoynBusObjectManager)하고 서비스 인터페이스를 구현(ISenseHatLedArrayService)하는 로직, 장치 감시자(SenseHatLedArrayWatcher), 헬퍼 클래스 등 여러 클래스가 포함돼 있다(그림 9-22 참고).

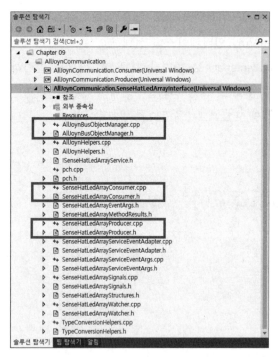

그림 9-22 올조인 버스 관리자, 소비자, 생산자를 구현하는 자동 생성된 프로젝트의 구조. 이러한 객체의 구현을 포함하는 파일이 강조 표시돼 있다.

일반적으로 헬퍼 클래스 또는 버스 관리자를 명시적으로 사용하지 않는다. 소비자 애플리케이션의 장치 감시자는 생산자의 올조인 네트워크 참여 여부를 감지하며, 실제 ISenseHatLedArrayService 인터페이스는 생산자 계층 내에서 구현된다. 이 인터페이스에는 인트로스펙션 XML 파일에 서명이 지정된 메서드의 선언이 포함된다. 따라서 이 인터페이스를 구현하는 클래스는 디바이스 특화 기능을 포함한다. 이것이 생산자의 주요 구현 요소다.

생산자

실제 올조인 서비스를 구현하려면 ISenseHatLedArrayService 인터페이스를 구현하는 AllJoynLedArray 클래스를 추가해 AllJoynCommunication.Producer 프로젝트를 보완해야 한다. AllJoynLedArray 클래스 서명은 예제 9-46에 나타난다.

```
public sealed class AllJoynLedArray : ISenseHatLedArrayService
```

예제 9-46의 인트로스펙션 XML 파일에 따라 ISenseHatLedArrayService 인터페이스의 정의를 생성한다(예제 9-47 참고). 따라서 ISenseHatLedArrayService에는 DrawShapeAsync, GetShapeAsync, TurnOffAsync라는 3개의 멤버가 있다. AllJoynMessageInfo의 인수를 제외하고는 비동기식이며, 자동으로 생성된 전용 클래스를 사용해 비동기 작업의 상태를 반환한다.

```
public interface ISenseHatLedArrayService
{
    IAsyncOperation<SenseHatLedArrayDrawShapeResult> DrawShapeAsync(AllJoynMessageInfo
info,
        int interfaceMemberShapeKind);
    IAsyncOperation<SenseHatLedArrayGetShapeResult> GetShapeAsync(AllJoynMessageInfo
info);
    IAsyncOperation<SenseHatLedArrayTurnOffResult> TurnOffAsync(AllJoynMessageInfo
info);
}
```

예제 9-48에서와 같이 AllJoynMessageInfo 클래스 선언에는 단일 인수 생성자와 public 속성 SenderUniqueName이 포함돼 있다. 이 public 속성은 실제 요청을 보낸 소비자(클라이언트 애플리케이션)를 고유하게 식별한다. 해당 정보를 사용해 소비자에 종속적인 로직을 작성할 수 있다.

```
public sealed class AllJoynMessageInfo : IAllJoynMessageInfo
{
    public AllJoynMessageInfo(System.String senderUniqueName);
    public System.String SenderUniqueName { get; }
}
```

`ISenseHatLedArrayService` 메서드의 반환 형식 선언에는 2개의 정적 메서드인 `Create`
`FailureResult` 및 `CreateSuccessResult`와 읽기 전용 속성을 가진 `Status`가 있다. 생산자
는 이 메서드를 사용해 특정 요청의 수행 여부를 소비자에게 알린다. 그런 다음 소비자는
`Status` 속성을 읽어 해당 정보를 얻는다.

예제 9-49에서와 같이 `LedArray` 클래스를 사용해 `AllJoynLedArray` 클래스에서 `Draw`
`ShapeAsync` 메서드를 구현한다(DrawShapeAsync 메서드는 올조인 소비자가 요청한 LED 배열에 모
양을 그리는 데 사용된다).

예제 9-49 AllJoynLedArray 클래스의 일부 코드

```
private ShapeKind currentShape = ShapeKind.None;

private LedArray ledArray;

public AllJoynLedArray(LedArray ledArray)
{
    this.ledArray = ledArray;
}

public IAsyncOperation<SenseHatLedArrayDrawShapeResult> DrawShapeAsync(
    AllJoynMessageInfo info, int interfaceMemberShapeKind)
{
    Task<SenseHatLedArrayDrawShapeResult> task =
        new Task<SenseHatLedArrayDrawShapeResult>(() =>
    {
        if (ledArray != null)
        {
            currentShape = GetShapeKind(interfaceMemberShapeKind);

            ledArray.DrawShape(currentShape);

            return SenseHatLedArrayDrawShapeResult.CreateSuccessResult();
        }
        else
        {
            return SenseHatLedArrayDrawShapeResult.CreateFailureResult(
                (int)ErrorCodes.LedInitializationError);
        }
    });
```

```
    task.Start();

    return task.AsAsyncOperation();
}

private ShapeKind GetShapeKind(int intShapeKind)
{
    var shapeKind = ShapeKind.None;

    if (Enum.IsDefined(typeof(ShapeKind), intShapeKind))
    {
        shapeKind = (ShapeKind)intShapeKind;
    }

    return shapeKind;
}
```

먼저 LedArray 클래스가 올바르게 초기화됐는지 확인한다. 초기화 과정에서 문제가 발생하면 ErrorCodes.LedInitialzationError 상태로 실패 결과를 생성한다(함께 제공되는 코드 'Chapter 09/AllJoynCommunication/AllJoynCommunication.Producer/ErrorCodes.cs' 참고). AllJoynLedArray가 올바르게 초기화된 LedArray 클래스에 액세스하는 경우 다음을 수행한다.

1. 소비자로부터 전달받은 정수 인수(interfaceMemberShapeKind)를 ShapeKind 열거형 값으로 변환한다(8장 '이미지 처리' 참고).

2. 그런 다음 private 필드에 해당 값을 저장한 뒤 LedArray 클래스의 DrawShape 메서드에 전달한다.

3. 마지막으로 성공 결과를 생성하고 반환한다. 이 로직은 Task 클래스를 사용해 비동기식으로 실행된다.

ISenseHatLedArrayService 인터페이스의 다른 메서드는 AllJoynLedArray 클래스에서 유사하게 구현되므로 별도의 설명은 생략한다(함께 제공되는 코드 'Chapter 09/AllJoyn Communication/AllJoynCommunication.Producer/AllJoynLedArray.cs' 참고).

올조인 디바이스에서 서비스를 알리려면 먼저 AllJoynBusAttachment 클래스를 인스턴스화한 후 해당 객체를 SenseHatLedArrayProducer 생성자에 전달해야 한다. 그런 다음 SenseHatLedArrayProducer 클래스 인스턴스의 Service 속성을 설정해 실제 생산자 서비스를 생성한다. 마지막 단계는 생산자 클래스의 Start 메서드를 사용해 알림을 시작하는 것이다. 이 절차는 StartupTask의 StartAllJoynService 메서드 내에서 구현된다. 이는 예제 9-50 과 함께 제공되는 코드 'Chapter 09/AllJoynCommunication /AllJoynCommunication. Producer/StartupTask.cs'에서 확인할 수 있다(참고로 InitializeLedArray 메서드는 이미 알려진 LED 배열 초기화만 수행하므로 생략한다).

예제 9-50 올조인 생산자 실행하기

```
private LedArray ledArray;
private BackgroundTaskDeferral taskDeferral;

private AllJoynBusAttachment allJoynBusAttachment;

public async void Run(IBackgroundTaskInstance taskInstance)
{
    taskDeferral = taskInstance.GetDeferral();

    await InitializeLedArray();

    StartAllJoynService();
}

private void StartAllJoynService()
{
    allJoynBusAttachment = new AllJoynBusAttachment();

    SenseHatLedArrayProducer senseHatAllJoynProducer =
        new SenseHatLedArrayProducer(allJoynBusAttachment);
    senseHatAllJoynProducer.Service = new AllJoynLedArray(ledArray);
    senseHatAllJoynProducer.Start();
}
```

올조인 API에 액세스하려면 예제 9-51과 같이 Package.appxmanifest에서 올조인 기능을 선언해야 한다. 이후 IoT 디바이스에서 AllJoynCommunication.Producer를 배포하고 실행할 수 있다. 올조인 애플리케이션용 IoT 탐색기를 사용하거나 맞춤형 소비자를 작성해 해당 앱에 요청을 보낼 수 있다. 다음 두 절에서 각각의 예제를 다룰 예정이다.

예제 9-51 올조인 기능 선언

```
<Capabilities>
  <Capability Name="internetClient" />
  <Capability Name="allJoyn" />
</Capabilities>
```

올조인 IoT 탐색기

올조인 IoT 탐색기^{IoT Explorer for AllJoyn}는 Windows Store(https://www.microsoft.com/store/apps/9nblggh6gpxl)를 통해 배포되는 무료 UWP 애플리케이션이다. IoT 탐색기를 사용하면 로컬 네트워크에서 올조인 장치를 쉽게 열거하고, 인터페이스를 탐색하고, 원격 메서드를 호출하고, 속성에 액세스할 수 있다.

이 애플리케이션을 설치하고 실행하면 3개의 올조인 생산자가 표시될 것이다(그림 9-23 참고). 기본 생산자는 IoT Core Onboarding이다. 이를 사용해 IoT 보드의 설명을 변경하고, 와이파이 모듈을 제어할 수 있다. 장치 포털의 Onboarding 탭을 사용해 이 기본 올조인을 구성할 수 있다(그림 9-24 참고).

그림 9-23 로컬 네트워크에서 탐색된 올조인 생산자

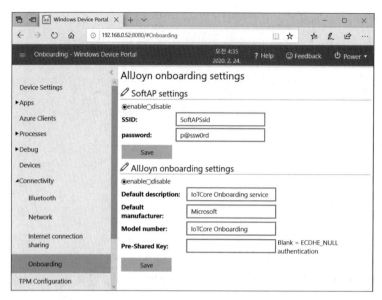

그림 9-24 장치 포털의 Onboarding 탭

IoT 탐색기에는 이전 절에서 구현한 맞춤형 생산자 또한 표시된다. 설명은 앱 매니페스트의 Packaging 섹션에 정의된 값을 반영한다. 해당 예제의 경우 이 항목은 CN=Dawid의 값을 가진다. 맞춤형 생산자를 나타내는 직사각형을 클릭하면 IoT 탐색기가 5개의 인터페이스로 구성된 단일 서비스를 표시한다. 해당 서비스를 클릭한 다음 com.iot.SenseHatLedArray 인터페이스를 선택할 수 있다. 인터페이스를 선택하면 해당 인터페이스의 메서드와 속성이 표시된다. 그림 9-25 및 그림 9-26과 같이 해당 사각형을 사용해, 선택한 메서드를 호출하고 속성값을 읽을 수 있다. 요청이 IoT 디바이스로 전송되면 적절한 모양이 LED 배열에 나타난다.

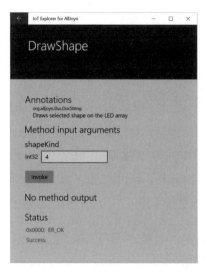

그림 9-25 선택한 모양을 LED 배열에 원격으로 그리고자 DrawShape 메서드를 호출한다.

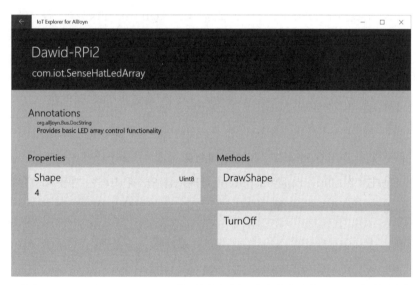

그림 9-26 com.iot.SenseHatLedArray 올조인 인터페이스의 속성 및 메서드. Shape 속성은 현재 표시된 모양에 해당하는 값을 표시한다.

맞춤형 소비자

IoT 탐색기는 일반적인 용도로 올조인 인터페이스를 빠르고 편리하게 테스트할 수 있는 방법을 제공한다. 맞춤형 솔루션의 경우 적절한 UWP API를 사용해 자체 소비자를 작성할 수 있다. 이 절에서는 com.iot.SenseHatLedArray 인터페이스를 사용하는 UI 있는 UWP 애플리케이션을 구현하는 방법을 보여 준다.

먼저 AllJoyn(유니버설 Windows) 프로젝트 템플릿 또는 비어 있는 앱 UWP 템플릿을 사용한다. 전자의 경우 올조인 기능이 자동으로 구성되며, 후자의 경우 비어 있는 앱 UWP 템플릿에서는 앱 매니페스트에 수동으로 올조인 기능을 선언해야 한다.

소비자 애플리케이션인 AllJoynCommunication.Consumer를 빌드하고자 AllJoyn(유니버설 윈도우) 프로젝트 템플릿을 사용한 다음 SerialCommunication.Common 및 AllJoynCommunication.Producer와 함께 AllJoynCommunication.SenseHatLedArrayInterface 프로젝트를 참조한다. 첫 번째 프로젝트의 DiagnosticInfo 클래스를 사용하고, 두 번째 프로젝트의 ShapeKind 열거형을 사용한다.

다음으로, 사용자가 모양을 선택할 수 있는 드롭다운 목록, 올조인 생산자에게 요청을 보내는 버튼 3개, 진단 메시지를 표시하는 목록 상자로 구성된 간단한 UI를 정의한다(그림 9-27 참고).

UI를 구성한 다음 올조인 소비자 로직 구현은 일반적으로 예제 9-52와 같이 진행된다. 생산자의 경우와 마찬가지로 AllJoynBusAttachment 클래스를 인스턴스화한 다음 이 객체를 사용해 올조인 장치 감시자 SenseHatLedArrayWatcher를 구성한다(예제 9-52 참고).

그림 9-27 맞춤형 올조인 소비자의 사용자 인터페이스. 버튼은 올조인 생산자가 노출한 원격 메서드를 호출하며, 목록에는 원격 요청의 결과와 진단 데이터가 표시된다.

예제 9-52 올조인 장치 감시자 초기화

```
private AllJoynBusAttachment allJoynBusAttachment;
private SenseHatLedArrayWatcher senseHatLedArrayWatcher;

public MainPage()
{
    InitializeComponent();

    InitializeWatcher();
}

private void InitializeWatcher()
{
    allJoynBusAttachment = new AllJoynBusAttachment();

    senseHatLedArrayWatcher = new SenseHatLedArrayWatcher(allJoynBusAttachment);

    senseHatLedArrayWatcher.Added += SenseHatLedArrayWatcher_Added;
    senseHatLedArrayWatcher.Stopped += SenseHatLedArrayWatcher_Stopped;
```

```
    senseHatLedArrayWatcher.Start();
}
```

그런 다음 감시자 클래스의 Added 및 Stopped 이벤트를 사용해 특정 생산자의 네트워크
참여 여부를 감지한다. 네트워크에서 생산자가 발견되면 JoinAsync를 사용해 세션에 참여
한다. 해당 메서드를 성공적으로 호출한 후에는 실제 소비자 클래스에 대한 참조도 얻는다
(예제 9-53 참고).

예제 9-53 생산자와 연결 및 연결 해제

```
private SenseHatLedArrayConsumer senseHatLedArrayConsumer;
private bool isSenseHatAvailable = false;

private ObservableCollection<string> diagnosticData = new ObservableCollection<string>();

private async void SenseHatLedArrayWatcher_Added(SenseHatLedArrayWatcher sender,
    AllJoynServiceInfo args)
{
    var result = await SenseHatLedArrayConsumer.JoinSessionAsync(args,
        senseHatLedArrayWatcher);

    if (result.Status == AllJoynStatus.Ok)
    {
        isSenseHatAvailable = true;

        senseHatLedArrayConsumer = result.Consumer;

        DiagnosticInfo.Display(diagnosticData,
            "Successfully joined the AllJoyn session. Bus name: " + args.UniqueName);
    }
}

private void SenseHatLedArrayWatcher_Stopped(SenseHatLedArrayWatcher sender,
    AllJoynProducerStoppedEventArgs args)
{
    isSenseHatAvailable = false;

    senseHatLedArrayConsumer.Dispose();
    senseHatLedArrayConsumer = null;
```

```
    DiagnosticInfo.Display(diagnosticData,
        "SenseHatLedArray AllJoyn device left the network");
}
```

소비자 클래스에 대한 참고를 통해 특정 올조인 인터페이스의 메서드와 속성에 액세스할
수 있다. 예제 9-54에서와 같이 LED 배열에서 모양을 그리거나 *끄려면* DrawShapeAsync와
TurnOff 메서드를 각각 호출한다.

예제 9-54 생산자의 메서드 호출하기

```
private object selectedShape = ShapeKind.None;
private const string deviceUnavailable = "Device unavailable";

private async void ButtonDrawShape_Click(object sender, RoutedEventArgs e)
{
    if (isSenseHatAvailable)
    {
        var drawShapeResult = await senseHatLedArrayConsumer.DrawShapeAsync(
            (int)selectedShape);

        var allJoynStatus = AllJoynStatusHelper.GetStatusCodeName(
            drawShapeResult.Status);

        var info = string.Format("Shape drawn: {0}, Status: {1}",
            selectedShape, allJoynStatus);

        DiagnosticInfo.Display(diagnosticData, info);
    }
    else
    {
        DiagnosticInfo.Display(diagnosticData, deviceUnavailable);
    }
}

private async void ButtonTurnOff_Click(object sender, RoutedEventArgs e)
{
    if (isSenseHatAvailable)
    {
        var turnOffResult = await senseHatLedArrayConsumer.TurnOffAsync();

        var allJoynStatus = AllJoynStatusHelper.GetStatusCodeName(turnOffResult.Status);
```

```
        DiagnosticInfo.Display(diagnosticData, "Turn off method result: " + allJoynStatus);
    }
    else
    {
        DiagnosticInfo.Display(diagnosticData, deviceUnavailable);
    }
}
```

요청이 성공적으로 수행됐는지 확인하고자 DrawShapeAsync 또는 TurnOff 메서드로 반환된 객체의 Status 속성을 읽을 수 있다. 이들은 SenseHatLedArrayGetShapeResult와 SenseHatLedArrayTurnOffResult 클래스의 인스턴스다. 둘 다 부호 있는 32비트 정수인 Status 속성을 노출한다. 가능한 상태 코드 집합은 Windows.Devices.AllJoyn 네임스페이스에 구현된 정적 클래스 AllJoynStatus 내에 정의돼 있다. 그러나 AllJoynStatus는 통합 상태 코드를 디버깅 중에 쉽게 해석될 수 있는 문자열로 변환하는 편리한 방법을 제공하지 않는다. 이 문제를 해결하고자 AllJoynStatusHelper 클래스를 작성한다. AllJoyn StatusHelper 클래스는 C# 리플렉션Reflection 메커니즘을 사용해 AllJoynStatus 정적 속성의 값과 이름을 동적으로 열거한다(예제 9-55의 GetNamedStatusCode 메서드 참고). 이를 바탕으로 특정 조회 테이블을 구축해 특정 올조인 상태의 이름을 반환한다(예제 9-55의 GetStatus CodeName 참고). 그런 다음 조회 테이블에서 값을 읽기만 하면 특정 올조인 상태 코드의 문자열 표현을 쉽게 얻을 수 있다.

예제 9-55 올조인 상태 코드 해석에 사용되는 AllJoynStatusHelper 클래스의 정의

```
public static class AllJoynStatusHelper
{
    private static Dictionary<int, string> namedAllJoynStatusDictionary =
        GetNamedStatusCodes();

    private const string unknownStatus = "Unknown status";

    public static string GetStatusCodeName(int statusCode)
    {
        var statusName = unknownStatus;
```

```
        if (namedAllJoynStatusDictionary.ContainsKey(statusCode))
        {
            statusName = namedAllJoynStatusDictionary[statusCode];
        }

        return statusName;
    }

    private static Dictionary<int, string> GetNamedStatusCodes()
    {
        var namedStatusCodes = typeof(AllJoynStatus).GetRuntimeProperties().Select(
            r => new RequestStatus()
            {
                Name = r.Name,
                Value = (int)r.GetValue(null)
            });

        var result = new Dictionary<int, string>();

        foreach (var namedStatusCode in namedStatusCodes)
        {
            if (!result.ContainsKey(namedStatusCode.Value))
            {
                result.Add(namedStatusCode.Value, namedStatusCode.Name);
            }
        }

        return result;
    }
}
```

속성값을 읽으려면 예제 9-56을 따라 진행해 보자. 이 절차는 메서드를 호출하는 것과 유사하다. 먼저 적절한 비동기 메서드(GetShapeAsync)를 호출한다. 그런 다음 요청이 성공적으로 완료됐는지 확인하고자 GetShapeAsync 메서드에서 반환한 객체(SenseHatLedArrayGetShapeResult)의 Status 속성을 읽는다. 마지막으로 SenseHatLedArrayGetShapeResult의 적절한 멤버, 즉 Shape를 읽어 실제 속성값을 얻을 수 있다.

예제 9-56 AllJoyn 인터페이스의 속성 읽기

```
private async void ButtonGetShape_Click(object sender, RoutedEventArgs e)
{
    if (isSenseHatAvailable)
    {
        var getShapeResult = await senseHatLedArrayConsumer.GetShapeAsync();

        var allJoynStatus = AllJoynStatusHelper.GetStatusCodeName(getShapeResult.Status);

        var info = string.Format("Current shape: {0}, Status: {1}",
            (ShapeKind)getShapeResult.Shape, allJoynStatus);

        DiagnosticInfo.Display(diagnosticData, info);
    }
    else
    {
        DiagnosticInfo.Display(diagnosticData, deviceUnavailable);
    }
}
```

AllJoynCommunication.Consumer 애플리케이션을 실행한 후 IoT 탐색기를 사용하는 것과 유사하게 IoT 디바이스를 원격으로 제어할 수 있다. 하지만 AllJoynCommunication. Consumer는 com.iot.SenseHatLedArray 올조인 인터페이스에 맞게 수정된 UI를 표시하므로 정수를 입력하는 대신 드롭다운 목록에서 그릴 특정 모양을 선택할 수 있다.

앞의 올조인 인터페이스에서는 특정 속성이 변경될 때마다 소비자에게 신호를 보내지 않는다. 따라서 소비자는 지정된 시간 간격으로 속성을 읽어야 한다. 이 문제를 해결하고자 D-Bus 사양에 신호의 개념이 도입됐다. 신호는 signal 태그를 사용해 인트로스펙션 XML 파일에 정의된다(예제 9-57 참고).

인트로스펙션 XML 파일에서 신호를 정의하면 올조인 스튜디오에서 해당 신호를 이벤트에 매핑한다. 이벤트를 발생 시켜 신호를 세션별 소비자에게 브로드캐스트한다. 신호도 세션이 없을 수 있다. 그러한 경우 접속된 소비자뿐만 아니라 가까운 올조인 네트워크의 모든 애플리케이션에 알린다.

```
<signal name="LedArrayOn" sessionless="false">
    <description>Emitted when the LED array turns on</description>

    <arg name="turnedOffInternally" type="b"/>
</signal>

<signal name="LedArrayOff" sessionless="true">
    <description>Emitted when the LED array turns off</description>
</signal>
```

올조인은 사전 정의된 통신 인터페이스와는 다르게 저수준 데이터 변환이나 오류 감지 같은 다른 작업을 수행할 필요 없다. 올조인이 이러한 저수준 작업을 처리하므로 로직 구현에 집중할 수 있으며, 생산자의 원격 메서드와 속성을 C# 객체의 일반 메서드처럼 사용할수 있다. 따라서 올조인은 올조인 스튜디오와 함께 신속한 IoT 개발의 기초를 제공한다. 하지만 포괄적인 맞춤형 제어 시스템을 구축할 때는 대부분 고유의 프로토콜을 정의해야한다.

윈도우 원격 아두이노

윈도우 원격 아두이노^{Remote Arduino}는 디바이스 통신과 관련된 또 다른 유용한 라이브러리다. 이 라이브러리는 블루투스, USB, 와이파이, 이더넷 등 다양한 통신 프로토콜을 사용하는 아두이노 보드를 원격으로 제어하고자 퍼마타^{Firmata} 통신 프로토콜(https://bit.ly/firmata)을 사용한다. 윈도우 원격 아두이노의 전체 가이드는 https://bit.ly/windows_remote_arduino에서 온라인으로 제공되므로 자세한 예제는 생략한다.

요약

9장에서는 디바이스 간 데이터 전송을 위한 몇 가지 UWP 통신 API를 살펴봤다. 먼저 유선 통신을 알아봤다. 루프백 모드에서 유선 통신 인터페이스를 테스트하고, IoT 디바이스를 원격으로 제어하는 데 사용되는 사전 정의된 통신 프로토콜을 구현하는 방법을 알아봤다. 이후 블루투스, 와이파이 등 무선 인터페이스를 알아봤다. 마지막으로 표준화된 AllJoyn 통신 프로토콜을 구현하고 사용하는 방법을 소개했다. 이러한 다양한 기능을 통해 표준화된 IoT 통신 시스템 또는 완전히 맞춤화된 IoT 통신 시스템을 구축할 수 있다.

CHAPTER 10

모터

전자 모터 시스템은 로봇 공학과 이동식 자동화 시스템에서 매우 중요한 요소다. 여기에는 직류DC, Direct Current, 스테퍼stepper, 서보servo 모터가 포함될 수 있다. 10장에서는 각 모터의 차이점을 설명하고 PID 제어기를 소개한다. 그런 다음 RPi2/RPi3의 전용 모터 HAT을 사용해 모터를 제어하는 방법을 살펴볼 예정이다. 모터 HAT의 핵심 요소는 펄스폭 변조PWM, Pulse-Width Modulation 모듈이다. 따라서 먼저 PWM을 제어하기 위한 드라이버를 작성하는 방법을 설명한다. 해당 드라이버는 이후 DC와 스테퍼 모터를 조종할 때 사용된다. 마지막으로 서보 메커니즘에 부착된 바퀴를 제어한다. 또한 PID에 사용된 것과 유사한 자동 모터 속도 조정에 관해서도 설명한다. 10장을 마치면 로봇 포지셔닝을 위한 제어 시스템을 구축할 수 있을 것이다.

모터 및 장치 제어 기본 원리

DC 모터는 장난감, 공구, 가전제품에 널리 사용된다. 가장 간단한 경우 DC 모터는 반대 극성을 가진 2개의 정지 자석으로 구성돼 자석이 자기장을 생성한다. 전도 코일은 자석 사이에 위치하며, DC 전원과 연결된다. 전류가 코일을 회전시키며, 전류가 높을수록 회전이 빨라진다. 따라서 IoT 디바이스를 사용해 DC 모터를 제어하려면 적절한 전압을 공급해야 한다.

스테퍼 모터는 전체 회전이 특정 스텝 수(별도 각도)로 나뉘는 DC 모터다. 모터 샤프트shaft를 주어진 각도로 회전시켜 모터 위치(회전)를 설정할 수 있는 보다 정밀한 포지셔닝 애플리케이션에 스테퍼 모터를 사용할 수 있다. 스테퍼 모터는 일반적으로 피드백 제어feedback control를 사용하지 않는다. 따라서 모터 매개변수가 토크와 일치하지 않거나 모터를 너무 빨리 이동할 때 모터가 요청된 위치에 있는지를 알 수 없다.

서보 모터는 모터 속도와 위치를 측정하는 추가 구성 요소의 피드백을 기반으로 정확한 위치(또는 회전)를 보장한다. 이러한 폐쇄 피드백 루프closed-feedback loop는 제어 시스템의 가장 중요한 측면 중 하나다. 전통적으로 폐쇄 피드백 루프는 PID Proportional-Integrated-Derivative 제어기 내에서 구현된다.

PID 제어기는 실제 모터 위치와 요청된 모터 위치 사이의 오류를 최소화한다. 비례(P, Proportional), 적분(I, Integrated), 미분(D, Derivative) 항을 사용해 시간 의존적 오차 함수를 계산한다.

- P항: 순간 오차를 나타낸다.
- I항: 누적 오차를 나타낸다.
- D항: 향후 위치 차이를 예측한다.

각 항의 정보를 결합함으로써 PID 제어기는 부드러운 모터 포지셔닝을 제공한다. 따라서 큰 순간 오차로 인해 모터 위치가 급격히 변하지 않는다. 속도는 과거, 현재, 예측된 위치 변화에 맞춰 조정된다.

실제적인 예로, 자동차에 있는 크루즈 컨트롤cruise control을 생각해 보자. 이 시스템을 켜면 차량 속도가 고정된 값으로 유지된다. 평탄한 도로에서 운전할 때 차는 일정한 속도를 유지한다. 언덕을 넘어 운전할 때 크루즈 컨트롤 시스템에 내장된 PID 제어기는 자동차가 속도를 줄이거나 가속한다는 것을 감지한다. 그런 다음 PID 제어기는 과거와 현재의 속도 변화에 따라 자동차의 속도를 부드럽게 보정한다. 즉 속도가 감소하기 시작할 때(상행 중) PID 제어기는 요청된 속도에 도달하고자 서서히 가속하기 시작한다. 부드러운 가속을 제공하므로 자동차가 급격히 흔들리지 않는다. 이는 PID 제어기가 이전의 속도 판독값을 저장하고 단기 속도 변화를 예측할 수 있기 때문에 가능하다.

모터 HAT

모터 위치를 제어하려면 일반적으로 적절한 전압 또는 전류를 모터에 출력해야 한다. 실제로는 전용 드라이버를 사용해 프로그램으로 구현한 요청을 저수준 전자 신호로 변환한다.

모터 제어를 지원하는 여러 종류의 RPi2/RPi3용 HAT이 있다. 여기서는 DC 및 스테퍼 모터 HAT(https://bit.ly/dc_stepper_motor_hat)(그림 10-1 참고)와 서보/PWM Pi HAT(https://bit.ly/servo_hat)를 사용한다(그림 10-2 참고). 두 HAT 모두 GPIO 헤더를 통해 RPi2/RPi3에 쉽게 부착할 수 있다. 하지만 이들은 약간의 납땜 작업이 필요하다. 자세한 조립 지침은 https://bit.ly/hat_soldering에서 확인할 수 있다.

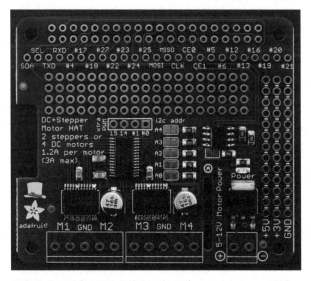

그림 10-1 RPi2용 DC 및 스테퍼 모터 HAT(www.adafruit.com 제공)

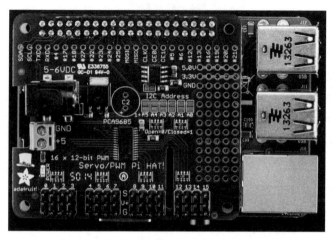

그림 10-2 RPi2에 부착된 서보/PWM Pi HAT(www.adafruit.com 제공)

펄스폭 변조

앞에서 설명한 두 모터 HAT의 핵심 부품은 PCA9685 모듈(https://bit.ly/PCA9685)이다. 이 모듈은 I²C 제어, 16채널, 12비트 해상도의 펄스폭 변조(PWM) 제어기다. PWM은 펄스 신호를 사용해 정보를 인코딩한다. 펄스 지속 시간(또는 폭)은 지정된 주기에 맞춰 조절돼, 활성(on) 상태와 비활성(off) 상태의 지속 시간과 펄스 반복률 또는 펄스 생성 빈도를 결정한다. 활성 상태의 지속 시간은 PWM 듀티 사이클 D로 정의된다. 예를 들어, D = 30%는 PWM이 변조 주기의 30% 동안 활성 상태에 있고 70% 동안 비활성 상태에 있다는 것을 의미한다.

PWM의 기본 개념은 그림 10-3에 나타나 있다. 짧은 펄스 지속 시간은 짧은 하이high 상태와 긴 로low 상태에 해당한다. 긴 펄스폭은 긴 활성 상태와 짧은 비활성 상태를 생성한다. 활성 상태와 비활성 상태를 서로 바꾸면 반대가 된다. PWM 장치(PCA9685 포함)는 일반적으로 내부 오실레이터로 이러한 변조를 달성해 PWM 신호를 생성한다.

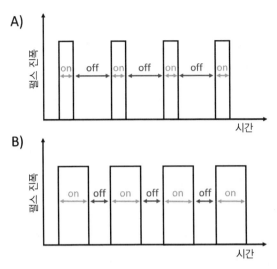

그림 10-3 펄스폭 변조. 펄스폭(또는 지속시간)은 활성/비활성 상태의 지속 시간을 결정한다. (A) 짧은 펄스는 짧은 활성 상태와 긴 비활성 상태를 발생시킨다. (B) 반대로 긴 펄스는 긴 비활성 상태와 짧은 활성 상태에 해당한다.

PCA9685 PWM 듀티 사이클$^{duty\ cycle}$은 적절한 제어 레지스터를 사용해 제어할 수 있다. PCA9685에는 채널당 4개의 13비트 레지스터와 상태당 2개의 레지스터가 있는 64개의 전용 제어 레지스터가 있다. PCA9685 데이터시트에서 이러한 레지스터는 LEDx_ON_L, LEDx_ON_H(활성) 및 LEDx_OFF_L, LEDx_OFF_H(비활성)로 표시된다. 여기서 x는 채널 인덱스, 즉 0부터 15까지의 정수값을 나타낸다. L과 H는 0~4096 범위의 값을 가진 13비트 부호 없는 정수의 하위 및 상위 바이트에 해당한다. PWM 채널은 12비트 해상도를 가지므로 일반적으로 사용하는 최대값은 4095이다. 4096의 값에는 특별한 의미가 있다. On 레지스터에 최소값인 0과 Off 레지스터에 4096 값을 설정하면 듀티 사이클이 0%인 완전 비활성 PWM 모드가 된다. 이러한 값을 서로 바꾸면(즉 On 레지스터에 4096을, Off 레지스터에 0을 사용하면) 반대의 경우가 된다. 즉 PWM은 100%의 듀티 사이클로 완전 활성 모드가 된다. PCA9685는 LED를 제어하고자 설계됐지만, 여기서와 같이 다른 애플리케이션에도 사용할 수 있다.

LED 레지스터는 0x06(LED0_ON_L의 주소)에서 시작해 0x45(LED15_OFF_H)로 끝나는 연속된 8비트 부호 없는 정수로 처리된다. 또한 ALL_LED_ON_L(0xFA), ALL_LED_ON_H(0xFB), ALL_LED_OFF_L(0xFC), ALL_LED_OFF_H(0xFD)의 네 가지 레지스터를 사용해 모든 LED 채널을 동시에 제어할 수 있다.

센서와 마찬가지로 PWM 듀티 사이클을 구성할 수 있다. I²C 버스를 통해 PCA9685와 연결한 다음 제어 레지스터에 적절한 값을 쓰면 된다. 그러나 PCA9685를 활성화하려면 PWM 신호를 생성하는 내부 오실레이터를 작동시켜야 한다. 이를 위해 0x00의 주소를 가진 MODE1 레지스터를 사용한다.

MODE1 레지스터는 단일 바이트 값을 저장하며, 인덱스 4의 비트가 오실레이터 상태를 제어한다. 이 비트를 0으로 설정하면 오실레이터가 활성화되고, 이에 따라 PWM 출력도 활성화된다. PWM 신호를 비활성화하려면 해당 비트를 1로 설정한다. 기본적으로 PCA9685 오실레이터는 비활성화돼 있다. 즉 장치가 절전(저전력) 모드에 있다. 전원 모드를 변경할 때마다 오실레이터가 안정될 때까지 최소 500μs 이상 기다려야 한다.

마지막으로 PWM 신호 주파수를 제어하려면 0xFE 주소를 가진 PRE_SCALE 레지스터를 사용한다. PCA9685는 24~1526Hz 사이의 주파수를 가진 PWM 신호를 생성할 수 있다.

드라이버

앞에서 설명한 PWM 제어는 `PcaRegisterValue`, `PcaRegisters`, `PcaPwmDriver` 클래스에 구현돼 있다(함께 제공되는 코드 'Chapter 10/Motors/MotorsControl/PWM' 참고). 이들 클래스는 PWM 모듈을 제어하기 위한 일반적인 구현을 구성하므로 별도의 `MotorsControl` 클래스 라이브러리에서 구현한다.

`PcaRegisterValue`는 On 및 Off 레지스터의 부호 없는 short 값을 저장하기 위한 객체다(예제 10-1 참고).

예제 10-1 PCA9685 PWM 모듈의 On/Off 레지스터에 값을 저장하기 위한 헬퍼 클래스

```
public class PcaRegisterValue
{
    public ushort On { get; set; }

    public ushort Off { get; set; }
}
```

PcaRegisters 클래스는 MODE1, PRESCALE 레지스터 및 슬립 모드 비트 인덱스의 public 속성을 저장하는 헬퍼 역할을 한다(예제 10-2 참고). 또한 PcaRegisters 클래스는 정적 헬퍼 메서드인 GetRegisterAddressList를 구현해 주어진 LED 채널에 대한 레지스터 주소의 2차원 바이트 배열을 반환한다. GetRegisterAddressList는 On 혹은 Off인 레지스터 유형에 따라 주소 목록을 반환한다. 예제 10-3의 RegisterType 열거형은 이러한 값의 추상 표현이다.

예제 10-2 PCA9685 레지스터의 주소를 결정하기 위한 PcaRegisters 클래스의 정의

```
public static class PcaRegisters
{
    public static byte Mode1 { get; } = 0x00;
    public static byte Prescale { get; } = 0xFE;

    public static byte SleepModeBitIndex { get; } = 4;

    private const byte ledAddressBeginIndex = 0x06;
    private const byte channelOffset = 4;
    private const byte registerLength = 2;
    private const byte maxChannelIndex = 15;

    public static byte[] GetRegisterAddressList(byte channelIndex, RegisterType
        registerType)
    {
        // 채널 인덱스 확인
        if(channelIndex > maxChannelIndex)
        {
            throw new ArgumentException("Channel index cannot be larger than "
                + maxChannelIndex);
        }

        // LED 시작 색인 6에서 4 * channelIndex를 건너뛰어 시작 주소 가져오기
```

```
        var registerStartAddress = Convert.ToByte(ledAddressBeginIndex
            + channelIndex * channelOffset);

        // 레지스터 유형이 off인 경우, 오프셋 2를 추가한다
        if(registerType == RegisterType.Off)
        {
            registerStartAddress += Convert.ToByte((byte)registerType *
                registerLength);
        }

        // 주소 목록 구성
        var addressList = new byte[registerLength];

        for(byte i = 0; i < registerLength; i++)
        {
            addressList[i] = Convert.ToByte(registerStartAddress + i);
        }

        return addressList;
    }
}
```

예제 10-3 On/Off LED 레지스터의 추상 표현

```
public enum RegisterType : byte
{
    On = 0, Off
}
```

PcaPwmDriver 클래스는 실제 PCA9685 모듈을 제어하는 기능을 제공하는 클래스다. 먼저 PcaPwmDriver는 Init 메서드 내에서 I^{2}C 연결을 초기화한다(예제 10-4 참고). 이 메서드는 0x60의 I^{2}C 주소를 사용한다.

예제 10-4 PcaPwmDriver 클래스 초기화

```
public bool IsInitialized { get; private set; } = false;

private const byte defaultAddress = 0x60;

public async Task Init(byte address = defaultAddress)
```

```
{
    device = await I2cHelper.GetI2cDevice(address);

    IsInitialized = device != null;
}
```

그런 다음 PcaPwmDriver는 LED 레지스터와 인터페이스하기 위한 실제 메서드를 구현한다. 해당 메서드는 GetChannelValue와 SetChannelValue다(예제 10-5 참고). 두 메서드 모두 PcaRegisters의 GetRegisterAddressList 메서드를 사용한 다음 GetUShort 메서드(레지스터 값 읽기) 또는 WriteUShort 메서드(레지스터 값 설정)를 사용한다. GetUShort와 WriteUShort 메서드는 RegisterHelper 클래스의 이전 정의를 확장한다(함께 제공되는 코드 'Chapter 10/ Motors/MotorsControl/Helpers/RegisterHelper.cs' 참고). 해당 메서드는 I²C 버스를 통한 데이터 전송을 목표로 하는 RegisterHelper 클래스의 다른 메서드와 유사하게 구현되므로 자세한 설명은 생략한다.

예제 10-5 PWM 출력을 구성하기 위한 PCA9685 레지스터 읽기 및 쓰기

```
public PcaRegisterValue GetChannelValue(byte index)
{
    CheckInitialization();

    var onRegisterAddressList = PcaRegisters.GetRegisterAddressList(index,
        RegisterType.On);
    var offRegisterAddressList = PcaRegisters.GetRegisterAddressList(index,
        RegisterType.Off);

    return new PcaRegisterValue()
    {
        On = RegisterHelper.GetUShort(device, onRegisterAddressList),
        Off = RegisterHelper.GetUShort(device, offRegisterAddressList)
    };
}

public void SetChannelValue(byte index, PcaRegisterValue pcaRegisterValue)
{
    CheckInitialization();

    var onRegisterAddressList = PcaRegisters.GetRegisterAddressList(index,
```

```
        RegisterType.On);
    var offRegisterAddressList = PcaRegisters.GetRegisterAddressList(index,
        RegisterType.Off);

    RegisterHelper.WriteUShort(device, onRegisterAddressList, pcaRegisterValue.On);
    RegisterHelper.WriteUShort(device, offRegisterAddressList, pcaRegisterValue.Off);
}

private void CheckInitialization()
{
    if (!IsInitialized)
    {
        throw new Exception("Device is not initialized");
    }
}
```

PCA9685 절전 모드 구성은 PcaPwmDriver 클래스의 SetSleepMode 메서드 내에서 구현된다
(예제 10-6 참고). 이 함수는 SleepMode 열거형을 인수로 받는다. 이후 SetSleepMode 메서
드는 MODE1 레지스터에서 현재 값을 읽은 다음 해당 레지스터의 네 번째 비트를 업데
이트한다. 이 비트는 SleepMode 변수의 값이 SleepMode.LowPower인 경우 1이고, 그
렇지 않은 경우 0이다. SetSleepMode 메서드는 MODE1 레지스터의 값을 업데이트한다.
BitArray 클래스의 인스턴스를 바이트로 변환하고자 5장, '센서의 데이터 판독'에서 다뤘
던 GetByteValueFromBitArray 메서드를 사용한다. 또한 내부 오실레이터는 초기화를 위해
0.5ms가 필요하다. SetSleepMode 메서드의 마지막 명령문은 이 초기화 시간을 위한 것이
다.

예제 10-6 PCA9685 전원 모드 구성

```
public void SetSleepMode(SleepMode mode)
{
    CheckInitialization();

    // 현재 모드 읽기
    var currentMode = RegisterHelper.ReadByte(device, PcaRegisters.Mode1);

    // Pwm Mode == Low Power 인 경우 절전 모드 비트를 true로 업데이트
    var currentModeBits = new BitArray(new byte[] { currentMode });
```

```
    currentModeBits[PcaRegisters.SleepModeBitIndex] = mode == SleepMode.LowPower;

    // Mode1 레지스터에 업데이트된 바이트 값 쓰기
    RegisterHelper.WriteByte(device, PcaRegisters.Mode1,
        RegisterHelper.GetByteValueFromBitArray(currentModeBits));

    // 내부 오실레이터에 필요한 지연
    Task.Delay(1).Wait();
}

public enum SleepMode
{
    Normal, LowPower
}
```

PWM 신호 주파수를 업데이트하려면 PcaPwmDriver의 SetFrequency 메서드를 사용한다(예제 10-7 참고). 이 함수는 먼저 PWM 모듈을 절전 모드로 전환해 내부 오실레이터를 비활성화한다. 이어서 필요한 PWM 주파수(SetFrequency 메서드의 hzFrequency 인수), f_{PWM} 및 고정 내부 오실레이터 주파수 f_0 = 25MHz, PRE_SCALE 레지스터 값 p_v를 다음 방정식을 사용해 계산한다.

$$p_v = \text{round}\left[\frac{f_O}{2^{12} \times f_{PWM}}\right] - 1$$

여기서 2^{12}은 4096이며, PCA9685 PWM 모듈의 해상도를 나타낸다. 이 방정식은 예제 10-7의 UpdateFrequency 메서드 내에서 구현된다. 이렇게 계산한 p_v 값을 prescale 변수에 저장한 후 PRE_SCALE 레지스터에 쓴다. 마지막으로 SetFrequency 메서드로 PCA9685의 내부 오실레이터를 다시 활성화한다.

예제 10-7 PWM 신호 주파수 구성

```
public static ushort Range { get; } = 4096;

public static int HzMinFrequency { get; } = 24;
public static int HzMaxFrequency { get; } = 1526;
```

```
private const int hzOscillatorFrequency = (int)25e+6; // 25 MHz

public void SetFrequency(int hzFrequency)
{
    // 인수 유효성 검사
    Check.IsLengthInValidRange(hzFrequency, HzMinFrequency, HzMaxFrequency);

    // 장치 초기화 확인
    CheckInitialization();

    // 저전력 모드 설정
    SetSleepMode(SleepMode.LowPower);

    // 주파수 업데이트
    UdpateFrequency(hzFrequency);

    // 정상 전원 모드 다시 설정
    SetSleepMode(SleepMode.Normal);
}
private void UdpateFrequency(int hzFrequency)
{
    var prescale = Math.Round(1.0 * hzOscillatorFrequency / (hzFrequency * Range), 0) - 1;

    RegisterHelper.WriteByte(device, PcaRegisters.Prescale, Convert.ToByte(prescale));
}
```

현재 PWM 주파수를 얻으려면 PRE_SCALE 레지스터 값을 읽은 다음 f_{PWM} 변수에 대한 이전 방정식을 반전시켜 실제 주파수로 변환해야 한다.

$$f_{PWM} = \text{round}\left[\frac{f_O}{2^{12} \times (p_v + 1)}\right]$$

앞의 방정식은 PcaPwmDriver의 GetFrequency 메서드에서 구현된다(예제 10-8 참고).

예제 10-8 PWM 주파수 읽기

```
public int GetFrequency()
{
    CheckInitialization();
```

```
    var prescale = RegisterHelper.ReadByte(device, PcaRegisters.Prescale);

    return (int)Math.Round(1.0 * hzOscillatorFrequency / (Range * (prescale + 1)), 0);
}
```

PcaPwmDriver는 FullyOn과 FullyOff라는 2개의 public 정적 읽기 전용 속성을 구현한다. 해당 속성의 정의는 예제 10-9에 나와 있다. 두 속성은 나중에 특정 LED 채널을 완전히 활성화 또는 비활성화하고자 사용된다. 즉 PWM 듀티 사이클을 100%(FullyOn) 또는 0%(FullyOff)로 설정한다. 이러한 특수 값은 DC 모터를 제어하는 데 사용된다.

예제 10-9 특수 LED 레지스터 값

```
public static ushort Range { get; } = 4096;

public static PcaRegisterValue FullyOn { get; } = new PcaRegisterValue()
{
    On = Range,
    Off = 0
};

public static PcaRegisterValue FullyOff { get; } = new PcaRegisterValue()
{
    On = 0,
    Off = Range
};
```

이 절에서는 RPi2/RPi3용 모터 및 서보 HAT를 사용해 DC, 스테퍼, 서보 모터를 제어하는 기본 요소인 PWM 드라이버를 작성했다. 기본적인 프로그래밍 작업은 대부분 이미 끝났으므로 이제 PcaPwmDriver 클래스를 이용해 모터를 구동해 보자.

DC 모터

DC 모터를 구동하기 전에 전원 공급이 필요한 모터 HAT에 연결해야 한다. 여기서는 매우 저렴한(2달러) DC 장난감 모터(https://bit.ly/dc_toy_motor)를 사용한다(그림 10-4 참고). 전원 공급 장치로 9V 1A 전원 어댑터(https://bit.ly/hat_power_adapter)를 사용한다. 이 어댑터는 DC 전원 어댑터(https://bit.ly/dc_power_adapter)를 통해 모터 HAT에 연결된다.

그림 10-4 모터 HAT의 M1 단자에 연결된 DC 모터

모터 HAT을 RPi2/RPi3에 부착할 때 모터 HAT이 RPi2/RPi3의 HDMI 포트에 닿지 않도록 주의해야 한다. 이를 위해 절연 테이프를 HDMI 포트에 붙이거나 전용 지지대(https://bit.ly/hat_standoffs)를 사용할 수 있다.

모터 HAT이 설치되면 DC 모터 와이어를 M1, M2, M3, M4로 표시된 적절한 단자 블록에 연결할 수 있다(그림 10-1 참고). 여기서는 M1 단자 블록을 사용하고 있으므로 최종 하드웨어 어셈블리는 그림 10-4와 같다. 참고로 빨간색과 파란색 와이어를 반전시키면 모터 회전 방향이 변경된다.

또한 모터의 전원을 켜려면 + 및 - HAT 단자를 DC 전원 어댑터에 연결한 다음 전원 공급 장치에 연결해야 한다. 녹색 전원 LED가 켜지면 올바르게 연결된 것이다. LED는 HAT의 + 및 - 단자 바로 위에 위치한다(그림 10-1 참고).

PWM 신호를 이용한 모터 제어 구현

모터 HAT을 사용해 DC 모터를 제어하기 위한 DcMotor 클래스의 전체 구현은 함께 제공되는 코드 'Chapter 10/MotorsControl/MotorHat/DcMotor.cs'에서 찾을 수 있다. 모터 HAT가 PWM 모듈을 사용해 DC 모터를 구동하므로 이 클래스는 내부적으로 PcaPwmDriver를 사용한다. 각 DC 모터는 3개의 PWM 신호에 의해 구동된다. 2개는 모터 회전 방향을 제어하는 DC 모터 입력 핀(In1 및 In2로 표시됨)에 연결돼 있다. 세 번째 PWM 채널은 모터 속도를 제어하는 데 사용된다. 모터 HAT의 특정 모터 단자대와 PWM 채널의 연결 관계는 표 10-1에 제시돼 있다. 모터 HAT는 1개의 DC 모터용 단자대와 2개의 각 스테퍼 모터용 단자대를 사용하기 때문에 여기서는 DC 모터를 표시하는 데 다른 명명 규칙(M1-M4 대신 DC1-DC4)을 사용한다는 점에 유의하자. 따라서 모터 HAT은 최대 4개의 DC 모터와 최대 2개의 스테퍼 모터를 동시에 제어할 수 있다.

표 10-1 DC 모터 제어를 위한 PWM 채널 매핑

DC 모터 인덱스	In1	In2	Speed
DC1	10	9	8
DC2	11	12	13
DC3	4	3	2
DC4	5	6	7

DC 모터를 제어하는 데 사용되는 PWM 채널은 DcMotorPwmChannels 구조체로 나타내며, 해당 정의는 예제 10-10과 같다. 이 구조를 사용해 표 10-1에 따라 PWM 채널 매핑을 구성한다. 이 절차는 DcMotor 클래스의 ConfigureChannels 메서드 내에서 구현된다(예제 10-11 참고). ConfigureChannels는 motorIndex 인수에 따라 DcMotorPwmChannels 구조체의 Speed, In1, In2 속성을 설정한다.

예제 10-10 DcMotorPwmChannels 구조체의 정의

```
public struct DcMotorPwmChannels
{
    public byte Speed { get; set; }
```

```
    public byte In1 { get; set; }

    public byte In2 { get; set; }
}
```

예제 10-11 PWM 채널을 DC 모터 인덱스와 연결하기

```
private DcMotorPwmChannels channels;

private void ConfigureChannels(DcMotorIndex motorIndex)
{
    switch (motorIndex)
    {
        case DcMotorIndex.DC1:
            channels.In1 = 10;
            channels.In2 = 9;
            channels.Speed = 8;
            break;

        case DcMotorIndex.DC2:
            channels.In1 = 11;
            channels.In2 = 12;
            channels.Speed = 13;
            break;

        case DcMotorIndex.DC3:
            channels.In1 = 4;
            channels.In2 = 3;
            channels.Speed = 2;
            break;

        case DcMotorIndex.DC4:
            channels.In1 = 5;
            channels.In2 = 6;
            channels.Speed = 7;
            break;
    }
}
```

모터 속도를 설정하려면 해당 PWM 채널의 듀티 사이클을 구성한다. 앞서 '펄스폭 변조' 절에서 설명한 바와 같이 PcaPwmDriver의 SetChannelValue 메서드를 사용해 이를 달성한다.

SetSpeed의 정의는 예제 10-12에 나타난다. 즉 이 메서드는 먼저 PWM 채널을 구성한 다음 속도 값을 해당 On 레지스터에 쓴다.

예제 10-12 DC 모터 속도 구성

```
public void SetSpeed(DcMotorIndex motorIndex, ushort speed)
{
    Check.IsLengthInValidRange(speed, 0, PcaPwmDriver.Range - 1);

    ConfigureChannels(motorIndex);

    var speedRegisterValue = new PcaRegisterValue()
    {
        On = speed
    };

    pcaPwmDriver.SetChannelValue(channels.Speed, speedRegisterValue);
}
```

마지막으로 DcMotor 클래스는 DC 모터의 시작^{Start}과 정지^{Stop}를 위한 두 가지 메서드를 구현한다(예제 10-13 참고). DC 모터를 순방향으로 작동시키려면 In2 PWM 채널의 On 레지스터에 4096을 쓰고, Off 레지스터에는 0을 쓴다(100% PWM 듀티 사이클). 동시에 In1 PWM 채널의 듀티 사이클은 0%여야 한다. 즉 On 레지스터에 0을 쓰고, Off 레지스터에는 4096을 쓴다. 반대로 DC 모터를 역방향으로 회전시키려면 In1과 In2 채널의 값을 반대로 적용한다(예제 10-13의 Start 메서드 참고).

예제 10-13 In1 및 In2 PWM 채널의 듀티 사이클 제어를 통한 DC 모터의 시작 및 정지

```
public void Start(DcMotorIndex motorIndex, MotorDirection direction)
{
    ConfigureChannels(motorIndex);

    if (direction == MotorDirection.Forward)
    {
        pcaPwmDriver.SetChannelValue(channels.In1, PcaPwmDriver.FullyOn);
        pcaPwmDriver.SetChannelValue(channels.In2, PcaPwmDriver.FullyOff);
    }
    else
```

```
    {
        pcaPwmDriver.SetChannelValue(channels.In1, PcaPwmDriver.FullyOff);
        pcaPwmDriver.SetChannelValue(channels.In2, PcaPwmDriver.FullyOn);
    }
}

public void Stop(DcMotorIndex motorIndex)
{
    ConfigureChannels(motorIndex);

    pcaPwmDriver.SetChannelValue(channels.In1, PcaPwmDriver.FullyOff);
    pcaPwmDriver.SetChannelValue(channels.In2, PcaPwmDriver.FullyOff);
}
```

이러한 제어회로는 H 브리지로 정의된다. 한 채널을 활성화하고 다른 채널을 비활성화하면 DC 모터에 양의 전압이 적용된다. 채널을 교환하면 전압 극성이 반전되고, DC 모터가 역방향으로 회전한다. DC 및 스테퍼 HAT의 물리적 H 브리지는 M1~ M4 단자 위에 위치한 2개의 TB6612 칩셋이다(그림 10-1 참고). PWM 채널의 듀티 사이클을 제어함으로써 신호를 H 브리지로 효과적으로 전송한 다음 적절한 전압을 DC 모터에 적용한다.

마지막으로 DC 모터를 정지시키려면 In1 및 In2 PWM 채널의 듀티 사이클을 0%로 설정한다. 즉 DC 모터의 전압을 유지하고자 H 브리지의 두 채널을 모두 닫는다(예제 10-3의 Stop 메서드 참고).

예제 10-13에서는 MotorControl 클래스 라이브러리에 구현된 DcMotorIndex 및 Motor Direction 열거형을 사용한다(함께 제공되는 코드 'Chapter 10/Motors/MotorControl/Enums' 참고). 모터 인덱스는 DC1, DC2, DC3, DC4 중 하나를 취할 수 있지만, 모터 방향은 Forward(순방향) 또는 Backward(역방향)일 수 있다.

UI 있는 애플리케이션

하드웨어 구성 요소와 DcMotor 클래스를 사용하면 DC 모터를 제어하기 위한 UI 있는 애플리케이션을 작성할 수 있다. 이를 위해 비어 있는 UWP 애플리케이션 C# 프로젝트 템플릿을 사용해 Motors 애플리케이션을 생성한다. 이 애플리케이션의 기본 화면은 그림

10-5에 나타난다. UI의 전체 정의는 함께 제공되는 코드 'Chapter 10/Motors/DcMotor/ MainPage'에서 확인할 수 있다.

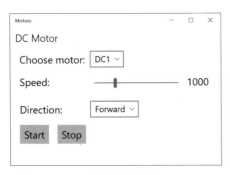

그림 10-5 Motors 애플리케이션의 UI

Motors 애플리케이션의 UI에는 첫 번째 항목이 DC 모터 전용인 피벗 컨트롤과 DC 모터 인덱스 및 모터 방향을 선택할 수 있는 2개의 드롭다운 목록이 포함돼 있다. 또한 모터 속도를 설정할 수 있는 1개의 슬라이더가 있다. 이 슬라이더를 사용하면 모터 속도를 0~4095 범위의 값으로 설정할 수 있다. 마지막으로 DC 모터의 UI에는 선택한 DC 모터를 시작하거나 중지하는 데 사용하는 Start 및 Stop 버튼이 있다. 따라서 모터를 구동하려면 먼저 Motors 애플리케이션을 IoT 디바이스에 배포한 다음 DC1을 선택한다. 이후 모터 속도 및 회전 방향을 설정한 뒤 Start 버튼을 클릭하면 된다. 모터를 비활성화하려면 Stop 버튼을 클릭한다.

모든 UI 요소는 코드 숨김에 바인딩된다. 또한 PWM 드라이버의 필요한 초기화와 PWM 오실레이터 활성화 및 DcMotor 클래스 인스턴스화가 OnNavigatedTo 이벤트 핸들러 내에서 수행된다(예제 10-14 참고). 여기서와 같이 UI를 사용해 DC 모터를 제어하지 않으려면 DcMotorTest 메서드를 호출하면 된다. 이를 위해 DcMotorTest 함수를 호출하는 InitializeDcMotor 메서드의 마지막 명령문의 주석을 해제한다. 이 함수는 DC 모터를 일정한 속도와 주어진 방향으로 5초간 작동시킨다.

예제 10-14 DcMotor 클래스 초기화 및 절전 모드 구성

```csharp
private PcaPwmDriver pwmDriver;

private ushort speed;

private DcMotor dcMotor;

public double Speed
{
    get { return speed; }
    set
    {
        speed = Convert.ToUInt16(value);

        if (dcMotor.IsInitialized)
        {
            dcMotor.SetSpeed(dcMotorIndex, speed);
        }
    }
}

protected async override void OnNavigatedTo(NavigationEventArgs e)
{
    base.OnNavigatedTo(e);

    await InitializePwmDriver();

    InitializeDcMotor();
}

private async Task InitializePwmDriver()
{
    pwmDriver = new PcaPwmDriver();

    await pwmDriver.Init();

    if (pwmDriver.IsInitialized)
    {
        // 오실레이터 활성화
        pwmDriver.SetSleepMode(SleepMode.Normal);
    }
}

private void InitializeDcMotor()
```

```
{
    dcMotor = new DcMotor(pwmDriver);

    // 기본 속도 설정
    Speed = 1000;

    // 다음 줄의 주석을 해제하면 UI를 사용하지 않고 DC1 모터를 5초 동안 실행한다.
    // DcMotorTest(DcMotorIndex.DC1, MotorDirection.Backward, speed);
}

private void DcMotorTest(DcMotorIndex motorIndex, MotorDirection direction, ushort speed)
{
    if (dcMotor.IsInitialized)
    {
        const int msDelay = 5000;

        // 속도 설정 및 모터 구동
        dcMotor.SetSpeed(motorIndex, speed);
        dcMotor.Start(motorIndex, direction);

        // 지정된 지연 대기
        Task.Delay(msDelay).Wait();

        // 모터 정지
        dcMotor.Stop(motorIndex);
    }
}
```

앞의 설명을 보완하고자 예제 10-15는 버튼 이벤트 핸들러를 보여 준다. 해당 메서드는
DcMotor 클래스의 Start 및 Stop 메서드를 기반으로 한다. 이전과 마찬가지로 실제 모터 제
어는 별도의 클래스에서 구현하기 때문에 버튼 이벤트 핸들러는 매우 깔끔해 보인다.

예제 10-15 DC 모터 시작 및 정지

```
private void ButtonStart_Click(object sender, RoutedEventArgs e)
{
    if (dcMotor.IsInitialized)
    {
        dcMotor.Start(dcMotorIndex, motorDirection);
    }
}
```

```
private void ButtonStop_Click(object sender, RoutedEventArgs e)
{
    if (dcMotor.IsInitialized)
    {
        dcMotor.Stop(dcMotorIndex);
    }
}
```

스테퍼 모터

이 절에서는 다양한 스테퍼 모터 중에 널리 사용되는 NEMA-17 모터(https://bit.ly/nema_17)를 사용한다. 에어하키 로봇 프로젝트에도 비슷한 모터가 사용됐다. NEMA-17 모터는 전체 회전을 200개의 풀 스텝full step으로 나누기 때문에 각 스텝은 1.8°의 모터 샤프트 회전에 해당한다. 각 풀 스텝을 256개의 마이크로 스텝micro-step으로 더 나눌 수 있으므로 NEMA-17을 사용해 정확한 위치를 지정할 수 있다.

DC 모터와 달리 NEMA-17에는 샤프트 위치를 제어하는 2개의 코일이 있다. 각 코일은 2개의 PWM 신호에 의해 제어되므로 스테퍼 모터를 제어하고자 4개의 PWM 채널이 필요하다. 따라서 NEMA-17을 DC 및 스테퍼 모터 HAT에 연결하려면 4개의 모터 와이어를 2개의 HAT 단자에 연결해야 한다. 그림 10-6과 같이 스테퍼 모터의 빨간색 및 노란색 와이어를 M1 또는 M3 단자에 연결한다. 그런 다음 녹색 및 회색(또는 갈색) 와이어를 M2 또는 M4 단자에 연결한다. 2개의 연속 단자, 즉 M1과 M2 또는 M3와 M4를 사용해야 한다는 점에 유의하자. 여기서는 M1 단자에 DC 모터가 연결돼 있기 때문에 두 번째 옵션을 사용했다. 또한 5개의 와이어를 가진 단극 스테퍼 모터도 사용할 수 있다. 이 경우 추가 와이어를 GND 단자에 연결한다.

그림 10-6 M3 및 M4 DC와 스테퍼 모터 HAT 단자에 연결된 스테퍼 모터

스테퍼 모터를 제어하기 위한 몇 가지 일반적인 기법이 있다. 풀 스테핑^{fullstepping}의 가장 간단한 경우 4개의 신호를 이용해 스테퍼 모터 위치를 설정한다. 이러한 신호는 일반적으로 $a, \bar{a}, b, \bar{b}$로 표시된다. DC 모터의 경우처럼 각 신호는 하이(PWM 완전 켜짐) 또는 로(PWM 완전 꺼짐) 상태일 수 있다. 여기서는 신호 상태의 조합을 제어 단계로 나타낼 것이다.

풀 스텝 모터 제어에서 각 단계는 1개의 하이 상태 신호와 3개의 로 상태 신호를 가진다. 하이 상태 신호는 표 10-2와 같이 단계 간에 순차적으로 변화한다. 스테퍼 모터를 회전하려면 현재 제어 단계의 인덱스를 저장하는 변수를 사용한다. 해당 인덱스를 사용해 필요한 제어 단계를 선택한 다음 적합한 신호 상태를 사용해 모터를 구동한다. 풀 스테핑의 경우 제어 단계 인덱스는 0~3 범위의 정수다. 따라서 네 번째 제어 단계에 도달하면 다시 첫 번째 제어 단계로 돌아가야 한다. 예를 들어, NEMA-17은 200개의 스텝이 있으므로 NEMA-17을 완전히 회전시키려면 표 10-2의 제어 단계 순서를 50회 반복해야 한다. 이때 스테퍼 모터는 순방향으로 회전할 것이다. 역방향으로 회전시키려면 제어 단계 순서를 역순으로 진행하면 된다. 즉 현재 제어 단계 인덱스를 감소시킨다. 이러한 증감 작업은 모터 스텝 카운팅으로 구상할 수 있다.

표 10-2 풀 스테핑을 위한 스테퍼 모터 제어 단계

제어 단계	a 신호 상태	$\bar{a}$ 신호 상태	b 신호 상태	$\bar{b}$ 신호 상태
0	High	Low	Low	Low
1	Low	High	Low	Low
2	Low	Low	High	Low
3	Low	Low	Low	High

하프half 및 마이크로 스테핑에는 조금 더 많은 노력이 필요하다. 제어 단계 순서는 표 10-3 또는 표 10-4에 각각 나와 있는 것과 비슷하다. 각 제어 단계는 모터를 반 스텝 회전시키거나(표 10-3 참고) 특정 풀full 스텝을 지정해 마이크로 스텝으로 더 나눈다. 나중에 다룰 마이크로 스테핑은 2개의 추가 신호를 사용해야 한다.

표 10-3 하프 스테핑을 위한 스테퍼 모터 제어 단계. 풀 스테핑과는 달리 중간 제어 단계에는 하이 상태인 2개의 신호가 있다.

제어 단계	a 신호 상태	$\bar{a}$ 신호 상태	b 신호 상태	$\bar{b}$ 신호 상태
0	High	Low	Low	Low
1	High	High	Low	Low
2	Low	High	Low	Low
3	Low	High	High	Low
4	Low	Low	High	Low
5	Low	Low	High	High
6	Low	Low	Low	High
7	High	Low	Low	High

표 10-4 마이크로 스테핑을 위한 스테퍼 모터 제어 단계

제어 단계	a 신호 상태	$\bar{a}$ 신호 상태	b 신호 상태	$\bar{b}$ 신호 상태
0	High	High	Low	Low
1	Low	High	High	Low
2	Low	Low	High	High
3	High	Low	Low	High

풀 스텝 모드 제어

StepperMotorPwmChannels 구조체와 StepperMotorPhase 및 StepperMotor의 두 가지 클래스를 사용해 스테퍼 모터 제어를 구현한다(함께 제공되는 코드 'Chapter 10/Motors Control/MotorHat' 참고). 첫 번째 클래스인 StepperMotorPwmChannels는 PWM 채널을 모터 코일에 연결하는 데 사용된다. StepperMotorPwmChannels는 6개의 속성을 갖고 있다(예제 10-16 참고). AIn1과 AIn2는 첫 번째 코일($a, \bar{a}$)에 해당하며, BIn1과 BIn2는 두 번째 코일($b, \bar{b}$)에 해당한다. 반면 PwmA와 PwmB는 마이크로 스테핑에만 사용된다(표 10-5 참고). PCA9685에는 16개의 PWM 채널이 있으므로 DC 및 스테퍼 모터 HAT은 한 번에 최대 2개의 스테퍼를 제어할 수 있다. 따라서 스테퍼는 StepperMotorIndex 열거형에 정의된 SM1 및 SM2 값으로 식별된다(함께 제공되는 코드 'Chapter 10/MotorsControl/Enums/StepperMotorIndex.cs' 참고).

예제 10-16 스테퍼 모터는 6개의 PWM 채널에 의해 구동된다.

```
public struct StepperMotorPwmChannels
{
    public byte AIn1 { get; set; }
    public byte AIn2 { get; set; }

    public byte BIn1 { get; set; }
    public byte BIn2 { get; set; }

    public byte PwmA { get; set; }
    public byte PwmB { get; set; }
}
```

표 10-5 스테퍼 모터 제어를 위한 PWM 채널 매핑

DC 모터 인덱스	AIn1	AIn2	BIn1	BIn2	PwmA	PwmB
SM1	10	9	11	12	8	13
SM2	4	3	5	6	2	7

예제 10-17에 정의된 `StepperMotorPhase`는 StepperMotorPwmChannels와 관련된 클래스이며, 특정 제어 단계에 대한 PWM 채널 값을 저장한다. 기본적으로 PwmA 및 PwmB 채널은 완전 활성화 상태이며, 마이크로 스테핑 제어의 경우에만 변경된다.

예제 10-17 스테퍼 모터 코일 구동을 위한 레지스터 값을 저장하는 클래스

```
public class StepperMotorPhase
{
    public PcaRegisterValue AIn1 { get; set; }
    public PcaRegisterValue AIn2 { get; set; }

    public PcaRegisterValue BIn1 { get; set; }
    public PcaRegisterValue BIn2 { get; set; }

    public PcaRegisterValue PwmA { get; set; } = PcaPwmDriver.FullyOn;
    public PcaRegisterValue PwmB { get; set; } = PcaPwmDriver.FullyOn;
}
```

DcMotor와 마찬가지로 `StepperMotor` 클래스는 `PcaPwmDriver` 클래스 내에서 구현되는 PWM 제어에 기반한다. 이 클래스의 인스턴스는 `StepperMotor` 클래스 생성자의 인수로 전달된다(예제 10-18 참고). 또한 이 생성자는 회전당 스텝 수를 구성하는 데 사용되는 또 다른 인수인 steps를 전달받는다. 기본적으로 이 값은 200이지만 특정 스테퍼 모터에 맞춰 조정할 수 있다.

예제 10-18 StepperMotor 클래스 생성자

```
public uint Steps { get; private set; }

public byte Rpm { get; private set; } = 30;

private List<StepperMotorPhase> fullStepControlPhases;

public StepperMotor(PcaPwmDriver pcaPwmDriver, uint steps = 200)
{
    Check.IsNull(pcaPwmDriver);

    this.pcaPwmDriver = pcaPwmDriver;
```

```
    Steps = steps;

    SetSpeed(Rpm);

    fullStepControlPhases = ControlPhaseHelper.GetFullStepSequence();
}
```

예제 10-18에서 보듯이 StepperMotor 클래스는 모터 속도를 설정한다. 모터 속도는 현재 스텝을 증가 또는 감소시켜 스테퍼 모터의 구동을 지연하는 방법으로 조절된다. 속도 구성은 예제 10-19의 SetSpeed 메서드에서 구현된다. 이 함수는 분당 모터 회전수(RPM)를 결정하는 단일 인수(rpm)를 받는다.

예제 10-19 스테핑 속도 구성

```
public byte MinRpm { get; } = 1;
public byte MaxRpm { get; } = 60;
public byte Rpm { get; private set; } = 30;

public void SetSpeed(byte rpm)
{
    Check.IsLengthInValidRange(rpm, MinRpm, MaxRpm);

    Rpm = rpm;
}
```

마지막으로 StepperMotor 클래스 생성자는 ControlPhaseHelper 클래스의 GetFullStep Sequence 정적 메서드를 호출한다(예제 10-20 참고). 이 메서드는 StepperMotorPhase 객체로 구성된 4개의 요소 집합인 controlPhases를 생성한다. controlPhases는 스테퍼 모터를 구동하는 데 사용되는 신호 시퀀스다. 각 요소는 스테퍼를 한 스텝씩 이동시키는 데 사용되는 연속적인 제어 단계를 구현한다.

예제 10-20 풀 스텝 제어 시퀀스

```
public static List<StepperMotorPhase> GetFullStepSequence()
{
    var controlPhases = new List<StepperMotorPhase>();
```

```
    controlPhases.Add(new StepperMotorPhase()
    {
        AIn2 = PcaPwmDriver.FullyOn,
        BIn1 = PcaPwmDriver.FullyOff,
        AIn1 = PcaPwmDriver.FullyOff,
        BIn2 = PcaPwmDriver.FullyOff
    });

    controlPhases.Add(new StepperMotorPhase()
    {
        AIn2 = PcaPwmDriver.FullyOff,
        BIn1 = PcaPwmDriver.FullyOn,
        AIn1 = PcaPwmDriver.FullyOff,
        BIn2 = PcaPwmDriver.FullyOff
    });

    controlPhases.Add(new StepperMotorPhase()
    {
        AIn2 = PcaPwmDriver.FullyOff,
        BIn1 = PcaPwmDriver.FullyOff,
        AIn1 = PcaPwmDriver.FullyOn,
        BIn2 = PcaPwmDriver.FullyOff
    });

    controlPhases.Add(new StepperMotorPhase()
    {
        AIn2 = PcaPwmDriver.FullyOff,
        BIn1 = PcaPwmDriver.FullyOff,
        AIn1 = PcaPwmDriver.FullyOff,
        BIn2 = PcaPwmDriver.FullyOn
    });

    return controlPhases;
}
```

모터 인덱스와 현재 스텝 값에 따라 특정 제어 단계에 저장된 값을 사용한다. 먼저 PWM 채널 매핑을 구성한 뒤 현재 단계 값을 저장해 변수를 증가(순방향 모터 회전) 또는 감소(역 방향 회전)시킨다. 그런 다음 적절한 PCA9685 레지스터에 제어 단계를 쓴다.

앞의 절차는 MakeStep 메서드 내에서 구현된다(예제 10-21 참고). 이 함수는 Configure Channels private 메서드를 사용해 PWM 채널 매핑을 연결한다. ConfigureChannels 메서드는 표 10-5의 매핑을 구현하고 DcMotor 클래스의 유사한 메서드인 ConfigureChannels와 정확히 동일하게 동작한다. 따라서 이 메서드에 대한 자세한 설명은 생략한다.

예제 10-21 모터를 한 스텝 회전하는 절차

```
public void MakeStep(StepperMotorIndex motorIndex, MotorDirection direction)
{
    ConfigureChannels(motorIndex);

    UpdateCurrentStep(direction);

    UpdateChannels();
}
```

다음으로 MakeStep은 UpdateCurrentStep 함수를 호출한다(예제 10-22 참고). 이 메서드는 매개변수인 direction 값에 따라 CurrentStep 속성에 저장된 값을 증가(direction = MotorDirection.Forward) 또는 감소(direction = MotorDirection.Backward)시킨다. 또한 UpdateCurrentStep 메서드는 CurrentStep 속성이 0에서부터 Steps-1까지의 범위 안에 있도록 보장한다. 당연히 CurrentStep은 음수이거나 StepperMotor 클래스 생성기를 사용해 지정한 최대 스텝 수를 초과할 수 없다.

예제 10-22 현재 스텝 값 업데이트

```
public int CurrentStep { get; private set; } = 0;

private void UpdateCurrentStep(MotorDirection direction)
{
    if (direction == MotorDirection.Forward)
    {
        CurrentStep++;
    }
    else
    {
        CurrentStep--;
    }

    if (CurrentStep < 0)
    {
```

```
        CurrentStep = (int)Steps - 1;
    }

    if (CurrentStep >= Steps)
    {
        CurrentStep = 0;
    }
}
```

스텝 값을 계산한 후 적절한 제어 단계를 사용해 PCA9685 레지스터를 업데이트한다. 이 작업은 UpdateChannels private 메서드 내에서 수행된다(예제 10-23 참고). UpdateChannels 함수는 먼저 현재 제어 단계 인덱스를 결정한다. 이 인덱스는 CurrentStep 값을 총 제어 단계 수로 나눈 나머지 값이다. 풀 스텝 제어의 경우 이 값은 4다. 다음으로 결과 PWM 값은 PcaPwmDriver 클래스의 SetChannelValue를 사용해 PCA9685에 쓴다(참고로, fullStepControlPhases 집합은 StepperMotor 클래스 생성자에서 예제 10-20의 GetFullStepSequence 메서드를 사용해 초기화된다).

예제 10-23 스테퍼 모터를 구동하기 위한 PWM 채널 업데이트

```
private List<StepperMotorPhase> fullStepControlPhases;

private void UpdateChannels()
{
    var phaseIndex = CurrentStep % fullStepControlPhases.Count;

    var currentPhase = fullStepControlPhases[phaseIndex];

    pcaPwmDriver.SetChannelValue(channels.PwmA, currentPhase.PwmA);
    pcaPwmDriver.SetChannelValue(channels.PwmB, currentPhase.PwmB);

    pcaPwmDriver.SetChannelValue(channels.AIn1, currentPhase.AIn1);
    pcaPwmDriver.SetChannelValue(channels.AIn2, currentPhase.AIn2);

    pcaPwmDriver.SetChannelValue(channels.BIn1, currentPhase.BIn1);
    pcaPwmDriver.SetChannelValue(channels.BIn2, currentPhase.BIn2);
}
```

StepperMotor 클래스는 Move라는 public 메서드를 구현해 주어진 방향으로 지정된 수만큼 스테퍼 모터를 회전시킬 수 있다. 예제 10-24에서 보듯이 Move 메서드는 내부적으로 MakeStep 함수를 사용한다. 이후의 MakeStep 호출은 Task.Delay 메서드로 전달된 밀리초 값(msDelay)만큼 지연된다. 여기서는 msDelay 값을 결정하고자 60,000(60초×1000밀리초)을 모터 스텝과 RPM의 곱으로 나눈다.

예제 10-24 지정된 스텝 수만큼 스테퍼 회전하기

```
public void Move(StepperMotorIndex motorIndex, MotorDirection direction, uint steps)
{
    var msDelay = RpmToMsDelay(Rpm);

    for (uint i = 0; i < steps; i++)
    {
        MakeStep(motorIndex, direction);

        Task.Delay(msDelay).Wait();
    }
}

private int RpmToMsDelay(byte rpm)
{
    const double minToMsScaler = 60000.0;

    return Convert.ToInt32(minToMsScaler / (Steps * rpm));
}
```

UI 있는 앱

StepperMotor 클래스를 사용하고자 Motors 앱의 UI를 새로운 피벗 항목인 Stepper Motor로 확장한다(함께 제공되는 코드 'Chapter 10/Motors/MainPage.xaml' 참고). 그림 10-7과 같이 이 탭에는 2개의 드롭다운 목록, 2개의 슬라이더, 1개의 버튼이 있다. 드롭다운 목록을 사용해 모터 인덱스를 선택하고 모터 회전 방향을 설정할 수 있다. 또한 슬라이더를 사용해 RPM과 스텝 수(회전 각도)를 구성할 수 있다. 버튼은 Stepper Motor 탭의 시각적 컨트롤을 사용해 구성된 인수와 함께 StepperMotor.Move 메서드를 호출한다.

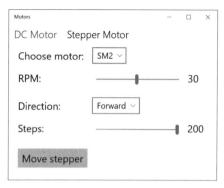

그림 10-7 스테퍼 모터를 제어하기 위한 피벗 항목

다음으로 MainPage.xaml.cs에 저장된 코드 숨김을 확장한다. 그런 다음 OnNavigatedTo 이벤트 핸들러에 InitializeStepperMotor 함수를 호출하는 명령문을 추가한다(예제 10-25 참고). 이 함수는 이전에 생성된 PcaPwmDriver 클래스의 인스턴스를 사용해 StepperMotor 클래스를 인스턴스화한 다음 기본 모터 RPM, 즉 분당 30회 회전수를 설정한다.

예제 10-25 스테퍼 모터 초기화

```
protected async override void OnNavigatedTo(NavigationEventArgs e)
{
    base.OnNavigatedTo(e);

    await InitializePwmDriver();

    InitializeDcMotor();

    InitializeStepperMotor();
}

private void InitializeStepperMotor()
{
    stepperMotor = new StepperMotor(pwmDriver);

    StepperRpm = stepperMotor.Rpm;

    // 다음 줄의 주석을 해제하면 스테퍼 모터를 200 스텝 씩 앞뒤로 움직인다.
    // StepperMotorTest(StepperMotorIndex.SM2, SteppingMode.FullSteps);
}
```

InitializeStepperMotor 메서드의 주석 처리된 명령문은 UI를 사용하지 않고 스테퍼 모터를 테스트하는 데 사용할 수 있다. 해당하는 줄의 주석을 해제하면 StepperMotorTest 메서드가 호출된다. 예제 10-26과 같이 이 메서드는 순방향으로 전체 모터 회전을 수행한 다음 역방향으로 회전해 모터를 초기 위치로 되돌린다.

예제 10-26 전체 순방향 및 역방향 회전을 수행하는 스테퍼 모터 테스트

```
private void StepperMotorTest(StepperMotorIndex motorIndex)
{
    if (stepperMotor.IsInitialized)
    {
        // 스텝 및 RPM 구성
        const uint steps = 200;
        const byte rpm = 20;

        // 속도 설정
        stepperMotor.SetSpeed(rpm);

        // 모터 순방향 회전
        stepperMotor.Move(motorIndex, MotorDirection.Forward, steps);

        // ... 초기 위치로 역방향 회전
        stepperMotor.Move(motorIndex, MotorDirection.Backward, steps);
    }
}
```

스테퍼 모터를 테스트할 때 특히 고속으로 많은 스텝을 사용하는 경우에 스테퍼 모터가 정확하게 회전하지 않을 수 있다. 예를 들어, 최대 RPM을 순방향으로 200스텝씩 이동한 다음 반대 방향으로 동일한 작업을 수행하면 모터는 초기 위치로 돌아가지 않을 가능성이 매우 높다. 이 현상을 스텝 손실이라고 하며, 이는 자동 모터 속도 조정으로 해결할 수 있다. 즉 스텝 손실을 방지하고자 스테퍼 모터를 부드럽게 가속해야 한다. 스테퍼 모터는 임의의 속도로 구동할 수 없다.

자동 속도 조정

스테퍼 모터 위치는 물리적 제약으로 인해 갑자기 변경되지 않는다. 앞 절에서 지적한 바와 같이 스테퍼 모터는 모터를 너무 빨리 구동하면 스텝 손실이 발생할 수 있다. 이 문제를 해결하고자 속도 램프speed ramp라고도 하는 자동 속도 조정 방법을 적용한다. 이 방법은 모터 스테핑 궤적의 시작과 끝에서 스테퍼 모터를 각각 부드럽게 가속 및 감속하도록 모터 속도를 제어한다. 또한 대형 모터 회전(즉 많은 스텝)에 대해서만 최대 속도를 사용할 수 있다.

이 절에서는 그림 10-8에 표시된 단순한 사다리꼴 속도 램프를 사용한다. 모터는 최소 RPM에서 최대 RPM까지 선형 가속ACC, accelerate된다. 최대 속도에 도달하면 모터는 일정한 속도로 스테핑되고, 그 후 최소 속도로 감속DEC, decelerate한다. 일반적으로 ACC와 DEC 경사는 s_1과 s_2의 길이가 다를 수 있다. 여기서는 단순화하고자 같은 길이의 경사를 사용한다.

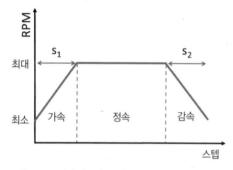

그림 10-8 사다리꼴 속도 램프. 먼저 속도는 최소값에서 최대값까지 선형 가속(ACC)한다. 그런 다음 모터는 정속으로 구동된다. 이후 모터는 선형 감속(DEC)된다. s_1과 s_2는 각각 가속 경사와 감속 경사의 길이를 나타낸다.

사다리꼴 램프를 구현하고자 SpeedRampHelper 클래스로 MotorsControl 프로젝트를 보완한다. 이 클래스는 단일 public 메서드인 GenerateTrapezoidalRamp를 노출한다(예제 10-27 참고). 이 메서드는 먼저 총 스텝을 15% 늘려 램프 경사 길이를 결정한다. 경사 길이가 너무 짧으면 RPM이 최소인 플랫 램프를 사용한다(예제 10-28 참고). 이 경우 모터는 일정한 최저 RPM(이 예제에서는 10RPM)에서 스텝을 진행한다. 램프 경사 길이를 총 스텝 수로 조정하고 있다는 점에 유의하자. 경사 길이는 스텝 길이에 따라 증가한다.

예제 10-27 사다리꼴 속도 램프 생성

```csharp
private const float rampSlope = 0.15f;
private const byte minRampSlopeLength = 5;

private const byte minRpm = 10;
private const byte maxRpm = 60;

public static byte[] GenerateTrapezoidalRamp(uint steps)
{
    byte[] speedRamp;

    var rampSlopeLength = Convert.ToInt32(rampSlope * steps);

    if (rampSlopeLength >= minRampSlopeLength)
    {
        speedRamp = TrapezoidalRamp(steps, rampSlopeLength);
    }
    else
    {
        speedRamp = FlatRamp(steps, minRpm);
    }

    return speedRamp;
}
```

예제 10-28 플랫 램프 생성

```csharp
private static byte[] FlatRamp(uint steps, byte rpm)
{
    var speedRamp = new byte[steps];

    for (int i = 0; i < steps; i++)
    {
        speedRamp[i] = rpm;
    }

    return speedRamp;
}
```

충분히 큰 회전에는 사다리꼴 램프를 사용할 수 있다. 이러한 램프를 생성하고자 예제 10-29의 코드를 사용한다. 먼저 모터 가속 및 감속에 사용되는 속도 단계를 결정한다. 이 단계는 최대 RPM과 최소 RPM의 차이를 경사 길이로 나누어 계산한다. 이 단계를 사용해 LinearSlope 헬퍼 메서드로 램프의 ACC 및 DEC 부분을 생성한다. 이 함수는 속도가 유효한 RPM 범위를 초과하지 않도록 보장한다. 그런 다음 ACC 및 DEC 부분은 FlatRamp 메서드를 사용해 생성된 정속 선과 결합한다. 마침내 그림 10-8에 표시된 램프가 형성된다.

예제 10-29 사다리꼴 속도 램프는 ACC 및 DEC 선형 경사를 플랫 속도 램프, 즉 정속의 수평선과 결합해 형성된다.

```
private static byte[] TrapezoidalRamp(uint steps, int rampSlopeLength)
{
    var speedRamp = new byte[steps];

    // 속도 단계 결정(선형 단계)
    var speedStep = Math.Ceiling(1.0 * (maxRpm - minRpm) / rampSlopeLength);

    // 가속(ACC)
    var acceleration = LinearSlope(rampSlopeLength, minRpm, speedStep);
    acceleration.CopyTo(speedRamp, 0);

    // 정속 부분
    var flatPartLength = (uint)(steps - 2 * rampSlopeLength);
    var flatPart = FlatRamp(flatPartLength, maxRpm);
    flatPart.CopyTo(speedRamp, rampSlopeLength);

    // 감속(DEC)
    var deacceleration = LinearSlope(rampSlopeLength, maxRpm, -speedStep);
    deacceleration.CopyTo(speedRamp, (int)(steps - rampSlopeLength));

    return speedRamp;
}

private static byte[] LinearSlope(int rampSlopeLength, byte startRpm, double speedStep)
{
    var slope = new byte[rampSlopeLength];

    for (var i = 0; i < rampSlopeLength; i++)
    {
        var speed = startRpm + i * speedStep;

        // 속도가 최소 및 최대 RPM 사이인지 확인
```

```
        speed = Math.Min(speed, maxRpm);
        speed = Math.Max(speed, minRpm);

        slope[i] = (byte)speed;
    }

    return slope;
}
```

이 사다리꼴 속도 램프는 스테퍼 모터를 구동하는 데 사용된다. 이를 위해 예제 10-30과 같이 StepperMotor 클래스에서 MoveWithSpeedAdjustment라는 새로운 메서드를 정의한다. 이 함수는 속도 램프에 저장된 연속 RPM을 사용해 스테퍼 모터로 후속 요청을 보내는 사이의 실제 밀리초 지연을 결정한다. 따라서 모터는 스텝을 잃지 않는다. 하지만 더 적은 수의 총 스텝을 사용하는 경우에는 스텝 손실이 발생할 수 있다. 이때 SpeedRampHelper 클래스의 rampSlope 필드에 저장된 값을 수정해 선형 경사 길이를 경험적으로 조정할 수 있다(예제 10-27 참고).

예제 10-30 MakeStep 함수에 대한 후속 호출 간 자동 조정 지연

```
public void MoveWithSpeedAdjustment(StepperMotorIndex motorIndex,
    MotorDirection direction, uint steps)
{
    var speedRamp = SpeedRampHelper.GenerateTrapezoidalRamp(steps);

    for (uint i = 0; i < steps; i++)
    {
        MakeStep(motorIndex, direction);

        var msAutoDelay = RpmToMsDelay(speedRamp[i]);

        Task.Delay(msAutoDelay).Wait();
    }
}
```

앞의 코드를 테스트하고자 Motors 앱의 스테퍼 모터 탭에 새로운 버튼을 추가한다. 클릭 이벤트 핸들러를 사용하면 자동 속도 조정을 적용해 모터를 구동할 수 있다(예제 10-31 참

고). 유사한 기능을 수행하고자 예제 10-26의 StepperMotorTest 함수에서 Move 메서드를 MoveWithSpeedAdjustment로 변경할 수도 있다.

예제 10-31 스텝 손실을 방지하고자 자동 속도 조정을 적용한 모터 회전

```
private void ButtonStepperMoveAutoSpeedAdjustment_Click(object sender, RoutedEventArgs e)
{
    if (stepperMotor.IsInitialized)
    {
        stepperMotor.MoveWithSpeedAdjustment(stepperMotorIndex, motorDirection,
            stepperMotorSteps, steppingMode);
    }
}
```

이제 사다리꼴 램프를 확장해 스테퍼 모터를 더욱 부드럽게 제어할 수 있다. 이는 선형 ACC 및 DEC RPM 선을 사인 곡선 또는 기타 비선형 곡선으로 교체해 달성할 수 있다. 또한 길이가 다른 s_1 및 s_2 경사로 램프를 독립적으로 구현할 수도 있다.

마이크로 스테핑

마이크로 스테핑은 정확한 모터 위치 선정을 위해 사용된다. 마이크로 스테핑에서는 전체 스텝을 특정 마이크로 스텝 수로 나눈다. 예를 들어, 1.8°의 풀 스텝 NEMA 17 회전을 8마이크로 스텝으로 나누어 0.225°의 위치 정확도를 얻을 수 있다.

마이크로 스테핑 정확도로 모터 샤프트 위치를 변경하려면 표 10-4의 제어 단계 시퀀스를 사용해 채널 AIn1, AIn2, BIn1, BIn2를 구동하고 PwmA 및 PwmB 채널의 마이크로 스테핑 곡선을 구동한다. 처음 4개의 채널은 전체 스텝을 만드는 데 사용된다. 이는 풀 스텝 모터 제어의 경우와 유사하게 사용된다. 하지만 모터를 지정된 수의 마이크로 스텝(M_s)으로 회전시킨 후 풀 스텝 제어 단계를 변경한다. 예를 들어, M_s의 값이 8인 경우 모터를 8마이크로 스텝으로 회전한 후(즉 풀 스텝으로 회전한 후) 후속 풀 스텝 제어 단계를 사용한다.

고정된 풀 스텝 제어 단계의 경우 미세 스테핑 단조 증가 곡선 f_m을 사용해 PwmA 및 PwmB 채널을 조정한다. 이 곡선은 크기가 M_s+1인 1차원 배열로 표현된다. PCA9685의

경우 해당 배열의 각 값은 레지스터 값(PcaRegisterValue 클래스의 인스턴스)이다. 가장 간단한 경우 이 배열은 Off 레지스터의 선형 램프일 뿐이다. 하지만 사인 곡선과 같은 비선형 곡선을 사용할 수도 있다.

이후 f_m에서 한 쌍의 값을 결정한 다음 PwmA와 PwmB 레지스터에 쓴다. 사용하는 특정 값은 현재 마이크로 스텝 인덱스(μ_i), 마이크로 스텝의 수, 마이크로 스텝 제어 사이클의 마이크로 스텝 인덱스(v_i)에 따라 달라진다.

마이크로 스텝 인덱스는 M_s: $\mu_i = c_s$ mod M_s를 사용해 현재 모터 스텝(c_s)의 모듈로modulo를 취함으로써 계산된다. 이제 마이크로 스텝으로 모터 위치를 변경할 때마다 현재 스텝의 값이 증가하거나 감소한다. 따라서 총 모터 스텝 수를 M_s로 곱한다. 예를 들어, 200개의 풀 스텝과 8개의 마이크로 스텝의 경우 1,600개의 모터 스텝을 얻을 수 있다.

스테퍼 드라이버에 반복적으로 보내는 마이크로 스텝 제어 사이클에는 $4 \times M_s$ 요소가 포함돼 있다. 이는 풀 스텝 제어 사이클이 네 가지 요소(표 10-4 참고)를 포함하고 있다는 사실에서 비롯되며, 각 풀 스텝 제어 단계마다 M_s 마이크로 스텝 단계를 갖는다. 따라서 v_i의 값을 결정하고자 $4 \times M_s$: $v_i = c_s$ mod $4 \times M_s$를 사용해 현재 모터 스텝(c_s)의 모듈로를 취한다.

M_s, c_s, μ_i, v_i 값이 주어지면 $0 \le v_i < M_s$ 또는 $2\,M_s \le v_i < 3\,M_s$일 때 다음 방정식을 사용해 PwmA와 PwmB를 구한다.

$$PwmA = f_m(\mu_i),\ PwmB = f_m(M_s - \mu_i)$$

그 외의 v_i 값을 가진 경우 다음 방정식을 사용한다.

$$PwmA = f_m(M_s - \mu_i),\ PwmB = f_m(\mu_i)$$

수치를 예로 들어, 8개의 마이크로 스텝이 있다고 가정해 보자(M_s=8). 그런 다음 c_s=1의 현재 모터 스텝에 대해 $\mu_i = v_i = 1$을 얻는데 이는 PwmA = $f_m(1)$과 PwmB = $f_m(7)$을 산출한다. 마찬가지로 c_s=12의 경우 μ_i=4, v_i=12이므로 PwmA = $f_m(4)$, PwmB = $f_m(4)$다.

해당 마이크로 스테핑 제어를 구현하고자 MotorsControl 라이브러리의 다음 사항을 변경한다. 표 10-4에 기술된 스테퍼 모터 제어 단계를 구현하는 정적 메서드인 GetMicroStepSequence로 ControlPhaseHelper 클래스를 보완한다. 이 메서드는 Control PhaseHelper.GetFullStepSequence와 유사하므로 자세한 설명은 생략한다.

다음으로 MicrosteppingHelper 클래스를 구현한다(함께 제공되는 코드 'Chapter 10/Motors Control/Helpers/MicroSteppingHelper.cs' 참고). 이 클래스에는 GetLinearRamp, GetPhase Index, AdjustMicroStepPhase의 세 가지 정적 메서드가 있다. 예제 10-32에 표시된 첫 번째 메서드는 선형 램프, 즉 PwmA와 PwmB 채널을 구동하는 데 사용되는 f_m 함수를 구현한다. 또한 PcaRegisterValue 집합을 생성한다. 해당 집합의 각 요소에는 Off 속성의 값이 선형으로 증가한다. 선형 기울기는 최대 레지스터 값을 마이크로 스텝 수로 나누어 계산한다.

예제 10-32 마이크로 스테핑을 위한 선형 램프

```
public static List<PcaRegisterValue> GetLinearRamp(uint microstepCount)
{
    Check.IsPositive(microstepCount);

    var ramp = new List<PcaRegisterValue>();

    var increment = PcaPwmDriver.Range / microstepCount;

    for (var i = 0; i <= microstepCount; i++)
    {
        ramp.Add(new PcaRegisterValue()
        {
            On = 0,
            Off = Convert.ToUInt16(i * increment)
        });
    }

    return ramp;
}
```

다음 메서드인 GetPhaseIndex는 조건부 검사를 사용해 풀 스텝 제어 단계의 인덱스를 계산한다. 결과 인덱스는 StepperMotorPhase 클래스 인스턴스의 AIn1, AIn2, BIn1, BIn2 속성의 제어 단계를 결정하는 데 사용된다. 마지막으로 AdjustMicroStepPhase는 앞서 다룬 f_m 함수(microStepCurve 인수), M_s(microStepCount), μ_i(microStepIndex), v_i(microStepPhaseIndex) 값을 사용해 PwmA와 PwmB 값을 설정한다(예제 10-33 참고).

예제 10-33 마이크로 스텝 제어 단계의 PwmA와 PwmB 속성 조정

```
public static void AdjustMicroStepPhase(StepperMotorPhase phase,
    List<PcaRegisterValue> microStepCurve, uint microstepCount,
    int microStepIndex, int microStepPhaseIndex)
{
    Check.IsNull(phase);
    Check.IsNull(microStepCurve);

    Check.IsPositive(microStepIndex);
    Check.IsPositive(microStepPhaseIndex);

    Check.LengthNotLessThan(microStepCurve.Count, (int)(microstepCount + 1));

    var microStepPhase1 = microStepCurve[(int)(microstepCount - microStepIndex)];
    var microStepPhase2 = microStepCurve[microStepIndex];

    if (microStepPhaseIndex >= 0 && microStepPhaseIndex < microstepCount
        || microStepPhaseIndex >= 2 * microstepCount && microStepPhaseIndex < 3 *
            microstepCount)
    {
        phase.PwmA = microStepPhase1;
        phase.PwmB = microStepPhase2;
    }
    else
    {
        phase.PwmA = microStepPhase2;
        phase.PwmB = microStepPhase1;
    }
}
```

이제 StepperMotor 클래스에서 ControlPhaseHelper 및 MicrosteppingHelper 클래스의 정적 메서드를 사용한다. 클래스 정의는 public 읽기 전용 속성인 MicroStepCount와 마이크로

스텝 제어 단계 시퀀스(microStepControlPhase) 및 f_m 함수(microStepCurve)를 저장하는 2개의 private 필드로 보완한다. 이 필드는 예제 10-34에 표시된 것과 같이 클래스 생성자에서 총 스텝 수와 함께 구성된다. 보다시피 이 예제에서는 마이크로 스텝 수를 8로 설정했다.

예제 10-34 마이크로 스테핑 제어를 설명하는 업데이트된 StepperMotor 클래스 생성자

```
public uint MicroStepCount { get; } = 8;

private List<StepperMotorPhase> microStepControlPhases;
private List<PcaRegisterValue> microStepCurve;

public StepperMotor(PcaPwmDriver pcaPwmDriver, uint steps = 200)
{
    Check.IsNull(pcaPwmDriver);

    this.pcaPwmDriver = pcaPwmDriver;

    Steps = steps * MicroStepCount;

    SetSpeed(Rpm);

    fullStepControlPhases = ControlPhaseHelper.GetFullStepSequence();

    // 마이크로 스테핑 제어 단계 및 선형 램프
    microStepControlPhases = ControlPhaseHelper.GetMicroStepSequence();
    microStepCurve = MicrosteppingHelper.GetLinearRamp(MicroStepCount);
}
```

풀 스텝과 마이크로 스텝을 구분하고자 SteppingMode 열거 형식을 선언한다. 이 열거 형식은 FullSteps와 MicroSteps의 두 값을 가진다. 그런 다음 Move, MoveWithSpeedAdjustment, MakeStep, UpdateChannels, RpmToMsDelay 메서드의 선언부에 기본값이 SteppingMode. FullSteps인 새로운 인수 steppingMode를 추가한다. 이것은 스테핑 모드에 따라 스테퍼 모터 제어 로직을 수행하는 데 도움이 된다.

스테퍼 모터의 이동을 담당하는 MakeStep 메서드의 원본 버전(예제 10-21)을 살펴보면 레지스터 값을 설정하는 UpdateChannels 메서드에서 실제 변경이 필요하다는 것을 알 수 있

다. 따라서 예제 10-35와 같이 스테핑 모드에 의존하도록 해당 함수를 수정한다. 즉 먼저 steppingMode 인수 값을 확인한 후 PCA9685에 기록되는 적절한 제어 단계를 얻는다.

예제 10-35 스테핑 모드에 따른 PWM 채널 업데이트

```
private void UpdateChannels(SteppingMode steppingMode = SteppingMode.FullSteps)
{
    StepperMotorPhase currentPhase = null;

    switch (steppingMode)
    {
        case SteppingMode.MicroSteps:
            currentPhase = GetMicroStepControlPhase();
            break;

        default:
            currentPhase = GetFullStepControlPhase();
            break;
    }

    pcaPwmDriver.SetChannelValue(channels.PwmA, currentPhase.PwmA);
    pcaPwmDriver.SetChannelValue(channels.PwmB, currentPhase.PwmB);

    pcaPwmDriver.SetChannelValue(channels.AIn1, currentPhase.AIn1);
    pcaPwmDriver.SetChannelValue(channels.AIn2, currentPhase.AIn2);

    pcaPwmDriver.SetChannelValue(channels.BIn1, currentPhase.BIn1);
    pcaPwmDriver.SetChannelValue(channels.BIn2, currentPhase.BIn2);
}

private StepperMotorPhase GetMicroStepControlPhase()
{
    // mu_i
    var microStepIndex = (int)(CurrentStep % MicroStepCount);

    // nu_i
    var microStepPhaseIndex = (int)(CurrentStep % (MicroStepCount *
        fullStepControlPhases.Count));

    // 풀 스텝 제어 단계 인덱스
    var mainPhaseIndex = MicrosteppingHelper.GetPhaseIndex(microStepPhaseIndex,
        MicroStepCount);

    // AIn1, AIn2, BIn1, BIn2 신호의 제어 단계
```

```
    var phase = microStepControlPhases[mainPhaseIndex];

    // PwmA, PwmB 신호
    MicrosteppingHelper.AdjustMicroStepPhase(phase, microStepCurve,
        MicroStepCount, microStepIndex, microStepPhaseIndex);

    return phase;
}

private StepperMotorPhase GetFullStepControlPhase()
{
    var phaseIndex = CurrentStep % fullStepControlPhases.Count;

    return fullStepControlPhases[phaseIndex];
}
```

또한 RpmToMsDelay 메서드를 업데이트해 MakeStep 메서드의 연속 호출 간 밀리초 지연을 조정한다.

총 스텝을 결정하고자 GetTotalStepCount 메서드로 StepperMotor 클래스를 보완한다. 스테핑 모드에 따라 이 함수는 풀 스텝 수(SteppingMode.FullSteps) 또는 풀 스텝 수와 마이크로 스텝(SteppingMode.MicroSteps)을 곱한 값을 반환한다. GetTotalStepCount 메서드는 Move 및 MoveWithSpeedAdjustment 메서드에서 수행할 총 스텝 수를 업데이트하는 데 사용된다(예제 10-36).

예제 10-36 스테핑 모드에 따라 스텝 값이 업데이트된다.

```
public void Move(StepperMotorIndex motorIndex, MotorDirection direction, uint steps,
    SteppingMode steppingMode = SteppingMode.FullSteps)
{
    var msDelay = RpmToMsDelay(Rpm, steppingMode);

    steps = GetTotalStepCount(steppingMode, steps);

    for (uint i = 0; i < steps; i++)
    {
        MakeStep(motorIndex, direction, steppingMode);

        Task.Delay(msDelay).Wait();
```

```
    }
}

private uint GetTotalStepCount(SteppingMode steppingMode, uint steps)
{
    if (steppingMode == SteppingMode.MicroSteps)
    {
        steps *= MicroStepCount;
    }

    return steps;
}
```

마지막으로 UI에서 스테핑 모드를 제어하고자 체크 박스를 추가한다. 체크 박스를 체크하면 스테퍼 모터는 마이크로 스텝 정확도로 회전한다. StepperMotorTest 메서드도 비슷한 방식으로 변경한다. 마이크로 스테핑을 테스트하려면 UI를 사용하거나 StepperMotorTest 메서드를 호출하면 된다.

서보 모터

서보는 PWM 펄스 지속 시간을 사용해 제어된다. 이는 서보 위치 또는 회전 속도를 변화시킨다(연속 서보의 경우). 예를 들어, 2ms의 펄스는 서보가 최대 속도로 계속 순방향 회전하도록 강제할 수 있다.

PcaPwmDriver 클래스 내에서 구현되는 PCA9685 제어 드라이버는 PCA9685의 On/Off 레지스터 설정만 허용한다. DC 및 스테퍼 모터를 제어하는 데 필요하지 않기 때문에 On 및 Off 레지스터가 지정된 폭의 펄스를 생성하도록 설정하는 변환 메서드가 없다.

이러한 절차를 구현하려면 먼저 주파수를 반전해 펄스 반복률을 결정한 다음 결과값을 PWM 분해능인 4096으로 나눈다. 이는 내부 PCA9685 오실레이터의 눈금당 시간을 제공한다. 마지막으로 PcaRegisterValue를 생성해 지정된 폭의 펄스를 생성하려면 On 값을 0으로 설정하고 Off 값을 눈금당 시간으로 나눈 펄스 지속 시간으로 설정한다.

예를 들어, PCA9685 주파수가 100Hz이고 2ms = 2000µs의 펄스 지속 시간을 생성한다고 가정하면 PWM 신호 지속 시간은 $1/100$Hz = 10ms다. 눈금당 결과 시간은 $10/4096$ms = 2.44µs 이다. 따라서 PCA9685 레지스터의 Off 값은 $2000µs/2.44µs$ = 820이 될 것이다.

이러한 계산을 PcaPwmDriver에서 `PulseDurationToRegisterValue` 정적 메서드로 구현했다. 해당 정의는 예제 10-37에 나와 있다.

예제 10-37 PCA9685 레지스터 값을 필요한 펄스폭에 맞게 조정하기

```
public static int HzMinFrequency { get; } = 24;
public static int HzMaxFrequency { get; } = 1526;

public static PcaRegisterValue PulseDurationToRegisterValue(double msPulseDuration,
    int hzFrequency)
{
    Check.IsLengthInValidRange(hzFrequency, HzMinFrequency, HzMaxFrequency);
    Check.IsPositive(msPulseDuration);

    var msCycleDuration = 1000.0 / hzFrequency;

    var msTimePerOscillatorTick = msCycleDuration / Range;

    return new PcaRegisterValue()
    {
        On = 0,
        Off = Convert.ToUInt16(msPulseDuration / msTimePerOscillatorTick)
    };
}
```

하드웨어 어셈블리

이 절에서는 로봇공학의 서보 모터 사용법을 시연하고자 바퀴(https://bit.ly/servo_wheel) 가 부착된 마이크로 연속 회전 서보 FS390R(https://bit.ly/FS390R)을 사용한다. 이러한 요소들은 움직이는 작은 로봇을 만드는 기초가 될 수 있다.

FS390R 데이터 시트(https://bit.ly/FS390R_datasheet)에 따르면 이 서보는 PWM 펄스가 1.5ms보다 넓고 2.3ms를 초과하지 않으면 순방향으로 회전한다. 모터는 펄스가 넓을수록

더 빨리 회전한다. 펄스 지속 시간이 1.5ms이면 모터가 정지하고 펄스를 더 좁히면 역방향으로 회전하기 시작한다. 역회전 속도는 펄스폭이 감소함에 따라 증가하며, 0.7ms의 폭에서 최대값에 도달한다. 설명된 변조를 사용해 이 서보를 제어하려면 서보 HAT을 RPi2/RPi3에 부착한 다음 HAT에 충분한 전원을 공급해야 한다. 전원을 공급하는 몇 가지 옵션이 있다. 5V 전원 공급 장치(https://bit.ly/power_supply_5V)를 사용하거나 전원 플러그 옆에 위치한 단자를 사용해 전원을 공급할 수 있다. 여기에서는 두 번째 옵션을 사용하고 실험실 전원 공급 장치에 HAT을 연결해 5V를 공급한다. 이후 그림 10-9와 같이 서보를 첫 번째 PWM 채널(0번 인덱스)에 연결한다.

그림 10-9 서보 모터에 의해 제어되는 바퀴는 서보 HAT의 첫 번째 PWM 채널을 통해 RPi2에 부착된다.

UI 있는 앱

이제 서보 제어 소프트웨어를 구현해 보자. 이를 위해 비어 있는 앱 UWP 비주얼 C# 프로젝트 템플릿을 사용해 UI 있는 앱을 구현한다(함께 제공되는 코드 'Chapter 10/Servo' 참고). 그림 10-10과 같이 이 애플리케이션을 통해 PWM 채널을 선택하고, 해당 채널에서 생성되는 펄스폭을 제어할 수 있다. 또한 정지 버튼을 클릭해 신호 생성을 중단할 수도 있다. 그러면 선택한 PCA9685 레지스터에 완전 비활성 값이 기록된다.

그림 10-10 서보 모터 제어를 위한 서보 애플리케이션의 UI

Update 버튼을 클릭하면 예제 10-38의 메서드가 호출된다. 이 메서드는 단순히 PcaPwm Driver 클래스 인스턴스의 SetChannelValue 메서드를 사용한다. 해당 버튼을 선택하기 전에 몇 가지 사항을 준비해야 한다. 먼저 요청된 펄스폭을 레지스터 값(또는 더 정확하게 듀티 사이클)으로 변환돼야 한다. 이는 MsPulseDuration 속성 내에서 PcaPwmDriver 클래스의 PulseDurationToRegisterValue 정적 메서드를 사용해 수행된다(예제 10-39 참고). MsPulseDuration 속성은 서보 애플리케이션 UI의 슬라이더에 바인딩돼 있으므로 슬라이더의 값이 변경될 때마다 레지스터 값(MainPage의 pwmValue 멤버)이 업데이트된다.

예제 10-38 PWM 채널 업데이트

```
private PcaPwmDriver pwmDriver;
private PcaRegisterValue pwmValue = new PcaRegisterValue();

private void ButtonUpdateChannel_Click(object sender, RoutedEventArgs e)
{
    if (pwmDriver.IsInitialized)
    {
        pwmDriver.SetChannelValue(pwmChannel, pwmValue);
    }
}
```

예제 10-39 밀리초 펄스 지속 시간을 PCA9685 레지스터 값으로 변환

```
private double msPulseDuration;

private double MsPulseDuration
{
    get { return msPulseDuration; }
```

```
    set
    {
        msPulseDuration = value;
        pwmValue = PcaPwmDriver.PulseDurationToRegisterValue(msPulseDuration,
            hzFrequency);
    }
}
```

다음으로 서보 HAT와 연결하고자 예제 10-40의 `InitializePwmDriver` 메서드를 사용한다. OnNavigatedTo 이벤트 핸들러 내에서 호출되는 이 메서드는 0x40의 I²C 주소를 사용하고 기본 PWM 주파수를 100Hz로 설정한다. `PcaPwmDriver` 클래스를 초기화하고 구성한 후 UI를 사용해 서보 모터를 제어할 수 있다.

예제 10-40 PWM 드라이버 초기화(주소: 0x40, 주파수: 100Hz)

```
private const byte pwmAddress = 0x40;
private const int hzFrequency = 100;

protected async override void OnNavigatedTo(NavigationEventArgs e)
{
    base.OnNavigatedTo(e);

    await InitializePwmDriver();

    // 다음 줄의 주석 처리를 제거하면 UI를 사용하지 않고 서보 테스트를 실행한다.
    // ServoTest();
}

private async Task InitializePwmDriver()
{
    pwmDriver = new PcaPwmDriver();

    await pwmDriver.Init(pwmAddress);

    if (pwmDriver.IsInitialized)
    {
        // 오실레이터 활성화
        pwmDriver.SetSleepMode(SleepMode.Normal);

        // 주파수 설정
        pwmDriver.SetFrequency(hzFrequency);
```

```
        }
    }
```

또는 OnNavigatedTo 이벤트 핸들러에서 ServoTest 메서드를 호출하는 명령문의 주석을 해제할 수 있다. 이 메서드는 FS390R이 인식하는 최대값과 최소값 사이에서 펄스 지속 시간을 순차적으로 변경한다(예제 10-41 참고). 따라서 ServoTest를 실행한 후 서보 모터에 장착된 바퀴가 최고 속도로 순방향으로 회전한다. 모터 속도가 감소한 다음 바퀴의 회전 방향을 역방향으로 변경하고 최대 속도로 가속하기 시작한다. 마지막으로 바퀴는 ServoTest 메서드의 마지막 명령문에 따라 정지한다.

예제 10-41 UI를 사용하지 않고 PWM 첫 번째 채널에 연결된 서보 테스트하기

```
private void ServoTest()
{
    if (pwmDriver.IsInitialized)
    {
        const byte channel = 0;

        const int msSleepTime = 1000;

        const double minPulseDuration = 0.7;
        const double maxPulseDuration = 2.3;
        const double step = 0.1;

        for (var pulseDuration = maxPulseDuration;
            pulseDuration >= minPulseDuration - step;
            pulseDuration -= step)
        {
            var registerValue = PcaPwmDriver.PulseDurationToRegisterValue(
                pulseDuration, hzFrequency);

            pwmDriver.SetChannelValue(channel, registerValue);

            Task.Delay(msSleepTime).Wait();
        }

        // PWM 채널 비활성화
        pwmDriver.SetChannelValue(pwmChannel, PcaPwmDriver.FullyOff);
    }
}
```

공급자

모터 HAT 또는 센스 HAT와 같은 하드웨어 서브모듈은 IoT 시스템의 기능을 확장하는 편리한 방법을 구성한다. 공통 UWP API로 이러한 서브모듈의 프로그래밍을 간소화하고자 윈도우 10 IoT 코어는 공급자 모델(https://bit.ly/lightning_provider)의 개념을 도입했다.

공급자 모델은 일련의 프로그래밍 인터페이스 세트를 제공한다. 이 인터페이스를 구현함으로써 UWP에 부합하고 하드웨어 구성 요소에 대한 액세스를 제공하는 균일한 API를 사용자에게 제공할 수 있다. 이러한 솔루션의 예로는 Microsoft.IoT.Lightning 라이브러리가 있다. DMAP^Direct Memory Mapped 드라이버를 통해 GPIO, I²C, SPI와 같은 온보드^onboard 기능에 액세스할 수 있다. 그러나 하드웨어 구성 요소에 액세스하기 위한 실제 코드는 기본 드라이버와 거의 동일하다. 공급자를 Microsoft.IoT.Lightning에서 제공하는 공급자로 명시적으로 변경하기만 하면 된다. 이러한 접근 방식은 하드웨어 구성 요소를 업데이트할 때 애플리케이션의 다른 부분의 소스 코드를 수정하지 않고도 해당 소프트웨어 공급자만 변경하기 때문에 편리하다.

IoT UWP API의 모든 컨트롤러 클래스는 특정 유형의 모든 컨트롤러에 공통적인 멤버를 가진 인터페이스를 구현한다. 예를 들어, GpioController는 IGpioController 인터페이스를 구현하는 반면 I2cDeviceController는 I2cController에서 파생한다.

이 절에서는 Lightning 공급자를 사용하는 방법을 보여 준다. 다음으로 PCA9685 PWM 모듈을 제어하기 위한 맞춤형 공급자를 작성하고, DC 모터를 구동하는 방법을 설명한다.

Lightning 공급자

먼저 Microsoft.IoT.Lightning을 사용하고자 비어 있는 앱(유니버설 Windows) 프로젝트 템플릿을 사용해 BlinkyApp.Lightning 애플리케이션을 생성한다. 그런 다음 Microsoft. IoT.Lightning NuGet 패키지를 설치하고, 3장, '윈도우 IoT 프로그래밍 에센셜'에서 다룬 BlinkyApp과 동일하게 애플리케이션을 구현한다. BlinkyApp.Lightning은 단순히 GPIO 핀을 구동해 순차적으로 LED를 켜고 끈다.

그런 다음 예제 10-42의 메서드를 구현한다. 이 메서드는 Lightning 드라이버가 활성화돼
있는지 확인한 다음 기본 공급자를 Microsoft.IoT.Lightning에서 제공하는 공급자로 설정
한다.

예제 10-42 저수준 장치 컨트롤러 구성

```
private void ConfigureLightningController()
{
    if (LightningProvider.IsLightningEnabled)
    {
        LowLevelDevicesController.DefaultProvider = LightningProvider.
            GetAggregateProvider();
    }
}
```

LED 제어를 위해 GPIO 핀에 액세스하기 전에 MainPage 생성자 내에서 Configure
LightningController 컨트롤러를 호출한다(예제 10-43 참고).

예제 10-43 ConfigureLightningController 호출

```
public MainPage()
{
    InitializeComponent();

    ConfigureLightningController();

    ConfigureGpioPin();
    ConfigureMainButton();
    ConfigureTimer();
}
```

Lightning 공급자를 사용하려면 장치 포털을 통해 DMAP 드라이버를 활성화하고, 예제
10-44에 표시된 것처럼 애플리케이션 매니페스트에서 적절한 기능을 선언해야 한다. 이
러한 선언은 http://schemas.microsoft.com/appx/manifest/iot/windows10의 선언을
임포트한 iot 네임스페이스를 사용한다. 첫 번째 기능은 저수준 장치 컨트롤러에 접근하는 데
필요한 반면, 두 번째 기능은 Lightning 인터페이스의 GUID[Global Unique Identifier]에 해당한다.

```xml
<Package
  xmlns="http://schemas.microsoft.com/appx/manifest/foundation/windows10"
  xmlns:mp="http://schemas.microsoft.com/appx/2014/phone/manifest"
  xmlns:uap="http://schemas.microsoft.com/appx/manifest/uap/windows10"
  xmlns:iot="http://schemas.microsoft.com/appx/manifest/iot/windows10"
  IgnorableNamespaces="uap mp iot">

  <Capabilities>
    <Capability Name="internetClient" />
    <iot:Capability Name="lowLevelDevices" />
    <DeviceCapability Name="109b86ad-f53d-4b76-aa5f-821e2ddf2141"/>
  </Capabilities>

  <!--기타 선언은 변경되지 않음-->

</Package>
```

PCA9685 컨트롤러 공급자

맞춤형 공급자를 구현하고자 비어 있는 앱(유니버설 Windows) 프로젝트 템플릿을 사용해 Motors.PwmProvider라는 새로운 프로젝트를 생성한다. 그런 다음 PcaPwmDriver 클래스 및 앞서 개발한 다른 헬퍼에 액세스할 수 있도록 MotorsControl 클래스 라이브러리를 참고한다.

이후 PcaPwmControllerProvider를 구현한다(함께 제공되는 코드 'Chapter 10/ Motors. PwmProvider/ControllerProviders/PcaPwmControllerProvider.cs' 참고). 이 클래스는 PcaPwmDriver의 기능을 래핑wrapping해 공급자 모델에 맞게 수정한다. 따라서 PcaPwm ControllerProvider는 IPwmControllerProvider 인터페이스를 구현한다. Windows. Devices.Pwm.Provider 네임스페이스에 선언된 이 인터페이스에는 여러 public 메서드 및 속성이 있으며, 여기에서 사용하는 PCA9685를 포함해 모든 PWM 컨트롤러에 공통으로 사용된다.

특히 PWM 출력의 주파수를 설정하려면 컨트롤러 클래스가 SetDesiredFrequency 메서드를 구현해야 한다. PcaPwmDriver는 이미 SetFrequency 메서드에서 해당 기능을 구현하고 있다. 예제 10-45와 같이 이 함수를 사용해 PWM 주파수를 간단하게 업데이트할 수 있다. SetDesiredFrequency는 실제 PWM 주파수를 반환해야 한다. 일반적으로 원하는 값은 숫자 표현의 비호환성으로 인해 실젯값과 다를 수 있다. 실제 PWM 주파수를 반환하려면 PcaPwmDriver의 GetFrequency 메서드를 사용한다.

예제 10-45 PcaPwmControllerProvider 클래스의 일부

```
public class PcaPwmControllerProvider : IPwmControllerProvider
{
    private PcaPwmDriver pcaPwmDriver = new PcaPwmDriver();

    public double SetDesiredFrequency(double frequency)
    {
        pcaPwmDriver.SetFrequency(Convert.ToInt32(frequency));

        return pcaPwmDriver.GetFrequency();
    }

    // 나머지 클래스 정의

}
```

특정 PWM 채널의 듀티 사이클을 제어하고자 PcaPwmControllerProvider 클래스는 SetPulseParameters를 구현한다(예제 10-46 참고). 앞서 작업한 것처럼 PcaPwmDriver의 해당 기능, 즉 SetChannelValue 메서드를 사용한다. 이 메서드는 듀티 사이클(백분율) 대신 PcaRegisterValue 클래스의 인스턴스를 사용한다. 듀티 사이클을 PcaRegisterValue로 변환하고자 헬퍼 정적 메서드인 DutyCycleToRegisterValue를 구현한다.

예제 10-46 PWM 펄스 파라미터 설정

```
public void SetPulseParameters(int pin, double dutyCycle, bool invertPolarity)
{
    var pcaRegisterValue = PcaPwmDriver.DutyCycleToRegisterValue(dutyCycle,
        invertPolarity);

    pcaPwmDriver.SetChannelValue(Convert.ToByte(pin), pcaRegisterValue);
}
```

DutyCycleToRegisterValue는 PcaPwmDriver 클래스에 정의되며, 예제 10-47에 표시된 것처럼 듀티 사이클을 4096(PWM 분해능/범위 속성)으로 곱한 다음 결과값을 100(PercentageScaler 속성)으로 나누어 PcaRegisterValue의 On 값을 계산한다.

예제 10-47 듀티 사이클을 레지스터 값으로 변환하기

```
public static double PercentageScaler { get; } = 100.0;

public static PcaRegisterValue DutyCycleToRegisterValue(double dutyCycle, bool
    invertPolarity)
{
    var registerValue = dutyCycle * Range / PercentageScaler;
    registerValue = Math.Min(registerValue, Range);

    ushort offValue = 0;
    ushort onValue = Convert.ToUInt16(registerValue);

    return new PcaRegisterValue()
    {
        On = !invertPolarity ? onValue : offValue,
        Off = !invertPolarity ? offValue : onValue
    };
}
```

IPwmControllerProvider에는 AcquirePin, ReleasePin, EnablePin, DisablePin의 네 가지 메서드가 있다. 각 메서드는 PWM 핀에 대한 배타적 접근 획득(AcquirePin) 또는 해제(ReleasePin) 및 해당 채널에서 펄스 생성을 활성화(EnablePin) 또는 비활성화(DisablePin)하는 데 사용된다. 그러나 PCA9685 PWM 드라이버에는 채널 획득, 해제, 활성화, 비활성화를 위한 API가 없다. 따라서 PcaPwmControllerProvider는 AcquirePin, ReleasePin, EnablePin, DisablePin 메서드에 대한 빈 정의를 갖고 있다.

또한 PcaPwmControllerProvider는 IPwmControllerProvider 인터페이스에 의해 부여되는 4개의 읽기 전용 속성을 갖고 있다. 해당 속성은 ActualFrequency, MaxFrequency, MinFrequency, PinCount다. 이 속성을 모두 정의하고자 PcaPwmDriver 클래스의 해당 멤버를 사용한다(함께 제공되는 코드 참고).

마지막으로 PcaPwmControllerProvider에는 PcaPwmDriver를 초기화하고 드라이버 절전 모드를 비활성화하는 private 생성자가 있다. 이 초기화는 PcaPwmDriver 클래스의 비동기 메서드인 Init를 사용한다. 그러나 C# 클래스 생성자는 비동기식이거나 wait 제한자를 사용할 수 없다. 그러므로 Wait 메서드와 동시에 Init 메서드를 호출해야 한다. 이러한 대기는 UI 스레드를 차단하므로 Task.Run 메서드를 사용해 별도의 백그라운드 스레드에서 비동기 코드를 호출한다(예제 10-48 참고). 초기화를 수행할 수 없는 경우 Motors.PwmProvider 프로젝트의 Exceptions 폴더 아래 DeviceInitializationException.cs에 구현된 DeviceInitializationException을 발생시킨다.

예제 10-48 PcaPwmDriver 초기화

```
private PcaPwmControllerProvider(byte address = 0x60)
{
    // UI가 블로킹되지 않도록 백그라운드 스레드에서 PcaPwmDriver를 초기화한다.
    Task.Run(async () =>
    {
        await pcaPwmDriver.Init(address);

        pcaPwmDriver.SetSleepMode(SleepMode.Normal);
    }).Wait();

    if (!pcaPwmDriver.IsInitialized)
    {
        throw DeviceInitializationException.Default(address);
    }
}
```

PcaPwmControllerProvider의 실제 인스턴스를 얻으려면 예제 10-49에서와 같이 public 메서드인 GetDefault를 사용한다.

예제 10-49 기본 컨트롤러 공급자 반환

```
public static PcaPwmControllerProvider GetDefault()
{
    return new PcaPwmControllerProvider();
}
```

DC 모터 제어

이 절에서는 PWM 컨트롤러 공급자를 통합해 DC 모터를 제어하는 방법을 설명한다 (Motors.PwmProvider 프로젝트의 MotorsControl 폴더에 있는 DcMotor.cs 파일 참고). 스테퍼 모터와 서보의 구현은 과제로 남겨 두겠다.

먼저 DcMotor 클래스 생성자를 수정해 IPwmControllerProvider 인터페이스의 구체적인 구현인 인수를 사용하도록 한다(예제 10-50 참고). 결과적으로 해당 인수에 대한 참조를 저장하는 private 멤버의 유형도 변경한다.

예제 10-50 수정된 DcMotor 클래스 생성자

```
private IPwmControllerProvider pwmControllerProvider;

public DcMotor(IPwmControllerProvider pwmControllerProvider)
{
    Check.IsNull(pwmControllerProvider);

    this.pwmControllerProvider = pwmControllerProvider;
}
```

그런 다음 IPwmControllerProvider 인터페이스의 SetPulseParameters를 사용하도록 Start 및 Stop 메서드를 변경한다(예제 10-51 참고).

예제 10-51 DC 모터 시작 및 정지(예제 10-13의 메서드와 비교해 보자)

```
private const double dutyCycleFullyOn = 100.0;
private const double dutyCycleFullyOff = 0.0;

public void Start(DcMotorIndex motorIndex, MotorDirection direction)
{
    ConfigureChannels(motorIndex);

    if (direction == MotorDirection.Forward)
    {
        pwmControllerProvider.SetPulseParameters(channels.In1, dutyCycleFullyOn, false);
        pwmControllerProvider.SetPulseParameters(channels.In2, dutyCycleFullyOff, false);
    }
    else
```

```
    {
        pwmControllerProvider.SetPulseParameters(channels.In1, dutyCycleFullyOff, false);
        pwmControllerProvider.SetPulseParameters(channels.In2, dutyCycleFullyOn, false);
    }
}

public void Stop(DcMotorIndex motorIndex)
{
    ConfigureChannels(motorIndex);

    pwmControllerProvider.SetPulseParameters(channels.In1, dutyCycleFullyOff, true);
    pwmControllerProvider.SetPulseParameters(channels.In2, dutyCycleFullyOff, true);
}
```

마지막으로 예제 10-52에 표시된 것처럼 SetSpeed 메서드를 수정한다.

예제 10-52 PcaPwmControllerProvider를 사용한 DC 모터 속도 설정(예제 10-12의 메서드와 비교해 보자)

```
public void SetSpeed(DcMotorIndex motorIndex, ushort speed)
{
    ConfigureChannels(motorIndex);

    var dutyCycle = PcaPwmDriver.PercentageScaler * speed / PcaPwmDriver.Range;

    dutyCycle = Math.Min(dutyCycle, PcaPwmDriver.PercentageScaler);

    pwmControllerProvider.SetPulseParameters(channels.Speed, dutyCycle, false);
}
```

수정된 DcMotor 클래스를 고려해 그림 10-5와 같이 UI를 정의하고 코드 숨김에 구현한다. 그러나 대부분의 로직은 Motors 애플리케이션과 동일하다. 유일한 차이점은 수정된 DcMotor 클래스의 초기화 부분이다. 예제 10-53에서 보듯이 수정된 DcMotor 클래스를 초기화할 때 PcaPwmControllerProvider를 사용한다.

예제 10-53 PcaPwmControllerProvider 및 DcMotor 초기화

```
private void InitializeDcMotor()
{
    var pcaPwmControllerProvider = PcaPwmControllerProvider.GetDefault();
```

```
    dcMotor = new DcMotor(pcaPwmControllerProvider);

    // 기본 속도 설정
    Speed = 1000;

    // 다음 줄의 주석을 해제하면 UI를 사용하지 않고 DC1 모터를 5초 동안 실행한다.
    // DcMotorTest(DcMotorIndex.DC1, MotorDirection.Backward, speed);
}
```

애플리케이션을 테스트하려면 기본 드라이버를 사용하도록 장치를 다시 되돌리고 장치에 애플리케이션을 배포해야 한다. 그런 다음 UI를 사용해 DC 모터를 시작 및 중지하거나 InitializeDcMotor 메서드의 마지막 줄에 있는 주석을 해제할 수 있다.

애플리케이션의 기능은 Motors 애플리케이션과 관련해 변경되지 않는다. 하지만 소스 코드의 유지 관리성은 향상된다. 공급자 모델의 특정 인터페이스를 준수하는 애플리케이션을 생성할 때 드라이버의 구현부만 교체하면 된다. 특히 일부 하드웨어 모듈을 업그레이드해 드라이버를 수정해야 하는 경우 해당 하드웨어 관련 인터페이스가 구현된 클래스만 변경하면 된다. 드라이버를 사용하는 다른 소프트웨어 모듈은 특정 인터페이스에서 제공하는 메서드를 호출하기 때문에 내부 변경 사항을 알 필요가 없다. 이 접근법은 모바일과 웹 프로그래밍의 코드 공유 전략과 유사하다.

요약

10장에서는 모터 RPi2/RPi3 HAT의 핵심 요소인 PCA9685 PWM 모듈의 제어 드라이버를 개발했다. 이 드라이버를 사용해 DC 모터를 제어하는 H 브리지를 구현했으며, 풀 스테핑 및 마이크로 스테핑 기법으로 스테퍼 모터의 위치를 변경하고, 서보 모터를 구동하기 위한 펄스폭을 조정하는 방법도 배웠다. 그 과정에서 제어 소프트웨어를 테스트하기 위한 세 가지 UI 있는 애플리케이션을 개발했다. 또한 자동 스테퍼 모터 속도 조정 및 공급자 모델 구현 방법을 논의했다.

CHAPTER 11

디바이스 러닝

이제 인공 센싱, 청각, 시각, 모터 기능을 다뤘으므로 11장에서는 다른 인공 모듈에서 획득한 신호를 결합해 인간처럼 추론하고 결정을 내리며, 결과를 예측할 수 있는 인공지능(AI) 모듈을 준비하는 방법을 소개한다.

AI 모듈은 센서 판독값이나 음성 명령, 이미지와 같은 데이터를 기억할 수 있다. 이 데이터를 평가하고 특정 동작을 취하는 데 이 데이터를 사용할 수 있다. 이를테면 AI 모듈은 센서 판독값을 분석해 이상을 감지하고 음성 명령을 처리해 특정 기능을 켜거나 끌 수 있다. AI는 이미지를 사용해 자동화된 기술적인 검사를 수행할 수도 있다. 우리는 매일 AI를 사용하고 있다. 이메일 클라이언트는 여러분의 이메일을 읽고 스팸을 감지한다. 은행은 신용카드 거래를 분석해 사기성이 높은 거래를 확인한다. 여러분이 선호하는 인터넷 쇼핑몰은 쇼핑 이력을 기준으로 흥미로워 할 상품을 제안한다.

AI는 IoT에서도 아주 중요한데 센서와 디바이스가 상호 연결돼 대규모 데이터 집합을 만들어 내기 때문이다. 이들 센서와 디바이스가 모니터링하는 프로세스가 더욱 복잡해짐에 따라 직접 데이터 처리는 더욱더 시간 소모적이며 어려운 일이 돼 가고 있고, 때로는 불가능하기도 하다. 이런 문제를 해결하려면 컴퓨터를 가르쳐 자동으로 데이터를 처리하고 분석하게 해야 한다.

대체로 AI는 인간의 인식(지식, 기억, 평가, 추론)을 에뮬레이션하는 기능을 수행하는 컴퓨터 시스템(기계)의 능력이다. 인간은 패턴(특징)을 기억하므로 날씨 변화처럼 감지할 수 있거나 글자/기호처럼 시각화하거나 레이블label처럼 의미를 담아 말할 수 있다. 인간은 이런 패턴을 자신의 경험, 지식, 감정을 기반으로 평가해 결론을 도출한다(달리 말하면 이미 배운 것을 일반화한다).

AI는 비슷한 개념을 사용한다. 구체적으로 인공 센싱 모듈에서 나온 데이터는 머신러닝^{ML,} Machine Learning 알고리즘에 넣어 특징(특성)을 추출하는 데 사용된다. 이전에 훈련시킨 모델 (관찰하는 프로세스를 기술한 수학 객체 집합)을 기반으로 하는 머신러닝 알고리즘은 데이터 에서 경향을 예측하고 데이터세트^{dataset}를 분류하며, 패턴과 상관관계를 검색한다. 머신러 닝 알고리즘의 결과는 특정 동작이나 결정을 안내할 수 있다.

몇 가지 방식으로 머신러닝 훈련을 접근할 수 있다. 지도학습에서 훈련 데이터세트는 레이 블을 붙인 입력과 알려진 출력(이를테면 정상(0)이나 비정상(1)이라고 레이블을 붙인 센서 판독값)을 포함한다. 이 데이터세트는 머신러닝 알고리즘을 훈련해(고유 매개변수 조정), 학 습한 것을 일반화하고 주어진 온도에 레이블(0 또는 1)을 독립적으로 적용할 수 있다. 결과 적으로 머신러닝은 자동으로 이상을 감지할 수 있다.

머신러닝 알고리즘은 비지도학습에서 레이블을 붙이지 않은 데이터도 평가할 수 있다. 머 신러닝은 데이터에서 유사점을 식별해 분류하거나 경향을 예측한다. 비지도학습은 각 센 서 판독값과 평균값의 차이를 분석해 센서 판독값에서 정상값과 비정상값 사이의 경계를 자동으로 찾을 수 있다.

지도학습과 비지도학습을 결합해 레이블이 있는 데이터와 없는 데이터를 포함하는 데이터 셋을 처리할 수 있다.

머신러닝을 접근하는 또 다른 방식은 강화학습을 통해서인데 이 방식에서는 머신이 입력 데이터 분류와 같은 동작을 수행한 후 외부 피드백(강화 신호)이 올바른 머신 결정을 확인 한다. 강화 시스템은 성공과 실패 각각이 보상과 패널티와 상관관계를 갖는 데서 영감을 받았다.

앞서 음성 입력 처리와 이미지에서 얼굴 인식, 스텝 모터 제어와 같은 작업에 몇 가지 AI 기법을 소개했다. 11장에서 마이크로소프트 코그니티브 서비스의 REST API를 통해 사용 가능한 AI 알고리즘을 명시적으로 사용하는 방법과 애저^{Azure} 머신러닝 스튜디오를 사용해 커스텀 AI 모듈을 만드는 방법을 소개한다.

마이크로소프트 코그니티브 서비스

프로젝트 옥스퍼드로도 알려진 마이크로소프트 코그니티브 서비스[MCS]는 시각, 음성, 언어, 지식, 검색 애플리케이션을 위한 클라우드 기반 인공지능[AI] 알고리즘 액세스를 제공하는 REST API 집합이다. MCS는 플랫폼 독립적이며 단 몇 줄의 코드로 AI 기능을 가진 애플리케이션으로 확장시킨다.

이를테면 시각 API의 집합은 포괄적인 이미지 처리를 위한 복잡한 알고리즘을 구현한다. 이들 알고리즘은 이미지 콘텐츠를 설명하는 정보 추출(Vision API)과 이미지, 텍스트, 비디오 조정(Content Moderator API)을 위한 OCR[Optical Character Recognition], 사람 얼굴 인식 및 검증, 감정 인식(Face API), 비디오 처리를 위한 디지털 안정화, 얼굴 추적, 움직임 감지(Video API)를 포함한다. 이들 알고리즘은 포괄적인 기능을 제공한다. 예를 들어, 얼굴 인식 API는 DetectedFace 클래스로 사람의 얼굴을 감지하는 것뿐만 아니라 나이, 성별, 자세, 얼굴 랜드마크와 같은 얼굴 특징을 추출한다. 더욱이 얼굴 인식 API는 얼굴 이미지를 자동으로 분류하고, 제공한 이미지 컬렉션에서 비슷한 얼굴을 식별할 수 있다.

모든 MCS API는 비슷한 방식으로 액세스한다. 다음 절에서 감정 인식 API에 기반을 둔 샘플 애플리케이션을 구현한다. 이 애플리케이션은 MCS를 활용하는 UWP 애플리케이션을 만드는 기초를 보여 준다. 다른 플랫폼에서도 MCS를 사용할 수 있다. 필요한 것은 REST 클라이언트와 JSON 파싱을 구현하는 데 쓸 클래스뿐이다.

감정 감지기

여기서는 MCS의 감정 인식 API를 사용해 얼굴에서 사람의 감정을 감지하고 가리키는 애플리케이션을 개발하는 방법을 설명한다. 먼저 감정 인식 API로 보내 분석할 웹캠의 사진을 캡처하는 UWP 애플리케이션을 만든다. 이 분석 결과는 이미지와 함께 표시된다(그림 11-1 참고). 이 기능을 센스 HAT LED 드라이버와 결합해 일정한 LED 색으로 사람의 감정을 가르치도록 한다.

그림 11-1 사람 감정을 감지하는 데 인공지능을 사용하는 EmotionsDetector 애플리케이션

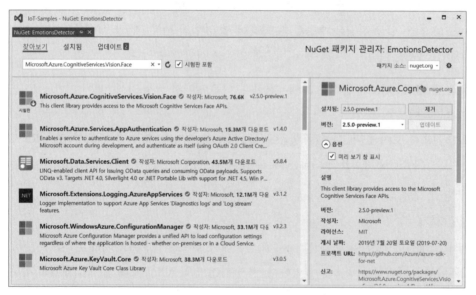

그림 11-2 Face API 클라이언트 설치

이 EmotionsDetector 애플리케이션이라는 AI 사용 애플리케이션을 구현하는 데 비주얼 C#용 '비어 있는 앱(유니버설 Windows)' 프로젝트 템플릿을 사용한다. Chapter 11/Emotions Detector에서 함께 제공하는 코드를 참고하자. 그다음 Microsoft.Azure.Cognitive

Services.Vision.Face NuGet 패키지를 설치한다(그림 11.2 참고). 이 패키지는 Face API에 액세스를 간편하게 해주는 REST 클라이언트인 FaceClient 클래스를 구현한다. Microsoft. Azure.CognitiveServices.Vision.Face.Models.Emotion은 Face API에서 JSON 응답을 래핑하는 클래스도 구현한다.

Face API 요청 URL은 'https://⟨Region⟩.api.cognitive.microsoft.com/'이다. 요청 본문에서 분석할 얼굴 이미지의 URL이나 이진 데이터 중 하나를 지정한다. Face API의 응답은 JSON 배열이다(예제 11-1 참고). 이 배열의 각 요소는 Microsoft.Azure.Cognitive Services.Vision.Face.Models.DetectedFace의 두 가지 속성인 FaceAttributes와 FaceRectangle로 표시된다. 얼굴 사각형은 인식한 얼굴의 사각형 경계를 가리키며, FaceAttributes는 신뢰도(또는 확률) 값의 컬렉션이다. 즉 0~1 범위의 실수다. 값이 높을수록 분석한 얼굴을 지배하는 감정일 확률이 높다.

Face API가 인식하는 감정은 분노, 경멸, 혐오, 두려움, 행복, 무표정, 슬픔, 놀람이다. 예제 11-1에서 샘플 API 응답은 그림 11-1의 얼굴 이미지 점수를 포함하므로 가장 큰 값은 놀람이며 다른 점수는 무시할 만하다.

예제 11-1 Face API의 JSON 응답

```
[
    {
        "faceRectangle": {
            "left": 109,
            "top": 136,
            "width": 61,
            "height": 109
        },
        "scores": {
            "anger": 0.000804054,
            "contempt": 7.84957047E-06,
            "disgust": 0.000139290976,
            "fear": 0.000154535242,
            "happiness": 0.000134000831,
            "neutral": 0.00167221332,
            "sadness": 1.17382831E-06,
            "surprise": 0.9970869
```

```
            }
        }
    ]
```

FaceClient를 사용할 때 요청 URL을 직접 정의하거나 JSON 응답을 파싱할 필요가 없다. 대신 FaceClient 클래스의 전용 메서드를 사용한다. 하지만 Face API뿐만 아니라 다른 코그니티브 서비스^{Cognitive Services}를 액세스하려면 무료 API 키 구독이 필요하다(https://bit.ly/mcs_sign-up).

API 키를 얻은 후 FaceClient 클래스 인스턴스를 생성한 다음 단일 이미지를 처리하는 DetectWithStreamAsync를 호출한다. 여기서는 이 메서드로 얼굴 이미지를 포함하는 단일 비트맵의 추상 표현인 SoftwareBitmap 클래스의 인스턴스를 처리한다.

그림 11-1에서 보다시피 애플리케이션은 웹캠 미리보기와 처리 결과를 표시하는 2개의 모듈로 구성된다. 웹캠 미리보기는 CameraCapture 클래스(8장, '이미지 처리' 참고)를 기반으로 하며 Start Preview 버튼을 클릭한 후 활성화된다. 그다음 버튼의 캡션이 Stop Preview로 바뀐다.

미리보기가 활성화되면 예제 11-2의 이벤트 핸들러를 호출하는 Detect Emotion 버튼을 클릭해 이미지 처리를 호출할 수 있다.

예제 11-2 웹캠에서 캡처한 비디오 프레임을 Face API를 사용해 해석하기
```
private CameraCapture cameraCapture = new CameraCapture();

private async void ButtonDetectEmotion_Click(object sender, RoutedEventArgs e)
{
    if (cameraCapture.IsPreviewActive)
    {
        // 비트맵 캡처와 표시
        var softwareBitmap = await cameraCapture.CapturePhotoToSoftwareBitmap();
        DisplayBitmap(softwareBitmap);

        // 인식한 감정 표시
        var emotion = await GetEmotion(softwareBitmap);
```

```
        DisplayEmotion(softwareBitmap, emotion);
    }
}
```

Detect Emotion 버튼 클릭 이벤트 핸들러는 CameraCapture 클래스의 CapturePhotoTo
SoftwareBitmap 메서드를 사용해 비디오 프레임을 캡처한 다음 예제 11-3의 DisplayBitmap
메서드를 사용해 Image 컨트롤에서 이 프레임을 표시한다. 이 동작은 Image.Source와
MainPage.FaceBitmap이라는 두 가지 속성 간의 데이터바인딩을 사용해 간접적으로 일
어난다. DisplayBitmap 메서드에서 획득한 프레임을 WriteableBitmap 클래스의 인스턴스로
픽셀 버퍼를 복사해 Image.Source에 할당하고 UI에서 이미지로 표시할 수 있다.

예제 11-3 FaceBitmap 속성에 바인딩한 Image 컨트롤에서 WriteableBitmap 클래스의 인스턴스가 표시된다.

```
private WriteableBitmap faceBitmap;

private WriteableBitmap FaceBitmap
{
    get { return faceBitmap; }
    set
    {
        faceBitmap = value;
        OnPropertyChanged();
    }
}

private void DisplayBitmap(SoftwareBitmap softwareBitmap)
{
    if (softwareBitmap != null)
    {
        var writeableBitmap = new WriteableBitmap(softwareBitmap.PixelWidth,
            softwareBitmap.PixelHeight);

        softwareBitmap.CopyToBuffer(writeableBitmap.PixelBuffer);

        FaceBitmap = writeableBitmap;
    }
}
```

다음으로 Face 서비스는 분석을 위한 비트맵을 받는다. Face 서비스 REST 클라이언트는 Windows.IO.Stream 객체를 사용해 이미지 데이터를 표시한다. 따라서 예제 11-4에서 SoftwareBitmap 클래스의 인스턴스는 FaceClient 클래스 인스턴스의 DetectWithStreamAsync 메서드를 사용해 Face API로 보내기전에 Stream 클래스 인스턴스로 변환된다.

예제 11-4 Face API를 사용해 얼굴 이미지 처리하기

```
private readonly IFaceClient emotionServiceClient = new FaceClient(
    new ApiKeyServiceClientCredentials(subscriptionKey)) {Endpoint=faceEndpoint};

private const string emotionsApiError = "Emotion API error: ";

private async Task<DetectedFace> GetEmotion(SoftwareBitmap softwareBitmap)
{
    DetectedFace emotion = null;
    IList<FaceAttributeType> faceAttributes = new FaceAttributeType[] {
        FaceAttributeType.Emotion };
    try
    {
        var bitmapImageStream = await SoftwareBitmapHelper.GetBitmapStream(
            softwareBitmap);

        var recognitionResult = await emotionServiceClient.Face.DetectWithStreamAsync(
            bitmapImageStream,true,false,faceAttributes);

        emotion = recognitionResult.Max();
    }
    catch (Exception ex)
    {
        DisplayMessage(emotionsApiError + ex.Message);
    }

    return emotion;
}
```

앞서의 변환은 SoftwareBitmapHelper 클래스의 GetBitmapStream 메서드 내에서 구현했다 (예제 11-5 참고). 인수값의 유효성 검사 후 BitmapEncoder 클래스의 메서드와 InMemory RandomAccessStream을 사용해 픽셀 버퍼를 비트맵 형식으로 인코딩한다. 먼저 Bitmap Encoder.CreateAsync 정적 메서드는 BitmapEncoder의 인스턴스를 얻는다. 이 메서드는

해당 이미지 형식의 ID와 IRandomAccessStream 인터페이스를 구현하는 객체의 인스턴스(InMemoryRandomAccessStream)라는 2개의 인수를 받는다. 옵션으로, 키-값 쌍 컬렉션(encodingOptions 인수)을 지정할 수 있다.

BitmapEncoder는 사용할 수 있는 이미지 형식을 나타내는 정적 필드, BmpEncoderId, GifEncoderId, JpegEncoderId, JpegXREncoderId, PngEncoderId, TiffEncoderId를 노출한다. 예제 11-5에서 BmpEncoderId를 사용해 이미지 형식이 BMP임을 가리킨다. 그다음 SetSoftwareBitmap을 호출해 픽셀 데이터와 FlushAsync를 설정해 IRandomAccessStream 인터페이스를 준수하는 이미지 데이터를 커밋한다(데이터를 해당 객체로 복사한다).

기본적으로 BitmapEncoder 클래스는 이미지 설명을 포함하는 헤더로 원시 픽셀 버퍼를 보완한다. Face API는 픽셀 버퍼와 함께 이 헤더를 사용해 이미지 크기, 비트심도, 컬러 인코딩 등을 식별하고 픽셀 버퍼를 적절히 해석해 얼굴 위치와 감정을 올바르게 감지한다.

예제 11-5 System.IO.Stream 클래스의 인스턴스로 SoftwareBitmap 변환

```
public static class SoftwareBitmapHelper
{
    public static async Task<Stream> GetBitmapStream(SoftwareBitmap softwareBitmap)
    {
        Check.IsNull(softwareBitmap);

        var bitmapImageInMemoryRandomAccessStream = new InMemoryRandomAccessStream();

        var bitmapEncoder = await BitmapEncoder.CreateAsync(
            BitmapEncoder.BmpEncoderId, bitmapImageInMemoryRandomAccessStream);

        bitmapEncoder.SetSoftwareBitmap(softwareBitmap);

        await bitmapEncoder.FlushAsync();

        return bitmapImageInMemoryRandomAccessStream.AsStream();
    }
}
```

DetectWithStreamAsync 메서드에서 얻는 Face API의 응답은 DetectedFace 객체의 컬렉션이다. 이 컬렉션의 Emotion 객체는 제공한 이미지에서 감지한 얼굴에 해당한다. 여기서는 Emotion 객체의 최대값을 갖는 감정을 사용한다(예제 11-4 참고). 즉 예제 11-6에서 DisplayEmotion 메서드를 사용해 대표 감정을 얻어 이를 문자열 표현으로 변환하고, 감지한 얼굴의 사각형 경계 위에 표시한다(그림 11-1 참고).

예제 11-6 캡처한 프레임에서 얼굴 경계 사각형 바로 위에 감지한 가장 대표적인 감정 표시

```
private void DisplayEmotion(SoftwareBitmap softwareBitmap, DetectedFace emotion)
{
    if (emotion != null)
    {
        var emotionName = EmotionHelper.GetTopEmotionName(emotion);

        DrawFaceBox(softwareBitmap, emotion.FaceRectangle, emotionName);
    }
}
```

예제 11-7에서 보다시피 Emotion 객체에서 감지한 감정 목록을 배열로 만든 뒤, 이 배열 객체의 Max() 메서드를 사용해 대표 감정 요소를 얻는다. 감정 목록은 키-값 쌍의 컬렉션인데 여기서 키는 감정 이름을 나타내고, 값은 감정의 수치화된 값을 나타낸다. 그다음 if문을 통해 대표 감정값에 해당하는 감정 이름을 반환한다.

예제 11-7 Emotion 객체의 대표 감정값을 얻은 뒤 해당하는 감정 이름을 반환한다.

```
public static string GetTopEmotionName(DetectedFace emotion)
{
    Check.IsNull(emotion);

    var rankedList = emotion.FaceAttributes.Emotion;
    double[] emotionList = { rankedList.Anger, rankedList.Contempt, rankedList.
    Disgust, rankedList.Fear, rankedList.Happiness, rankedList.Neutral, rankedList.
    Sadness, rankedList.Surprise };
    double emotionResult = emotionList.Max();
    if (emotionResult.Equals(rankedList.Anger))
    {
        return "Anger";
    }
```

```
        else if (emotionResult.Equals(rankedList.Contempt))
        {
            return "Contempt";
        }
        else if (emotionResult.Equals(rankedList.Disgust))
        {
            return "Disgust";
        }
        else if (emotionResult.Equals(rankedList.Fear))
        {
            return "Fear";
        }
        else if (emotionResult.Equals(rankedList.Happiness))
        {
            return "Happiness";
        }
        else if (emotionResult.Equals(rankedList.Neutral))
        {
            return "Neutral";
        }
        else if (emotionResult.Equals(rankedList.Sadness))
        {
            return "Sadness";
        }
        else
        {
            return "Surprise";
        }
}
```

캡처한 비디오 프레임 위에 사각형을 그리고자 DetectedFace 클래스의 FaceRectangle 속성에 저장된 얼굴 경계 상자를 사용한다(예제 11-8 참고). 이 작업은 8장에서 했던 동일한 방식으로 진행된다. 하지만 여기서는 EmotionHelper 클래스의 GetEmotionColor 메서드를 사용해 특정 감정에 맞게 사각형 색상으로 조정한다. 예제 11-9와 함께 제공하는 코드 Chapter 11/EmotionsDetector/EmotionHelper.cs를 참고하자.

예제 11-8 캡처한 비디오 프레임 위에 얼굴 상자와 감정 설명 표시

```
private double xScalingFactor;
private double yScalingFactor;
```

```
private void DrawFaceBox(SoftwareBitmap softwareBitmap, Microsoft.Azure.
    CognitiveServices.Vision.Face.Models.FaceRectangle faceRectangle,
    string emotionName)
{
    // 이전 얼굴 사각형 모두 지우기
    CanvasFaceDisplay.Children.Clear();

    // 얼굴 사각형 표시를 위해 스케일링 계수 업데이트
    GetScalingFactors(softwareBitmap);

    // 감정에 맞게 색 조정
    var emotionColor = EmotionHelper.GetEmotionColor(emotionName);

    // 얼굴 상자 준비
    var faceBox = EmotionHelper.PrepareFaceBox(faceRectangle, emotionColor,
        xScalingFactor, yScalingFactor);

    // 감정 설명 준비
    var emotionTextBlock = EmotionHelper.PrepareEmotionTextBlock(faceBox,
        emotionColor, emotionName);

    // 경계 상자와 감정 설명 표시
    CanvasFaceDisplay.Children.Add(faceBox);
    CanvasFaceDisplay.Children.Add(emotionTextBlock);
}
```

감정과 색을 연결하고자 switch문을 사용하는데 여기서 각 switch 레이블은 FaceAttri
butes 클래스 인스턴스의 Emotion 객체의 적절한 필드 이름으로 얻는다. 이를 위해 더미
Emotion 객체를 구성하고, Emotion 객체의 각 감정 필드에 대한 nameof 연산자를 호출한
다. 이렇게 하면 감정 이름을 하드 코딩할 필요가 없다.

예제 11-9 각 감정은 특정 색을 가지며, 얼굴 사각형과 감정 설명을 표현한다.

```
public static Color GetEmotionColor(string emotionName)
{
    Check.IsNull(emotionName);

    // 감정 이름을 읽기 위한 더미 객체
    var scores = (new FaceAttributes()).Emotion;
```

```
    switch (emotionName)
    {
        case nameof(scores.Happiness):
            return Colors.GreenYellow;

        // 생략 ...

        default:
        case nameof(scores.Neutral):
            return Colors.White;
    }
}
```

다음으로 얼굴 사각형 위에 노출된 대표적인 감정의 이름을 표시한다. EmotionHelper. PrepareEmotionTextBlock에서 이 부분을 구현했다(예제 11-10 참고). 이 메서드는 EmotionHelper 클래스의 PrepareFaceBox와 비슷하게 동작한다. 즉 TextBlock 컨트롤을 만들고 Foreground, FontSize, Text 속성을 설정한 다음 TranslateTransform 클래스를 사용해 이 컨트롤을 변환한다. X 속성의 값을 계산하고자 얼굴 상자와 텍스트 블록 너비 사이의 차이 값을 2로 나눈다. 해당하는 Y 속성은 -textBlock.ActualHeight로 설정하므로 텍스트 블록은 얼굴 상자 위에 위치한다.

EmotionsDetector 클래스의 샘플 결과는 그림 11-1, 그림 11-3, 그림 11-4에 나타냈다. 보다시피 Face API는 놀람 및 행복, 슬픔을 성공적으로 감지한다.

예제 11-10 감정 이름을 가리키는 데 사용되는 텍스트 블록 구성

```
public static TextBlock PrepareEmotionTextBlock(Rectangle faceBox, Color emotionColor,
    string emotionName)
{
    Check.IsNull(faceBox);
    Check.IsNull(emotionColor);
    Check.IsNull(emotionName);

    var textBlock = new TextBlock()
    {
        Foreground = new SolidColorBrush(emotionColor),
        FontSize = 38,
        Text = emotionName
```

```
    };

    // 텍스트 블록 측정
    textBlock.Measure(Size.Empty);

    // 오프셋 계산
    var xTextBlockOffset = (faceBox.ActualWidth - textBlock.ActualWidth) / 2.0;
    var yTextBlockOffset = -textBlock.ActualHeight;

    // 음의 수평 오프셋 무시
    xTextBlockOffset = Math.Max(0, xTextBlockOffset);

    // 텍스트 블록을 얼굴 상자 중심에 오도록 이동
    var faceBoxTranslateTransform = faceBox.RenderTransform as TranslateTransform;

    textBlock.RenderTransform = new TranslateTransform()
    {
        X = faceBoxTranslateTransform.X + xTextBlockOffset,
        Y = faceBoxTranslateTransform.Y + yTextBlockOffset
    };

    return textBlock;
}
```

그림 11-3 Happiness(행복)라고 감지한 EmotionsDetector

그림 11-4 Sadness(슬픔)라고 감지한 EmotionsDetector

LED 배열로 감정 나타내기

8장의 `LedArray` 클래스로 앞서의 기능을 결합할 수 있다. 이 예제는 IoT 머신 비전이 인공지능의 도움을 받아 다양한 객체를 인식하고 이런 상황에서 적절한 조치를 취하는 방법을 보여 준다. 여기서 이러한 조치는 RPi2와 RPi3에 연결된 LED 배열에서 인식한 감정을 나타내는 것이지만, 다양한 목적으로 이러한 조치를 확장할 수 있다.

이 기능을 개발하고자 앞서 개발한 빌딩 블록을 사용한다. 물론 `LedArray` 클래스와 I2cHelper, RegisterHelper 같은 종속성 모듈이 필요하다. `Joystick` 클래스(6장, '입력과 출력' 참고)를 사용해 웹캠 미리보기를 제어하고 감정 감지기를 초기화한다. Up 조이스틱 버튼은 미리보기를 시작 또는 중지하며, Enter 버튼은 Face API의 적절한 메서드를 호출하므로 UI를 사용하지 않고 애플리케이션을 제어할 수 있다.

EmotionsDetector 프로젝트에 필요한 클래스를 추가한 후 `Initialize` 메서드를 작성한다. 예제 11-11을 참고하자. 이 메서드는 OnNavigatedTo 이벤트 핸들러 내에서 호출되며, 센스 HAT와 연결해 카메라 캡처를 초기화하는 데 사용된다. 게다가 isIoTPlatform 플래그[flag]를 설정해 해당 플랫폼이 지원하는지 안 하는지 검사하므로 `MessageDialog` 클래스를 사용해 에러를 표시할 수 있다. Chapter 11/EmotionsDetector에서 함께 제공하는 코드의 DisplayMessage 메서드를 참고하자.

```
예제 11-11
private bool isIoTPlatform = false;

private Joystick joystick;
private LedArray ledArray;

private async Task Initialize()
{
    const byte address = 0x46;
    var device = await I2cHelper.GetI2cDevice(address);

    if (device != null)
    {
        joystick = new Joystick(device);
        joystick.ButtonPressed += Joystick_ButtonPressed;

        ledArray = new LedArray(device);

        await cameraCapture.Initialize(CaptureElementPreview);

        isIoTPlatform = true;
    }
}
```

예제 11-12에서 Joystick.ButtonPressed 이벤트 핸들러를 구현한다. 이 메서드는 버튼이 누른 상태인지 아닌지를 검사하고, 누른 상태라면 Joystick_ButtonPressed는 미리보기 상태(Up 조이스틱 버튼)를 업데이트하거나 이미지를 캡처해 Face API를 사용해 처리한다 (Enter 조이스틱 버튼).

웹캠 미리보기를 시작하고 중지하고자 UpdatePreviewState 메서드를 사용한다. 이 메서드는 내부적으로 CameraCapture 클래스 인스턴스의 IsPreviewActive 속성값에 따라 Start와 Stop 메서드를 사용한다. Chapter 11/EmotionsDetector/MainPage.xaml.cs에서 함께 제공하는 코드를 참고하자.

이어서 미리보기 상태를 사용자에게 표시한다(예제 11-13 참고). 지정한 일정 색을 사용해 모든 LED를 두 번 깜박이도록 센스 HAT LED 배열을 사용한다. 다음의 색 규칙을 사용한다. 녹색은 활성 미리보기, 파란색은 비활성 미리보기, 빨간색은 에러(예를 들어, 인터넷 연결 실패)를 가리킨다.

예제 11-12 센스 HAT 조이스틱의 버튼이 눌려질 때 호출되는 이벤트 핸들러

```
private async void Joystick_ButtonPressed(object sender, JoystickEventArgs e)
{
    if (e.State == JoystickButtonState.Pressed)
    {
        switch (e.Button)
        {
            case JoystickButton.Up:
                await UpdatePreviewState();
                DisplayPreviewStatus();
                break;

            case JoystickButton.Enter:
                await IndicateEmotionOnTheLedArray();
                break;
        }
    }
}
```

예제 11-13 LED 배열을 사용한 미리보기 상태와 모든 에러 표시

```
private void DisplayPreviewStatus()
{
    var color = cameraCapture.IsPreviewActive ? Colors.Green : Colors.Blue;

    Blink(color);
}

private void Blink(Color color)
{
    const int msDelayTime = 100;
    const int blinkCount = 2;

    for (int i = 0; i < blinkCount; i++)
    {
```

```
            ledArray.Reset(Colors.Black);
            Task.Delay(msDelayTime).Wait();

            ledArray.Reset(color);
            Task.Delay(msDelayTime).Wait();

            ledArray.Reset(Colors.Black);
            Task.Delay(msDelayTime).Wait();
        }
    }
```

Enter 버튼을 누르면 예제 11-14에 보이는 IndicateEmotionOnTheLedArray 메서드를 호출한
다. 웹캠 미리보기가 활성일 때 이 메서드는 ButtonDetectEmotion_Click 이벤트 핸들러
처럼 동작해 비트맵을 캡처하고 Face API로 보내 처리한다. 이 처리의 결과는 감정 이름
을 결정하는 데 사용되고, 나중에 센스 HAT LED 배열에서 표시되는 적절한 색으로 변환
된다.

이 애플리케이션을 테스트하고자 IoT 디바이스에 배포하고 실행해 보자. Up 조이스틱 버
튼을 사용해 웹캠 미리보기를 사용하고, Enter 조이스틱 버튼을 사용해 Face API에 요청
을 전송한다. LED 배열이 처리 결과와 모든 에러를 표시한다.

예제 11-14 LED 배열로 인식된 감정을 표시한다.

```
private async Task IndicateEmotionOnTheLedArray()
{
    if (cameraCapture.IsPreviewActive)
    {
        try
        {
            // 비트맵 캡처
            var softwareBitmap = await cameraCapture.CapturePhotoToSoftwareBitmap();

            // 감정과 감정 이름 가져오기
            var emotion = await GetEmotion(softwareBitmap);
            var emotionName = EmotionHelper.GetTopEmotionName(emotion);

            // LED 배열에서 감정 색 표시
            var color = EmotionHelper.GetEmotionColor(emotionName);
```

```
            ledArray.Reset(color);
        }
        catch (Exception)
        {
            Blink(Colors.Red);
        }
    }
    else
    {
        Blink(Colors.Blue);
    }
}
```

여기서 임베디드 디바이스의 기능, 즉 머신 비전과 클라우드 시스템을 통해 사용할 수 있는 AI 알고리즘을 결합했다. 따라서 신용카드 크기의 컴퓨터에서 나온 원시 데이터(이미지)를 인간의 감정 인식과 같은 유용한 정보로 전환하는 IoT 솔루션을 효과적으로 만들 수 있다.

컴퓨터 비전 API

MCS의 또 다른 구성 요소가 컴퓨터 비전 API(https://bit.ly/mcs_cv)이며, Microsoft.Azure. CognitiveServices.Vision.Face NuGet 패키지를 사용해 Face API와 유사하게 액세스할 수 있다. 이 API는 ComputerVisionClient 클래스를 구현하며 FaceClient처럼 사용할 수 있다.

흥미롭게도 ComputerVisionClient는 이미지 콘텐츠를 분석(AnalyzeImageAsync)하고, 이미지를 묘사(DescribeImageAsync)하며, OCR도 제공하는(RecognizeTextAsync) 몇 가지 메서드를 제공한다. 이들 메서드를 사용해 앞서 설명한 샘플 애플리케이션을 더 확장할 수 있다. 이를테면 OCR을 채용해 텍스트를 인식하고 LED 배열에서 표시하거나 이미지 설명을 사용해 애플리케이션 사용자나 카메라에서 보이는 이미지에서 통찰력을 얻을 수 있다.

그림 11-5와 그림 11-6은 컴퓨터 비전 API를 활용하는 UWP 애플리케이션을 사용해 텍스트를 인식하고 이미지 콘텐츠를 분석한 샘플 결과를 나타냈다. 여러분이 컴퓨터 비전 API에 기반해서 독립적으로 자신의 프로젝트를 만들어 보기 바란다.

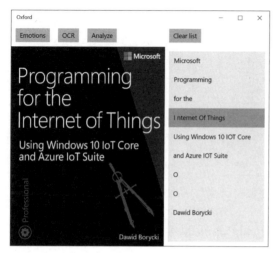

그림 11-5 컴퓨터 비전 API를 사용한 OCR. 분석된 이미지는 왼쪽에 표시되며, 감지한 구문은 오른쪽의 목록 상자에 소개했다.

a black and white photo of a large city
(Confidence: 59.54%)

a red car parked in a parking lot
(Confidence: 75.42%)

a dog carrying a frisbee in its mouth
(Confidence: 79.31%)

a beautiful woman standing on a beach
(Confidence: 68.31%)

그림 11-6 컴퓨터 비전 API를 사용한 이미지 콘텐츠 감지하기

커스텀 인공 지능

앞서 보인 AI 알고리즘은 매우 흥미롭지만, 모든 IoT 애플리케이션에 적합하지는 않다. 그런 경우 여러분은 자신만의 AI 시스템을 만들 수 있다. 다행히도 처음부터 시작할 필요는 없는데 마이크로소프트가 클라우드 기반 머신러닝 시스템인 애저^{Azure} 머신러닝 스튜디오(https://studio.azureml.net/)를 제공하기 때문이다. 이 서비스는 바로 사용할 수 있는 머신러닝 알고리즘과 도구를 제공한다. 특정 필요에 맞는 적합한 알고리즘을 선택하고자 먼저 머신러닝의 기본 개념을 이해해야 한다.

동기와 개념

날씨를 모니터링하고 예측하고자 매일 온도계 값을 읽고 기록할 수 있다(데이터 수집). 그다음 월별 평균 온도를 확인할 수 있다(데이터 누적과 처리). 이런 데이터를 그래프로 그려보면 연간 온도 추세를 확인할 수 있다(데이터 시각화). 이러한 그래프를 고려하면 데이터에서 따뜻한 달과 더운 달 등의 패턴을 쉽게 발견할 수 있다.

다음 단계는 온도 데이터에 특정 수학 함수를 사용해 온도를 모델링하고 이후 며칠의 기후를 예측한다(보간법과 예측). 이런 경우 모델은 단일 변수(온도)와 일련의 파라미터에 따라 달라진다. 예를 들어, 선형 회귀 모형은 2개의 파라미터(기울기와 절편)를 갖지만, n차 다항식 모형은 n+1 파라미터(n 계수와 하나의 상수)를 갖는다. 모델 함수를 조정해, 즉 모델과 데이터 사이의 에러 함수를 최소화하는 파라미터 값을 찾아서(수학적 최적화) 이러한 파라미터를 데이터에 맞게 조정한다. 모델은 실제 (기록된) 데이터의 적절한 근사치를 내는 객체가 된다. 간단히 말하면 데이터는 실제로 보는 것이고, 모델은 보게 되리라 기대하는 것이다.

많은 모델은 동일한 프로세스를 묘사한다. 평가를 통해 특정 모델을 선택한다. 즉 결정 계수 R^2(값이 클수록 더 좋음)를 계산해 모델이 데이터에 얼마나 잘 맞는지 분석하며, 가장 중요한 것은 이 모델이 미래의 온도를 효과적으로 예측해 일기 예보를 간단히 수행할 수 있는지 없는지다.

그림 11-7에서 24일간 종합한 온도 판독값을 그래프로 그린 다음(검정색 점) 선형 회귀(녹색)와 4차 다항식의 두 가지 모델로 맞췄다(빨간색 곡선). 이들 모델은 또 다음 7일간의 온도를 예측한다. 보다시피 다항식 모델이 데이터에 더 잘 맞으며(R²가 더 높다), 온도가 적당한 값 이상으로 상승할 것으로 예측한다. 대조적으로 선형 추세는 더 낮은 결정 계수를 갖지만, 단기 척도로는 온도를 더 잘 예측한다. 하지만 장기 척도에서는 선형적으로 온도가 떨어지는 것으로 예측하기 때문에 실패할 것이다. 어느 시점에는 선형 추세가 비현실적인 값에 접근할 것이다.

앞서의 설명은 모델 함수를 선택하는 데 도움을 주지만, 몇 가지 문제가 있다. 두 가지 모델 모두 데이터에 잘 맞지만, 어느 시점이 되면 비현실적인 온도값을 초래하고 결과적으로 온도 예측은 실패한다. 학습 데이터세트(온도 판독값의 수)를 확장하고 예측 시간 척도를 줄이면 이 문제를 해결할 수 있다. 그림 11-8에서 확장된 데이터세트(더 많은 검정색 점)와 단일 데이터 포인트로 제한된 예측을 나타냈다. R²는 양쪽 모델에서 하락했지만, 예측은 개선됐다. 관찰된 R²의 하락은 예측 효율성과 상관없어야 한다. 이것은 모델 함수가 해당 데이터에 얼마나 잘 맞는지 측정한 것뿐이다. 데이터와 일치할수록 R²가 더 클수록 예측률이 개선된다.

그림 11-7 선형(녹색 선)과 비선형(빨간색 선) 회귀를 사용한 온도 예측. 선형 회귀는 비선형(4차 다항식) 모형보다 데이터에 덜 일치하지만 더 합리적인 예측을 낳는다.

그림 11-8 예측을 개선하는 누적 데이터

데이터 누적이 커질수록 예측이 개선된다. 머신러닝의 목적을 고려하면 "훈련 세트가 좋을수록 미래 예측과 분석이 더 좋아진다." 입력 데이터를 충분히 제공하지 않으면 가장 좋은 모델을 사용해도 모델이 올바른 결과를 제공하는 데 실패한다. 앞서의 분석에서는 레이블을 붙이지 않은 데이터를 제공했기 때문에 비지도학습을 사용했다. 이 단순한 예는 일기예보가 불안정하고 시간 경과에 따라 크게 변하는 이유를 설명하기도 한다. 일반적으로 일기 예보는 단기 척도에서만 '잘 맞는 것'으로 고려할 수 있다.

대규모 데이터세트를 생성하고자 더 높은 빈도(하루에 여러 번)로 더 많은 온도를 기록하고 엑셀 스프레드시트에 저장할 수 있다. 엑셀은 자동으로 모델 파라미터를 다시 조정한다. 하지만 이 절차를 더 많은 온도계로 확장하면 문제가 발생한다. 온도를 직접 입력해야 하며, 대규모(빅) 데이터세트를 처리할 수 있는 더 포괄적인 알고리즘을 사용하지 못한다. 디지털 센서(예, 센스 HAT)를 사용한 다음 머신러닝 알고리즘을 채용해 이 데이터를 자동으로 처리한다면 이러한 문제를 해결할 수 있다. 결국 원시 데이터를 의미 있는 정보로 전환해 여러분 지역의 온도 변화를 이해하는 데 도움을 줄 수 있다.

앞서의 설명은 머신러닝 알고리즘으로 작업을 시작하는 기반이 되며, 머신러닝이 어떻게 동작하는지에 대한 일반적인 개념을 제공한다.

- 첫째, 파라미터를 조정해 하나 이상의 모델을 준비하는 데 사용할 입력 데이터세트가 필요하다.

- 둘째, 모델을 평가해 모델이 테스트 데이터세트에 대해 예상 결과를 제공하는지를 검증해야 한다.

- 마지막으로, 모델을 채용해 예측을 하고 데이터의 이상이나 패턴을 감지한다.

머신러닝은 여기서 사용한 2차원 데이터세트로 제한되지 않는다. 머신러닝은 큰 다차원 데이터세트를 처리하는 데 적합하다. 원하는 만큼 많은 차원을 사용할 수 있다. 머신러닝이 나머지를 처리해 프로세스를 분석하고 이해하는 데 도움을 줄 수 있는 유용한 정보를 제공한다.

마이크로소프트 애저 머신러닝 스튜디오

마이크로소프트 애저 머신러닝 스튜디오Microsoft Azure Machine Learning Studio는 단지 몇 번의 마우스 클릭으로 확장성 있는 머신러닝 솔루션을 빠르게 만들고 평가하며, 배포하게 해주는 웹 애플리케이션이다. 따라서 필요에 맞춰 AI 지원 애플리케이션을 만들고 마이크로소프트 코그니티브 서비스처럼 머신러닝 기능을 액세스할 수 있다.

애저 머신러닝 스튜디오를 사용하려면 기존 또는 새로운 마이크로소프트 계정을 사용해 https://studio.azureml.net/에서 무료 워크스페이스에 로그인한다. 애저 머신러닝 스튜디오에 로그인한 후 그림 11-9에 보이는 화면을 보게 된다. 애저 포털처럼 왼쪽 탭에서 프로젝트, 머신러닝 실험, 웹 서비스, 노트북, 데이터세트, 훈련 모델을 살펴볼 수 있다.

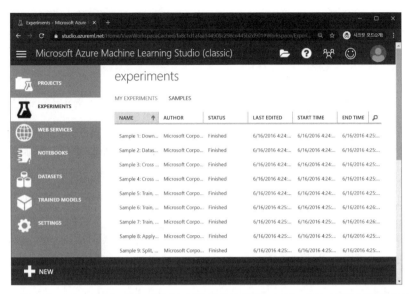

그림 11-9 마이크로소프트 애저 머신러닝 스튜디오에서 사용할 수 있는 샘플 머신러닝 실험실의 목록

머신러닝 솔루션을 개발하려면 먼저 새로운 실험을 만든다(또는 기존 실험을 사용). 드래그앤 드롭으로 데이터를 전처리 및 모델 훈련 모듈에 연결한 다음 훈련된 모델과 모델 평가자evaluators, 모델 채점자scorers, 웹 서비스에 연결한다.

일부 모델의 경우 데이터를 '정리'하고자 데이터 전처리 모듈을 사용할 수 있다. 즉 반복되는 엔트리를 제거하고 데이터를 분할하며, 레이블이 없는 엔트리를 제거하는 일 등을 할 수 있다.

결과 데이터세트를 사용해 모델을 훈련시켜 모델의 고유 파라미터를 주어진 데이터에 맞게 조정한다. 기본적으로 엑셀에서 데이터를 선형이나 다항식에 맞춰 조정하는 것처럼 진행되지만, 조금 더 복잡한 수학을 사용한다.

모델 평가자는 모델 정확도를 평가하고 모델을 선택하도록 돕는다. 모델 정확도는 일반적으로 여러분의 모델이 미지의(테스트) 데이터에 얼마나 잘 맞는지를 알려 준다. 이 정확도의 몇 가지 측정치가 있다. 애저 머신러닝 스튜디오는 결정 계수(R^2)와 다른 메트릭, 음의 로그 우도Negative Log Likelihood, 평균 절대값 오차Mean Absolute Error, 루트 평균 제곱 오차Root Mean

Squared Error, 상대적 절대값 오차^{Relative Absolute Error}, 상대적 평균 오차^{Relative Squared Error}를 계산한다. R^2를 제외한 이들 모든 메트릭은 가능한 작아야 하지만, R^2는 가능한 1에 가까워야한다.

모델 채점자를 사용해 예측한다. 훈련된 모델이 주어지면 채점자는 테스트 데이터를 평가하고, 예측이나 이상 감지, 분류 등의 결과를 제공한다. 온도 예측과 관련해 테스트 데이터는 예상 온도를 찾기 원하는 날짜일 수 있다. 이상 감지 측면에서, 여러분이 데이터를 제공하고 채점자가 정상인지 비정상인지(온도가 예상 범위 밖에 있는지 아닌지)를 결정한다. 채점자는 데이터를 세부 그룹으로 분류할 수도 있다. 이를테면 주어진 얼굴 이미지가 행복이나 슬픔, 놀람을 표현하는지 결정할 수 있다.

두 가지 방법으로 모델 채점자에서 예측을 얻을 수 있다.

- 테스트 데이터를 채점자에 연결하면 애저 머신러닝 스튜디오에서 직접 예측을 얻는다.
- 채점자를 웹 서비스로서 배포하고 커스텀 REST 클라이언트로 학습된 모델을 액세스한다. 애저 머신러닝 스튜디오는 데이터에 기반을 둔 샘플 C# 코드를 생성해 지원한다.

데이터 준비

애저 머신러닝 스튜디오가 여러 개의 사전 정의된 데이터세트를 제공하지만, 엑셀 기능과 애저 머신러닝 스튜디오를 쉽게 비교할 수 있도록 앞서 설명한 온도 데이터세트를 사용한다. 참조하는 데이터세트는 함께 제공하는 코드 Chapter 11/Machine Learning/TemperatureData.csv에서 CSV 스프레드시트로 첨부했다.

이 데이터세트를 애저 머신러닝 스튜디오에 업로드하려면 UI의 아래 왼쪽 구석에 위치한 NEW 버튼을 클릭한 다음 Dataset/From Local File을 선택한다(그림 11-10 참고). 그림 11-11에서 보이는 Upload a New Dataset 팝업에서 TemperatureData.csv 파일을 찾고 Select a Type for the New Dataset 드롭다운 목록을 Generic CSV File with a Header (.csv)로 설정한다. 마지막으로 체크 상자를 클릭하고 파일 업로드가 끝나기를 기다린다. 이 작업의 상태는 UI

의 아랫부분에서 표시된다. 데이터세트가 업로드되면 데이터세트 탭 아래에서 새로운 항목을 보게 된다(my datasets 그룹).

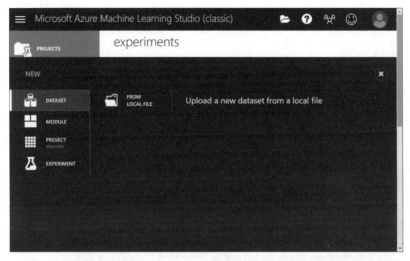

그림 11-10 마이크로소프트 애저 머신러닝 스튜디오의 NEW 메뉴 확장. Dataset/From Local File 옵션이 선택된다.

그림 11-11 애저 머신러닝 스튜디오에 CSV 파일 업로드

모델 훈련

이제 새로운 비어 있는 실험을 만들어 애저 머신러닝 스튜디오에서 구현한 두 가지 모델인 선형 회귀와 결정 포레스트 회귀를 훈련, 평가, 채점하는 방법을 설명한다. 이 예제의 목적이 이전에 엑셀에서 한 실험과 유사한 온도 예측 시스템을 준비하는 것이기 때문에 여기서는 회귀 모델을 사용한다.

New 메뉴를 확장하고 **Blank Experiment** 옵션을 클릭한다(그림 11-2 참고). 머신러닝 개체(데이터세트, 모델, 채점자)를 넣을 수 있는 몇 개의 점선 사각형으로 구성한 실험의 그래픽 스케치를 보게 된다. 이들 개체의 목록은 왼편에 있다.

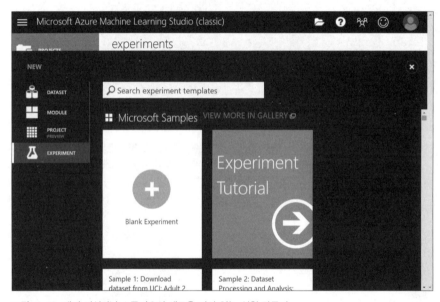

그림 11-12 애저 머신러닝 스튜디오의 새로운 비어 있는 실험 만들기

Saved Datasets 노드를 확장해 My Datasets 아래에서 TemperatureData.csv를 찾은 다음 실험 작업 영역으로 드래그한다. 그래픽 스케치는 사라지고 데이터세트를 나타내는 하나의 사각형만 남는다. 이제 모델이 필요하다. [Machine Learning]/[Initialize Model]/[Regression] 노드 아래에서 모델을 찾는다. 노드를 확장한 후 2개의 개체 Linear Regression와 **Decision Forest Regression**을 실험으로 드래그 앤 드롭한다. 이어서 Machine

Learning/Train 노드에 있는 2개의 **Train Model** 개체를 추가한다(각 모델 당 하나).

실험에 배치한 각 개체는 특정 번호가 있는 입력과 출력 노드를 갖는다. 이를테면 데이터세트는 모델 훈련자의 입력 노드 중의 하나에 연결하는 출력 노드다. 모델 훈련자의 두 번째 입력 노드는 훈련되지 않은 모델인 Linear Regression과 Decision Forest Regression 이다. 이제 그림 11-13에 보이는 것처럼 모든 개체를 연결한다. 화살표는 노드 간의 데이터 흐름의 방향을 가리킨다.

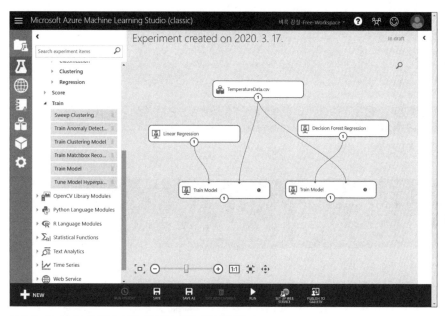

그림 11-13 애저 머신러닝 스튜디오에서 회귀 모델 훈련하기

노드를 연결한 후 Train Model 개체는 추가 작업(느낌표 마크)이 필요하다. 구체적으로 말해 모델 훈련자는 훈련에 사용할 데이터세트 칼럼을 선택해야 한다. 그렇게 하려면 **Train Model** 개체를 클릭한 다음 오른편에서 메뉴를 확장한다(그림 11-14 참고). Properties 그룹 아래에서 **Launch Column Selector**를 누르고, Select a Single Column 팝업에서 Available Columns 섹션의 **Temperature [deg C]**를 Selected Columns 영역으로 이동한다(그림 11-15 참고). 팝업을 닫고, 이 절차를 두 번째 모델 훈련자에도 반복한다.

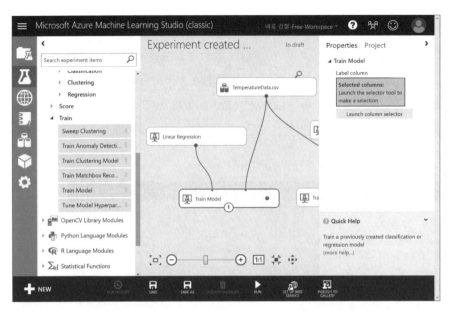

그림 11-14 모델 훈련자 속성

그림 11-15 훈련을 위한 데이터세트 컬럼 선택하기

모델 채점과 평가

이제 준비된 실험을 실행할 수 있다. 제공한 데이터를 사용해 2개의 모델을 훈련한다. 다음으로 훈련 데이터세트(채점 모델)를 사용해 양쪽 모델을 채점한 다음 Evaluate Model 개체를 사용해 훈련된 모델을 평가한다. 훈련된 모델을 훈련 데이터세트에 대해 채점하는 것은 현실(기록된 온도)을 수학적 이론(모델을 통해 예상되는 온도)과 비교한다는 의미다. 그다음 Evaluate Model은 둘 사이의 차이를 계산한다.

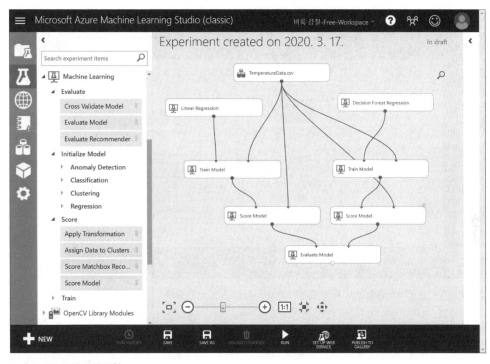

그림 11-16 모델 평가 실험

훈련된 모델을 평가하려면 2개의 Score Model 개체(MachineLearning/Score)와 하나의 Evaluate Model 개체(Machine Learning/Evaluate)를 실험으로 드래그 앤 드롭한다. 이어서 데이터세트와 훈련된 모델의 출력 노드를 Score Model 개체의 적절한 입력 노드와 연결해야 한다. 마지막으로 채점자의 출력 노드와 평가자의 입력 노드를 연결한다(그림 11-16 참고).

평가 결과를 얻으려면 애저 머신러닝 스튜디오의 아랫부분에 있는 RUN 버튼을 클릭해 실험을 실행한다. 실험은 몇 초 후에 완료된다. Evaluate Model 개체의 출력 노드를 오른쪽 클릭하고 콘텍스트 메뉴에서 Evaluation Results/Visualize를 선택한다. 그다음 애저 머신러닝 스튜디오는 그림 11-17에 보이는 것처럼 평가 결과를 그래픽 형식으로 나타낸다. 첫 번째 행은 선형 회귀 모델의 메트릭을 보여 주며, 두 번째는 결정 포레스트 회귀를 보여 준다. 선형 회귀 모델보다 훨씬 더 현실(데이터)과 닮았다. 결정 포레스트 회귀는 다른 메트릭은 최소화하면서 결정 계수는 더 높다.

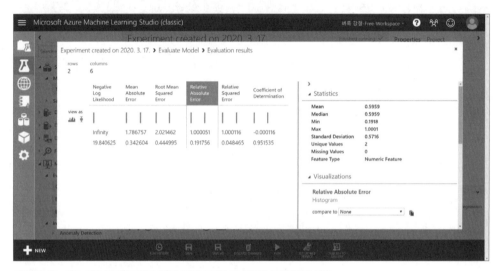

그림 11-17 선형 회귀 모델(첫 번째 행)과 결정 포레스트 회귀의 모델 평가 결과

엑셀 실험도 모델 점수(적합)에 따라 데이터를 시각화했다(그림 11-9와 그림 11-10 참고). 애저 머신러닝 스튜디오는 이 정보를 제공하며 Score Model 콘텍스트 메뉴에서 Scored Dataset/Visualize 옵션을 선택해 조회할 수 있다. 그림 11-18은 4개의 열이 있는 결정 포레스트의 점수를 표시하는데, 여기서 첫 번째 2개(Date와 Temperature [deg C])는 데이터를 표시한다. 3번째 열은 예상 온도(적합 값)인 모델 레이블을 나타내고, 마지막 열은 실제 데이터와 예상 값(모델이 산출한 값)의 차이를 계산한 레이블 표준 편차를 나타낸다.

점수 시각화에서, 선택한 열의 데이터를 그래프로 그릴 수도 있다. 그림 11-18에서 온도를 그래프에 표시했고, Scored Label과 비교했다. 이상적인 경우(완벽한 일치) 이 산점도의 점은 선을 만든다. 당연히 많은 프로세스가 비결정적 특성을 갖기 때문에 모델과 데이터 사이의 완벽한 일치를 얻는 것은 거의 불가능하다. 머신러닝은 이러한 과정을 근접하려고 할 뿐이다.

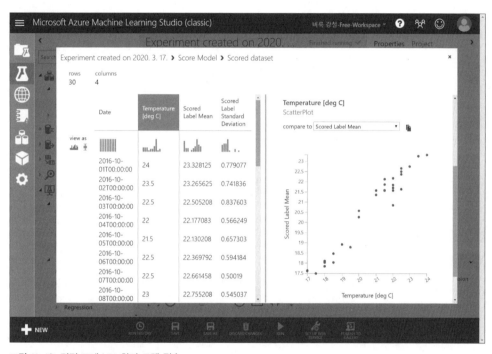

그림 11-18 결정 포레스트 회귀 모델 점수

그림 11-19에서 온도 데이터로 선형 회귀와 결정 포레스트 회귀의 점수를 그래프에 표시했다. 앞서의 '동기와 개념'절에서 애저 머신러닝 스튜디오의 데이터를 엑셀 스프레드시트로 복사한 다음 그래프 그리기 기능을 사용했다.

결정 포레스트 회귀는 데이터에 상당히 근접하며, 중요한 것은 앞서 엑셀 실험에서 사용한 다항식 모델보다 훨씬 좋다는 점이다. 이 경우 머신러닝은 다항식 적합성보다 훨씬 현실을 잘 반영한다. 그러므로 이 모델로 만든 예측 또한 더 정확하리라 기대할 수 있다. 그림

11-19에서 보듯이 다음날의 예측 온도는 이전 데이터와 밀접한 관련이 있다. 엑셀 실험에서 보았던 급격한 변화는 없다.

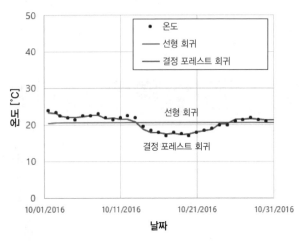

그림 11-19 머신러닝 회귀 모델과 실제 데이터의 시각적 비교

훈련된 모델을 기반으로 한 예측

훈련된 모델을 사용해 예측하려면 테스트 데이터세트에 대해 채점자를 실행해야 한다. 테스트 데이터를 CSV 파일로 업로드할 수 있지만, 그렇게 하면 단 하나의 날짜를 제공하기에는 번거로울 수 있다. Data Input and Output 노드 아래의 Enter Data Manually 개체를 사용해 날짜를 직접 입력할 수 있다. 이 개체를 드래그한 후 속성 창이 보이면 DataFormat 드롭다운 목록에서 CSV를 선택하고, HasHeader 체크 상자를 선택한 다음 Data 텍스트 상자에 다음의 내용을 입력한다.

```
Date, Temperature [deg C]
2016-10-20T00:00:00,
2016-10-31T00:00:00,
```

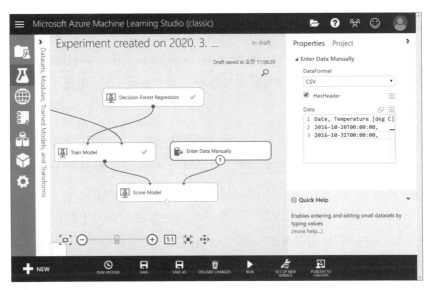

그림 11-20 채점할 데이터 직접 입력

훈련된 모델을 또 다른 Score 모델로 연결하고, 그림 11-20에 보인 것처럼 데이터세트를 테스트한 다음 해당 실험을 다시 실행한다. Score Model 콘텍스트 메뉴에서 Scored Dataset/ Visualize 옵션을 사용해 예측된(채점된) 값을 액세스할 수 있다.

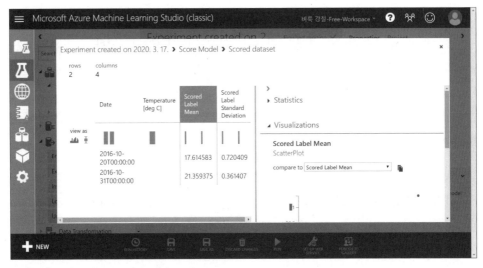

그림 11-21 테스트 데이터세트를 사용해 모델 채점하기

이상 감지

웹 서비스로 배포된 머신러닝 실험을 사용해 AnomalyDetection 애플리케이션을 만들어 이상한 온도 측정값을 감지하고 LED 배열로 표시할 수 있다. 이상 징후는 빨간색으로, 정상 온도 값은 녹색으로 나타난다.

모델을 준비하고자 센스 HAT 애드온 보드의 온도 센서에서 얻은 입력 훈련 데이터세트가 필요하다. 훈련 데이터세트는 CSV 파일로 저장되므로 마이크로소프트 애저 머신러닝 스튜디오로 업로드한 다음 머신러닝 알고리즘을 감독 모드로 훈련한다. 제공한 온도는 정상값 또는 예상값으로 구성되며, 온도가 시간 경과에 따라 변하지 않는다고 가정한다. 이 입력 데이터를 기반으로 머신러닝 알고리즘은 훈련 데이터세트의 정상값과 비교해 비정상값을 인식할 수 있다.

훈련 데이터세트 얻기

그림 11-22는 AnomalyDetection 애플리케이션의 UI를 묘사한다. 함께 제공하는 코드를 'Chapter 11/AnomalyDetection/MainPage.xaml'에서 참고하자. 3개의 버튼과 온도 측정값을 표시하는 텍스트 블록이 있다. 비정상값은 빨간색으로 나타난다. 데이터 바인딩은 이 색과 온도값, 각 버튼의 상태(사용 안 함 또는 사용)을 제어한다. 버튼과 텍스트 블록 속성은 AnomalyViewModel 클래스 인스턴스의 해당 필드에 바인딩한다. 이 클래스는 INotifyPropertyChanged 인터페이스를 구현하므로 UI에서 코드 숨김의 적절한 변경을 자동으로 반영할 수 있다. 여기서 앞서의 예제와 달리 데이터 바인딩 속성을 별도의 클래스로 이동했으므로 이 샘플 애플리케이션의 주요 측면, 즉 커스텀 애저 머신러닝 예측 웹 서비스와 인터페이스하지 않는다.

Acquire Training Dataset 버튼은 지정한 시간에 센스 HAT에서 온도를 기록한 다음 CSV 파일에 저장한다. 온도를 읽고자 AnomalyDetection 애플리케이션을 5장의 TemperatureAndPressureSensorHelper 클래스와 이 클래스에 필요한 다른 객체로 보완했다. 그다음 TemperatureFileStorage 클래스(Chapter 11/AnomalyDetection/Storage/TemperatureFileStorage.cs)를 작성했다. 이 클래스는 애플리케이션 임시 폴더 아래에 SenseHat

TemperatureData.csv 파일을 만든다. 이 CSV 파일은 센스 HAT 센서에서 획득한 온도라는 칼럼 하나를 포함한다.

그림 11-22 이상 온도는 빨간색으로 표시

TemperatureFileStorage 클래스의 구조는 아직 다루지 않은 저장소 관련 UWP API를 사용하므로 몇 가지를 언급해야겠다. 먼저 TemperatureFileStorage는 public 생성자를 구현하지 않았음을 주목하자. 대신 TemperatureFileStorage 클래스의 인스턴스를 반환하는 팩토리와 유사한 메서드인 CreateAsync가 있다. 예제 11-15 참고.

예제 11-15 TemperatureFileStorage 클래스의 비동기 생성

```
public static async Task<TemperatureFileStorage> CreateAsync()
{
    var temperatureFileStorage = new TemperatureFileStorage();

    await temperatureFileStorage.PrepareFolder();
    await temperatureFileStorage.PrepareFile();

    return temperatureFileStorage;
}

// 빈 생성자를 만들고, 공개적으로 액세스할 수 없다.
private TemperatureFileStorage() { }
```

일반적으로 클래스 초기화 동안 비동기 메서드가 필요할 때 이런 접근 방식을 사용해 객체를 만든다. 여기서는 이런 방법을 사용해 기록된 온도를 작성하는 폴더와 파일을 준비한다.

예제 11-16은 ApplicationData 클래스의 TemporaryFolder 속성을 사용해 애플리케이션의 임시 폴더를 액세스하는 방법을 나타냈다. ApplicationData 클래스는 public 생성자를 구현하지 않는다. 하지만 정적 필드인 Current를 노출해 임시 폴더 및 로컬 캐시, 로컬 및 로밍 폴더를 포함해 현재 애플리케이션 데이터 저장소를 액세스하게 한다. 이들 폴더 모두는 StorageFolder 클래스의 인스턴스로 나타낸다. 이 클래스는 폴더 매개변수(이름이나 경로)와 콘텐츠를 읽고 폴더를 관리하는 여러 가지 메서드와 폴더 그리고 이들의 콘텐츠를 구현한다. 하위 폴더를 가져올 때는 TryGetItemAsync 메서드를 사용한다. 이 메서드는 name이라는 하나의 인수를 받은 다음 null(주어진 이름의 객체가 없다면)이나 IStorageItem 인터페이스를 따르는 객체를 반환한다. IStorageItem은 StorageFolder와 Storage File(UWP에서 파일) 모두에서 구현하는 인터페이스다. 그러므로 TryGetItemAsync는 특정 파일에 액세스할 수도 있다.

예제 11-16 SenseHatTemperatureData.csv 파일을 준비하는 데 사용하는 메서드

```csharp
private string folderName = Package.Current.DisplayName;

private StorageFolder workingFolder;
private const string fileName = "SenseHatTemperatureData.csv";

private StorageFile workingFile;

private async Task PrepareFolder()
{
    var storageFolder = ApplicationData.Current.TemporaryFolder;

    // 폴더가 존재하는지 확인
    var storageItem = await storageFolder.TryGetItemAsync(folderName);

    if (storageItem == null)
    {
        // ... 존재하지 않으면 폴더를 만든다.
        storageFolder = await storageFolder.CreateFolderAsync(folderName);
    }
    else
    {
        storageFolder = (StorageFolder)storageItem;
    }
```

```
    workingFolder = storageFolder;
}

private async Task PrepareFile()
{
    // 파일을 만든다. 이전 파일은 덮어쓴다.
    workingFile = await workingFolder.CreateFileAsync(fileName,
        CreationCollisionOption.ReplaceExisting);
}
```

예제 11-16에 보이는 것처럼 TryGetItemAsync가 null을 반환할 때 StorageFolder 클래스
인스턴스의 CreateFolderAsync 메서드를 사용해 하위 폴더를 만든다. 그렇지 않고 TryGet
ItemAsync가 저장소 항목에 대한 유효한 참조를 반환한다면 이를 StorageFolder로 캐스팅
한다.

대상 폴더에 액세스되면 StorageFolder 클래스의 CreateFileAsync를 사용해 거기서 Sense
HatTemperatureData.csv 파일을 만든다. 예제 11-16의 PrepareFile을 참고하자. Create
FileAsync가 기존 파일을 덮어쓰도록 했다. 그다음 SenseHatTemperatureData.csv에 대
한 참조를 workingFile 필드에 저장한다. 이 파일은 StorageFile 형식이며, StorageFolder
와 유사한 의미와 목적을 갖지만 폴더가 아니라 물리적인 파일을 참조한다.

CSV 파일에 온도값 목록을 작성하고자 WriteData 메서드를 구현했다. 예제 11-17에
보이는 것처럼 이 메서드는 OpenAsync 메서드를 사용해 읽기/쓰기 모드로 SenseHat
TemperatureData.csv을 연다. 이 메서드는 IRandomAccessStream을 구현하는 객체에
대한 참조를 반환한다. 객체가 제공되면 간단히 DataWriter를 사용해 포맷된 값을 스트림
으로 넣는다.

예제 11-17 전용 CSV 파일에 온도 기록하기

```
private const string columnName = "Temperature";

public async Task WriteData(List<float> temperatureDataset)
{
    var randomAccessStream = await workingFile.OpenAsync(FileAccessMode.ReadWrite);
```

```
    using (var dataWriter = new DataWriter(randomAccessStream))
    {
        WriteLine(dataWriter, columnName);

        foreach (float temperature in temperatureDataset)
        {
            WriteLine(dataWriter, temperature.ToString());
        }

        await dataWriter.StoreAsync();
    }
}

private void WriteLine(DataWriter dataWriter, string value)
{
    dataWriter.WriteString(value);
    dataWriter.WriteString("\r\n");
}
```

여기서는 DataWriter를 사용해 온도 목록에서 각 항목을 CSV 파일에 새 줄로 쓴 다음 칼럼 이름 Temperature를 작성한다. 칼럼은 하나뿐이다. 추가 칼럼에 데이터를 작성하고 싶다면 별도 칼럼으로 분리한다. 따라서 개행(\r)과 줄 바꾸기(\n)를 사용하기 전에 쉼표로 구분된 값을 추가로 기록하도록 예제 11-17의 WriteLine 메서드를 다음과 같이 수정해야 한다.

```
private void WriteLine(DataWriter dataWriter, string value1, float value2)
{
    dataWriter.WriteString(value1);
    dataWriter.WriteString(",");
    dataWriter.WriteString(value2.ToString());
    dataWriter.WriteString("\r\n");
}
```

다음 단계에서 TrainingDatasetAcquisition 내에서 TemperatureFileStorage와 Temperature AndPressureSensor 클래스를 사용한다. Chapter 11/AnomalyDetection/Training/ TrainingDatasetAcquisition.cs에서 함께 제공하는 코드를 참고하자. TrainingDataset Acquisition 클래스는 public 메서드 Acquire 하나를 구현한다. 예제 11-18에 보이는 것처럼 이 메서드는 2개의 인수, msDelayTime와 duration을 받는다. 첫 번째,

msDelayTime는 연속적인 온도 판독값(샘플링 레이트) 사이의 지연을 지정하지만, 두 번째인 duration은 얼마나 오랫동안 값 판독을 계속할지 결정한다.

이들 매개변수가 제공되면 Acquire 메서드는 센서에서 연속적으로 온도 데이터를 판독하고 결과 데이터세트를 CSV 파일에 기록한 다음 이 파일을 쉽게 찾도록 파일의 위치를 반환한다.

예제 11-18 훈련 데이터세트 기록하기

```
private TemperatureAndPressureSensor sensor = TemperatureAndPressureSensor.Instance;

public async Task<string> Acquire(int msDelayTime, TimeSpan duration)
{
    // 저장소 준비
    var storage = await TemperatureFileStorage.CreateAsync();

    // 센서 초기화
    await sensor.Initialize();

    // 비동기 센서 판독 시작
    var temperatureDataset = new List<float>();

    await BeginSensorReading(() =>
    {
        var temp = sensor.GetTemperature();
        temperatureDataset.Add(temp);
    }, msDelayTime, duration);

    // 결과 데이터세트를 CSV 파일에 기록
    await storage.WriteData(temperatureDataset);

    return storage.FilePath;
}
```

Acquire 메서드에서 내부적으로 사용한 BeginSensorReading(예제 11-19)는 periodic Action 인수를 사용해 전달한 코드 블록을 반복적으로 실행한다. msDelayTime은 작업시간을 나눠 실행하고 BeginSensorReading은 전체 실행 시간이 duration 인수로 지정한 시간 범위 내에서 periodicAction을 호출한다.

예제 11-19 지정한 시간 내에서 특정 작업을 반복해 계속해서 센서 판독을 구현한다.

```
private async Task BeginSensorReading(Action periodicAction, int msDelayTime,
    TimeSpan duration)
{
    await Task.Run(() =>
    {
        var beginTime = DateTime.Now.ToUniversalTime();
        var currentTime = beginTime;

        // 지정한 시간이 지날 때까지 동작 수행
        while (currentTime - beginTime <= duration)
        {
            periodicAction();

            Task.Delay(msDelayTime).Wait();

            currentTime = DateTime.Now.ToUniversalTime();
        };
    });
}
```

TrainingDataSetAcquisition 클래스 인스턴스의 Acquire 메서드는 AnomalyDetection 애플리케이션의 Acquire Training Dataset 버튼 이벤트 핸들러에서 사용된다(예제 11-20 참고). 예제에서 보다시피 거의 초당 25개의 샘플을 얻는 샘플링 레이트로 30초 동안 훈련 데이터세트를 기록한다. 따라서 결과 데이터세트는 750개의 항목을 포함한다. 하지만 각 센서를 판독하고 값을 얻는 데 특정 시간이 필요하기 때문에 이 숫자는 감소한다. 이 책의 경우 실제 훈련 데이터세트는 거의 610개의 요소를 포함했다.

예제 11-20 훈련 데이터세트 획득

```
private async void ButtonAcquireTrainingDataset_Click(object sender, RoutedEventArgs e)
{
    const int msDelay = 40;
    const int secDuration = 30;

    anomalyViewModel.IsAcquisitionInProgress = true;

    anomalyViewModel.FilePath = await trainingDatasetAcquisition.Acquire(msDelay,
```

```
        TimeSpan.FromSeconds(secDuration));

    anomalyViewModel.IsAcquisitionInProgress = false;
}
```

IoT 디바이스에서 AnomalyDetection 애플리케이션을 실행한 다음 Acquire Training Dataset 버튼을 클릭할 때 온도 데이터세트 수집이 시작된다. 모든 버튼은 이 작업 동안 비활성화되며, 오렌지색 링이 돌아가는 것도 볼 수 있다(그림 11-23 참고). 진행 링은 온도 데이터세트가 수집 완료된 후 사라진다. 그다음 UI의 아랫부분에 데이터세트의 위치를 표시한다. 여기서는 'C:\Data\Users\DefaultAccount\AppData\Local\Packages\72c9e91f-f30a-42f2-a088-e0b4fd4463c9_9h3w8f2j4szm6\TempState\Anomaly Detection\SenseHatTemperatureData.csv'로 표시됐다.

IoT 디바이스와 FTP 연결(2장 '디바이스용 유니버설 Windows 플랫폼')을 통해 이 파일을 개발 PC로 복사한다. 이 데이터세트를 사용해 머신러닝 알고리즘을 훈련한다.

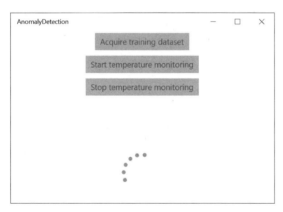

그림 11-23 오렌지색 프로세스 링으로 비동기 훈련 데이터세트 수집 진행 표시

원-클래스 서포트 벡터 머신을 사용한 이상 감지

이상 감지 알고리즘은 회귀와 다르게 동작한다. 회귀 알고리즘은 머신러닝 기법의 비지도 그룹에 속한다. 이상 감지 알고리즘은 지도된 머신러닝을 구성한다. 회귀에서는 훈련 데이

터세트를 제공한 다음 머신러닝 알고리즘은 이 데이터를 대상으로 내부 매개변수를 조정한다. 일반적으로 추세를 예측하는 데 이런 접근 방식을 사용한다. 이상 감지 머신러닝의 경우 값과 함께 레이블(알려진 결과)을 포함하는 훈련 데이터세트를 제공한다. 레이블은 머신러닝 알고리즘에 연결된 값이 속하는 클래스를 알려 준다. 아주 간단한 사례로 정상값 클래스가 하나 있고 관찰하는 새로운 값(예, 온도)이 그 클래스에 속하는지 확인하고 싶다고 하자. 이상 감지는 통계적인 특이치(데이터세트의 다른 요소와 구별되는 관측값)를 찾는다. 머신러닝은 어떤 프로세스에서 생성한 새로운 값(센서에서 데이터 판독이나 신용카드 트랜잭션, 인간 얼굴 이미지 등)이 알려진 데이터세트와 일치하는지 확인한다. 일치한다면 값을 정상으로 분류한다. 물론 지도된 머신러닝은 몇 가지 클래스를 다룰 수 있다. 이를테면 사람의 감정 인식의 경우 Emotion API는 8개의 클래스(감정당 한 클래스)를 사용한다.

애저 머신러닝 스튜디오는 이상 감지를 위해 원-클래스 SVM^{One-Class Support Vector Machine}과 PCA 기반 이상 감지^{Principal Component Analysis-Based Anomaly Detection}라는 2개의 머신러닝 알고리즘을 지원한다. 두 가지 알고리즘 모두 정상(기대)값을 쉽게 얻을 수 있고, 이상값 생성이 어려운 시나리오에서 사용된다. 온도 모니터링이 이런 시나리오의 좋은 예인 이유는 시간이 지남에 따라 이런 관측치가 크게 변하지 않을 것이라 기대하고, 기본적으로 모니터링이 실패하는 동안 온도 변화가 얼마나 될지 알지 못하며, 쉽게 '정상' 데이터세트를 얻을 수 있기 때문이다.

SVM 알고리즘은 훈련 데이터세트의 값을 공간에서 점으로 표시하고, 특정 클래스(범주)에 매핑한다. 이 매핑은 각 범주들 사이의 간격을 최대화하도록 수행되므로 새로운 값을 쉽게 특정 클래스에 할당한다. 원-클래스 SVM의 경우 정상 데이터세트만 제공한 다음 현재값과 알려진 예 사이의 특정 간격을 측정한다.

PCA 기반 이상 감지도 비슷하게 동작한다. PCA 기반 이상 감지에서도 '정상' 데이터세트를 제공한다. 하지만 이 알고리즘은 먼저 제공한 관측치의 집합을 주 구성 요소라는 일련의 변수 집합으로 변환한다. 이런 PCA는 중복이나 통계적으로 중요하지 않은 정보는 제외한다. 일반적으로 훈련 데이터세트의 값보다 PC 수가 훨씬 적다. PCA 기반 이상 감지에서 새로운 관측치는 PC가 차지하는 공간에 매핑돼 이상 점수(PC 기반 공간에 매핑한 새로운 관측치들 사이의 오류)를 결정한다. '정상' 데이터세트의 경우 이 에러는 작은데 머신러닝 알고리즘이 PC의 공간에서 훈련 데이터세트의 최적 표현을 찾기 때문이다. 그러므로 비정상 값은 에러와 이상 점수를 증가시킨다.

여기서는 센스 HAT 애드온 보드의 온도 판독에서 이상을 감지하고자 One-Class SVM을 훈련하는 방법을 소개한다. 훈련 데이터세트(SenseHatTemperatureData.csv)를 Generic CSV File with a header 형식으로 애저 머신러닝 스튜디오(그림 11-11)로 업로드한 다음 새로운 비어 있는 실험을 만든다. 다음으로 훈련 데이터세트와 함께 원-클래스 SVM 모델(Machine Learning/Initialize Model/Anomaly Detection 노드), Train Anomaly Detection Model(Machine Learning/Train), Score Model, Enter Data Manually 개체를 실험으로 드래그한다(그림 11-24 참고).

그림 11-24 애저 머신러닝 스튜디오의 원-클래스 SVM(One-Class Support Vector Machine) 이상 감지 실험

실험의 이름을 변경했다. 기본적으로 각 실험은 Experimentcreated on mm/dd/yyyy 형식으로 이름이 붙여진다. 이 값은 간단히 해당 부분을 클릭해 새로운 이름을 입력하면 된다.

Enter Data Manually 개체를 사용해 이상 감지기를 경험적으로 테스트하고 궁극적으로 매개변수를 조정했다. 나의 훈련 데이터세트를 기반으로 훈련 데이터세트 내의 평균 온도 (36.55 ± 0.03 °C)를 따르는 값과 차이가 나는 값을 제공해 테스트 데이터세트를 만들었다. 기본적으로 이상 감지기가 비정상값을 올바로 인식하고 정상값과의 오차 한계를 찾아내는 지 확인하고 싶었다. 일반적으로 작은 온도 변화를 이상 현상으로 보지 않는다.

여기서 사용한 테스트 데이터세트는 그림 11.25에서 Temperature 칼럼에 나타냈다. Scored Labels 칼럼은 이상 감지기가 적용한 레이블을 보였지만, Scored Probabilities 칼럼은 이상 측정치다. 값이 클수록 특정 테스트 값이 비정상일 가능성이 커진다. 그림 11-25의 결과는 머신러닝 알고리즘의 내성이 크지 않다는 것을 보여 준다. 평균 온도에서 약간의 편차만 생겨도 이상으로 간주한다. 이상 감지기의 내성을 높이려면 원-클래스 SVM의 η 매개변수를 사용하자. 공식적으로 이 매개변수는 특이치의 비율을 제어한다. 이 비율 값이 클수록 특이치에 대한 내성이 커진다. 그림 11-26에서 보듯이 원-클래스 SVM 은 중지 허용 오차인 또 다른 매개변수 ε가 있어서 내부적으로 모델을 최적화하는 데 사용되는 반복 횟수를 결정한다.

기본적으로 η = 0.1이며 ε = 0.001이다. 이들 매개변수는 직접 변경해 최적화할 수 있다. Create Trainer Mode 드롭다운 목록에서 Parameter Range 옵션을 사용해 매개변수 범위를 지정할 수도 있다. 이 경우 애저 머신러닝 스튜디오는 최적 매개변수 값을 찾으려고 한다. 하지만 그 값이 애플리케이션에 가장 적당한 값이 아닐 수 있다. 일반적으로 이들 매개변수를 필요에 맞춰 직접 조정해야 한다. 이것이 애저 머신러닝 스튜디오의 모듈을 실험이라 부르는 이유다. 현실(데이터)을 기댓값(모델)과 맞추고자 데이터와 모델을 실험한다.

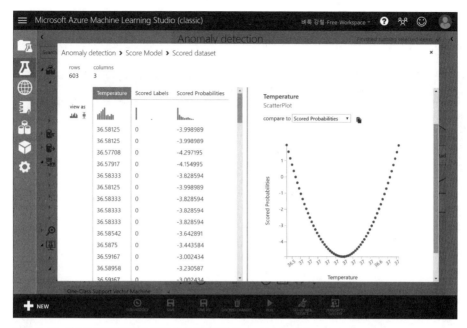

그림 11-25 테스트 데이터세트에 대한 이상 감지기의 Scored labels과 Scored probabilities

보통 매개변수 값을 찾는 합의된 방법은 없다. 따라서 ε의 기본값은 그대로 두고 η 몇 가지 다른 값(0.1, 0.01, 0.005, 0.0025)을 사용해 해당 실험을 다시 실행한다. 그다음 각 η에 대해 이상 감지기 점수를 확인하고, 가장 작은 η 값을 사용한다. 이 η는 그림 11-27에 보이는 점수를 산출한다. 여러분의 훈련 데이터세트는 나와 다를 것이므로 자신만의 η 값으로 독립적으로 실험해 보기 바란다.

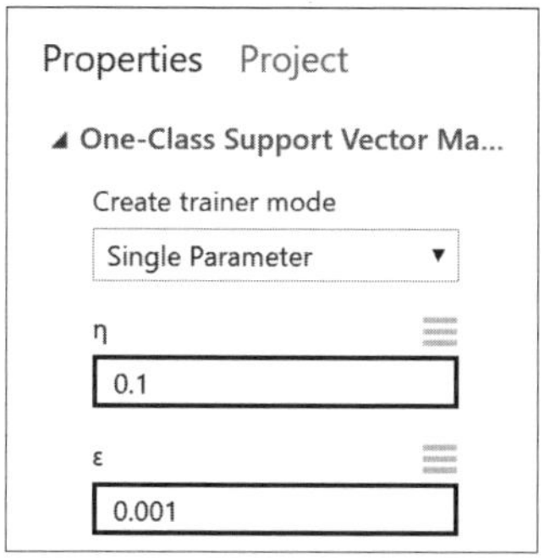

Properties   Project

▲ One-Class Support Vector Ma...

Create trainer mode

Single Parameter ▼

η

0.1

ε

0.001

그림 11-26 원-클래스 SVM 속성

그림 11-27의 결과를 그림 11-25의 해당 테이블과 비교해 보면 이상 감지기가 이제 더 완화됐다. η 값을 줄이면 Scored Probabilities(점수가 매겨진 확률) 또한 줄어든다.

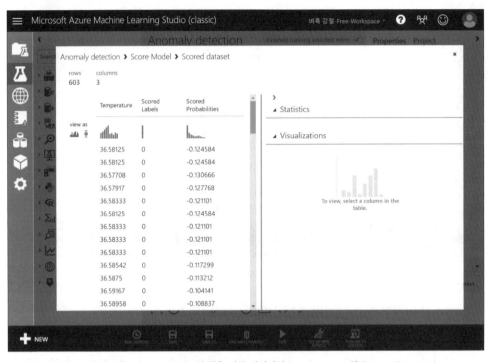

그림 11-27 테스트 데이터세트와 η = 0.0025인 경우 이상 감지기의 Scored Labels와 Scored Probabilities

웹 서비스 준비와 게시

훈련하고 조정한 이상 감지기 실험을 웹 서비스로 게시하려면 Web Service Input과 Web Service Output(Web Service 노드), Score Model과 Edit Metadata(Data Transformation/Manipulation)라는 네 가지 추가 개체를 실험으로 드래그해야 한다. 그다음 이들 개체의 입력과 출력 노드를 연결한다(그림 11-28 참고).

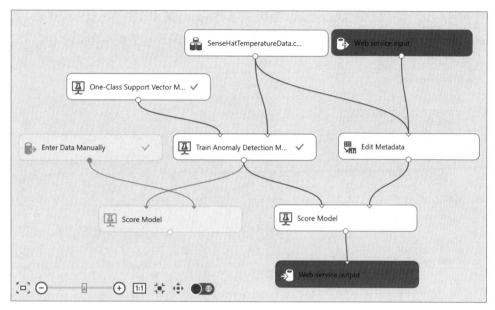

그림 11-28 웹 서비스 인터페이스를 이상 감지 실험에 추가하기

웹 서비스의 입력과 출력 노드는 해당 서비스와 주고(클라이언트 앱이 전송) 받는(클라이언트 앱이 수신) JSON 형식 요청과 응답을 나타낸다. 이 요청은 입력 테스트 데이터(하나 이상의 온도)를 포함하지만, 응답은 점수가 매겨진 레이블과 해당하는 확률이다. 대개 훈련 및 입력 데이터세트는 여러 칼럼을 가질 수 있다. 웹 서비스가 사용하는 칼럼을 지정하려면 Edit Metadata 개체를 사용한다. 칼럼을 선택하기 전에 Edit Metadata는 느낌표를 표시한다.

Edit Metadata 속성 창에서 칼럼을 선택하려면 **Launch Column Selector** 버튼을 클릭한다. 새로운 창 Select Columns가 열리면(그림 11-15), Temperature 칼럼을 고른다. 대화 상자를 닫은 후 Edit Metadata 속성 창은 그림 11-29와 비슷하다.

웹 서비스 입력에서 추가 Score Model을 사용해 데이터의 점수를 매긴다. 웹 서비스 출력은 점수가 매겨진 레이블과 확률 결과를 클라이언트 애플리케이션에 반환한다.

웹 서비스 노드를 추가한 후 그림 11-28의 하단에 보이는 실험 툴바에서 추가 토글 버튼을 주목하자. 이 버튼을 사용해 실험과 웹 서비스 보기라는 실험 표시 모드들 사이를 전환한다.

웹 서비스 보기에서 Enter Data Manually와 연결된 Score Model은 무시되므로 테스트할 데이터는 웹 서비스 입력에서 얻는다. 실험 보기에서는 웹 서비스 노드가 무시된다.

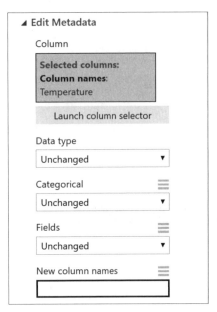

그림 11-29 하나의 Temperature 칼럼만 선택한 Edit Metadata 속성 창. 추가로 사용하는 데이터 변환은 없다.

웹 서비스를 설정하기 전에 실험을 실행해야 한다. 그다음 그림 11-30에 나타낸 것처럼 Set Up Web Service 버튼을 클릭하고 Predictive Web Service [Recommended]를 선택한다. 이렇게 하면 그림 11-31에 보이는 예측 실험이 생성된다.

그림 11-30 웹 서비스 설정

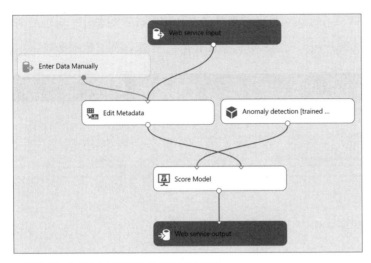

그림 11-31 웹 서비스 보기의 이상 감지 예측 실험

원-클래스 SVM 이상 감지기 모델과 Train Anomaly Detection Model, 훈련 데이터세트, Score Model 하나가 Anomaly detection [trained model]이라는 개체 하나로 변환됐다. 예측 실험은 Enter Data Manually가 활성화된 실험과 이 개체가 사용되지 않고 비활성화된 웹 서비스 보기라는 두 가지 모드를 갖는다.

마지막으로 웹 서비스 입력과 출력의 속성 창을 사용해 입력 이름을 temperatureInput으로 변경하고, 출력 이름을 anomalyDetectionResult로 변경한다(그림 11-32 참고).

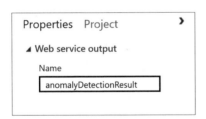

그림 11-32 웹 서비스 출력 이름 구성. 웹 서비스 입력의 해당 이름도 비슷하게 설정할 수 있다.

이제 예측 실험을 다시 실행해 유효성을 검증할 수 있다. 이후 웹 서비스를 배포하려면 애저 머신러닝 스튜디오의 하단 메뉴에서 Deploy Web Service 버튼을 사용해 웹 서비스를 배포한다(그림 11-33 참고). 특히 이 대시보드는 웹 서비스를 액세스하는 데 필요한 API 키를 표시한다. 제공하는 API 도움말 페이지 링크에서 요청을 구성하고 전송하는 방법도 확인할 수 있다. 다음 절에서 웹 서비스 클라이언트를 구현할 때 이 모든 정보를 사용한다.

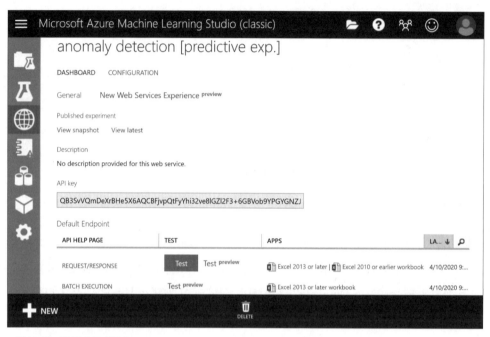

그림 11-33 웹 서비스 대시보드

웹 서비스 클라이언트 구현하기

앞서 준비한 웹 서비스를 Emotion API처럼 전용 REST 클라이언트 클래스를 통해 액세스할 수 있다. 하지만 웹 서비스 API를 기반으로 이 클래스를 직접 구현해야 한다. 클라우드 우선, 모바일 우선 세계에서 이런 작업은 웹과 모바일 개발자의 경우 일반적이며 많은 도구가 커스텀 REST 클라이언트의 개발을 가속화한다.

필요한 첫 번째 작업은 Microsoft.AspNet.WebApi.Client NuGet 패키지다. 패키지 관리자를 사용해 이 패키지를 AnomalyDetection 애플리케이션에 설치한다(그림 11-34 참고). 패키지 관리자 콘솔(도구/NuGet 패키지 관리자/패키지 관리자 콘솔)을 실행하고 Install-Package Microsoft.AspNet.WebApi.Client를 입력해 설치할 수도 있다.

그림 11-34 AnomalyDetection 애플리케이션의 NuGet 패키지 관리자에서 설치할 Microsoft.AspNet.WebApi.Client 패키지 버전을 표시한다.

다음으로 웹 서비스 대시보드 아래의 **Request/Response** 링크를 클릭해 웹 서비스 API를 찾는다. API 문서는 요청 URI와 헤더, 본문, 샘플 응답을 보여 준다. 웹 서비스에 액세스하는 방법을 보여 주는 C#과 Python, R로 작성된 샘플 코드 조각도 찾을 수 있다. 하지만 가장 흥미로운 C# 예제는 실제 원하는 정보, 예를 들면 점수가 매겨진 레이블 등을 쉽게 읽는 방법을 명시적으로 보여 주지 않는다. 이를 위해 JSON 응답을 C# 객체로 변환해야 한다. Microsoft.AspNet.WebApi.Client NuGet 패키지에서 구현한 `HttpClient` 확장 메서드와 JSON 구조를 C# 클래스로 매핑하는 추가 도구(예를 들면 JSON 객체를 해당 C# 클래스로 생성하는 json2csharp(http://json2csharp.com/))를 사용해 거의 자동으로 수행할 수 있다.

json2csharp을 사용하려면 간단히 샘플 요청이나 응답 JSON을 json2csharp 입력 텍스트 상자로 복사한 다음 **Generate** 버튼을 클릭한다. 이 도구가 C# 클래스를 만들어 주면 프로젝트로 복사하면 된다.

예제 11-21은 anomaly detection [predictive exp.] 웹 서비스의 샘플 요청에서 생성한 샘플 json2csharp 결과를 나타냈다(예제 11-22). 보다시피 C# 클래스는 JSON 구조를 반영한다. 그 후에 anomaly detection [predictive exp.] 웹 서비스를 예측 웹 서비스로 표시할 것이다.

예제 11-21 샘플 예측 실험 웹 서비스 요청의 C# 매핑

```csharp
public class TemperatureInput
{
    public List<string> ColumnNames { get; set; }
    public List<List<string>> Values { get; set; }
}

public class Inputs
{
    public TemperatureInput temperatureInput { get; set; }
}

public class GlobalParameters { }

public class RootObject
{
    public Inputs Inputs { get; set; }
    public GlobalParameters GlobalParameters { get; set; }
}
```

예제 11-22 예측 실험의 샘플 본문

```json
{
  "Inputs": {
    "temperatureInput": {
      "ColumnNames": [
        "Temperature"
      ],
      "Values": [
        [
          "0"
        ],
        [
          "0"
        ]
```

```
        ]
      }
    },
    "GlobalParameters": {}
}
```

예측 웹 서비스에 대한 REST 클라이언트를 구현하고자 JSON 요청과 응답을 json2csharp을 사용해 C# 클래스로 변환했다. 그다음 자동 생성된 정의를 약간 수정했다. Chapter 11/AnomalyDetection/PredictiveClient에서 함께 제공하는 코드를 참고하자. 먼저 자동 생성된 요청 클래스를 PredictionRequest.cs 파일로 저장한 다음 TemperatureInput의 형식을 문자열 리스트에서 문자열 배열로 수정했다. 그다음 Inputs 클래스의 TemperatureInput 속성의 이름을 수정하고, RootObject 이름을 PredictionRequest로 바꿨다. 마지막으로 PredictionRequest 클래스 생성자를 예제 11-23에서 나타낸 것처럼 구현했다. 이 생성자는 요청을 준비하는 데 사용되는 temperature라는 인수 하나만 갖는다. 이 인수가 사용자에게 요구하는 유일한 정보다. 이런 방식은 사용자가 내부 요청 구조를 관리하지 않아도 되게 한다. 이 패턴은 Emotion API 클라이언트에서 사용한 패턴과 비슷하다. 이미지 데이터를 제공하면 클라이언트 클래스가 작업을 수행한다.

예제 11-23 웹 서비스 요청 본문을 래핑한 PredictionRequest 클래스

```
public class PredictionRequest
{
    public Inputs Inputs { get; set; }
    public GlobalParameters GlobalParameters { get; set; }

    public PredictionRequest(double temperature)
    {
        Inputs = new Inputs()
        {
            TemperatureInput = new TemperatureInput()
            {
                ColumnNames = new string[]
                {
                    "Temperature"
                },
```

```
            Values = new string[,]
            {
                { temperature.ToString() },
                { "0" },
            }
        }
    };
    }
}
```

웹 서비스 응답을 래핑한 C# 클래스는 PredictionResponse.cs 파일에 있다. 이전처럼 List〈string〉을 string[]으로, List〈List〈string〉〉은 string[,]으로 변경했다. 그다음 몇 가지 이름을 조정했다. 구체적으로 자동 생성된 클래스인 RootObject를 PredictionResponse로 변경했다. Chapter 11/AnomalyDetection/PredictionResponse.cs에서 함께 제공하는 코드 참고하자.

예측 웹 서비스의 응답은 애저 머신러닝 스튜디오의가 점수를 매긴 데이터 시각화 도우미와 비슷하게 데이터를 구성하는 데이터 테이블이다(그림 11-27 참고). 즉 Temperature 와 Scored Labels, Scored Probabilities라는 3개의 칼럼이 있다. 이 데이터는 JSON 문자열 배열로 채웠으며, AnomalyDetectionResult.Value.Values 속성을 통해 액세스할 수 있다. 이 데이터는 2차원 문자열 배열이다. 이 배열에서 각 행을 쉽게 해석하고자 PredictionScore 클래스를 작성했다(예제 11-24 참고). 이 클래스는 PredictionResponse 형식의 인수를 받는 생성자를 구현한 다음 웹 서비스에서 받은 데이터 테이블의 첫 번째 행에서 자동으로 온도, 레이블, 확률을 얻는다. 이들 데이터는 변환된 다음 PredictionScore 클래스의 적절한 속성으로 노출된다. 요청이 한 번에 하나의 온도만 전송하도록 설계됐기 때문에 PredictionScore는 첫 번째 데이터 행만 사용한다. 하지만 이 작업을 여러 온도에 수행하도록 쉽게 일반화시킬 수 있다. 예제 11-23의 생성자를 일반화해서 Values 배열에 다음 온도를 추가하고, 수신한 데이터 테이블의 각행을 반복처리하면 된다.

PredictionScore는 점수가 매겨진 레이블을 간단한 정보로 변환하는 IsNormal 속성을 구현하고, 디버깅에 사용할 수 있는 ToString 메서드도 구현한다.

여기서는 C#6.0 기능인 문자열 보간을 사용한다.

예제 11-24 웹 서비스 응답을 단순화시키는 PredictionScore

```csharp
public class PredictionScore
{
    public double Temperature { get; set; }
    public double Label { get; set; }
    public double Probability { get; set; }

    public bool IsNormal
    {
        get { return !Convert.ToBoolean(Label); }
    }

    public PredictionScore(){ }

    public PredictionScore(PredictionResponse predictiveServiceResponse)
    {
        Check.IsNull(predictiveServiceResponse);

        var values = predictiveServiceResponse.Results.AnomalyDetectionResult.Value.
            Values;

        if (values.Length > 0)
        {
            Temperature = Convert.ToDouble(values[0, 0]);
            Label = Convert.ToDouble(values[0, 1]);
            Probability = Convert.ToDouble(values[0, 2]);
        }
    }

    public override string ToString()
    {
        return $"Temperature: {Temperature:F2}, label: {Label}, Probability:
            {Probability:F3}";
    }
}
```

지금까지의 내용을 고려해 실제 REST 클라이언트인 PredictiveServiceClient를 구현했다. 이 클래스는 System.Net.Http 네임스페이스에서 선언한 HttpClient를 기반으로 한다. HttpClient는 URI로 식별되는 리소스에서 HTTP 프로토콜을 사용해 데이터 송수신하는 기본 기능을 제공한다. 예제 11-25에서 예측 웹 서비스와 작동하는 `HttpClient` 구성 방법을 나타냈다. 즉 먼저 `HttpClient` 클래스의 BaseAddress 속성에 사용하는 요청 URI를 작성한다. 요청 URI는 다음과 같은 형식이다.

https://ussouthcentral.services.azureml.net/workspaces/⟨workspaceId⟩/
services/⟨serviceId⟩/execute?api-version=2.0&details=true

여기서 ⟨workspaceId⟩와 ⟨serviceId⟩는 각각 애저 머신러닝 스튜디오 워크스페이스와 웹 서비스의 GUID다. 다음으로 전달자 토큰 또는 간단히 전달자로서 API 키를 전달한다. 이 전달자를 `AuthenticationHeaderValue` 클래스의 인스턴스를 사용해 HTTP 요청 헤더에 추가한다.

예제 11-25 예측 웹 서비스 액세스를 위한 최소 HttpClient 구성

```
private const string postAddress = ""TYPE_YOUR_REQUEST_URI_HERE";
private const string apiKey = "TYPE_YOUR_API_KEY_HERE";

private HttpClient httpClient;

public PredictiveServiceClient()
{
    httpClient = new HttpClient()
    {
        BaseAddress = new Uri(postAddress),
    };

    httpClient.DefaultRequestHeaders.Authorization = new AuthenticationHeaderValue("Be
        arer", apiKey);
}
```

점수 요청을 전송하고자 비동기 메서드 `PredictAnomalyAsync`로 `PredictiveServiceClient` 클래스를 보완했다(예제 11-26 참고). 이 메서드는 temperature 인수 하나를 받는다. 이 값은 먼저 `PredictionRequest` 클래스의 인스턴스를 생성하는 데 사용되며, 그다음 Post AsJsonAsync(System.Net.Http.HttpClientExtensions에서 정의됨)를 사용해 JSON POST 요청으로써 웹 서비스를 전송한다. 응답 결과는 ReadAsAsync 확장 메서드(System.Net.Http.

HttpContentExtensions에서 정의됨) 내의 PredictionResponse 클래스의 인스턴스로 자동 구분 분석된다. PredictionResponse 클래스는 PredictionScore로 래핑돼 호출자에 반환된다.

예제 11-26 예측 웹 서비스를 사용해 온도의 이상값 예측

```
public async Task<PredictionScore> PredictAnomalyAsync(double temperature)
{
    var predictionRequest = new PredictionRequest(temperature);

    var response = await httpClient.PostAsJsonAsync(string.Empty, predictionRequest);

    PredictionScore predictionScore;

    if (response.IsSuccessStatusCode)
    {
        var scoreResponse = await response.Content.ReadAsAsync<PredictionResponse>();

        predictionScore = new PredictionScore(scoreResponse);
    }
    else
    {
        throw new Exception(response.ReasonPhrase);
    }

    return predictionScore;
}
```

정리

이제 센스 HAT 센서에서 온도를 판독해 이상을 감지하는지 동적으로 조사하는 모든 도구를 갖췄다. 이들 도구를 모두 조합하려면 센서에서 온도를 읽어 웹 서비스로 전송하고 Scored Label에 따라 LED 배열을 구동하는 비동기 작업(Task)이 필요하다.

AnomalyDetection 애플리케이션에서 MainPage의 코드 숨김에 이런 기능을 구현했다. 함께 제공하는 코드 Chapter 11/AnomalyDetection/MainPage.xaml.cs를 참고하자.

특히 예제 11-27은 Start Temperature Monitoring 버튼의 이벤트 핸들러를 나타냈다(그림 11-22 참고). 버튼을 비활성화한 다음 백그라운드 작업을 만들고 실행해 센서에서 나온 데이터를 처리하는 데 이 핸들러를 사용한다. 해당 temperatureMonitoringTask 인스턴스는 매번 생성하며, 연결된 비동기 메서드는 사용자가 Stop Temperature Monitoring 버튼을 클릭할 때까지 동작한다. 이 버튼은 예제 11-28의 이벤트 핸들러를 호출한다. 특히 temperatureMonitoringTask를 중지하도록 신호를 보낸 후 Start Temperature Monitoring 버튼을 다시 활성화한다.

작업을 중단하는 신호를 보내고자 CancellationTokenSource 클래스를 사용한다. 구체적으로 IsCancellationRequested를 익명 태스크 메서드에서 while 루프를 제어하는 데 사용한다(예제 11-27). IsCancellationRequested는 CancellationTokenSource 클래스 인스턴스의 Cancel 메서드를 호출한 후 false를 true로 변경한다. 예제 11-28을 참고하자. 이 메서드는 while 루프 조건을 검사한 후 호출할 수 있으므로 temperatureMonitoringTask가 끝날 때까지 대기한다. 그다음 AnomalyViewModel의 적절한 필드를 통해 UI를 업데이트한다.

예제 11-27 비동기 온도 처리

```
private Task temperatureMonitoringTask;
private CancellationTokenSource temperatureMonitoringCancellationTokenSource;

private void ButtonStartTemperatureMonitoring_Click(object sender, RoutedEventArgs e)
{
    anomalyViewModel.IsTemperatureMonitoringEnabled = true;

    temperatureMonitoringCancellationTokenSource = new CancellationTokenSource();

    temperatureMonitoringTask = new Task(() =>
    {
        const int msDelay = 500;

        while (!temperatureMonitoringCancellationTokenSource.IsCancellationRequested)
        {
            GetAndProcessTemperature();

            Task.Delay(msDelay).Wait();
        }
```

```
    }, temperatureMonitoringCancellationTokenSource.Token);

    temperatureMonitoringTask.Start();
}
```

예제 11-28 온도 모니터링 중지하기

```
private void ButtonStopTemperatureMonitoring_Click(object sender, RoutedEventArgs e)
{
    temperatureMonitoringCancellationTokenSource.Cancel();
    temperatureMonitoringTask.Wait();

    anomalyViewModel.IsTemperatureMonitoringEnabled = false;
}
```

실제 온도 처리는 예제 11-29의 `GetAndProcessTemperature` 메서드에서 구현했다. 온도는
필드 isSensorEmulationMode가 false인 경우 센서에서 수집하거나 무작위로 생성된다.
예제 11-30을 참고하자. 여기서는 센서 판독과 독립적으로 웹 서비스와 테스트 통신할 수
있는 샘플 센서 에뮬레이션 모드를 구현했다.

결과 온도는 `PredictiveServiceClient`의 `PredictAnomalyAsync` 메서드를 사용해 예측 웹 서
비스로 전송한다. 그다음 예측 점수를 사용해 UI와 LED 배열을 업데이트한다.

예제 11-29 온도 이상 감지하기

```
private bool isSensorEmulationMode = true;
private TemperatureAndPressureSensor sensor = TemperatureAndPressureSensor.Instance;
private PredictiveServiceClient predictiveServiceClient = new
    PredictiveServiceClient();

private async void GetAndProcessTemperature()
{
    try
    {
        var temperature = GetTemperature();

        var result = await predictiveServiceClient.PredictAnomalyAsync(temperature);
```

```
        UpdateTemperatureDisplay(temperature, result.IsNormal);
    }
    catch (Exception ex)
    {
        Debug.WriteLine(ex.Message);
    }
}

private float GetTemperature()
{
    if (isSensorEmulationMode)
    {
        return GetRandomTemperature();
    }
    else
    {
        return sensor.GetTemperature();
    }
}

private float GetRandomTemperature(float baseTemperature = 36.55f)
{
    var random = new Random();

    const double scaler = 0.5;

    return (float)(baseTemperature + random.NextDouble() * scaler);
}
```

예제 11-30에서 보다시피 UI는 `AnomalyViewModel` 클래스의 속성을 통해 UI 스레드 내에서 업데이트한다. 그다음 온도를 텍스트 상자에서 표시한다. 이 텍스트 상자의 전경색은 정상인 경우 녹색이며, 비정상 온도인 경우 빨간색이다. UpdateLedArray를 사용해 유사하게 LED 배열색을 변경하는데, 센스 HAT 연결이 있는 경우에만 효과가 있다. 연결된 경우 isLedArrayAvailable 값은 true다.

예제 11-30 온도 표시 업데이트하기

```
private bool isLedArrayAvailable = false;

private async void UpdateTemperatureDisplay(float temperature, bool isNormalLevel)
```

```
{
    if (Dispatcher.HasThreadAccess)
    {
        anomalyViewModel.Temperature = temperature;
        anomalyViewModel.TemperatureStatusColorBrush =
            isNormalLevel ? normalTemperatureLevelColorBrush :
            abnormalTemperatureLevelColorBrush;

        UpdateLedArray();
    }
    else
    {
        await Dispatcher.RunAsync(CoreDispatcherPriority.Normal,
            () => { UpdateTemperatureDisplay(temperature, isNormalLevel); });
    }
}

private void UpdateLedArray()
{
    if (isLedArrayAvailable)
    {
        ledArray.Reset(anomalyViewModel.TemperatureStatusColorBrush.Color);
    }
}
```

이제 애플리케이션을 다시 실행하고 Start Temperature Monitoring 버튼을 클릭하면 그림 11-22와 비슷한 결과를 보게 된다. 실제 IoT 디바이스가 있는 경우(isSensorEmulation Mode = false)와 없는 경우(isSensorEmulationMode = true)를 위해 isSensorEmulation Mode의 값을 변경해 두 가지 모드에서 애플리케이션을 테스트할 수 있다. 센서 에뮬레이션 모드에서는 무작위로 생성한 온도를 예측 서비스로 전송하지만, 비에뮬레이션 nonemulation 모드에서는 실제로 판독한 온도를 사용한다.

GetRandomTemperature 메서드의 baseTemperature 인수를 훈련 데이터세트의 평균 값으로 변경해 비에뮬레이션 모드를 훈련 데이터세트로 조정할 수 있다. scaler를 조정하면 시간에 따라 임의의 온도를 얼마나 변경할지도 지정할 수 있다. 예제 11-29의 GetRandomTemperature 메서드를 참고하자. scaler를 줄이면 온도가 정상에 더 가까워진다. 반대로 scaler를 높이면 온도가 정상에서 점점 멀어진다. 비에뮬레이션 모드에서 IoT 디바이스를 덮어 온도가 높아지도록 유도할 수 있다.

마지막으로, 작동 중에 디바이스가 데워진다는 것을 염두에 두자. 따라서 다음날 차가워진 IoT 디바이스에서 AnomalyDetection를 다시 실행하면 '정상' 온도가 변했기 때문에 머신러닝 모델을 다시 훈련시켜야 할 것이다. 이 문제를 해결하고자 SVM 모델 허용 오차를 수정할 수도 있다. 또 다른 옵션은 점수가 매겨진 레이블 확률에 대한 임의의 임계값을 설정하는 것이다. 그 임계값 미만의 확률을 갖는 비정상값을 무시할 수 있다.

요약

11장에서 인공지능 모듈을 사용해 UWP 애플리케이션을 보완하는 방법을 배웠다. 마이크로소프트 코그니티브 서비스의 Face API와 같은 AI 모듈을 사용해 시작했다. 그다음 애저 머신러닝 스튜디오를 사용해 커스텀 AI를 만들고 훈련하는 방법을 배웠다. 회귀와 분류 모델을 개발했다. 회귀는 온도를 예측하는 데 사용했지만, 분류는 이상 감지에 적용했다. 마지막으로 HTTP 프로토콜을 사용하는 웹을 통해 이상 감지기와 IoT 애플리케이션을 결합했다.

## PART 3

애저 IoT 스위트

11장에서 개발한 머신러닝 솔루션은 훈련 데이터 세트를 수동으로 수집하고 데이터를 클라우드에 업로드해야 했다. 훈련 데이터 세트는 CSV 형식으로 저장했고, IoT 디바이스에서 이 데이터 세트를 다운로드했고, 클라우드로 업로드했다. 이런 예는 하나의 디바이스를 가졌거나 머신러닝 모델을 자주 재학습시키지 않을 때는 잘 동작한다. 하지만 디바이스가 많이 늘어나거나(IoT 시스템에서는 일반적이다) 새로운 데이터로 머신러닝 모델을 자주 업데이트하고 싶다면 이러한 작업을 자동화하는 서비스가 더 매력적일 것이다.

애저 IoT(Azure IoT)는 여러분이 디바이스에서 데이터를 수집하고 집계할 수 있는 여러 가지 서비스를 제공한다. 구체적으로 말하면 이러한 서비스를 사용해 디바이스에서 클라우드로 데이터를 자동으로 전송한 다음 머신러닝 모델을 업데이트한다. 애저 IoT 서비스를 사용해 실시간으로 센서 데이터를 시각화하고 원격으로 스마트 디바이스를 제어할 수도 있다.

마이크로소프트 애저 IoT 스위트(Auzre IoT Suit)는 여러 가지 애저 IoT 서비스와 함께 솔루션 백엔드를 결합한다. 솔루션 백 엔드는 IoT 솔루션의 제어판에 해당하는 웹 애플리케이션이다. 애저에 배포한 제어판은 세계 어느 곳에서나 접근할 수 있으며, 애저 IoT와 머신러닝 서비스에 대한 직접 액세스 데이터를 처리해 추세나 반복되는 패턴을 찾거나 디바이스 오작동을 예측할 수 있다. 따라서 애저 IoT 스위트는 IoT 정의 인터넷 구성 요소다(1장, '임베디드 디바이스 프로그래밍' 참고).

이 책의 마지막 부분에서 마이크로소프트 애저 IoT 스위트가 제공하는 사전 구성된 두 가지 IoT 솔루션을 설명한다. 이들 솔루션은 원격 모니터링과 예측 유지 관리다. 12장, '원격 디바이스 모니터링'에서 설명한 원격 모니터링 IoT 솔루션은 원격 디바이스에서 데이터를 수집, 처리, 시각화하는 방법을 보여 준다. 13장, '예측 유지 관리'에서 예측 유지 관리 솔루션은 머신러닝을 사용해 구현한 인공지능을 통해 이 기능을 확장한다. 14장, '사용자 지정 솔루션'에서는 스스로 IoT 솔루션을 만들 수 있는 방법을 보여 주고자 애저 IoT 서비스를 더 자세히 설명한다.

CHAPTER 12

원격 디바이스 모니터링

12장에서는 원격 디바이스 모니터링 애저 IoT 스위트 솔루션을 만들며, 클라우드 기반 시스템으로 구성해 애저 IoT 허브^{Azure IoT Hub}와 애저 스토리지^{Azure Storage}를 사용해 원격 디바이스에서 나오는 데이터를 축적한다. 애저 이벤트 허브^{Azure Event Hub}와 애저 스트림 분석^{Azure Stream Analytics}, 마이크로소프트 파워 BI^{Microsoft Power BI}와 같은 다른 애저 서비스를 기반으로 원격 디바이스는 솔루션 프로세스를 모니터링하고 웹 애플리케이션을 통해 빙 맵^{Bing map}에서 센서 데이터와 위치를 시각화한다. 이 포털에서는 디바이스의 원격 제어도 할 수 있다. 원격 디바이스로 메시지를 보내 디바이스에 특정 작업을 지시할 수 있다.

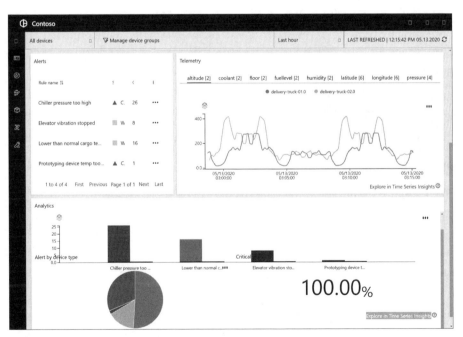

그림 12-1 SenseHatRemoteMonitoring 솔루션 대시보드

먼저 원격 디바이스 모니터링용 사전 구성된 애저 IoT 스위트 솔루션을 설정한 다음 센스 HAT 애드온 보드가 있는 RPi2/RPi3에서 실행하는 소프트웨어를 작성해 두 가지 애플리케이션이 통신하도록 한다. 클라이언트 IoT 디바이스는 센서 데이터를 클라우드로 보내고 SenseHatRemoteMonitoring 솔루션이 실시간으로 센서 데이터를 처리하고 시각화한다. 또한 센스 HAT 원격 측정의 원격 제어를 위한 명령도 정의한다.

사전 구성된 솔루션 설정하기

마이크로소프트 애저 IoT 스위트 솔루션에서 사전 구성된 솔루션을 만들고자 http://azureiotsuite.com 웹 사이트를 사용한다. 구독에 로그인하고 구성한 후(1개월 무료 사용 가능), 오른쪽 상단의 내 솔루션을 선택해 리디렉션 페이지로 가면 그림 12-2에서 보이는 + 아이콘을 클릭한다.

그림 12-2 마이크로소프트 애저 IoT 스위트 프로비전된 솔루션 화면

새 솔루션 만들기Create a new solution를 클릭한 후 Microsoft 솔루션 가속기 배포 섹션 아래에 Predictive Maintenance 또는 Remote Monitoring, Connected Factory, Device Simulation이라는

네 가지 옵션이 있다(그림 12-3 참고). 첫 번째 것을 선택한다.

Microsoft 솔루션 가속기 배포

Azure IoT 참조 아키텍처에 맞추는 오픈 소스 IoT 솔루션입니다. Azure 구독을 사용하여 몇 분 만에 배포하고 필요한 경우 사용자 지정하세요. 적합한 솔루션을 찾으세요.

Remote Monitoring
By Microsoft

디바이스를 연결하고 모니터링하여 순댄 적 없는 데이터를 분석하고 프로세스를 자동화하여 비즈니스 결과를 개선하세요.

Connected Factory
By Microsoft

Industrie 4.0을 지금 바로 체험해 보세요. OPC UA를 사용하여 인사이트 활용을 위한 산업용 디바이스를 연결, 모니터링 및 제어하여 작업 생산성 및 수익성을 향상할 수 있습니다.

Predictive Maintenance
By Microsoft

예측 유지 관리를 위해 디바이스를 연결하고 모니터링하여 유지 관리 요구를 예측하고 일정에 없는 가동 중지 시간을 방지할 수 있습니다.

Device Simulation
By Microsoft

시뮬레이션된 IoT 디바이스를 사용하여 소프트웨어 개발 수명 주기 전반에 걸쳐 솔루션을 빌드하고 테스트함으로써 IoT 솔루션 개발을 간소화할 수 있습니다.

그림 12-3 마이크로소프트 애저 IoT 스위트 솔루션 유형

애저 IoT 스위트는 배포 이름과 애저 구독, 지역을 설정하는 페이지를 표시한다. 그림 12-4에서 보다시피 배포 이름을 SenseHatRemoteMonitoring으로 설정하고 구독을 선택한다.

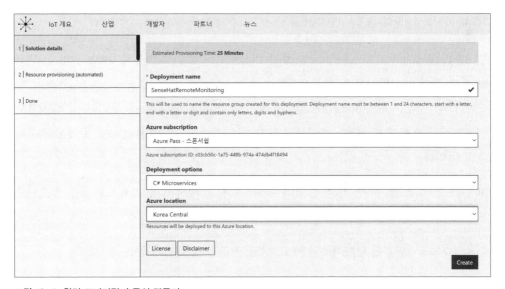

그림 12-4 원격 모니터링 솔루션 만들기

자신의 지리적 위치에 따라 지역을 선택한다. 지역 선택에 따라 애저 서버의 물리적 위치가 조정된다. 배포 이름은 고유해야 하므로 SenseHatRemoteMonitoring 외의 이름을 사용해야 할 것이다.

Create 버튼(페이지의 하단)을 클릭한 후 솔루션 프로비저닝이 시작된다. 이 프로세스 완료에는 다소 시간이 걸린다. 잘 만들어지면 내 솔루션을 선택해 녹색 체크 표시가 있는 준비 완료 레이블로 확인할 수 있다(그림 12-5 참고). 이 페이지에서 방금 만든 솔루션에 관한 모든 세부 사항을 확인하고, 깃허브에서 포털 소스 코드를 탐색할 수도 있다.

그림 12-5 사전 구성된 애저 IoT 스위트 솔루션을 사용해 만든 SenseHatRemoteMonitoring 솔루션

Go to your solution accelerator 솔루션 대시보드 링크(그림 12-5의 오른쪽 그림)를 클릭해 실행 중인지만 확인한다. 대시보드는 〈your-solution-name〉.azurewebsites.net 형식이다. 이 경우는 sensehatremotemonitoring-4u7pr.azurewebsites.net다. 대시보드 URL은 애저 포털의 웹 애플리케이션 솔루션 개요 블레이드의 오른편 URL 항목에서도 확인할 수 있다.

대시보드 URL을 클릭하면 기본 웹 브라우저로 그림 12-1에서 봤던 유사한 솔루션 포털을 표시한다. 포털의 주요 탭을 알아보자.

- **대시보드** 연결된 디바이스의 지도, 경고, 원격 측정 데이터 등을 표시한다.

- **디바이스** 원격 디바이스의 목록이며, 디바이스의 상태, 디바이스 이름, 디바이스 유형, 펌웨어 정보 등을 포함한다. 현재 에뮬레이션된 디바이스들이 보인다. 각 디바이스를 선택하면 상세 정보를 오른쪽 창에 표시한다.
- **규칙** 경고 규칙과 원격 측정값이 임계값을 초과할 때 취할 작업을 정의하는 데 사용한다.
- **유지 관리** 규칙과 관련된 경고 발생을 관리하고 관련 정보를 사용해 발생한 각 경고를 해결한다.

디바이스 프로비저닝

애저 IoT 허브를 사용해 IoT 하드웨어에서 원격 측정 데이터를 수신하려면 SenseHat RemoteMonitoring 대시보드에서 디바이스를 프로비저닝^{provisioning}해야 한다. 그다음 IoT 디바이스는 센스 HAT 애드온 보드에서 수집한 온도와 습도로 구성한 원격 측정 데이터를 전송할 수 있다.

비주얼 C#용 [비어 있는 앱(유니버설 Windows)] 프로젝트 템플릿으로 만든 SenseHat Telemeter 애플리케이션에서 이 기능을 구현한다(Chapter 12/SenseHatTelemeter에서 함께 제공하는 코드 참고). 이 애플리케이션의 UI는 그림 12-6에서 나타냈다. 이 애플리케이션은 4개의 버튼과 2개의 레이블로 구성된다. 버튼은 클라우드에 연결해 디바이스 정보를 보내고, 적절한 센서에서 온도와 습도를 판독하는 프로세스를 제어하는 데 사용된다(Start Telemetry와 Stop Telemetry). 온도와 습도 값은 레이블에 표시되며 클라우드로도 전송된다. 다음 몇 개의 절에서 해당 버튼과 연결된 각 기능을 구현하는 방법을 설명한다.

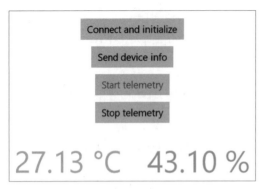

그림 12-6 SenseHatTelemeter 앱의 사용자 인터페이스

새로운 디바이스 등록하기

먼저 SenseHatRemoteMonitoring 대시보드에서 디바이스를 등록해야 한다. 포털의 오른쪽 상단에 있는 **+New device** 버튼을 사용해 작업을 수행한다. 이 버튼을 클릭하면 새로운 페이지가 표시된다.

IoT 디바이스를 선택하고, 디바이스의 유형은 Simulated나 Real 중에서 선택한다(그림 12-7 참고) 실제 하드웨어를 사용하기 때문에 Real 옵션을 고른다.

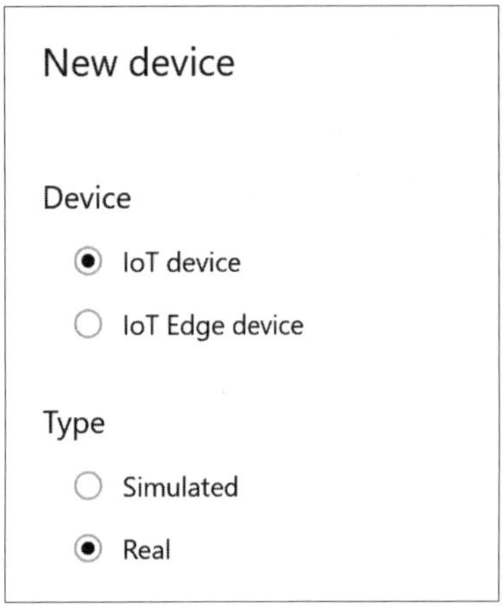

New device

Device

⦿ IoT device

◯ IoT Edge device

Type

◯ Simulated

⦿ Real

그림 12-7 디바이스 추가하기

그다음 그림 12-8에서 보다시피 디바이스 ID를 직접 정의하거나 SenseHatRemote Monitoring이 자동으로 생성하도록 한다. 직접 디바이스 ID 설정을 사용하고 SenseHAT 으로 설정한다. 이 ID가 사용 가능한지 검사한 후 **Apply** 버튼을 클릭한다. 잠시 후 디바이 스 자격 증명이 표시된다. 이 값을 복사하자. 코드에서 이 값이 필요하다. 마지막으로 **Close** 버튼을 클릭한다. 새로운 디바이스는 디바이스 목록에 표시된다(그림 12-9 참고). 이 디바이 스는 Offline 상태다. 클라우드에 디바이스 정보를 전송한 후 Connected 상태로 바뀐다.

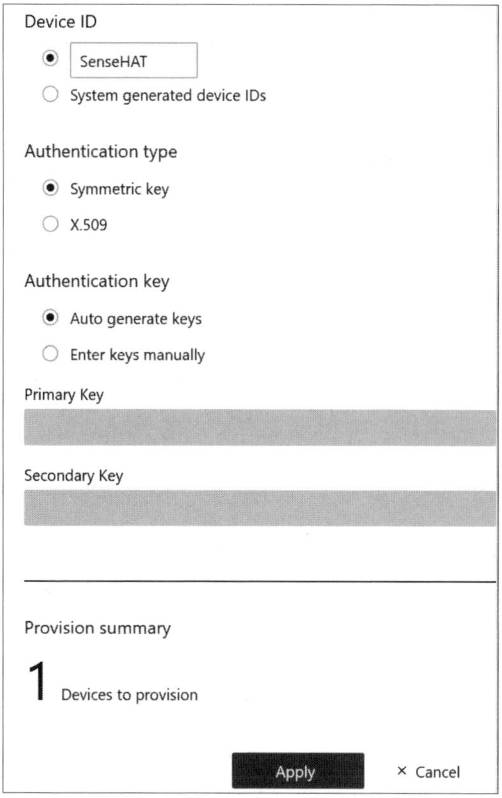

그림 12-8 디바이스 ID 생성하기

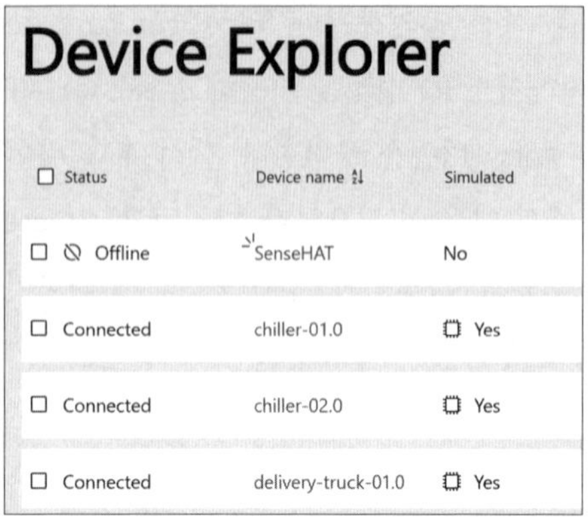

Device Explorer

	Status	Device name ↕	Simulated
☐	⊘ Offline	SenseHAT	No
☐	Connected	chiller-01.0	⟳ Yes
☐	Connected	chiller-02.0	⟳ Yes
☐	Connected	delivery-truck-01.0	⟳ Yes

그림 12-9 이제 새로 프로비전한 SenseHAT 디바이스를 디바이스 목록에 표시한다.

디바이스 정보 전송하기

SenseHatRemoteMonitoring 대시보드에 등록한 디바이스는 하드웨어 기능(장치 정보)을 설명하는 메시지를 보내면 활성화된다. IoT 디바이스와 마이크로소프트 애저 사이의 통신을 위해 NuGet 패키지 Microsoft.Azure.Devices.Client를 사용한다. 이 패키지는 DeviceClient 클래스를 제공한다. IoT 허브와 통신하는 데 이 클래스를 사용한다.

DeviceClient는 public 생성자는 전혀 구현하지 않는다. DeviceClient 인스턴스를 생성하고자 Create나 CreateFromConnectionString 메서드 중 하나의 특정 재정의를 사용한다. 디바이스 등록의 마지막 단계에서 SenseHatRemoteMonitoring 대시보드는 IoT 허브 호스트 이름과 디바이스 ID, 디바이스 키(key)라는 세 가지 값을 제공했다. 다음의 Create 메서드 첫 번째 버전을 사용해 DeviceClient 클래스의 인스턴스를 생성할 수 있다.

```
public static DeviceClient Create(string hostname, IAuthenticationMethod
    authenticationMethod);
```

이 메서드는 호스트 이름과 IAuthenticationMethod 인터페이스를 구현하는 객체를 받는다. 호스트 이름의 경우 간단히 IoT 허브 호스트 이름을 문자열로 전달한다. 이 문자열은 ⟨iothub-identifier⟩.azure-devices.net와 같은 형식이며, 예를 들면 여기서 만든 리소스의 경우는 iothub-4u7pr.azure-devices.net이다.

인증 메서드 경우 DeviceAuthenticationWithRegistrySymmetricKey 클래스의 인스턴스를 전달할 수 있다. 이 클래스의 public 생성자는 deviceId와 devicekey라는 2개의 문자열 인수를 받는다. 이들 값은 바로 디바이스를 등록하는 동안 제공받은 값이다. 이들 값은 대소문자를 구분하니 주의하자.

DeviceClient를 만든 후 OpenAsync 메서드를 호출해 연결을 오픈한다. IoT 허브와 통신을 연결하기 위한 전체 코드 조각은 예제 12-1과 같다.

예제 12-1 애저 IoT 스위트에 연결하기

```
private const string deviceId = "SenseHAT";
private const string hostname = "<IoT 허브 ID>.azure-devices.net";
private const string deviceKey = "<디바이스 기본 키 또는 보조 키>";

private DeviceClient deviceClient;

private async Task InitializeDeviceClient()
{
    var authentication = new DeviceAuthenticationWithRegistrySymmetricKey(deviceId,
        deviceKey);

    deviceClient = DeviceClient.Create(hostname, authentication);

    await deviceClient.OpenAsync();
}
```

예제 12-2에서 보다시피 SenseHatTelemeter의 Connect 버튼 클릭 이벤트 핸들러 내에서 InitializeDeviceClient 메서드를 호출한다. 여기서 TelemetryViewModel과 Telemetry라는 2개의 객체도 사용하고 있다. 첫 번째 객체의 public 속성은 시각적 컨트롤의 속성에 바인딩했으며, UI를 업데이트하는 데 사용된다. TelemetryViewModel의 지정은 11장 '디바이스 러닝'의 AnomalyViewModel과 비슷하다. 두 번째 객체인 Telemetry는 주기적 센서 판독에 관련된 로직을 모두 구현한다. AnomalyDetection 애플리케이션과 달리 애저 IoT 스위트에 관련된 코드 구분이 쉽도록 센서 처리 기능을 별도의 클래스에 위임한다. Telemetry 클래스는 다음 절에서 자세히 설명한다. 여기서는 디바이스 정보를 전송하는 데 초점을 맞춘다.

예제 12-2 클라우드에 연결과 센서에서 데이터 판독을 위한 Telemetry 클래스 설정

```csharp
private const int secReadoutDelay = 5;

private TelemetryViewModel telemetryViewModel = new TelemetryViewModel();
private Telemetry telemetry;

private async void ButtonConnect_Click(object sender, RoutedEventArgs e)
{
    if (!telemetryViewModel.IsConnected)
    {
        try
        {
            // 클라우드에 연결
            await InitializeDeviceClient();

            // 원격 측정 설정
            telemetry = await Telemetry.CreateAsync(TimeSpan.
                FromSeconds(secReadoutDelay));
            telemetry.DataReady += Telemetry_DataReady;

            telemetryViewModel.IsConnected = true;
        }
        catch (Exception ex)
        {
            Debug.WriteLine(ex.Message);
        }
    }
}
```

디바이스 정보를 전송하고자 11장에서와 비슷한 접근 방식을 따라 적절한 JSON 객체를 구성한다. 즉 JSON 객체 구조를 반영하는 C# 클래스를 구성한다. 그다음 이들 클래스의 속성을 구성한다. 마지막으로 이들 객체를 직렬화하고 결과 데이터를 클라우드로 보낸다.

디바이스 정보 객체의 추상적인 C# 표현을 예제 12-3에서 나타냈다. 이 클래스는 5개의 속성으로 구성된다. 첫 번째 2개는 디바이스가 물리적인지 시뮬레이션인지(IsSimulated Device) 지정하고, 디바이스 정보 버전Version을 지정한다. 세 번째 속성인 ObjectType의 경우 상수 문자열 DeviceInfo를 사용한다. 이들 세 가지 멤버는 명확하다.

JSON DeviceInfo 객체를 매핑한 C# 클래스

```csharp
public class DeviceInfo
{
    public bool IsSimulatedDevice

    public string Version

    public string ObjectType

    public DeviceProperties DeviceProperties

    public Command[] Commands
}
```

마지막 두 가지 속성은 조금 더 주의가 필요하다. 이 중 첫 번째인 DeviceProperties
는 동일한 이름의 클래스에서 구현했다(Chapter 12/SenseHatTelemeter/AzureHelpers/
DeviceProperties.cs에서 함께 제공하는 코드 참고). DeviceProperties 클래스는 SenseHat
RemoteMonitoring 대시보드에서 나타난 전체 디바이스 설명을 매핑한다. 이 설명은 하
드웨어의 기능을 특징 짓는다. 기본 대시보드에서는 표시 용도로만 사용된다. 따라서 위도
와 경도를 사용해 대시보드 지도에서 하드웨어의 지리적 위치를 표시한다는 점에 주목해
원하는 모든 값을 지정할 수 있다.

DeviceProperties 클래스의 필드를 구성하고자 예제 12-4를 고려해 SetDefaultValues 메
서드를 작성한다. DeviceProperties 클래스 생성자에서 이 메서드를 호출한다. 대부분의
필드에서 SetDefaultValues는 상수 문자열을 사용한다. 세 가지 필드인 Manufacturer,
FirmwareVersion, Platform만 다르다. 첫 번째인 Manufacturer은 게시자 표시 이름에서
가져온다. 그림 12-20에서 보듯이 이 값은 패키지 매니페스트 편집기(패키징 탭)을 통해
구성한다. FirmwareVersion와 Platform 속성을 알아내고자 정적 클래스 VersionHelper를
작성한다.

예제 12-4 기본 디바이스 속성

```
private void SetDefaultValues()
{
    HubEnabledState = true;
    DeviceState = "normal";
    Manufacturer = Package.Current.PublisherDisplayName;
    ModelNumber = "Sense HAT #1";
    SerialNumber = "0123456789";
    FirmwareVersion = VersionHelper.GetPackageVersion();
    AvailablePowerSources = "1";
    PowerSourceVoltage = "5 V";
    BatteryLevel = "N/A";
    MemoryFree = "N/A";
    Platform = "Windows 10 IoT Core " + VersionHelper.GetWindowsVersion();
    Processor = "ARM";
    InstalledRAM = "1 GB";
    Latitude = 47.6063889;
    Longitude = -122.3308333;
}
```

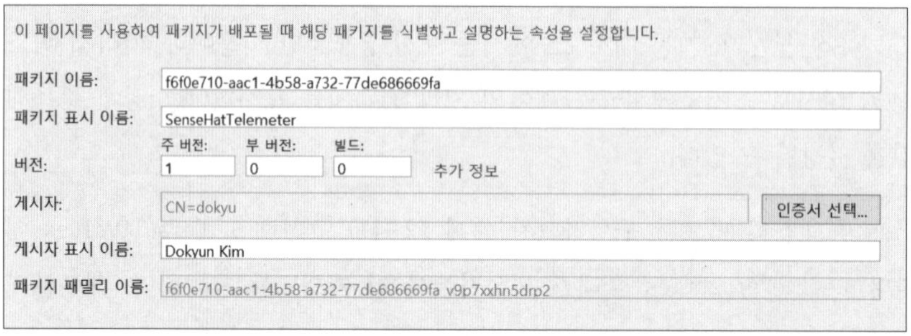

이 페이지를 사용하여 패키지가 배포될 때 해당 패키지를 식별하고 설명하는 속성을 설정합니다.

패키지 이름:	f6f0e710-aac1-4b58-a732-77de686669fa
패키지 표시 이름:	SenseHatTelemeter

버전: 주 버전: `1` 부 버전: `0` 빌드: `0` 추가 정보

게시자:	CN=dokyu [인증서 선택...]
게시자 표시 이름:	Dokyun Kim
패키지 패밀리 이름:	f6f0e710-aac1-4b58-a732-77de686669fa_v9p7xxhn5drp2

그림 12-10 게시자 표시 이름 구성하기

VersionHelper 클래스에는 두 가지 public 메서드인 GetPackageVersion과 GetWindowsVersion
이 있다. 전자는 예제 12-5에서 나타냈으며, PackageVersion 구조체를 문자열로 변환한
다. PackageVersion은 네 가지 멤버를 가지며, 각 버전 구성 요소 Major, Minor, Build,
Revision에 해당한다. GetPackageVersion은 이들 모두를 단일 점 구분 문자열로 결합한다.
패키지 매니페스트를 사용해 Major, Minor, Build 값을 구성할 수 있다. Revision 값을 설
정하고 싶다면 Assembly 정보 창을 사용해야 한다. 이 창은 프로젝트 속성의 Application

탭(비주얼 스튜디오에서 **프로젝트** 메뉴를 열고 **속성**을 선택)을 찾아서 Assembly Information 버튼을 클릭해 띄울 수 있다.

예제 12-5 패키지 버전 결정과 서식 설정

```
public static string GetPackageVersion()
{
    var packageVersion = Package.Current.Id.Version;

    return $"{packageVersion.Major}.{packageVersion.Minor}.{packageVersion.Build}.
        {packageVersion.Revision}";
}
```

VersionHelper 클래스의 두 번째 public 메서드인 GetWindowsVersion은 DeviceFamily Version 문자열을 파싱한다(예제 12-6 참고). DeviceFamilyVersion은 AnalyticsInfo 정적 클래스의 VersionInfo 속성에서 획득한다. DeviceFamilyVersion 문자열은 먼저 64비트 정수로 변환되며, 이후 비트 AND 및 비트 시프트를 사용해 4개의 16비트 정수로 분할된다. 원하는 버전 구성 요소(Major, Minor, Build, Revision)에 따라 적절한 16비트를 구분한다. 이를테면 Revision 구성 요소는 첫 번째 16비트(LSB에서 시작)를 사용해 인코딩하지만, Build 구성 요소는 다음 16비트에서 얻을 수 있다.

예제 12-6 윈도우 버전 얻기

```
public static string GetWindowsVersion()
{
    var deviceFamilyVersion = AnalyticsInfo.VersionInfo.DeviceFamilyVersion;

    var version = ulong.Parse(deviceFamilyVersion);

    var major = GetWindowsVersionComponent(version, VersionComponent.Major);
    var minor = GetWindowsVersionComponent(version, VersionComponent.Minor);
    var build = GetWindowsVersionComponent(version, VersionComponent.Build);
    var revision = GetWindowsVersionComponent(version, VersionComponent.Revision);

    return $"{major}.{minor}.{build}.{revision}";
}
```

버전 구성 요소 디코딩을 단순화하고자 GetWindowsVersionComponent 메서드를 작성하고 VersionComponent 열거 형식을 정의한다(예제 12-7 참고). VersionComponent 열거 형식은 Major, Minor, Build, Revision이라는 네 가지 요소를 정의한다. LSB에서 오프셋에 해당하는 값을 각 요소에 할당한다. 그다음 이 오프셋을 적절한 16비트를 분리하는 데 사용하며, 이후 GetWindowsVersionComponent를 사용해 의미 있는 정수값으로 변환한다.

예제 12-7 윈도우 버전 구성 요소를 분석하기 위한 헬퍼 열거형 형식과 메서드

```
public enum VersionComponent
{
    Major = 48, Minor = 32, Build = 16, Revision = 0
}

private static ulong GetWindowsVersionComponent(ulong version,
    VersionComponent versionComponentType)
{
    var shift = (int)versionComponentType;

    return (version & (0xFFFFUL << shift)) >> shift;
}
```

DeviceInfo 클래스의 마지막 속성 Commands는 디바이스가 허용하는 명령의 컬렉션을 정의할 수 있다. 이 정보를 바탕으로 SenseHatRemoteMonitoring은 원격 메시지를 전송하는 형식을 만든다. 예제 12-8에 보이는 것처럼 각 명령은 명령 이름과 일련의 명령 매개변수로 구성된다. 이들 매개변수는 이름-형식 쌍으로 구성하고 명령 인수 목록을 지정한다. 지금은 명령을 정의할 필요가 없으므로 12장 뒤에 나오는 '원격 명령 수신 및 처리' 절을 다룰 때까지 비워 놓는다.

예제 12-8 명령 구성에 사용되는 클래스

```
public class Command
{
    public string Name

    public CommandParameter[] Parameters
}
```

```
public class CommandParameter
{
    public string Name

    public string Type
}
```

DeviceInfo와 DeviceProperties 클래스가 준비되면 이제 애저 IoT 스위트 포털에 디바이스를 등록할 수 있다. 등록은 Send Device Info 버튼의 기본 이벤트 핸들러 내에서 SenseHatTelemeter 애플리케이션에서 구현했다(예제 12-9 참고). 이 메서드는 먼저 DeviceInfo 클래스 인스턴스를 생성한다. 그다음 이 객체를 Message 객체로 직렬화하고 래핑한 다음(예제 12-10 참고) DeviceClient 클래스의 SendEventAsync 메서드를 사용해 애저 IoT 허브로 전송한다.

예제 12-9 애저 IoT 허브로 디바이스 정보 전송하기

```
private async void ButtonSendDeviceInfo_Click(object sender, RoutedEventArgs e)
{
    var deviceInfo = new DeviceInfo()
    {
        IsSimulatedDevice = false,
        ObjectType = "DeviceInfo",
        Version = "1.1",
        DeviceProperties = new DeviceProperties(deviceId),
    };

    var deviceInfoMessage = MessageHelper.Serialize(deviceInfo);

    try
    {
        await deviceClient.SendEventAsync(deviceInfoMessage);
    }
    catch (Exception ex)
    {
        Debug.WriteLine(ex.Message);
    }
}
```

예제 12-10 객체를 JSON 형식으로 직렬화하고 Message 데이터 구조체로 래핑하기

```
public static Message Serialize(object obj)
{
    Check.IsNull(obj);

    var jsonData = JsonConvert.SerializeObject(obj);

    return new Message(Encoding.UTF8.GetBytes(jsonData));
}
```

`Message` 클래스는 애저 IoT 허브와 상호작용하는 데 사용되는 데이터 구조체를 구현한다. 기본적으로 원시 데이터(전송되는 JSON 파일)를 추가 속성으로 보완한다. 이들 추가 속성은 메시지를 추적하고(CorrelationId), 서버가 메시지를 수신한 시간을 모니터링(DeliveryCount)하며 메시지 만료 시간(ExpiryTimeUtc)을 설정한다.

이제 SenseHatTelemeter 애플리케이션을 실행하고 **Connect** 버튼을 클릭한 다음 **Send Device Info** 버튼을 클릭하면 자세한 디바이스 설명이 SenseHatRemoteMonitoring 솔루션으로 전송된다. 대시보드에서 실행 중인 여러분의 디바이스를 디바이스 목록에서 확인할 수 있다(그림 12-11 참고).

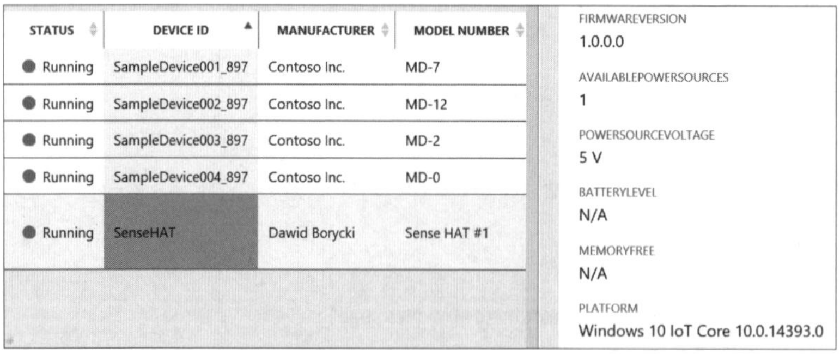
STATUS
DEVICE ID
MANUFACTURER
MODEL NUMBER
Running
SampleDevice001_897
Contoso Inc.
MD-7
Running
SampleDevice002_897
Contoso Inc.
MD-12
Running
SampleDevice003_897
Contoso Inc.
MD-2
Running
SampleDevice004_897
Contoso Inc.
MD-0
Running
SenseHAT
Dawid Borycki
Sense HAT #1
FIRMWAREVERSION
1.0.0.0
AVAILABLEPOWERSOURCES
1
POWERSOURCEVOLTAGE
5 V
BATTERYLEVEL
N/A
MEMORYFREE
N/A
PLATFORM
Windows 10 IoT Core 10.0.14393.0

그림 12-11 SenseHAT 디바이스의 업데이트된 상태. 그림 12-9의 디바이스 상태와 비교

솔루션 백엔드에서 디바이스 정보를 올바로 해석했기 때문에 실제 IoT 하드웨어는 이제 클라우드와 상호작용해 원격 측정 데이터를 보내고 클라우드에서 명령을 처리할 수 있다.

ObjectType 속성을 `DeviceInfo`에 명시적으로 설정한 것은 원격 모니터링 솔루션이 이 값을 사용해 원격 측정 데이터에서 디바이스 정보를 구분하기 때문이다. 구체적으로 말하면 적절한 스트림 분석 작업이 원격 디바이스에서 받은 데이터 스트림을 필터링한다. 애저 포털(https://portal.azure.com/)에 로그인 후 이 작업의 쿼리를 확인할 수 있다. 기본적으로 특정 스트림 분석 작업의 이름은 〈solution-name〉-DeviceInfo다. 이 책에서는 Sense HatRemoteMonitoring-DeviceInfo였다. 이 작업을 클릭한 후 옵션의 목록이 오른편에 표시된다. Job Topology 창의 Query로 가서 **Inputs/DeviceDataStream**을 클릭한다. 다음 쿼리가 표시된다.

SELECT * FROM DeviceDataStream Partition By PartitionId WHERE ObjectType = 'DeviceInfo'

원격 측정 데이터 전송하기

원격 측정 데이터를 전송하고자 먼저 Sense HAT 센서에서 온도와 습도값을 가져와야 한다. Telemetry 클래스 내에서 센서 데이터 가져오기를 구현한다(Chapter 12/SenseHat Telemeter/TelemetryControl/Telemetry.cs에서 함께 제공하는 코드 참고). 이 클래스는 public 생성자가 없지만, 예제 12-11에서 보듯이 정적 비동기 팩토리 메서드인 `CreateAsync`를 사용해 인스턴스를 생성할 수 있다.

예제 12-11 Telemetry 객체 만들기

```
private TimeSpan readoutDelay;

public static async Task<Telemetry> CreateAsync(TimeSpan readoutDelay)
{
    Check.IsNull(readoutDelay);

    var telemetry = new Telemetry(readoutDelay);

    await telemetry.InitializeSensors();

    return telemetry;
```

```
    }

    private Telemetry(TimeSpan readoutDelay)
    {
        this.readoutDelay = readoutDelay;
    }
```

먼저 CreateAsync는 연속적인 센서 판독 사이의 지연을 지정하는 입력 인수인 readout Delay의 유효성을 검사한다. 그 뒤 CreateAsync는 private 생성자인 Telemetry와 이어서 InitializeSensors 메서드를 호출한다. 후자는 온도와 습도 센서가 있는 I²C 연결과 관련 있다(예제 12-12 참고). 2개의 별도 센서를 사용하지만, HumidityAndTemperatureSensor 클래스를 확장해 5장, '센서의 데이터 판독'에서 다뤘던 온도 판독을 처리할 수 있다. 그다음 하나의 센서를 사용해 온도와 습도를 얻을 수 있다.

예제 12-12 Telemetry 클래스 내에서 센서 초기화

```
private TemperatureAndPressureSensor temperatureAndPressureSensor =
    TemperatureAndPressureSensor.Instance;
private HumidityAndTemperatureSensor humidityAndTemperatureSensor =
    HumidityAndTemperatureSensor.Instance;

private async Task InitializeSensors()
{
    await temperatureAndPressureSensor.Initialize();
    VerifyInitialization(temperatureAndPressureSensor,
        "Temperature and pressure sensor is unavailable");

    await humidityAndTemperatureSensor.Initialize();
    VerifyInitialization(humidityAndTemperatureSensor,
        "Humidity sensor is unavailable");
}

private void VerifyInitialization(SensorBase sensorBase, string exceptionMessage)
{
    if (!sensorBase.IsInitialized)
    {
        throw new Exception(exceptionMessage);
    }
}
```

주기적인 센서 판독을 시작하고 중지하고자 Telemetry 클래스는 예제 12-13에서 해당 메서드를 구현했다. IsActive 속성의 값에 따라 이들 메서드는 적절한 백그라운드 작업(Start)을 초기화하고 시작하거나(Start) 실행을 중단한다(Stop).

예제 12-13 센서 데이터 수집 시작 및 중지

```csharp
public bool IsActive { get; private set; } = false;

private Task telemetryTask;
private CancellationTokenSource telemetryCancellationTokenSource;

public void Start()
{
    if (!IsActive)
    {
        InitializeTelemetryTask();

        telemetryTask.Start();

        IsActive = true;
    }
}

public void Stop()
{
    if (IsActive)
    {
        telemetryCancellationTokenSource.Cancel();

        IsActive = false;
    }
}
```

백그라운드 작업을 실행하고자 AnomalyDetection 애플리케이션과 유사한 접근 방식을 사용한다. while 루프를 만들어 온도와 습도 판독값을 얻는다. 이들 값을 Telemetry EventArgs의 인스턴스로 래핑하고(Chapter 12/SenseHatTelemetry/TelemetryControl/TelemetryEventArgs.cs에서 함께 제공하는 코드 참고) DataReady 이벤트를 사용해 리스너에게 알린다(예제 12-14). 이 절차는 취소 토큰이 신호를 받지 않는 한 반복된다.

```
예제 12-14 원격 측정 백그라운드 작업의 초기화

public event EventHandler<TelemetryEventArgs> DataReady = delegate { };

private void InitializeTelemetryTask()
{
    telemetryCancellationTokenSource = new CancellationTokenSource();

    telemetryTask = new Task(() =>
    {
        while (!telemetryCancellationTokenSource.IsCancellationRequested)
        {
            if (IsActive)
            {
                var temperature = temperatureAndPressureSensor.GetTemperature();
                var humidity = humidityAndTemperatureSensor.GetHumidity();

                DataReady(this, new TelemetryEventArgs(temperature, humidity));

                Task.Delay(readoutDelay).Wait();
            }
        }
    }, telemetryCancellationTokenSource.Token);
}
```

Start와 Stop 메서드에서 IsActive 대신 telemetryCancellationTokenSource.
IsCancellationRequested를 사용할 수 있다. 그러나 이는 telemetryCancellation
TokenSource가 null이 아니라는 추가적인 조건 검사가 필요하다.

그다음 센서 판독값을 클라우드로 전송한다. 이 작업은 SenseHatTelemeter의 MainPage.
xaml.cs 파일에서 Telemetry_DataReady 이벤트 핸들러 내에 구현했다. 예제 12-15에서
보듯이 이 이벤트 핸들러는 먼저 DisplaySensorReadings 메서드를 사용해 UI에서 센서 판
독값을 로컬로 표시한다(예제 12-16 참고). 그다음 온도와 습도값은 디바이스 식별자와 함
께 TelemetryData 객체(Chapter 12/SenseHatTelemeter/AzureHelpers/TelemetryData.cs에
서 함께 제공하는 코드 참고)로 래핑돼 직렬화 및 구조화되고 최종적으로 클라우드로 전송
된다. 데이터를 수신한 후 클라우드에서 처리해 그림 12-12에 보이는 것처럼 실시간으로
SenseHatRemoteMonitoring 대시보드에 표시한다.

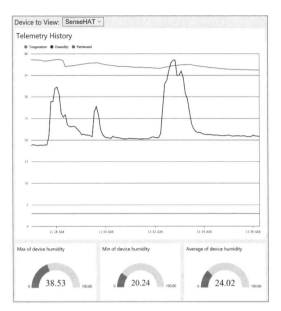

Device to View: SenseHAT ∨

Telemetry History

● Temperature ● Humidity ● Partitioned

그림 12-12 Sense HAT 센서에서 수집한 원격 측정 데이터를 SenseHatRemoteMonitoring 대시보드에서 표시

예제 12-15 센서에서 수집한 데이터를 UI에 표시하고 클라우드로 전송

```
private void Telemetry_DataReady(object sender, TelemetryEventArgs e)
{
    DisplaySensorReadings(e);

    var telemetryData = new TelemetryData()
    {
        DeviceId = deviceId,
        Temperature = e.Temperature,
        Humidity = e.Humidity
    };

    var telemetryMessage = MessageHelper.Serialize(telemetryData);
    deviceClient.SendEventAsync(telemetryMessage);
}
```

```
private async void DisplaySensorReadings(TelemetryEventArgs telemetryEventArgs)
{
    await Dispatcher.RunAsync(CoreDispatcherPriority.Normal, () =>
    {
        telemetryViewModel.Temperature = telemetryEventArgs.Temperature;
        telemetryViewModel.Humidity = telemetryEventArgs.Humidity;
    });
}
```

로컬 센서에서 수집한 데이터는 클라우드로 전송되고 거기서 처리된다. SenseHatRemote
Monitoring 솔루션은 습도의 최소, 최대, 평균값을 계산하고 차트의 원격 측정 이력으로
표시한다. 최종 사용자는 데이터를 어떻게 수집했는지 신경 쓸 필요 없이 유용한 정보를
얻는다. 이 예제를 여러 개의 Sense HAT 센서로 확장하면 분산된 센서 네트워크를 쉽게
구축할 수 있다. 이들 센서에서 얻은 데이터는 중앙 시스템으로 전송해 처리하고 저장할
수 있으므로 사용자는 선호하는 웹 브라우저를 사용해 이 데이터를 세계 어느 곳에서든지
액세스할 수 있다.

원격 명령 수신 및 처리

SenseHatRemoteMonitoring 사용자는 정의한 명령을 사용해 IoT 하드웨어를 원격으로
제어할 수도 있다. 명령 정의는 2단계 프로세스다. 먼저 디바이스에서 받아들이는 명령의
컬렉션을 포함하는 추가 디바이스 정보를 다시 전송한다. 그다음 클라우드에서 보낸 요청
을 분석하는 추가 로직을 작성한다. SenseHatTelemeter 애플리케이션에서 이를 어떻게
수행하는지 살펴보자.

디바이스 정보 업데이트하기

UpdateTelemetryStatus 명령은 `Telemetry` 클래스의 `Start` 및 `Stop` 메서드를 원격으로 호출하는 SenseHatRemoteMonitoring 컨트롤을 활성화한다. UpdateTelemetryStatus 명령은 부울 인수 IsOn 하나를 받는다. 이 인수의 값에 따라 SenseHatTelemeter 애플리케이션의 원격 측정을 사용하거나(true) 사용하지 않는다(false).

UpdateTelemetryStatus 명령을 구성하고자 `CommandHelper` 헬퍼 클래스를 작성한다 (Chapter 12/SenseHatTelemeter/Helpers/CommandHelper.cs에서 함께 제공하는 코드 참고). 이 클래스는 `CreateUpdateTelemetryStatusCommand`라는 public 메서드 하나를 구현한다. 예제 12-17에서 보듯이 이 메서드는 `Command` 객체 인스턴스를 생성하고 Name과 Parameters 속성을 구성한다. Parameters 컬렉션은 IsOn이라는 부울 매개변수 하나뿐이다.

예제 12-17 UpdateTelemetryStatusCommand 정의하기

```
public static string UpdateTelemetryStatusCommandName { get; } =
"UpdateTelemetryStatus";
private static string updateTelemetryStatusCommandParameterName = "IsOn";

public static Command CreateUpdateTelemetryStatusCommand()
{
    return new Command()
    {
        Name = UpdateTelemetryStatusCommandName,
        Parameters = new CommandParameter[] {
            new CommandParameter()
            {
                Name = updateTelemetryStatusCommandParameterName,
                Type = "Boolean"
            }
        }
    };
}
```

애저 IoT 스위트로 전송하는 DeviceInfo 객체를 수정해 UpdateTelemetryStatus 명령을
포함한다. 모든 필요한 변경은 예제 12-18에서 강조 표시했다.

예제 12-18 DeviceInfo 메시지의 일부로 명령 컬렉션 전송하기

```
private async void ButtonSendDeviceInfo_Click(object sender, RoutedEventArgs e)
{
    var deviceInfo = new DeviceInfo()
    {
        IsSimulatedDevice = false,
        ObjectType = "DeviceInfo",
        Version = "1.1",
        DeviceProperties = new DeviceProperties(deviceId),

        // 명령 구성
        Commands = new Command[]
        {
            CommandHelper.CreateUpdateTelemetryStatusCommand()
        }
    };

    var deviceInfoMessage = MessageHelper.Serialize(deviceInfo);

    try
    {
        await deviceClient.SendEventAsync(deviceInfoMessage);
    }
    catch (Exception ex)
    {
        Debug.WriteLine(ex.Message);
    }
}
```

업데이트한 DeviceInfo 객체를 전송한 후 SenseHatRemoteMonitoring 포털이 디바이스
에 명령을 전송하게 해주는 해당 양식을 표시한다(그림 12-13 참고). 명령 목록이 드롭다운
목록에 표시된다. 사용 가능한 명령 중 하나를 선택하면 그 명령의 매개변수가 목록 아래
에 표시된다.

그림 12-13 원격 IoT 디바이스에 명령을 전송하는 SenseHatRemoteMonitoring 포털의 일부

언제 어디서든 원격으로 명령을 호출할 수 있다. 유일한 요구 사항은 IoT 디바이스와 최종 사용자가 인터넷에 액세스해야 하는 것뿐이다. SenseHatRemoteMonitoring은 사물 인터넷 용어 관점에서 인터넷 구성 요소를 구현한 것이다.

원격 명령에 응답하기

SenseHatRemoteMonitoring의 적절한 양식을 사용해 호출한 원격 명령은 Azure IoT 허브로 전송된다. 이들 명령을 읽고자 클라우드로 데이터를 전송할 때처럼 동일한 `DeviceClient` 클래스를 사용한다. 특히 `ReceiveAsync` 메서드를 사용한다. 이 메서드는 `Message` 클래스의 인스턴스를 반환하는데 원격 명령과 메시지를 특징짓는 추가 값을 포함하는 JSON 객체로 구성된다. 원격 명령을 인코딩하려면 JSON 객체를 해당 C# 클래스에 매핑해야 한다.

이 JSON 데이터는 `Message` 클래스 인스턴스의 `GetBytes` 메서드를 사용해 수집한다. 먼저 디버깅하는 동안 조사식 창(비주얼 스튜디오에서 디버그-창-조사식-조사식 1(1) 선택)을 사용해 이 메서드의 결과를 알아본다. 값을 확인하고 싶은 변수는 조사식 창에 그 변수의 이름을 입력하면 된다. 전체 구문을 입력할 수도 있다.

이 기능을 사용해 클라우드에서 받은 JSON 구조체를 확인할 수 있다. SenseHatTelemeter을 디버깅하는 동안 `ReceiveAsync` 메서드 실행 직후에 중단점을 설정하고 `Encoding.UTF8.GetString(message.GetBytes())` 구문을 사용해 JSON 문자열을 읽는다. JSON 문자열을 json2csharp.com 웹사이트의 텍스트 상자로 복사하고, Sense HatTelemeter 프로젝트에 생성한 C# 클래스를 저장한다(Chapter 12/SenseHat Telemeter/AzureHelpers/RemoteCommand.cs에서 함께 제공하는 코드 참고). 마지막으로 기본 `RootObject` 클래스 이름을 `RemoteCommand`로 변경한다.

`RemoteCommand` 클래스가 준비되면 예제 12-19에 보이는 `Deserialize` 메서드로 `MessageHelper` 정적 클래스를 확장한다. 이 메서드는 클라우드에서 수신받은 JSON 문자열을 읽어 `JsonConvert` 클래스의 `DeserializeObject` 정적 메서드를 사용해 `RemoteCommand` 클래스로 변환한다. `JsonConvert` 클래스는 Microsoft.Azure.Devices.Client 패키지와 함께 설치된 Newtonsoft.Json NuGet 패키지에서 제공한다.

예제 12-19 클라우드에서 받은 JSON 데이터를 RemoteCommand 클래스 인스턴스로 변환하기

```csharp
public static RemoteCommand Deserialize(Message message)
{
    Check.IsNull(message);

    var jsonData = Encoding.UTF8.GetString(message.GetBytes());

    return JsonConvert.DeserializeObject<RemoteCommand>(jsonData);
}
```

이제 수신받은 명령을 해석하는 코드를 준비했다. 조금 더 발전시키고자 들어오는 요청을 청취하는 백그라운드 작업이 필요하다. 이 작업은 무한 while 루프로 구현한다. 예제 12-20의 샘플 구현에서 이런 접근 방식을 사용했다. BeginRemoteCommandHandling 메서드는 Task 인스턴스를 실행해 `DeviceClient` 클래스 인스턴스의 `ReceiveAsync` 메서드를 반복적으로 호출한다.

예제 12-20 클라우드 메시지 리스너

```csharp
private void BeginRemoteCommandHandling()
{
    Task.Run(async () =>
    {
```

```
        while (true)
        {
            var message = await deviceClient.ReceiveAsync();

            if (message != null)
            {
                await HandleMessage(message);
            }
        }
    });
}
```

유효한 메시지가 수신될 때마다 HandleMessage 메서드를 사용해 처리된다. 예제 12-21에
서 보듯이 이 기능은 예제 12-19의 Deserialize 메서드를 사용해 Message 클래스 인스턴
스를 RemoteCommand 객체로 변환한다. 그다음 RemoteCommand를 해석해 모든 부분이 올바르
면 DeviceClient 클래스의 CompleteAsync 메서드는 사용해 클라우드로 확인을 전송한다. 에
러가 발생하면 메시지는 거부된다. 클라우드는 DeviceClient의 RejectAsync 메서드를 호출
해 이런 이벤트를 알려 준다.

예제 12-21 원격 명령 다루기

```
private async Task HandleMessage(Message message)
{
    try
    {
        // 메시지를 원격 명령으로 역직렬화
        var remoteCommand = MessageHelper.Deserialize(message);

        // 명령 파싱
        await ParseCommand(remoteCommand);

        // 클라우드에 확인(confirmation) 전송하기
        await deviceClient.CompleteAsync(message);
    }
    catch (Exception ex)
    {
        Debug.WriteLine(ex.Message);

        // 올바르게 파싱되지 않으면 메시지 거부
```

```
        await deviceClient.RejectAsync(message);
    }
}
```

원격 명령의 분석 절차를 예제 12-22에 나타냈다. 다음과 같이 구현한다.

1. 수신받은 명령의 이름을 CommandHelper 클래스의 UpdateTelemetryStatusComman
   dName 정적 속성과 비교해 확인한다.

2. 명령 이름이 일치하면 IsOn 명령 매개변수 값에 따라 Start Telemetry 또는 Stop
   Telemetry 버튼의 클릭 이벤트 핸들러를 호출한다.

3. UI는 원격 측정 프로세스의 현재 상태를 반영한다. 작업자 스레드에서 Parse
   Command를 호출하기 때문에 버튼 이벤트 핸들러가 UI 스레드 내에서 호출된다.

예제 12-22 IsOn 매개변수 값에 따라 원격 명령이 원격 측정을 시작하거나 중지한다.

```
private async Task ParseCommand(RemoteCommand remoteCommand) {
    // 원격 명령 이름 유효성 검사
    if (string.Compare(remoteCommand.Name, CommandHelper.
        UpdateTelemetryStatusCommandName) == 0)
    {
        // IsOn 매개변수 값에 따라 원격 측정 업데이트하기
        await Dispatcher.RunAsync(CoreDispatcherPriority.Normal, () =>
        {
            if (remoteCommand.Parameters.IsOn)
            {
                ButtonStartTelemetry_Click(this, null);
            }
            else
            {
                ButtonStopTelemetry_Click(this, null);
            }
        });
    }
}
```

디바이스에 SenseHatTelemeter를 배포하고 원격 명령을 전송해 전체 IoT 솔루션을 테스
트한다. 각 명령의 상태는 SenseHatRemoteMonitoring 포털의 Command History에 표

시된다(그림 12-14 참고). 처음에는 각 명령 상태가 Pending이다. IoT 디바이스가 적절한 확인을 전송하면 Success로 바뀐다.

그림 12-14 원격 IoT 디바이스로 보낸 명령 목록. 디바이스가 명령 처리의 확인을 전송할 때까지 명령은 Pending으로 표시된다.

애저 IoT 서비스

여기서 개발한 솔루션 이면에는 몇 가지 IoT 서비스가 있다. 가장 중요한 서비스가 IoT 허브다. 이 서비스는 게이트웨이로 동작하며 클라우드와 디바이스를 연결한다. IoT 허브는 원격 측정 데이터를 받아서 클라우드에서 보낸 명령을 디바이스 엔드포인트들로 보낸다.

그 뒤 디바이스에서 받은 메시지를 애저 스트림 분석 작업이 필터링한다. 사전 구성된 원격 모니터링 솔루션에는 세 가지 작업이 정의됐다.

- **디바이스 정보 작업** 이 작업은 새로운 하드웨어를 등록하고 상태를 업데이트하는 데 사용되는 디바이스 정보 객체를 포함하는 메시지를 처리한다. 디바이스 정보는 DocumentDB 데이터베이스에 저장되며, 여기서는 디바이스 레지스트리로 정의된다. 디바이스 레지스트리는 애저 이벤트 허브^Azure Event Hub를 사용해 업데이트된다.

- **디바이스 원격 측정 작업** 이 작업은 미사용 원격 측정 데이터를 저장하고 집계하는 일을 담당한다. 특히 센서 판독값은 애저 스토리지^Azure Storage에 저장된 다음 솔루션 포털(대시보드 탭)에 표시된다.

- **규칙 작업** 이 작업은 원격 데이터를 분석해 임계값을 초과하는 이상 값을 찾는다. 이런 데이터는 애저 이벤트 허브로 출력되며, 솔루션 대시보드의 지도 아래 위치한 경고 테이블에 표시된다.

애저 이벤트 허브의 메시지는 이벤트 프로세서로 배달된다. 이 메시지는 디바이스 레지스트리(디바이스 정보)를 업데이트하거나 웹 애플리케이션 디스플레이(규칙)를 업데이트한다.

14장, '사용자 지정 솔루션'에서 이러한 서비스를 맞춤형 솔루션에서 어떻게 사용하는지 살펴본다.

요약

12장에서 애저 IoT 스위트의 원격 모니터링 솔루션을 알아보았다. 솔루션을 설정하고 실제 하드웨어를 프로비저닝했다. 그다음 원격 측정 데이터를 클라우드로 전송하고 센스 HAT 애드온 보드가 있는 RPi2/RPi3의 원격 제어를 위한 로직을 구현했다.

CHAPTER 13

예측 유지 관리

13장에서는 애저 IoT 스위트의 미리 구성된 예측 관리 솔루션을 설명한다. 이 솔루션은 네 가지 시뮬레이션된 센서의 원격 측정 데이터를 사용해 비행기 엔진의 잔존 내용 연수^{RUL,} $_{Remaining\ Useful\ Life}$를 예측한다. 미리 구성한 예측 유지 관리 솔루션은 원격 모니터링 솔루션과 아주 유사하지만, 시뮬레이션된 비행기 엔진의 실패를 예측하는 회귀 머신러닝 모델로 기능을 확장한다.

그림 13–1에 보이는 IoT 포털(또는 대시보드)을 사용해 예측 유지 관리 솔루션을 제어한다. 하지만 커스텀 하드웨어를 소스 코드 수정 없이 이 솔루션과 통합하는 간단한 방법은 없다. 따라서 13장의 설명은 시뮬레이션된 디바이스로 한정한다.

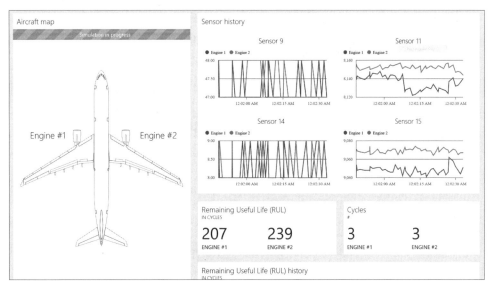

그림 13–1 미리 구성된 예측 유지 관리 솔루션의 대시보드

솔루션을 설정하는 방법을 보인 후 솔루션 구성 요소와 이들 요소가 어떻게 동작하는지 설명한다. 내부 소스 코드도 다룰 것이므로 필요에 따라 솔루션을 수정할 수 있다. 13장의 모든 정보를 14장에서 사용해 커스텀 IoT 솔루션을 처음부터 만들어 본다.

미리 구성된 솔루션

예측 유지 관리 솔루션도 원격 모니터링 솔루션처럼 설정할 수 있다. 먼저 https://www.azureiotsuite.com을 방문해 Predictive Maintenance를 선택하고 **지금 사용해 보기** 버튼을 클릭한다. 마법사를 사용해 솔루션 이름을 설정(여기서는 PMSolutionDemo 사용)하고, 애저 구독, 지역을 선택한다. 마지막으로 Create 버튼을 클릭하고 프로비저닝이 마칠 때까지 기다리면 그림 13-2에 보이는 것처럼 확인된다.

그림 13-2 프로비전된 예측 유지 관리 솔루션

솔루션을 만들었다면 해당 솔루션을 클릭할 경우 애저 IoT 스위트 화면에서 사용할 수 있는 몇 가지 링크를 볼 수 있다.

- Resource group 애저 포털에 대한 링크로, PMSolutionDemo에서 사용한 애저 리소스를 표시한다.

- Go to your solution accelerator   이 링크는 솔루션 대시보드를 표시하는 웹 애플리케이션을 띄우고 대시보드를 표시한다. 이 대시보드에서 원격 측정을 제어하고 시뮬레이션된 센서 판독값을 표시한다.

- ML Workspace   머신러닝 워크스페이스 링크로, 예측 유지 관리 실험을 포함한다.

- Cortana Analytics Gallery: Predictive Maintenance Template   이 링크를 통해 예측 머신러닝 모델에 대한 자세한 설명이 포함된 웹 사이트를 방문하게 되며, 이를 통해 에셋 실패를 예측하기 위한 머신러닝 솔루션을 구축할 수 있다.

- Remaining Useful Life API Help   이 링크는 예측 유지 관리 모델에 대한 REST API 문서다.

앞서의 링크들 외에도 Modify Your Solution 아래에서 링크를 하나 더 찾을 수 있다.

- GitHub   예측 유지 관리 사전 구성된 솔루션의 소스 코드로 이동한다.

다음 절에서 보다 자세히 이들 요소를 설명한다.

솔루션 대시보드

대시보드로 이동하면 그림 13-3의 화면을 보게 된다. 2개의 엔진을 가진 비행기 지도가 왼쪽에 표시된다. 오른쪽에는 각 센서의 원격 측정 데이터와 양쪽 엔진에 대한 RUL 정보를 표시한다. RUL은 머신러닝 모델에서 나오며, 누적한 센서 데이터를 사용해 엔진의 고장 시기를 계산한다.

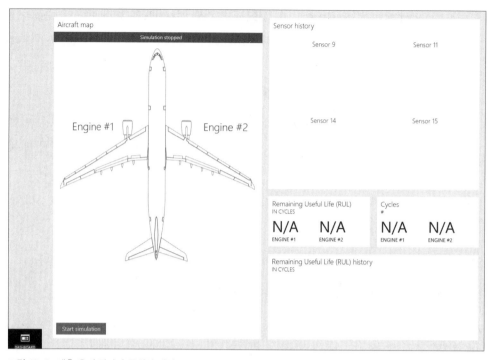

그림 13-3 예측 유지 관리 솔루션의 대시보드

엔진마다 2개의 센서가 있다. Sensor 9, Sensor 11, Sensor 14, Sensor 15라는 레이블이 붙어 있다. 센서 판독값은 비행 중에 2~10시간 동안 30분마다 캡처된다. 전체 비행 시간은 사이클로 표시된다. 시뮬레이션 목적으로 사용되는 데이터는 실제 엔진 센서에서 나온 것이며, 잠시 후 볼 CSV 스프레드시트로 저장했다.

솔루션 실행을 확인하려면 간단히 Start Simulation을 클릭하면 된다. 잠시 후 그림 13-1과 그림 13-4에 보이는 것처럼 센서 판독값과 계산된 RUL이 표시된다. 이러한 표시는 원격 측정 솔루션과 동일하게 동작한다. Stop Simulation 버튼을 클릭해 언제든지 시뮬레이션을 중지할 수 있다. 약 30분 동안 시뮬레이션 실행을 유지하면 엔진 중 하나가 임계값에 도달했음을 가리키는 경고를 보게 된다.

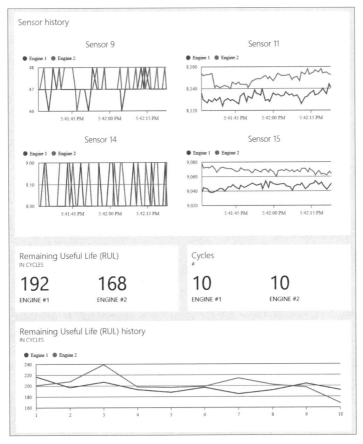

Sensor history

Sensor 9

Sensor 11

Sensor 14

Sensor 15

Remaining Useful Life (RUL)
IN CYCLES

192
ENGINE #1

168
ENGINE #2

Cycles
#

10
ENGINE #1

10
ENGINE #2

Remaining Useful Life (RUL) history
IN CYCLES

그림 13-4 시뮬레이션된 센서 데이터와 계산된 RUL

머신러닝 워크스페이스

ML Workspace 링크를 클릭하면 마이크로소프트 애저 머신러닝 스튜디오가 열린다. 기본
화면은 Remaining Useful Life Engines와 Remaining Useful Life [Predictive Exp.]라는
2개의 실험을 포함하는 EXPERIMENTS(실험) 탭을 표시한다.

첫 번째 실험은 CMAPPS_train.csv와 CMAPPS_test.csv, CMAPPS_ground.csv라는 스프
레드시트에서 나온 3개의 데이터세트를 사용한다. 이들 데이터세트는 훈련(CMAPPS_train.

csv)에 사용한 다음 머신러닝 모델을 평가한다. 입력 데이터는 다수의 숫자 값을 갖는 단일 문자열 칼럼이며, 몇 가지 R 스크립트를 사용해 전처리한다. 이러한 스크립트의 소스 코드는 실험을 클릭하고 R 스크립트를 선택한 다음 왼쪽 Properties 창의 오른쪽 상단의 Popout the script editor 아이콘을 사용해 확인할 수 있다. 편집기 창이 열리고 스크립트의 소스 코드를 확인하고 수정할 수 있다(그림 13-5 참고).

```
R Script
1  # This module parse the input data into multiple column data frame
2  # with appropriate column names
3
4  # Map 1-based optional input ports to variables
5  dataset <- maml.mapInputPort(1) # class: data.frame
6  names(dataset) <- "V1"
7
8  # delete the extra space at the end of the lines
9  dataset$V1 <- gsub(" +$","",dataset$V1)
```

그림 13-5 마이크로소프트 애저 머신러닝 스튜디오의 R 스크립트 편집기의 코드 조각

각 스크립트의 설명과 소스 코드를 분석하면 첫 번째 스크립트는 각 행을 여러 열로 파싱한다. 두 번째 스크립트는 훈련 데이터에 레이블을 추가하고, 마지막 스크립트는 추가 데이터 기능을 생성한다. 즉 가장 최근 센서값의 이동 평균을 계산한다.

데이터가 처리되면 Decision Forest Regression과 Boosted Decision Tree Regression이라는 두 가지 머신러닝 회귀 모델을 훈련하는 데 사용한다(그림 13-6 참고). 이어서 테스트 데이터를 사용해 모델의 점수를 매기고 평가한다. 평가 결과는 해당 실험을 실행한 (11장 '디바이스 러닝'에서 소개했다.) 다음 Evaluate Model 구성 요소를 마우스 오른쪽 버튼 클릭하고 Evaluation results-Visualize를 선택한다. 그림 13-7과 비슷한 결과를 얻게 된다. 두 번째 회귀 모델(Boosted Decision Tree)은 Decision Forest 모델보다 더 나은 결정 계수를 이끌어 낸다. 11장에서 설명한 것처럼 Boosted Decision Tree는 Decision Forest Regression보다 실제 데이터에 더 적합하다.

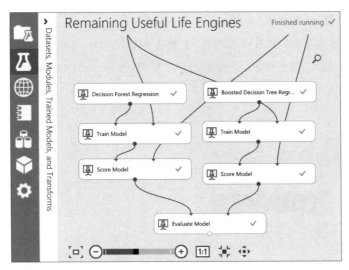

그림 13-6 Remaining Useful Life Engines 실험의 일부. 실험 다이어그램의 상단 부분의 데이터세트와 R 스크립트는 가독성을 위해 생략했다.

Remaining Useful Life Engines > Evaluate Model > Evaluation results

rows
2

columns
6

	Negative Log Likelihood	Mean Absolute Error	Root Mean Squared Error	Relative Absolute Error	Relative Squared Error	Coefficient of Determination
view as						
	468.264518	21.254563	29.140027	0.578085	0.491723	0.508277
	Infinity	21.312586	28.892966	0.579663	0.48342	0.51658

그림 13-7 Remaining Useful Life Engines 실험의 모델 평가

이제 Remaining Useful Life Engines 실험은 11장의 온도 실험과 매우 비슷한 방식으로 구성됐음을 알았다. 훈련 데이터세트는 두 가지 모델을 훈련하는 데 사용되고, 모델은 평가된 다음 RUL을 예측하는 데 사용된다.

두 번째 머신러닝 실험인 Remaining Useful Life [Predictive Exp.]는 RUL 웹 서비스로 RUL의 훈련된 버전이다. 그림 13-8에 보이는 것처럼 이 예측 실험은 Remaining Useful Life [trained model]과 Score Model, Web Service Input 및 Web Service Output 노드, Enter Data Manually, 데이터 서식을 위한 2개의 구성 요소(Select Columns in Dataset 와 Edit Metadata)로 구성된다.

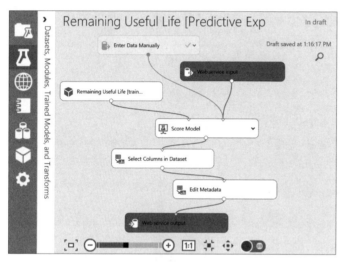

그림 13-8 Remaining Useful Life [Predictive Exp.]

11장에서처럼 Enter Data Manually는 실험 보기에서 직접 모델 점수를 매기거나 아니면 훈련된 모델의 결과를 확인하는 데 사용될 수 있다. 테스트 데이터를 확인하고자 Enter Data Manually의 Properties 창을 사용할 수 있다. 값은 다음과 같다.

```
id, cycle, s9, s11, s14, s15
36, 1,9060.36, 47.91, 8140.46, 8.451
```

첫 번째 값인 id는 고유 식별자이고, cycle은 시간 단위이며, s9, s11, s14, s15는 센서 측정값이다. 실험을 실행한 후 이 테스트 데이터에 대한 예측 RUL이 약 180사이클임을 알게 되는데, 이는 엔진이 다음 180번의 비행 동안 실패 없이 동작해야 함을 뜻한다. s9, s11, s14, s15 값(센서 데이터)을 변경해 이 부분이 예측 RUL에 어떤 영향을 끼치는지 알 수 있다. Enter Data Manually 노드는 11장의 커스텀 실험에서처럼 여기서도 사용된다.

웹 서비스 보기에서 Enter Data Manually 노드는 비활성으로 되고, 반면 Web Service Input과 Web Service Output 노드는 활성으로 바뀐다. 이들 노드는 각각 웹 서비스 요청과 응답을 나타낸다. Remaining Useful Life API 도움말에 따라 샘플 요청은 예제 13-1에 보이는 형식을 갖는다. 이 형식은 JSON 파일로 Inputs와 GlobalParameters라는 두 가지 객체를 포함한다. 두 번째 객체는 비어 있으므로 설명하지 않는다. Inputs 객체는 하나의 자식 객체를 갖는데, id, cycle, s9, s11, s14, s15라는 6개의 열을 가진 데이터 테이블이다. 이 열들은 각각 고유 식별자, 사이클 수, 각 센서에서 나온 데이터를 나타낸다. 2차원 배열 Values를 사용해 이들 열에 대해 값을 전달한다. 샘플 요청에서 모든 센서값은 0으로 설정한다.

예제 13-1 RU 예측 실험의 샘플 요청

```
{
    "Inputs": {
        "data": {
            "ColumnNames": [
                "id", "cycle", "s9", "s11", "s14", "s15"
            ],
            "Values": [
                [ "0", "0", "0", "0", "0", "0" ],
                [ "0", "0", "0", "0", "0", "0"]
            ]
        }
    },
    "GlobalParameters": {}
}
```

RUL 웹 서비스의 응답도 예제 13-2에 보이는 형식의 JSON 파일이다. 여기에는 id, cycle, rul이라는 세 가지 숫자 열이 있는 데이터 테이블을 포함하는 Results 객체가 하나 있다. 마지막 하나는 대시 보드에서 표시되는 회귀 모델의 실제 예측 결과를 포함한다.

예제 13-2 RUL 예측 실험의 샘플 응답

```
{
    "Results": {
        "[Default]": {
            "type": "DataTable",
            "value": {
                "ColumnNames": [
                    "id", "cycle", "rul"
                ],
                "ColumnTypes": [
                    "Numeric", "Numeric", "Numeric"
                ],
                "Values": [
                    [ "0", "0", "0" ],
                    [ "0", "0", "0" ]
                ]
            }
        }
    }
}
```

Cortana Analytics Gallery

Cortana Analytics Gallery: Predictive Maintenance Template 링크는 에셋 실패를 예측하는 데 사용할 수 있는 예측 유지 관리 실험의 자세한 설명을 포함하는 웹사이트로 안내한다. 일반적으로 이 코타나(Cortana) 템플릿은 세 가지 미리 구성된 모델을 갖는다.

- **회귀**regression 이 모델은 RUL이나 고장 수명TTF, Time To Failure을 예측한다. 이 모델은 예측 애저 IoT 솔루션에 사용된다.

- **이진 분류**binary classification 이 모델은 일정한 시간 안에 자산이 실패할지 여부를 예측하는 데 사용된다.

- **다중 클래스 분류**multi-class classification 이 모델은 자산이 다른 시간 창 내에서 실패하는지 여부를 결정해야 하는 시나리오 전용이다.

이들 모든 실험은 R 스크립트를 사용한 데이터 준비에서 시작해 모델 훈련과 평가까지 전체 머신러닝 프로세스를 보여 준다. 사용자 지정 솔루션의 시작점으로 이들 미리 구성된 모델을 사용할 수 있다.

애저 리소스

PMSolutionDemo에서 사용된 리소스를 확인하고자 애저 IoT 스위트에 보이는 전용 링크 (Resource group: PMSolutionDemo)를 사용한다. 이 링크는 그림 13-9에 보이는 것처럼 애저 관리 포털로 안내한다. 이들 리소스들은 다음의 범주로 분류된다.

- **스토리지 계정**　예측 실험 파일(CSV)에 대한 데이터를 저장해 이벤트 허브 프로세서 (뒤에서 설명)라는 파티션을 관리하고 센서 데이터와 예측 RUL 값을 수집한다.

- **IoT 허브**　이 서비스는 양방향 통신 채널을 제공한다.

- **스트림 분석 작업**　이 리소스는 'PMSolutionDemo〈자동 생성 이름〉-Telemetry'다.

- **앱 서비스**　'PMSolutionDemo〈자동 생성 이름〉'과 'PMSolutionDemo〈자동 생성 이름〉 -jobhost'다.

- **앱 서비스 계획**　'PMSolutionDemo〈자동 생성 이름〉-plan'과 'PMSolutionDemo 〈자동 생성 이름〉-jobsplan'은 앱 서비스 계획을 결정한다. 그림 13-10에 보이는 것 처럼 스케일 업((App Service 계획) 옵션을 사용해 계획을 변경하고 필요에 맞게 조 정할 수 있다. 여러 가격 계층의 비교를 'https://bit.ly/azure_service_plans'에서 찾을 수 있다. 솔루션 비용을 줄이고자 서비스 계획을 F1 무료로 변경한다. 먼저 PMSolutionDemo〈자동 생성 이름〉 앱 서비스 항상 설정됨(Always On) 기능을 해제 한다. PMSolutionDemo〈자동 생성 이름〉 앱 서비스의 구성(설정 그룹)-일반 설정으 로 가서 항상 설정됨의 꺼짐 버튼을 클릭하고 상단의 저장 버튼을 클릭해 변경을 저 장한다.

그림 13-9 예측 유지 관리 솔루션이 사용하는 애저 리소스

그림 13-10 앱 서비스 계획의 가격 계층 구성하기

이제 앞서의 요소들이 전체 솔루션을 어떻게 구성하고 있는지 설명한다. 비주얼 스튜디오의 클라우드 탐색기를 사용한다(그림 13-11 참고).

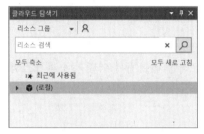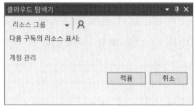

그림 13-11 클라우드 탐색기

클라우드 탐색기를 사용하려면 **보기** 메뉴를 클릭하고 **클라우드 탐색기**를 선택한다. 클라우드 탐색기 창의 상단 사람 모양 아이콘을 클릭하고 바뀐 창에서 계정 관리 링크를 클릭한다. 자격 증명을 제공한 후 사용 가능한 **애저 구독**이 나타난다. 알맞은 구독을 선택하고 **적용** 버튼을 누른다. 애저 리소스의 목록이 잠시 뒤에 나타난다(그림 13-12). 이 목록은 그림 13-9에서 보였던 동일한 요소를 포함한다. 하지만 이제 WebJob과 웹 앱에서 사용한 스토리지 데이터와 모든 파일을 실제로 확인할 수 있다.

그림 13-12 클라우드 탐색기에 표시된 애저 리소스

애저 스토리지

스토리지 리소스부터 확인해 본다. 애저 스토리지는 IoT 솔루션을 포함해 많은 애플리케이션에 필요한 빅 데이터 시나리오를 지원하는 클라우드 스토리지 솔루션이다(https://docs.microsoft.com/ko-kr/azure/storage/common/storage-introduction). 애저 스토리지는 전용 클라이언트 또는 REST API를 통해 다양한 프로그래밍 언어에서 어디서나 액세스할 수 있다.

애저 스토리지를 액세스하는 데 사용할 수 있는 네 가지 스토리지 서비스가 있다.

- **블롭**blob **스토리지** 텍스트나 이진 파일과 같은 비구조화된 데이터에 사용된다.
- **테이블 스토리지** 구조화된 데이터를 저장한다.
- **큐**queue **스토리지** 다양한 애플리케이션 구성 요소 사이의 비동기 데이터 전송 전용이다.
- **파일 스토리지** 클라우드 기반 SMB 스토리지를 제공한다.

곧 살펴보겠지만 예측 유지 관리 솔루션은 블롭과 테이블 스토리지만 사용한다.

예측 유지 관리 스토리지

첫 번째 스토리지 계정인 ml〈자동생성이름〉은 훈련 및 테스트 데이터세트, 실험 결과를 저장하는 용도다. 클라우드 탐색기의 ml〈자동생성이름〉의 자식 노드를 확장한 후 Blob Containers 노드를 제외한 모드 노드는 비어 있다. Blob Containers는 experimentoutput와 uploadedresources라는 2개의 자식이 있다. 노드 중 하나를 클릭하면 비주얼 스튜디오는 노드의 콘텐츠를 표시한다. 이를테면 experimentoutput은 평문 파일을 포함하지만, uploadedresources는 CSV 파일과 하나의 평문 파일을 갖는다. 비주얼 스튜디오에서 해당 파일을 더블클릭해 열어 볼 수 있다. CSV 파일 중 하나를 열어보면 하나의 칼럼에 많은 숫자를 포함하고 있다. 이들 숫자는 R 스크립트로 파싱해 전처리한다.

원격 측정과 예측 결과 스토리지

두 번째 스토리지인 storages〈자동생성이름〉이 더 흥미로운데 시뮬레이션된 센서에서 나온 실제 데이터(디바이스 원격 측정)와 등록된 디바이스의 목록, RUL Predictive Experiment 웹 서비스의 출력도 포함하기 때문이다. 이 데이터는 storages〈자동생성이름〉/Tables 노드 아래에서 찾을 수 있다. DeviceList, devicemlresult, devicetelemetry, simulatorstate라는 4개의 데이터 테이블이 있다. 이들 데이터 중 하나를 클릭하면 저장된 데이터를 보여 준다.

그림 13-13에서 나타낸 것처럼 애저 스토리지의 테이블은 많은 데이터 행을 포함하고 있다. 관계형 데이터 저장소와 달리 애저 테이블 서비스는 테이블에 스키마를 적용하지 않는다. 따라서 이런 NoSQL 테이블의 행은 다른 속성 집합을 가질 수 있다. 이런 이유로 테이블의 가로 항목을 엔터티(또는 테이블 엔터티)로 정의한다. 각 속성은 이름과 값, 값 데이터 형식으로 정의된다.

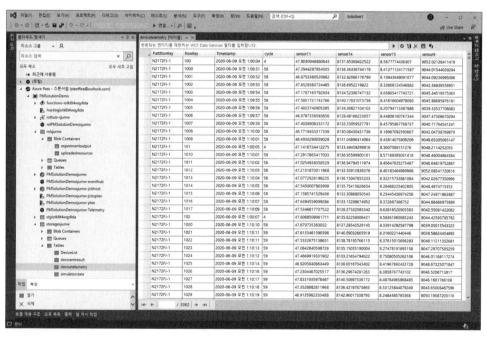

그림 13-13 예측 유지 관리 솔루션의 디바이스 원격 측정 데이터

각 엔터티는 PartitionKey, RowKey, TimeStamp라는 3개의 시스템 속성을 정의해야 한다. PartitionKey와 RowKey는 테이블 기본 키를 구성하지만, TimeStamp는 애저 테이블 서비스가 자동으로 유지 관리해 최종 수정 시간을 표시한다. TimeStamp는 동시성 문제를 처리하는 데 사용된다.

전체 애저 테이블은 확장성 목적을 위해 파티션으로 나눈다. 파티션의 각 엔터티는 PartitionKey로 고유하게 식별한다. 그다음 파티션의 각 엔터티를 RowKey로 식별할 수 있다. 두 가지 값 모두 특정 엔터티를 고유하게 식별하는 데 필요하다.

devicetelemetrydata 테이블의 PartitionKey 속성을 분석해 보면 값은 N2172FJ-1나 N2172FJ-2다. 이들 값은 바로 비행기의 엔진에 해당한다. 엔진 데이터는 엔진 식별자를 기준으로 파티션된다. 그다음 해당 파티션의 각 엔터티는 100에서 시작하는 정수값을 증가시켜 식별한다. 마지막으로 엔진 사이클과 센서 데이터를 저장하는 다섯 가지 속성이 있다. 이 경우 모든 엔터티는 동일한 스키마를 갖는다. 하지만 일반적으로 애저 테이블은 다른 스키마의 엔터티를 처리할 수 있다. 유일한 요구 사항은 PartitionKey, RowKey, TimeStamp라는 세 가지 시스템 속성을 정의하는 것이다.

뒤에서 실제 센서 데이터가 나오는 곳을 확인한다. 지금은 devicemlresult 테이블 내용을 확인한다. 그림 13-14에 보이는 것처럼 이 테이블에는 각 엔진에 대한 예측 RUL 값이 있다. 이들 값을 저장하는 속성 외에도 devicemlresult는 PartitionKey, RowKey, Timestamp라는 세 가지 애저 필수 속성도 있다. 파티션은 문자열 N2172FJ-1와 N2172FJ-2로 식별되지만, RowKey는 1에서 시작하는 정수다.

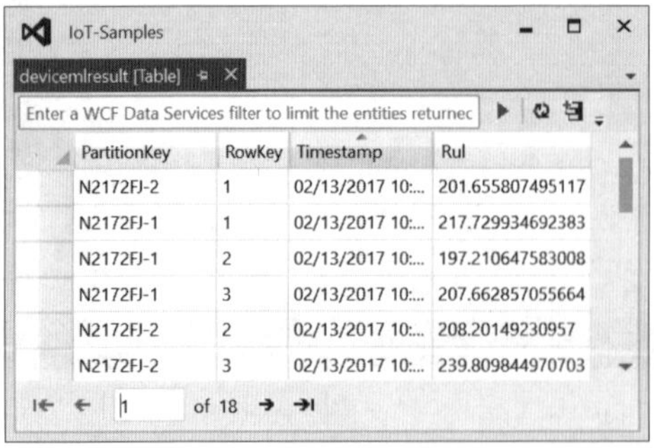
IoT-Samples
devicemlresult [Table]
Enter a WCF Data Services filter to limit the entities returnec
PartitionKey
RowKey
Timestamp
Rul
N2172FJ-2 1 02/13/2017 10:... 201.655807495117
N2172FJ-1 1 02/13/2017 10:... 217.729934692383
N2172FJ-1 2 02/13/2017 10:... 197.210647583008
N2172FJ-1 3 02/13/2017 10:... 207.662857055664
N2172FJ-2 2 02/13/2017 10:... 208.20149230957
N2172FJ-2 3 02/13/2017 10:... 239.809844970703
1
of 18

그림 13-14 애저 테이블 devicemlresult의 몇 가지 엔터티

DeviceList

DeviceList 테이블의 엔터티는 등록된 디바이스를 나타낸다(그림 13-15 참고). 여기에도 세 가지 시스템 속성이 있고, Key라는 한 가지 추가 속성이 더 있다. 이 키는 특정 디바이스가 IoT 허브를 액세스하는 데 사용된다. 디바이스는 클라우드와 명령을 주고받을 수 있다.

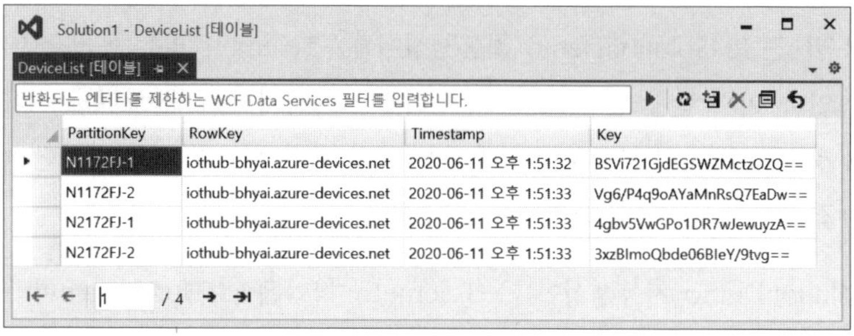

그림 13-15 애저 테이블 DeviceList의 내용

등록된 디바이스의 목록은 애저 포털을 통해서도 액세스할 수 있다. 애저 리소스 목록에서 예측 유지 관리 IoT 허브를 클릭한 다음 오른쪽 서비스 메뉴의 탐색기 섹션 아래 IoT 디바이스를 클릭한다. 그림 13-16의 왼쪽 그림과 같이 디바이스 목록이 나타난다. 디바이스를 선택하면 그림 13-16의 오른쪽 그림처럼 해당 디바이스의 키와 연결 문자열이 새로운 블레이드에 표시된다.

그림 13-6 IoT 허브에서 등록된 디바이스 목록을 보여 주는 애저 포털

애저 스트림 분석

애저 스트림 분석은 실시간 클라우드 스트림 처리 장치로 많은 원격 디바이스나 센서에서 나오는 데이터를 신속하게 분석해 모니터링하는 프로세스에서 실시간 인사이트를 얻도록 설계됐다(https://docs.microsoft.com/ko-kr/azure/stream-analytics/ 참고).

예측 유지 관리 솔루션에는 PMSolutionDemo〈자동생성이름〉-Telemetry라는 애저 스트림 분석 작업이 하나 있다. 이 작업을 분석하려면 애저 리소스 목록에서 **PMSolutionDemo〈자동생성이름〉-Telemetry**를 선택해 작업 토폴로지를 확인한 다음 오른쪽 서비스 메뉴 하단에 있는 지원 및 문제 해결 그룹에서 **작업 다이어그램**을 클릭한다.

그림 13-17에 PMSolutionDemo〈자동생성이름〉-Telemetry 작업은 IoTHubStream이라는 입력 하나에 Telemetry 테이블 스토리지와 TelemetrySummary 이벤트 허브라는 출력 2개를 가진다. 분석 작업은 IoT 허브에서 데이터 스트림을 쿼리해 Telemetry 데이터 테이블(devicetelemetrydata)에 저장되는 센서 데이터를 뽑아낸다. 게다가 PMSolutionDemo〈자동생성이름〉-Telemetry 애저 스트림 작업은 슬라이딩 창을 사용해 센서 데이터 평균을 계산한 다음 결과 데이터를 이벤트 허브에 전달한다.

데이터를 필터링해 처리하고자 이 작업은 애저 포털의 오른쪽 패널에 표시된 쿼리를 사용한다. 쿼리 코드를 확인하려면 간단히 다이어그램 내의 사각형에 마우스를 올리기만 하면 된다. 그림 13-17의 경우 PMSolutionDemo〈자동생성이름〉-Telemetry 작업은 streamdata, telemetry, telemetrysummary라는 세 가지 쿼리를 가진다. 이들 쿼리는 SQL 문법과 닮은 스트림 분석 쿼리 언어^{Stream Analytics Query Language}를 사용한다(https://bit.ly/stream_analytics_QL 참고).

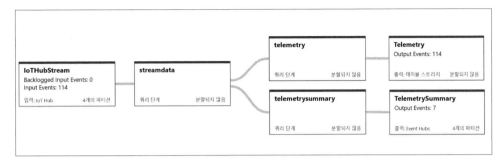

그림 13-17 PMSolutionDemo〈자동생성이름〉-Telemetry의 작업 다이어그램

streamdata 쿼리는 IoT 허브에서 나오는 원격 측정 데이터가 아닌 것을 필터링하는 방법을 보여 준다. 이런 목적으로 where 절은 ObjectType 속성이 null인지 아닌지를 검사한다. null이라면 들어오는 메시지는 원격 측정 데이터로 해석된다(예제 13-3 참고).

예제 13-3 비원격 측정 데이터를 필터링하는 streamdata 쿼리

```
WITH
    [StreamData] AS (
        SELECT
            *
        FROM
            [IoTHubStream]
        WHERE
            [ObjectType] IS NULL -- Filter out device info and command responses
```

예제 13-4에 보이는 것처럼 telemetry 쿼리는 각 telemetry 명령에서 7개의 속성을 선택해 Telemetry 테이블에 넣는다. 이들 속성은 DeviceId, Counter, Cycle, Sensor9, Sensor11, Sensor14, Sensor15다. DeviceId가 PartitionKey였고 Counter가 RowKey였다는 점을 제외하고 이들 값을 devicetelemetry 테이블에서 살펴봤다.

예제 13-4 telemetry 쿼리는 telemetry 명령에서 7개의 속성을 선택한 다음 Telemetry 테이블에 넣는다.

```
SELECT
    DeviceId,
    Counter,
    Cycle,
```

```
    Sensor9,
    Sensor11,
    Sensor14,
    Sensor15
INTO
    [Telemetry]
FROM
    [StreamData]
```

마지막으로 예제 13-5에서 표시한 telemetrysummary는 특정 시간 내에 속하는 원격 분석 이벤트에서 센서 데이터의 평균값을 계산한다. 이렇게 하고자 telemetrysummary는 몇 개의 창을 사용한다. 즉 해당 창은 해당 타임스탬프에 관한 이벤트를 배열한다. 세 가지 종류의 윈도우를 사용할 수 있다(https://bit.ly/window_functions).

- **연속**tumbling **창** 이 창은 고정된 크기의 겹치지 않은 일련의 이벤트를 사용한다.

- **도약**hopping **창**   이 창은 고정된 크기지만 겹치는 일련의 이벤트를 사용한다.

- **슬라이딩**sliding **창**   이 창은 해당 창 내에서 값이 실제로 시간 창을 변경하거나 들어가거나 나갈 때만 일련의 이벤트를 출력한다. 이 데모에서 슬라이딩 창은 사이클의 시작과 끝 이벤트를 잡는 데 사용된다.

예제 13-5 센서 데이터를 집계하는 telemetrysummary 쿼리
```
SELECT
    DeviceId,
    Cycle,
    AVG(Sensor9) AS Sensor9,
    AVG(Sensor11) AS Sensor11,
    AVG(Sensor14) AS Sensor14,
    AVG(Sensor15) AS Sensor15
INTO
    [TelemetrySummary]
FROM
    [StreamData]
GROUP BY
    DeviceId,
    Cycle,
    SLIDINGWINDOW(minute, 2) -- Duration must cover the longest possible cycle
```

```
HAVING
    SUM(EndOfCycle) = 2 -- Sum when EndOfCycle contains both start and end events
```

실시간 애저 스트림 분석을 사용하면 실제 로직을 작성하지 않고 애저 테이블에 센서에서 나오는 데이터를 저장할 수 있다. 입력과 출력을 정의한 다음 쿼리를 선언해 애저 스트림 분석에 저장하고자 하는 데이터를 알려 준다. 추가 로직을 선언해 데이터를 전처리하고 이벤트 허브로 보내 추가 처리를 할 수도 있다. 14장에서 Power BI에 데이터를 전송해 시각화할 수도 있음을 소개한다.

솔루션 소스 코드

이 절에서 TelemetrySummary 이벤트 허브에서 나오는 실제 데이터에 무슨 일이 일어나고 있는지 그리고 원격 분석 데이터가 어디서 나오는지 살펴본다. 사전 구성된 솔루션의 소스 코드 분석부터 시작한다. 깃허브^{GitHub} 리포지토리(https://bit.ly/iot_predictive_maintenance)에서 애저 IoT 예측 유지 관리 사전 구성된 솔루션의 소스 코드를 다운로드할 수 있다. Chapter 13 폴더에서 함께 제공하는 코드에서 작업한 코드 버전을 제공한다. 깃허브에서 소스 코드를 다운로드한 후 다음과 같이 수정했다.

1. 프로젝트와 출력 이름에 PredictiveMaintenance라는 접두사를 추가해 바꾼다. 솔루션 탐색기를 사용해 프로젝트 이름을 변경한다. 프로젝트 속성 창의 애플리케이션 탭 아래에서 어셈블리 이름 텍스트 상자를 사용해 이름을 변경한다.

2. NuGet 패키지 관리자를 사용해 종속성 있는 NuGet 패키지를 업데이트하거나 다시 설치한다. 가장 쉬운 방법은 리포지토리에서 소스 코드를 다운로드할 때 찾을 수 있는 모든 NuGet 문제를 해결하는 것이다.

함께 제공하는 애저 IoT 예측 유지 관리 사전 구성된 솔루션의 소스 코드에는 다음의 프로젝트를 포함한다.

- PredictiveMaintenance.Common 이 클래스 라이브러리 프로젝트는 구성을 위한 공통 헬퍼와 디바이스 스키마, 예외, 모델 등을 포함한다. 이 클래스 라이브러리 프로젝트에서 구현된 기능을 예측 유지 관리 솔루션의 다른 구성 요소가 참조한다.

- PredictiveMaintenance.EventProcessor.WebJob 이 콘솔 애플리케이션은 이벤트 허브에서 받은 이벤트를 처리한다.

- PredictiveMaintenance.Simulator.WebJob 또 다른 콘솔 애플리케이션으로 센서 시뮬레이션을 구현한다. 이 프로젝트는 센서 판독값을 동기화하고 전용 애저 테이블 스토리지에 이 값들을 넣는다.

- PredictiveMaintenance.Web 이 ASP.NET MVC 웹 애플리케이션은 솔루션 대시보드를 구현한다.

- PredictiveMaintenance.WebJobHost 이 콘솔 애플리케이션은 PredictiveMaintenance.EventProcessor.WebJob과 PredictiveMaintenance.Simulator.WebJob 웹 작업을 호스팅한다.

이벤트 허브와 머신러닝 이벤트 프로세서

애저에서 이벤트 허브는 빅 데이터와 IoT 솔루션 전용의 대규모 서비스다(https:// bit.ly/ azure_event_hubs). 이벤트 허브는 대량의 정보를 수집하고 신속하게 변환해 처리한다. 이벤트 허브는 동시 소비자와 생산자가 데이터 파이프에 액세스하는 횟수를 정의한다.

이벤트 허브가 수신한 데이터를 처리하고자 IEventProcessor 인터페이스를 구현하는 클래스를 만든다. 그다음 이벤트 프로세서를 호스팅하는 EventProcessorHost 클래스 인스턴스를 생성한다. EventProcessorHost는 특정 이벤트 허브와 이벤트 프로세서를 연결한다. IEventProcessor 인터페이스와 EventProcessorHost 클래스 모두는 Microsoft.Azure. ServiceBus.EventProcessorHost NuGet 패키지 내에서 구현한 클라이언트를 통해 사용할 수 있다. 기본적으로 이 패키지는 파티션 관련 기능을 다루고 이벤트 프로세서의 구현을 단순화한다.

애저 IoT 예측 유지 관리 예제에서 이벤트 허브는 전처리된 원격 분석 데이터를 수신한다. 그다음 이 데이터에서 어떤 일이 있었는지 살펴보고자 PredictiveMaintenance. EventProcessor.WebJob 프로젝트를 열어 본다. 이 애플리케이션의 진입점은 Program 클래스의 정적 `Main` 메서드다(Chapter 13/PredictiveMaintenance.EventProcessor.WebJob/ Program.cs에서 함께 제공하는 코드 참고). `Main` 메서드는 Autofac NuGet 위에 구현한 IoC^{Inversion of Control} 디자인 패턴을 사용해 이벤트 프로세서를 호스팅하는 MLData ProcessorHost를 만든다.

IoC 디자인 패턴은 크로스 플랫폼 프로그래밍에서 널리 사용되는데 이렇게 만드는 애플리케이션은 구성 요소나 서비스에 따라 다르며 구체적인 구현은 컴파일이나 런타임에 해결된다. 이 애플리케이션은 플랫폼별 기능에 매핑된 인터페이스를 통해 노출한 플랫폼 기능 추상화를 사용한다(https://bit.ly/code_sharing 참고). Autofac에서 이 매핑은 추상화 계층의 모듈과 구체적인 형식 구현을 등록하는 데 사용하는 `ContainerBuilder` 클래스의 인스턴스를 사용해 수행한다.

예제 13-6에 보이는 것처럼 `Program.Main` 메서드의 try catch 구문 내에서 Autofac IoC 컨테이너를 만들었다. 다음으로 `EventProcessorModule` 클래스를 등록한다(예제 13-6의 `BuildContainer` 메서드).

예제 13-6 IoC 컨테이너를 만드는 Main 메서드의 조각

```
static readonly CancellationTokenSource CancellationTokenSource = new
CancellationTokenSource();
static IContainer eventProcessorContainer;

static void Main(string[] args)
{
    try
    {
        BuildContainer();
        eventProcessorContainer
            .Resolve<IShutdownFileWatcher>()
            .Run(StartMLDataProcessorHost, CancellationTokenSource);
    }
    catch (Exception ex)
```

```
        {
                CancellationTokenSource.Cancel();
                Trace.TraceError("Webjob terminating: {0}", ex.ToString());
        }
}

static void BuildContainer()
{
        var builder = new ContainerBuilder();
        builder.RegisterModule(new EventProcessorModule());
        eventProcessorContainer = builder.Build();
}
```

예제 13-7에서 EventProcessorModule은 Autofac의 모듈 클래스에서 상속해 Shutdown
FileWatcher, ConfigurationProvider, MLDataProcessorHost라는 3개의 형식을 등
록하는 Load 메서드를 재정의한다. 이들 형식은 각각 IShutdownFileWatcher, IConfigura
tionProvider, IMLDataProcessorHost라는 추상 클래스를 구현한다. 애플리케이션은 구체적
인 구현에 바로 액세스하지 않고 인터페이스 메서드를 호출한다. 인터페이스와 구체적인
형식 사이의 실제 매핑은 IoT 컨테이너로 수행한다.

예제 13-7 EventProcessorModule이 세 가지 형식을 등록한다.

```
public sealed class EventProcessorModule : Module
{
        protected override void Load(ContainerBuilder builder)
        {
                builder.RegisterType<ShutdownFileWatcher>()
                        .As<IShutdownFileWatcher>()
                        .SingleInstance();

                builder.RegisterType<ConfigurationProvider>()
                        .As<IConfigurationProvider>()
                        .SingleInstance();

                builder.RegisterType<MLDataProcessorHost>()
                        .As<IMLDataProcessorHost>()
                        .SingleInstance();
        }
}
```

ShutdownFileWatcher와 ConfigurationProvider 클래스는 PredictiveMaintenance. Common 프로젝트에서 구현된다. 첫 번째 클래스는 클라우드 환경 변수 WEBJOBS_ SHUTDOWN_FILE을 모니터링해 파일 종료 신호를 청취하는 데 사용된다. 이 변수의 자세한 활용은 소스 코드에서 기술했다(PredictiveMaintenance.Common 프로젝트의 ShutdownFileWatcher.cs 참고).

ConfigurationProvider 클래스는 환경과 애플리케이션 설정을 결정하는 데 사용된다. 보다 자세한 내용은 PredictiveMaintenance.Common의 ConfigurationProvider.cs를 참고하자.

여기서 가장 중요한 부분은 마지막에 등록한 MLDataProcessorHost다(Chapter 13/PredictiveMaintenance.EventProcessor.WebJob/Processors/MLDataProcessorHost.cs에서 함께 제공하는 코드 참고). 이 형식은 제네릭 EventProcessorHost 클래스를 상속한다(Chapter 13/PredictiveMaintenance.EventProcessor.WebJob/Processors/Generic/EventProcessorHost.cs에서 함께 제공하는 코드 참고). 후자는 내부적으로 Microsoft.Azure.ServiceBus.EventProcessorHost에서 EventProcessorHost 클래스를 사용하므로 이벤트 허브의 데이터와 직접적으로 관련된다.

다음으로 EventProcessorHost.cs 파일을 분석해 EventProcessorHost를 만들고 특정 이벤트 프로세서를 등록하는 방법을 살펴본다. 이 기능은 예제 13-8에 보이는 StartProcessor 메서드 내에서 구현했다. 이 메서드는 5개의 인자를 받는 생성자를 사용해 EventProcessorHost 인스턴스를 생성한다. 이 생성자는 호스트 이름과 이벤트 허브 경로, 이벤트의 소비자 그룹 이름, 이벤트 허브에 대한 연결 문자열, 파티션 분산에 사용된 blob 스토리지 연결 문자열을 사용한다.

예제 13-8
```
public async Task StartProcessor(CancellationToken token)
{
    try
    {
        // 초기화
```

```csharp
            _eventProcessorHost = new EventProcessorHost(
                Environment.MachineName,
                _eventHubName.ToLowerInvariant(),
                EventHubConsumerGroup.DefaultGroupName,
                _eventHubConnectionString,
                _storageConnectionString);

            _factory = Activator.CreateInstance(typeof(TEventProcessorFactory),
                _arguments) as TEventProcessorFactory;

            Trace.TraceInformation("{0}: Registering host...", GetType().Name);

            EventProcessorOptions options = new EventProcessorOptions();
            options.ExceptionReceived += OptionsOnExceptionReceived;
            await _eventProcessorHost.RegisterEventProcessorFactoryAsync(_factory);

            // 루프 처리
            while (!token.IsCancellationRequested)
            {
                Trace.TraceInformation("{0}: Processing...", GetType().Name);
                await Task.Delay(TimeSpan.FromMinutes(5), token);
            }

            // 정리
            await _eventProcessorHost.UnregisterEventProcessorAsync();
        }
        catch (Exception e)
        {
            Trace.TraceInformation("Error in {0}.StartProcessor, Exception: {1}",
                GetType().Name, e.Message);
        }
        _running = false;
    }

    void OptionsOnExceptionReceived(object sender, ExceptionReceivedEventArgs
        exceptionReceivedEventArgs)
    {
        Trace.TraceError("Received exception, action: {0}, message: {1}",
            exceptionReceivedEventArgs.Action, exceptionReceivedEventArgs.Exception.
                ToString());
    }
```

이들 인수의 실제 값은 솔루션 배포 동안 자동으로 설정된다. 연결 문자열을 알고 싶다면 애저 포털을 사용하자. 이벤트 허브 연결 문자열은 공유 액세스 정책(설정 그룹)에서 찾을 수 있다. 기본적으로 RootManageSharedAccessKey라는 정책만 있다. 이 정책은 PMSolutionDemo〈자동생성이름〉-eventhub의 이벤트 관리, 전송, 나열을 허용한다. RootManageSharedAccessKey 정책을 클릭하면 액세스키와 다음과 같은 형식의 기본 및 보조 연결 문자열을 확인할 수 있다.

```
Endpoint=sb://pmsolutiondemocxoeu-eventhub.servicebus.windows.net/;SharedAccessKeyName=Roo
tManageSharedAccessKey;SharedAccessKey=jPZI4PQ3/jpJIjq9wouBAyUscsrwREki6bj/0mjQkuY=
```

blob 스토리지 연결 문자열의 일반적인 형식은 다음과 같다.

```
DefaultEndpointsProtocol=https;AccountName=<your_storage_account_name>;AccountKey=<your_
key>; BlobEndpoint=<endpoint>
```

계정 이름, 계정키, blob 엔드포인트는 애저 포털에서 얻는다. PMSolutionDemo에서 관련 있는 blob 스토리지는 pmsolutiondemo〈자동생성이름〉-ehdata다. 이 스토리지는 storage〈자동생성이름〉 스토리지 계정의 컨테이너에 있다(그림 13-18). 컨테이너 목록에서 각 컨테이너 속성은 URL 엔드포인트를 표시한다.

그림 13-18 스토리지 계정의 컨테이너 속성

액세스 키^{Access Key}를 얻고자 애저 포털에서 storage〈자동생성이름〉 스토리지 계정의 설정 그룹 아래 액세스 키를 클릭한다. 2개의 키라 스토리지 계정 이름과 함께 표시된다.

이 blob 스토리지가 필요한 이유가 궁금할 수 있고, 실제로 언뜻 보기에는 이상해 보인다. blob 스토리지는 EventProcessorHost가 내부적으로 사용해 이벤트 허브에 대한 동시 액세스를 관리한다.

EventProcessorHost가 초기화된 후 StartProcessor 메서드가 TEventProcessorFactory(제네릭 EventProcessorHost 클래스의 인수)의 인스턴스를 만든다. 이 인스턴스는 다른 객체와 함께 동작한다. 하지만 PMSolutionDemo에서 사용된 실제 클래스는 EventProcessorFactory〈MLDataProcessor〉다(MLDataProcessorHost.cs 참고). 이 객체는 MLDataProcessor 클래스가 나타낸 이벤트 프로세서의 팩토리를 구현한다. 예제 13-8에 보이는 것처럼 이 팩토리는 EventProcessorHost.RegisterEventProcessorFactoryAsync를 사용해 이벤트 프로세서 호스트에서 등록된다. 따라서 실제 이벤트 데이터는 다음 절에서 설명하는 MLDataProcessor를 사용해 처리한다.

머신러닝 데이터 프로세서

PredictiveMaintenance.EventProcessor.WebJob 프로젝트의 MLDataProcessor.cs 파일에서 머신러닝 데이터 프로세서인 MLDataProcessor의 구현을 찾을 수 있다. 이 파일을 열어보면 MLDataProcessor 클래스가 IEventProcessor를 구현하는 EventProcessor를 상속한 것을 알 수 있다. 이 인터페이스는 Microsoft.Azure.ServiceBus.EventProcessorHost에서 나온 것이다.

IEventProcessor는 OpenAsync, CloseAsync, ProcessItemsAsync라는 3개의 메서드를 갖는다. 호출되는 첫 2개는 이벤트 프로세서가 초기화될 때, 그리고 종료되거나 등록 해제되기 직전에 호출된다. 마지막 메서드 ProcessItemsAsync는 새로운 메시지가 이벤트 허브 스트림으로 전달될 때마다 호출된다. ProcessItemsAsync는 실제로 평균 센서 데이터가 소비되는 곳이다.

EventProcessor 클래스의 ProcessItemsAsync 메서드를 예제 13-9에서 나타냈다. 보다시피 ProcessItemsAsync는 메시지 컬렉션의 요소를 순차적으로 처리한다. 이 컬렉션의 각 요소는 EventData 형식이며, 이벤트 허브와 주고받은 데이터를 나타낸다.

예제 13-9 순차적인 메시지 처리

```
public async Task ProcessEventsAsync(PartitionContext context,
IEnumerable<EventData> messages)
{
    Trace.TraceInformation("{0}: In ProcessEventsAsync", GetType().Name);

    foreach (EventData message in messages)
    {
        try
        {
            // 메시지 작성
            Trace.TraceInformation("{0}: {1} - Partition {2}", GetType().Name,
                message.Offset, context.Lease.PartitionId);
            LastMessageOffset = message.Offset;

            string jsonString = Encoding.UTF8.GetString(message.GetBytes());
            dynamic result = JsonConvert.DeserializeObject(jsonString);
            JArray resultAsArray = result as JArray;

            if (resultAsArray != null)
            {
                foreach (dynamic resultItem in resultAsArray)
                {
                    await ProcessItem(resultItem);
                }
            }
            else
            {
                await ProcessItem(result);
            }

            _totalMessages++;
        }
        catch (Exception e)
        {
            Trace.TraceError("{0}: Error in ProcessEventAsync -- {1}",
                GetType().Name, e.Message);
        }
```

```
        }

        // 배치가 처리됨, 검사점
        try
        {
            await context.CheckpointAsync();
        }
        catch (Exception ex)
        {
            Trace.TraceError(
                "{0}{0}*** CheckpointAsync Exception - {1}.ProcessEventsAsync
                    ***{0}{0}{2}{0}{0}",
                Console.Out.NewLine,
                GetType().Name,
                ex);
        }

        if (IsClosed)
        {
            IsReceivedMessageAfterClose = true;
        }
    }
}

public abstract Task ProcessItem(dynamic data);
```

12장, '원격 디바이스 모니터링'에서 사용한 Message 클래스와 비슷하게 EventData는 이벤트를 추적하는 데 도움을 주는 추가적인 속성으로 실제 이진 데이터를 래핑한다. 실제 이벤트 데이터를 얻고자 GetBytes 메서드를 사용한 다음 필요에 따라 데이터를 파싱한다. PMSolutionDemo에서 원시 바이트 배열은 JSON 객체이며 JsonConvert 클래스를 사용해 역직렬화된다. 결과 객체는 추상 ProcessItem 메서드로 전달된다.

ProcessItem 메서드의 구체적인 구현은 MLDataProcessor 클래스에 포함됐다(예제 13-10의 ProcessItem 메서드). MLDataProcessor.ProcessItem 메서드의 논리적인 구조는 두 부분으로 나뉜다. 첫 번째 부분은 이벤트 데이터의 구조를 검증해 디바이스 식별자, 사이클, 센서 데이터가 null이 아닌지 검증한다. null이 아니면 MLRequest 객체로 래핑한 다음(PredictiveMaintenance.EventProcessor.WebJob 프로젝트의 MLRequest.cs 파일) RUL 웹 서비스에 JSON 파일로 post 방식으로 전달한다. 그다음 RulTableEntity 객체를 생성하는데 이 요청의 응답을 사용하고 이어서 전용 애저 테이블 devicemlresult에 이 객체를 넣는다.

예제 13-10 MLDataProcessor 클래스의 ProcessItem 메서드

```
readonly IConfigurationProvider _configurationProvider;
public override async Task ProcessItem(dynamic eventData)
{
    // 머신러닝에 맞게 올바로 형식화된 이벤트인지 확인하고 아니면 무시
    if (eventData == null || eventData.deviceid == null || eventData.cycle == null ||
        eventData.sensor9 == null || eventData.sensor11 == null ||
        eventData.sensor14 == null || eventData.sensor15 == null)
    {
        return;
    }

        string result = await _mlServiceInvoker.GetRULAsync(
                // id는 숫자여야 하므로 실제 디바이스 id를 해시한다.
The id is required to be numeric, so we hash the actual device id
                eventData.deviceid.ToString().GetHashCode().ToString(),
                // 남은 항목은 숫자 값의 문자열 표현이다.
The remaining entries are string representations of the numeric values
                eventData.cycle.ToString(),
                eventData.sensor9.ToString(),
                eventData.sensor11.ToString(),
                eventData.sensor14.ToString(),
                eventData.sensor15.ToString()
        );

        Trace.TraceInformation($"RUL Result: {result}");

        RulTableEntity entry = new RulTableEntity
        {
                PartitionKey = eventData.deviceid.ToString(),
                RowKey = eventData.cycle.ToString(),
                // JSON 출력에서 관련 RUL 값 하나를 추출
                Rul = result,
                // 시뮬레이터에서 데이터를 재생할 수 있으므로 테이블 값을 덮어쓸 수 있는지 확인
                ETag = "*"
        };

        // 이 작업의 결과를 나타내는 데이터 모델이 필요하지 않으므로
        // 스텁 테이블/모델 변환기를 사용한다.
        await AzureTableStorageHelper.DoTableInsertOrReplaceAsync<object,
RulTableEntity>(entry, (RulTableEntity e) => null,
```

```
                _configurationProvider.GetConfigurationSettingValue(
"eventHub.StorageConnectionString"),
                _configurationProvider.GetConfigurationSettingValue(
"MLResultTableName"));
}
```

머신러닝 웹 서비스에 대한 프로그래밍 방식 액세스는 11장에서처럼 처리한다. 하지만 애저 테이블 스토리지 액세스는 조금 더 주의가 필요하다.

애저 테이블 스토리지

PMSolutionDemo는 `AzureRetryHelper`와 `AzureTableStorageHelper`라는 2개의 헬퍼 클래스를 사용해 애저 테이블 스토리지를 다룬다. 두 클래스의 구현은 Chapter 13/Predictive MaintenanceDemo.Common/Helpers에서 함께 제공하는 코드에서 확인할 수 있다.

`AzureRetryHelper`는 재시도 로직을 구현해 엔터티 삽입이나 업데이트, 삭제와 같은 특정 작업을 지정한 횟수로 실행한다. `AzureRetryHelper`에서 구현한 메서드가 몇 가지 있지만, 가장 중요한 메서드는 `OperationWithBasicRetryAsync`다. 예제 13-11에 보이는 것처럼 이 메서드는 while 루프 내에서 asyncOperation 인수를 사용해 전달한 비동기 작업을 호출한다. 이 메서드를 호출할 때마다 지역 currentRetry 변숫값을 증가시킨다. currentRetry가 RETRY_COUNT 값에 도달하면 while 루프는 종료한다. RETRY_COUNT 기본값은 2이므로 `OperationWithBasicRetryAsync` 메서드는 특정 작업을 두 번 수행한다. `OperationWithBasicRetryAsync`의 내부 while 루프는 일시적인 오류에도 종료된다. `AzureRetryHelper`는 `IsTransient` 메서드(소스 코드에 주석을 달았다)를 사용해 일시적인 오류를 검사한다.

예제 13-11 AzureRetryHelper 클래스의 재시도 로직

```
const int RETRY_COUNT = 2;

public static async Task<T> OperationWithBasicRetryAsync<T>(Func<Task<T>>
asyncOperation)
```

```
{
    int currentRetry = 0;

    while (true)
    {
        try
        {
            return await asyncOperation();
        }
        catch (Exception ex)
        {
            currentRetry++;

            if (currentRetry > RETRY_COUNT || !IsTransient(ex))
            {
                // 일시적인 오류가 아니거나 예외를 다시 던지지 않아야 하는 경우
                throw;
            }
        }

        // 작업 재시도 대기
        await Task.Delay(100 * currentRetry);
    }
}
```

AzureTableStorageHelper는 GetTableAsync, DoTableInsertOrReplaceAsync, DoDeleteAsync라는 3개의 public 메서드를 갖는다. PerformTableOperation라는 내부 메서드도 하나 있다.

GetTableAsync 메서드의 정의를 예제 13-12에서 나타냈고, WindowsAzure.Storage NuGet 패키지(또는 애저 스토리지 클라이언트)에서 구현한 클래스와 메서드를 사용해 애저 스토리지에서 테이블을 액세스하는 방법을 소개했다. 먼저 스토리지 연결 문자열을 사용해 CloudStorageAccount 클래스를 초기화한다. 그다음 CloudStorageAccount 클래스 인스턴스의 적절한 메서드를 사용해 CloudTableClient를 만든다. 마지막으로 CloudTableClient 클래스 인스턴스의 GetTableReference 메서드를 사용해 선택한 테이블에 액세스한다. 예제 13-12에 보이는 것처럼 GetTableReference는 이름으로 테이블을 식별한다.

```
public static async Task<CloudTable> GetTableAsync(string storageConnectionString,
    string tableName)
{
        CloudStorageAccount storageAccount = CloudStorageAccount.
Parse(storageConnectionString);
        CloudTableClient tableClient = storageAccount.CreateCloudTableClient();
        CloudTable table = tableClient.GetTableReference(tableName);
        await table.CreateIfNotExistsAsync();
        return table;
}
```

예제 13-13에 보이는 DoTableInsertOrReplaceAsync는 애저 테이블에 엔터티를 업데이트하거나 삽입한다. 엔터티가 이미 존재하는 경우는 업데이트된다. 엔터티가 없다면 테이블에 삽입된다. 테이블 작업을 구분하고자 애저 스토리지는 TableOperation 클래스를 구현했다. 이 클래스는 Delete, Insert, Replace, Merge, Retrieve와 같은 특정 작업을 나타내는 몇 가지 정적 메서드를 제공한다. 예제 13-13은 Replace와 Insert 작업을 어떻게 사용하는지 나타냈다. Delete 작업은 예제 13-14의 DoDeleteAsync 메서드에서 사용된다. 간단히 테이블을 받은 뒤 선택된 엔터티를 제거한다. Retrieve 작업은 예제 13-15에 보이는 Perform TableOperation에서 사용된다.

예제 13-13 엔터티 삽입과 교체

```
public static async Task<TableStorageResponse<TResult>> DoTableInsertOrReplaceAsync<
    TResult, TInput>(TInput incomingEntity,
    Func<TInput, TResult> tableEntityToModelConverter, string
    storageAccountConnectionString, string tableName) where TInput : TableEntity
{
    var table = await GetTableAsync(storageAccountConnectionString, tableName);

    // 다음 링크에 따르면 단순히 InsertOrReplace 수행은 동시성 검사를 수행하지 않는다.
    // http://azure.microsoft.com/en-us/blog/managing-concurrency-in-microsoft-
    azure-storage-2/
    // 따라서 InsertOrReplace를 사용하지 않는다. 대신 다음과 같은 규칙이 있는지 살펴본다.
    // 규칙이 있다면 동시성 안전 업데이트를 수행하고, 그렇지 않으면 간단히 삽입한다.
    TableOperation retrieveOperation =
        TableOperation.Retrieve<TInput>(incomingEntity.PartitionKey,
```

```
        incomingEntity.RowKey);
    TableResult retrievedEntity = await table.ExecuteAsync(retrieveOperation);

    TableOperation operation = null;
    if (retrievedEntity.Result != null)
    {
        operation = TableOperation.Replace(incomingEntity);
    }
    else
    {
        operation = TableOperation.Insert(incomingEntity);
    }

    return await PerformTableOperation(table, operation, incomingEntity,
        tableEntityToModelConverter);
}
```

예제 13-14 삭제 작업

```
public static async Task<TableStorageResponse<TResult>> DoDeleteAsync<TResult,
TInput>(TInput incomingEntity,
        Func<TInput, TResult> tableEntityToModelConverter, string
storageAccountConnectionString, string tableName) where TInput : TableEntity
{
        var azureTable = await GetTableAsync(storageAccountConnectionString,
tableName);
        TableOperation operation = TableOperation.Delete(incomingEntity);
        return await PerformTableOperation(azureTable, operation, incomingEntity,
tableEntityToModelConverter);
}
```

테이블 작업이 지정되면 CloudTable 클래스의 Execute 또는 ExecuteAsync 메서드 중 하나를
사용해 실행한다. 예제 13-15에서 굵게 표시한 구문은 두 가지 메서드를 사용하는 방법을
나타냈다.

예제 13-15 테이블 작업 수행

```
static async Task<TableStorageResponse<TResult>> PerformTableOperation<TResult,
TInput>(CloudTable table,
        TableOperation operation, TInput incomingEntity, Func<TInput, TResult>
```

```
tableEntityToModelConverter) where TInput : TableEntity
{
        var result = new TableStorageResponse<TResult>();

        try
        {
                await table.ExecuteAsync(operation);

                var nullModel = tableEntityToModelConverter(null);
                result.Entity = nullModel;
                result.Status = TableStorageResponseStatus.Successful;
        }
        catch (Exception ex)
        {
                TableOperation retrieveOperation = TableOperation.
Retrieve<TInput>(incomingEntity.PartitionKey, incomingEntity.RowKey);
                TableResult retrievedEntity = table.Execute(retrieveOperation);

                if (retrievedEntity != null)
                {
                        // 마지막으로 읽은 후 누군가가 수정한 경우 이 규칙 버전을 반환한다.
                        var retrievedModel = tableEntityToModelConverter((TInput)
retrievedEntity.Result);
                        result.Entity = retrievedModel;
                }
                else
                {
                        // 기존 규칙을 찾지 못했기 때문에 새로운 규칙을 만들었을 것이므로
                        // 전송한 것만 반환한다.
                        result.Entity = tableEntityToModelConverter(incomingEntity);
                }

                if (ex.GetType() == typeof(StorageException)
                        && (((StorageException)ex).RequestInformation.HttpStatusCode
== (int)HttpStatusCode.PreconditionFailed
                                || ((StorageException)ex).RequestInformation.
HttpStatusCode == (int)HttpStatusCode.Conflict))
                {
                        result.Status = TableStorageResponseStatus.ConflictError;
                }
                else
                {
                        result.Status = TableStorageResponseStatus.UnknownError;
                }
```

```
    }

    return result;
}
```

테이블 작업 실행의 결과는 `TableResult` 클래스로 나타낸다. 이 클래스는 Result, Http StatusCode, Etag라는 3개의 속성을 갖는다. 첫 번째 2개는 아주 명확하다. Result는 테이블 작업의 상태를 나타내며, HttpStatusCode는 서비스 요청의 HTTP 상태를 저장한다. 마지막 속성인 Etag는 동시성을 처리하는 데 사용된다. 대개 클라우드 테이블은 다중 클라이언트를 통해 동시에 액세스될 수 있다. 이를테면 Etag를 사용해 다른 클라이언트가 변경을 덮어쓰지 않도록 추가 로직을 구현한다. 다양한 동시성 접근 방식을 https://bit.ly/storage_concurrency에서 설명하고 있다.

시뮬레이터 WebJob

시뮬레이터 WebJob의 소스 코드는 PredictiveMaintenance.Simulator.WebJob 내에서 찾을 수 있다(Chapter 13 폴더에서 함께 제공하는 코드 참고). 특히 이 프로젝트는 비행기의 엔진에서 센서 판독값의 논리적인 시뮬레이션을 구현한다. 에뮬레이션된 엔진을 `EngineDevice` 클래스로 나타냈다. 전체 구현은 WebJob 프로젝트의 Engine/Devices/EngineDevice.cs 파일 아래에서 찾을 수 있다.

예제 13-16은 `EngineDevice` 클래스의 세 가지 메서드를 나타냈다. 따라서 이 디바이스는 Start, Stop, Ping이라는 세 가지 명령을 처리한다. 첫 두 가지는 원격 분석을 시작하거나 중지하는 데 사용되지만, 나머지 하나는 디바이스와의 연결을 검증한다. 이들 명령의 실제 구조와 디바이스 속성은 `SampleDeviceFactory` 클래스의 메서드로 관리된다(Chapter 13/PredictiveMaintenance.Common/Factory/SampleDeviceFactory.cs에서 함께 제공하는 코드 참고).

예제 13-16 EngineDevice 클래스의 일부

```
protected override void InitCommandProcessors()
{
        var pingDeviceProcessor = new PingDeviceProcessor(this);
        var startCommandProcessor = new StartCommandProcessor(this);
        var stopCommandProcessor = new StopCommandProcessor(this);

        pingDeviceProcessor.NextCommandProcessor = startCommandProcessor;
        startCommandProcessor.NextCommandProcessor = stopCommandProcessor;

        RootCommandProcessor = pingDeviceProcessor;
}

public void StartTelemetryData()
{
        var predictiveMaintenanceTelemetry = (PredictiveMaintenanceTelemetry)
TelemetryController;
        predictiveMaintenanceTelemetry.TelemetryActive = true;
        Logger.LogInfo("Device {0}: Telemetry has started", DeviceID);
}

public void StopTelemetryData()
{
        var predictiveMaintenanceTelemetry = (PredictiveMaintenanceTelemetry)
TelemetryController;
        predictiveMaintenanceTelemetry.TelemetryActive = false;
        Logger.LogInfo("Device {0}: Telemetry has stopped", DeviceID);
}
```

StartTelemetryData와 StopTelemetryData는 클라우드에 센서 판독값을 보내는 원격 분석 프로세스의 상태를 제어한다. 이 원격 분석은 PredictiveMaintenanceTelemetry 클래스 내에서 구현된다(Engine/Telemetry/PredictiveMaintenanceTelemetry.cs). 특히 Predictive MaintenanceTelemetry는 SendEventsAsync 메서드를 구현한다(예제 13-17 참고). 이 메서드는 IoT 허브에 초 단위로 메시지를 보낸다. PredictiveMaintenanceTelemetry는 IoC 디자인 패턴을 사용하므로 데이터 전송의 구체적인 구현은 다른 클래스인 IoTHubTransport에 있다(SimulatorCore/Transport/IoTHubTransport.cs).

예제 13-17 SendEventsAsync 메서드 구현하기

```
const int REPORT_FREQUENCY_IN_SECONDS = 1;

public async Task SendEventsAsync(CancellationToken token, Func<object, Task>
sendMessageAsync)
{
        while (!token.IsCancellationRequested)
        {
                if (_active)
                {
                        try
                        {
                                // 다음 행에 대해 이 디바이스 ID를 포함하는 데이터 검색
                                while (_data.MoveNext() && !_data.Current.Values.
Contains(_deviceId)) { }

                                if (_data.Current != null)
                                {
                                        _logger.LogInfo(_deviceId + " =>\n\t" +
string.Join("\n\t", _data.Current.Select(m => m.Key + ": " + m.Value.ToString()).
ToArray()));

                                        await sendMessageAsync(_data.Current);
                                }
                                else
                                {
                                        // 데이터의 끝; 재생 중지
                                        TelemetryActive = false;
                                }
                        }
                        catch (InvalidOperationException)
                        {
                                // 데이터가 수정됨; 재생 중지
                                TelemetryActive = false;
                        }
                }
                await Task.Delay(TimeSpan.FromSeconds(REPORT_FREQUENCY_IN_SECONDS),
token);
        }
}
```

IoTHubTransport로 메시지를 전송하고자 IoTHubTransport는 12장에서 사용한 동일한 DeviceClient 클래스를 사용한다. 예제 13-18에 보이는 것처럼 IoTHubTransport의 SendEventAsync 메서드는 AzureRetryHelper.OperationWithBasicRetryAsync 내에서 DeviceClient.SendEventAsync 메서드를 호출한다. IoTHubTransport는 메시지 전송을 두 번 시도한다.

예제 13-18 클라우드로 이벤트 전송하기

```
DeviceClient _deviceClient;

public async Task SendEventAsync(Guid eventId, dynamic eventData)
{
        string objectType = EventSchemaHelper.GetObjectType(eventData);
        var objectTypePrefix = _configurationProvider.GetConfigurationSettingValue("Ob
jectTypePrefix");

        if (!string.IsNullOrWhiteSpace(objectType) && !string.IsNullOrEmpty(objectType
Prefix))
        {
                eventData.ObjectType = objectTypePrefix + objectType;
        }

        //전송한 원시 JSON을 추적하는 샘플 코드
        //string rawJson = JsonConvert.SerializeObject(eventData);
        //Trace.TraceInformation(rawJson);

        byte[] bytes = _serializer.SerializeObject(eventData);

        var message = new Message(bytes);
        message.Properties["EventId"] = eventId.ToString();

        await AzureRetryHelper.OperationWithBasicRetryAsync(async () =>
        {
                try
                {
                        await _deviceClient.SendEventAsync(message);
                }
                catch (Exception ex)
                {
                        _logger.LogError(
                                "{0}{0}*** Exception: SendEventAsync ***{0}{0}EventId:
{1}{0}Event Data: {2}{0}Exception: {3}{0}{0}",
```

```
                        Console.Out.NewLine,
                        eventId,
                        eventData,
                        ex);
            }
        });
}
```

센서 데이터는 CSV 파일에 저장되며, Azure 스토리지의 blob 컨테이너에서 찾을 수 있다. CSV 파일은 예제 13-19에 보이는 `EngineTelemetryFactory` 클래스의 생성자 내에서 읽기 및 파싱한다. 이 클래스의 전체 코드는 PredictiveMaintenance.Simulator. WebJob 프로젝트의 Engine/Telemetry/Factory/EngineTelemetryFactory.cs에 있다. 예제 13-19는 blob 객체에서 데이터를 읽는 방법을 소개했다. `CloudStorageAccount` 클래스의 `CreateCloudBlobClient`를 사용한다. blob 컨테이너 참조(`CloudBlobClient` 클래스의 `GetContainerReference`)를 얻어 `CloudBlobContainer.GetBlockBlobReference` 메서드를 사용해 blob을 액세스한다. 후자는 `CloudBlockBlob` 클래스의 인스턴스를 반환한다. 이 blob 의 이진 데이터를 읽고자 `Open` 메서드를 사용해 기본 스트림에 대한 참조를 얻어 스트림을 `StreamReader` 클래스 생성자에 전달한다. 그다음 이 데이터를 `StreamReader` 클래스의 메서 드를 사용해 파싱할 수 있다.

예제 13-19 시뮬레이션된 센서 데이터 얻기

```
readonly IList<ExpandoObject> _dataset;

public EngineTelemetryFactory(ILogger logger, IConfigurationProvider config)
{
    _logger = logger;
    _config = config;

    // blob 스토리지의 지정한 파일에서 CSV 데이터를 로드한다.
    // 데이터 액세스와 읽기에서 모든 실패는 예외로 처리한다.
    Stream dataStream = CloudStorageAccount
        .Parse(config.GetConfigurationSettingValue("device.StorageConnectionString"))
        .CreateCloudBlobClient()
        .GetContainerReference(config.GetConfigurationSettingValue("SimulatorD
            ataContainer"))
```

```
        .GetBlockBlobReference(config.GetConfigurationSettingValue("SimulatorD
            ataFileName"))
        .OpenRead();

    _dataset = ParsingHelper.ParseCsv(new StreamReader(dataStream)).
        ToExpandoObjects().ToList();
}
```

이진 데이터는 ParsingHelper 클래스의 ParseCsv 메서드를 사용해 파싱된다(Chapter 13/
PredictiveMaintenance.Common/Helpers/ParsingHelper.cs에서 함께 제공하는 코드 참고).

예측 유지 관리 웹 애플리케이션

예측 유지 관리 웹 애플리케이션(Chapter 13/PredictiveMaintenance.Web에서 함께 제공하는
코드 참고)은 솔루션 대시보드를 구현한다. 그림 13-1에 보이는 것처럼 이 대시보드는 시
뮬레이터 상태를 제어하고 원격 분석 데이터와 RUL 예측 결과를 표시한다. 이러한 작업을
위해 웹 애플리케이션은 시뮬레이션 서비스와 예측 서비스라는 두 가지 서비스를 사용한다.

시뮬레이션 서비스

시뮬레이션 서비스는 SimulationService 클래스 내에서 구현했다(Services/Simulation
Service.cs). 이 클래스는 사용자가 적절한 버튼을 클릭할 때 시뮬레이션을 원격으로 시작
하고 중지하는 데 사용한다. 예제 13-20에 보이는 것처럼 IoT 허브에 적절한 명령을 전송
해 시뮬레이터를 시작하고 중지한다.

예제 13-20 시뮬레이션 시작과 중지

```
public async Task<string> StartSimulation()
{
    ClearTables();

    await WriteState(StartStopConstants.STARTING);
    await SendCommand("StartTelemetry");
```

```
        return StartStopConstants.STARTING;
}

public async Task<string> StopSimulation()
{
        await WriteState(StartStopConstants.STOPPING);
        await SendCommand("StopTelemetry");

        return StartStopConstants.STOPPING;
}

async Task SendCommand(string commandName)
{
        var command = CommandSchemaHelper.CreateNewCommand(commandName);

        foreach (var partitionKey in _deviceService.GetDeviceIds())
        {
                await _iotHubRepository.SendCommand(partitionKey, command);
        }
}
```

게다가 SimulationService 클래스는 원격 분석 및 예측 데이터로 테이블을 정리하고 (ClearTables), Azure 테이블에 시뮬레이션 상태를 작성하는 메서드를 구현했다(WriteState).

원격 분석 서비스

원격 분석 서비스는 TelemetryService 클래스로 나타냈으며(Services/TelemetryService.cs), GetLatestTelemetry와 GetLatestPrediction라는 2개의 public 메서드를 구현했다.

예제 13-21에 보이는 GetLatestTelemetry는 TableQuery 클래스를 사용해 애저 테이블을 쿼리해 원격 분석 엔터티를 가져온다. 이 클래스는 속성 필터를 만들 수 있는 메서드를 구현한다. 여기서는 2개의 필터가 사용된다. 첫 번째는 GenerateFilterCondition을 사용해 PartitionKey 속성을 필터링해 특정 디바이스에 대한 원격 분석 데이터를 얻는다. 두 번째는 2분이 넘지 않은 Timestamp(TimeOffsetInSeconds 상수)에 대한 원격 분석 엔터티를 취한다. 이 작업은 GenerateFilterConditionForDate 메서드를 사용해 수행한다. 이어서 두 가지 필터가 TableQuery.CombineFilters 메서드를 사용해 결합된다. 추가적으로 LINQ

구문을 활용해 sensor11, sensor14, sensor15, sensor9 엔터티 속성만 모은다. 쿼리는 `CloudTable.ExecuteQuery` 메서드를 사용해 클라우드 테이블을 대상으로 실행된다. 그 뒤 결과 엔터티의 목록은 200개의 레코드로 제한되고(MaxRecordsToReceive) `Telemetry` 객체의 컬렉션으로 변환된다. 그다음 데이터는 프론트 엔드로 전달돼 표시된다.

예제 13-21 원격 분석 데이터 조회하기

```
const int TimeOffsetInSeconds = 120;
const int MaxRecordsToSend = 50;
const int MaxRecordsToReceive = 200;

public async Task<IEnumerable<Telemetry>> GetLatestTelemetry(string deviceId)
{
    var storageConnectionString = _settings.StorageConnectionString;
    var table = await AzureTableStorageHelper.GetTableAsync(storageConnectionString,
        _settings.TelemetryTableName);
    var startTime = DateTimeOffset.Now.AddSeconds(-TimeOffsetInSeconds).DateTime;

    var deviceFilter = TableQuery.GenerateFilterCondition("PartitionKey",
        QueryComparisons.Equal, deviceId);
    var timestampFilter = TableQuery.GenerateFilterConditionForDate("Timestamp",
        QueryComparisons.GreaterThanOrEqual, startTime);
    var filter = TableQuery.CombineFilters(deviceFilter, TableOperators.And,
        timestampFilter);

    TableQuery<TelemetryEntity> query = new TableQuery<TelemetryEntity>()
        .Where(filter)
        .Take(MaxRecordsToReceive)
        .Select(new[] { "sensor11", "sensor14", "sensor15", "sensor9" });

    var result = new Collection<Telemetry>();
    var entities = table.ExecuteQuery(query)
        .OrderByDescending(x => x.Timestamp)
        .Take(MaxRecordsToSend);

    foreach (var entity in entities)
    {
        var telemetry = new Telemetry
        {
            DeviceId = entity.PartitionKey,
            RecordId = entity.RowKey,
            Timestamp = entity.Timestamp.DateTime,
```

```
            Sensor1 = Math.Round(double.Parse(entity.sensor11, CultureInfo.
                InvariantCulture)),
            Sensor2 = Math.Round(double.Parse(entity.sensor14, CultureInfo.
                InvariantCulture)),
            Sensor3 = Math.Round(double.Parse(entity.sensor15, CultureInfo.
                InvariantCulture)),
            Sensor4 = Math.Round(double.Parse(entity.sensor9, CultureInfo.
                InvariantCulture))
        };
        result.Add(telemetry);
    }

    return result.OrderBy(x => x.Timestamp);
}
```

GetLatestPrediction은 비슷하게 동작하지만, 예측 데이터를 포함하는 테이블을 쿼리(예제 13-22)하고, 결과 데이터를 Prediction 객체의 컬렉션으로 래핑한다.

예제 13-22 RUL 예측 데이터 조회하기

```
public async Task<IEnumerable<Prediction>> GetLatestPrediction(string deviceId)
{
    var storageConnectionString = _settings.StorageConnectionString;
    var table = await AzureTableStorageHelper.GetTableAsync(storageConnectionString,
        _settings.PredictionTableName);
    var startTime = DateTimeOffset.Now.AddSeconds(-TimeOffsetInSeconds).DateTime;

    var deviceFilter = TableQuery.GenerateFilterCondition("PartitionKey",
        QueryComparisons.Equal, deviceId);
    var timestampFilter = TableQuery.GenerateFilterConditionForDate("Timestamp",
        QueryComparisons.GreaterThanOrEqual, startTime);
    var filter = TableQuery.CombineFilters(deviceFilter, TableOperators.And,
        timestampFilter);

    TableQuery<PredictionRecord> query = new TableQuery<PredictionRecord>()
        .Where(filter)
        .Take(MaxRecordsToReceive)
        .Select(new[] { "Timestamp", "Rul" });

    var result = new Collection<Prediction>();
    var entities = table.ExecuteQuery(query)
        .OrderByDescending(x => x.RowKey)
```

```
        .Take(MaxRecordsToSend);

    foreach (var entity in entities)
    {
        var prediction = new Prediction
        {
            DeviceId = entity.PartitionKey,
            Timestamp = entity.Timestamp.DateTime,
            RemainingUsefulLife = (int)double.Parse(entity.Rul, CultureInfo.
                InvariantCulture),
            Cycles = int.Parse(entity.RowKey, CultureInfo.InvariantCulture)
        };
        result.Add(prediction);
    }

    return result.OrderBy(x => x.Cycles);
}
```

요약

13장은 애저 IoT 예측 유지 관리 사전 구성된 솔루션의 기능과 소스 코드를 살펴보았다. 솔루션을 만든 다음 솔루션의 구성 요소와 애저 리소스(애저 스토리지, 애저 스트림 분석, 애저 이벤트 허브)를 분석했다. 솔루션의 소스 코드 역시 분석했다. 클라우드 데이터 스토리지를 프로그래밍 방식으로 액세스해 이벤트 허브에서 받은 데이터를 처리하는 방법을 배웠다. 마지막으로 원격 분석 데이터를 시뮬레이터 WebJob으로 생성하고 솔루션 대시보드로 액세스하는 방식을 설명했다. 이러한 지식에 힘입어 다음 14장에서는 여러분 자신만의 IoT 솔루션을 만들어 볼 것이다.

CHAPTER 14

사용자 지정 솔루션

14장에서는 3부에서 구현한 여러 가지 기능을 조합해 사용자 지정 IoT 솔루션을 만든다. 이 솔루션은 원격 디바이스에서 실행하는 윈도우 10 IoT 코어 애플리케이션과 데스크톱용 유니버설 Windows 앱과 모바일 윈도우 10 플랫폼, 애저 IoT 허브, 애저 스트림 분석, 애저 이벤트 허브, Power BI, 애저 알림(Azure Notification) 허브를 활용한다. 14장에서는 자세한 구현 과정을 처음부터 안내한다. 사전 구성된 애저 IoT 솔루션에 사용된 고급 주제와 더불어 14장의 내용으로 완전하고 정교한 IoT 시스템을 구축할 수 있다.

여기서 개발한 솔루션은 다음과 같이 동작한다. 원격 디바이스는 센서 데이터를 IoT 허브를 통해 클라우드로 스트리밍한다. 이 데이터는 애저 스트림 분석 작업으로 실시간 분석한다. 이 작업은 세 가지 출력을 갖는다. 첫 번째 출력은 애저 테이블로 보내 원격 분석 데이터를 저장한다. 두 번째 출력은 시간 평균 센서 데이터를 포함하며, 이벤트 허브 프로세서로 보내 분석한다. 이 프로세서가 센서 판독값이 비정상이라고 결정하면 애저 알림 허브로 모바일 UWP 애플리케이션에 토스트 알림을 보낸다. 따라서 비정상값에 관한 정보는 애플리케이션이 실행되지 않더라도 모바일 사용자에 직접 전달된다. 더욱이 모바일 애플리케이션은 알림이 발생하는 디바이스에 관한 정보와 함께 가장 최신의 센서 판독값을 얻을 수 있다(그림 14-1 참고). 분석 작업의 마지막 출력은 Power BI 대시보드에 센서 데이터를 전송해 그림 14-2에 보이는 것처럼 실시간으로 이들 데이터를 시각화하는 것이다.

그림 14-1 비정상 센서 판독값에 관해 이벤트 허브에서 알림을 수신하는 모바일 애플리케이션. 모바일 클라이언트는 센서 판독값과 클라우드의 알림 이력도 읽는다.

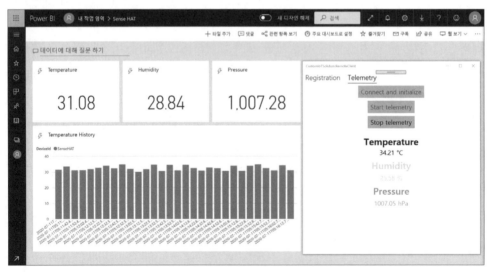

그림 14-2 사용자 지정 IoT 솔루션은 Power BI 대시보드에서 원격 센서 판독값을 표시한다. 데이터가 실시간으로 해석되므로 센서 판독값은 원격 클라이언트 애플리케이션에서 클라우드로 전송된 후 바로 표시된다.

IoT 허브

클라우드에 연결하는 게이트로 동작하는 IoT 허브를 먼저 만든다. 애저 포털에서 **+리소스 만들기** 버튼을 클릭한 다음 사물 인터넷Internet of Thing 노드로 가서 IoT Hub를 선택해 IoT 허브를 만든다(그림 14-3 참고).

그림 14-3 애저 포털에서 IoT 허브 만들기

다음 화면에서 구독, 리소스 그룹, 지역, 이름, 가격 및 크기 계층과 같은 IoT 허브의 기본 매개변수를 지정할 수 있다. 그림 14-4에 보이는 것처럼 Sense-HAT라는 새로운 리소스 그룹을 만들고 위치는 '한국 중부'를 선택한 다음 IoT 허브 이름을 iothub-sense-hat로 하고 'S1: 표준 계층'을 선택한다.

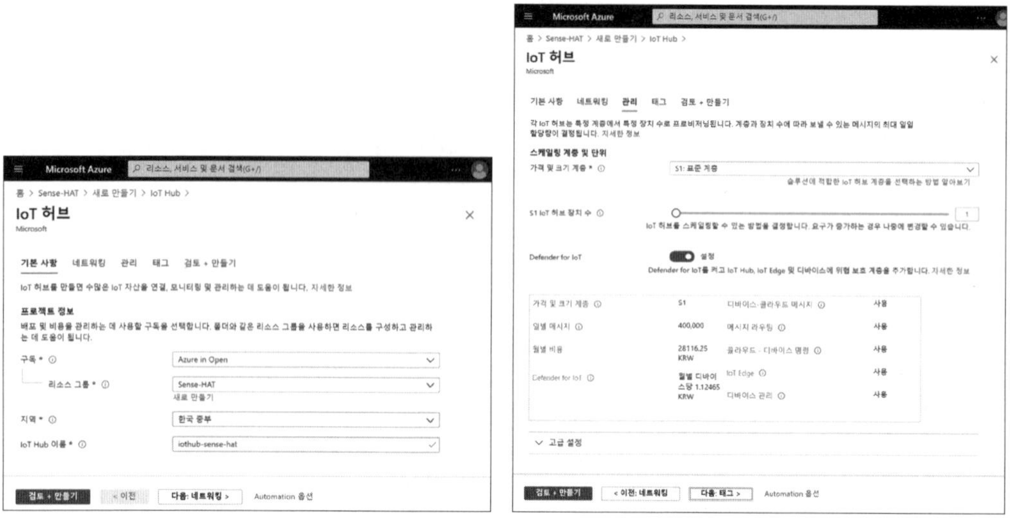

그림 14-4 IoT 허브 구성

가격 계층에 따라 IoT 허브 장치의 수와 디바이스-클라우드 파티션을 지정할 수도 있다. 솔루션의 규모에 따라 두 가지의 숫자를 조정한다. IoT 단위는 원격 디바이스의 크기에 달렸다. 메시지를 더 많이 보낼수록 단위는 더 필요하다. 마찬가지로 다중 병렬 채널에서 데이터를 스트리밍하고 싶으면 더 많은 디바이스-클라우드 파티션을 사용할 수 있다. 스트림 데이터에 사용하는 병렬 채널의 수를 지정한다.

만들기 버튼을 클릭하면 구성의 유효성이 검증되고, IoT 허브 배포가 시작된다. 배포 과정이 완료되면 알림을 받는다. **알림**은 애저 창의 오른쪽 상단 구석에 있다(그림 14-5 참고). IoT 허브가 배포될 때까지 기다린다.

그림 14-5 애저 포털의 알림 영역

클라이언트 애플리케이션

IoT 허브가 준비되면 클라이언트 애플리케이션을 작성할 수 있다. 이 애플리케이션은 원격 IoT 디바이스를 실행하고 데이터를 클라우드로 스트리밍한다. CustomIoTSolution. RemoteClient라는 클라이언트 애플리케이션을 만들고자 비주얼 C#용 비어 있는 앱(유니버설 Windows) 템플릿을 사용한다. 이 앱의 전체 소스 코드는 Chapter 14/CustomIoT Solution.RemoteClient에서 함께 제공하는 코드를 참고하자.

그림 14-6에 보이는 것처럼 애플리케이션의 UI는 2개의 탭으로 구성된다. 첫 번째 탭인 Registration은 2개의 전용 버튼을 사용해 ID 레지스트리에서 IoT 디바이스를 등록하고 해제할 수 있다. 디바이스를 등록할 때 텍스트 상자에서 주 인증키를 표시한다. 두 번째 탭인 Telemetry는 3개의 버튼을 포함한다. 12장, '원격 디바이스 모니터링'에서처럼 클라우드와 센서를 연결한(Connect and Initialize) 다음 주기적으로 판독하고 센서 데이터를 클라우드로 전송하는 백그라운드 작업을 시작(Start Telemetry) 또는 중지(Stop Telemetry)한다.

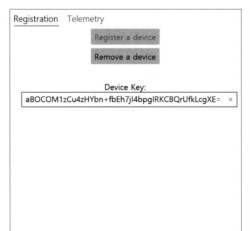 

그림 14-6 원격 클라이언트 애플리케이션의 사용자 인터페이스

클라이언트 애플리케이션의 논리 계층은 다른 장이나 부록에서 개발한 몇 가지 블록을 사용해 구현했다. 구체적으로 센서와 상호작용하고자 SenseHat.Portable과 SenseHat.UWP 클래스 라이브러리를 참조한 클래스의 센서 클래스를 사용한다(부록 D, 'Sense HAT 클래

스 라이브러리' 참고). 센서 데이터를 주기적으로 읽고 보고하고자 12장의 **Telemetry** 클래스를 약간 확장한 버전을 사용한다. 이 클래스를 확장해 온도와 습도 외에 기압을 얻는다 (Chapter 14/CustomIoTSolution.RemoteClient/TelemetryControl/Telemetry.cs에서 함께 제공하는 코드 참고).

따라서 RowId, Time, Pressure라는 세 가지 속성으로 **TelemetryData** 클래스의 정의를 보완했다(Chapter 14/CustomIoTSolution.RemoteClient/Models/TelemetryData.cs에서 함께 제공하는 코드 참고). RowId 속성은 원격 분석 데이터를 저장하는 적절한 애저 테이블의 RowKey 속성을 채우는 데 사용된다. 예제 14-1에 보이는 것처럼 RowId는 전역적으로 고유하며, **System.Guid** 클래스의 **NewGuid** 정적 메서드를 사용해 생성된다. RowId와 Time은 **TelemetryData** 클래스 생성자에서 설정한다. 예제 14-2에서 나타낸 다른 속성은 Telemetry_DataReady 이벤트 핸들러 내에서 설정한다.

예제 14-1 TelemetryData 클래스 생성자

```
public TelemetryData()
{
    RowId = Guid.NewGuid().ToString();
    Time = DateTime.Now;
}
```

예제 14-2 원격 분석 데이터 전송하기

```
private void Telemetry_DataReady(object sender, TelemetryEventArgs e)
{
    DisplaySensorReadings(e);

    var telemetryData = new TelemetryData()
    {
        DeviceId = deviceId,
        Temperature = e.Temperature,
        Humidity = e.Humidity,
        Pressure = e.Pressure
    };

    var telemetryMessage = MessageHelper.Serialize(telemetryData);
```

```
    deviceClient.SendEventAsync(telemetryMessage);
}
```

애저 IoT 디바이스용 디바이스 SDK에서 DeviceClient 클래스를 사용해 디바이스를 클라우드에 연결한다. DeviceClient의 주 API 요소는 12장에서 소개했다. 여기서는 정확히 동일한 방식으로 DeviceClient와 다른 헬퍼 클래스(MessageHelper와 RemoteCommand)를 사용한다.

앞서 예제에서처럼 UI를 제어하고 센서 판독값을 표시하고자 데이터 바인딩을 사용한다. INotifyPropertyChanged 인터페이스를 상속한 ClientViewModel 클래스를 여기서 사용한다. ClientViewModel은 몇 가지 속성을 구현하는데 이들 속성은 Temperature ToStringConverter, HumidityToStringConverter, PressureToStringConverter, LogicalNegationConverter와 같은 여러 가지 변환기의 도움을 받아 UI에 바인딩한다. 첫 3개의 변환기는 SenseHat.UWP 라이브러리에서 구현했으며(부록 D 참고) 센서 값에 서식을 적용하는 데 사용했다. 마지막 변환기인 LogicalNegationConverter는 CustomIoTSolution.RemoteClient에서 로컬로 구현했다(Chapter 14/CustomIoTSolution. RemoteClient/Converters/LogicalNegationConverter.cs에서 함께 제공하는 코드 참고). 이 변환기를 사용해 ClientViewModel의 IsDeviceRegistered 속성이 true일 때 Register a Device 버튼을 해제한다.

```
<Button x:Name="ButtonRegisterDevice"
        Content="Register a device"
        Click="ButtonRegisterDevice_Click"
        IsEnabled="{x:Bind clientViewModel.IsDeviceRegistered, Mode=OneWay,
            Converter={StaticResource LogicalNegationConverter}}" />
```

로컬 변환기처럼 다루고자 클래스 라이브러리에서 변환기(와 다른 리소스)를 임포트한다. 예제 14-3에 보이는 것처럼 xmlns 특성을 사용해 적절한 네임스페이스를 가리킨 다음 리소스 딕셔너리에서 변환기를 선언한다.

```xml
<Application
    x:Class="CustomIoTSolution.RemoteClient.App"
    xmlns="http://schemas.microsoft.com/winfx/2006/xaml/presentation"
    xmlns:x="http://schemas.microsoft.com/winfx/2006/xaml"
    xmlns:converters="using:CustomIoTSolution.RemoteClient.Converters"
    xmlns:contertersSenseHat="using:SenseHat.UWP.Converters"
    RequestedTheme="Light">

    <Application.Resources>
        <converters:LogicalNegationConverter x:Key="LogicalNegationConverter" />
        <contertersSenseHat:HumidityToStringConverter x:Key="HumidityToStringConverter" />
        <contertersSenseHat:PressureToStringConverter x:Key="PressureToStringConverter" />
        <contertersSenseHat:TemperatureToStringConverter x:Key="TemperatureToString
            Converter" />
    </Application.Resources>
</Application>
```

디바이스 레지스트리

클라이언트 애플리케이션을 클라우드에 연결하고자 IoT 허브에서 디바이스를 등록한다. 12장에서 디바이스를 등록하는 데 IoT 포털을 사용했다. 여기서는 Microsoft.Azure.Devices NuGet 패키지 내에서 구현된 애저 IoT 디바이스용 서비스 SDK를 사용해 프로그래밍 방식으로 디바이스를 등록하는 방법을 설명한다. 이 패키지는 RegistryManager 클래스를 제공하며, AddDeviceAsync와 GetDeviceAsync라는 두 가지 메서드를 구현한다. 첫 번째 메서드를 사용해 IoT 허브의 디바이스 레지스트리(ID 레지스트리)에 IoT 장치를 추가한다. 두 번째 메서드인 GetDeviceAsync는 레지스트리에서 디바이스를 조회하는 데 사용된다. 일반적으로 먼저 GetDeviceAsync 메서드를 호출해 특정 ID 디바이스가 레지스트리에 있는지 여부를 확인한다. 그다음 필요한 경우 AddDeviceAsync 메서드를 호출한다.

RegistryManager는 public 생성자를 구현하지 않는다. 이 클래스의 인스턴스를 생성하고자 정적 CreateFromConnectionString 메서드를 사용한다. 이 메서드는 connectionString이라는 인수 하나가 필요하다. 연결 문자열을 얻고자 애저 포털을 사용해 IoT 허브의 공유 액세스 정책(설정 그룹)으로 간다. 정책의 목록이 표시된다. 정책은 클라이언트가 수행할 수 있는 작업을 결정하는 IoT 허브 엔드포인트의 권한 수준을 정의한다(더 자세한 내용은 https://docs.microsoft.com/ko-kr/azure/iot-hub/iot-hub-devguide-security 참고). 그림 14-7에 보이는 것처럼 다섯 가지 기본 정책이 있다.

그림 14-7 IoT 허브의 공유 액세스 정책

- **iothubowner** 전체 권한 집합을 제공한다. IoT 허브 엔드포인트는 ID 레지스트리를 읽고 쓸 수 있으며, 클라우드 사이드 엔드포인트에서 메시지를 송수신하고(예를 들어, 이벤트 허브 프로세서), 디바이스 사이드 엔드포인트에서 동일하게 수행한다.

- **Service** 클라우드 엔드포인트에서 메시지를 송수신하는 서비스 연결 권한을 활성화한다.

- **device** 디바이스 엔드포인트에서 메시지를 송수신하는 디바이스 연결 권한을 활성화한다.

- **registryRead** 레지스트리 읽기 권한을 활성화하므로 엔드포인트는 등록된 디바이스 목록만 표시한다.

- **registryReadWrite** 레지스티리 읽기/쓰기 권한을 활성화해 새로운 디바이스를 나열하고 등록한다.

각 정책을 클릭할 경우 오른쪽에 권한 집합과 액세스 키, 연결 문자열이 나타난다. 여기서는 iothubowner 연결 문자열을 사용해 IoT 허브에 전체 액세스를 얻는다.

예제 14-4는 DeviceRegistrationHelper 정적 클래스의 RegisterDevice 메서드를 기술했다 (Chapter 14/CustomIoTSolution.RemoteClient/Helpers/DeviceRegistrationHelper.cs에서 함께 제공하는 코드 참고). RegisterDevice는 디바이스 등록 프로세스의 전체 예를 소개했다. 먼저 제공한 연결 문자열을 사용해 RegistryManager 클래스의 인스턴스를 생성한다. 그다음 GetDeviceAsync 메서드를 호출하고 ID 레지스트리에 디바이스가 이미 존재하는지 여부를 검사한다. 존재하지 않으면 AddDeviceAsync 메서드를 사용해 디바이스를 등록한다.

예제 14-4 디바이스 등록하기

```
public static async Task<Device> RegisterDevice(string connectionString, string deviceId)
{
    // IoT 허브와 연결
    var registryManager = RegistryManager.CreateFromConnectionString(connectionString);

    Device device;

    try
    {
        // 디바이스가 이미 존재하는지 검사
        device = await registryManager.GetDeviceAsync(deviceId);
    }
    catch(DeviceAlreadyExistsException)
    {
        // 디바이스가 없으면 디바이스 등록
        device = await registryManager.AddDeviceAsync(new Device(deviceId));

        // ... 그리고 로컬 설정에서 디바이스 기본 키 저장
        StoreDeviceKey(device.Authentication.SymmetricKey.PrimaryKey);
    }

    return device;
}
```

RegistryManager 클래스의 RemoveDeviceAsync 메서드를 사용해 디바이스 등록을 해제한다. 이 클래스는 ID 등록에서 배치 작업을 수행할 수 있다. 하나의 메서드로 여러 디바이스를 검색, 추가, 제거할 수 있다. 이렇게 하려면 각각 GetDevicesAsync, AddDevicesAsync, RemoveDevicesAsync를 사용한다.

디바이스 등록을 성공한 후 로컬 애플리케이션 설정에서 디바이스 키를 저장한다. 따라서 애플리케이션이 재시작된 후 이 키를 검색할 수 있다. 예제 14-5에 보이는 것처럼 ApplicationDataContainer 클래스의 Values 속성을 사용해 애플리케이션 설정을 액세스한다. Values 속성은 IPropertySet 인터페이스를 구현하고 키-값 쌍의 컬렉션이다. 따라서 이 키를 사용해 각 설정을 액세스한다. 현재 애플리케이션 데이터의 설정인 ApplicationData.Current.LocalSettings의 LocalSettings 속성을 읽어 로컬 애플리케이션 설정을 포함하는 ApplicationDataContainer의 인스턴스를 얻는다.

예제 14-5 로컬 애플리케이션 설정의 값 저장하기

```csharp
private static string DeviceKeyString = "DeviceKey";

public static string RetrieveDeviceKey()
{
        var localSettings = ApplicationData.Current.LocalSettings;

        return localSettings.Values[DeviceKeyString] as string;
}
private static void StoreDeviceKey(string deviceKey)
{
        var localSettings = ApplicationData.Current.LocalSettings;

        localSettings.Values[DeviceKeyString] = deviceKey;
}
```

Register a Device 버튼을 클릭해 CustomIoTSolution.RemoteClient로 디바이스를 등록한다. 이 버튼은 예제 14-6의 이벤트 핸들러를 호출한다. 이 메서드는 먼저 디바이스를 등록한 다음 텍스트 상자에 생성된 기본 액세스 키를 표시한다. 애저 포털 IoT 허브의 IoT 디바이스(탐색기 그룹)에서 이 키를 확인할 수도 있다.

```
private const string connectionString = "<TYPE_YOUR_CONNECTION_STRING_HERE>";
private const string deviceId = "SenseHAT";

private ClientViewModel clientViewModel = new ClientViewModel();

private async void ButtonRegisterDevice_Click(object sender, RoutedEventArgs e)
{
    var device = await DeviceRegistrationHelper.RegisterDevice(connectionString, deviceId);

    UpdateDeviceRegistrationDisplay(device.Authentication.SymmetricKey.PrimaryKey);
}

private void UpdateDeviceRegistrationDisplay(string deviceKey)
{
    // 디바이스는 deviceKey가 유효할 때 등록된다고 가정
    if (!string.IsNullOrEmpty(deviceKey))
    {
        clientViewModel.IsDeviceRegistered = true;
    }
    else
    {
        clientViewModel.IsDeviceRegistered = false;
    }

    clientViewModel.DeviceKey = deviceKey;
}
```

예제 14-7에 보이는 것처럼 디바이스 키는 MainPage가 만들어질 때마다 로컬 설정에서 복원된다. 디바이스 키가 성공적으로 복원되면 Register a Device 버튼은 비활성화되지만, Remove a Device 버튼이 활성화된다. 두 번째 버튼을 사용해 ID 레지스트리에서 디바이스를 제거할 수 있다.

예제 14-7 애플리케이션 설정에서 디바이스 키 검색하기

```
public MainPage()
{
    InitializeComponent();
```

```
    CheckDeviceRegistration();
}

private void CheckDeviceRegistration()
{
    var deviceKey = DeviceRegistrationHelper.RetrieveDeviceKey();

    UpdateDeviceRegistrationDisplay(deviceKey);
}
```

Remove a Device 버튼의 클릭 이벤트 핸들러를 예제 14-8에서 나타냈다. 이 메서드는
ID 레지스트리에서 디바이스를 제거하고 로컬 설정에서 디바이스 키를 지운 다음 뷰를
업데이트한다. Remove a Device 버튼은 비활성화되고, 다른 버튼은 활성화된다. 그 결
과 디바이스 키를 표시하는 텍스트 상자는 지워지고 원격 분석은 중지된다. 마지막으로
ClientViewModel의 IsConnected 플래그flag를 false로 설정한다. 이는 클라우드와 연결
이 앞서의 디바이스 키를 사용해 성립될 수 없음을 뜻한다.

예제 14-8 Remove a Device 버튼의 클릭 이벤트 핸들러

```
private async void ButtonRemoveDevice_Click(object sender, RoutedEventArgs e)
{
    await DeviceRegistrationHelper.RemoveDevice(connectionString, deviceId);

    UpdateDeviceRegistrationDisplay(null);

    if (telemetry != null)
    {
        telemetry.Stop();
    }

    clientViewModel.IsConnected = false;
}
```

디바이스를 제거하고자 예제 14-9에 보이는 RemoveDevice 메서드로 DeviceRegistration
Helper 클래스의 정의를 확장했다.

```
public static async Task RemoveDevice(string connectionString, string deviceId)
{
    // IoT 허브와 연결
    var registryManager = RegistryManager.CreateFromConnectionString(connectionString);

    // 디바이스가 존재하는지 여부 검사
    Device device = await registryManager.GetDeviceAsync(deviceId);
    if (device != null)
    {
        // 디바이스가 존재하면 제거
        await registryManager.RemoveDeviceAsync(deviceId);

        // 앱 설정에서 디바이스 키 제거
        StoreDeviceKey(null);
    }
}
```

원격 분석 데이터 전송하기

IoT 디바이스에 이 애플리케이션을 배포하고 애플리케이션이 실행되면 Register a Device 버튼을 클릭해 CustomIoTSolution.RemoteClient로 IoT 허브에 데이터 전송을 시작한다. 디바이스 등록 후 Telemetry 탭으로 가서 Connect and Initialize 옵션을 사용해 IoT 허브에 연결하고 센서를 구성한다. 그다음 Start Telemetry 버튼을 사용해 원격 분석을 실행할 수 있다. 애저 포털로 가서 IoT 허브의 **개요** 메뉴를 클릭해 IoT 허브가 메시지를 수신했는지 확인한다(그림 14-8 참고). 수신한 메시지의 수와 등록된 디바이스가 IoT 허브 사용 창에 표시된다.

그림 14-8 IoT 허브의 개요

CustomIoTSolution.RemoteClient로 센서 판독을 에뮬레이션할 수도 있다. Telemetry 클래스의 isEmulationMode 플래그를 true로 변경한다. 센서값은 하드 코딩된 값을 중심으로 무작위로 바뀌며(예제 14-10 참고), 개발 PC에서 클라이언트 애플리케이션을 실행해 여기서 나타낸 모든 예제를 빠르게 테스트할 수 있다.

예제 14-10 CustomIoTSolution.RemoteClient로 센서 판독값을 에뮬레이션할 수 있다.

```
private bool isEmulationMode = true; //이 값을 false로 설정하면 실제 센서에서 데이터를 얻는다.

private TelemetryEventArgs GetSensorReadings()
{
    if (!isEmulationMode)
    {
        var temperature = temperatureAndPressureSensor.GetTemperature();
        var humidity = humidityAndTemperatureSensor.GetHumidity();
        var pressure = temperatureAndPressureSensor.GetPressure();

        return new TelemetryEventArgs(temperature, humidity, pressure);
    }
```

```
    else
    {
        var random = new Random();

        var temperature = (float)(30.0 + random.NextDouble() * 5.0);
        var humidity = (float)(20.0 + random.NextDouble() * 10.0);
        var pressure = (float)(1005.0 + random.NextDouble() * 2.5);

        return new TelemetryEventArgs(temperature, humidity, pressure);
    }
}
```

스트림 분석

클라이언트 애플리케이션이 준비되고 동작하면 전용 애저 테이블에 원격 분석 데이터를 저장하고 도약 창을 사용해 평균 센서값을 계산한 다음 애저 이벤트 허브로 이들 값을 전송하는 애저 스트림 분석 작업을 만들 수 있다. 먼저 스토리지 계정과 이벤트 허브를 만들어야 한다.

스토리지 계정

애저 테이블을 만드는 데 스토리지 계정이 필요하다. 애저 포털을 사용해 만든다. 그림 14-9에 보이는 것처럼 **+리소스 만들기** 버튼을 클릭하고 애저 마켓플레이스^{Azure Marketplace}에서 **저장소** 노드를 확장한 다음 **Storage 계정**을 선택한다.

스토리지 계정 만들기 화면이 나타난다(그림 14-10 참고). 이 화면을 사용해 스토리지 계정을 정의한다. 이름을 설정한 다음 애저 구독과 리소스 그룹, 위치, 성능, 계정 종류, 복제, 액세스 계층을 선택한다. 검토+만들기 버튼을 클릭해 유효성 검사를 거친 뒤 **만들기** 버튼을 클릭해 스토리지 계정이 배포될 때까지 기다린다.

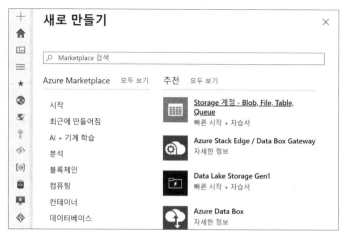

그림 14-9 애저 포털에서 스토리지 계정 만들기

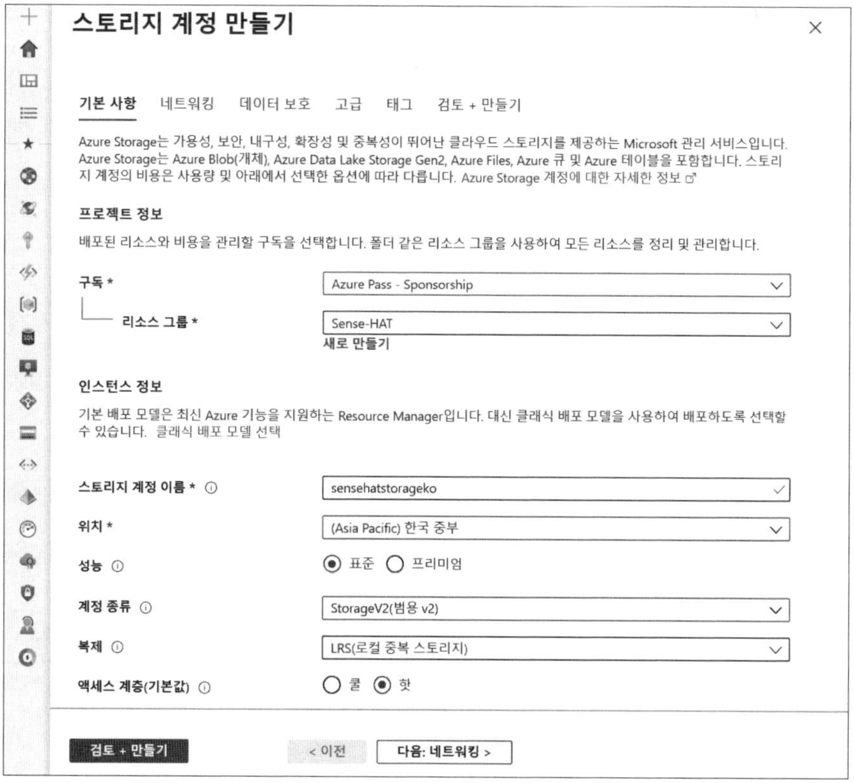

스토리지 계정 만들기   ✕

기본 사항　　네트워킹　　데이터 보호　　고급　　태그　　검토 + 만들기

Azure Storage는 가용성, 보안, 내구성, 확장성 및 중복성이 뛰어난 클라우드 스토리지를 제공하는 Microsoft 관리 서비스입니다.
Azure Storage는 Azure Blob(개체), Azure Data Lake Storage Gen2, Azure Files, Azure 큐 및 Azure 테이블을 포함합니다. 스토리지 계정의 비용은 사용량 및 아래에서 선택한 옵션에 따라 다릅니다. Azure Storage 계정에 대한 자세한 정보 ☞

프로젝트 정보

배포된 리소스와 비용을 관리할 구독을 선택합니다. 폴더 같은 리소스 그룹을 사용하여 모든 리소스를 정리 및 관리합니다.

구독 *   [Azure Pass - Sponsorship   ⌄]

└─ 리소스 그룹 *   [Sense-HAT   ⌄]
                                  새로 만들기

인스턴스 정보

기본 배포 모델은 최신 Azure 기능을 지원하는 Resource Manager입니다. 대신 클래식 배포 모델을 사용하여 배포하도록 선택할 수 있습니다. 클래식 배포 모델 선택

스토리지 계정 이름 * ⓘ   [sensehatstorageko   ✓]

위치 *   [(Asia Pacific) 한국 중부   ⌄]

성능 ⓘ   ◉ 표준　　○ 프리미엄

계정 종류 ⓘ   [StorageV2(범용 v2)   ⌄]

복제 ⓘ   [LRS(로컬 중복 스토리지)   ⌄]

액세스 계층(기본값) ⓘ   ○ 쿨　　◉ 핫

[**검토 + 만들기**]   [< 이전]   [다음: 네트워킹 >]

그림 14-10 스토리지 계정 구성

스토리지 계정의 이름을 sensehatstorageko로 설정하고, 계정 종류를 StorageV2(범용 v2)를 선택했으며, 성능을 표준으로 하고, 복제는 LRS(로컬 중복 스토리지)로 했다. Azure Pass(구독)를 사용하고, 앞서 만든 리소스 그룹(Sense HAT)을 선택했으며, 위치는 '한국 중부'를 사용한다.

이름, 위치, 리소스 그룹, 구독은 특별히 문제가 없을 것이고, 스토리지 계정의 다른 매개변수에 관해서는 설명이 필요하다.

배포 모델(리소스 관리자 또는 클래식)은 리소스를 배포하고 관리하는 방법을 지정한다. 애저 포털은 새로운 애플리케이션에 리소스 관리자 사용을 권장한다. 클래식 모델은 클래식 가상 모델에서 배포한 애저 리소스와 호환성을 위해 남겨 놓았다. 두 가지 모델은 https://docs.microsoft.com/ko-kr/azure/azure-resource-manager/management/ deployment-models에서 자세히 비교하고 설명했다.

범용과 Blob 스토리지라는 두 가지 계정 종류에서 선택할 수 있다. 범용 스토리지 계정은 blob, 파일 공유, 테이블, 큐에 대한 통합 계정을 제공하지만, blob 스토리지 계정은 blob용으로만 최적화돼 있다. 계정 종류를 blob 스토리지로 설정하면 쿨 또는 핫의 두 가지 액세스 계층 중 하나를 선택한다. 쿨 액세스 계층은 자주 액세스하지 않는 blob용으로 최적화되고, 핫 액세스 계층은 빈번하게 액세스하는 blob용으로 특화된다. 쿨 액세스 계층은 핫 계층보다 저렴하다. 다양한 스토리지 종류에 대한 더 자세한 설명은 https://docs.microsoft.com/ko-kr/azure/storage/common/storage-account-create?tabs=azure-portal를 참고하자.

스토리지 성능 옵션을 사용해 마그네틱(표준) 또는 솔리드 스테이트(프리미엄) 드라이브에 데이터를 저장하는 옵션을 선택한다. 프리미엄 스토리지는 애저 가상 머신 디스크로만 사용할 수 있으며, I/O 중심 애플리케이션 전용이다.

복제는 선택한 복제 옵션에 따라 스토리지 계정 데이터를 다른 물리적 위치로 복사하는 데 사용된다. 사용 가능한 네 가지 복제 옵션이 있다(https://docs.microsoft.com/ko-kr/azure/ storage/common/storage-redundancy).

- 로컬 중복 스토리지^{LRS, Locally Redundant Storage} 이 옵션은 지정한 위치의 데이터 센터 내에 3벌의 데이터를 복사한다.

- 영역 중복 스토리지^{ZRS, Zone-Redundant Storage} LRS로서 로컬 데이터센터의 데이터를 복제한다. 추가적으로 데이터를 주 데이터센터와 상대적으로 가까운 다른 지역(리전)의 1개 또는 2개의 데이터센터로 복제한다.

- 지역 중복 스토리지^{GRS, Geo-Redundant Storage} ZRS와 비슷하게 동작하지만, 데이터를 주 지역과 꽤 멀리 떨어진 두 번째 지역(리전)으로 복제한다. 데이터를 주 지역에서 복구할 수 없는 경우라도 데이터의 안전한 액세스를 보장한다.

- 읽기 액세스 지역 중복 스토리지^{RA-GRS, Read-Access Geo-Redundant Storage} GRS에 추가로 두 번째 위치에서 데이터에 대한 읽기 전용 액세스를 제공한다.

애저 테이블

만든 스토리지 계정은 아직 애저 테이블이 없다. 이제 telemetrydata와 alerthistory라는 2개의 테이블을 만든다. 첫 번째는 원격 분석 데이터를 저장하고, 두 번째는 경고 이력을 포함한다.

클라우드 탐색기를 사용해 스토리지 계정(이 경우 sensehatstorageko)을 찾아서 Tables 노드를 클릭해 애저 테이블을 만든다(그림 14-11 참고). 클라우드 탐색기의 작업 창에 보이는 **테이블 만들기** 링크를 사용한다. 이 링크를 클릭해 나타난 텍스트 상자에서 테이블 이름을 telemetrydata로 입력한다. 두 번째 테이블 alerthistory도 동일한 방식으로 만든다.

그림 14-11 센스 HAT 애저 리소스 그룹의 항목을 표시하는 클라우드 탐색기

이벤트 허브

IoT 허브와 비슷한 방식으로 진행해 이벤트 허브^{Event Hub}를 만든다. 애저 포털로 가서 +리소스 만들기 버튼을 클릭하고 애저 마켓플레이스에서 **통합** 노드를 선택한 다음 모두 보기 탭에서 Event Hubs 앱을 선택한다(그림 14-3 참고). 그림 14-12에 보이는 것처럼 이벤트 허브 네임스페이스를 만드는 화면이 표시된다. 이 화면을 사용해 이벤트 허브에 대한 네임스페이스, 구독, 리소스 그룹, 가격 책정 계층을 지정한다. 여기서는 네임스페이스로 sense-hat-event-hub, 리소스 그룹으로 Sense HAT, 가격 책정 계층으로 '기본'을 사용한다.

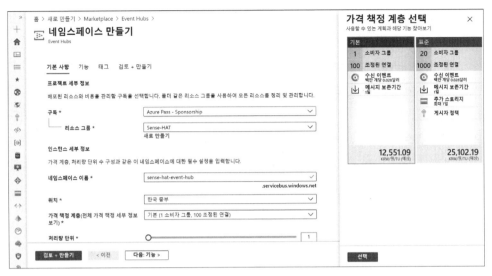

그림 14-12 이벤트 허브 네임스페이스 구성

방금 만든 이벤트 허브 네임스페이스를 찾아서 실제 이벤트 허브를 만든다(애저 포털의 센스 HAT 리소스 그룹 아래에서 찾을 수 있다). 개요 블레이드에서 **+이벤트 허브** 버튼을 클릭한다 (그림 14-13 참고). 이벤트 허브 만들기 화면이 표시된다.

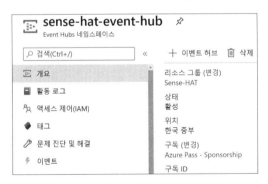

그림 14-13 sense-hat-event-hub 네임스페이스의 개요 블레이드의 일부

그림 14-14에 보이는 것처럼 이름과 파티션 수를 지정해 이벤트 허브를 만든다. 메시지 보존 기간은 표준 가격 책정 계층에서 변경할 수 있다. 보존 기간은 이벤트 허브로 전송되는 메시지의 수명을 지정한다. 기본적으로 각 메시지는 하루 뒤에 만료된다. 만료 이후 메시지는 더 이상 사용할 수 없다. 표준 가격 책정 계층을 사용할 경우 메시지 보존 기간을 높일 수 있다(그림 14-10 참고). 이벤트 허브 아카이브를 사용해 수신한 데이터를 자동으로 blob 스토리지로 백업한다(더 자세한 내용은 https://docs.microsoft.com/ko-kr/azure/event-hubs/event-hubs-capture-overview 참고). 데이터 중요성이 높은 애플리케이션에 이 기능을 사용하면 좋다.

그림 14-14 이벤트 허브 구성

스트림 분석 작업

스트림 분석 작업이 필요한 구성 요소가 준비됐으므로 애저 포털에서 실제 작업을 만들 수 있다. 해당 애플리케이션 템플릿은 사물 인터넷 노드에서 찾을 수 있다(그림 14-3 참고). **스트림 분석 작업**을 선택하면 새로운 화면이 표시된다(그림 14-15 참고). 이 화면을 사용해 작업 이름, 애저 구독, 리소스 그룹을 설정한다. 마지막으로 **만들기** 버튼을 클릭한 다음 스트림 분석 작업 배포가 끝날 때까지 기다린다.

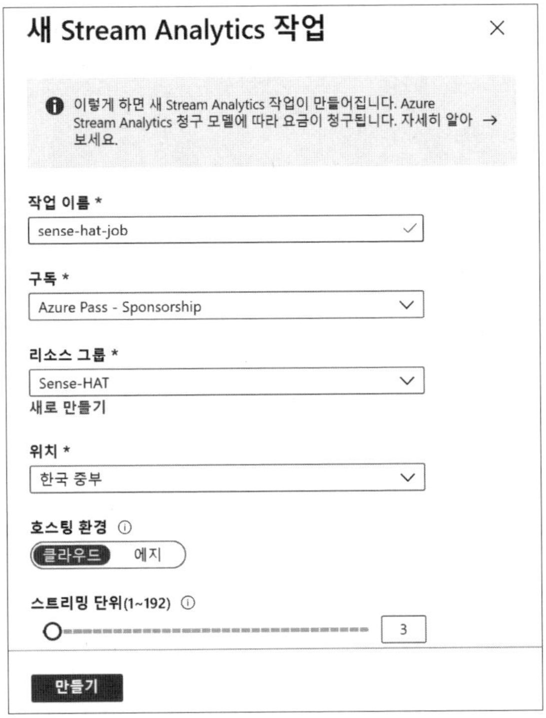

그림 14-15 스트림 분석 작업 구성

입력

13장에서 언급한 것처럼 스트림 분석 작업은 쿼리를 사용해 입력 데이터를 처리하고, 결과를 작업 출력으로 보낸다. 즉 출력은 쿼리를 통해 입력과 관련된다. 세 가지 개체 모두가 작업 토폴로지를 구성한다. 스트림 분석 작업의 개요 블레이드를 사용해 작업 토폴로지를 정의한다(그림 14-16 참고). 토폴로지가 정의되면 이 블레이드에서 전용 버튼(상단 영역)을 사용해 작업을 시작하고 중지할 수도 있다.

그림 14-16 sense-hat-job의 개요

이제 입력을 만들어 보자. 작업 토폴로지 창에서 **입력**을 클릭한다. 입력의 목록이 나타날 때 스트림 입력 **추가** 버튼을 클릭하고 Event Hub, Blob Storage, IoT Hub 중에서 IoT Hub를 선택한다. 새로운 입력 화면이 나타난다. 이 화면에서 다음 옵션을 지정해 입력을 구성한다(그림 14-17 참고).

- **입력 별칭** 작업 쿼리에서 입력을 식별한다. 값을 datastream으로 설정한다.

- **IoT Hub** 입력 싱크를 지정한다. 구독에서 IoT Hub를 선택한다. 옵션을 선택한 경우 입력이 나오는 원본으로 iothub-sense-hat이 자동으로 채워져 있다.

- **엔드포인트** 메시지와 작업 모니터링이라는 두 가지 값 중 하나를 선택한다. 디바이스 원격 분석과 디바이스 정보를 클라우드로 전송하고자 메시지를 사용한다. 작업 모니터링은 클라우드에서 디바이스에 원격 명령을 전송하는 데 사용된다. 여기서는 원격 디바이스에서 전송한 데이터를 분석하므로 **메시지**를 사용한다.

- **공유 액세스 정책 이름** 액세스 정책을 선택한다. iothubowner와 service라는 두 가지 가능한 옵션이 있다. 여기서는 전체 액세스가 필요하지 않으므로 service 정책 이름을 선택한다.

- **이벤트 serialization 형식** 데이터 스트림의 입력 형식을 정의한다. 여기서는 DeviceClient가 원격 디바이스에서 클라우드로 메시지를 전송하는데 이 형식을 이용하므로 JSON을 사용한다.

- **인코딩** 인코딩 형식을 지정한다. 14장을 집필할 때는 UTF-8 인코딩만 사용 가능했다.

입력을 구성한 후 저장 버튼을 클릭한다. 새로운 입력이 입력 목록과 개요 블레이드에 표시된다.

그림 14-17 새로운 입력 구성

출력

이제 2개의 출력을 만든다. 하나는 telemetrydata 테이블 스토리지에 연결하므로 쿼리 결과는 이 애저 테이블에 바로 저장되고, 두 번째 출력은 이벤트 허브로 전송돼 평균 온도값을 사용한다.

입력에서 했던 동일한 방식으로 작업 출력을 만든다. 작업 토폴로지 그룹의 **출력** 메뉴를 클릭한다. 작업 출력의 목록이 나타나면 **추가** 버튼을 클릭하고 싱크sink 종류를 테이블 스토리지로 지정한다. 출력 싱크는 쿼리 결과를 보낼 곳이다. 다른 옵션으로 SQL Database,

Blob Storage/Data Lake Storage Gen2, Event Hub, Service Bus Queue, Service Bus Topic, Cosmos DB, Power BI, Data Lake Store Gen1, 애저 함수, Azure Synapse Analytics가 있다. 이 옵션을 선택하면 사용하는 구독과 스토리지 계정이 채워진 테이블 스토리지 생성 블레이드가 나타난다.

- **출력 별칭** 작업 쿼리에서 출력을 식별한다. 이 값을 telemetrytable로 설정한다.
- **파티션 키** DeviceId를 입력한다.
- **행 키** RowId를 선택한다.
- **일괄 처리 크기** 1~100 사이의 값을 지정한다. 이 값은 배치 트랜잭션의 수를 지정한다. 최대값을 100으로 설정하자.

지정한 파티션 키와 행 키의 값과 쿼리 출력이 일치하지 않는 경우 작업은 오류를 출력한다.

두 번째 출력은 싱크 옵션을 'Event Hubs'로 선택한 다음 나머지는 동일한 방식으로 만든다. 다음 구성을 사용한다.

- **출력 별칭** averagetemperature를 지정한다.
- **구독** 이벤트 허브를 만든 구독이 자동으로 선택돼 있다.
- **Event Hubs 네임스페이스** sense-hat-event-hub가 자동으로 선택돼 있다.
- **Event Hubs 이름** alerts-hub가 자동으로 선택돼 있다(그림 14-13의 화면에서 입력한 이름).
- **이벤트 허브 정책 이름** 기존 항목 사용을 체크하고 RootManageSharedAccessKey를 선택한다.
- **파티션 키 열** 빈 값으로 남겨 두거나 DeviceId로 설정한다.
- **이벤트 serialization 형식** JSON을 선택한다.
- **인코딩** UTF-8을 선택한다.
- **형식** 줄로 구분됨을 선택한다.

싱크 종류를 변경하면 사용할 수 있는 옵션도 바뀐다. 이벤트 허브의 경우는 테이블 스토리지와 다르며, 직렬화 형식, 인코딩, 형식을 정의할 수 있다. 여기서 이들 옵션은 가장 일반적인 기본값으로 남겨 둔다.

입력과 출력을 정의한 후 작업 토폴리지는 그림 14-18과 비슷할 것이다. 애저 스트림 분석 작업의 '개요' 블레이드는 차트와 모니터링을 추가로 표시한다. 여기서 지난 1시간 동안의 입력과 출력 이벤트 메트릭metric을 표시한다. 또한 시작 버튼이 활성화된다.

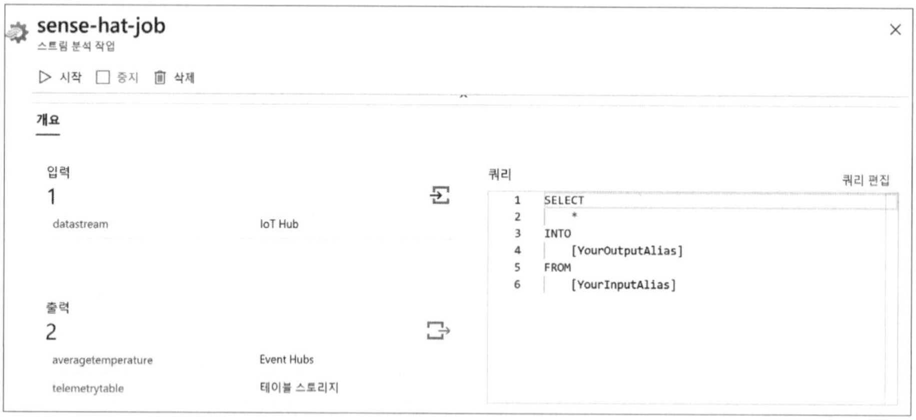

그림 14-18 업데이트된 작업 토폴로지

쿼리

입력과 출력을 정의했다면 들어오는 데이트 스트림에서 센서 데이터를 추출한 다음 이를 애저 테이블에 쓰는 첫 번째 쿼리를 작성해 보자. 온도값은 도약 창을 사용해 평균 계산이 수행되고 이벤트 허브 싱크로 전송된다.

작업 토폴로지 창에서 쿼리를 클릭해 쿼리를 정의한다. 그림 14-19에 보이는 쿼리 편집기가 나타난다. 사용할 수 있는 입력과 출력의 목록이 왼쪽에 표시되지만, 오른쪽에는 쿼리 코드를 표시한다. 기본 쿼리를 예제 14-11의 쿼리로 바꾼다.

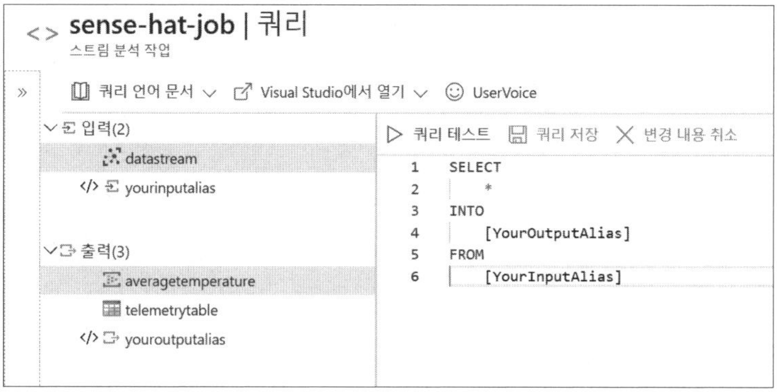

그림 14-19 작업 쿼리 편집기

예제 14-11 쿼리 편집기

```
SELECT
    DeviceId,
    RowId,
    Temperature,
    Humidity,
    Pressure
INTO
    [telemetrytable]
FROM
    [datastream]

SELECT
    DeviceId,
    AVG(Temperature) AS AvgTemperature
INTO
    [averagetemperature]
FROM
    [datastream]
GROUP BY
    DeviceId,
    HOPPINGWINDOW(minute, 10, 5)
```

쿼리가 IoT 허브에서 수신한 모든 메시지를 어떻게 변환하는지 분석해 보자. 먼저 쿼리는
모든 메시지에서 DeviceId, RowId, Temperature, Humidity, Pressure를 선택한 다음 이
를 telemetrydata 애저 테이블로 삽입되는 엔터티로 결합한다. 애저 테이블을 업데이트하

는 코드를 작성할 필요는 없다. 출력을 구성해 쿼리가 행 및 파티션 키에 사용할 값을 알도록 하면 된다.

쿼리의 두 번째 부분은 평균 온도값을 계산하고 DeviceId로 이 값을 그룹화한다. 쿼리는 도약 창을 사용한다(https://docs.microsoft.com/ko-kr/azure/stream-analytics/stream-analytics-window-functions). HoppingWindow 함수를 사용해 이런 창을 정의한다. 이 함수는 세 가지 인수를 받는다.

- `timeunit` 창과 홉 크기를 기술하는 데 사용된다. microsecond, millisecond, second, minute, hour, day 값 중 하나를 사용한다.
- `windowsize` timeunit으로 제공하는 창 크기(길이)다. 최대 windowsize는 7일이다.
- `hopsize` 생성하는 이벤트들 간의 시간 지연을 결정한다.

windowsize를 사용해 스트리밍된 데이터를 분석할 기간을 지정하지만, hopsize는 창들 간의 겹침을 지정한다. 이를테면 windowsize가 10이고 hopsize가 5분이라고 가정하면 (예제 14-11에서처럼) 쿼리는 지난 10분 동안 수신된 메시지에서 계산된 평균 온도를 제공한다. hopsize가 5분이므로 평균값은 5분마다 생성된다. 10분 연속 창을 사용하면 평균 온도는 10분마다 보고된다.

방금 만든 작업의 데이터 스트림을 그림 14-20의 다이어그램에서 요약했다.

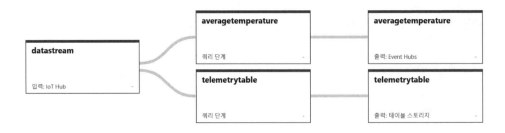

그림 14-20 작업 다이어그램

작업 실행과 데이터 스트리밍

애저 스트림 분석 작업이 어떻게 동작하는지 살펴보자. 작업의 '개요' 창에서 적절한 버튼을 사용해 해당 작업을 시작한다. 그다음 CustomIoTSolution.RemoteClient 애플리케이션을 실행하고 디바이스를 등록해(필요한 경우) 클라우드에 연결하고 원격 분석을 시작한다. 최소 몇 분간의 데이터를 스트리밍해 평균 온도를 출력할 수 있다.

'클라우드 탐색기'를 사용해 스트리밍된 데이터를 언제든지 미리보기 할 수 있다. telemetrydata를 열면 센서 데이터를 포함하는 엔터티들로 채워졌음을 알 수 있다. 이는 예제 14-11의 첫 번째 쿼리 부분이 올바로 동작했음을 뜻한다.

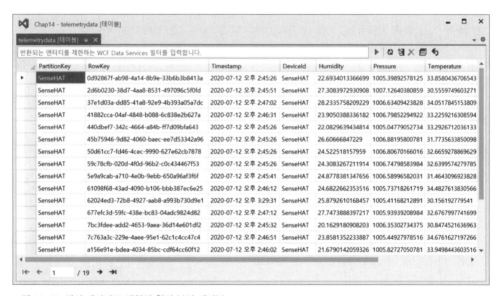

그림 14-21 센서 데이터로 채워진 원격 분석 테이블

이제 쿼리의 두 번째 부분도 동작하는지 확인해 보자. 애저 포털로 가서 sense-hat-event-hub의 '개요' 블레이드를 찾는다. 메트릭을 나타내는 차트를 보게 된다. 이 차트를 클릭한 다음 **설정**을 변경할 수 있다. '메트릭' 블레이드로 오면 메트릭 차트에서 그릴 시간 범위와 데이터를 조정할 수 있다. 여기서는 지난 1시간 동안 들어온 메시지만 표시한다(그림 14-22 참고).

그림 14-22 시간 범위와 차트 유형을 지정하고 표시할 메트릭을 선택할 수 있는 '메트릭' 블레이드

메트릭 차트는 그림 14-23에 보이는 것처럼 표시된다. 들어오는 메시지는 작업의 쿼리에 따라 5분마다 정확하게 나타난다. 사용자 지정 애저 스트림 분석 작업이 올바로 동작하면 평균 온도를 분석하는 사용자 지정 이벤트 프로세서 작성으로 이동한다.

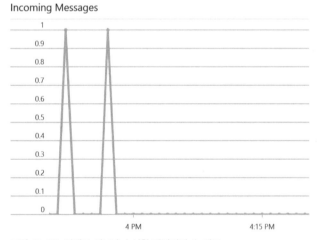

그림 14-23 이벤트 허브가 수신한 메시지의 수 차트

이벤트 프로세서

CustomIoTSolution.EventProcessor를 만들어 평균 온도를 처리하고 이벤트 허브로 전송한 판독값을 읽는 사용자 지정 이벤트 프로세서를 구현한다. 비주얼 C# '콘솔 앱(.NET Framework)' 프로젝트 템플릿을 사용해 이 애플리케이션을 만든다(그림 14-24 참고). 그 다음 SenseHat.Portable 클래스 라이브러리를 참조하고, Microsoft.Azure.ServiceBus. EventProcessorHost라는 NuGet 패키지를 설치한다.

그림 14-24 비주얼 C# 콘솔 앱 프로젝트 템플릿으로 만드는 새 프로젝트 구성 대화 상자

이어서 이벤트 허브와 테이블 스토리지 같은 종속 리소스와 연결하는 데 필요한 몇 가지 값을 저장하는 헬퍼 클래스 Configuration을 작성한다. 이들 값 중 애저 테이블이나 애저 스토리지 자격 증명과 같은 몇 가지가 후속 프로젝트에서도 사용되므로 PCL 프로젝트인 CustomIoTSolution.Common에서 Configuration 클래스를 저장했다. 이 프로젝트는 WindowsAzure.Storage NuGet 패키지를 참조했다. PCL에서 이 패키지를 설치하기 전에 Microsoft.NETCore.Platforms과 System.Runtime.InteropServices. RuntimeInformation 두 가지 다른 패키지를 설치해야 한다.

Configuration 클래스(Chapter 14/CustomIoTSolution.Common/Config/Configuration.cs에서 함께 제공하는 코드 참고)는 다음의 public 속성을 가지며, 애저 포털에서 얻은 값에 따라 조정한다.

- AccountName   스토리지 계정의 이름이다(sensehatstorageko).

- AccountKey   해당 스토리지 계정의 기본 키나 보조키 중 하나다.

- BlobEndPoint   blob 스토리지의 엔드포인트 URL이다(https://⟨storage_account_name⟩.blob.core.windows.net/).

- EventHubPath   앞 절에서 구성한 이벤트 허브의 이름이다(alerts-hub).

- ConsumerGroupName   소비자 그룹 이름이다. 기본값은 $Default다. 애저 포털에서 alerts-hub '개요' 블레이드에서 확인할 수 있다.

- EventHubConnectionString   이벤트 허브에 대한 연결 문자열이다. 이 값을 sense-hat-event-hub의 RootManageSharedAccesKey 정책에서(공유 액세스 정책 창) 얻는다.

- AlertsTableName   경고 데이터를 저장하는 애저 테이블의 이름이다. 앞서 이 이름을 alerthistory으로 설정했다.

게다가 Configuration 클래스는 GetStorageCredentials 메서드를 구현해 AccountName과 AccountKey를 결합하고 StorageCredentials 클래스의 인스턴스로 반환한다. 이 인스턴스는 나중에 애저 테이블에 연결하는 데 사용한다.

ConnectionStringHelper 클래스를 구현해 EventProcessorHost에 필요한 blob 연결 문자열 만드는 작업을 단순화 한다(13장, '예측 유지 관리' 참고). 이 클래스의 전체 소스 코드는 예제 14-12에서 나타냈다. ConnectionStringHelper는 4개의 public 속성이 있으며, 연결 문자열의 특정 구성 요소(DefaultEndpointsProtocol, AccountName, AccountKey, BlobEndpoint)와 관련 있다. 마지막 세 가지 구성 요소에 대한 값은 GetBlobConnectionString 메서드에 전달하는 매개변수와 관련해 구성된다. 그다음 System.Text.StringBuilder 클래스를 사용해 연결 문자열의 특정 구성 요소와 이들 매개변수를 병합한다.

예제 14-12 ConnectionStringHelper의 정의

```
public static class ConnectionStringHelper
{
    public static string EndpointsProtocolProperty { get; private set; } =
        "DefaultEndpointsProtocol=https;";
    public static string AccountNameProperty { get; private set; } = "AccountName=";
    public static string AccountKeyProperty { get; private set; } = "AccountKey=";
    public static string BlobEndpointProperty { get; private set; } = "BlobEndpoint=";

    public static string GetBlobConnectionString(string accountName,
        string accountKey, string blobEndpoint)
    {
        Check.IsNull(accountName);
        Check.IsNull(accountKey);
        Check.IsNull(blobEndpoint);

        var stringBuilder = new StringBuilder(EndpointsProtocolProperty);

        // 계정 이름 설정
        stringBuilder.Append(AccountNameProperty);
        stringBuilder.Append(accountName);
        stringBuilder.Append(";");

        // 계정 키 설정
        stringBuilder.Append(AccountKeyProperty);
        stringBuilder.Append(accountKey);
        stringBuilder.Append(";");

        // blob 엔드포인트 설정
        stringBuilder.Append(BlobEndpointProperty);
        stringBuilder.Append(blobEndpoint);
        stringBuilder.Append(";");

        return stringBuilder.ToString();
    }
}
```

다음 단계에서 AlertEntity 클래스를 구현했으며, 예제 14-13에서 나타냈다(CustomIoT Solution, Common/Models). AlertEntity는 alerthistory라는 애저 테이블에 저장된 엔터티의 추상 표현이다. TableEntity 클래스에서 상속한 시스템 속성 외에 AlertTemperature라는 public 속성 하나만 추가한다. 이 속성은 '정상' 값을 초과하는 온도값을 전달한다.

AlertTemperature는 double 형식이다. 애저 테이블이 byte[], bool, DateTime, double, Guid, int, long, string 형식만 지원하기 때문이다. 다른 형식의 속성은 애저 스토리지 서비스가 무시하므로 애저 테이블에 저장할 수 없다.

예제 14-13 애저 테이블

```
public class AlertEntity : TableEntity
{
    public double AlertTemperature { get; set; }
}
```

13장에서 본 것처럼 이벤트 허브 프로세서에서 수신한 메시지는 원시 바이트 배열로 표현된다. 하지만 averagetemperature 스트림 분석 출력의 구성에 따라 스트림 분석 쿼리가 생성한 데이터는 JSON 형식이다. 따라서 TemperatureEventData 클래스(예제 14-14 참고)를 정의해 JSON 객체를 쉽게 역직렬화한다. 이 클래스는 스트림 분석 출력의 avgtemperature와 deviceid 필드를 각각 AverageValue와 DeviceId 속성으로 매핑한다. TemperatureEventData는 FromEventData라는 정적 메서드를 구현해 EventData의 인스턴스를 TemperatureEventData 객체로 변환한다.

예제 14-14 TemperatureEventData 클래스의 정의

```
public class TemperatureEventData
{
    [JsonProperty(PropertyName = "avgtemperature")]
    public float AverageValue { get; set; }

    public string DeviceId { get; set; }

    public static TemperatureEventData FromEventData(EventData eventData)
    {
        Check.IsNull(eventData);

        TemperatureEventData result = null;

        try
        {
```

```
            var jsonString = Encoding.UTF8.GetString(eventData.GetBytes());

            result = JsonConvert.DeserializeObject<TemperatureEventData>(jsonString);
        }
        catch (Exception) { }

        return result;
    }
}
```

마지막으로 이벤트 허브에서 수신한 이벤트 처리를 담당하는 TemperatureEventData Processor 클래스를 만들었다(Chapter 14/CustomIoTSolution. EventProcessor/Processors/ TemperatureEventDataProcessor.cs에서 함께 제공하는 코드 참고). 13장에서 설명한 것처럼 TemperatureEventDataProcessor는 IEventProcessor 인터페이스를 구현해야 한다. 따라서 TemperatureEventDataProcessor는 OpenAsync, CloseAsync, ProcessEventAsync라는 3개의 public 메서드를 갖는다. 첫 2개의 메서드는 예제 14-15에서 나타냈다. 이들 메서드는 중요한 로직을 구현하지 않으며, 이벤트 허브 파티션을 나타내는 PartitionContext 클래스 인스턴스의 속성에서 선택된 콘솔로만 출력한다.

예제 14-15 TemperatureEventDataProcessor 클래스의 OpenAsync와 CloseAsync 메서드

```
public Task OpenAsync(PartitionContext context)
{
    Console.WriteLine($"Open: {context.EventHubPath}, Partition Id: {context.Lease.
        PartitionId}");

    return Task.FromResult<object>(null);
}

public Task CloseAsync(PartitionContext context, CloseReason reason)
{
    Console.WriteLine($"Close: {context.EventHubPath}, Reason: {reason}");

    return Task.FromResult<object>(null);
}
```

예제 14-16에 보이는 ProcessEventsAsync 내에는 더 많은 로직이 포함돼 있다. 이 메서드는 EventData 객체의 컬렉션을 항목을 반복 처리한다. 각 항목은 TemperatureEventData의 인스턴스로 변환해 콘솔에서 표시한다. 마지막으로 온도값이 임계값을 초과하는지 확인한다. 초과한다면 경고 엔터티가 만들어져 alerthistory라는 애저 테이블에 쓴다.

예제 14-16 이벤트 허브가 수신한 메시지 처리하기

```
public Task ProcessEventsAsync(PartitionContext context, IEnumerable<EventData>
messages)
{
    foreach (var message in messages)
    {
        try
        {
            var temperatureEventData = TemperatureEventData.FromEventData(message);

            DisplayTemperature(temperatureEventData);

            CheckTemperature(temperatureEventData);
        }
        catch (Exception ex)
        {
            Console.WriteLine(ex.Message);
        }
    }

    return Task.FromResult<object>(null);
}
```

예제 14-17에서 나타낸 DisplayTemperature 메서드를 사용해 콘솔에 온도값을 표시한다. 이 메서드는 인수로 전달되는 TemperatureEventData 인스턴스가 null이 아닌지 여부를 확인한다. null이 아니면 AverageValue 속성에 저장된 값을 표시한다. 그렇지 않으면 'Unknown structure of the event data'라는 상수 문자열을 출력한다.

```
private void DisplayTemperature(TemperatureEventData temperatureEventData)
{
    if (temperatureEventData != null)
    {
        Console.WriteLine(temperatureEventData.AverageValue);
    }
    else
    {
        Console.WriteLine("Unknown structure of the event data");
    }
}
```

이 예제에서 temperatureThreshold 상수에 저장된 고정값을 간단히 비교해 평균 온도가 정상 수준인지 여부를 확인한다(예제 14-18 참고). 11장 '디바이스 러닝'에서 개발한 비정상 감지 웹 서비스에 대한 요청을 전송해 이 애플리케이션을 쉽게 확장할 수 있다.

예제 14-18 평균 온도가 지정한 임계값을 초과하는지 여부 확인

```
private const double temperatureThreshold = 32.5;

private async void CheckTemperature(TemperatureEventData temperatureEventData)
{
    if (temperatureEventData.AverageValue >= temperatureThreshold)
    {
        await AzureStorageHelper.WriteAlertToAzureTable(new AlertEntity()
        {
            AlertTemperature = temperatureEventData.AverageValue,
            PartitionKey = temperatureEventData.DeviceId,
            RowKey = Guid.NewGuid().ToString(),
            Timestamp = DateTime.Now,
            ETag = "*"
        });

        NotificationHelper.SendToast(temperatureEventData.AverageValue);
    }
}
```

평균 온도가 비정상으로 감지되면 해당 값을 보고한 디바이스의 ID와 함께 해당 온도를 alerthistory Azure 테이블에 저장한다. `AzureStorageHelper` 클래스를 구현해 이 테이블에 엔터티를 작성한다(CustomIoTSolution.Common/Helpers/AzureStorageHelper.cs). 이 클래스는 정적 생성자를 가지고 있으며, `CloudTableClient` 클래스의 인스턴스를 만들어 애저 테이블에서 작업을 수행하는 데 사용한다. 예제 14-19에 보이는 것처럼 이 객체를 사용해 alerthistory 테이블에 데이터를 작성한다.

예제 14-19 Azure 테이블 alerthistory에 엔터티 작성하기

```
public static async Task WriteAlertToAzureTable(AlertEntity alertEntity)
{
    // 입력 인수 검사
    Check.IsNull(alertEntity);

    // 테이블 참조 얻기
    var cloudTable = cloudTableClient.GetTableReference(Configuration.AlertsTableName);

    // 테이블 작업을 구성해 AlertEntity 삽입
    var tableOperation = TableOperation.Insert(alertEntity);

    // 요청 실행
    await cloudTable.ExecuteAsync(tableOperation);
}
```

`TemperatureEventDataProcessor`는 `Program` 클래스의 `Main` 메서드에서 alerts-hub와 연결한다(예제 14-20 참고). 먼저 blob 스토리지 연결 문자열을 준비한 다음 EventProcessor Host 인스턴스를 생성한다. 마지막으로 `EventProcessorHost` 클래스의 `RegisterEventProce ssorAsync` 메서드를 사용해 `TemperatureEventDataProcessor`를 등록한다.

예제 14-20 CustomIoTSolution.EventProcessor의 진입점

```
static void Main(string[] args)
{
    try
    {
        // 스토리지 연결 문자열 준비
```

```
        var storageConnectionString = ConnectionStringHelper.GetBlobConnectionString(
            Configuration.AccountName,
            Configuration.AccountKey,
            Configuration.BlobEndPoint);

        // EventProcessorHost 인스턴스 생성
        var eventProcessorHost = new EventProcessorHost(
            Configuration.EventHubPath,
            Configuration.ConsumerGroupName,
            Configuration.EventHubConnectionString,
        .   storageConnectionString);

        // 이벤트 프로세서 등록
        // 진입 점 메서드를 async로 표시할 수 없으므로 여기서는 Wait이 필요하다.
        eventProcessorHost.RegisterEventProcessorAsync<
            TemperatureEventDataProcessor>().Wait();
    }
    catch (Exception ex)
    {
        Console.WriteLine(ex.Message);
    }

    Console.Read();
}
```

개발 PC에서 CustomIoTSolution.EventProcessor를 실행해 이벤트 처리 절차를 테스트한다. 잠시 후 파티션 ID를 포함하는 문자열이 표시되고, 이어서 평균 온도값을 일련의 문자열을 표시한다(그림 14-25 참고). 이들 항목의 수는 앞서 CustomIoTSolution.RemoteClient로 전송한 원격 분석 메시지의 수에 달렸다.

그림 14-25 CustomIoTSolution.EventProcessor의 샘플 출력

이제 '클라우드 탐색기'를 사용해 애저 테이블 alerthistory이 새로운 값을 포함하는지 여부를 확인할 수 있다. 새로운 값이 없다면 temperatureThreshold(예제 14-18 참고) 값을 실제 값이나 시뮬레이션된 센서 판독값으로 조정할 수 있다.

CustomIoTSolution.EventProcessor 애플리케이션은 엔터키를 누르는 동안 동작하고 이벤트 프로세서도 종료한다.

메시지 보존 관련 마지막 노트: 애저 이벤트 허브는 지정한 메시지 만료 시간 동안 메시지를 저장한다. 따라서 CustomIoTSolution.EventProcessor를 다시 실행하면 만료되지 않은 모든 메시지는 다시 처리된다. `EventData` 클래스 인스턴스의 Offset 속성을 사용해 이미 처리된 메시지는 건너뛴다. offset은 이벤트 허브 스트림 내에서 이벤트에 대한 마커이며 고유값이다.

Power BI를 사용한 데이터 시각화

앞서 2개의 장에서 설명했던 사전 구성된 애저 IoT 스위트 솔루션은 멋진 차트의 그래픽 형식으로 데이터를 표시한다. 14장에서는 마이크로소프트 Power BI로 이런 기능을 구현하는 방법을 소개한다.

마이크로소프트 Power BI는 데이터 분석과 시각화를 위한 도구 집합이다. Power BI를 사용해 대시보드를 빠르게 만들어 센서 데이터를 메트릭과 함께 표시할 수 있다. 대시보드는 실시간으로 업데이트되고 장소와 디바이스에 상관없이 사용할 수 있다.

여기서는 애저 스트림 분석 작업을 사용해 원격 디바이스에서 데이터를 Power BI로 전송하는 방법을 소개한다. 그다음 대시보드를 만들어 라즈베리파이용 센스 HAT 애드온 보드에서 수집된 온도, 습도, 압력을 표시한다.

무료 Power BI 계정 가입(https://bit.ly/power_BI)으로 시작한다. 계정을 만든 후 Power BI로 로그인한다. 그림 14-26에 보이는 화면이 나타나야 한다. 빈 작업 영역 외에는 아무것도 없다. 대시보드를 준비하려면 데이터 스트림이 필요하다.

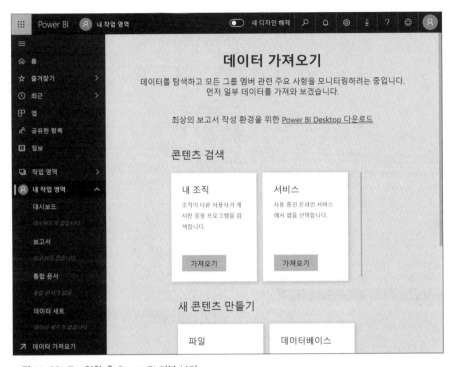

그림 14-26 로그인한 후 Power BI 기본 보기

애저 포털로 가서 애저 스트림 분석 작업을 찾아 작업을 중지하고 Power BI용 데이터 원본을 준비한다. 그다음 Power BI 싱크용 새로운 출력을 정의하고 telemetryplots이라는 별칭을 설정한다(그림 14-27 참고). Power BI를 액세스하도록 애저 계정을 인증해야 하므로 **권한 부여** 버튼을 클릭한다. 새로운 브라우저 창이 나타나면 Power BI 계정에 대한 자격증명을 입력한다. 2개의 목록 상자와 3개의 텍스트 상자가 표시된다. 기본적으로 '내 작업 영역'이라는 하나의 작업 영역만 있고 기본값이다. 그다음 데이터 세트와 테이블 이름 텍스트 상자 각각에 Sense HAT와 Telemetry를 입력한다. 마지막으로 **저장** 버튼을 클릭하면 애저 포털이 새 출력의 연결을 테스트한다.

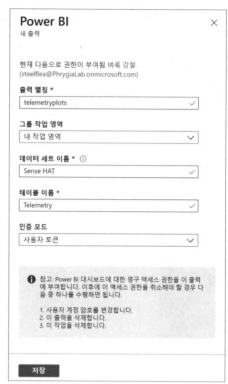

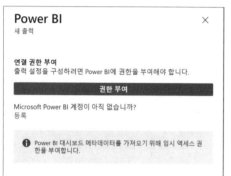

그림 14-27 Power BI 출력

방금 Power BI 데이터세트와 연결된 새로운 출력을 만들었다. 출력 싱크에 전송하려는 데이터를 스트림 분석 작업에 알려 준다. 쿼리를 업데이트해야 하므로 쿼리 편집기를 찾아서 예제 14-21에서 강조한 구문으로 쿼리를 보완한다. 쿼리를 저장한 후 작업 토폴로지는 그림 14-28처럼 업데이트된다.

예제 14-21 Power BI 싱크에 원격 분석 데이터 전송하기

```
SELECT
    DeviceId,
    RowId,
    Temperature,
    Humidity,
    Pressure
```

```
INTO
    [telemetrytable]
FROM
    [datastream]

SELECT
    DeviceId,
    AVG(Temperature) AS AvgTemperature
INTO
    [averagetemperature]
FROM
    [datastream]
GROUP BY
    DeviceId,
    HOPPINGWINDOW(minute, 10, 5)

SELECT
    Time,
    DeviceId,
    Temperature,
    Humidity,
    Pressure
INTO
    [telemetryplots]
FROM
    [datastream]
```

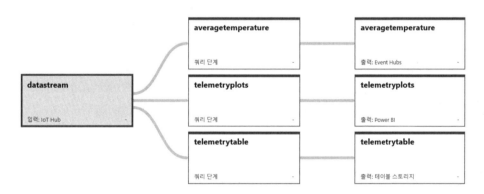

그림 14-28 작업 토폴로지 업데이트

토폴로지를 구성한 후 새로운 데이터를 스트리밍해야 한다. 스트림 분석 작업을 재시작한다. 그다음 CustomIoTSolution.RemoteClient를 실행해 클라우드에 연결하고 원격 분석을 시작한다. 애플리케이션을 실행 상태로 유지해 Power BI 대시보드에 표시할 충분한 데이터 포인트를 수집한다.

Power BI로 돌아가서 오른쪽 상단의 '+만들기'를 클릭하고 '대시보드'를 선택해 센스 HAT라는 새로운 대시보드를 만든다. 그다음 대시보드 창의 상단에서 '+타일 추가'를 클릭한다. '타일 추가' 화면이 표시된다. '실시간 데이터' 그룹으로 스크롤을 내려 사용자 지정 스트리밍 데이터를 클릭한 다음 **+스트리밍 데이터 세트 추가**를 클릭한다(그림 14-29 참고). 사용 가능한 스트리밍 데이터 세트 목록이 표시된다. 출력 싱크 구성에 따라 센스 HAT 항목이 하나 있어야 한다. 이 항목을 선택하고 **다음** 버튼을 클릭한다. 그림 14-30에서 표시한 것처럼 '사용자 지정 스트리밍 데이터 타일 추가' 화면이 열린다.

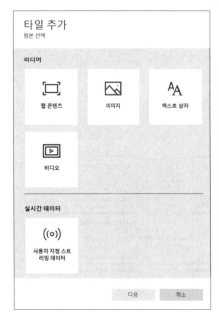
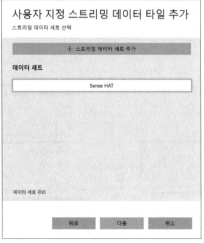

그림 14-29 사용자 지정 스트리밍 데이터 원본을 보여 주는 '타일 추가' 화면

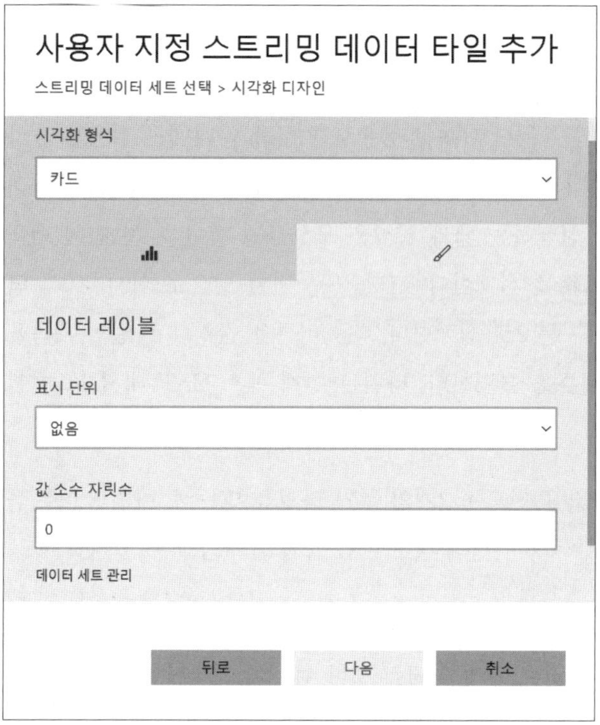

그림 14-30 '사용자 지정 스트리밍 데이터 타일 추가' 화면

데이터를 선택하는 새로운 화면을 사용해 데이터의 형식을 지정하고 시각화하는 방법을 표시하고 결정한다. 먼저 '시각화 형식' 목록 상자를 사용해 다음 중에서 선택한다.

- **카드**　단일 값을 표시한다. 일반적으로 이 형식을 사용해 현재 온도 판독값처럼 센서에서 수신한 가장 최근 값을 표시한다.

- **꺾은선형 차트**　2차원 차트로 데이터 열을 표시한다. 이런 형식의 시각화를 사용해 데이터세트에서 칼럼의 시간에 따른 변화(예, 온도 변화)를 표시한다.

- **묶은 가로/세로 막대형 차트**　서로 다른 디바이스(또는 다른 범주)에 대해 센서 데이터를 시각화하는 데 이들 차트를 사용한다.

- **계기**　예를 들어, 평균 온도와 함께 최소 및 최대값처럼 집계 값을 시각화하는 데 일반적으로 사용되는 계기 차트를 표시한다.

그다음 표시할 데이터와 형식을 선택한다. '시각화 형식' 목록 상자 아래 표시된 컨트롤을 사용한다. 특정 옵션은 선택한 시각화 형식에 따라 다르다.

여기서는 3개의 카드를 만들어 실시간 센서 판독값과 온도 기록을 나타내는 꺾은선형 차트를 표시한다. 따라서 '시각화 형식'을 **카드**로 설정한다. '시각화 형식' 목록 상자 아래에 탭 컨트롤이 있다. 표시할 값을 선택하는 탭과 형식을 구성하는 탭이다. 첫 번째 탭에서 **값 추가** 링크를 사용해 Temperature를 선택한다. 그다음 두 번째 탭으로 가서 '표시 단위'를 **없음**으로 하고 '값 소수 자릿수'를 2로 설정한다. **다음** 버튼을 클릭해 타일의 제목을 'Temperature'로 설정하고 **적용** 버튼을 클릭한다. 타일은 이제 센스 HAT 대시보드에서 현재 온도 판독값을 표시한다.

동일한 절차를 사용해 습도와 온도값을 만드는 2개의 추가 타일을 만든다. 마지막으로 묶은 세로 막대형 차트 타일을 만든다. 이 시각화의 경우 다음 옵션을 구성할 수 있다.

- **축** 가로 좌표에 데이터를 표시할 칼럼을 선택하는 데 사용된다. Time을 선택한다.
- **범례** 데이터세트의 범례다. 단일 차트에서 여러 개의 꺾은선을 표시할 때 유용하다 (예를 들어, 다른 디바이스의 온도). 이 값을 deviceid로 설정한다.
- **값** 세로 좌표의 데이터를 선택하는 데 사용된다. Temperature로 설정한다.
- **표시할 시간 창** 데이터를 표시하는 시간 간격을 지정하는 데 사용된다.

1분으로 설정한다.

이러한 매개변수를 구성한 후 **다음** 버튼을 클릭한다. 차트의 제목을 설정하는 옵션이 나온다. 제목을 Temperature History로 변경한 다음 **적용** 버튼을 클릭한다. 묶은 세로 막대형 차트가 센스 HAT 대시보드에 표시된다. 대시보드의 타일은 위치를 쉽게 바꿀 수 있다. 여기서는 카드를 서로 나란히 배치하고 묶은 세로 막대형 차트는 그 아래 배치했다. 따라서 최종 대시보드는 그림 14-2와 비슷하다.

Power BI 기능은 여기서 보인 것보다 훨씬 풍부하다. 이 도구를 사용해 정말 이해하기 쉬운 보고서를 만들 수 있다. Power BI는 많은 팟캐스트와 튜토리얼을 포함해 자세한 기술 문서를 제공하기 때문에 더 자세한 내용은 여기서 생략한다.

알림 허브

마지막 단계는 그림 14-1에 보이는 것처럼 최신 센서 판독값과 온도 알림을 얻는 모바일 클라이언트를 가능하게 하는 UWP 애플리케이션을 구현한다. 이벤트 허브 프로세서가 비정상 온도를 감지할 때마다 모바일 클라이언트에 알림을 전송하는 Azure Notification Hub(알림 허브)도 만든다. 이 절차는 몇 가지 요소가 필요하다. 먼저 윈도우 스토어^{Windows} ^{Store}와 애플리케이션을 연결해 애플리케이션이 클라우드에서 알림을 수신하도록 한 다음 애플리케이션을 알림 허브의 특정 인스턴스로 등록한다. 두 번째 알림을 수신하고 클라우드에 저장된 센서 판독값을 읽고자 CustomIoTSolution.NotificationClient라는 UWP을 만들어 사용한다. 세 번째 애저 포털에서 알림 허브를 만들고 구성한다. 마지막으로 이벤트 허브 프로세서를 통해 이런 허브가 있는 모바일 클라이언트에 알림 메시지를 보낸다.

그림 14-31은 사용자 지정 IoT 솔루션의 구조를 나타냈다. 원격 IoT 디바이스는 애저 IoT 허브를 통해 클라우드로 센서 판독값을 전송하는 CustomIoTSolution.RemoteClient 애플리케이션이 제어한다. 그다음 들어오는 데이터 스트림은 애저 스트림 분석 작업에 의해 클라우드 사이드에서 분석되고, Power BI, 애저 테이블 스토리지, 애저 이벤트 허브의 3개 싱크로 데이터를 전송해 출력한다. Power BI는 전용 대시보드에서 센서 데이터를 실시간으로 표시한다. 애저 테이블 스토리지는 센서 데이터와 비정상 센서 판독값의 정보를 저장하는 데 사용된다. 이러한 데이터는 애저 이벤트 허브에서 감지되고, 애저 스트림 분석 작업에서 수신한 평균 온도를 분석한다. 이 경우 고정 온도 임계값을 사용해 비정상값을 감지하지만, 11장에서 개발한 사용자 지정 머신러닝 웹 서비스로 이 솔루션을 확장하는 데 방해될 만한 것은 없다.

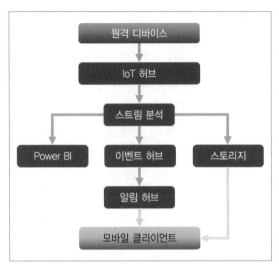

그림 14-31 사용자 지정 IoT 솔루션의 데이터 흐름과 구조 다이어그램

솔루션 다이어그램의 맨 아래는 모바일 클라이언트다. 이 클라이언트는 CustomIoT Solution.NotificationClient를 실행하는 UWP 디바이스다. 모바일 클라이언트는 클라우드에 요청을 전송해 최신 센서 판독값과 온도 경보를 얻는다. 게다가 모바일 클라이언트는 비정상 판독값에 관한 알림을 자동으로 수신한다.

원격 센서에서 데이터를 얻는 데 애저 IoT 스위트 개체를 사용한 다음 실시간으로 처리한다. 더욱이 데이터를 저장하고 모바일 클라이언트에 알림을 전송하는 데도 애저를 사용한다. 이건 흥미롭고 강력한 데이터 스트림이다. 여기서는 단순한 센서 데이터를 사용하지만, 주기적으로 프로세스를 모니터링하는 데 이 솔루션을 쉽게 조정할 수 있다. 특히 신호 처리 기능을 이벤트 프로세서로 옮기고 클라우드에서 머신러닝 알고리즘을 사용해 데이터를 분석할 수도 있다.

스토어 연결

윈도우 스토어와 애플리케이션을 연결하고자 애플리케이션 개발자로 등록한다(https://developer.microsoft.com/ko-kr/store/register/). 그다음 CustomIoTSolution.Notification

Client라는 새로운 비주얼 C#용 [비어 있는 앱(유니버설 Windows)]을 만들고 '솔루션 탐색기'에서 이 프로젝트를 마우스 오른쪽 버튼을 클릭한 다음 게시-응용 프로그램을 **저장소에 연결**을 선택한다.[1] 마법사에서 **다음** 버튼을 클릭한다. 그다음 애플리케이션 개발자로 등록하는 데 사용한 마이크로소프트 계정으로 로그인해야 한다. 마지막으로 '새로운 앱 이름 예약' 텍스트 상자에서 애플리케이션 이름을 입력한 뒤 **다음**을 클릭한다. 마지막 마법사 단계에서 패키지 정보를 표시한다. **연결** 버튼을 클릭한다.

애플리케이션의 두 가지 매개변수인 패키지 SID와 비밀secret을 저장한다. 'https://apps.dev.microsoft.com'을 방문해 두 가지를 얻는다. 그다음 자격 증명을 입력하고 **내 응용 프로그램** 섹션 아래의 'Live SDK 응용 프로그램' 목록에서 등록된 애플리케이션이 나타난다. 이 애플리케이션 이름 링크를 클릭하면 다음 웹 페이지에서 응용 프로그램 비밀과 패키지 SID('윈도우 스토어' 그룹에서)를 확인한다. 이들 값을 저장한다. 나중에 Notification Hub를 구성하는 데 이 값들을 사용해야 한다.

ms-app://s-1-15-2-4252513008-2009980203-1133311326-895877199-3023911699-3057942177-2039826912

o4AZpJ+gNhEeDpxSUxpQaqUXsjiXYL1M

알림 클라이언트 애플리케이션

CustomIoTSolution.Common과 SenseHAT.UWP이라는 2개의 솔루션 프로젝트를 참조해 알림 클라이언트를 구현한다(Chapter 14/CustomIoTSolution. NotificationClient에서 함께 제공하는 코드 참고). 그다음 2개의 NuGet 패키지를 설치한다.

- WindowsAzure.Messaging.Managed   애플리케이션이 알림 채널을 구독하는 API를 구현한다.

- WindowsAzure.Storage   CustomIoTSolution.Common에 필요하다.

---

[1] 한글 Visual Studio 2019의 지역화 오류, https://www.dokyun.pe.kr/255?category=750551 참고 - 옮긴이

애플리케이션의 골격을 감안해 Registration, Telemetry, Alarms의 세 가지 탭으로 구성한 애플리케이션 UI를 정의한다(그림 14-32 참고). Registration 탭은 버튼 하나와 레이블 2개를 갖는다. 버튼을 사용해 애플리케이션을 WNS(Windows Push Notification Service) 채널에 등록한다. 등록이 끝나면 해당 레이블은 등록 ID를 표시한다. Telemetry 탭은 CustomIoTSolution.RemoteClient의 해당 탭과 비슷하다. 이 탭은 'Get Sensor Reading' 버튼과 센스 HAT 애드온 보드에서 얻은 최신 온도, 습도, 기압을 제공하는 레이블을 갖는다. 마지막 탭인 Alarms은 하나의 버튼과 네 가지 레이블을 갖는다. 버튼을 클릭한 후 클라우드로 요청을 전송해 온도 경보에 관한 가장 최신 정보(애저 테이블 alertshistory에서)를 조회한다. 이 엔터티의 적절한 값을 레이블에 표시한다.

그림 14-32 알림 클라이언트 애플리케이션의 선택된 UI 요소

NotificationClientViewModel 클래스를 구현해 UI에서 표시된 값을 업데이트한다 (Chapter 14/CustomIoTSolution.NotificationClient/ViewModels/NotificationClientViewModel.cs에서 함께 제공하는 코드 참고). 이 클래스의 Public 멤버를 해당 UI의 적절한 객체와 바인딩했다.

그다음 버튼에 대한 이벤트 핸들러를 작성한다. 'Register for WNS' 버튼에 대한 이벤트 핸들러는 예제 14-22에서 나타냈다. 이 핸들러는 WNS 알림 채널에 애플리케이션을 등록하는 방법을 보여 준다. 즉 먼저 PushNotificationChannelManager 클래스의 전용 정적 메서드를 사용해 애플리케이션에 대한 푸시 알림 채널을 만든다. 그다음 이 채널을 NotificationHub 클래스 인스턴스의 RegisterNativeAsync 메서드를 사용해 Notification

Hub와 연결한다. NotificationHub 클래스는 NuGet 패키지 WindowsAzure.Messaging. Managed에서 나온 것이다.

예제 14-22 WNS 알림을 위해 애플리케이션 등록하기

```
private PushNotificationChannel pushNotificationChannel;

private async void ButtonRegister_Click(object sender, RoutedEventArgs e)
{
    try
    {
        pushNotificationChannel = await PushNotificationChannelManager.
            CreatePushNotificationChannelForApplicationAsync();

        var notificationHub = new NotificationHub(Configuration.NotificationHubPath,
            Configuration.DefaultListenSharedAccessSignatureConnectionString);

        var registration = await notificationHub.RegisterNativeAsync(
            pushNotificationChannel.Uri);

        notificationClientViewModel.RegistrationId = registration.RegistrationId;
    }
    catch (Exception ex)
    {
        await DisplayMessage("Registration error: " + ex.Message);
    }
}

private async Task DisplayMessage(string message)
{
    var messageDialog = new MessageDialog(message, Name);
    await messageDialog.ShowAsync();
}
```

PushNotificationChannelManager는 또 다른 public 메서드인 CreatePushNotificationChann elForSecondaryTileAsync를 구현한다. 이 메서드를 사용하면 애플리케이션의 두 번째 타일에 대한 알림 채널을 만들 수 있다. 이 타일은 모바일 또는 데스크톱 디바이스의 시작 메뉴에서 표시된다. 당연히 이 기능은 시작 메뉴가 없는 윈도우 IoT 10 코어 디바이스에는 사용할 수 없다.

Notification Hub에 대한 경로와 수신 액세스 정책이 있는 연결 문자열이 필요해 `Notifi cationHub` 클래스 인스턴스를 생성한다. 뒤에서 보겠지만 Azure Notification Hub에 대한 2개의 기본 연결 문자열 DefaultListenSharedAcceesSignatureConnectionString과 DefaultFullSharedAccessSignatureConnectionString이 있다. 알림을 수신하는 클라이언트 애플리케이션에서 첫 번째 연결 문자열을 사용한다. 다른 연결 문자열은 서버 또는 클라우드 사이드 애플리케이션에서 알림을 전송하는 데 활용한다.

`Configuration` 클래스의 정의를 NotificationHubPath와 DefaultListenSharedAccessSignatureConnectionString, DefaultFullSharedAccessSignatureConnectionString 속성으로 확장해 Notification Hub 경로와 연결 문자열을 저장한다. 이러한 속성의 값을 어디서 찾는지 보여 줄 것이다.

예제 14-23에 보이는 것처럼 2개의 다른 버튼에 대한 이벤트 핸들러는 아주 유사하다. 두 버튼 모두 `AzureStorageHelper` 클래스의 `GetMostRecentEntity` 메서드를 사용하고(Chapter 14/ CustomIoTSolution.Common/Helpers/AzureStorageHelper.cs에서 함께 제공하는 코드 참고), 애저 엔터티를 SensorReadings나 TemperatureAlertInfo로 변환한다. 이들 두 가지 클래스의 인스턴스는 애플리케이션 UI의 Telemetry와 Alerts 탭의 레이블에 바인딩한다.

예제 14-23 애저 스토리지에서 센서 판독값과 경고 정보 얻기

```
private async void ButtonGetSensorReadings_Click(object sender, RoutedEventArgs e)
{
    var mostRecentEntity = await AzureStorageHelper.GetMostRecentEntity(
        Configuration.TelemetryTableName, notificationClientViewModel.Offset);

    notificationClientViewModel.SensorReadings =
        EntityConverter.DynamicTableEntityToSensorReadings(mostRecentEntity);
}

private async void ButtonGetLastAlarmInfo_Click(object sender, RoutedEventArgs e)
{
    var mostRecentEntity = await AzureStorageHelper.GetMostRecentEntity(
        Configuration.AlertsTableName, notificationClientViewModel.Offset);

    notificationClientViewModel.TemperatureAlertInfo =
```

```
        EntityConverter.DynamicTableEntityToTemperatureAlertInfo(mostRecentEntity);
}
```

예제 14-24에서 나타낸 GetMostRecentEntity 메서드의 처리 과정은 다음과 같다. 입력 매
개변수의 유효성을 검사한 후 애저 테이블 참조를 얻고 필터를 만들어 가장 최신 엔터티만
선택한다. 따라서 이 필터는 지정한 날짜 시간 오프셋^{offset}보다 더 큰 타임스탬프 속성을 사
용한다. 이 오프셋을 NotificationClientViewModel 클래스의 Offset 속성을 사용해 변경할
수 있다. 기본적으로 이 값을 DateTime.Now.AddDays(-1)으로 설정한다. 지난 24시간
내에서 업데이트된 엔터티만 선택된다.

예제 14-24 애저 테이블에서 가장 최신 엔터티 조회하기
```
public static async Task<DynamicTableEntity> GetMostRecentEntity(string tableName,
    DateTimeOffset dateTimeOffset)
{
    // 입력 인수 유효성 검사
    Check.IsNull(tableName);
    Check.IsNull(dateTimeOffset);

    // 클라우드 테이블 클라이언트 가져오기
    var cloudTable = cloudTableClient.GetTableReference(tableName);

    // 타임스탬프 필터 만들기
    var timestampFilter = TableQuery.GenerateFilterConditionForDate("Timestamp", "gt",
        dateTimeOffset);

    // 쿼리 만들고 실행하기
    var tableQuery = new TableQuery()
    {
        FilterString = timestampFilter.ToString()
    };

    // 쿼리와 필터를 실행해 가장 최신 엔터티 얻기
    return (await cloudTable.ExecuteQuerySegmentedAsync(tableQuery,
        dynamicTableEntityResolver, null))
        .OrderByDescending(x => x.Timestamp)
        .FirstOrDefault();
}
```

```
private static EntityResolver<DynamicTableEntity> dynamicTableEntityResolver =
    (partitionKey, rowKey, timestamp, properties, etag) =>
{
    return new DynamicTableEntity(partitionKey, rowKey, etag, properties);
};
```

그다음 이 필터를 사용해 테이블 쿼리를 만들고, 이어서 CloudTable 클래스 인스턴스의 ExecuteQueryAsyncSegmented 메서드를 사용해 쿼리를 실행한다. EntityResolver 객체를 제공하는 데 이 메서드를 사용해야 한다. 이 메서드는 C# 객체에 엔터티 속성을 투영하는 데 사용된다. 여기서는 엔터티 속성을 DynamicTableEntity 객체에 매핑한 다음 EntityConverter의 정적 메서드를 사용해 변환을 수행하는 간단한 EntityResolver를 만든다(예제 14-25 참고). SensorReadings 클래스를 UWP 프로젝트에서 정의한 반면 나중에 CustomIoTSolution. EventProcessor에서도 참조되는 CustomIoTSolution.Common은 이식 가능한 클래스 라이브러리이기 때문에 이 접근 방식을 사용하기로 했다.

예제 14-25 DynamicTableEntity를 SensorReadings과 TemperatureAlertInfo로 변환하기

```
public static SensorReadings DynamicTableEntityToSensorReadings(
    DynamicTableEntity dynamicTableEntity)
{
    SensorReadings sensorReadings = null;

    if (dynamicTableEntity != null)
    {
        sensorReadings = new SensorReadings()
        {
            Temperature = Convert.ToSingle(dynamicTableEntity.
                Properties["temperature"].PropertyAsObject),
            Humidity = Convert.ToSingle(dynamicTableEntity.Properties["humidity"].
                PropertyAsObject),
            Pressure = Convert.ToSingle(dynamicTableEntity.Properties["pressure"].
                PropertyAsObject)
        };
    }

    return sensorReadings;
}
```

```
public static TemperatureAlertInfo DynamicTableEntityToTemperatureAlertInfo(
        DynamicTableEntity dynamicTableEntity)
{
    TemperatureAlertInfo temperatureAlertInfo = null;

    if (dynamicTableEntity != null)
    {
        temperatureAlertInfo = new TemperatureAlertInfo()
        {
            DeviceId = dynamicTableEntity.PartitionKey,
            Temperature = dynamicTableEntity.Properties["AlertTemperature"].
                DoubleValue.Value
        };
    }

    return temperatureAlertInfo;
}
```

NuGet 패키지 WindowsAzure.Storage의 특정 API는 이 패키지를 사용하는 프로젝트의 대상에 달렸다. 여기서 PCL 대상은 .NET Framework, Windows 10, Windows 10 mobile로 설정한다. 애플리케이션이나 클래스 라이브러리를 UWP를 대상으로 한다면 이때는 ExecuteQueryAsyncSegmented가 EntityResolver를 사용할 필요가 없다. 대신 `DynamicTableEntity` 객체의 컬렉션을 반환한다. 더욱이 PCL 전용 NuGet 패키지 WindowsAzure.Storage에서는 쿼리 비교를 나타내는 문자열을 사용해야 하지만, 13장에서 설명한 PredictiveMaintenance.Web 프로젝트에서 사용한 해당 NuGet 패키지에서는 이들 비교가 예제 14-26에 보이는 `QueryComparisons` 클래스로 정의됐다. 이러한 차이점을 분명히 언급하고 NuGet 패키지의 다양한 API가 플랫폼 간에 통일되지 않을 수 있음을 지적했다.

예제 14-26 WindowsAzure.Storage의 QueryComparisons 클래스

```
public static class QueryComparisons LI TING 14
{
    //
    //요약:
    //등가 연산자를 나타낸다.
    public const string Equal = "eq";
```

```
        //
        //요약:
        //보다 큰 연산자를 나타낸다.
        public const string GreaterThan = "gt";
        //
        //요약:
        //보다 크거나 같음 연산자를 나타낸다.
        public const string GreaterThanOrEqual = "ge"; //
        //
        //요약:
        //보자 작음 연산자를 나타낸다.
        public const string LessThan = "lt";
        //
        //요약:
        //보다 작거나 같음 연산자를 나타낸다.
        public const string LessThanOrEqual = "le"; //
        //
        //요약:
        //같지 않음 연산자를 나타낸다.
        public const string NotEqual = "ne";
    }
```

이제 애플리케이션을 실행하고 최신 센서 판독값과 온도 경고 정보를 읽을 수 있다. 개발
PC, 모바일 폰, 에뮬레이터에서 애플리케이션을 실행할 수 있다. 그림 14-33의 드롭다운
목록을 사용해 대상 디바이스를 선택한다(사용 가능한 에뮬레이터가 없다면 '새 에뮬레이터 다
운로드...' 옵션을 사용해 설치할 수 있다).

그림 14-33 대상 머신 드롭다운 목록

푸시 알림용 애플리케이션 등록을 시도하면 Notification Hub를 만들지 않았기 때문에 동작하지 않는다. 다음 절에서 알림 허브를 준비한다.

Notification Hub 만들고 구성하기

다른 애저 IoT 스위트 객체에 수행한 동일한 방식으로 애저 포털에서 Notification Hub를 만든다. 그림 14-34에 보이는 것처럼 **+리소스 만들기** 버튼을 클릭하고 애저 마켓플레이스의 통합 노드에서 **Notification Hub** 옵션을 선택한다. 새 'Notification Hub' 화면이 나타난다.

그림 14-34 Notification Hub 만들기

'Notification Hub' 화면을 사용해 이름, 네임스페이스, 위치와 같은 Notification Hub의 기본 속성을 구성한다. 그림 14-35에 보이는 것처럼 허브 이름을 sense-hat-notification-hub로, 허브 네임스페이스를 sense-hat-notifications로 설정했다. 리소스 그룹은 Sense-HAT를 선택하고 가격 책정 계층은 Free를 선택한다. 마지막으로 Create 버튼을 클릭한다.

방금 만든 Notification Hub는 iOS, 안드로이드, Windows 유니버설, 윈도우 폰을 포함한 다양한 플랫폼에서 실행하는 애플리케이션에 알림을 전송할 수 있다. 각 플랫폼은 자체 알림 시스템을 가지며, 특정한 구성이 필요하다. 여기서는 WNS를 사용하는데 앞서 개발자 포털에서 얻은 패키지 SID와 보안 키(비밀)가 필요하다.

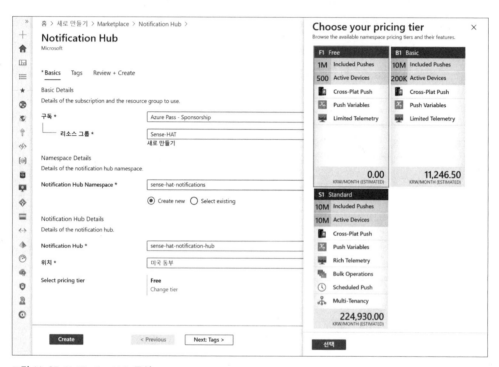

그림 14-35 Notification Hub 구성

sense-hat-notification-hub의 서비스 메뉴에서 **Windows (WNS)**를 선택해 **알림 서비스**를 구성한다. 마지막으로 패키지 SID와 보안키를 해당 텍스트 상자에 입력하고 'Save' 버튼을 클릭해 변경 사항을 저장한다(그림 14-36 참고).

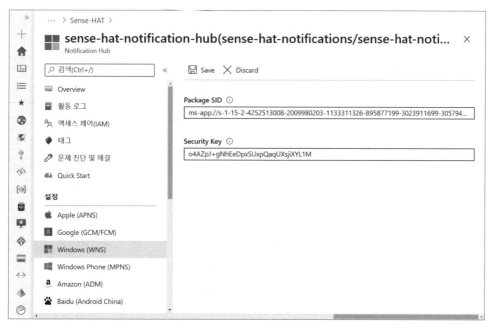

그림 14-36 윈도우 푸시 알림 서비스 구성

애플리케이션을 Notification Hub에 등록하는 데 필요한 마지막 정보가 연결 문자열이다.
그림 14-37에 보이는 것처럼 sense-hat-notification-hub의 'Access Policies'에서 이들
값을 얻는다. 이 값을 사용해 CustomIoTSolution.Common 프로젝트의 Configuration
클래스의 해당 속성을 설정한다.

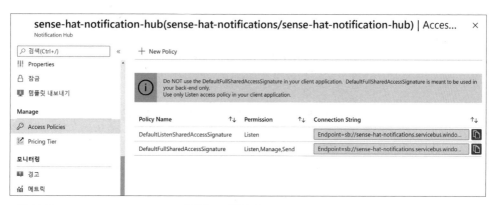

그림 14-37 sense-hat-notification-hub의 액세스 정책 목록

이벤트 프로세서로 알림 메시지 전송하기

Notification Hub를 준비하고 구성했으면 모바일 클라이언트에 알림 메시지를 전송하는 메서드를 추가해 CustomIoTSolution.EventProcessor 프로젝트를 확장할 수 있다. UWP에서 알림 메시지의 시각적 모습은 애플리케이션을 실행하는 실제 디바이스에 달렸다. 데스크톱에서 알림은 화면의 오른쪽 부분에서 푸시된다. 모바일 폰에서 알림은 화면의 상단에서 푸시된다. 그다음 알림 메시지는 중앙에서 활성 상태로 유지된다. 일반적으로 알림 메시지를 클릭할 때 애플리케이션이 활성화된다. 해당 알림에 애플리케이션이 반응하도록 애플리케이션의 통상적인 시작을 바꾸도록 로직을 작성할 수 있다. App 클래스의 OnLaunched 이벤트에 인스턴스로 전달되는 LaunchActivatedEventArgs 클래스의 Kind 속성을 읽어 애플리케이션이 알림 메시지에서 활성화되는지 여부를 확인한다(4장, 'UI 있는 장치를 위한 사용자 인터페이스 디자인' 참고). 이를테면 Alarms 탭을 자동으로 탐색해 온도 경보의 최신 정보를 가져올 수 있다.

알림 페이로드를 준비해 알림 메시지를 만든다. 이 페이로드는 알림 메시지의 시각적 모습을 정의하는 XML 파일이다. 페이로드 파일을 직접 설치하거나 전용 NuGet 패키지 Microsof.Toolkit.Uwp.Notifications을 사용할 수 있다.

여기서는 제목과 리터럴 콘텐츠로 간단한 알림 메시지를 만드는 방법을 소개한다. https://docs.microsoft.com/ko-kr/windows/uwp/design/shell/tiles-and-notifications/adaptive-interactive-toasts의 기사에서 자세한 구문 설명을 사용해 알림 메시지를 더 확장할 수 있다.

먼저 두 가지 패키지를 설치해 CustomIoTSolution.EventProcessor 프로젝트에서 알림 메시지를 전송한다.

- Microsoft.Toolkit.Uwp.Notifications 이 패키지는 알림 페이로드를 동적으로 만드는 데 도움을 준다.

- Microsoft.Azure.NotificationHubs 이 패키지는 Notification Hub에 연결해 실제 푸시 알림을 전송한다.

그다음 예제 14-26에서 전체 정의를 보인 NotificationHelper 클래스를 구현한다. 이 클래스의 정적 생성자는 NotificationHubClient의 인스턴스를 만든다. 알림을 클라이언트로 보내야 하기 때문에 예제 14-22와 달리 DefaultFullSharedAccesssSignature 정책을 사용한다. 여기서 사용한 NotificationHubClient 클래스는 CustomIoTSolution.Notification Client에서 활용한 것과는 다른 API를 구현한다. CustomIoTSolution.NotificationClient 는 유니버설 Windows 애플리케이션이지만, CustomIoTSolution.EventProcessor는 완전한 .NET 프레임워크를 사용하는 콘솔 애플리케이션이다.

NotificationHelper 클래스의 SendToast 메서드를 사용해 알림을 만들어 전송한다. Send Toast는 NuGet 패키지 Microsoft.Toolkit.Uwp.Notifications의 몇 가지 객체를 사용해 알림 페이로드를 만든다.

페이로드는 최상단에 〈toast〉 요소가 있는 계층적인 구조다. 그다음 ToastVisual 클래스를 사용해 〈visual〉 노드를 정의한다. 이어서 알림 메시지의 구조를 결정하는 바인딩 템플릿을 정의한다. 이를 위해 ToastBindingGeneric 클래스를 사용한다. 마지막으로 ToastBinding Generic 클래스 인스턴스의 Children 속성을 설정해 알림 제목과 콘텐츠를 결정한다. ToastContent 객체가 만들어지면 GetContent 메서드를 사용해 기본 XML 페이로드를 얻는다. 예제 14-27에서 만든 ToastContent의 경우 GetContent 메서드는 예제 14-28에 보이는 XML을 출력한다. ToastContent 클래스의 계층 구조는 바로 XML 페이로드의 구조에 해당한다.

예제 14-27 NotificationHelper 클래스의 전체 정의

```
public static class NotificationHelper
{
    private static NotificationHubClient notificationHubClient;

    static NotificationHelper()
    {
        notificationHubClient = NotificationHubClient.CreateClientFromConnectionString(
            Configuration.DefaultFullSharedAccessSignatureConnectionString,
            Configuration.NotificationHubPath);
    }
```

```csharp
public static void SendToast(float temperature)
{
    // 알림 메시지 만들기
    var toastContent = new ToastContent()
    {
        Visual = new ToastVisual()
        {
            BindingGeneric = new ToastBindingGeneric()
            {
                Children =
                {
                    new AdaptiveText()
                    {
                    Text = "Temperature alert"
                    },
                    new AdaptiveText()
                    {
                    Text = $"Average temperature of {temperature:F2} exceeded a
                        normal level"
                    }
                }
            }
        }
    };

    // 모바일 클라이언트에 알림 전송하기
    notificationHubClient.SendWindowsNativeNotificationAsync(toastContent.
        GetContent()).Wait();
}
```

예제 14-28 예제 14-27의 SendToast 메서드가 만든 페이로드

```xml
<?xml version="1.0" encoding="utf-8"?>
<toast>
    <visual>
        <binding template="ToastGeneric">
            <text>Temperature alert</text>
            <text>Average temperature of 32.54 exceeded a normal level</text>
        </binding>
    </visual>
</toast>
```

페이로드가 준비되면 NotificationHubClient 클래스 인스턴스의 SendWindowsNativeNotific
ationAsync 메서드 인수로 전달한다. 온도가 비정상으로 감지될 때마다 등록된 애플리케이
션에 실제 알림을 보낸다. 따라서 TemperatureEventDataProcessor의 CheckTemperature 메서
드 내에서 NotificationHelper.SendToast를 호출한다.

예제 14-29 이벤트 프로세서에서 알림 메시지 전송하기

```
private async void CheckTemperature(TemperatureEventData temperatureEventData)
{
    if (temperatureEventData.AverageValue >= temperatureThreshold)
    {
        await AzureStorageHelper.WriteAlertToAzureTable(new AlertEntity()
        {
            AlertTemperature = temperatureEventData.AverageValue,
            PartitionKey = temperatureEventData.DeviceId,
            RowKey = Guid.NewGuid().ToString(),
            Timestamp = DateTime.Now,
            ETag = "*"
        });

        NotificationHelper.SendToast(temperatureEventData.AverageValue);
    }
}
```

솔루션을 실행하고자 CustomIoTSolution.NotificationClient를 실행하고 'Registration'
탭에서 **Register for WNS** 버튼을 클릭해 Notification Hub와 연결한 다음 CustomIoT
Solution.EventProcessor를 실행한다. 이벤트 프로세서가 비정상 온도를 발견하면 그림
14-1에 보이는 것처럼 UWP 애플리케이션에 적절한 알림을 전송한다.

여전히 이벤트 프로세서를 독립적으로 실행해야 한다. 하지만 클라우드로 배포해 계속해
서 실행할 수 있다. 다음 절에서 이렇게 하는 방법을 소개한다.

클라우드에 이벤트 허브 프로세서 배포하기

애저 웹 애플리케이션을 만들어 클라우드에 이벤트 허브 프로세서를 배포한다. 물리적으로 이런 애플리케이션은 윈도우 서버 운영체제를 실행하는 가상 머신 내에서 실행하고 전통적으로 ASP.NET MVC로 작성된다. 이 외에도 웹 애플리케이션은 WebJobs이라는 백그라운드 작업을 실행할 수 있다. WebJobs은 실행 파일이나 윈도우 명령 줄(배치 파일), PowerShell, Bash, PHP, 파이썬, 자바 스크립트(Node.js)로 작성된 스크립트로 구현될 수 있다. 게다가 WebJobs은 자바 jar 파일을 실행할 수도 있다.

이 기능을 활용해 실행 파일인 CustomIoTSolution.EventProcessor를 WebJob으로 배포한다. 프로젝트를 빌드한 다음 빌드 결과 디렉터리(일반적으로 bin 폴더 아래)에서 배포할 패키지를 준비한다. 빌드 구성에 따라 Debug와 Release라는 2개의 하위 폴더가 있다. 적절한 폴더를 열고, 다음 파일을 사용해 CustomIoTSolution.EventProcessor.zip이라는 ZIP 압축을 만든다.

- CustomIoTSolution.EventProcessor.exe

- CustomIoTSolution.EventProcessor.exe.config

- CustomIoTSolution.Common.dll

- Microsoft.Azure.KeyVault.Core.dll

- Microsoft.Azure.NotificationHubs.dll

- Microsoft.Azure.Services.AppAuthentication.dll

- Microsoft.Extensions.Caching.Abstractions.dll

- Microsoft.Extensions.Caching.Memory.dll

- Microsoft.Extensions.Logging.Abstractions.dll

- Microsoft.Extensions.Options.dll

- Microsoft.Extensions.Primitives.dll

- Microsoft.ServiceBus.dll

- Microsoft.ServiceBus.Messaging.EventProcessorHost.dll

- Microsoft.Toolkit.Uwp.Notifications.dll

- Microsoft.WindowsAzure.Storage.dll

- Newtonsoft.Json.dll

- SenseHat.Portable.dll

이 목록의 첫 번째 파일이 실행 파일이다. 다른 모든 파일은 CustomIoTSolution.Common, SenseHat.Portable, NuGet 패키지가 제공하는 종속성 파일이다.

WebJob 패키지가 준비되면 실제 웹 애플리케이션을 만든다. 애저 포털로 돌아가 **+리소스 만들기** 버튼을 클릭하고, 인기 항목 아래의 **웹 앱** 템플릿을 선택한다. 그림 14-38에 보이는 것처럼 애플리케이션 이름을 sense-hat로 하고 Sense-HAT 리소스 그룹을 선택한 다음 런타임 스택을 ASP.NET V4.7, **무료-F1** 가격 책정 계층을 사용하는 새로운 애플리케이션 서비스 계획으로 설정한다. 이 모든 설정을 했다면 검토+만들기 버튼을 클릭해 유효성 검사가 끝나면 **만들기** 버튼을 클릭한다.

그림 14-38 WebJob을 제공할 새로운 웹 애플리케이션 만들기

웹 애플리케이션 배포가 끝난 후 서비스 메뉴에서 '웹 작업'을 선택한다. 그림 14-39에 보이는 것처럼 이 블레이드는 웹 작업을 만들고 제어할 수 있는 몇 가지 명령 버튼을 제공한다. 현 시점에서는 아직 웹 작업이 없다. **추가** 버튼을 클릭한다. 그림 14-40에 보이는 '웹 작업 추가' 블레이드가 나타난다.

그림 14-39 sense-hat 웹 애플리케이션의 웹 작업 블레이드

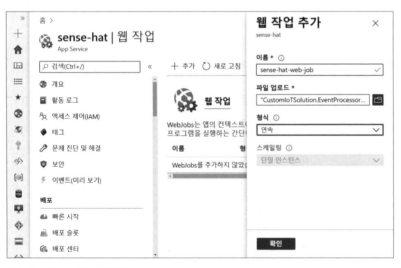

그림 14-40 웹 작업 추가하기

'웹 작업 추가' 화면에서 웹 작업의 이름을 sense-hat-web-job으로 설정하고 CustomIoT Solution.EventProcessor.zip 파일을 업로드한 다음 웹 작업 형식을 선택한다. 두 가지 옵션이 있다.

- **연속**　웹 작업이 충돌하거나 수동으로 중지할 때까지 계속해서 실행된다. 처리할 데이터를 기다리거나 데이터가 언제 제공될지 모를 때 연속 웹 작업을 사용한다.

- **트리거됨**　웹 작업이 지정된 시간에 실행된다. 이런 웹 작업은 예약된 작업(백업) 실행이나 요구에 따라 트리거되는 작업에 사용된다.

이벤트 프로세서는 이벤트 허브에 데이터가 들어갈 때마다 데이터를 처리해야 하므로 웹 작업은 백그라운드로 실행하면서 데이터를 기다려야 한다. 그러므로 웹 작업 형식을 **연속**으로 설정한다. 웹 작업 구성을 확인하고 **확인** 버튼을 클릭한다. sense-hat-web-job 웹 작업이 목록에 나타나면 CustomIoTSolution.EventProcessor.exe 파일이 **실행**된다. '웹 작업' 블레이드 상단의 명령 바에서 **로그** 버튼을 클릭해 웹 작업의 출력을 확인한다. 웹 작업의 결과를 보여 주는 새로운 창이 열린다(그림 14-41 참고).

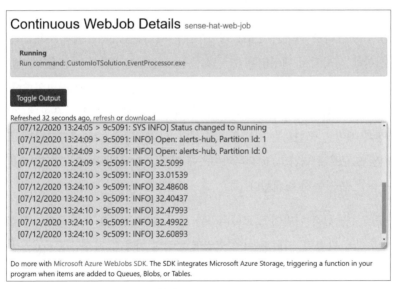

그림 14-41 sense-hat-web-job의 출력

이제 이벤트 프로세서는 애저 클라우드에서 실행된다. CustomIoTSolution.RemoteClient 와 CustomIoTSolution.NotificationClient 애플리케이션을 동시에 실행해 데이터를 스트리밍하고 비정상값이 감지될 때마다 알림을 수신할 수 있다.

요약

14장에서 윈도우 10 IoT 코어와 유니버설 Windows 플랫폼, 애저 IoT 스위트를 사용해 완전한 커스텀 IoT 솔루션을 만드는 과정을 자세히 설명했다. 원격 IoT 디바이스가 데이터를 애저 클라우드에 스트리밍해 데이터를 저장, 표현, 변형, 처리해 비정상 판독값을 감지하는 포괄적인 솔루션을 만들었다. 비정상 감지에 관한 정보는 윈도우 푸시 알림 서비스로 UWP에도 전달했다.

이 책 전체에서 살펴본 것처럼 윈도우 10 IoT 코어와 유니버설 Windows 플랫폼, 애저 클라우드는 매우 흥미로운 도구의 조합을 제공하므로 복잡한 IoT 시스템을 만드는 데 사용할 수 있으며, 유일한 제약 사항은 여러분의 상상력일 뿐이다.

대부분의 예제는 인기 있는 라즈베리 파이 IoT 디바이스용 애드온 보드를 쉽게 사용할 수 있다. 밑바닥부터 시작해 센서에서 데이터를 판독하는 상대적으로 간단한 기능을 개발한다. 그다음 조금 더 진보된 신호 및 이미지 처리를 다루는데 이 내용은 청각과 시각의 인공적 감각을 개발하는 데 도움을 준다. 이어서 인공 모터 기능을 구성하는 데 사용할 수 있는 다양한 모터 통신과 제어를 구현하는 방법을 학습했다. 마이크로소프트 코그니티브 서비스와 애저 머신러닝 도구를 설명하고, IoT 디바이스에 인공 지능 모듈을 만드는 데 이들 서비스를 어떻게 사용할 수 있는지 소개했다.

이 책의 마지막 부분에서는 원격 디바이스 모니터링과 원격 유지 보수를 위한 2개의 사전 구성된 애저 IoT 솔루션을 다뤘다. 이런 지식에 힘입어 완전히 사용자 지정된 IoT 솔루션을 만들었다.

6개의 부록으로 보완한 선행 자료로 자바스크립트와 비주얼 베이직으로 IoT 개발을 시작하는 방법, 비트 인코딩의 기본 속성과 이식 가능한 클래스 라이브러리 만들기, 다른 프로젝트들 사이의 코드 공유 전략을 설명했다. C++ 구성 요소 확장(C++/CX)의 일부 측면을 설명하고 IoT 개발을 위해 비주얼 스튜디오 2019/2017을 설정하는 방법을 소개했다. 이들 부록 원본은 'https://aka.ms/IoT/downloads'에서 PDF 버전으로 얻을 수 있다. 부록의 번역본은 에이콘 출판사 웹사이트와 역자의 깃허브에서 제공한다.

이 책에서 배운 내용이 IoT 솔루션의 개발을 가속화하는 데 중요한 도움이 되길 희망하며, 상상하는 IoT 솔루션을 쉽게 구현할 수 있을 것이라 믿는다. 여러분의 차세대 IoT 솔루션을 기대한다.

찾아보기

Windows 10 IoT 프로그래밍

라즈베리파이와 Windows 10 IoT 코어, Azure IoT 스위트를 활용한 IoT 프로그래밍 가이드

발 행 | 2021년 1월 4일

지은이 | 다위드 보리츠키
옮긴이 | 김 도 균 · 최 준 규

펴낸이 | 권 성 준
편집장 | 황 영 주
편 집 | 이 지 은
디자인 | 윤 서 빈

에이콘출판주식회사
서울특별시 양천구 국회대로 287 (목동)
전화 02-2653-7600, 팩스 02-2653-0433
www.acornpub.co.kr / editor@acornpub.co.kr

한국어판 ⓒ 에이콘출판주식회사, 2020, Printed in Korea.
ISBN 979-11-6175-477-2
http://www.acornpub.co.kr/book/programming-iot

이 도서의 국립중앙도서관 출판시도서목록(CIP)은 서지정보유통지원시스템 홈페이지(http://seoji.nl.go.kr)와
국가자료공동목록시스템(http://www.nl.go.kr/kolisnet)에서 이용하실 수 있습니다.(CIP제어번호: CIP2020053428)

책값은 뒤표지에 있습니다.